| 개정 5판 |

TAXNET

민 법 을
중심으로 한
조 세 의 이 해
Civil and tax law

민법과 세법

세 무 사
법학박사 정병용 저

조세통람

서문(개정 5판을 내면서)

　우리 민법의 주된 이념을 한마디로 요약하면 '사적 자치(私的 自治)'이다. 이 원칙의 핵심은 공적 영역이 아닌 사적 영역에서는 개인은 누구의 간섭도 받지 않고 자신의 의사에 의해서만 권리와 의무를 부담한다는 것이다. 조세법 개정 시 고뇌를 필요로 하는 요소이다.

　우리 모두는 일상생활에서 민법전 없이도 각종 계약을 체결하고 있다. 매매 또는 증여계약 시 민법전에는 별 관심이 없다. 부지불식 민법규정보다 당사자 간 합의가 우선한다는 사실을 알고 있기 때문이다.　매매, 증여계약 시 자신들 의지와 관계없이 적용되는 양도소득세 비과세, 증여 시 부담하는 세액 등에 관심이 집중되는 것이 현실이다.

　근대 이전의 조세는 매매, 증여 등 법률행위와 관계없이 사실행위, 즉 토지에 노동을 투입하여 생기는 수확량 중 일부를 납부하는 현물지대였다. 소위 왕토(王土)사상 아래 토지는 모두 왕의 소유였다. 왕이 땅을 하사하는 것은 토지소유권이 아닌 토지수확물을 수취할 수 있는 권리, 즉 수조권(收租權)의 부여에 불과했다. 그 수조권의 세습여부도 왕의 의지에 달렸다. 과전법(科田法)이 수조권의 세습을 인정한 경우이고, 직전법(職田法)이 원칙적으로 배제한 경우이다.

　조세라는 용어를 오늘날 그대로 사용하고 있는 것은 언어일반의 경로의존적(path dependent) 현상에 불과하다. 중세봉건사회의 지대국가에서 근대시민사회의 조세국가로의 전환은 헨리 메인의 '신분에서 계약으로'라는 말로 압축된다. 이러한 근대시민국가의 탄생배경에는 근대계몽사상가인 홉스, 로크, 루소 등의 위대한 사상, 즉 사회계약설이 있었다.

　근대 이전 신분사회의 노비는 납세의무도, 국방의무도 없었다. 사람이 권리의 주체가 된다는 원칙은 오랜 역사의 진통이 있었고, 이 권리의 주체는 자유인이라는 의미이면서 동시에 납세주체가 될 수 있음을 뜻한다. 지대국가에서 벗어난 조세는 자유인의 자발적 부담이다. 따라서 자유의 대가라고 할 수 있다.

　자유를 생활관계에서 보장하기 위한 법적 수단이 사적 자치의 원칙, 법률행위자유의 원칙이다. 나폴레옹이 40여 차례의 승전보다 영원히 사라지지 않는 민법전에 대해 자부심을 가진 이유는 민법전이 사회계약설이라는 위대한 사상에 바탕한 법전이기 때문이다.

민법의 핵심이념인 사적 자치의 원칙 아래 시장경제가 발전하고, 자유인이 얻은 부(富)의 일부이전이 근대조세이다. 사적 자치의 원칙은 시장경제를 뒷받침하면서 근대조세를 발생시키지만, 근대조세 역시 사적 자치의 원칙에 영향을 준다. 즉 사법과 조세법은 상호의존관계에 있는 것이다. 사적 자치와 자유 그리고, 시장경제와 조세는 자동차 바퀴 네 개와 같다. 어느 하나의 바퀴에 문제가 생기면 자동차 전체 기능에 문제가 생기는 것이다.

사적 자치의 원칙 아래에서도 조세법상 유리한 법률관계를 선택하게 되는데, 이런 측면에서 세법이 사법화되었다고도 한다. 사적 자치의 원칙과 충돌되는 부분 중 하나가 세법의 부당행위계산부인규정이다. 하나의 경제활동에 민법상 법률효과와 세법상 법률효과가 다르기 때문이다.

모든 세법은 국세기본법과 국세징수법을 중심으로 미세한 그물처럼 연결이 되어 있다. 이번 개정에서는 조세법 상호 간의 연결고리와, 조세법과 민법의 상호영향에 대해 정리해 보았다.

그리고 1960.1.1. 신민법 시행 후 처음으로 100개가 넘는 조문을 개정한 새로운 성년후견제도에 대하여 민법정신을 바탕으로 하되, 조세법적 시각을 덧붙여 설명하였다.

2013.7.1. 시행된 새로운 성년후견제도는 종래의 금치산, 한정치산제도의 문제점을 줄이고자 어렵게 탄생한 새로운 제도이다. 종전 후견제도와의 차이점 중 주요부분을 살펴보면, 후견대상을 중증 정신질환자에서 치매노인 등 고령자까지 확대하고, 배우자, 직계혈족 등으로 민법에서 정해 놓았던 법정후견인을 가정법원이 정하도록 하고, 후견인 수를 자연인에 한하여 1인으로 하던 것을, 법인에게도 허용하면서 나아가 복수로 후견인을 허용하였다. 종전에 없었던 후견계약제도가 생긴 것에 주목할 필요가 있다. 즉, 법원이 자신의 미래 운명에 영향을 주는 대리인을 결정하는 우려에 대한 유일한 예방책이라 할 수 있다.

피후견인의 재산권행위와 신분권에 대하여 제3자가 과연 가족보다 더 잘 돌볼 수 있을 것이라는 전제는 타당한가? 민법 제936조 제4항은 성년후견개시심판에서 본인의 의사를 고려하여야 한다고 하는 데 비하여, 성년후견인의 선임에서는 본인의 의사를 존중하여야 한다고 선언한다. 현실은 재산상 다툼 있는 미래상속인이 후견신청을 하는 경우 대부분 제3자 후견인을 선임한다. 미래상속인들의 재산다툼에 성년후견제도가 무기로 등장하는 것이다. 결국 후견청구를 철회하지 않는 한 미래의 피상속인은 법원에 출석해서 재판부 심문을 받고 의사의 감정을 통해 정신상태를 확인받아야 하는 것이다. 여기까지만 보아도 본인의 의사보다는 가족들의 의사가 존중되는 것이다. 마치 재산권에 관한 식물인간이 될 수 있는 미래 위험에 직면한 현대인의 고뇌가 엿보인다.

피후견인 재산관리의 주요부분은 조세이다. 재산의 처분행위에 수반되는 조세채무는 아무리 강조해도 지나치다고 할 수 없다. 앞에서 이미 지적했듯이 근대시민국가는 조세국가이고, 모든 경제활동은 민법의 적용과 동시에 조세법이 적용되는 관계에 있기 때문이다.

이번 개정판에서는 새로운 성년후견제도와 관련하여 단순하게 민법규정을 소개하는 차원을 넘어서서 후견인이 피후견인을 대리하여 재산권에 관한 법률행위를 할 때 필연적으로 따르게 되는 조세법의 위험을 간단하게나마 설명하였다. 재산권에 관한 법률행위의 유효, 무효를 넘어서서 예측하지 못한 조세채무의 발생으로 피후견인의 불측의 손실은 물론 대리인으로서의 책임문제도 소홀히 할 수 없는 것은 우리보다 이를 10여 년 먼저 시행한 일본의 사례에서도 어렵지 않게 확인할 수 있다.

2011년에 개정판을 내고, 그 후 예상하지 못한 개인적 사정이 생겨서 개정작업을 오랫동안 미루어 왔던 것이 사실이다. 독자들께 송구스러운 마음이다.

우리나라에도 조세철학에 위대한 사상이 있었다. 그 위대한 사상을 발전시켜 나가야 한다. 그러기 위해서는 그 조세철학을 체계적으로 연구해야 한다. 다시 한 번 우리에게 조세철학, 사상이 중요한 시기임을 강조하면서 다음에는 좀 더 충실한 개정내용을 반영할 것을 약속한다.

2020년 9월
저자

제 **1** 편
**민법의
개념**

제3편 물권법

제1장　서론 … 330

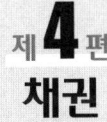

제4편 채권

제1장 서론 ··· 444

민법과 세법

민법을 중심으로 한 조세의 이해

민법의 개념

1. 인간의 조상

인간은 "만물의 영장이다"라는 말이 나올 때까지 우리 조상은 자연의 지배자가 아닌 복종자, 순종자에 불과한 나약한 존재였다.

태고의 우리 조상은 열매를 따먹거나, 나무뿌리를 캐내는 채집을 하면서 열매 등을 다 먹으면 다른 지역으로 옮겨 다니는 채집경제로 시작하였다.

그 후 날카롭고 뾰족한 돌을 찾거나 돌을 깨뜨려서 칼과 창을 만들어 사냥을 할 수 있게 되어 채집경제에서 수렵경제로 들어서게 되었다.

들판에서 주운 보리와 밀의 낟알이 우연히 땅에 떨어져 싹이 틈에 따라 씨를 뿌리는 농업이 시작되었고, 사냥을 해서 잡은 짐승이 몸무게가 늘어나고 새끼를 낳고 털도 이용할 수 있게 되어 목축업을 하게 되었다. 우리 조상은 농업과 목축업을 통하여 비로소 정착하여 살 수 있게 되었다.

2. 고대노예사회

가. 노예의 탄생

노예제도는 가장 오래된 문헌 정도의 긴 역사를 가지고 있다. 노예는 주인의 소유물에 불과하여 주인은 노예를 매도하거나 죽일 수 있는 권리까지 있었다. 노예는 가축이나 동산의 일부로 여겨졌다.[1] 그리스와 로마의 노예는 빚을 갚지 못하거나 전쟁으로 인한 포로들로서 대부분이 백인이었다.[2] 로마제국의 번영시기에는 로마 시민 1명당 20여 명의 노예가 시민을 부양하고 있었으나 그 후 계속 줄어들었다.

중세의 농노와 노예를 비교하면 농노는 단지 영지에 묶여 거주이전의 자유가 제한되었던 데 반하여 노예는 특정인의 소유물에 불과하였다.

스파르타쿠스(라틴어 : Spartacus)는 기원전 73년부터 2년 뒤인 기원전 71년까지 노예들을 이끌고 반(反)로마 공화정 항쟁을 지도한 노예 검투사이다.

---

1) 노예는 일할 의무만 있을 뿐 아무 권리도 없었다. 그래서 쟁기 등은 '말을 못하는 도구'로, 농사에 이용하는 가축을 '반쯤 말하는 도구'로, 노예를 '말하는 도구'라고도 했다고 한다.

2) 노예의 공급원은 전쟁에서 패하여 잡혀온 '전쟁노예'와 빚진 자가 빚을 갚지 못해 생긴 '채무노예' 그리고 범죄를 저지른 후 노예로 전락하는 '형벌노예' 등이 있었다.

이를 배경으로 한 영화 '스파르타쿠스'에서 로마 대군단과의 일전을 앞두고 개인적 탈출을 거부하고 스파르타쿠스(커크 더글라스 역)가 말한다.

"모든 인간은 죽게 되지요. 하지만 노예와 자유인은 죽음으로 잃어버리는 게 다릅니다. 자유인은 죽으면 삶의 즐거움을 잃는 거지요. 하지만 노예는 고통을 잃지요. 죽음이 노예에겐 유일한 자유요, 그래서 두렵지 않은 거요."

영화 중 대사이지만 실제 같은 마음이었을 것이다.

마지막 장면에서 십자가에 못 박혀 있는 스파르타쿠스를 쳐다보며, 자유인증명서3)가 있는 아기를 안고 있는 아내가 절규한다.

"your son is free! free! free!"

지구에서 노예제도가 최종적으로 사라진 해는 1980년(모리타니아이슬람공화국)이다.

나. 노예의 생산력과 인두세

고대국가는 생산도구인 사람을 획득하기 위하여 전쟁을 하였고 전쟁에 패배한 국가의 구성원은 모두 노예로 전락하였다.

노예는 도구였으므로 권리의 주체도 아니었고, 납세의무의 주체도 될 수 없었다.

오늘날 기계에서 생산되는 생산물이 그 기계의 주인에게 귀속되는 것과 같은 이치이다. 그러나 노예들은 생산의욕을 전혀 갖지 못했으므로 그 생산성은 절반에도 못 미쳤다.4)

아무튼 국가는 생산물의 크기를 파악하여 조세를 부담시킬 수밖에 없었고, 소유한 노예의 숫자에 따른 소위 인두세의 시초일 것이다.

3. 중세봉건사회

여기서는 1215년의 대헌장, 1628년의 권리청원, 1689년의 권리장전, 1789년의 프랑스대혁명을 통하여 조세국가가 탄생하게 된 과정을 살펴본다.

조세법률주의의 연혁을 살펴보면 조세국가 탄생의 배경을 쉽게 이해할 수 있다.

---

3) 1842년 아내 그리고 두 명의 아이와 함께 '자유인증명서'를 소지하고 뉴욕(자유주)에서 행복하게 살고 있던 흑인 가장이 납치되어 루이지애나(노예주)에서 12년간 노예생활을 한 실화를 영화화한 '노예 12년'을 생각해 보면 '자유인증명서'가 생소하게 느껴지지는 않을 것이다.

4) 노예는 자유신분의 농민들이 생산해 내는 것의 1/3 정도밖에는 생산해 내지 못하였다. 공산주의는 실패할 수밖에 없다는 깨달음은 100여 년의 실제실험과정을 거쳐서 얻었지만, 실제 역사 속에서도 배울 수 있는 것이었다. 다음과 같은 노예의 노래는 이를 정확하게 보여준다.
"소야, 이삭을 밟아 더럽히거라.
밟아 더럽히려무나. 그게 어디 우리 거냐?"

가. 조세법률주의의 태동시기

1215년 영국의 대헌장(Magna Carta)은 과세·재판 등 봉건귀족의 권리를 옹호하고 왕권을 제한한 것으로 특히 국왕의 절대권력 중 하나인 과세권을 제한하는 것을 내용으로 하는 최초의 문서를 작성했다는 데서 조세법률주의의 역사적 의미가 있다.

1628년의 권리청원(Petition of Right)은 국민의 인권에 관한 선언으로 국민의 대표가 직접세에 관한 입법권을 획득하였다.

1689년 권리장전(Bill of Rights)의 주요 내용은 의회의 동의 없이 왕권에 의한 과세 등을 금지하는 것이었다.

권리장전은 미국의 독립선언, 버지니아 권리장전, 매사추세츠 권리선언 등에도 영향을 주었고, 이들을 통하여 다시 프랑스 인권선언에도 영향을 끼쳤다.

나. 조세법률주의의 탄생

1789년의 프랑스대혁명에 이르러 "어떠한 조세도 국민의 승낙 없이는 부과할 수 없다" 라고 하여 조세에 관한 국민주권이 구체화되었다. 이것이 바로 조세법률주의의 구체적인 시현으로 모든 조세를 부과함에 있어서는 국민의 동의가 필요하게 된 것이다. 이는 천부인권설을 사상으로 한 시민사회로서의 민법이 탄생하게 된 것과 그 맥을 같이 한다.

이러한 시민사회로서의 민법의 탄생은 정치적으로는 시민사회의 탄생을, 경제적으로는 시장경제의 탄생[5]을 의미하는 것으로 이제 국가는 시민들의 평안의 유지와 국가경영에 필요한 최소한의 비용만을 시민들의 합의 아래 거둘 수 있게 되었고 이것이 바로 산고 끝에 출산한 근대조세법이다.[6]

---

5) 이처럼 서양에서 시작된 근대란 정치적으로는 민주주의, 경제적으로는 자본주의, 사회적으로는 평등사회, 사상적으로는 이성중심의 합리주의를 뜻한다.

6) 18세기 중기의 프랑스는 전형적인 신분사회로 전 인구 2,500여 만명 중 1% 정도에 불과한 사람들만이 특권층인 제1신분(성직자계급) 및 제2신분(귀족계급)을 형성하여 국가의 반 이상의 토지를 소유하였음에도 불구하고 대부분의 조세부담에서 면제되어 결과적으로 비특권층인 제3신분이 대부분의 조세를 부담하고 있었다. 비특권층인 제3신분에 포함된 사람들은 직업상으로나, 사회적으로나 변화의 폭이 넓은 종류의 사람들이었다. 그것은 부유한 은행가, 유명한 문인에서부터 극빈한 농민이나 노상의 걸인에 이르기까지 실로 비동질적인 집단이었다. 그러나 이 신분의 사람들을 크게 1) 중산층 이상의 상인계급, 2) 도시의 하층에 속하는 공인계급, 3) 농민층 등으로 나눌 수 있었다.
프랑스 혁명 결과 이들 특권층은 사라지고 귀족 등의 호칭 대신에 '시민'이라는 단어가 상대방에 대한 호칭이 되었다.
사형이 확정된 루이 16세가 단두대에서 처형된 날은 4년 뒤인 1793년 1월 21일 아침이었다.
이러한 혁명의 이념은 계몽사상가인 몽테스키외, 볼테르, 로크, 루소 등에 의해 약 반세기에 걸쳐 배양된 것으로 이들 이념이 씨앗이 되어 싹이 트고 열매를 맺은 것이다.

이렇게 탄생한 근대조세법은 그 절차는 국민의 대표기관인 의회를 거치는 방법을 택하고, 그 내용에 있어서는 과세를 함에는 근거가 있어야 한다는 소위 근거과세의 원칙인바, 근대시민사회로서의 민법의 출현은 필연적으로 근대조세국가를 탄생시키게 되었다.

| 프랑스 인권선언 |

■ 인간과 시민의 권리선언
제1조 사람은 태어날 때부터 자유롭고 또한 권리에 있어서 평등하다.
제3조 모든 주권의 근원은 본질적으로 국민에게 있다. 어떤 단체나 어떤 개인도 명백히 국민에게서 유래하지 않은 권력을 행사할 수 없다.
제13조 공공무력의 유지와 행정비용을 위해 조세는 불가피하다. 이는 모든 시민에게 그들의 능력에 따라 평등하게 배분되어야 한다.
제14조 모든 시민은 스스로 또는 그들 대표를 통하여 조세의 필요를 검토하고 자유로이 동의하며 그 액수·기준·징수 그리고 존속기간을 설정할 권리를 가진다.

근대시민국가의 탄생은 조세국가의 탄생으로 절대군주의 사유물인 토지에서 발생한 현물지대를 국가경비로 사용해 왔던 봉건국가에서 프랑스대혁명을 계기로 시민사회로 들어가면서 시민 스스로 번 것(사적 자치의 원칙, 소유권절대의 원칙 등)에서 국가유지비용을 모두 부담하게 되었고, 필연적으로 급여를 받는 모든 공무원은 국민에게 봉사하는 것을 절대사명으로 하게 된 것이다.[7]

이는 조세납부와 징수에 관한 권원(權原)은 전적으로 시민, 즉 국민에게 있다는 것을 의미한다. 이 근대적 의미의 조세는 헌법 제1조 '주권재민의 원칙'과 직결한다. 모든 권력의 발원지가 국민이라는 사실을 천명한 것이다.

이러한 근대시민국가가 탄생하게 된 배경에는 근대계몽사상가인 홉스, 로크, 루소 등의 사회계약설이 있었다. 이 위대한 사상들이 지대국가에서 조세국가, 즉 근대시민사회로 인도하면서 절대군주의 사유물에 불과했던 토지와 신민은 군주제 그 자체가 부정되었고, 국가경비는 군주의 사유재산이 아닌 시민의 재산으로부터 충당되는, 소위 시민자치의 원리인 조세국가가 탄생하게 된 것이다.

---

7) 1882년 임오군란이 일어나기 전, 13개월 군료를 못 받다가 전라도조미(全羅道漕米 : 전라도 지방에서 배로 운반된 쌀)가 도착하자 일단 1개월분 군료를 지급받았는데, 그마저도 겨와 모래가 섞여 있고 그 양도 절반에 불과했다. 당시 왕토사상 아래 토지사용에 대한 사용료(지대)로 농작물(현재 농작물은 부가세도 면세, 소득세도 원칙적 비과세)을 수취한 후 그 수취한 농산물을 군료로 지급하는 것이다. 수취자, 지급자는 모두 왕이고, 따라서 왕에 대한 충성을 담보하는 시대였다.

※ 조선시대 궁녀들이 왕으로부터 받은 현물을 보면, 상궁과 나인들이 받은 쌀과 콩이 양반 관료에 비해 조금 부족해도 반찬으로 받은 북어가 있었다. 고종 3년에 궁녀들에게 지급한 월급 명세서를 보면, 현물을 수취하여 현물을 지급한 사실을 알 수 있다.
  • 방자(방청소 담당) : 쌀 6두, 대구어 4미
  • 파지(심부름과 청소 담당) : 쌀 6두, 콩 1두 5승, 대구어 4미
  • 무수리 : 쌀 6두, 콩 3두, 대구어 4미
  • 수모(물 담당) : 쌀 6두, 콩 1두 5승, 대구어 4미

[출처 : 丙寅大殿分料圖(병인대전분료도), 장서각 도서 분류 2-3169]

4. 근대사회

앞에서 본 바와 같이 근대조세는 민주주의의 산물이다.

국가는 토지·노동·자본이라는 생산수단을 시민들에 돌려줌으로써 유산국가에서 무산국가가 됨에 따라 국가의 재원은 시민들로부터의 조세에 의존하게 되어 근대국가는 조세국가로 불리고 있는 것이다.

근대조세는 근대민법과 함께 필연적으로 탄생한 것으로 근대민법에서 소유권절대의 원칙, 계약자유의 원칙이 조세에 있어서의 조세법률주의원칙과 그 궤를 같이 하는 것이다. 근대조세국가의 탄생은 정치적으로는 민주주의, 경제적으로는 시장경제에 기초한 것으로 근대조세의 의미를 다시 한 번 새겨볼 필요가 있다.

그리고 근대조세에 이르러 토지에서의 수확물을 과세대상으로 하는 조세체제에서 서서히 자유시장경제하에서 사적인 권리변동을 세원으로 하는 조세체제로 질적인 변화를 하게 되었다.

근대사회는 사적 자치의 원칙 아래 시장경제를 근간으로 하는 시장경제체제와 중앙계획당국이 생산, 분배를 계획하고 실행하는 계획경제체제로 나눌 수 있는바, 여기서 조세는 시장경제에서만 존재할 수 있다는 데 그 의미가 있다.

가. 시장경제체제

이른바 사적 자치의 원칙, 소유권절대의 원칙, 과실책임의 원칙이라는 근대민법의 3대 원칙은 근대에 있어서 개인주의, 자유주의를 배경으로 초기의 자연법이론에 의해 확립된 것이다. 이러한 민법의 3대원칙은 모든 개인을 봉건적 구속으로부터 해방하여 자유로운 활동을 보장하게 되었다. 헨리 메인의 '신분에서 계약으로(from status to contract)'라는 말로 요약된다. 즉, 봉건적 구속으로부터 법률행위 자유, 계약자유의 원칙으로 전환된 것이다. 이는 토지, 노동, 자본이라는 생산요소가 시장에서 자유로이 거래되는 것을 핵심요소로 한다.[8] 결국 시장경제와 계획경제를 구분하는 기준은 생산요소시장의 존재여부가 된다 할 것이다. 자본주의국가의 사유재산제와 사회주의국가의 재산제도의 근본적인 차이는 생산수단의 사유를 인정하느냐 않느냐에 있다.[9]

---

8) 생산물시장의 경우 신라, 고려, 조선시대에도 존재했으나, 개인의 자유가 없었던 중세봉건사회에서는 생산물시장이 아닌, 생산요소시장은 있을 수 없었다.

9) 權寧星, 憲法學原論(개정판), 서울 : 法文社, 2004, 550면

나. 계획경제체제

　시장경제 아래 자유로운 경제활동에 따른 경쟁 결과 이긴 자와 진 자의 격차가 발생함에 따라, 이 문제를 근본적으로 해결하고자 하는 노력으로 나타난 것이 계획경제체제이다. 한마디로 요약하면 빈부격차의 원인이 되는 이윤은 개인이 취득할 수 없다는 선언이다. 이를 위하여 이윤이 창출되는 사기업제도를 폐지하고, 나아가서 생산수단의 사적 소유를 폐지한다. 이렇게 모든 생산수단을 국가소유로 함에 따라10) 생산물은 국가가 원시취득하게 된다. 배급제도는 필연적이다. 모든 생산물을 국가가 원시취득한다는 것은 세율이 100%라는 의미이다.11) 그래서 '세금이 없어진 나라'라고 선언하는 것이다.12) 이러한 생산수단의 사적 소유를 금지한 계획경제체제였던 중국이 개혁개방으로 가는 길에서 농업혁명과 공업혁명 상황을 간단히 살펴본다.

(1) 농업혁명은 덩샤오핑이 사적 이윤추구를 수용한 것

　1978년 11월 24일 밤, 중국 안후이성 평양현 샤오강촌의 허름한 농가에 18명의 농민이 모였다. 이들은 대표 옌쥔창(嚴俊昌)이 펜으로 쓴 문서에 서명했다. 100자도 되지 않는 문서는 다음과 같은 내용이었다.

　"농지를 개별 농가에 나누어 준다. 이로 인해 간부가 감옥에 갈 경우 나머지 사람들이 그의 자녀를 18세까지 돌본다. 이 일은 누구에게도 발설해서는 안 된다."13)

　샤오강촌 농민들이 서명한 문서는 중국 농촌정책의 근간이었던 인민공사 제도에 정면으로 반기를 드는 '생사결의문'이었다. 문제는 이듬해 가을 평년의 5배에 달하는 엄청난 식량이 수확된 것이다. 최종적으로 덩샤오핑에게 보고되었다.14)

　2년 전인 1976.9.9. 마오쩌둥이 사망했는데, 좀 더 살았으면 중국이 어떤 방향으로 갔을지는 알 수 없다.

---

10) 북한 헌법 제20조 : 조선민주주의인민공화국에서 생산수단은 국가와 사회협동단체가 소유한다.

11) 계획경제체제하에서는 사적 이윤을 금지하기 위해 사기업제도와 생산수단의 사적 소유를 폐지하여 모든 이윤은 국가에 귀속되므로 세율이 100%인 결과가 된다. 이에 반하여 시장경제체제하에서는 사기업제도와 생산수단의 사적 소유를 인정하여 민간에서 생산된 부를 국가와 나누게 되는 조정장치가 필요하게 되는바 이 장치가 근대조세이다.

12) 북한 헌법 제25조 : 조선민주주의인민공화국은 인민들의 물질문화생활을 끊임없이 높이는 것을 자기 활동의 최고원칙으로 삼는다. 세금이 없어진 우리나라에서 늘어나는 사회의 물질적 부는 전적으로 근로자들의 복리증진에 돌려진다. 국가는 모든 근로자들에게 먹고 입고 쓰고 살 수 있는 온갖 조건을 마련하여 준다.

13) 이들의 각서는 중국농업개혁 최초의 역사적 문헌으로 북경국립역사박물관에 보관되어 있다.

14) 덩샤오핑은 이렇게 말했다고 전해진다.
"참 잘했다. 남는 것은 시장에 팔아도 좋다."
덩샤오핑의 사상을 잘 표현하는 말이 "흰 고양이든 검은 고양이든 쥐만 잘 잡으면 된다"라는, 이른바 '흑묘백묘(黑猫白猫)'론이다. 덩샤오핑이 샤오강촌 사람들을 칭찬하는 이야기와 같은 의미이다.

(2) 중국의 개혁개방은 이윤상납제를 폐지하고 조세제도를 도입한 것

중국의 개혁은 생산력강화를 목적으로 한 것이며 이를 위해 조세제도를 도입한 것이다.

중앙통제경제에서 생산력증대를 위하여 1982년 일부지역에서 '이윤상납제'를 폐지하고 생산물에 대한 소유권을 인정하되 일정한 조세를 부담토록 하는 정책을 시행한 것이다.

1982년 원시적 증취세가 그것이다.[15] 그 결과 놀라운 생산력향상효과가 나타났으며 이후 14차례의 과정을 거쳐 최종적으로 3,800여 개 제품(생활필수품)으로 확대한 것이다. 그 후 1994년 실험 대상이었던 원시적 증취세는 부가가치세로 바뀌었다.[16]

결국, 중국이 경제를 중앙통제경제체제인 계획경제에서 시장경제로 환원했다는 것을 의미하는 것이고, 단순한 이윤상납제에서 조세제도로 정책전환[17]을 한 것으로 위 안후이성 샤오강촌에서 본 바와 같이 덩샤오핑의 판단력과 과감성을 인정할 수 있다.

이로서 생산요소, 즉 토지(사용권), 노동, 자본이 중앙통제당국에서 결합하는 것이 아니라 시장에서 자유롭게 거래되어 생산에 결합되는 시장경제가 탄생하게 된 것이고, 이는 일정부분 자유를 전제로 한 것[18]으로 볼 수 있다. 노동계약, 자본계약 등 계약은 자유를 전제로 하기 때문이다. 중앙통제경제체제 아래서의 토지, 노동, 자본이라는 생산요소의 결합이 오직 중앙통제당국의 계획에 의해서 이루어지고 그 생산물도 필연적으로 개인에게 귀속될 수 없는 구조인 것이다. 이처럼 조세는 자유시장경제와 밀접한 관계를 가지고 있는 것이다. 중국이 시장을 넘어 정치에 있어서도 소비자선택의 원칙으로 갈지는 미지수이다.

다. 조세는 자유인만이 부담할 수 있는 권리이자 의무

1894년 갑오개혁 시 신분제타파로 인하여 모든 개인이 자유인이 될 수 있는 기초가 마련되었다. 지대국가에서 조세국가로 바뀌게 되는 것은 결국 봉건적 구속으로부터 계약 자유의 원칙, 법률행위자유의 원칙으로 전환되었음을 의미하는 것이고, 이 전환은 모든 개인이 봉건적 구속으로부터 해방되어 자유로운 경쟁을 보장받게 되었다는 의미이다. 헨리 메인의 '신분에서 계약으로'라는 짧은 구절이 이를 대변한다. 즉, 조세는 자유에 대한 대가인 것이다.[19]

---

15) 실패를 해도 영향이 없는 100개 정도로 시작하되 당시 중국에서 최고 사치품에 해당하는 6개 제품(냉장고, 세탁기, 자전거, 재봉틀, 전화기, 다리미)에 대하여 제일 처음으로 조세를 적용하였다.

16) 유호림, 최근 일본과 중국의 소비세제 개편동향과 시사점, 한국조세사학회 2018년 춘계학술대회 발표

17) 이윤에 대한 동기부여로 생산성이 제고되었음은 물론, 이윤상납제 때보다 조세수입이 많아졌다.

18) 노동시장에서는 중앙경제당국의 명령이 아닌 근로자의 자의에 의한 근로계약에 의하여 근로를 제공하고 임금을 고용주로부터 직접 받는 것 자체가 근로의 자유가 전제되는 것이다. 다른 생산요소의 거래도 마찬가지이다. 즉, 생산요소시장이 보장된 것이고, 인식을 하든 안 하든 인간의 자유가 생기게 된 것이다. 다만, 정치에서는 시장이 부정되고 있는 뿐이다.

19) 선린 최명근교수 유고집, 한국조세의 과제(논문편 상), 서울 : 경제법륜사, 2017, 789면

우리 헌법 제1조의 주권재민의 대원칙은 이를 웅변한다.

5. 시대별 세원과 세원의 바탕

가. 근대사회 전후한 세원의 차이

원시공동사회, 고대노예사회, 중세봉건사회, 서구, 동양을 불문하고 근대 이전의 조세는 모두 원칙적으로 토지에서 생산된 생산물을 그 과세대상으로 하고, 그 생산량을 과세표준으로 하여 오늘날의 세율에 해당하는 전조율(田租率)을 적용하여 생산물의 일부를 국가에 이전시켰다. 그러나 이것은 오늘날의 조세의 개념에 속하는 것으로 볼 수 없다. 이들은 특정급부에 대한 반대급부에 해당하는 것으로 수수료에 해당하기 때문이다. 이러한 중세봉건사회의 조세는 영주의 토지소유권에 바탕을 두고 있는 것이기 때문에 지대에 속한다.[20]

지대라는 성격 외에도 쌀(米) 또는 베(布)로 납부하던 것을 오직 현금으로 납부수단이 바뀌었음에도 '조세'라는 용어를 그대로 사용하고 있는 것은 언어 일반의 경로의존적(path dependent) 현상[21]에 해당한다.

봉건체제의 붕괴로 인하여 봉건영주의 몰락과 함께 영지수입의 원천이 되었던 봉건영주 소유의 토지들이 시민계급에로 이전됨으로써 국가는 무산국가가 되었으며, 특정급부를 제공할 수 있는 원천이 되었던 토지의 사유화와 시장경제의 발전과 교환경제의 발달로 인하여 근대적 의미에서의 조세가 역사적 필연으로 생성되기 시작한 것이다.

이에 비하여 근대조세는 토지에서 생산된 자연물로서의 생산물을 과세대상으로 하는 것이 아니다. 즉 세원 자체를 시장경제에 바탕을 두고 그 위에서 활동하는 사경제행위에 의해 나타나는 경제적 행위 또는 성과를 세원으로 하여 과세대상을 파악하는 것이다. 즉 근대 이전의 세원이 되었던 농작물·특작물 등은 오늘날 더 이상 가치 있는 세원으로 취급되지 아니한다.

부가가치세법에서는 '우리나라에서 생산된 농산물·축산물·수산물·임산물'을 부가가치세 면세로 규정[22]하고 있을 뿐 아니라 소득세법에서도 일정한 경우 농가부업소득으로서 소득세를 비과세[23]하고 있다.

---

20) 우명동, 조세론, 서울 : 도서출판 해남, 2002, 203면
21) 한국조세연구원, 한국세제사(제1편 연대별), 일지사, 2012, 59면
22) 부가가치세법 제26조【재화 또는 용역의 공급에 대한 면세】
　　① 다음 각 호의 재화 또는 용역의 공급에 대하여는 부가가치세를 면제한다.
　　　1. 가공되지 아니한 식료품[식용(食用)으로 제공되는 농산물, 축산물, 수산물과 임산물을 포함한다] 및 우리나라에서 생산되어 식용으로 제공되지 아니하는 농산물, 축산물, 수산물과 임산물로서 대통령령으로 정하는 것(2013.6.7. 개정)

나. 시대별 세원의 바탕이 되는 경제상황

　사람의 집단생활 중 채집경제와 수렵경제시대를 지나 농업경제에 이르러 비로소 토지에서 생산되는 농산물의 일부가 조세로 납부되게 되었다. 이러한 근대 이전의 조세는 오늘날 정의되는 조세로 보기는 어렵지만 한 나라의 재정수입이라는 면에서 오늘날의 조세와 유사한 기능을 가진 것으로 볼 수 있다. 근대 이전의 조세는 토지에서 생산되는 농산물의 생산량이 오늘날의 과세요건 중 과세표준에 해당하는 것이고, 전조율(田租率)은 1/10 또는 1/4 등으로 오늘날의 세율에 해당하는 것이다.

　납세의무자는 모든 국민이 아닌 특정계층에 있는 자가 해당되었으며, 그 과세대상은 주로 토지에서 생산되는 농산물 또는 특산물이었다. 오늘날의 세율에 해당하는 전조율을 적용하는 과세표준은 토지에서 생산되는 농산물 등이었으므로 종량세에 속하는 것이지만 근본적으로 납부자가 납부하는 토지수확물은 급부에 대한 반대급부였으므로 오늘날의 조세개념에는 부합하지 아니하는 것이다.

　농업사회의 실물경제가 화폐경제로 이행되기 시작하여 도시경제가 발달하면서 세원의 인식대상이 변화하기 시작하였다. 토지에 노동력을 가하여 생산된 수확물을 세원으로 하고 있었던 봉건사회에서 시장경제 · 교환경제로의 변화로 인하여 권리변동원인이 되는 매매 · 교환 · 증여 등의 법률행위가 세원으로 인식하게 된 것이다.

　근대 이전에 세원의 포착은 토지의 등급 등에 따라 생산물을 파악하여 전조율을 적용하여 생산량을 추산할 수밖에 없었으나, 오늘날의 과세표준은 회계학 등 여러 학문의 발달로 합리적인 과세표준이 도출할 수 있는 토대를 마련하게 되었다.

　그러나 경제적인 면에서의 과세표준 계산은 과세요건을 구성하는 하나의 요소일 뿐 과세대상에 대한 판단은 법 적용의 문제로서, 법을 적용하는 단계에서 필요한 사람의 생활관계에 제일 밀접한 관련이 있는 사법, 특히 민법은 세법에 있어 필수요소가 된다.

다. 근대조세로의 변천과정과 세입(歲入)의 변화

　우리나라는 1876년에 일본과 체결된 강화조약으로 쇄국의 문은 타의에 의해 열리게 되었고 개국에 있어 가장 능동적인 역할을 한 것은 일본이었으며, 일본은 미국의 요청에 의하여 1854년에 개국함으로써 극동지역의 후진국가 중에서 처음으로 봉건제에서 벗어나게 되었다.

　일본은 조선에 대한 지배권을 확립한 직후 식민지 수탈을 위한 기초공작과정으로서 근대적 토지제도 및 화폐금융제도의 확립에 착수하고 이를 토대로 조세제도의 근대화와 철도 ·

---

23) 소득세법 제12조 제2호 다목(대통령령으로 정하는 농어가부업소득) 및 동법 시행령 제9조(농어가부업소득의 범위) 참조

항만 · 도로 · 전신 · 전화 등 근대적 교통 · 통신기관의 창설에 노력하였으며 이러한 사업은 일본자본주의가 조선을 그 식민지로서 조직적으로 지배함에 있어 선행되어야 할 기초공작이었다.[24]

일본은 식민지조선을 통치하기 위한 관료기구의 유지, 경찰조직의 강화 등 방대한 재정자금을 조달하기 위하여 근대적 조세제도를 확립시키지 않을 수 없었다. 그리하여 1909년에는 가옥세 · 주세 · 연초세가 신설되었고, 1910년에는 등록세가 신설되었다. 이것이 최초의 근대조세에 해당한다.[25]

주세와 연초세가 신설된 것은 합병 전인 1909년 2월이었다. 당시 소위 주체세라고 불렸던 두 세목은 조선 최초의 소비세이며 이후 조세 수입 증대에 크게 기여하였다. 그러나 주세와 연초세는 대중 과세의 성격을 갖는 것이었기 때문에, 대한매일신보는 같은 시점에 부과되기 시작한 가옥세와 함께 새로운 세금 부과에 대해 다음과 같이 논평하였다.[26] 근대 조세가 시작되는 진통을 느낄 수 있는 장면이다.

┃ **대한매일신보, 1910년 1월 25일** ┃

> 토실 두어 간만 있어도 세전이 몇 십 전이오, 담배 몇 포기만 심어도 세전이 몇 백 푼이며 도야지 한 마리만 잡아도 세전이 몇 냥이오, 술 한 항아리만 담아도 세전이 몇 환이며, 그 외에도 지방세라 하는 명복이 허다이 날로 층생첩출(層生疊出)하니, 오호라 이 백성들이 어느 땅으로 도망하여 가서 살까.

당시의 세입구조를 보면 세입의 중추를 이루고 있는 것은 관업 및 국유재산수입[27]이었다. 이는 지금의 조세개념에 속하지 않는다. 관업 및 국유재산수입의 그 추이를 보면 1911년에 세입 중 22.5%이었던 것이 1923년에 29.9%, 1929년에 51.5%, 1937년에는 54.6%에 달하였다. 이에 비하여 지금의 조세개념에 속하는 수입비중을 보면 1937년에 세입 중 조세수입이 차지하는 비율은 17%에 불과하였다.[28]

---

24) 崔虎鎭, 韓國經濟史, 서울 : 博英社, 1996, 218면

25) 근대조세(연초세, 주세, 가옥세)가 도입되기 전, 18세기 후반을 기준으로 토지세가 국가 총수취의 80~90%를 점하였고, 상업. 공업. 광업세는 모두 합해도 전체 조세의 2~3%에 불과했다. 이는 19세기 들어서도 마찬가지였으며, 잡세(雜稅)로서의 상공세가 정세화(正稅化)할 가능성이 극히 낮았음을 보여준다[한국조세연구원, 한국세제사(제1편 연대별), 일지사, 2012, 97면].

26) 한국조세연구원, 한국세제사(제1편 연대별), 일지사, 2012, 163면

27) 연초, 마약 및 아편 등 전매수입과 철도, 우편전신전화 수입 등이 이에 속한다.

28) 崔虎鎭, 上揭書, 307~308면의 [表 79] 朝鮮總督府歲入內容變遷(豫算)을 분석해 보면 관업 및 국유재산수입의 증가추세는 놀라울 정도이다. 한일합병 다음 해인 1911년에 11,791천원이었던 것이 1937년에는 233,528천원이 되어 무려 2,000%로 증가하고 있으며, 특히 1926년에 13,966천원에서 3년 뒤인 1929년에는 124,126천원이 되어 900%로 급격하게 증가하였다. 이에 비하여 조세수입은 1911년에 12,440천원이었던 것이 1937년에는 72,524천원이 되어 580%로 증가하였을 뿐이고, 1926년에 41,947천원에서

연도	세입 계	조세수입	관업 및 국유재산수입
1911년	52,284천원	12,449천원(23.8%)	11,791천원(22.6%)
1929년	240,579천원	49,987천원(20.8%)	124,126천원(51.6%)
1937년	427,653천원	72,524천원(17.0%)	233,511천원(54.6%)
2008년	1,762,920억원	1,607,200억원(91.2%)	155,720억원(8.8%) (세외수입)

※ 2009년 국세통계연보 참고

　　과거 세입 중 조세수입이 10~20%를 상회하는 수준에 불과하였던 것이 오늘날에는 세입 중 국세가 차지하는 비율이 80~90%를 상회[29]하고 있는 것을 생각해 보면 조세가 우리 모두에게 미치는 영향과 이에 따라 우리가 나아가야 할 조세관련정책이 무엇인가 하는 데 대하여 그 시사하는 바가 크다.

사법상 법률관계와 세법상 법률관계

1. 조세법률관계와 조세채무의 성립원인

　　사람의 사회생활을 규율하는 사회규범은 관습·종교 등 여러 가지가 있으나, 그중 법에 의하여 규율되는 생활관계를 법률관계(Rechtsverhältnis)라고 한다.[30] 이러한 법률관계는 대부분 권리의무를 수반하는 것이므로 법률관계는 권리의무변동관계라고 할 수 있다. 한 걸음 나아가서 권리변동관계와 조세법과의 관계를 생각해 보면 오늘날의 조세는 권리변동을 세원으로 인식하고 있으므로[31] 조세법률에 의하여 규율되는 생활관계를 조세법률관계라고 할 수 있다. 이렇게 본다면 법률관계와 조세법률관계는 모두 사람의 생활관계 중 권리변동관계를 그 대상으로 한다는 공통점이 있다.

　　1929년에는 45,947천원이 되어 거의 변화가 없어 당시 세입의 중심은 관업 및 국유재산수입이었음을 알 수 있다.

29) 세입 중 국세가 차지하는 비율은 1998년에 78.8%, 1999년에 77.2%, 2000년에 88.5%, 2001년에 85.6%, 2002년에 83.2%를 차지하고 있다; 국세청통계연보, 2003, 76~77면 참조

30) 곽윤직, 민법총칙(수정판), 서울 : 박영사, 2000, 75면

31) 최명근, 세법학총론, 서울 : 세경사, 2002, 53면

오늘날 법률관계의 형성 여부는 원칙적으로 자유이다. 그러나 형성된 법률관계를 기초로 하여 발생하게 되는 조세채무는 자유가 아니다. 사적 자치의 원칙 아래 자신의 이익의 극대화와 손실의 극소화의 접점을 찾는 합리적인 의사결정과정에 유일하게 조세가 개입하고 있는 것이다. 근대시민사회의 자유취득의 대가로 지불되는 것이 결국 조세이기 때문이다.

법률의 규율대상이 되는 생활관계를 법률관계라고 하고, 법률관계 중 조세법률의 규율대상이 되는 관계를 조세법률관계라고 한다면 결국 공법상의 조세법률관계와 사법상의 법률관계는 서로 영향을 주고받는 함수관계에 있다고 할 수 있다. 즉 계약을 체결하는 경우 당사자는 사적인 권리·의무발생 외에 공적인 조세채무까지도 고려할 수 있어야 하고, 이러한 고려 없이 이루어진 계약은 많은 경우 뜻하지 않은 조세채무로 이어지게 되어 사법상의 법률관계와 공법상의 조세법률관계는 서로 영향을 주고받는 관계가 되는 것이다.

법률관계는 궁극적으로 권리의무가 변동되는 관계이므로 조세법률관계의 원인이 되는 사실에 대한 연구는 권리의무가 변동되는 원인을 관찰하여 조세법률관계와의 함수를 규명하는 것이 필요하게 된다. 권리의무가 변동되는 원인은 대별하여 법률행위에 의한 권리의 변동과 법률의 규정에 의한 권리변동 두 가지의 법률요건으로 나눌 수 있다.

한편, 조세법에서는 권리의무가 변동되는 곳에서 과세요건사실을 인식하게 되고, 나아가 소득의 인식기준 또한 권리의무가 확정되는 시기를 원칙적으로 수입금액 인식시기로 보고 있으므로[32] 민법상의 권리변동이 발생하는 과정은 조세법상의 과세요건이 형성되는 과정으로 볼 수 있다.

법률행위 중 매매 등의 법률요건이 납세의무에 미치는 영향을 살펴보면 원칙적으로 매매라는 법률요건이 일정기간 동안에 계속하여 이루어지는 경우에는 사업성과 관련된 조세의 납세의무가 성립하게 된다. 부가가치세·소득세·법인세 등이 여기에 속한다. 법률요건의 반복과 관련한 일정기간을 과세기간이라고 하는데 이 과세기간은 각 개별 세법에서 정하고 있으며, 과세기간이 종료되는 시점에서 조세법의 규정에 의하여 조세채무는 성립하게 되고 그에 따른 여러 가지의 조세법률효과[33]가 뒤따르게 된다.

---

[32] 법인세법 제40조【손익의 귀속사업연도】
① 내국법인의 각 사업연도의 익금과 손금의 귀속사업연도는 그 익금과 손금이 확정된 날이 속하는 사업연도로 한다(2010.12.30. 개정).
② 제1항에 따른 익금과 손금의 귀속사업연도의 범위 등에 관하여 필요한 사항은 대통령령으로 정한다(2010.12.30. 개정).
  - 법인세법시행령 제68조【자산의 판매손익 등의 귀속사업연도】
  - 법인세법시행령 제69조【용역제공 등에 의한 손익의 귀속사업연도】
  - 법인세법시행령 제70조【이자소득 등의 귀속사업연도】
  - 법인세법시행령 제71조【임대료 등 기타 손익의 귀속사업연도】

[33] 조세법이 개정된 경우에 개정 전후의 조세법 중 원칙적으로 조세채무성립시기의 조세법률을 적용하게 되고, 각종 납세의무의 승계기준일이 되는 등 조세채무성립시기가 도래함에 따른 여러 가지의 조세법률효과가 발생하게 된다.

한편, 재화 또는 권리의 이전으로 발생하는 소득이 있지만 반복성·계속성이 없어 사업성이 있는 것으로 보기 어려운 경우에는 조세법에서 정하는 일정한 부동산 등의 양도에 대하여 예외적으로 양도소득세가 과세된다.

이렇게 계속성이 없는 우발적·일시적 소득에 대한 과세는 양도소득세 외에도 상속세와 증여세 등이 있다. 그러나 계속적 또는 일시적 거래 여부에 불구하고 공통되는 것은 어느 경우든 최소단위로서의 법률행위가 존재하게 되고, 그러한 법률행위가 성립하게 되는 과정을 분석해 보면 사법상의 법률관계가 원인이 되고 공법상의 조세법률관계가 결과가 되는 인과관계가 된다.

2. 조세법의 사법(私法) 의존성

조세법을 다른 법 분야, 특히 민법과 연계하여 관찰해 보면 조세법과 사법이 공유하는 영역을 파악할 수 있을 뿐만 아니라 일반행정법 분야에서 형성된 법리를 조세법에 적용할 때 생기는 한계를 이해할 수 있게 된다. 조세법과 사법은 성격을 달리하는 별종의 법이지만 그 상관관계를 파악하기 위하여 공통요소를 살펴볼 필요가 있게 되는 것이다.

오늘날 조세법은 개별경제주체의 경제활동에 있어서 권리변동과정 중에서 세원을 파악[34]하게 되는바, 그 권리변동 자체[35] 또는 권리변동에 의해 발생하는 소득[36] 등에 대하여 과세권을 행사하게 되어 결국 과세요건의 전제로서 권리변동원인으로서의 법률요건과 법률효과라는 사법상의 법률관계의 규명이 필요하게 된다.[37]

이렇게 개별경제주체의 경제적 생활사실 또는 경제활동은 1차적으로 사법에 의하여 규율되고 세법은 사법상의 권리변동과정을 착안하여 세원을 인식하고 조세채권을 발생시키게 되는 것이므로 조세법은 필연적으로 사법분야에서 생성·발전된 개념을 원용할 수밖에

---

34) 최명근, 세무행정개혁론, 서울 : 세경사, 2004. 32~33면

35) 부가가치세의 경우가 이에 해당하는 것으로 부가가치세법은 제9조(재화의 공급) 제1항에서 "재화의 공급은 계약상 또는 법률상의 모든 원인에 따라 재화를 인도(引渡)하거나 양도(讓渡)하는 것으로 한다"라고 정의하고 있어 소득발생 여부와 관계없이 일정한 권리의 변동을 과세대상으로 파악하고 있다.

36) 부가가치세와는 달리 소득세 또는 법인세는 권리변동의 결과, 발생하는 소득을 과세대상으로 파악하고 있다. 그러나 과세대상을 소득으로 하는 경우에도 소득의 발생원인이 되는 권리변동이 무효 또는 취소가 되는 경우에는 소득세납세의무에 영향을 미치게 되므로 권리변동의 발생원인과 소득세납세의무와의 관계는 인과관계에 서게 된다.

37) 근대 이전의 조세에 있어서 과세대상은 토지에서 생산되는 수확물로서 토지에 노동이라는 사실행위를 가하여 수확 시에도 노동이라는 사실행위를 가하는 것이므로 법률행위가 개입될 여지가 없다. 따라서 근대 이전의 조세에 있어서 조세법과 사법의 논의는 의미가 없게 된다. 그러나 근대조세에 있어서는 다르다. 이미 앞에서 본 바와 같이 부가가치세의 경우에는 권리이전 그 자체를 과세대상으로 파악하고 있으며, 소득세의 경우에도 소득의 발생원인은 대부분 매매·교환 등 법률행위로 인하여 발생한다. 결국 오늘날의 조세법은 근대 이전의 조세와는 달리 그 세원을 사법상의 권리변동에 두고 있는 것이다.

없다. 따라서 조세법의 해석과 적용에 있어서도 사법과의 연관성은 결코 간과할 수 없다.

이처럼 조세법은 사법과 밀접한 관계를 가지고 있으며, 사법 중 조세법의 입법 또는 해석에 있어서 특히 문제되는 것은 사법영역에서 사용되고 있는 용어를 조세법이 사용하게 되는 경우에 그 의미내용을 동일한 것으로 보아야 하는지에 대한 의문이다.

전통적으로 보면 조세법은 공법인 행정법의 한 분야로서 취급되어 왔다. 그러나 행정법이 규율하는 대상은 대부분 사인의 공적 생활인 데 반하여, 조세법이 규율하는 대상은 대부분 사인의 경제사실 또는 경제활동을 대상으로 하기 때문에 행정법과 조세법은 근본적인 차이가 있다.[38]

사인의 경제활동 또는 경제현상은 계약자유의 원칙 등 사적 자치의 원칙에 의하는 것이 근대시민사회의 기본원리이지만, 사적 자치에 따른 권리변동에 필수적으로 수반하는 조세채무를 고려하면 경제주체의 의사결정에 있어서 조세는 중요한 요소로 작용하게 된다.

즉 일상생활에서의 경제활동에서는 사인은 많은 요소를 고려하여 의사결정을 하게 되는데, 조세는 그중에서도 중요한 요소로 작용하게 되고, 일정 경제거래에 있어서 조세법의 내용이 거래를 형성하는 주요인이라면, 조세법은 합리적인 경제활동을 수행하여야 할 방법을 결정한다고 볼 수 있고, 이러한 의미에서 세법은 사적 거래법의 일환이라고도 관념할 수 있게 된다.

한편, 조세법을 공법으로 보는 경우에도 조세법의 문제는 일반 행정법을 통해서 해결되기 어려운 속성이 있으며, 조세법체계에 적합한 기본원리에 기초하여 공법 내에서 조세법 독자적인 법체계를 형성하고 있다고 보아야 할 것이다.

조세법은 공법·사법과 밀접하게 연결되어 있지만 조세법과 사법의 접점에서 부딪치는 문제의 해석에 있어서 특히 어려운 문제가 발생한다. 이러한 입법·해석과정에서 발생하는 문제의 원천은 주로 조세법과 사법의 공유하는 부분이다.

---

38) 근대 이전의 조세의 특징을 근대 이후의 조세의 특징과 비교해 보면 근대조세는 토지에서 생산된 자연물로서의 생산물을 과세대상으로 하는 것이 아니다. 즉 세원 자체를 시장경제에 바탕을 두고 그 위에서 활동하는 사경제행위에 의해 나타나는 경제적 행위 또는 성과를 세원으로 하여 과세대상으로 삼는 것이다.

3. 사법과 세법과의 관계

오늘날 조세법은 사법으로부터 완전히 독립한 독자적인 것으로 보기는 어렵지만 과세요건을 판단함에 있어서 사법에 의존하는 것을 부인할 수 없다. 조세법은 행정법의 한 분야로 분류되어 기본적으로는 행정법의 이론이 적용되지만, 한편 조세법의 특수성으로 인하여 일반행정법의 이론을 그대로 적용할 수 없는 독자적인 법역으로 인정되고 있는 것이다.

조세법에서 과세주체에 부여하고 있는 조세채권을 확정하기 위한 단계에서의 질문·검사권, 징수단계에서의 조세우선권·자력집행권 등의 특권은 조세법률관계의 본질적 요소라고 볼 수 없는 것이며, 조세법률주의의 이념에 따라 법률이 명문으로 인정하는 경우에 한하여 예외로 허용되는 것으로 이해해야 한다. 그렇다고 하더라도 다른 법 영역과 다른 조세우선권, 자력집행권 등의 조세법상의 특색은 현실적으로 국민의 조세채무에도 영향을 주고 있는 것이 사실이다.

조세법률관계의 본질에 관하여 지배적인 견해인 조세채무관계설의 입장에서 보면 조세법률관계에 있어서 조세법이 다른 공법에 비하여 현저히 구별되는 요소는 바로 납세의무의 성립과 확정이 구별된다는 점과 조세채무는 과세관청의 개입 없이 법률에 의하여 당연히 성립한다는 점이다.

납세의무는 그 성립을 위하여 필요한 요건이 되는 과세요건을 충족한 때에 법률상 당연히 성립하고 이를 위하여 납세의무자 또는 과세관청의 특별한 행위를 요하지 아니한다는 것이다.[39] 일반적으로 행정관청의 행위는 재량행위와 기속행위로 나뉘고, 재량행위는 다시 자유재량행위와 기속재량행위로 나뉘는데, 자유재량행위에 대하여는 원칙적으로 사법적 통제가 이루어지지 아니한다는 점이 가장 큰 특색으로 되어 있다. 다만, 과세요건에 불확정개념을 사용하고 있는 경우에 그 해석을 둘러싸고 요건재량의 문제로 논의되고 있으나, 불확정개념에 대한 해석은 전적으로 법원의 권한에 속하는 것으로서 재량의 문제는 아니라는 것이 일반적인 견해이다.[40]

---

[39] 최명근, 전계 세법학총론, 355면; 金子 宏, 前揭書, 581면. 金子 宏 교수는 독일에서도 납세의무가 성립하는 경우에 확정전보전압류에 관한 문제, 납세의무가 승계되는 시기의 기준일의 문제, 인지세와 같이 성립과 동시에 확정되는 조세의 경우에는 성립되는 즉시 조세채무가 확정되는 법률관계에 관한 문제 등이 있다고 전제하면서 이러한 문제에 관하여 독일에서 종래 많은 논쟁이 있었으나, 1919년에 제정된 구독일제국조세기본법(Reichsabgabenornung)에서 "조세채무는 법률이 정한 조세요건사실이 충족되면 즉시 성립한다"(제81조)라고 규정함으로써 그 논쟁에 종지부를 찍었다고 한다. 현행 독일조세기본법 제39조(조세채무관계에 의한 청구권의 발생)에서도 동일한 규정을 하고 있다. 따라서 이 부분에 대하여서는 현재는 논쟁의 소지가 없다 할 것이다.

[40] 金子 宏, 租税法(第9版), 東京 : 弘文堂, 2003, 120~123면

4. 사적 자치의 원칙과 조세법률관계

이상에서 본 바와 같이 조세법은 사법질서를 전제로 하고 있는데 사법이 형성하는 거래 유형들은 일반적으로 소득·재산·이익·소비와 같은 특정한 경제적 능력의 표현이라고 볼 수 있다. 조세법은 이러한 경제적 능력을 포착하기 위하여 사법상의 개념을 차용해서 과세요건을 구성하고 있다.

그리하여 과세요건은 크게 두 가지 방법으로 규율할 수 있다. 그 하나는 과세요건을 사법상의 개념과 직접 연관시키는 것이다. 즉 조세법에서 사법적으로 미리 규정된 개념을 사용함으로써 과세요건은 사법상의 개념과 직접 연관될 수 있다. 예를 들어 상속세와 증여 세는 무상이득을 통한 소득의 증가를 다루는 것으로 상속세법은 대부분 민법상 이미 규정 된 개념을 사용한다. 따라서 상속세법에서는 대체로 민법과 조세법의 개념이 구분되지 아 니하고 통일적으로 사용되며 또한 조세법 특유의 경제적 의미는 부각되지 않는다. 그러므 로 조세법에 별도의 규정이 없는 한 조세법상의 개념은 민법상의 개념과 동일한 뜻으로 인정된다.

다른 하나는 과세요건을 사법상의 개념과 결부시키지 않고 조세법 고유의 개념을 형성하 는 것이다. 즉 과세가치가 있는 거래사실을 조세법에만 통용되는 고유의 법적 특징들로 규정하는 경우이다. 이렇게 조세법이 특수한 고유의 개념들을 사용할 경우 법의 해석에 있어 사법상의 개념을 그대로 인정할 수 없게 된다. 예를 들어 소득세법상의 소득의 개념은 납세자의 사법적 형성을 통하여 이루어진 거래관계 내지 계약관계에 의거하여 추구된다. 그러므로 조세법을 해석하는 경우에 우선 사법적 요건을 따져서 사법적 요건사실을 확정한 다음 당해 사실에 조세법을 적용하여 조세법 특유의 경제적 의미와 관련시켜 과세요건사실 을 인정해야 한다.

어떠한 경우라도 조세법에 의하여 사적 자치의 원리가 간접적으로 제한을 받아서는 안 될 것이며, 조세법 최고의 기본원리는 국민의 경제생활에 있어서의 법적 안정성과 예측가 능성을 보장하는 조세법률주의로서 조세법은 사법질서를 깨뜨리지 않는 범위 내에서 헌법 을 정점으로 한 전체 법질서와 조화를 이루도록 정립되어야 할 것이다.

물론 조세법의 독자성을 인정하더라도 전체 법질서하에서 조세법질서와 사법질서를 조 화시키는 해석과 법운용이 모순되는 것은 아니다.

그렇다고 조세법이 사법에 종속적 내지 부속적이라는 의미도 아니다. 만일 조세법이 사법에 종속적이라면 사법적 기초가 조세법의 해석을 좌우하게 되어 부당하게 된다. 요컨 대 법질서의 통일을 주장한다고 해서 조세법을 사법의 부속법으로 보는 것이 아니다.

한편, 조세법은 여러 가지 입법정책의 타협의 산물이기 때문에 때로는 어떤 법 현상의 처리를 둘러싸고 사법과 대립하는 경우도 있다. 이러한 사법과의 대립·괴리가 조세정책상의 합리성에서 유래하는 것이라면 어쩔 수 없지만 그렇지 않는 한 조세법과 사법 분야의 괴리는 바람직하지 않으므로 그 괴리를 극소화하는 것만이 분쟁의 발생을 방지하고 최소로 억제하는 역할을 다하는 것이 된다.

앞에서 살펴본 바와 같이 현대조세법을 정확하게 이해하기 위해서는 사법, 특히 민법상 법률효과를 발생시키는 법률요건으로서의 법률행위와 법률의 규정을 세법상 과세요건과 연계하여 이해할 필요가 있다.

5. 사법(私法)과 조세법의 함수관계

변수 x와 y 사이에 x의 값이 정해지면 y값이 정해진다는 관계가 있을 때 y는 x의 함수라고 한다. 또 x를 독립변수, y를 종속변수라고 한다. 이를 함수의 형태로 표시하면 $y=F(x)$로 표시할 수 있고, y는 x의 함수라고 하는 것이다.

이를 납세의무와 납세의무의 원인이 되는 과세요건에 대입하면 납세의무=F(과세요건)가 된다. 즉 과세요건은 독립변수가 되고 납세의무는 종속변수가 된다. 사고의 편의를 위해 납세의무를 y로, 과세요건을 x로 표시하면 $y=F(x)$가 된다.

경제학에서는 사유의 단순화를 위하여 결과에 영향을 주는 원인되는 사실을 하나만 있는 것으로 가정한다. 현실세계에서 결과에 영향을 주는 원인은 복합적이다. 예를 들면, 전세 가격이 폭등한다면 그 원인은 여러 가지가 있을 수 있다. 주택공급자가 주택공급을 줄였다고 볼 수도 있고, 아이들 개학과 맞물려 수요가 늘어날 수도 있다.

학문의 세계에서는 사유의 단순화를 위하여 결과에 영향을 주는 독립변수 중 가장 중요하다고 판단되는 독립변수 하나만을 상정하는 것이다.

우리가 매일 보는 책의 지면은 3차원인 평면이다. 즉 x축과 y축으로 그림을 그려 설명할 때 쉽게 눈에 들어온다. 만약 z축을 하나 더 만들어야 한다면 그림은 다음과 같이 될 것이다.

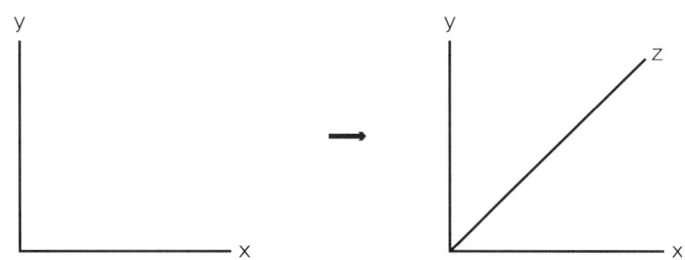

물론 특별한 케이스에는 세 개의 축이 필요한 그래프가 필요할 수도 있다. 그러나 일반적인 사유에 있어서는 두 개의 축이 짧은 시간에 이해를 돕는 데 도움이 되는 것이다. 그러나 현실은 여러 가지 사상들이 얽혀 있어 평면에 보이는 두 개의 축으로 사물의 본질을 보기 어렵다는 사실을 간과하기 쉽다.

$y = F(x)$에서 역시 두 개의 축으로 그래프를 그릴 수 있다.

그런데 납세의무에 영향을 미치는 과세요건은 과연 납세의무에만 영향을 주는 순수한 독립변수인가? 과세요건 자체에 영향을 주는 독립변수는 없는 것일까?

과세요건에는 크게 납세의무자, 귀속, 과세대상, 과세표준, 세율 등이 있다.

납세의무자는 자연인(세법에서는 개인)과 법인으로 나누지만 자연인과 법인은 민법 총칙 제2장과 제3장에 상세히 설명하고 있다.

과세대상은 이 책의 서문에서도 밝혔듯이 이미 토지에서 생산되는 농작물 등은 부가가치세도 면세이고, 소득세도 비과세이다. 즉 현대조세의 과세대상은 사법상 권리 그 자체 또는 사법상 권리의 변동이다.

그렇다면 과세요건은 납세의무에 영향을 주는 독립변수인 동시에 사법상 권리변동이라는 변수에 영향을 받는 종속변수로서의 기능을 동시에 하는 것이다.

이는 마치 집안에서 한 가장이 그 존속에 대해서는 자(子)의 역할, 그 비속에 대해서는 부(父)의 역할을 하는 것과 유사하다.

사법상 권리변동의 원인은 크게 법률행위에 의한 것과 법률의 규정에 의한 것으로 대별된다. 유언은 법률행위에 의한 것이고, 상속은 법률의 규정에 의한 것이다.

증여, 매매, 교환은 법률행위에 의한 재산권변동이고, 수용, 경매 등은 법률의 규정에 의한 재산권변동에 해당한다. 채권, 물권 등 모든 사적 권리는 이렇게 법률행위와 법률의 규정에 의해서만 변동된다. 사법상 권리변동의 원인이 되는 사실의 집합을 법률요건이라고 한다.

따라서 현대조세의 세원이라 할 수 있는 사권 그 자체는 조세법상 과세요건 중 제일 중요한 과세대상 그 자체라고도 할 수 있다. 사법상 법률요건을 A라 하고 이를 함수로 표시하면 $x = F(A)$, 즉 과세요건 = F(법률요건)가 된다.

우리는 결국 지금까지 납세의무 = F(과세요건)라는 함수만으로 사고를 단순화해 왔다. 그러나 위에서 본 바와 같이 과세요건 = F(법률요건)라는 함수도 존재한다는 사실을 부인할 수 없게 되었다.

이를 연속하여 표시하면 납세의무 = F(과세요건), 과세요건 = F(법률요건)가 된다. 즉 과세요건은 납세의무에 영향을 주는 독립변수의 역할과 법률요건으로부터 영향을 받는 종속변수로서의 역할을 함께 하는 것이다.

Z축은 바다 속에 숨어 있는 빙산의 본체로 전체 빙산의 70~80%에 달한다. 바다를 항해하는 선장이 해수면에 나와 있는, 눈에 보이는 빙산을 전체 빙산으로 보고 항해한다면 그것은 고객인 승객의 안전을 보장할 수 없는, 그야말로 위험천만한 행동이다. 그러므로 해수면 속에 있는 빙산 전체를 보는 눈이 있어야 한다.

사법상 권리변동의 원인이 되는 법률요건을 무시하고, 과세요건성립 유무를 분석하는 것은 불가능에 가깝다. 이것을 연목구어(緣木求魚)라고 할 수도 있다.

이 책을 집필하게 된 동기도 여기에 있다.

따라서 앞으로 조세법상 과세요건은 납세의무에만 영향을 미치는 것이 아니라 궁극적으로 사법상 법률요건으로부터 지대한 영향을 받는다는 인식이 필요하다.

제3절 민법의 개념과 조세법

1. 시민사회의 법으로서의 민법

시민사회의 법이란 신분사회 또는 봉건사회의 법에 대비되는 개념이다.

시민사회는 근대에 있어 개인의 자각과 더불어 자연법[41]사상의 영향을 받아 봉건사회의 신분계급적 구속을 벗어남으로써 성립되었다. 유명한 사회학자 '헨리 메인'의 '신분에서 계약으로'라는 한마디 말이 이를 압축하여 설명하고 있다.

절대군주시대에 있어서는 국가 자체가 군주의 사유재산이었으므로 국가가 필요로 하는 경비는 군주의 사유재산에서 직접 부담하는 것을 원칙으로 하였다. 그러나 근대시민사회에 들어와서 국가는 자기재산을 소유하지 않게 되었고 비로소 조세국가가 탄생하게 된 것이다.

---

41) 자연법이란 실정법에 대한 개념으로 시대, 민족, 사회, 장소 등을 초월하여 보편타당성을 지니는 어떤 근원적인 것 내지 초실정법적인 것의 존재를 인정한다. 자연법은 인간의 이성(理性)을 통하여 인식됨으로써 존재하고, 그 인식되는 자연법이 정의의 원리에 반하는 법은 법이 아니며, 따라서 자연법에 합치되지 않는 실정법은 악법이라고 한다. 이와 관련하여 자연법 사상가들은 자연법은 신(神)이 정한 인간사회의 질서이므로 자연법이 실정법의 기반이 되어야 한다고 주장한다.
자연법에 비하여 실정법이란 제정법, 관습법, 판례법 등과 같이 경험적·역사적인 사실에 의해서 성립되고 현실적인 제도로서 시행되고 있는 법으로 "악법도 법이다"라는 표현이 실정법을 대표한다고 할 수 있다.
민법의 기본원칙인 사적 자치의 원칙, 소유권절대의 원칙, 과실책임의 원칙은 근대의 개인주의, 자유주의를 배경으로 초기의 자연법이론을 뒷받침으로 확립된 것이다.

2. 사법(私法)으로서의 민법

형법, 행정법 등과 같이 상명하복 또는 어느 일방의 우월한 지위를 전제로 국가 및 공공단체 상호 간 또는 이들과 사인 간의 관계를 규율하는 공법과 달리 민법은 상호평등을 전제로 한 개인 간의 생활관계, 즉 재산관계와 가족관계를 규율함을 목적으로 하는 사법에 해당한다. 이에 비하여 세법은 공법으로서의 행정법 중에서도 특별법이라 할 수 있지만 세법상의 과세요건은 세법규정만으로 충분히 이해하기가 어렵다. 이는 근대조세의 채권채무관계는 조세법률주의에 의하는 것으로 결국 조세의 부담 면에서 보면 사적 자치의 원칙이라는 사법원리에 기초한 권리변동을 통하여 대부분의 과세요건이 성립하기 때문에 세법을 이해하기 위해서는 민법의 이해를 필요로 하는 것이다.

3. 일반 사법(私法)으로서의 민법

사람, 장소 등에 특별한 한정 없이 일반적으로 적용되는 법을 '일반법' 또는 '보통법'이라고 한다. 따라서 민법은 사인 간의 일반적인 생활관계에 적용되는 원칙법이므로 사법에 관한 일반법에 해당한다. 그러나 이와 달리 일정한 목적을 위하여 특정한 사람 · 장소 · 지역 · 사항 등에 한정하여 적용하는 상법, 이자제한법, 주택임대차보호법, 상가건물임대차보호법 등은 특별사법이다. 세법을 해석하거나 적용함에 있어 민법내용과 다른 특별법이 있는 경우에는 그 특별법을 적용한다.⁴²⁾

여기서 특별법을 적용한다는 의미는 법률의 효력 면에서 예외를 둔다는 의미이다. 따라서 사법에서 사용하고 있는 법률용어의 개념 자체가 바뀌는 것은 아니다. 예를 들면 소비대차 · 사용대차 · 임대차의 개념은 민법에서 정하는 의미 그대로 사용되는 것이며, 다만 특별법에서 정하는 바에 따라 그 법률효과를 달리하게 된다.⁴³⁾

---

42) 임대차는 동산, 부동산 그리고 부동산 중에서도 토지, 건물 그리고 건물 중에서도 점포, 상가 등 여러 종류의 건물에 대하여 할 수 있다.
그러나 임대차 목적물이 부동산 중에서도 건물, 건물 중에서도 주택인 경우에는 민법의 임대차보다 주택임대차보호법이 우선 적용되어 주택의 인도와 주민등록을 마친 때에는 그 다음 날로부터 제3자에 대하여 효력이 생기고 나아가서 확정일자를 받는 때에는 우선변제의 효력까지 있어 국세기본법상 국세와의 우선순위에서도 상당한 보호를 받을 수 있다(주택임대차보호법 제3조 제1항 및 동법 제3조의 2 제2항, 국세기본법 제35조).
2002.11.1.부터 시행된 상가건물임대차보호법 역시 민법 중 임대차규정에 대하여 특별법적인 효력을 가지고 있다. 주택임대차보호법과는 태어난 시기는 다르지만 이란성쌍둥이 같은 사회적 역할을 한다.
43) 소비대차약정은 원칙적으로 이자 없는 것으로 추정되지만 상인 간의 소비대차는 이자 있는 것으로 취급되고, 임대차에 있어서 주택임대차보호법에서 정하는 특정부동산의 임대차는 효력 면에서 예외적인 취급을 받을 뿐이다.

4. 실체법으로서의 민법

직접적으로 권리·의무에 관하여 정하는 법을 '실체법'이라 하고, 실체법상의 권리를 실행하거나 의무를 실현시키기 위한 절차를 정하고 있는 법을 '절차법'이라고 한다.

따라서 민법은 개인의 생활관계 속에서 누가 권리자이고 누가 채무자인가를 직접 규정하고 있으므로 실체법에 해당된다. 한편, 민사소송법, 형사소송법 등은 권리·의무의 발생·변경·소멸을 정하고 있는 실체법과 달리 이를 실현시키기 위한 절차를 정하고 있으므로 절차법에 해당된다.

세법에서는 조세범처벌법과 조세범처벌절차법 외에는 실체법과 절차법이 구분되어 있지 않다. 각 세법 모두 실체법과 절차법이 공존한다. 주로 위임명령보다는 집행명령이 납세의무를 이행하는 절차법적인 성격이라고 할 수 있다. 그러나 위임명령과 집행명령을 구분하는 것도 용이한 것은 아니다.

5. 조세법의 주요 법원(法源)으로서의 민법

근대민법의 꽃이라 할 수 있는 사적 자치의 원칙 또는 계약자유의 원칙은 인간의 자유와 평등이라는 이념 아래 자신의 운명은 오직 자신만이 결정한다는 원칙이다.

사적 자치의 원칙 또는 계약자유의 원칙 아래 계약을 체결하는 경우에 그 계약에 따른 법률효과는 권리변동이라는 사법(私法)상 효과 외에 납세의무라는 공법(公法)상 효과도 함께 발생하게 된다.

사법상 효과는 본인의 의사에 기초하여 발생하고, 공법상 효과는 본인의 의사와 관계없이 발생하게 된다.44) 이러한 공법상 효과는 허가, 인가 등의 다른 공법행위와 달리 증여, 매매 등 사법상의 법률요건에 기초하게 되므로 결국 과세요건을 판단하는 데 있어 사법상 법률요건은 중요한 판단요소가 된다. 이 점에서 민법은 조세법의 중요한 법원이 된다고 할 수 있다.

---

44) 조세는 자기결정방식과 정부결정방식이 있으나, 이때 자기결정방식은 납세자의 신고만으로 세액이 확정되고, 정부결정방식은 납세자의 신고가 있는 경우에도 이를 토대로 정부가 조사결정하여 세액이 확정된다. 자기결정방식이 정부결정방식보다 조세범처벌법상 기수시기 등에 있어 앞당겨지는 것이므로 오히려 자기결정방식이 의무가 강조된다.
자기결정방식에는 부가가치세, 소득세 등이 있고 정부결정방식에는 상속세, 증여세 등이 있다.

1. 법원(法源)이란?

　　민사에 관한 분쟁이 발생하는 경우 이를 해결하기 위해서는 판단기준이 필요하고 우리는 이를 법규라고 한다. 이 법규를 민법이라고 하는 경우에 민법은 어떤 모습을 가지고 있으며 또 그 범위는 어디까지로 볼 것인가?

　　이러한 민법의 모습과 범위에 관한 것이 바로 민법의 법원이다. 즉 법원이란 법의 원천 또는 법의 존재형식, 즉 법을 형성하는 원동력을 말한다.

　　법의 존재형식으로는 일반적으로 문자로 표시되고 일정한 형식 및 절차에 따라 제정된 성문법과 관습법, 판례법, 조리의 불문법이 있다.

　　독일, 프랑스, 스위스 등 대륙법 국가와 이를 계수한 일본과 우리나라와 같이 한 나라의 법체계 전반이 성문법을 중심으로 이루어진 경우를 성문법주의라고 하고, 영국·미국과 같이 불문법을 중심으로 하는 경우를 불문법주의라 한다.

2. 민법의 법원(法源)

　　우리나라는 성문법주의를 취하고 있으므로 성문화된 민법이 민법의 제1차적인 법원이 되지만 그 외에 관습법 등 불문법도 민법의 법원이 되고 있다.

　　민법 제1조는 "민사에 관하여 법률에 규정이 없으면 관습법에 의하고 관습법이 없으면 조리에 의한다"라고 규정하고 있다.

　　그러나 민법 제185조는 "물권은 법률 또는 관습법에 의하는 외에는 임의로 창설하지 못한다"라고 규정하고 있으므로 물권의 종류와 그 효력으로서의 내용은 조리에 의해 인정될 수 없을 뿐 아니라 그 법률에는 명령과 규칙은 포함되지 않음에 유의해야 한다.

가. 성문법

(1) 민법전(1958.2.22. 공포, 1960.1.1. 시행)

　　민법의 법원으로는 부동산등기법 등 각종 법률이 많이 있지만 그중에서 민법전이 민법의 근간이 된다. 우리 민법전은 독일민법을 계수함에 따라 독일민법과 같이 총칙·물권·채권·친족·상속의 5편으로 구성되어 있다. 그러나 독일민법의 편제순은 채권편 다음에 물권편으로 되어 있으나, 일본에서 물권편 다음에 채권편으로 구성한 것을 그대로 답습하여 현재와 같이 물권편 다음에 채권편이 자리 잡게 되었다.

1945.8.15. 해방 후 3년 뒤인 1948.12.에 국가적 사업의 일환으로 10년 가까운 작업을 하여 1958.2.22. 공포한 것이 우리의 손으로 만든 최초의 민법전이다.

그리고 2년의 유예기간을 두어 1960.1.1. 시행하게 되었다.

(2) 민법전 이외의 법률

(가) 민사특별법

민법 총칙과 관련되는 법률로는 실종선고와 관련하여 부재선고에관한특별조치법, 비영리법인과 관련하여 공익법인의설립·운영에관한법률 등이 있고, 물권법과 관련되는 법률로는 집합건물의소유및관리에관한법률·가등기담보등에관한법률·공장및광업재단저당법·부동산실권리자명의등기에관한법률 등이 있으며, 채권법과 관련되는 법률로는 대부업등의등록및금융이용자보호에관한법률·신원보증법·주택임대차보호법·약관의규제에관한법률·실화책임에관한법률·제조물책임법 그리고 최근의 상가건물임대차보호법 등이 있다. 이러한 민사특별법들 또한 세법의 과세요건 규명과 관련하여 밀접한 관련이 있다. 특히 상가건물임대차보호법은 임차인이 세무서에 사업자등록과 확정일자를 받음으로써 대항력과 우선변제권을 부여하게 되어 있어 현대의 민사특별법이 더욱더 세법과 밀접한 관계를 맺고 있음을 알 수 있다.

(나) 민사부속법률

부동산등기법·부동산등기특별조치법·유실물법·공탁법·가족관계의등록등에관한법률 등이 있다.

부동산등기특별조치법의 규정에 의하면 소유권이전등기를 신청하여야 할 자는 그 등기를 신청함에 있어서 등기신청서에 등기원인을 허위로 기재하여 신청하거나 소유권이전등기 외의 등기를 신청하여서는 아니 된다고 규정[45]하고 있고 소득세법에서는 양도소득세를 과세함에 있어 기준시가가 아닌 실지거래가액으로 양도차익을 계산할 수 있는 경우 중 하나를 허위계약서를 작성하는 때로 규정하고 있었다.[46] 허위계약서 해당 여부는 결국

---

45) 부동산등기특별조치법 제6조 【등기원인 허위기재 등의 금지】

46) (구)소득세법 제96조 제1항 제5호, 동법 시행령 제162조의 2 제2항
　　거짓계약서의 작성, 주민등록의 거짓이전 등 부정한 방법으로 부동산을 취득하거나 양도하는 경우로서 대통령령이 정하는 기준에 해당하는 경우에는 실지거래가액으로 자산의 양도차익을 계산한다.
　　☞ 위 규정은 2016.12.20. 아래와 같이 개정되었다.
　　소득세법 제96조 【양도가액】 ① 제94조 제1항 각 호에 따른 자산의 양도가액은 그 자산의 양도 당시의 양도자와 양수자 간에 실지거래가액에 따른다(2016.12.20. 개정).
　　※ 소득세법 부칙 【법률 제14389호】
　　　　제1조【시행일】이 법은 2017년 1월 1일부터 시행한다. 다만, 제97조의 2 제2항의 개정규정은 2017년 7월 1일부터 시행하고, 제81조 제1항 및 제3항, 제105조 제1항 제2호 및 제3장 제11절(제118조의

부동산등기특별조치법에 따르는 것이 합리적이라고 본다면 민사부속법률 또한 세법해석에 커다란 영향이 미친다는 점을 이해할 수 있다.

(다) 공법

공법에 속하는 법률 중에도 그 내용이 민사관계를 규율하는 것이 있다.

예를 들면 농지법·특허법·저작권법·광업법·수산업법·도로법·하천법·공익사업을위한토지등의취득및보상에관한법률·국토의계획및이용에관한법률·환경정책기본법 등에서는 일반 민사관계에 관한 권리, 의무에 관한 내용이 규율되고 있다. 세법은 형식면에서는 공법 중에서도 특별공법이라고 할 수 있으나 실질 면에서는 민사관계를 크게 규율하고 있다고 할 수 있다. 권리의 변동에 따른 납세의무의 유무 또는 다양성을 고려해 보면 이 사실을 이해할 수 있다. 예를 들면 위임계약에 의해 일을 처리하는 경우와 고용계약에 의해 일을 처리하는 경우를 부가가치세법상 비교해 볼 때 고용계약에 의하는 경우에는 부가가치세과세대상에서 제외된다.[47]

나. 불문법

(1) 관습법

민법 제1조는 관습법을 민법의 법원으로 인정하고 있다. 그러나 법률이 입법을 통해 제정되는 과정이 있어 그 성립시기가 명료한 데 반해, 관습법은 그러한 절차가 없기 때문에 관습법이란 구체적으로 무엇이며 그 성립하는 시기가 언제인가 하는 것이 의문이 될 수 있다.

관습법이란 그 사회에서 오랫동안 반복됨으로써 그 사회구성원 사이에서 사회생활의 규범으로 인식되어 법적 확신과 함께 많은 사람에 의해 지켜질 정도로 된 것을 말한다.

따라서 이러한 관습법이 성립하려면

첫째, 관행의 존재가 있어야 하고

9부터 제118조의 18까지)의 개정규정은 2018년 1월 1일부터 시행한다.

제2조 【일반적 적용례】

① 이 법은 이 법 시행 이후 발생하는 소득분부터 적용한다.

② 이 법 중 양도소득에 관한 개정규정은 이 법 시행 이후 양도하는 자산으로부터 발생하는 소득분부터 적용한다.

※ 시행일이 2017년 1월 1일이고, 부칙 제2조(일반적 적용례)에서 "이 법 중 양도소득에 관한 개정규정은 이 법 시행 이후 양도하는 자산으로부터 발생하는 소득분부터 적용한다"라고 규정하고 있으므로 2017년 1월 1일 이전 양도분으로 부과제척기간이 경과되지 않은 것에 대해서는 종전규정을 적용하는 것임에 유의해야 한다. 이렇게 조세법은 부칙이 중요하다.

47) 부가가치세법 제12조 【용역 공급의 특례】

③ 고용관계에 따라 근로를 제공하는 것은 용역의 공급으로 보지 아니한다(2013.6.7. 개정).

둘째, 이러한 관행이 법규범이라고 의식될 정도의 법적 확신이 있어야 한다.

우리 민법 제1조에서는 "민사에 관하여 법률에 규정이 없으면 관습법에 의하고 관습법이 없으면 조리에 의한다"라고 하여 보충적 효력을 인정하고 있다.

이러한 관습법으로 인정되는 것으로는 수목의 집단이나 미분리의 과실을 토지와 독립하여 거래하고자 할 때 그 공시방법으로서의 명인방법 · 일정한 경우 건물소유자의 토지소유자에 대한 관습법상의 법정지상권 · 관습법상의 분묘기지권 · 명의신탁 그리고 양도담보 등이 있다.

이러한 관습법은 관행의 존재 외에 사회적, 법적 확신 또는 법적 인식을 필요로 하는 점에서 '사실인 관습'과 구별된다.

(2) 조리

조리란 사물의 도리 또는 사물의 본질적 법칙을 의미한다. 사물의 도리로서의 조리는 경험법칙, 사회통념, 사회적 타당성, 신의성실의 원칙, 정의, 형평 등으로 표현되기도 하는 것으로 사회일반의 보통 사람이면 인정한다고 생각되는 객관적인 원리 또는 법칙을 말한다. 조리는 매우 추상적인 것이어서 일정한 구체적 내용을 가진 것이 아니라 법질서 전체 또는 그 속에 있는 성문법과 판례법의 저변에 흐르고 있는 공통의 규범을 말한다. 우리 민법 제1조에 "민사에 관하여 법률에 규정이 없으면 관습법에 의하고 관습법이 없으면 조리에 의한다"라고 하여 민법의 법원으로서 인정하고 있다. 따라서 근대법치국가에서는 법이 없다는 이유로 법관이 재판을 거부할 수 없다. 적용할 법률도 없고 관습법도 없는 경우에는 법관이 궁극적으로 사물의 본질적 법칙 또는 사물의 도리라고 믿음이 가는 조리에 따라 재판하는 것이다.

3. 조세법의 법원(法源)

조세에 관한 분쟁이 발생하는 경우 이를 해결하기 위해서는 판단기준이 필요한바 이들 판단기준이 되는 법규 등을 조세법의 법원이라고 할 수 있다.

민법은 지구에서 생존하는 인류로서의 생활에 관한 법률이라는 세계적 공통점이 있으나 세법은 이러한 민법에 비해서는 세계사적인 공통점은 미약하다.[48]

이러한 조세법의 법원으로는 성문법이 가장 중요하다.

---

[48] 그러나 조세를 채택하지 아니하는 공산주의 국가가 오랫동안의 경험을 통하여 공산주의는 실패할 수밖에 없는 모순점을 가진 제도라는 것을 인식하고 사유재산의 인정과 함께 필연적으로 뒤따르는 조세제도를 도입하고 있는 것을 볼 때 근대시민사회로서의 민법과 근대조세는 숙명적인 관계를 가지고 있다는 것을 알 수 있다. 중국의 개혁개방은 계획경제의 요체인 '이윤상납제'를 폐지하고 사적 이윤을 인정하는 '조세제도'를 인정한 것이다. 즉, 시장경제는 근대조세를 의미하고 자유와도 직결된다.

가. 성문법원

(1) 헌법

헌법은 국가의 최고법규로서 최고법규에 위반하는 법규는 무효가 된다.

우리나라 헌법은 "모든 국민은 법률이 정하는 바에 의하여 납세의 의무를 진다"라고 하고 "조세의 종목과 세율은 법률로 정한다"라고 규정[49]하여 납세의무와 조세에 대하여 직접적으로 언급하고 있으나 이들 헌법조항 외에도 조세법의 법원이 되는 경우는 많다.

따라서 조세법이 헌법에 위반하는 경우에는 위헌법률이 되고 위헌법률에 기초하여 이루어진 처분은 무효의 처분이 된다. 위헌법률 여부에 대한 판단은 헌법재판소가 한다.

(2) 법률

헌법에서는 조세의 종목과 세율이라고 표현하고 있으나 조세법률주의 원칙상 납세의무자 · 과세대상 · 과세표준 · 세율 등의 과세요건에 대해서는 하위법규가 아닌 법률로서 규정해야 할 것이다. 근대조세의 탄생이 근대민법의 탄생과 함께한 것을 생각하면 많은 법률 중에서 특히 민법이 조세법을 인식하기 위한 법원으로서 중요한 역할을 한다.

명령, 규칙 등이 법률에 위반하는지 여부에 대한 판단은 대법원이 한다.

(3) 명령

행정부가 제정하는 법규범을 명령이라 하고 여기에는 대통령이 제정하는 시행령과 각부 장관이 제정하는 시행규칙이 있다. 헌법 제75조에서는 "대통령은 법률에서 구체적으로 범위를 정하여 위임받은 사항과 법률을 집행하기 위하여 필요한 사항에 관하여 대통령령을 발할 수 있다"라고 규정하고 있다. 민법에서는 시행령과 시행규칙이 없다. 그러나 조세법에서는 시행령과 시행규칙은 개별세법마다 대부분 규정하고 있다.

(4) 조례 · 규칙

조례는 지방자치단체의 의회가 제정하는 법규이며, 규칙은 지방자치단체의 장이 제정하는 법규이다. 헌법 제117조에서는 "지방자치단체는 법령의 범위 안에서 자치에 관한 규정을 제정할 수 있다"라고 규정하고 있으며, 이에 따라 지방세기본법 제5조 제1항에서는 "지방자치단체는 지방세의 세목(稅目), 과세대상, 과세표준, 세율, 그 밖에 지방세의 부과 · 징수에 필요한 사항을 정할 때에는 이 법 또는 지방세관계법에서 정하는 범위에서

---

49) 헌법 제38조, 제59조

조례로 정하여야 한다"라고 하고 있고, 제2항에서는 "지방자치단체의 장은 제1항의 조례 시행에 따르는 절차와 그 밖에 조례 시행에 필요한 사항을 규칙으로 정할 수 있다"라고 규정하여 조례와 규칙이 조세법의 법원임을 밝히고 있다.

(5) 조세조약

국가와 국가 사이의 거래가 확대됨에 따라서 조세의 국제적 이중과세를 방지하기 위한 필요성이 더욱 증대되었다. 이러한 필요성에 따라 조세조약(tax treaty or convention)[50]을 체결하는 경우가 많아졌다. 이러한 조세조약은 조약체결국의 비거주자 내지 외국법인의 납세의무에 관한 법률적 지위를 정하는 것이기 때문에 조세법의 법원으로서 중요하게 된다.

헌법 제6조 제1항에서는 "헌법에 의하여 체결·공포된 조약은 국내법과 같은 효력을 가진다"라고 규정하여 조약의 효력에 대하여 명확하게 규정하고 있다.

나. 불문법원

(1) 판례

법원의 판례는 구체적인 쟁송이 있는 경우에 그 다툼의 해결을 목적으로 하게 된다. 그 다툼의 쟁점이 법률해석인 경우에는 당해 판례는 선례로서 존중된다.

법원조직법은 판례의 기속력에 관하여 상급법원의 판단은 당해 사건에 관하여 하급심을 기속하는 것으로 규정하고 있다.[51]

이는 대법원의 판례는 당해 사건에 국한하여 기속력이 있다는 의미일 뿐 다른 사건에까지 기속력이 미친다는 의미는 아니다.

상급법원의 판례가 사실상 기속력이 있다고 하는 것은 법원조직법상 상급조직의 판단의 우위성을 인정하는 것일 뿐이다.

소송과정에서 다툼이 되는 쟁점이 법률해석인 경우 당해 판례는 법이 표현하는 의미와 내용을 명백하게 한다. 따라서 법이 표현하는 의미와 내용을 명백하게 하는 최종적인 해석 권한이 있는 법원의 판례를 통한 법의 해석은 조세법의 법원성이 있게 된다.

법원조직법은 이미 판시한 헌법·법률·명령 또는 규칙의 해석적용에 관한 의견을 변경 하려면 대법원판사 전원합의체에서 2/3 이상의 찬성으로 변경하도록 하여 법적 안정성을

---

50) 1979년 UN모델조약 : 선·후진국 간의 조세조약의 모델
   1992년 OECD모델조약 : 선진국 상호 간의 모범적이고 표준적인 조세조약
   1993년 우루과이라운드
51) 법원조직법 제8조【상급심 재판의 기속력】
   상급법원 재판에서의 판단은 해당 사건에 관하여 하급심(下級審)을 기속(羈束)한다.

도모하고 있다.52)

이처럼 2/3 이상의 합의를 요하는 것은 종전 판례를 존중하고 법적 안정성을 유지하기 위한 것이지만, 다소 잘못된 판례라 하더라도 2/3의 찬성이라는 보호장치 때문에 그 잘못된 판례의 시정은 용이하지 않게 되는 문제점이 있다.

(2) 관습법

관습법이란 사실상의 관행이 오랫동안 반복됨으로써 그 사회구성원 사이에서 그 관행에 대한 법적 확신과 함께 다수의 많은 사람들에 의해 지켜질 정도로 된 것을 말한다.

그러나 소급과세금지의 원칙이 소급적용하여 납세자에게 유리하게 적용되는 것까지 막는 것이 아닌 것과 같이 납세자에게 불리하게 적용되는 관습법은 인정될 수 없다 할 것이다.

국세기본법에서는 "국세행정의 관행이 일반적으로 납세자에게 받아들여진 후에는 관행에 의한 행위 또는 계산은 정당한 것으로 보며, 새로운 관행에 의하여 소급하여 과세되지 아니한다"53)라고 규정하여 조세법상의 신뢰이익을 보호하도록 하고 있다.54)

동 규정은 조세법에서 관습법의 법원성을 인정한 것은 아니다. 납세자에게 불리한 조세관행은 조세법률주의원칙상 법원성을 인정받을 수 없기 때문이다.

(3) 조리

조리란 사물의 도리 또는 사물의 본질적 법칙을 의미하는바 민법은 제1조에서 "민사에 관하여 법률에 규정이 없으면 관습법에 의하고 관습법이 없으면 조리에 의한다"라고 하여 조리가 민법의 법원임을 명백히 하고 있다. 한편, 조세법률주의라는 관점에서 볼 때 조세법에서 조리가 법원으로 인정될 수 있는가 하는 점은 논의의 대상이 될 수 있다.

그러나 관습법이 납세자에게 유리하게 적용되는 경우 조세법의 법원으로 인정될 수 있듯이 조리 역시 납세자의 권리를 보호하기 위해서는 조세법의 법원이 될 수 있을 것이다.

---

52) 법원조직법 제7조【심판권의 행사】
　① 대법원의 심판권은 대법관 전원의 3분의 2 이상의 합의체에서 행사하며, 대법원장이 재판장이 된다. 다만, 대법관 3명 이상으로 구성된 부(部)에서 먼저 사건을 심리(審理)하여 의견이 일치한 경우에 한정하여 다음 각 호의 경우를 제외하고 그 부에서 재판할 수 있다.
　　1. 명령 또는 규칙이 헌법에 위반된다고 인정하는 경우
　　2. 명령 또는 규칙이 법률에 위반된다고 인정하는 경우
　　3. 종전에 대법원에서 판시(判示)한 헌법·법률·명령 또는 규칙의 해석 적용에 관한 의견을 변경할 필요가 있다고 인정하는 경우
　　4. 부에서 재판하는 것이 적당하지 아니하다고 인정하는 경우

53) 국세기본법 제18조【세법 해석의 기준 및 소급과세의 금지】제3항

54) 국세기본법기본통칙 18-0…1【세법해석의 기준】
　법 제18조 제3항에서 '세법의 해석 또는 국세행정의 관행이 일반적으로 납세자에게 받아들여진 후'라 함은 성문화의 여부에 관계없이 행정처분의 선례가 반복됨으로써 납세자가 그 존재를 일반적으로 확신하게 된 것을 말하며 명백히 법령위반인 경우는 제외한다.

헌법재판소는 후발적 사유에 의한 경정청구제도를 인정하는 현행 국세기본법이 시행되기 이전에 과세표준신고서를 제출한 자 등에게 후발적 사유에 의한 경정청구권을 조리상 인정할 것인지 여부에 대하여 재판관 5인이 조리상의 경정청구권을 인정해야 한다고 찬성하였으나, 헌법재판소법이 정하는 심판정족수에 1인(정족수 6인)이 미달하여 조리상의 경정청구권이 인정되지 아니하였다.[55]

이는 조리에 의해서도 납세자의 권리가 인정될 수 있다는 것을 의미하고 나아가서 조세법에서 조리의 법원성이 인정될 수 있음을 시사한다.[56]

제 5 절   민법의 기본원리

민법을 올바르게 이해하려면 먼저 그 기본원리를 파악하는 것이 필요하다. 우리 민법은 19세기에 성립한 근대민법을 모범으로 삼고, 그것을 상당히 수정한 것으로, 먼저 개인주의적 법원리가 지배한 19세기의 근대민법의 기본원리를 살펴보고, 20세기에 들어와서 그 법원리가 어떠한 수정을 받았는지 살펴볼 필요가 있다. 근대민법의 기본원리는 자유를 전제로 하는 시장경제에서 생산된 부의 일부를 시민 스스로 국가경비를 충당하는 근대적 의미의 조세와 밀접한 관련이 있다는 사실을 염두에 둘 필요가 있다.

1. 근대민법의 3대원칙

근대사회에 들어와서 비로소 봉건적 구속에서 벗어나게 되었고, 개인주의·자유주의라는 당시의 시대사조를 배경으로 하여 모든 사람을 평등하게 다루며, 그 자유로운 활동을 보장하는 것을 지도원리로 하여 출발하였다. 그리하여 인간은 이성을 가지고 있으며 합리적이며 또한 자유롭고 평등한 존재이므로 자기의 일은 자기 스스로의 결정에 의하며 자신

---

55) 헌법재판소 97헌마245, 2000.2.4.

56) 종전에 헌법재판소가 판시한 헌법 또는 법률의 해석적용에 관한 의견을 변경하는 경우에는 재판관 과반수의 찬성으로는 불가하고 재판관 6인의 찬성이 있어야 하는 것으로 헌법재판소법은 규정하고 있다.
   헌법재판소법 제23조 【심판정족수】
   ① 재판부는 재판관 7명 이상의 출석으로 사건을 심리한다.
   ② 재판부는 종국심리(終局審理)에 관하여 재판관 과반수의 찬성으로 사건에 관한 결정을 한다.
     다만, 다음 각 호의 어느 하나에 해당하는 경우에는 재판관 6명 이상의 찬성이 있어야 한다.
     1. 법률의 위헌결정, 탄핵의 결정, 정당해산의 결정 또는 헌법소원에 관한 인용결정(認容決定)을 하는 경우
     2. 종전에 헌법재판소가 판시한 헌법 또는 법률의 해석적용에 관한 의견을 변경하는 경우

이 야기한 일에 대해서는 스스로 책임을 지므로 국가는 개인 간의 법률관계에 대하여는 간섭해서는 아니 되고, 단지 개인이 내린 의사결정을 존중하여 그에 따른 법률효과의 발생에 조력함을 원칙으로 한다는 사적 자치의 원리가 확립되었다. 이를 구체적으로 살펴보면 다음과 같다.

가. 소유권절대의 원칙

근대사회에서 개인은 봉건사회에 있어서와 같이 신분적 예속관계로부터 벗어나 완전히 해방된 반면에 이제부터는 타인의 보호를 받을 수는 없게 되었다. 개인은 자기의 책임 아래 생활을 영위해야 하기 때문에 최후에 의지할 수 있는 것은 그의 경제력뿐이다.

이를 뒷받침하기 위하여 개인이 재화에 대한 완전한 지배를 인정하고, 서로 이를 침해하지 않도록 하였다. 결국 소유자는 자기의 재화를 자유롭게 사용·수익·처분할 수 있으며, 이에 대하여 타인의 간섭도 받지 않으며 국가도 이를 존중해야 하므로 이를 무상으로 수용하여 소유권행사를 제한하거나 침해할 수 없다. 시장경제 아래 획득하는 사적 이윤 중 일부를 사회적 합의를 거쳐 국가경비(조세)로 충당한다.

나. 계약자유의 원칙

사람은 누구나 모두 합리적인 판단력을 가지고 있다는 것을 전제하며, 개인의 활동을 국가가 간섭하지 않고 각자의 자유에 맡겨두면 사회는 조화롭게 된다는 생각이 그 바탕이다. 구체적으로는 계약을 맺을 것인가 맺지 않을 것인가 하는 계약체결의 자유, 누구와 계약을 체결할 것인가 하는 상대방선택의 자유, 어떤 내용의 계약을 맺을 것인가 하는 계약내용의 자유, 구두로 할 것인가 문서로 할 것인가 하는 계약방식의 자유의 원칙 등 네 가지 원칙으로 결과적으로 자본주의[57] 사회의 비상한 발전을 가져왔다.

이러한 사상은 A. Smith의 '보이지 않는 손(Invisible Hand)'[58]에서도 엿볼 수 있다.

---

57) 저자 개인적으로는 '자본주의'라는 용어보다 '시장경제'라는 용어가 적합하다고 생각한다. 결국 생산수단의 사적 소유인정 여부에 따라 '계획경제'와 '시장경제'로 구분하는 것이고 생산수단의 사적 소유와 사기업제도를 인정하지 않는 '계획경제'에서는 생산물의 사적 소유가 인정되지 않으므로 민간에서 생산된 부의 일부를 국가에 넘기는 조세는 존재할 수 없다. 생산물 전체가 국가의 소유가 되기 때문이다. 자연인에게는 배급이 필수적으로 따를 수밖에 없다.

58) 영국 고전파 경제학자 아담 스미스가 그의 저서 '국부론(1776)'에서 표현한 유명한 말이다.
그는 시민사회에서 개인의 이기심에 입각한 경제적 행위가 결과적으로 사회적 생산력의 발전에 이바지하며, 이러한 사적 이기심과 사회적 번영을 매개하는 것은 하나님의 '보이지 않는 손'이라고 생각하였다. 즉 스미스는 각 개인은 자기의 이익을 뜻대로 추구하고 있는 동안에 '보이지 않는 손'에 이끌려 상상치 못했던 사회 전체의 이익을 가져온다고 보았다. 어떤 사회라 하더라도 그 사회 내에서는 다음의 세 가지 문제에 부딪히게 된다.
첫째, 그 국민경제에 필요한 물자의 종류와 수량의 결정, 둘째, 생산방법의 결정, 셋째, 생산물의 분배의 계약자유의 원칙과 충돌되는 부분이 세법의 부당행위계산부인규정이다.

다. 과실책임의 원칙

개인은 자기의 고의·과실로 야기된 결과에 대해서만 손해배상의 책임을 지며, 그 밖의 불가항력이라든가, 타인의 과실 등 자기에게 과실이 없는 다른 원인으로 인한 결과에 대해서는 책임을 지지 않는 것이 원칙이다. 이 원칙은 민사책임의 중요 부분인 계약책임과 불법행위책임의 기본원칙으로 발전하였으며, 근대사회에서 기업이 크게 발전할 수 있었던 원동력이기도 하다.

2. 기본원칙의 수정 또는 제한

앞에서 본 근대민법의 3대 원칙은 자본주의 발전의 원동력이 되었으나 자유방임과 자본주의의 심화로 경제적 강자와 경제적 약자가 발생하고 결국 경제활동은 경제적 강자에 뜻에 따라 일방적·불평등하게 이루어지게 되었다. 그러나 경제적 강자의 이러한 횡포는 사적 자치의 원칙이라는 미명하에 묵인되면서 경제적 강자와 약자의 대립, 특히 노사 간의 갈등이 격화되었다.

계약자유의 원칙에 있어 계약자유는 경제적 강자에 의한 계약의 강제가 있게 되어 계약자유는 가진 자의 무기가 되고 가지지 못한 자는 점점 계약의 자유를 잃어갔다.

인간은 이성적이고 합리적이며 자유롭고 평등한 존재로서 자신의 일은 스스로 결정한다는 인간관이 자본주의의 심화로 현실과 맞지 않게 되었다.

그리하여 현실에서의 부자유와 불평등을 제거하여 각인의 실질적인 자유와 평등을 보장함으로써 인간다운 생활을 확보하고자 하였다. 따라서 다음과 같이 사적 자치의 원리가 수정되지 않을 수 없었다.

결정 등의 가장 기본적인 경제문제를 해결해야 한다.

사회주의 사회에서는 중앙계획기관의 계획과 명령을 이용하여 위와 같은 경제문제를 해결하지만 전체적인 계획과 통제를 하는 기관이 없고, 일체의 생산과 소비활동이 개인의 자유에 맡겨져 있는 자본주의 사회에서는 이런 문제를 해결하는 것은 바로 스미스가 말하는 '보이지 않는 손'이 해결해 준다고 보는 것이다. 국부론이 나온 1776년 같은 해(1776.7.4.) 미국의 독립선언문이 승인되었으며 이날, 즉 7월 4일은 미국의 독립기념일이 되었다.

> [미국 독립선언서 요약]
> 우리는 다음과 같은 것을 자명한 진리라고 생각한다. 즉, 모든 사람은 평등하게 태어났고, 창조주는 몇 개의 양도할 수 없는 권리를 부여했으며, 그 권리 중에는 생명과 자유와 행복의 추구가 있다. 이 권리를 확보하기 위하여 인류는 정부를 조직했으며, 이 정부의 정당한 권력은 피치자의 동의로부터 유래하고 있는 것이다. (이하 생략)

한편, 아담 스미스의 국부론(1776년)이 나온 지 100년 뒤인 1876년에 마르크스의 자본론이 탄생하였고, 그 모순을 깨닫기까지는 다시 100년이라는 긴 시간이 필요했다.

가. 공공복리에 의한 소유권의 제한

근대에서 무제한이라고 할 수 있을 만한 권리였던 소유권이 공공복리를 위하여 제한되거나 박탈될 수 있으며 또한 소유권의 행사도 공공복리에 적합하게 행사하도록 되었다. 도로 등 국가기간산업시설을 위한 개인의 소유권을 제한하는 법률은 나날이 늘어가고 있으며, 공공의 복리 또는 권리남용금지의 법리도 점점 크게 작용하고 있다.

우리 헌법 제23조 제1항에서는 "모든 국민의 재산권은 보장된다. 그 내용과 한계는 법률로 정한다"라고 하면서 제2항에서 "재산권의 행사는 공공복리에 적합하도록 하여야 한다"라고 규정하고 있고, 제3항에서는 "공공필요에 의한 재산권의 수용 · 사용 또는 제한 및 그에 대한 보상은 법률로써 하되, 정당한 보상을 지급하여야 한다"라고 규정하고 있다.

조세법상 납세의무를 고려하면 소유권의 제한은 또 다른 형태의 부담으로 다가온다. 조세채권은 신고 또는 고지에 의해 일단 조세채무가 확정되면 일반민사채권과 달리 확정판결을 받은 효력에 버금가는 압류처분이 뒤따른다. 민사채권과 달리 자력집행권이 부여된다. 일정한 경우 조채채무가 확정되기 전이라도 압류가 가능한데 이것이 바로 확정전보전 압류이다.

나. 계약자유의 원칙의 제한

사적 자치의 정당성은 개인의 의사결정을 관철할 수 있는 사실상의 힘을 가지고 있는 것을 전제로 하나 현실은 경제적 강자의 뜻에 따라 결정되므로 진정한 의미의 의사결정은 성립될 수 없고, 외견상 합의는 진정한 의사와 일치하지 않으므로 경제적인 약자의 보호를 위하여 계약자유의 원칙을 제한한다.

특히 전기 · 전화 · 가스 · 의료 등 생활필수적 서비스영역에서는 계약체결을 강제하기도 하며, 계약을 체결하더라도 그 계약이 사회질서에 위반되거나 현저하게 불공정한 경우에는 무효로 되며, 경제적 약자를 위하여 계약내용이 법률의 규정에 의하여 정해지기도 한다. 또한 약자를 위한 강행법규가 늘어가고 있으며 일방에게 불리한 약관에 대하여 규제하고 있다.[59]

조세법과 관련해서 계약자유의 원칙을 생각해보자. 계약체결의 자유, 계약상대방선택의 자유, 계약방식의 자유, 계약내용의 자유가 계약자유의 원칙에 관한 내용들이다.

---

59) 의료법 제15조 【진료거부 금지 등】
   ① 의료인 또는 의료기관 개설자는 진료나 조산 요청을 받으면 정당한 사유 없이 거부하지 못한다(2016. 12.20. 개정).
   ② 의료인은 응급환자에게 응급의료에관한법률에서 정하는 바에 따라 최선의 처치를 하여야 한다.
   ☞ 위 규정에 위반하여 응급의료를 거부 또는 기피한 응급의료종사자는 3년 이하의 징역 또는 3천만원 이하의 벌금에 처한다. 【응급의료에관한법률 제60조(벌칙)】

조세법상 부당행위계산부인규정을 생각해 보면 조세법은 일정한 경우 계약자유의 원칙을 부정하고 있다. 예컨대 일정한 경우의 양도는 증여로, 일정한 증여는 양도로 과세를 하거나, 일정한 경우 입증책임을 납세자에게 전가하는 경우가 있는가 하면, 아예 입증가능성 자체를 원천봉쇄하는 경우도 있다. 시민자치의 원리인 근대조세의 뿌리가 되는 계약자유의 원칙과 조화를 이룰 수 있어야 한다.

다. 무과실책임의 부분적 도입

자기의 행위에 고의나 과실이 없었더라도 자기의 기업활동이나 소유물이 위험성을 안고 있어 타인에게 손해를 야기하였다면 그 기업주·소유자는 위험야기에 따른 손해배상책임을 진다는 위험책임법리가 도입되었다. 종래 과실책임주의가 적용되던 불법행위영역에 환경오염책임, 공작물책임, 제조물책임 등과 같은 무과실책임이 도입되었다.

환경정책기본법에서는 사업장 등에서 발생되는 환경오염 또는 환경훼손으로 피해가 발생한 때에는 당해 사업자는 그 피해를 배상하여야 한다고 규정하면서 사업장 등이 두 개 이상 있는 경우에 어느 사업장 등에 의하여 피해가 발생한 것인지를 알 수 없을 때에는 각 사업자는 연대하여 배상하여야 한다고 규정하여 무과실책임을 천명하고 있다.[60]

특히 2002.7.1.부터 시행된 제조물책임법에서는 제조물의 결함으로 손해가 발생한 경우에는 제조업자에게 그 손해를 배상하도록 하면서 제조업자가 당해 제조물을 공급하지 아니한 사실 등 일정사실을 입증한 경우에 한하여 손해배상책임을 면하도록 규정하고 있다.[61]

---

60) 환경정책기본법 제44조 【환경오염의 피해에 대한 무과실책임】
　① 환경오염 또는 환경훼손으로 피해가 발생한 경우에는 해당 환경오염 또는 환경훼손의 원인자가 그 피해를 배상하여야 한다.
　② 환경오염 또는 환경훼손의 원인자가 둘 이상인 경우에 어느 원인자에 의하여 제1항에 따른 피해가 발생한 것인지를 알 수 없을 때에는 각 원인자가 연대하여 배상하여야 한다.

61) 제조물책임법 제3조 【제조물 책임】
　① 제조업자는 제조물의 결함으로 생명·신체 또는 재산에 손해(그 제조물에 대하여만 발생한 손해는 제외한다)를 입은 자에게 그 손해를 배상하여야 한다.
　② 제1항에도 불구하고 제조업자가 제조물의 결함을 알면서도 그 결함에 대하여 필요한 조치를 취하지 아니한 결과로 생명 또는 신체에 중대한 손해를 입은 자가 있는 경우에는 그자에게 발생한 손해의 3배를 넘지 아니하는 범위에서 배상책임을 진다. 이 경우 법원은 배상액을 정할 때 다음 각 호의 사항을 고려하여야 한다(2017.4.18. 신설).
　　1. 고의성의 정도
　　2. 해당 제조물의 결함으로 인하여 발생한 손해의 정도
　　3. 해당 제조물의 공급으로 인하여 제조업자가 취득한 경제적 이익
　　4. 해당 제조물의 결함으로 인하여 제조업자가 형사처벌 또는 행정처분을 받은 경우 그 형사처벌 또는 행정처분의 정도
　　5. 해당 제조물의 공급이 지속된 기간 및 공급 규모
　　6. 제조업자의 재산상태

이러한 무과실책임은 상대적으로 전문지식이 부족한 피해자의 입증책임을 면제하는 대신에 전문지식이 있는 공급자 등에게 피해사실에 대한 인과관계가 없음을 입증하도록 하여 피해자로부터 가해자에게로 입증책임을 전환하는 데 그 의의가 있다.

조세법과 관련하여 생각해 보면 일정한 경우 국민인 납세자에게 거래관련 입증책임을 과다하게 부담하는 경우가 있다. 예를 들면, 거래당사자 중 매입자에게 당연히 부여되는 자신이 부담한 매입세액의 공제와 관련하여 진정한 공급자인지 여부에 관한 선의와 함께 무과실까지도 입증토록 하는 경우가 있다.

3. 민법의 기본원리와 조세법

소유권절대의 원칙은 공공복리에 의해 제한될 수 있고, 계약자유의 원칙은 특정한 경우 경제적 약자의 보호를 위해 제한되고, 과실책임의 원칙은 부분적으로 무과실책임이 도입되었다. 근대민법의 기본원리 중에서도 계약자유의 원칙이야말로 근대민법의 핵심요소라고 할 수 있다. 계약의 체결과 이행에 따라 대부분의 납세의무가 생기게 되고 납세의무성립 요건으로서의 과세요건에는 계약당사자의 계약이 유효한 것을 그 전제로 하게 된다.

이 점에서 일반적 공법행위인 인가·허가, 특허 등과는 근본적으로 차이가 있는 것이다.
세금을 의식한 부당한 행위로 규정된 경우에는 그 행위를 부인할 수 있으나 이것이 사법상 법률효과를 부인하는 것은 아니다. 별도의 납세의무만이 부가될 뿐이다.
사법상 법률효과의 발생은 권리변동이라는 사법상 효과에 부가하여 납세의무라는 공법상 효과도 함께 발생하게 되지만 경우에 따라서는 행위와는 별개의 취급을 받게 된다. 납세의무라는 공적의무가 부가된다는 면에서 법률행위 시 조세는 반드시 고려되어야 하는 것이다.
공법은 명령과 강제가 수반되기 때문이다.

근대민법의 탄생으로 태어나면서부터 권리와 의무의 주체가 되는 사람은 이와 동시에 납세의무자가 되게 되었다. 이것은 동전의 양면과 같은 이치이다. 민법에 따라 권리와 의무의 주체가 되는 사람은 다른 연결고리 없이 조세법상으로는 납세의무자가 된다. 즉 권리능력의 취득과 납세의무능력은 동시에 발생하는 것이다.

---

7. 제조업자가 피해구제를 위하여 노력한 정도
③ 피해자가 제조물의 제조업자를 알 수 없는 경우에 그 제조물을 영리 목적으로 판매·대여 등의 방법으로 공급한 자는 제1항에 따른 손해를 배상하여야 한다. 다만, 피해자 또는 법정대리인의 요청을 받고 상당한 기간 내에 그 제조업자 또는 공급한 자를 그 피해자 또는 법정대리인에게 고지(告知)한 때에는 그러하지 아니하다(2017.4.18. 개정).
[전문개정 2013.5.22.]

민법의 기본원리는 사적 자치의 원칙, 즉 자율인 데 반하여 공법의 기본원리는 명령과 강제인 것이다.

계약자유의 원칙과 관련하여 조세법에서는 일정한 경우 부당행위계산의 부인이라는 방법으로 거래당사자, 거래금액 등에 관하여 일정한 법률효과를 의제하여 조세회피행위를 방지하고자 하는 규정이 있음에 유의하여야 한다. 그러나 이 경우에도 민법상의 계약의 효력이 부인되는 것은 아니다.

조세법에서의 부당행위계산부인 규정사례는 다음과 같다.

‖ 부당행위계산부인 ‖

- **법인세법 제52조【부당행위계산의 부인】**
① 납세지 관할 세무서장 또는 관할지방국세청장은 내국법인의 행위 또는 소득금액의 계산이 특수관계인과의 거래로 인하여 그 법인의 소득에 대한 조세의 부담을 부당하게 감소시킨 것으로 인정되는 경우에는 그 법인의 행위 또는 소득금액의 계산(이하 "부당행위계산"이라 한다)과 관계없이 그 법인의 각 사업연도의 소득금액을 계산한다(2018.12.24. 개정).
② 제1항을 적용할 때에는 건전한 사회 통념 및 상거래 관행과 특수관계인이 아닌 자간의 정상적인 거래에서 적용되거나 적용될 것으로 판단되는 가격(요율·이자율·임대료 및 교환 비율과 그 밖에 이에 준하는 것을 포함하며, 이하 "시가"라 한다)을 기준으로 한다(2018.12.24. 개정).
③ 내국법인은 대통령령으로 정하는 바에 따라 각 사업연도에 특수관계인과 거래한 내용에 관한 명세서를 납세지 관할 세무서장에게 제출하여야 한다(2018.12.24. 개정).
④ 제1항부터 제3항까지의 규정을 적용할 때 부당행위계산의 유형 및 시가의 산정 등에 필요한 사항은 대통령령으로 정한다(2018.12.24. 개정).

- **소득세법 제41조【부당행위계산】**
① 납세지 관할 세무서장 또는 지방국세청장은 배당소득(제17조 제1항 제8호에 따른 배당소득만 해당한다), 사업소득 또는 기타소득이 있는 거주자의 행위 또는 계산이 그 거주자와 특수관계인과의 거래로 인하여 그 소득에 대한 조세 부담을 부당하게 감소시킨 것으로 인정되는 경우에는 그 거주자의 행위 또는 계산과 관계없이 해당 과세기간의 소득금액을 계산할 수 있다(2012.1.1. 개정).
② 제1항에 따른 특수관계인의 범위와 그 밖에 부당행위계산에 관하여 필요한 사항은 대통령령으로 정한다(2012.1.1. 개정).

- **소득세법 제101조【양도소득의 부당행위계산】**
① 납세지 관할 세무서장 또는 지방국세청장은 양도소득이 있는 거주자의 행위 또는 계산이 그 거주자의 특수관계인과의 거래로 인하여 그 소득에 대한 조세 부담을 부당하게 감소시킨 것으로 인정되는 경우에는 그 거주자의 행위 또는 계산과 관계없이 해당 과세기간의 소득금액을 계산할 수 있다(2012.1.1. 개정).
② 거주자가 제1항에서 규정하는 특수관계인(제97조의 2 제1항을 적용받는 배우자 및 직계존비속의 경우는 제외한다)에게 자산을 증여한 후 그 자산을 증여받은 자가 그 증여일부터 5년 이내에 다시 타인에게 양도한 경우로서 제1호에 따른 세액이 제2호에 따른 세액보다 적은 경우에는 증여자가 그 자산을 직접 양도한 것으로 본다. 다만, 양도소득이 해당 수증자에게 실질적으로 귀속된 경우에는 그러하지 아니하다(2014.1.1. 개정).

1. 증여받은 자의 증여세(상속세및증여세법)에 따른 산출세액에서 공제·감면세액을 뺀 세액을 말한다)와 양도소득세(이 법에 따른 산출세액에서 공제·감면세액을 뺀 결정세액을 말한다. 이하 제2호에서 같다)를 합한 세액
2. 증여자가 직접 양도하는 경우로 보아 계산한 양도소득세
③ 제2항에 따라 증여자에게 양도소득세가 과세되는 경우에는 당초 증여받은 자산에 대해서는 상속세 및증여세법의 규정에도 불구하고 증여세를 부과하지 아니한다(2009.12.31. 개정).
④ 제2항에 따른 연수의 계산에 관하여는 제97조의 2 제3항을 준용한다(2014.1.1. 개정).
⑤ 제1항에 따른 특수관계인의 범위와 그 밖에 부당행위계산에 필요한 사항은 대통령령으로 정한다 (2012.1.1. 개정).

제6절   법의 해석

1. 법해석의 의의

가. 법의 해석이란?

법의 해석이라 함은 법규가 지닌 의미와 내용을 명백히 하는 것을 말한다. 법의 해석은 법을 적용하기 위한 전제가 되는바, 여기서 법의 적용이란 구체적인 생활관계에서 발생하는 다툼이 있을 때 이를 법적으로 평가하여 판단하는 것을 말한다. 추상적인 법규범을 대전제로 하고, 구체적인 생활관계를 소전제로 하여 3단 논법에 의한 추론과정을 거쳐 법적 가치판단을 내리는 것이 법의 적용인 것이다.

예를 하나 들어보자. 갑의 자동차에 을이 다쳤다고 한다면 '갑의 고의 또는 과실', '을의 권리가 침해될 것', '을의 손해발생'이라는 사실이 있는 것을 확인하여 갑은 을에 대하여 손해배상의무를 부담한다고 판단하게 된다.

이때 위 세 가지 사실을 X라고 하고 손해배상의무를 Y라고 한다면 'X라는 사실이 있으면 Y라는 효과가 발생한다', 즉 '이 사건은 X이다' 따라서 'Y라는 효과가 발생한다'라는 논리형식이 된다.

이때 대전제로 되는 법규의 내용, 즉 민법규정의 X는 무엇이고 Y는 무엇인가 하는 것도 문제가 되고 소전제가 되는 사건내용, 여기서는 X라는 사실이 과연 존재하는가 하는 것도 문제가 된다.

그러나 대전제가 되는 앞의 문제가 법률문제로서 법규해석문제이다. 이에 반하여 소전제가 되는 뒤의 문제는 사실문제라고 할 수 있는데 이는 법규의 해석이라고 할 수 없다. 자연계의 사건의 존재를 확인하는 작업일 뿐이다. 법률해석은 소전제가 되는 자연계의 존재를 가정하고 대전제가 되는 법률문제를 명확히 하는 것이다.

이와 같이 당사자 간에 다툼이 생기는 경우에 다툼이 되는 생활관계를 구체적으로 확정한 후 그에 대하여 추상적인 법규를 적용하여 법적인 가치판단을 내리게 된다. 이때 다툼이 되는 사실을 명확히 하고 이러한 구체적 사실에 어떤 법규범이 적용될 수 있는지를 파악한 후 그 규범의 내용이나 뜻을 명확히 할 필요가 있다. 법규범, 특히 성문법규의 뜻을 명백히 하는 것이 민법해석의 문제로서 이러한 해석은 법 적용의 전제가 된다.

그런데 법을 해석함에 있어서는 두 가지 요청이 있다. 하나는 법규에 대하여 사람에 따라서나 사건에 따라서 그리고 더 나아가서는 극단적으로 말하면 시대의 흐름에 따라서도 그 결과가 달라지지 않는 일반적 확실성을 주어야 하는 법적 안정성의 요청과 다른 하나는 법규에 대하여 각각의 경우에 적용되어서 타당한 결과를 낳는 구체적 타당성을 가지는 내용을 주어야 하는 구체적 타당성의 요청이다. 따라서 법의 해석은 해석자의 주관을 가급적이면 억제하여 일반적 확실성과 구체적 타당성을 확보할 수 있도록 하여야 할 것인데 이 두 가지 요청, 즉 법적 안정성의 필요와 구체적 타당성의 필요는 모든 법에 공통되는 것이다. 오늘날 국가경영에 조세가 차지하는 비중을 볼 때 조세법의 법적 안정성과 구체적 타당성이 더욱 필요한 시대이다. 이는 국민의 납세의무의 성실한 이행이라는 측면에서 볼 때는 예견가능성이 필요하다는 점으로 대두된다.

(1) '구체적 타당성'과 '법적 안정성'이 조화된 경우

채무자가 변제일에 전철을 타고 가던 중 100만원 중 1만원을 분실하여 변제장소에 도착하여 채권자에게 사정을 설명하고 수령해 주기를 간청한 경우 채권자가 일부변제를 이유로 99만원의 수령을 거절하고 약정한 손해배상예정액을 청구하는 경우 1만원의 그 분실과정을 특별히 고려하여 신의성실의 원칙과 권리남용금지원칙을 원용하여 특별히 이 경우에 99만원을 수령하지 않을 수 없다고 하는 경우에는 법적 안정성과 구체적 타당성을 모두 갖출 수 있게 된다.

(2) '구체적 타당성'과 '법적 안정성'이 조화되기 어려운 경우

제1차 세계대전 후인 1923년에 독일의 인플레이션은 극에 달하여 전쟁 전에 비해 1조배(백만×백만)에 달했다.

0.1마르크 하던 우표가격이 1천억 마르크가 되었다. 결국 이득을 본 것은 전쟁 전에 돈을 빌린 채무자였다.

전쟁 전에 100만마르크를 빌려 공장을 건설한 채무자는 우표가격의 100만분의 1만 제공하면 되었다.

채권자는 소송을 제기하였고 당시 독일의 최고법원은 신의성실의 원칙 아래 채권자의 요구를 받아들였으나 소송은 기하급수적으로 제기되었고 최고법원은 종전입장을 번복하였다.

나. 세법에 있어서의 해석사례

부가가치세법 제2조(정의) 제3호에서는 "사업자란 사업 목적이 영리이든 비영리이든 관계없이 사업상 독립적으로 재화 또는 용역을 공급하는 자를 말한다"라고 규정하고 있다. 여기서 대전제로 되는 법규의 내용과 소전제로 되는 사실의 문제를 나누어 보자.

(1) 대전제

'사업상', '독립적으로', '재화 또는 용역을 공급'이라는 사실이 있는 경우에는 '부가가치세납세의무'가 있다. 위 요건을 모두 갖춘 경우에 부가가치세납세의무가 있는 것이다.

여기서 '사업상', '독립적으로', '재화 또는 용역을 공급' 등이 구체적으로 의미하는 것이 무엇인가 하는 의문이 생길 수 있다. 이러한 의문에 답하는 것이 바로 법의 해석인 것이다.

'사업상'이란 계속성을 의미하는 것이므로 바자회에서 불우이웃을 돕기 위하여 일시적으로 재화를 공급하는 경우와 아파트 단지 내에서 토요일이나 일요일에 집에서 사용하던 물건 등을 정리하는 차원에서 처분하는 경우 등에는 사업성이 없어 부가가치세과세요건을 결하는 것이다.

(2) 소전제

법적 평가의 대상이 되는 사실의 존재에 관한 문제이다.

이는 사실판단에 관한 문제라고도 할 수 있다. 위 부가가치세납세의무자의 경우 '사업상', '독립적으로', '재화 또는 용역을 공급'이라는 과세요건이 사실상 존재하는 것인가 하는 문제인 것이다. 계속성 유무에 따라 '사업상'에 해당하는지를 판단한다는 해석문제는 '재화 또는 용역을 공급'이라는 행위의 존재를 전제로 한다. 만약 이러한 행위가 없다면 법률해석문제를 논할 실익이 없다. 여기서 소전제는 사실판단의 문제라고도 할 수 있는 것이다.

조세법에서는 가공거래와 위장거래를 구분하고 있는바, 변칙거래의 유형을 확정하는 것은 사실판단의 문제에 속하는 것이다.

이러한 사실판단의 문제는 사실의 확정이라고 할 수도 있으나, 법의 해석은 사실의 존재를 가정하고 있는 것이다. 그러나 구체적인 사건에 있어서는 사실의 존재, 즉 사실의 확정은 매우 중요한 부분이 된다.

따라서 사건에 부딪쳤을 때는 그 사건의 쟁점이 법률판단의 문제인지 아니면 사실판단의 문제인지를 먼저 살펴야 한다.

물론 법률판단의 문제와 사실판단의 문제를 모두 포함하는 경우도 있는바, 이 경우에는 법률판단이 잘못되었다는 주장과 함께 사실자체가 왜곡되었다는 주장과 진실한 사실을 뒷받침할 수 있는 증거를 제시하는 등 두 가지 쟁점을 모두 고려하는 것이 필요하다.

2. 법해석의 방법 · 기술

가. 유권해석

유권해석이란 법규를 제정하고 집행 · 적용할 권한이 있는 국가기관, 즉 입법부 · 행정부 · 사법부가 그 권한에 의하여 해석하는 것으로 그 자체로 구속력이 있다.

(1) 입법해석

민법 제98조에서 물건에 대하여 "본법에서 물건이라 함은 유체물 및 전기 기타 관리할 수 있는 자연력을 말한다"라고 하여 법률로서 직접 물건에 대하여 개념정의를 하고 있다. 이것은 해석이라기보다 오히려 입법 그 자체이며 이를 '정의규정'이라고 한다.

부가가치세법 제2조에서는 재화의 개념정의를 해 놓고 있으나 이들 '정의규정'만으로 충분하지 않다. 따라서 이를 다시 해석할 필요가 생기는 것이다.[62]

---

62) 부가가치세법 제2조 【정의】
　　이 법에서 사용하는 용어의 뜻은 다음과 같다(2013.6.7. 개정).
　　1. "재화"란 재산 가치가 있는 물건 및 권리를 말한다. 물건과 권리의 범위에 관하여 필요한 사항은 대통령령으로 정한다.
　　2. "용역"이란 재화 외에 재산 가치가 있는 모든 역무(役務)와 그 밖의 행위를 말한다. 용역의 범위에 관하여 필요한 사항은 대통령령으로 정한다.
　　3. "사업자"란 사업 목적이 영리이든 비영리이든 관계없이 사업상 독립적으로 재화 또는 용역을 공급하는 자를 말한다.
　　(이하 생략)

소득세법에서도 양도에 대한 개념을 "이 장에서 '양도'란 자산에 대한 등기 또는 등록에 관계없이 매도, 교환, 법인에 대한 현물출자 등을 통하여 그 자산을 유상으로 사실상 이전하는 것을 말한다"라고 정의하고 있다(소득세법 제88조).

(2) 사법해석

법원이 하는 해석 또는 재판을 예측하여 또는 재판을 진행하는 과정에서 행해지는 해석을 말하며 최종구속력이 있다.

(3) 행정해석

행정부에서 행하는 해석으로 일응 유효하지만 최종적인 구속력이 없다.

나. 학리해석

법학자가 학설로 전개하는 법해석을 말하며 유권해석과 달리 구속력이 없으며, 무권해석이라고도 한다. 여기에는 법규정의 문구나 문장에 중점을 두어 글자 그대로 충실하게 해석하는 언어학적 해석방법인 문리해석과 법질서 전체의 논리적 관련성, 입법목적, 적용결과의 합리성 등을 고려하여 논리적으로 해석하는 논리해석이 있다.

문리해석은 문자에만 집착하여 법의 진의를 정확히 그리고 타당하게 파악할 수 없는 경우가 많아 법해석의 한계가 있다.

다. 논리해석

이것은 법규정을 해석함에 있어 문자의 뜻이나 문장의 문법적 의미에 구애받지 않고 전체적인 문맥 속에서 법규정의 구성적 관련성, 법질서 전체의 논리적 관련성, 입법목적, 적용결과의 합리성 등을 고려하여 논리적으로 해석하는 것을 말한다.

문리해석이 법적 안정성을 중시하는 해석방법이라고 한다면 논리해석은 법의 구체적 타당성을 중시하는 해석방법이라고 할 수 있다. 그러나 논리해석이 지나치게 형식적으로 흐르면 실제 사회에 적합하지 못하여 탁상공론에 지나지 않을 수 있다.

논리해석은 문자 그 자체가 가지는 뜻보다 확장해서 생각하는 '확장해석', 축소하여 생각하는 '축소해석', 반대하여 생각하는 '반대해석', 유사한 사항에 관하여 유추하여 해석하는 '유추해석' 등이 있다.

부가가치세법 제4조 【과세대상】
부가가치세는 다음 각 호의 거래에 대하여 과세한다(2013.6.7. 개정).
1. 사업자가 행하는 재화 또는 용역의 공급
2. 재화의 수입

(1) 확장해석

　법규정의 의미를 그 문언보다 넓게 해석하는 것을 말하는 것으로 이는 문리해석에 의한 법문의 단순한 해석이 너무 문자에 얽매이다 보면 해당 법령의 진정한 의도를 실현할 수 없는 경우에 논리적으로 법문의 의미를 확장하여 널리 이해하는 법해석의 방법이다. 형법의 상해죄에 있어 여성의 머리카락을 절단하는 경우까지 포함하는 경우이다. 또한 부가가치세법에서 종전에 권리를 무체물에 포함되는 것으로 해석하는 경우 등이 있다.[63] 그리고 이혼을 하게 되어 위자료를 지급하기 위한 방법으로 비과세요건을 갖추지 아니한 아파트를 양도한 경우 이는 소득세법에서 '부득이한 사유'로 열거된 '취학, 질병의 요양' 등에 해당하지 않음이 명확하고 조세법규 해석상 확대해석할 수도 없다.[64]

(2) 축소해석

　제한해석(制限解釋)이라고도 하며, 확장해석과는 반대로 법규정의 의미를 그 문언보다 좁게 제한해서 해석하는 방법이다. 국세기본법에서 본래 납세자에는 보증인도 포함하는 것이지만 특별한 경우 물상보증인을 포함하지 않는 것처럼 납세자의 범위를 좁게 해석하는 경우이다.[65] 그리고 소득세법상의 양도소득세를 과세함에 있어서 양도담보의 경우에는 양도로 보지 않는 경우 등이 이에 해당한다.

　구상속세법 제32조의 2 제1항의 규정에 대한 위헌 여부를 판단함에 있어 헌법재판소는 명의신탁증여의제규정을 해석함에 있어서 조세회피의 목적이 없음이 명백한 경우에는 이를 증여로 보지 않는다고 해석한 다음 위헌이 아니라고 판단하였다.[66]

---

63) (구)부가가치세법에서는 "무체물은 동력·열과 기타 관리할 수 있는 자연력으로서 재산적 가치가 있는 유체물 이외의 모든 물질을 포함한다"라고 정의하면서 권리를 무체물에 포함하는 것으로 과세해 오고 있었다. 그러나 1990년대 들어 권리는 재화로 볼 수 없어 과세대상이 아니라는 법원의 판결에 따라 1992.12.31. 시행령을 개정하여 권리를 무체물의 범위에 포함하도록 입법으로 보완하게 된 것이다. 무려 10년이 넘도록 권리를 무체물로 해석하여 과세해오고 있었던 것이다.

64) 대법원 96누11440, 1996.11.22.

65) 국세기본법 제2조 【정의】
　10. "납세자"란 납세의무자(연대납세의무자와 납세자에 갈음하여 납부할 의무가 생긴 경우의 제2차 납세의무자 및 보증인을 포함한다)와 세법에 따라 국세를 징수하여 납부할 의무를 지는 자를 말한다.
　국세기본법 제32조 【담보의 변경과 보충】
　① 납세담보를 제공한 자는 세무서장의 승인을 받아 그 담보를 변경할 수 있다.
　② 세무서장은 납세담보물의 가액 감소, 보증인의 자력(資力) 감소 또는 그 밖의 사유로 그 납세담보로는 국세 및 체납처분비의 납부를 담보할 수 없다고 인정할 때에는 담보를 제공한 자에게 담보물의 추가제공 또는 보증인의 변경을 요구할 수 있다.
　☞ 납세담보를 제공한 자가 담보물변경을 요구할 수 있으나 여기에 물상보증인은 포함하지 아니한다.

66) 헌법재판소 89헌마38, 1989.7.21. : 그러나 반대의견은 상속세법 제32조의 2 제1항의 규정은 조세법률주의를 규정한 헌법 제38조, 제59조에 위반되는 규정이며, 법률문언이 한 가지 뜻으로밖에 해석할 여지가 없어 헌법합치적 해석을 할 수 없는 위헌법률이라고 하였다.

(3) 유추해석

어떤 사항에 관하여는 법에 규정이 되어 있지만 이와 같거나 비슷한 다른 사항에 대해서는 규정이 되어 있지 아니한 경우 준용한다는 규정이 없어도 명문의 규정이 없는 다른 사항에 대해서 명문규정이 있는 사항과 동일한 취지를 적용하여 미루어 해석하는 방법을 말하며, 법의 흠결을 보충해 주는 기능을 한다. '이곳에 말을 매지 말 것'이라는 팻말이 있을 때 소는 매어도 좋다고 볼 것인가? 소는 매어도 좋다고 하는 경우 반대해석이 될 수 있고, 소도 맬 수 없다고 하는 경우 유추해석이라고 할 수 있다.

조세법률주의 원칙상 과세요건 등 조세법규의 해석은 특별한 사정이 없는 한 법문대로 해석해야 하고, 합리적 이유 없이 유추해석하는 것은 허용되지 아니한다.

(4) 반대해석

법령에 직접 규정되어 있지는 않지만 규정되어 있는 법문의 의미를 반대로 해석하여 그 반대되는 어떤 사항을 이끌어내는 방법이다.

민법 제1061조에서는 "만 17세에 달하지 못한 자는 유언하지 못한다"라고 규정하고 있는바, 만 17세부터 유효한 유언을 할 수 있다는 의미이다.

국세징수법에서는 압류금지 재산 또는 조건부 압류금지 재산을 열거하고 있는데 여기에서 열거되지 아니한 재산은 압류를 하여도 되는 것으로 해석을 할 수 있다(국세징수법 제31조 및 제32조).

그리고 '일요일은 참으세요'라고 할 때 반대해석을 하면 일요일이 아닌 때에는 참지 않아도 된다는 뜻으로 해석할 수 있다.

(5) 물론해석

교량이 약하여 교량을 통과하는 무게를 제한하기 위해 '우마통행금지'라는 팻말을 붙여 놓았을 때 서커스단이 지나가면서 코끼리는 우마가 아니므로 통과할 수 있다고 주장하는 경우 코끼리는 당연히 통과할 수 없다고 해석하는 방법이다.

이 경우 약한 교량의 보호목적이 아닌 다른 목적 때문에 통과를 제한하는 것일 때에는 무게를 이유로 그 통과를 제한할 수는 없을 것이다.

3. 조세법의 실제 적용과정

가. 의의

조세법의 적용이란 개별경제주체의 경제활동 등으로 재산권의 변동이 생기는 경우에 그 재산권의 변동이라는 법률효과가 세법상의 과세요건을 충족하여 납세의무의 발생이라는 세법상의 법률효과를 실현시키는 일련의 작용을 말한다.

모든 법규는 법률요건과 법률효과로 구성되어 있다. 법률요건은 원인에 해당하고 법률효과는 결과에 해당한다. 조세법 측면에서 볼 때 납세의무의 성립이라는 법률효과를 가져오게 하는 조세법상의 과세요건은 납세의무자 · 과세물건 · 과세표준 · 세율 등을 말한다. 또한 조세법상의 과세요건이 되는 법률효과가 생기는지 여부의 판단은 법률요건을 구성하는 법률사실 존부에 대한 사실판단과 사법상의 법률효과의 발생 및 조세법상의 과세요건에 해당하는지 여부에 대한 법률판단이 필요하게 된다.

이렇게 볼 때 조세법을 적용하고 해석함에 있어서는 민법상의 법률요건을 유효하게 갖추고 있는지 여부가 과세요건 성립에 전제가 됨을 알 수 있다. 이는 북극에 떠 있는 빙산이 모습을 드러낸 바다 윗부분과 바닷속부분과의 관계와도 같다. 아무리 노련한 항해사라 하더라도 바닷속에 있는 빙산을 무시하고는 안전한 항해를 약속하기 어려울 것이다.

과세관청에서 조세법의 적용을 함에는 먼저 구체적인 사실을 확정하고(소전제를 확정함. 법의 해석은 소전제를 가정하는 것임에 주의를 요함) 다음으로 확정된 사실과 관계되는 조세법의 관련 규정을 확인하고, 마지막으로 구체적인 사실의 조세법적 의미를 도출하여 납세의무라는 법률효과가 생기게 된다.

나. 사실의 확정

사실의 확정이란 과세요건이 되는 구체적 사실을 확정하는 것을 말한다. 예를 들면 부가가치세법상의 납세의무가 성립하는지 여부에 대해서는 먼저 특정인의 특정한 행위가 존재해야 한다. 특정인이 앨범이라는 재화를 팔았다고 하는 경우 그 앨범을 누구에게 얼마의 돈을 받고 팔았다고 하는 사실의 확정을 해야 할 것이고 부동산을 팔았다고 하는 경우에는 그 부동산이 토지인지 건물인지, 건물에 해당하는 경우 주택인지 상가건물인지, 주택이라면 규모는 어떤 것인지 등을 확정하는 것이다. 부동산이 인도되는 경우에도 그 인도의 목적이 소유권이전을 위한 것인지 아니면 임대를 목적으로 한 인도에 해당하는 것인지를 확정하는 것이다.

다. 관련 규정의 확인

사실을 확정한 후에는 확정된 사실과 관련된 법규정을 확인하여야 한다. 부동산이 인도된 경우에 그 인도의 목적에 따라 소유권이전을 목적으로 인도된 경우에는 부가가치세법 제9조의 재화의 공급 등이 관련 규정이 될 수 있을 것이고 단순히 임대를 목적으로 하여 인도된 경우에는 부가가치세법 제11조의 용역의 공급 등이 관련 규정이 될 수 있을 것이다. 이와 관련하여 공급시기에 관한 문제라면 재화의 공급시기는 부가가치세법 제15조가 관련 규정이 될 것이고, 용역의 공급시기는 부가가치세법 제16조가 관련 규정이 될 것이다. 이렇게 관련 규정은 여러 가지가 될 수 있고 관련 세법 외에도 민사법이 근본적인 관련 규정이 될 수도 있다.

예를 들면 부가가치세법 제2조(정의) 및 동법 시행령 제2조(재화의 범위)에서의 유체물과 무체물은 민법 제98조(물건의 정의)가 근본에 해당하는 규정이라 할 수 있다.

라. 조세법적 의미의 도출

사실을 확정하여 관련 규정을 확인한 후에는 확정된 구체적 사실에 대하여 세법을 적용하게 된다. 사실의 확정, 관련 규정의 확인 그리고 마지막 단계에 해당하는 세법적용 중에서 마지막 단계의 세법적용이 가장 중요하다. 세법의 해석문제가 여기서 대두되기 때문이다. 부가가치세의 경우를 예를 들면 상품권을 양도한 특정한 사실에 대하여 관련 규정을 부가가치세법 제2조 및 동법 시행령 제2조 제2항을 택한 경우 결국 무체물의 범주에 상품권을 포함시킬 수 있는가 하는 문제로 귀착된다. 상품권이 무체물에 해당하는 것으로 해석되는 경우에는 재화의 공급으로 과세대상이 될 것이고, 상품권이 무체물에 해당하지 않는 것으로 해석되는 경우에는 과세대상이 되지 아니할 것이다. 이렇게 상품권이라는 권리를 양도한 경우에 그 양도행위의 조세법적 의미를 도출하는 것을 세법을 적용하는 마지막 단계로서 가장 중요한 것이다.

4. 조세법 부칙의 중요성

모든 법이 부칙이 중요하지만 특히 조세법에 있어서는 부칙은 대단히 중요한 의미를 가지고 있다. 부칙을 통하여 소급적용을 할 수도 있고 특정조문에 대하여서만 그 시행시기를 실질적으로 조절할 수 있기 때문이다.

가. 공포일

일정한 절차를 거쳐 문자로 정리한 법령을 일정한 방법에 따라 널리 일반국민이 그 내용을 알 수 있도록 하는 것을 공포라고 한다. 관보에 게재하여 일반국민들이 관보에 게재된 조세법의 내용을 볼 수 있는 가능성이 있는 최초의 날을 말한다(법령등공포에관한법률 제11조).

나. 시행일

법령은 공포하는 것만으로 현실적으로 효력을 갖는 것은 아니고, 그것이 법령으로서 효력을 발생시키려면 시행이라는 단계가 필요하게 된다. 법령은 특별한 규정이 없으면 공포한 날로부터 일정기간(20일)을 경과함으로써 그 효력이 발생하지만 특히 시행을 조속히 해야 할 필요가 있는 경우에는 공포한 날로부터 시행하는 경우가 많이 있다. 조세법이 신속히 시행하는 경우에 속한다. 공포한 조세법이 효력을 가지게 되는 시기는 그 부칙에서 시행시기를 명시한 날이 된다.

다. 일반적 적용례

상속세 및 증여세의 경우 "이 법이 시행한 후 최초로 상속이 개시되거나 증여하는 것부터 적용한다", 양도소득세의 경우 "이 법 시행 후 최초로 양도하는 분부터 적용한다"라고 규정하는 것과 같이 특정세목과 관련하여 상속·증여·양도 등의 행위가 최초로 도래하는 분부터 적용하는 것이 일반적이다. 이러한 것을 일반적 적용례라고 한다.

라. 특정규정에 관한 적용례

개정 조문 중 특별히 다른 적용을 하고자 하는 경우에는 특정규정에 대하여 특별한 적용례를 규정함으로써 그 목적을 달성할 수 있다. 예를 들면 증빙불비가산세 관련 소득세법을 2001.12.31. 개정하였을 때 일반적 적용례에서는 이 법 시행일인 2002.1.1. 후 최초로 발생하는 소득분부터 적용하는 것으로 규정하여 소급적용을 막는 장치를 한 데 반하여 부칙 제12조에서는 증빙불비가산세에 관한 적용례를 별도로 두어 동 개정규정은 이 법 공포일(2001.12.31.)이 속하는 과세기간에 재화 또는 용역을 공급받는 분부터 적용하는 것으로 규정하여 동 증빙불비가산세에 관한 규정에 한하여 소급적용하는 효과가 생기도록 하였다.

개별조문에 대하여 이 법령 시행 후 최초로 신고하는 분부터 적용한다고 하는 경우 종전 내용보다 개정내용이 유리한 경우에는 결과적으로 소급하여 유리한 경우가 될 것이고 개정내용이 불리한 경우에는 결과적으로 소급하여 불리한 경우가 되므로 부진정소급으로서의 문제가 될 수 있다.

이에 비하여 계산서미교부가산세규정의 경우 동 규정을 폐지하면서 이 법 시행 후 최초로 재화 또는 용역을 공급하거나 수입하는 분부터 적용한다는 계산서의 작성·교부 등에 관한 적용례를 별도로 두어 폐지의 효력이 소급하지 않도록 하였다. 이는 이미 계산서미교부가산세규정에 의하여 감사 등을 통하여 추징한 바 있으므로 법적 안정성의 유지를 위한 최소한의 장치로 볼 수 있다. 왜냐하면 소급적용하는 경우 이미 추징한 세액에 대한 처리문제가 복잡하기 때문이다.[67)]

그리고 기간단위로 과세하는 조세에 있어 법령을 개정하는 경우에는 가능한 한 개정법령의 시행일 이후 형성되거나 발생된 법률사실로부터 당해 개정법령을 적용하도록 경과규정을 두는 것이 바람직하다는 견해[68)]도 있다.

따라서 과세기간의 진행 중에 세법이 개정되어 구법하에서 비과세 또는 저율과세되던 것이 과세 또는 고율과세되도록 변경된 경우에는 과세기간을 시간적 단위로 하여 과세표준을 계산하되, 구법의 시행기간과 개정법의 시행기간으로 나누어 각각 과세표준을 분할계산하고 개정법 시행일 후의 과세표준에 대해서만 개정법을 적용한다는 것이다.

헌법재판소에서도 증자소득공제를 받기 위하여 증자한 후에 납세의무성립일 직전에 불리하게 세법을 개정한 경우에는 납세자의 신뢰보호의 이익을 공익과 비교하여 납세자의 신뢰보호이익이 상당할 정도로 침해되었다고 하면서 위헌법률로 판단하고 있는 경우도 있다.[69)]

동 결정문에서는 자유시장경제체제에서 바람직한 조세법은 어떠해야 하는지에 대하여 독일의 사회학자이자 경제학자였던 막스 베버의 말을 빌려 경종을 울리고 있는바, 조세법에 있어서 예견가능성의 필요성에 대해서 다음과 같이 언급하고 있다. 특히 조세법에 종사하는 모든 분들이 바람직한 조세법에 관하여 마음속 깊이 새겨보아야 할 대목이다.

"일찍이 막스 베버(Max Weber)는 서구에서 자본주의가 발달한 배경에는 법이 형식적 합리성을 지니고 예견가능했다는 점을 지적하였다. 국민이, 특히 사업가가 실정법을 중심으로 자신의 사업추진, 운용을 실행해 나가는 현실에서 주어진 법이 어느 때고 불리하게 개정될 수 있다고 한다면, 바람직한 경제발전에 법이 그 배경으로 작용할 수 없게 될 것이다."
― 헌재 1995.10.26. 선고, 94헌바12 결정내용 중 ―

---

67) 증빙불비가산세의 경우에는 2001년의 거래행위에 대하여 2002.1.1. 시행되는 법규를 적용하여도 문제가 없다. 왜냐하면 2001년의 거래행위에 대한 신고의무는 그 다음 해에 발생하기 때문이다.
이에 비하여 계산서미교부가산세는 당해 거래마다 계산서를 교부해야 하고 계산서를 교부하지 아니한 사실이 발견되는 경우에는 그 즉시 가산세를 부과할 수 있게 되어 증빙불비가산세의 경우와 같이 공포일이 속하는 과세기간에 재화 또는 용역을 공급받는 경우에도 적용하는 때에는 추징한 가산세는 부당이득이 되어 환급해야 하는 의무가 발생한다.

68) 김완석, "소급과세금지의 원칙", 「월간조세」, 조세통람사, 1996.2., 권두언

69) 헌재 1995.10.26. 선고, 94헌바12 결정

■ 소득세법 부칙(2001.12.31. 법률 제6557호)

제1조【시행일】 이 법은 2002년 1월 1일부터 시행한다. 다만, 제14조 제3항·제25조 제1항·제51조의 3 제4항 및 제81조 제8항의 개정규정은 공포한 날부터, 제156조의 2·제164조의 2 제1항 및 제165조의 개정규정은 2002년 7월 1일부터 각각 시행한다.

제2조【적용시한】 제158조 제4항의 개정규정은 2002년 12월 31일까지 소득을 지급하는 분에 한하여 이를 적용한다.

제3조【일반적 적용례】 이 법은 이 법 시행 후 최초로 발생하는 소득분부터 적용한다.

제12조【증빙불비가산세에 관한 적용례】 제81조 제8항의 개정규정은 이 법 공포일이 속하는 과세기간에 재화 또는 용역을 공급받는 분부터 적용한다.

■ 법인세법 부칙(2001.12.31. 법률 제6558호)

제1조【시행일】 이 법은 2002년 1월 1일부터 시행한다. 다만, 제45조 제1항, 제61조 제1항, 제76조 제3항 및 제5항 및 제114조의 개정규정은 공포한 날부터, 제98조의 4 및 제120조의 2 제1항의 개정규정은 2002년 7월 1일부터 각각 시행한다.

제2조【일반적 적용례】 이 법은 이 법 시행 후 최초로 개시하는 사업연도분부터 적용한다.

제18조【계산서의 작성·교부 등에 관한 적용례】 제121조의 개정규정은 이 법 시행 후 최초로 재화 또는 용역을 공급하거나 수입하는 분부터 적용한다.

5. 조세법 개별조문의 법적 성격

가. 창설적 규정과 확인적 규정

창설적 규정이란 새로운 법률관계를 창설하는 것으로 원칙적으로 소급하여 적용을 허용하지 아니한다. 과세대상이었던 재산을 비과세대상으로 새로이 규정한다든가 하는 경우로서 대부분 "이 규정은 시행 후 최초로 …(이하 생략) 적용한다"는 형식으로 되어 있다.

이에 반하여 확인적 규정이란 형식상으로는 새로운 법률관계를 창설하는 것으로 모양을 갖추고 있으나, 그 실질은 보완된 법규의 내용대로 현재 집행이 가능하지만 확실하게 해두기 위하여 또는 주의를 환기시키기 위하여 법규를 보완해 두는 것을 말한다.

예를 들면 1년 내 단기양도의 경우 실지거래가액으로 양도차익을 계산할 수 있도록 규정해 두고서 수용이 되는 때에는 특별한 투기성향이 보이지 아니하는 때에는 실가적용을 하지 않았다. 그러나 이러한 예규 등을 국민 모두에게 주지시키고 확인시키기 위해서는 법령의 모습을 갖출 필요가 있는 것이다. 이렇게 이미 시행되고 있는 법규의 해석내용을 오해가 없게 하기 위하여 명확하게 보완해 두는 규정을 확인적 규정 또는 주의적 규정이라고 한다.

나. 열거규정과 예시규정

열거규정이란 세법에서 일정한 법률효과를 제공하는 대상을 구체적으로 적시하여 나열하는 경우를 말한다. 예를 들면 상속세및증여세법에서 배우자 등에 양도하는 경우에 증여로 추정하도록 규정하면서 경매가 되거나 공매가 되는 경우 등에는 증여추정을 하지 않도록 규정하고 있는바, 이렇게 증여추정을 배제할 수 있도록 구체적으로 적시하여 나열한 경우를 열거규정이라고 한다. 이에 비하여 예시규정이란 구체적으로 적시하여 나열한 경우에도 나열된 항목 외에도 그 효력을 부여할 수 있는 경우를 말한다.

예를 들면 부가가치세법시행령 제2조에서 유체물을 정의하면서 상품·제품 등을 나열하고 있는 경우 여기에 열거되지 아니한 것들도 유체물에 포함될 수 있음은 자명한 일이다. 이러한 경우를 예시규정에 불과하다고 말한다.

부가가치세법은 부동산매매와 관련하여 '부동산의 매매(주거용 또는 비주거용 건축물 및 그 밖의 건축물을 자영건설하여 분양·판매하는 경우를 포함한다) 또는 그 중개를 사업목적으로 나타내어 부동산을 판매하거나', '사업상 목적으로 1과세기간 중에 1회 이상 부동산을 취득하고 2회 이상 판매하는 경우' 부동산매매업으로 보아 부가가치세를 과세하도록 규정하고 있다(부가가치세법시행규칙 제2조).

일반상품과 달리 부동산은 상점이라는 개념이 없다. 또한 부동산은 그 표현에서 알 수 있듯이 지리적 고정성이라는 특성이 있다. 따라서 사업성을 의제하기 위하여 과세기간별 취득(1회)과 과세기간별 판매회수(2회)를 두고 있다.

그러나 1과세기간 중에 1회 이상 부동산을 취득하고 2회 이상 부동산을 판매할 때 부동산매매업으로 간주하는 것은 부동산매매업을 판단하는 데 하나의 예시적 기준에 불과하다.[70]

그러나 현실적으로 열거규정에 해당하는지 예시규정에 해당하는지 그 판단은 쉬운 것이 아니다.

다. 강행규정과 임의규정

민법이 대부분 임의규정인 데 반하여 조세법은 대부분 강행규정이다.

강행규정이란 동 규정에 위반하는 약정은 원칙적으로 무효로 하는 것을 말한다. 이에 반하여 임의규정이란 동 규정과 다른 약정은 유효로 할 수 있는 규정을 말한다.

전자는 근대민법의 꽃이라고 할 수 있는 계약자유의 원칙 또는 사적 자치의 원칙의 한계를 제시하는 것이고, 후자는 사적 자치의 원칙 아래 당사자의 의사표시가 불명확한 경우에

---

70) 대법원 97누12785, 1998.2.10.

이를 보충해 주기 위하여 존재하는 규정이다. 조세법에서의 규정은 대부분 강행규정이다. 임의규정으로서 납세자가 납세의무의 내용을 선택할 수 있는 경우는 드물다.

그러나 납세의무의 구체적 내용에 대해서는 일정한 경우 임의로 선택할 수 있는 공간이 있다. 이들 선택할 수 있는 공간을 임의규정이라고 할 수 있을 것이다.

예를 들면 비영리사단의 경우 법인으로 신청하여 소득세법 적용을 배제하고 법인세법 적용을 받을 수가 있다.

그 외에도 비영리내국법인의 이자소득에 대한 신고특례에서 소비임치로 인한 이자소득만이 있는 비영리법인의 경우에는 그 신고를 하지 않을 수도 있고 원하는 경우에는 신고를 할 수도 있다.[71] 이러한 세법조문은 임의규정에 속하는 것으로 볼 수 있으나 대부분 강행규정에 속한다.

이들 규정들을 임의규정이라고 부를 때 임의로 선택할 수 있는 범위는 조세법에서 정해진 범위 내에 국한된다는 사실에 주의해야 할 것이다.

라. 간주규정과 추정규정

간주규정은 일정한 사실 또는 행위가 있는 경우 그 사실 또는 행위에 대하여 분쟁을 방지하고 법적 안정성을 확보하기 위하여 법규로서 확정시키고 그 사실 또는 행위와 다른 사실 등이 제시되는 경우에도 번복될 수 없다. 국세기본법에서는 이들 개별세법의 간주규정의 효력을 유지시키기 위하여 실질과세의 원칙에 대하여 개별세법에서 특례규정을 두는 경우에는 그 특례규정의 효력을 인정하는 것으로 규정하고 있다.[72]

---

71) 법인세법 제62조【비영리내국법인의 이자소득에 대한 신고특례】
    ① 비영리내국법인은 제4조 제3항 제2호에 따른 이자소득(소득세법 제16조 제1항 제11호의 비영업대금의 이익은 제외하고, 투자신탁의 이익을 포함하며, 이하 이 조에서 "이자소득"이라 한다)으로서 제73조 및 제73조의 2에 따라 원천징수된 이자소득에 대하여는 제60조 제1항에도 불구하고 과세표준 신고를 하지 아니할 수 있다. 이 경우 과세표준 신고를 하지 아니한 이자소득은 각 사업연도의 소득금액을 계산할 때 포함하지 아니한다(2018.12.24. 개정).
    ② 제1항에 따른 비영리내국법인의 이자소득에 대한 법인세의 과세표준 신고와 징수에 필요한 사항은 대통령령으로 정한다(2010.12.30. 개정).

72) 국세기본법 제14조【실질과세】
    ① 과세의 대상이 되는 소득, 수익, 재산, 행위 또는 거래의 귀속이 명의(名義)일 뿐이고 사실상 귀속되는 자가 따로 있는 때에는 사실상 귀속되는 자를 납세의무자로 하여 세법을 적용한다.
    ② 세법 중 과세표준의 계산에 관한 규정은 소득, 수익, 재산, 행위 또는 거래의 명칭이나 형식에 관계없이 그 실질내용에 따라 적용한다.
    ③ 제3자를 통한 간접적인 방법이나 둘 이상의 행위 또는 거래를 거치는 방법으로 이 법 또는 세법의 혜택을 부당하게 받기 위한 것으로 인정되는 경우에는 그 경제적 실질 내용에 따라 당사자가 직접 거래를 한 것으로 보거나 연속된 하나의 행위 또는 거래를 한 것으로 보아 이 법 또는 세법을 적용한다.

이에 대하여 추정규정은 실질과세의 원칙상 실질관계에 의하여 사실을 확정해야 하지만 그 사실이 분명하지 아니한 경우에는 잠정적으로 확정하고 잠정적으로 확정된 사실과 다른 사실이 제시되는 때에는 그 제시된 반대사실로서 과세요건을 삼는 것을 말한다.

추정규정은 일정한 사실 내지 법률관계의 존재를 다투는 쪽에서 입증책임을 지고 구체적 입증제시에 따라 추정력이 번복될 수 있다는 점에서 국세기본법상의 실질과세의 원칙과 조화를 이루고 또한 표리관계에 있다고도 볼 수 있다.

마. 사례

배우자 또는 직계존비속에게 재산을 매도하는 형식으로 재산권을 이전하는 경우 그 실질은 증여일 가능성이 있다. 즉 매매라는 얼굴을 하였으나 증여라는 은닉행위가 숨어 있을 가능성을 고려하여 상속세및증여세법에서는 증여로 간주해 오다가 간주규정의 위헌결정[73]으로 현재는 추정규정으로 보완하였다.

여기서 배우자는 사실혼관계도 포함하는 것으로 과세당국이 해석[74]하였으나 상속세와 증여세에 있어서는 법률상의 배우자만을 의미하는 것으로 해석[75]해야 할 것이다.

(1) 간주규정일 때(1996.12.31.까지)

┃ 상속세및증여세법 ┃

■ (구)상속세및증여세법 제34조 【배우자 등의 양도행위】 ☞ 제44조로 이관됨
1. 법원의 결정으로 경매절차에 의하여 처분된 때
2. 파산선고로 인하여 처분된 때
3. 국세징수법에 의하여 처분된 때
4. 한국증권거래소를 통하여 유가증권이 처분된 때
5. 대가를 지급하고 양도한 사실이 명백히 인정되는 경우로서 대통령령이 정하는 경우

■ (구)상속세및증여세법시행령 제41조 제3항(각 호는 열거규정인가, 예시규정인가?)
☞ 제33조로 이관됨
1. 권리의 이전이나 행사에 등기나 등록을 요하는 재산을 서로 교환한 경우

국세기본법 제3조 【세법 등과의 관계】
① 국세에 관하여 세법에 별도의 규정이 있는 경우를 제외하고는 이 법에서 정하는 바에 따른다(2019. 12.31. 개정).
[주] 위 국세기본법의 실질과세에 관한 규정은 제2장 제1절에 속해 있다. 따라서 국세기본법의 실질과세원칙은 절대적인 효력이 있는 규정이 아니고 개별세법에서 이에 대한 예외를 정하고 있지 아니한 경우에 효력이 있는 상대적인 규정에 불과하게 된다. 결국 실질과세원칙에 반하는 규정은 위헌결정을 받지 아니하는 한 그 효력은 유지하게 된다.

73) 95헌바246, 1995.8.28., 헌법재판소 결정례
74) 재산 01254-2041, 1987.7.28.
75) 대법원 1990누6897, 1991.4.26.

2. 당해 재산의 취득을 위하여 이미 과세받았거나 신고한 소득금액 또는 상속·수증재산의 가액으로 그 대가를 지출한 사실이 입증되는 경우
3. 당해 재산의 취득을 위하여 소유재산의 처분금액으로 그 대가를 지출한 사실이 입증되는 경우

(2) 간주규정에 대한 대법원판례

상속세및증여세법시행령의 교환하는 경우 등에 한하여 대가를 지급한 사실로 인정하겠다는 규정은 열거주의로 입법하였으나 대법원은 예시규정에 불과하여 대가를 지급한 사실이 명백하게 나타나는 경우에는 증여세를 부과할 수 없다고 판단하였다.[76]

대법원의 판례는 형식상으로는 열거규정이냐, 예시규정이냐에 대한 판단에 불과한 것으로 보이지만 실질적으로는 대가의 지급에 관한 사실의 입증으로 증여간주의 불이익을 벗어날 수 있었으므로 헌법재판소의 위헌결정에 버금가는 효력이 있었다.

이는 대법원이 위헌 여부에 대한 판단권한이 없는 점을 고려하면 국민의 억울한 사정을 배려한 훌륭한 판결에 속한다고 할 수 있을 것이다.

그러나 그 후 위 간주규정 자체가 위헌법률로 결정됨에 따라 1997.1.1.부터는 추정규정으로 개정하여 위 시행령의 열거규정 또는 예시규정 해당 여부는 따질 실익이 사라졌다.

6. 조세법적용에 있어 사실문제의 중요성

가. 판단에 있어서의 3단논법

조세법을 적용함에 있어서는 앞에서 본 바와 같이 다음과 같은 과정을 거친다.

---

76) 소정의 대가를 지급하고 양도된 사실이 명백히 인정되는 경우에 관한 법리오해, 채증법칙위배로 인한 사실오인의 위법을 저질렀다고 하여 원심판결을 파기(대법원 90누7012, 1991.2.26.)
① 상속세법 제34조 제1항의 "증여한 것으로 본다"라는 규정은 당해 재산의 양수인이 제출한 상당한 대가를 지급하고 양도받았다는 반대 자료들에 의한 증명의 효력작용을 배제시키는 힘까지 있는 것은 아니고, 상속세법시행령 제41조 제3항에서 법 제34조 제3항 제5호의 '대통령령이 정하는 경우'라 함은 권리의 이전이나 행사에 등기나 등록을 요하는 재산을 서로 교환한 경우를 말한다고 규정하고 있다고 하여도 이는 예시적인 경우를 규정한 것에 불과하고, 상속세법 제34조 제3항 제5호는 상당한 반대급여를 지급하고 양도된 사실이 명백히 인정되기만 하면 증여로 보지 않는 것으로 풀이하여야 한다.
② 상속세법 제34조가 배우자 또는 직계존비속에 대한 재산의 양도행위를 증여로 보되 그 제3항 제5호가 대가를 지급하고 양도된 사실이 명백히 인정된 경우로서 대통령령이 정하는 경우에는 이를 적용하지 아니하도록 규정하고, 그 시행령 제41조 제3항이 권리의 이전이나 행사에 등기나 등록을 요하는 재산을 서로 교환한 경우를 말한다고 하여 이를 예시한 것은 위와 같은 교환이나 이에 준하는 정도로 대가를 지급하고 양도된 사실이 명백히 인정된 경우 증여로 보지 않는다는 취지라고 볼 것이므로, 위와 같이 배우자 또는 직계존비속에게 양도한 재산을 증여로 보지 않기 위하여는 대가를 지급하고 양도된 사실이 객관적인 증거에 의하여 명백히 인정되어야 할 것이다.

① 조세법에서는 "X라는 사실이 있으면 Y라는 납세의무가 발생한다"라고 규정하고 있다.[77]

② 당해 사건에 있어 X라는 사실이 존재한다.

③ 그렇다면 Y라는 납세의무가 발생한다.

위에서 ①은 법률의 해석문제에 해당하고, ②는 사실의 존재문제에 해당하고, ③은 판단의 문제에 해당한다.

법률문제는 법규가 표현하고 있는 문자의 해석을 어떻게 할 것인가 하는 것으로 여기서는 X는 구체적으로 무엇을 의미하고 Y는 구체적으로 무엇을 의미하는가 하는 것으로 납세의무와 관련한 당해 사건을 판단하는 대전제가 된다.

X를 '부동산양도'라고 하면 Y는 '종합소득세' 또는 '양도소득세'가 될 것이다. 등기부에 등기원인이 '매매' 또는 '교환'으로 기재된 경우에는 '부동산양도'로 추정될 것이며, 거래형태의 특수성에 따라서는 등기원인에 관계없이 '양도'로 간주되기도 한다.[78]

나. 사실문제의 중요성

갑의 종업원이 갑 모르게 매출하여 횡령하였다고 주장하는 경우 이 또한 사실문제에 속하는 것이다. 횡령사실을 확정한 후 횡령한 금액상당액에 대하여 세법상으로는 어떻게 처리할 것인가 하는 것은 법의 해석에 관한 부분에 해당한다.

사실문제는 한마디로 표현하자면 자연계의 현상을 확인하는 것이다.

갑이 탈세했다는 제보를 받은 과세당국이 제보자의 제시자료만으로는 갑의 탈세행위를 입증하기 부족한 경우 별도의 조사확인과정을 거침으로써 갑이 매출을 했음에도 불구하고 그 매출에 대한 신고를 누락하여 조세를 포탈했다는 사실을 입증해야 할 것이다. 이것은 법률문제를 떠난 사실의 문제, 즉 자연계의 현상을 확인하는 작업에 해당하는 것이다.

제조과정을 거쳐서 판매에 이르는 제품의 경우에는 생산수율이라는 자연과학적인 방법을 이용해야 하는 경우도 있을 것이다.

그러나 이렇게 자연계의 현상을 확인하기 위해서는 대부분 경험법칙과 조리에 의존하는 경우가 많을 것이다.

---

77) 형법과 달리 조세법에서는 대전제가 곳곳에 흩어져 있다. 따라서 대전제를 정확하게 파악하기 위해서는 연관성 있는 조문을 함께 모아야 한다.

78) 소득세법 제101조【양도소득의 부당행위계산】제2항

다. 사실확정의 방법

(1) 과세요건사실 입증의 어려움

법률적인 의미가 있는 사실을 확정하기 위해서는 경험법칙과 조리에 의존해야 하는 경우가 많다.

과거에 갑이 을에게 세금계산서를 교부한 사실에 대하여 갑이 부분위장사업자로 밝혀진 경우 세금계산서 교부내용에 부합하는 거래가 있었는가 하는 문제는 진실로 밝혀내기 어려운 것이다. 갑이 부분자료상으로 밝혀진 경우에는 갑과 거래한 을은 과세당국으로부터 의심을 받을 것이고 을이 실제로 갑으로부터 매입한 사실이 있느냐, 실제로 매입을 했다 하더라도 실제공급한 자는 갑이 아니고 제3의 인물이 아닌가 하는 복잡한 사실판단을 해야만 하는 문제들이 뒤따른다.

(2) 과세요건사실에 관한 입증책임

원칙적으로 과세요건 성립에 대한 1차적 입증책임은 과세당국에 있으므로 과세당국은 갑이 부분자료상이라는 사실의 입증과 함께 거래와 관련한 금융자료제시요구에 대한 을의 부작위 등을 근거로 하여 을이 공제받은 매입세액을 부인하고자 할 것이다.

이 경우 을이 갑으로부터 매입이 사실이라는 주장은 자연계의 현상으로 과거여행을 하는 첨단기계가 발명되지 않는 한 일반경험법칙과 조리에 의존할 수밖에 없다. 대금지급방법, 특정운송업체에 운송의뢰한 사실, 장부에 기재한 내용 등이 판단의 자료가 될 수 있을 것이다.

거래규모가 소액이고 격지자 간의 거래가 아니어서 현금거래가 가능하다고 인정되는 경우에는 더욱더 거래 유무 등에 대한 진실은 밝혀지기 어렵다.

조사결과 을이 매입한 사실은 밝혀졌으나 을에게 공급한 주체는 갑이 아니고 제3자였다고 하면 문제는 더욱더 복잡해진다.

이 경우 을은 공급주체가 갑이 아니고 제3자였다는 사실을 알지 못했다는 것과 함께 알지 못한 데에 과실이 없다는 것에 대하여 입증하여야 한다.

즉 을은 자기에게 공급한 주체가 갑이 아니라는 사실에 대하여 선의와 함께 선의에 대한 무과실을 입증해야 하는 것이다.[79]

그러나 근대민법의 기본원리를 생각하면 갑이 을에게 공급한 행위가 외관상 존재하는

---

79) 대법원 1996.2.27. 선고, 95누15599 판결
　　실제 공급하는 사업자와 세금계산서상 공급자가 다른 세금계산서는 '그 내용이 사실과 다른 것'으로서 공급받는 자가 세금계산서의 명의위장사실을 알지 못하였고, 알지 못한 데에 과실이 없다는 특별한 사정이 없는 한 그 매입세액은 공제 내지 환급받을 수 없고, 공급받는 자가 위와 같은 명의위장사실을 알지 못하였고 알지 못한 데에 과실이 없다는 점은 매입세액의 공제 내지 환급을 주장하는 자가 입증하여야 한다.

한 악의추정이 아닌 선의추정을 보장받아야 할 것이다. 악의추정은 국민개세주의에서 모든 국민이 납세자에 해당하는 오늘날 모든 국민을 신뢰할 수 없다는 전제에서 출발한다. 근대시민사회의 도래와 자유인의 자발적인 조세의 의미를 생각하면 선의추정이 바람직하다. 더구나 선의에 덧붙여 무과실에 관한 입증을 요구한다면 국민의 경제생활은 중세사회의 봉건적 구속으로부터 벗어난 후 현대시민사회에서의 또 다른 의미의 구속이라고 보아도 될 것이다.

사람의 외부에 존재하는 자연계의 현상도 일정한 시간이 경과하면 밝혀내기 어려운 점을 생각하면 사람의 내심에 있는 일정한 의사를 밝혀내기는 참으로 어렵다.

이 경우에도 경험으로부터 얻은 법칙에 따라 이성에 호소하여 판단을 하게 될 것이다. 일정한 행위로부터 일정한 내부의사를 추단할 필요가 현실적으로 존재하게 되는 것이다.

어떠한 특정행위를 한 것으로 볼 때 일정한 의사가 있었다고 추단하는 경우 등이다.

(3) 과세요건 중 일정의사의 추단

을이 재화를 공급받으면서 갑에게 사업자등록증을 확인하여 거래한 사실이 있는 때에는 을로서는 갑이 실제공급자가 아니라는 사실을 알지 못한 데 대한 잘못이 없다고 볼 수 있을 것이다.[80] 즉 거래상대방에게 사업자등록증의 제시를 요구하여 확인을 거친 경우에는 설사 그 후에 갑이 실제공급자가 아닌 사실이 밝혀지더라도 을은 선의 · 무과실에 해당하여 보호를 받을 수 있는 것이다. 이렇게 사실확정의 문제는 자연과학적인 방법만으로는 해결할 수 없는 부분이 있는 것이다.

사해행위취소권에 있어 채권자를 해함을 알았는지 여부, 즉 체납자의 악의 여부에 대하여는 그 처분재산에 대한 정보로서 판단할 수 있을 것이다. 그 처분재산이 유일한 재산인 때에는 체납자의 악의가 추단될 수 있을 것이다. 그러나 그 재산 외에도 다른 재산이 있었다면 체납자의 악의는 추단될 수 없을 것이다(대법원 99다36518, 1999.11.9.).

일반민사문제에 있어서도 동일하다. 부동산의 점유취득시효의 경우 소유의 의사, 즉 자주점유의 존부에 대하여 소액의 임차료를 매년 지급한 경우에는 소유자라면 그러한 행위를 하지 않았을 것이므로 자주점유가 아닌 타주점유로 추단할 수 있을 것이다.

이렇게 법률적인 의미가 있는 사실을 확정함에는 경험법칙과 조리에 의존해야 하는 경우가 많은 것이다. 특히 자연외부적 현상이 아닌 사람의 심리상태에 관하여는 아무리 실험심리학 등이 발달해 있어도 자연과학적인 방법으로는 해결하기 어려운 것이다.

---

80) 대법원 1989.7.25. 선고, 89누749 판결; 동 1986.3.11. 선고, 85누647 판결
사업자가 거래상대방의 사업자등록증을 확인하고 거래에 따른 세금계산서를 교부받은 경우에 거래상대방이 관계기관의 조사로 인하여 명의위장업자 등으로 판명되었다 하더라도 당해 거래자를 선의의 거래당사자로 볼 수 있는 때에는 부가가치세를 산정함에 있어서 그 매입세액은 매출세액에서 공제되어야 할 것이다.

일정한 경험으로부터 얻은 법칙에 따라 우리의 이성에 호소하여 판단을 하게 되는 경우가 많을 것이다.

라. 사실의 확정과 법률해석의 관계

(1) 사실의 확정과 가정

앞에서 구체적인 사실을 확정한 후 그 확정된 사실에 대하여 법적 의미를 부여하는 것이 법률해석이라는 것을 알았다.

그러나 현실적으로 법규의 해석은 사실의 확정이 아닌 가정 아래에서 이루어지는 경우가 많다. 권한 있는 유권해석기관의 법령에 대한 해석은 법의 문구를 구체적으로 명확하게 하는 과정으로 당해 사건이 존재하는지 여부는 불확정적이다.

"사업자가 담보로 제공한 부동산이 경매를 당한 경우에도 양도에 해당하여 양도소득세 납세의무가 발생하는가"라는 질의에 대해서는 "양도소득세에 있어 경매는 양도에 해당한다"라는 답변을 하게 되지만, 실제적으로 경매라는 사실이 존재한 것인지 여부는 별개의 문제이다. 실제 존재하지 않은 사건 또는 미래에 존재할 사건에 대하여도 질의와 답변은 가능한 것이다. 예를 들면 세법을 공부하는 학생이 공부 중에 의문이 나는 경우에는 실제 존재하지 아니한 사건에 해당하고, 사업자 등이 미래에 있을 구체적 사업에 대하여 세법 적용과 관련하여 궁금한 사항을 미리 질의하여 답변을 받아 놓는 것 등이 미래에 존재할 사건에 해당한다.

하나의 예를 더 들면 '공유물 분할'이 양도에 해당되는지 여부의 질문에 대해서는 "공유물 분할은 양도에 해당하지 아니한다"라는 답변은 적절하지 않다. 당초지분에 따른 공유물 분할에 대해서만 양도로 보지 않기 때문이다. 즉 '당초지분'이라는 전제를 함으로써 사실판단의 문제를 지적해야 할 것이다.

이와 달리 처분에 대한 다툼에 따른 심리를 함에 있어서는 사건을 가정하는 것이 아니라 확정해야 한다. 이 경우에는 사실을 먼저 확정한 후 확정된 사실에 대한 법적 의미를 명확하게 할 필요 등이 있을 때에 사실판단의 문제와 함께 법률해석의 문제가 된다.

(2) 사실문제와 법률문제의 선택

좀 더 깊이 생각해 보면 동일한 사건에 대하여 사실의 확정으로도, 법률해석으로도 동일한 결론에 도달할 수 있다.

사업자금 확보를 위해 제3자에게 건물소유권을 이전하고 일정기간 내에 변제를 하면 다시 환원받기로 한 경우에 부가가치세과세문제가 대두되었다고 가정해 보자.

이 경우 건물을 담보로 제공하였을 뿐이라는 사실을 주장하여 부가가치세과세대상이 아니하는 결론에 도달할 수 있다.

그리고 양도담보를 주장하지 아니하고, 일시적·우발적 양도로서 사업성이 없어 납세의무자에 해당하지 아니하므로 부가가치세과세대상이 아니라는 결론에 도달할 수도 있다.

앞의 담보제공주장은 사실을 움직인 경우에 해당하고 뒤의 비사업성 주장은 납세의무자에 대한 법의 해석문제로, 두 경우 모두 부가가치세과세대상이 아니라는 동일한 결론에 도달하는 것이다.

이렇게 동일한 결론에 도달하기 위해서는 여러 가지 길이 있다. 이것은 서울에서 제주도로 가는 방법이 여러 가지 있는 것과 같다. 여행의 목적과 예상경비 등 여건에 따라 가장 효율적인 방법이 선택될 수 있다.

사실의 확정으로도, 법률해석으로도 동일한 결론에 도달할 수 있는 것처럼 사실의 확정에 있어서도 여러 가지 숨어 있는 사실 중 가장 적절한 것을 발굴할 필요가 있고, 경우에 따라서는 발굴된 여러 사실을 연결시킴으로써 보다 강력한 입증을 할 수 있기도 한 것이다.

요컨대 쟁점을 무엇으로 할 것인가 하는 문제는 상당한 심사숙고를 필요로 하는 것이다.

제7절 민법상의 권리(權利)·사권(私權)

1. 사권(私權)이란?

사법(私法)상의 권리를 사권(私權)이라 하는데 이는 공법(公法)상의 권리인 공권(公權)과 대비되는 개념이다.

이러한 권리의 본질이 무엇인가에 관하여 오늘날은 일반적으로 '일정한 이익을 향유하도록 하기 위하여 법이 인정한 힘'이라고 보고 있다.

2. 사권(私權)의 종류

가. 내용에 의한 분류

사회생활에서 권리자가 향유하는 이익의 차이에 의한 분류이다.

(1) 재산권

재화 · 용역으로부터 받는 사회생활의 이익을 내용으로 한다. 권리자가 물건을 직접 · 배타적으로 지배할 수 있는 물권, 특정인이 다른 특정인에 대하여 일정한 행위를 요구할 수 있는 채권, 저작 · 발명 등의 정신적 · 지능적 창조물을 독점적으로 이용할 수 있는 무체재산권[81] 등이 이에 속하며 원칙적으로 양도 · 상속할 수 있다.

재산권은 조세법상 과세요건 중 과세대상과 직접적으로 관계가 있다. 부가가치세법상 과세대상은 유체물, 무체물 등으로 구분하고 있으며, 지상권 · 전세권 · 등기된 임차권은 양도소득세과세대상이 될 수 있다. 상속세및증여세법 제2조(정의) 제3호에서는 "상속재산이란 피상속인에게 귀속되는 모든 재산을 말하며(이하 생략)"라고 하여 상속세과세대상이 재산권임을 분명히 하고 있다.

(가) 물권

물건을 직접 · 배타적으로 지배하는 권리로서 우리 민법에서의 물권은 점유권 · 소유권 · 지상권 · 지역권 · 전세권 · 유치권 · 질권 · 저당권의 여덟 가지가 있다.

물권은 직접적이고 배타적인 권리이기 때문에 물권이 되기 위해서는 법률 또는 관습법에 의해 그 종류와 내용이 정해지는 것이고 당사자가 임의로 물권으로 할 수는 없다.

한편, 광업권 · 어업권과 같이 물건이 아니어서 직접 지배하는 것은 아니지만 독점적으로 지배할 수 있는 권리를 준물권이라고 하여 물권에 준하여 취급한다.

(나) 채권

특정인에게 금전을 대여한 경우에 그 반환 역시 특정인에게 요구할 수 있는 것과 같이 채권은 특정인이 다른 특정인에게 일정한 급부를 청구하는 권리로서 이러한 채권은 법률행위 중 특히 계약으로부터 많이 발생하고 그 외에도 사무관리 · 부당이득 · 불법행위 등 당사자의 의사와 관계없이 법률의 규정에 의해서도 발생한다.

(다) 무체재산권

저작 · 발명 등의 정신적 · 지능적 창조물을 독점적으로 이용하는 것을 내용으로 하는 권리로서 지적재산권이라고도 한다.

특허권 · 실용신안권 · 디자인권 · 상표권 · 저작권 등이 있으며, 이들 권리에 관한 내용은 각각 특별법이 있다.

위의 정신적 · 지능적 창조물에 대한 권리는 그 등록을 대항요건으로 하고 있다. 다만,

---

81) 무체재산권을 지적재산권이라고도 하며 이에는 특허권 · 실용신안권 · 디자인권 · 상표권 · 저작권 등이 있다.

저작권은 등록의 선후에 관계없이 그 권리를 인정한다.

특히 이들 지적재산권은 오늘날 국제적으로 보호되는 특색이 있다.

(2) 가족권

부(夫)·처(妻)·부모·자·친족 등의 신분에 따르는 사회생활상의 이익을 내용으로 하는 권리로서 일반적으로 그 권리의 내용이 포괄적이고 의무적인 색채가 짙으며 원칙적으로 일신전속적(一身專屬的)인 권리로서 양도 또는 상속의 대상이 되지 않는다.[82] 친족권이라고도 한다.

(3) 인격권

권리의 주체와 분리할 수 없는 인격적 이익을 향수하는 것을 내용으로 하는 권리이다. 생명·신체·자유·명예·정조 등과 같이 권리주체와 분리할 수 없는 이익은 소위 일신에 전속하는 권리로서 양도와 상속이 되지 않는다.

인격권의 침해가 있으면 불법행위로 인한 손해배상청구권이 생긴다(제750조).

인격권침해로 인한 손해배상에 대하여는 부가가치세, 소득세를 과세하지 않는다. 그러나 법인은 순자산증가설에 의해 소득을 인식하므로 법인세를 과세하게 된다.

(4) 사원권

사단법인의 구성원인 사원의 지위에 따르는 포괄적인 권리로서 사단법인의 시설 등의 이용권·이익배당 등 자익권과 사원총회에서의 의결권·업무집행 등과 같은 공익권으로 나눌 수 있다.

나. 작용에 의한 분류

(1) 지배권

타인의 행위를 매개로 하지 않고 목적물을 직접적·배타적으로 지배하는 권리로서 물권이 그 전형적인 것이며 인격권과 무체재산권도 지배권에 해당된다. 지배권은 권리객체에 대한 직접적 지배력이 생기는 지배권의 대내적 효력과 제3자가 권리자의 지배를 침해하는 경우에는 당연히 불법행위가 성립하는 지배권의 대외적 효력이 있다. 또 지배권에는 지배상태에 대한 방해를 제거할 수 있는 권능이 주어진다(제213조·제214조). 이러한 직접적·

---

82) 민법 제1005조 【상속과 포괄적 권리의무의 승계】
상속인은 상속개시된 때로부터 피상속인의 재산에 관한 포괄적 권리의무를 승계한다. 그러나 피상속인의 일신에 전속한 것은 그러하지 아니하다.

배타적 지배권을 절대권·대세권이라고도 한다.

외상매출금은 매매 등을 원인으로 하여 채무자에 대하여 발생하는 금전채권에 불과하여 배타적으로 소유·관리할 수 있는 권리가 아니므로 부가가치세법상 재산적 가치가 있는 권리에 해당하지 않는다.[83]

(2) 청구권

특정인이 다른 특정인에 대하여 일정한 행위, 즉 작위 또는 부작위를 요구할 수 있는 권리가 청구권이다. 청구권의 내용이 일정금액의 금전을 지급하는 내용인 때에는 채권자는 채무자가 현재 가지고 있는 금전 위에 직접적으로 권리를 가지는 것은 아니다. 다만, 특정인에 대하여 금전지급이라는 특정한 행위를 요구할 수 있는 권리에 지나지 않는 것이다.

이 점에서 객체를 직접 지배하는 지배권과 근본적으로 다르다. 채권이 청구권의 대표적인 것이지만, 채권이 바로 청구권이라고는 할 수 없다. 채권이 변제기에 이르는 때에 비로소 청구권이 생기기 때문이다. 따라서 소멸시효기산일은 청구권의 도래와 직접적인 관련이 있고, 국세채권의 소멸시효도 세액의 확정 후 납부기한이 도래한 익일, 즉 청구권을 행사할 수 있는 날로부터 기산하게 된다.

(3) 형성권

권리자의 일방적 의사표시만으로 법률관계의 발생·변경·소멸을 생기게 하는 권리로서 어느 누가 그 권리를 가지는지에 대하여는 민법상 정해져 있다.

형성권에는 두 가지 유형이 있다. 권리자의 의사표시만으로 법률효과가 생기는 동의권·취소권·계약의 해제권·해지권·상계권·매매의 일방예약완결권·약혼해제권·상속포기권 등이 있으며, 친생부인권·입양취소권·재판상 이혼권·채권자취소권처럼 법원의 판결로 효과가 생기는 것도 있다.

부동산환매권 실행 중에 수용되었으나 환매권자에게 소유권이전등기 없이 공공사업자에게 양도된 경우 환매권은 의사표시만으로 효력이 발생하는 형성권이므로 환매대금의 공탁일로부터 수용된 날까지의 양도차익에 대해서는 환매권자에게 납세의무가 있다 할 것이다.[84]

(4) 항변권

청구권의 행사에 대하여 그 작용을 일시적 혹은 영구적으로 저지할 수 있는 권리를 말한다. 권리의 행사에 대하여 방어할 수 있다는 의미에서 반대권이라고도 한다.

---

83) 국세청 부가 46015-2459, 1997.11.1.
84) 국세청 재일 46014-1880, 1997.8.2.

보증인의 최고·검색의 항변권, 동시이행의 항변권과 같이 상대방의 권리행사를 일시적으로 저지하는 일시적 항변권과 상속인의 한정승인의 항변권 같이 상대방의 권리행사를 거부하여 그 작용을 영구적으로 저지하는 영구적 항변권이 있다.

다. 기타의 분류

(1) 절대권·상대권

절대권은 특정 상대방이 없이 모든 사람에게 주장할 수 있는 권리이다.

이에 반하여 상대권은 특정인에 대해서만 주장할 수 있는 권리로서 채권 등의 청구권이 이에 속한다.

이렇게 권리의 효력이 특정인이 아닌 모든 일반인에 대하여 절대적으로 미치는 것을 절대권 또는 대세권이라고 하고, 특정인에 대해서만 미치는 것을 상대권 또는 대인권이라 한다. 물권, 인격권, 무체재산권 등이 절대권이며 채권은 상대권이다.

(2) 일신전속권·비일신전속권

일신전속권은 생명·신체·자유·명예·정조 등과 같이 권리주체와 분리할 수 없는 권리로서 양도의 대상이 되지도 않고 상속의 대상도 되지 아니한다.

이에 비하여 비일신전속권은 양도 및 상속할 수 있는 권리로 재산권이 대체로 이에 속한다.

일신에 전속한 권리라 하더라도 신체·자유 또는 명예의 침해로 인한 위자료청구권의 경우 청구의 의사표시가 있는 때에는 별도의 재산권이 되므로 상속이 된다. 판례는 정신적 손해에 대한 배상청구권은 피해자가 이를 포기하거나 면제하였다고 볼 수 있는 특별한 사정이 없는 한 생전에 청구의 의사표시를 할 필요 없이 원칙적으로 상속한다고 판시하고 있다.[85] 그러나 약혼해제, 혼인무효·취소, 이혼, 입양무효·취소, 파양으로 인한 위자료청구권은 당사자 간에 이미 그 배상에 관한 계약이 성립되거나 소를 제기한 경우가 아니면 상속되지 아니한다.[86]

(3) 기성(旣成)의 권리·기대권

권리의 성립요건이 전부 실현되어 있는가 여부를 기준으로 한 분류이다. 권리의 발생요건이 모두 갖추어져 성립한 권리를 기성의 권리, 권리발생요건 중에서 일부가 갖추어지지 않은 경우 장차 남아 있는 요건이 이루어지면 권리를 취득할 수 있다고 하는 현재의 기대상태의 대하여 법이 부여하고 있는 보호를 기대권이라 한다. 이것은 생성 중인 권리이다.

---

85) 대법원 66다1335, 1996.10.18.

86) 민법 제806조【약혼해제와 손해배상청구권】제3항

예컨대 조건부법률행위로부터 생기는 조건부권리, 상속개시 전의 유류분권리자의 권리가 이에 해당된다.

(4) 주된 권리 · 종된 권리

다른 권리에 대하여 종속관계에 있는 권리를 종된 권리라고 하고 그 다른 권리를 주된 권리라 한다. 종된 권리는 주된 권리의 존재를 전제로 하여 발생하므로 주된 권리가 소멸하면 아울러 소멸한다. 원본채권에 대한 이자채권, 피담보채권과 저당권, 주채무와 보증채무가 그 예이다. 종된 권리는 주된 권리와 그 법률적 운명을 같이한다는 데 그 특색이 있다.

질권 · 저당권과 같은 종된 권리는 주된 권리인 피담보채권을 담보하는 기능을 가지는 것이므로 독립하여 상속재산을 구성하지 아니한다.

제8절 민법과 상법의 차이

1. 개관

민법은 일반경제생활관계 등에 적용되는 일반법인 데 반하여, 상법은 기업이라는 특별한 경제생활관계를 규율하는 특별법이다.

민법의 내용 중 친족법 · 상속법은 자연인에 대해서만 적용할 수 있다.

민법은 일반법으로 모든 사람에게 적용되지만, 상법의 경우 특별법으로 상인의 경제생활관계에 대하여 적용된다.

민법을 적용해야 할 경우와 특별법으로서의 상법을 적용해야 할 경우를 구별하기 위해서는 상법을 적용해야 할 경우만을 확실하게 알아두면 편리할 것이다.

재산행위에 관한 사법이 민법과 상법으로 분리되는 표준을 이해하는 것은 민법의 재산관계의 특색을 정확하게 이해하기 위해서도 필요하다.

2. 총칙편에 대한 상법의 특칙

가. 상행위의 대리에 대한 특칙

상행위의 대리는 본인의 상행위를 대리하는 것으로, 대리인이 본인을 위한 것임을 표시하지 않아도 그 행위는 본인에 대하여 효력이 있다(상법 제48조).

대리인이 본인을 위한 것임을 표시해야 하는 경우를 현명주의라고 하는 데 반하여, 표시하지 않아도 되는 경우를 비현명주의 또는 익명주의라고 한다. 민법에서의 대리가 현명주의인 데 반하여, 상행위의 대리는 비현명주의 또는 익명주의를 택한다.[87]

그러나 상행위의 비현명주의 또는 익명주의는 대리권이 존재한다는 것을 전제로 한 규정으로 대리권의 존재가 불분명한 경우에는 적용하지 못한다.

민법에서는 대리인이 본인을 위한 것을 표시하지 아니한 행위에 대하여는 그 의사표시는 대리인 자신을 위한 것으로 보기 때문에 상대방은 대리인에게만 이행을 청구할 수 있다(제115조).

그러나 상행위의 대리행위에 있어서 대리인이 본인을 위한 것을 표시하지 아니한 행위에 대하여는 거래상대방은 본인에 대하여도 이행의 청구를 할 수 있고, 상대방이 본인을 위한 것임을 알지 못한 때에는 대리인에 대하여도 이행을 청구할 수 있다(상법 제48조 단서).

나. 대리권소멸에 대한 특칙

민법에서 갑이 을에게 대리권을 수여한 후 사망한 경우에는 갑의 사망으로 을의 대리권은 소멸한다(제127조 제1호).

그러나 상행위의 위임에 의한 대리권은 본인의 사망으로 소멸하지 아니한다(상법 제50조).

상행위의 위임에 의한 대리권은 영업활동에 대한 대리권이므로 본인이 사망하는 경우에도 상속인과 대리인 사이의 대리관계로 존속한다.

다. 수임자의 권한에 대한 특칙

민법에서는 위임을 받은 자는 위임의 본지에 따라 선량한 관리자의 주의로서 위임사무를 처리하여야 한다(제681조). 상행위의 위임을 받은 자는 위임의 본지를 반하지 않는 범위 내에서 위임받지 아니한 행위도 할 수 있다(상법 제49조). 상행위의 수임인은 위임받지 아니한 행위라 하더라도 상인의 이익을 위해서는 필요한 행위를 할 수 있다는 것을 의미한다.

라. 소멸시효에 대한 특칙

민사채권의 소멸시효는 원칙적으로 10년으로 하고 예외적으로 단기 또는 장기의 소멸시효규정을 두고 있다.

---

87) 민법상의 대리행위가 대리인이 본인을 위한 것임을 표시하여야 본인에게 효력이 있는 소위 현명주의를 채택하고 있는 데 반하여, 상법상의 대리행위는 익명주의를 채택하고 있다.

그러나 상사채권의 소멸시효는 원칙적으로 5년(상법 제64조)으로 하고, 상법에서 다른 규정이 있거나 다른 법령에서 보다 짧은 기간을 정하고 있는 경우에는 그 짧은 기간을 적용한다. 즉 상사채권의 소멸시효기간은 일반 민사채권의 소멸시효기간보다 길 수가 없다.

3. 물권편에 대한 상법의 특칙

가. 유질계약의 허용

유질계약은 민법에서는 무효[88]이지만 상법에서는 유효[89]하다.

1,000만원을 빌리면서 다이아반지를 질물로 대주에게 인도하고 1개월 뒤에 갚지 못하면 대주의 소유로 되고 소비대차관계는 청산된다는 계약을 한 경우에 이 특약의 유효성은 계약주체에 따라 달라진다.

일반인이 병원비를 지급하기 위하여 차용한 것이라면 이 특약은 무효이다.

그러나 만약 상인이 영업자금을 차용하기 위한 것이라면 유효하다.[90]

이때 무효라는 의미는 변제기인 1개월이 경과하더라도 그 특약은 무효이므로 대주의 소유가 되지 아니하고 그 이유로 법원은 대주에게 그 반지의 반환할 것을 명한다. 이에 비하여 유효하다는 의미는 특약에 의해 1개월이 경과하는 즉시 그 반지는 대주의 소유로 된다는 것을 뜻한다.

그러나 위와 같은 경우에도 당사자가 위와 다른 결과를 수인할 수도 있다. 일반인이 1개월이 경과하여 대주에게 그 반지가 귀속된 경우에도 특약의 무효를 주장하지 않아도 된다.

그리고 상인이 상대방의 입장을 이해하고 그 반지를 돌려주어도 무방하다.

원칙적으로 자신의 권리를 행사하는 것은 자유로서 강제되지 않는다.

그러나 권리변동과 관련하여 조세법이 정하는 과세요건을 충족하는 경우에는 당사자의 인지 여부에도 불구하고 조세채무는 성립한다. 일반인의 채무불이행 결과로 인한 주식의 소유권이전으로 양도소득세납세의무가 성립할 수 있으며, 이 경우 무효의 법률행위로서 원상회복이 되는 경우에는 경정청구 등을 통하여 이미 성립한 납세의무를 소멸시킬 수 있다.

---

88) 민법 제339조【유질계약의 금지】
89) 상법 제59조【유질계약의 허용】
  민법 제339조의 규정은 상행위로 인하여 생긴 채권을 담보하기 위하여 설정한 질권에는 적용하지 아니한다.
90) 차주가 상인인 때에 한하여 적용하는 규정이므로 대주가 상인이고 차주가 비상인인 때에는 적용하지 아니한다.

나. 유치권에 대한 특칙

자동차를 수리공장에 맡겨 고장 난 부분을 수리한 경우에 정비회사는 수리비지급청구권을 가지고, 자동차소유자가 수리비를 지급할 때까지 자동차를 유치하고 그 인도를 거절할 수 있다. 설사 자동차소유자가 간편한 인도방식 중 하나인 목적물반환청구권양도의 방식으로 자동차를 제3자에게 양도한 경우에도 정비회사는 유치권을 주장할 수 있다.

이에 비하여 상사유치권은 상사채권의 담보능력을 강화하기 위하여 민사유치권보다 그 요건을 완화하고 있다. 그러나 민사유치권과는 그 성립요건에만 차이가 있을 뿐 유치권의 성질, 효력, 소멸에 관한 사항은 민법을 준용한다(상법 제58조).

4. 채권편에 대한 상법의 특칙

가. 법정이율에 대한 특칙

민사법정이율은 연 5%이다.

상사채권에 관한 법정이율은 연 6%를 적용한다(상법 제54조).

그러나 상행위와 관련이 없는 행위, 예를 들면 불법행위로 인하여 발생한 채무에는 비록 상인 간에 발생한 것이라고 하더라도 상사법정이율이 아닌 민사법정이율이 적용된다.

나. 금전소비대차의 유상성

민법상의 금전소비대차는 원칙적으로 무상이고 예외로 특약으로 유상계약을 한 경우에 한하여 유상성이 인정된다.

그러나 상인 간의 금전소비대차는 당사자 간에 이자를 약정하지 아니한 경우에도 대주는 차주에게 법정이자를 청구할 수 있다(상법 제55조 제1항).

즉 상인 간의 금전소비대차는 원칙적으로 유상이고 예외적으로 특약으로 무상을 약정한 때에 한하여 이자를 청구할 수 없다.

물론 특약이 있는 경우에는 법정이자가 아닌 특약으로 정한 이자율이 기준이 된다.

다. 보증인의 연대성

연대보증은 보증인이 주채무자와 연대하여 채무를 부담하는 보증을 말하는데, 계약 또는 법률의 규정에 의하여 성립한다.

연대보증은 주채무에 대한 부종성으로 주채무가 소멸하면 연대보증채무도 소멸한다.

민사채무에 관한 보증인은 보증인이 주채무자와 연대하여 보증한다는 특약이 없는 한 채권자에 대하여 최고 및 검색의 항변권이 있는 일반보증인이 된다. 그러나 보충성이 없기 때문에 보증인은 최고·검색의 항변권이 없다. 따라서 채권자는 주채무자에게 변제자력이 있는 경우에도 직접 연대보증인에 대하여 채권을 집행할 수 있다(제437조).

　　이에 반하여 상사보증에 있어서는 주채무자와 보증인은 연대하여 변제할 책임이 있다. 이 경우 주채무는 상행위가 아니라도 보증행위 자체가 상행위이거나 주채무가 상행위로 인하여 생긴 때에 이에 보증행위를 한 것을 말한다(상법 제57조 제2항).

라. 청약에 대한 통지의무

　　상인이 상시거래관계가 있는 자로부터 그 영업부류에 속한 계약의 청약을 받은 때에는 지체 없이 낙, 부의 통지를 발송하여야 한다. 이를 해태하면 청약을 승낙한 것으로 본다(상법 제53조).

　　청약을 받은 자는 반드시 상인이어야 하고, 승낙기간을 정하지 않은 격지자 간의 청약에 대해서만 적용한다.

　　이에 비하여 민법은 청약을 받은 자의 통지의무에 관한 규정이 없다. 이 밖에도 상사매매에 관하여 매도인의 목적물의 공탁권과 경매권 등의 특칙이 있다(상법 제67조 제1항).

제**2**편

총칙

권리의 주체

민법상 권리의 주체만이 세법상의 납세의무자가 될 수 있다.

권리의 주체가 자연인인 경우에는 소득세납세의무자가 되고 권리의 주체가 법인인 경우에는 법인세납세의무자가 된다.

법인으로 보는 경우 자연인과는 그 과세방법이 다르고, 법인인 경우에도 영리법인과 비영리법인이 그 과세방법이 다르다. 영리법인에 대하여는 증여세를 과세하지 아니하는 등의 차이가 있다. 일정한 경우에는 납세자의 신청으로 법인세법의 적용을 받을 수 있도록 하는 규정도 있다.

자연인의 경우 언제부터 사람으로 볼 것인가 또는 언제부터 사람이 되지 않는가 하는 것은 납세의무의 존부와 바로 직결되는 사항이다.

예를 들어 '태아의 경우 납세의무가 있다고 볼 것인가' 또는 '사망한 자에게 고지한 처분의 효력은 어떻게 될 것인가' 하는 점을 명확하게 인식하기 위해서는 이 장의 권리와 권리의 주체에 대하여 숙지해야 할 것이다.

제 1 절 권리

1. 권리란?

'권리'는 법률관계에 있어서 필수개념으로 의사설·이익설 등의 학설이 있으나, '일정한 이익을 누릴 수 있게 하기 위하여 법이 인정하는 힘'이라고 보는 '에넥케루스'의 권리법력설이 가장 유력한 설이다.

여기서 권리는 법이 인정하는 힘이라고 할 수 있고 그 힘의 구체적인 내용은 권리에 대응하는 의무 있는 자가 그 의무를 이행하지 아니할 때에 권리자가 청구에 의하여 국가로부터 조력을 받을 수 있음을 뜻한다.

권리자의 청구에 의하여 국가는 재판을 통하여 권리 있음을 확인한 후 의무자에 대하여 그 의무이행을 명하고 의무자가 그래도 이행하지 아니하는 경우에는 강제적으로 이행이 되도록 한다.

이와 같이 사법상의 권리가 있느냐 없느냐 하는 것은 결국 국가, 즉 재판을 통하여 권리 있는 자가 그 권리의 결과를 실현할 수 있느냐에 귀착하는 것이다.

┃ 권리와 구별이 필요한 개념 ┃

권한	권능	반사적 이익
권리는 자기 자신을 위하여 일정한 법률효과를 발생케 하는 행위를 할 수 있는 법률상의 자격을 뜻한다. 그러나 권한은 타인을 위하여 일정한 법률효과를 발생케 하는 행위를 할 수 있는 법률상의 자격을 뜻한다. (예) 대리인의 대리권, 법인이사의 대표권, 대통령·국회의원의 권한 등	권리의 내용을 구성하는 하나하나의 법률상의 힘을 권능이라고 한다. 예들 들면 소유권은 권리이지만, 그 구성내용이 되는 사용권, 수익권, 처분권 등은 그 하나하나가 소유권을 구성하는 요소로서 권능이라고 한다. 따라서 권리의 내용이 하나의 권능으로 되어 있는 경우에는 권리와 권능은 같게 된다.	법률이 특정인 또는 일반인에게 어떤 행위를 명하는 때에 그 명을 받은 이외의 자가 어떤 이익을 누리게 되는 경우가 있다. 이때 그 이익을 반사적 이익이라고 한다. 예를 들면 담배판매업에 대하여 일정한 거리를 제한하고 있어 이익을 받고 있는 사람이 있다면 그는 반사적 이익을 받고 있는 것이 된다.

2. 권리행사의 자유

권리를 행사하는 것은 자유이다. 이때 자유라는 말의 구체적인 의미는 무엇인가?

불법행위로 인한 손해배상청구권의 예를 들어보자.

손해배상청구권이라는 권리가 있다는 의미는 가해자로부터 손해에 해당하는 금전을 받을 수 있다는 의미이고, 이에 따라 상대방인 가해자는 금전을 지급해야 한다는 뜻이다.

그러나 손해배상청구권이 있다고 하더라도 이 권리의 행사 여부는 자유이다.

손해배상청구권이 없는 경우에도 상대방을 딱하게 배려한다든가, 아니면 분쟁을 우려하여 배상금을 지급해도 된다. 의무 없는 행위를 했다고 해도 누가 비난하지 않는다.

의무 없는 행위로 배상금을 지급해야 하는 원인행위의 존재에 대한 오해와 세법상 증여로 취급하여 증여세를 과세할 수 있는지는 별개의 문제이다.

손해배상청구권 행사에 대하여 가해자가 순응하여 지급하면 문제는 종결된다.

그러나 상대방이 순순히 지급하지 않을 때에는 국가의 조력을 받을 수 있다.

즉 재판을 통하여 법원이 권리가 있다고 판단하면 그 의무자에게 지급을 명하고 그래도 복종하지 않으면 강제적으로 지급하게 한다. 여기에 비로소 권리가 있다고 하는 말의 진정한 의미가 있는 것이다.

사법(私法)상의 권리가 있느냐 하는 것은 국가, 즉 사법기관의 협력을 받아 결과를 실현할 수 있느냐 하는 점에 귀착하는 것이다.

3. 권리행사의 한계

가. 신의성실의 원칙

민법 제2조 제1항에서는 "권리의 행사와 의무의 이행은 신의에 좇아 성실히 하여야 한다"라고 규정하여 사회생활에 있어서 구성원이 되는 개개인이 권리의 행사로 사회의 이익에 반하여서는 안 된다는 점을 천명하고 있다.

동 조항은 민법 전체를 지배하는 원리로서 물권편, 채권편의 재산법에서뿐만 아니라 친족편, 상속편의 가족법에 관해서도 그대로 적용될 수 있는 일반적 원리라는 데 그 특색이 있다.

국세기본법 제15조(신의·성실)에서도 "납세자가 그 의무를 이행할 때에는 신의에 따라 성실하게 하여야 한다. 세무공무원이 직무를 수행할 때에도 또한 같다"라고 규정하고 있다. 동 규정과 관련하여 과세관청의 신의성실의 원칙에 위반되는 사례를 보면 부가가치세가 면세라는 세무공무원의 세무지도를 믿고 또한 납세자가 믿을 수 있게 된 데에 어떠한 귀책사유도 없었음에도 추후 과세관청이 부가가치세를 과세하는 것은 신의성실의 원칙에 위반된다고 판시하고 있다.[1]

그러나 국세기본법의 신의·성실에 관한 규정은 실질과세의 원칙과 근거과세의 원칙 함께 국세기본법 제2장 제1절의 국세부과의 원칙을 구현하는 규정이지만 동 국세부과의 원칙에 관한 규정은 절대적으로 개별세법에 우선하는 것이 아니고 개별세법에서 특례규정을 두고 있는 경우에는 그 개별세법이 정하는 바에 따르도록 규정하고 있다.[2] 민법의 신의성실의 원칙이 지배하는 영역과 비교해 볼 때 차이가 있는 부분이다. 국세부과의 원칙 중 신의·성실에 관한 규정만큼은 각 개별세법에 우선하여 적용하도록 하는 것이 바람직하다.

일반적으로 조세법률관계에서 과세관청의 행위에 대하여 신의성실의 원칙이 적용되는 요건으로서는

첫째, 과세관청이 납세자에게 신뢰의 대상이 되는 공적인 견해표명을 하여야 하고,

둘째, 과세관청의 견해표명이 정당하다고 신뢰한 데 대하여 납세자에게 귀책사유가 없어야 하며,

셋째, 납세자가 그 견해표명을 신뢰하고 이에 따라 무엇인가 행위를 하여야 하고,

넷째, 과세관청이 위 견해표명에 반하는 처분을 함으로써 납세자의 이익이 침해되는 결과가 초래되어야 한다는 점을 들 수 있다.

---

1) 대법원 88누5280, 1990.10.10.

2) 국세기본법 제3조 【세법 등과의 관계】
　① 국세에 관하여 세법에 별도의 규정이 있는 경우를 제외하고는 이 법에서 정하는 바에 따른다(2019. 12.31. 개정).

위의 요건을 모두 충족할 때에 비로소 신의성실의 원칙에 위반되는 행위로서 위법하다고 보게 된다. 사법상의 법률관계가 원칙적으로 법률행위에 의해서 형성되는 데 반하여, 조세법상의 법률관계는 오직 법률의 규정에 의하여 형성된다. 조세법상 법률관계의 형성에는 과세관청의 공적인 견해표명이 절대적인 영향력이 미친다. 따라서 과세관청의 공적인 견해표명이 잘못된 경우에 그 잘못된 견해표명을 따르게 된 납세의무자에게 그 책임을 물을 수 없고 그로 인한 불이익이 있어서는 안 된다. 즉 과세관청의 공적인 견해표명을 따른 납세자에게 생길 수 있는 불이익이 생기지 않도록 하는 제도가 신의성실의 원칙이라고 할 수 있다.

나. 권리남용금지의 원칙

민법 제2조 제2항에서는 "권리는 남용하지 못한다"라고 규정하여 위의 신의성실의 원칙에서와 같이 사회생활의 구성원이 되는 개개인이 자기의 권리를 행사함에 있어서 그 권리의 행사가 타인을 해할 목적이든가, 타인을 해할 목적이 아니라 하더라도 권리행사자의 이익과 그로 인하여 침해되는 상대방의 이익과의 불균형이 현저한 경우에는 권리남용금지의 원칙에 위배된다.

동 조항 역시 신의성실의 원칙과 함께 민법 전체를 지배하는 원리로서 물권편, 채권편의 재산법에서뿐만 아니라 친족편, 상속편의 가족법에 관해서도 그대로 적용될 수 있는 일반적 원리다.

한편, 국세기본법 제19조(세무공무원의 재량의 한계)에서는 "세무공무원이 재량으로 직무를 수행할 때에는 과세의 형평과 해당 세법의 목적에 비추어 일반적으로 적당하다고 인정되는 한계를 엄수하여야 한다"라고 규정하고 있으며 이는 민법의 권리남용금지의 원칙과 유사하다.

국세기본법의 동 규정은 각 개별세법에 우선하여 적용되도록 하고 있어 앞에서 본 신의성실의 원칙과 그 격이 다르게 규정되어 있다. 그러나 신의성실의 원칙과 세무공무원의 재량의 한계는 국세집행의 기본원리로서 동일한 위치를 가지는 것이 바람직하다 할 것이다.

4. 권리의 보호

가. 원칙

권리가 침해된 경우에는 그에 대한 구제가 필요하다. 그러나 이러한 권리의 보호는 원칙적으로 국가기관에 의하여 보호되어야 한다. 구체적으로 국가의 보호는 재판을 받을 수 있는 권리를 말한다. 법원은 청구인의 권리가 있다고 판단하면 의무자에 대하여 그 급부를 명령하고 그래도 그에 복종하지 않는 경우에는 강제적으로 지급하게 한다. 여기에 비로소 권리가 있다고 하는 말의 진실한 의미가 있는 것이다.

이러한 국가, 즉 법원의 협력을 통하여 권리자가 자신의 권리를 실현해야 하는 이유는 사력구제(私力救濟)를 인정하는 경우 사회적 무질서가 초래되기 때문이다.

예를 들어 갑의 고의 또는 과실로 을에게 손해를 가한 사건이 발생했다고 가정하는 경우 을이 갑에 대하여 1억원의 손해배상청구권을 얻었다고 하여 갑이 순순히 1억원을 을에게 지급하면 문제는 없지만, 그렇지 아니할 때에는 을이 1억원의 손해배상청구권을 가지고 있는 것이 확실한 경우에도[3] 을은 스스로 갑의 집에 강제로 들어가서 1억원을 가지고 오는 것은 허용되지 않는다. 권리의 실현은 반드시 국가의 권력, 즉 사법기관의 손을 통하여 행해야 하는 것이다. 이를 '자력구제의 금지'라고 한다.

자력구제는 왜 금지되는가?

자력구제를 허용하게 되는 경우 힘이 센 자, 즉 물리적·신체적으로 강한 자만 자기의 권리를 실현하게 되는 상태로 되어 사회질서가 유지되지 않는 원시상태로 돌아가게 되기 때문이다.

이렇게 구체적으로 발생한 사건에 대하여 사법을 적용하여 그 효과를 강제적으로 실현하는 것은 국가사법기관에 의하는 수밖에 없음에 주의해야 한다.

나. 예외

권리가 침해되는 경우 국가의 도움을 받는 것이 불가능하거나 곤란한 경우 예외적으로 개인의 실력에 의한 구제가 허용된다. 민법상 인정되는 것으로는 정당방위·긴급피난·점유자의 자력구제 등이 있다.

(1) 자력구제

자력구제는 권리자가 스스로 자기의 청구권을 실현하는 것으로 점유자에 한하여 인정되는 권리이다. 점유자의 자력구제에는 자력방위와 자력탈환이 있는데(제209조) 자력구제는 점유의 방해 또는 침탈이 현재 진행 중인 경우를 전제로 한다.

(2) 정당방위

자기의 생명 또는 제3자의 생명이 위태로운 상태에서 강도를 폭행 또는 상해하거나 노상

---

3) 실제로는 을이 갑에 대하여 손해배상청구권이 있는지 그리고 구체적인 금액이 얼마인지에 대하여도 다툼이 있을 것이다.

강도로부터의 위험을 피하기 위하여 상점을 파손하고 피신하는 경우에는 그 위법성이 조각되어 불법행위의 책임을 지지 않는다(제761조 제1항).

(3) 긴급피난

급박한 위난을 피하기 위하여 부득이 타인에게 손해를 가한 경우에도 정당방위에서와 같이 위법성이 조각되어 불법행위가 되지 않는다(제761조 제2항).

예를 들면 동물원의 맹수가 길거리로 풀려 나와 위험에 처했을 때 인근의 유리창을 부수고 피신하는 경우이다. 정당방위가 위법행위에 대한 반격인 데 비하여 긴급피난은 위법하지 않은 침해에 대한 단순한 피난이라는 데 그 차이점이 있다.

(4) 피해자의 승낙

민법에 명문의 규정은 없지만 피해자의 승낙이 있으면 원칙적으로 위법성이 조각된다는 것이 통설이다. 그러나 그 요건으로 피해자가 승낙의 내용을 이해할 수 있는 정신능력이 있어야 하고, 그 승낙내용이 사회질서에 위반하지 않아야 한다. 상대방의 승낙을 받고 행하는 살인, 자살방조 등은 사회질서에 위반되므로 피해자의 승낙으로 위법성이 조각되지 않는다.

그러나 점유이탈된 자신의 물건을 확인하고 상대방의 승낙을 얻어[4] 점유를 취하는 것 등은 위법성이 조각된다.

(5) 정당행위

법령에 근거를 둔 정당한 업무행위는 위법성을 조각한다.

행위의 주체에 따라 위법성이 존재하기도 하고 위법성이 조각되기도 하는 것이다.

조세채권에 관한 정당행위의 대표적인 경우는 국세채권의 집행에 관련된 것으로 일반민사채권에 대한 압류를 하기 위해서는 법원으로부터 확정판결을 받는 등 일정한 절차가 필요한 데 반하여 국세 등의 채권에 대한 압류는 자력으로 집행을 할 수 있도록 국세징수법에 규정되어 있다.[5] 조세채권의 집행에 관한 정당행위의 대표적 사례라고 할 수 있다.

---

4) 상대방이 승낙하지 않으면 국가, 즉 법원의 협력을 통하여 자신의 권리를 실현해야 할 것이다.

5) 원칙적으로 압류 전에 납세자가 독촉장(납부최고서 포함)을 받고 지정된 기한까지 국세를 완납하지 아니한 경우, 납세자가 납기 전에 납부고지를 받고 지정된 기한까지 완납하지 아니한 경우에 압류를 할 수 있다(국세징수법 제24조 제1항).

5. 국세채권의 자력집행권

가. 자력집행권

국세채권은 우선변제권 외에도 확정된 국세채권에 대하여는 자력집행권이 부여된다. 민사채권이 국가로부터, 즉 여기서는 법원으로부터 확정판결을 받는 등 일정한 절차를 통하여 권리가 실현되는 데 비하여 국세채권은 이러한 절차를 거치지 않고 스스로 그 권리의 실현에 나설 수 있는 것이다. 이를 자력집행권이라고 한다.

독일 조세기본법(이하 "독조법"이라 함)에 의하면 동산에 대한 집행은 압류에 의하고, 압류에 의하여 당해 과세관청은 목적물에 대한 질권을 취득한 것으로 간주될 뿐이다(독조법 제281조 제1항, 동법 제282조 제1항). 압류에 의해 부여되는 질권의 효력은 다른 질권과의 관계에 있어서는 민법에서의 질권과 동일한 권리를 부여한다(독조법 제282조 제2항).

이렇게 동산의 경우에는 압류의 시기에 따라서 일반 민사채권과 우열이 결정되는 것이므로 근본적으로 국세채권과 민사채권은 동 순위에 속한다.

그리고 부동산의 경우에는 우리나라처럼 자력집행권이 인정되지 않는다.

부동산에 대한 체납처분의 집행은 독일민사소송법에 의하여 법원이 강제집행을 행할 뿐이다(독조법 제322조 제1항).[6] 이 또한 조세법률관계에 있어서 채무관계설과 조화되는 합리적 규정이라고 하지 않을 수 없다. 앞으로 국가경제의 영속적이고도 안정적인 발전을 위하여 국세채권과 민사채권과의 우위를 어디까지 인정해야 할지 연구해 볼 필요가 있다.

┃ 국세징수법 제24조 【압류의 요건】 ┃

① 세무서장(체납기간 및 체납금액을 고려하여 대통령령으로 정하는 체납자의 경우에는 지방국세청장을 포함한다. 이하 같다)은 다음 각 호의 어느 하나에 해당하는 경우에는 납세자의 재산을 압류한다.
1. 납세자가 독촉장(납부최고서를 포함한다)을 받고 지정된 기한까지 국세를 완납하지 아니한 경우
2. 제14조 제1항에 따라 납세자가 납기 전에 납부의 고지를 받고 지정된 기한까지 완납하지 아니한 경우

나. 확정전보전압류

국세채권은 자력집행권 외에도 일정한 경우 국세채권이 확정되기 전에도 국세가 확정되리라고 추정되는 금액의 한도 안에서 납세자의 재산을 압류할 수 있다.

---

6) 한국조세연구소 편, 「독일의 조세기본법과 재정법원법」, 서울 : 한국세무사회, 139면 · 152면

② 세무서장은 납세자에게 제14조 제1항 각 호의 어느 하나에 해당하는 사유가 있어 국세가 확정된 후에는 그 국세를 징수할 수 없다고 인정할 때에는 국세로 확정되리라고 추정되는 금액의 한도에서 납세자의 재산을 압류할 수 있다.
③ 세무서장은 제2항에 따라 재산을 압류하려면 미리 지방국세청장의 승인을 받아야 한다.

다. 문제점

부동산에 대한 자력집행권은 현실적으로 많은 위험성을 내포하고 있다. 특히 확정전보존압류제도는 국세가 확정되기 전에 국세로 확정되리라고 추정되는 금액을 기준으로 납세자의 재산을 압류할 수 있도록 규정하고 있는 것은 민사채권에 비교했을 때 형평성을 잃었다고 할 수 있는 제도이다.

실지로 국세채권을 회피하기 위하여 재산을 허위로 양수도하는 경우에 대비하여 세무서장은 채권자취소권을 행사할 수도 있고 그 외에도 법정기일 1년 전에 설정된 저당권 등은 일정한 경우 허위추정을 받을 수 있도록 입법이 되어 있는 점 등을 종합하여 볼 때 국세채권의 존재를 이유로 본 압류를 할 수 있도록 한 현행규정은 앞으로 깊이 검토되어야 할 부분이다. 부동산에 대한 자력집행권과 우리나라 부동산등기에 공신력이 없다는 사실은, 적지 않게 발생하고 있는 잘못된 압류와 공매로 인하여 생기는 선의피해자들과 함께 세무공무원의 손해배상책임문제까지도 발생하게 된다.[7]

제2절 권리의 주체

1. 모든 사람이 권리의 주체가 되기까지

가. 인류역사의 전환점

오늘날 모든 사람[8]은 남녀노소, 사회적 신분, 피부색깔 등과 관계없이 권리와 의무의

---

7) 참조(2010.3.23. 중앙일보기사) : 제3편 물권법, 제1장 서론, 제4절 물권변동과 공시(公示)의 원칙, 2. 공신(公信)의 원칙

8) 납세의무자는 권리능력의 주체에 따라 자연인(사람)과 법인으로 구분할 수 있으며 소득세법에서는 민법상 권리주체인 자연인(사람)을 개인이라고 지칭하고 있다.

주체가 되는 것과 동시에 납세의무자가 될 수 있다.

민법상 권리와 의무의 주체가 된다는 것은 세법상 납세의무자가 될 수 있다는 것이고, 따라서 민법상 권리와 의무의 주체가 될 수 없는 자는 세법상 납세의무자가 될 수 없는 자가 되는 것이다.

단적으로 표현하자면 납세의무자가 될 수 있다는 것은 자유민을 의미하는 것이다.

모든 사람이 권리와 의무의 주체가 되고, 동시에 납세의무자가 될 수 있었던 것은 그리 오래된 일이 아니다.

모든 사람이 권리와 의무의 주체가 된 역사적 전환점은 프랑스혁명이었다.

나. 프랑스혁명 후

프랑스혁명사상을 통하여 모든 사람(엄격히 말하면 백인에 한정)은 민법상 동등한 권리와 의무의 주체가 될 수 있었다.

그러나 피부색을 달리하는 경우에까지 이러한 혁명적 사상이 관철된 것은 아니었다.

피부색을 달리하는 경우에는 여전히 사람으로 볼 수 없었고, 따라서 모든 사람이 태어나면서부터 갖게 되는 고유한 권리, 즉 자연법에 의하여 생래적으로 부여된 권리로서 자기 자신도 스스로 타인에게 양도할 수 없는 천부인권설도 피부색이 다른 경우에는 보호장치가 될 수 없었다.

법의 정신(1748년)을 저술한 몽테스키외조차도 흑인을 노예로 부릴 정당성에 대하여 그 논리를 법의 정신에서 서술하고 있으며, 이러한 주장들은 많은 평범한 사람들에게 피부색에 따른 차별에 대한 정당성을 부여하고 있었다.

오늘날 모든 사람이 권리와 의무의 주체가 된다는 것은 모든 사람은 납세의무자가 될 수 있다는 것과 동일한 의미이고 이를 역으로 본다면 납세의무자가 될 수 있는 자가 권리와 의무의 주체가 될 수 있다는 중요한 의미를 가지는 것이다.

몽테스키외가 저술한 법의 정신 중 관련 부분과 당시 시대상을 반영한 소설의 일부를 보면 당시 시대상황과 현재의 시대상황을 비교적 정확하게 인식할 수 있을 것이다.

▌몽테스키외, 법의 정신(1748년) ▌

흑인을 노예로 부릴 권리를 옹호해야 한다면 나는 다음과 같이 말할 것이다.
문제의 노예들은 머리부터 발끝까지 온통 검은빛이고, 코는 문드러 터질 대로 문드러져서 동정할 여지마저 없는 이들이다.
누구도 그토록 지혜로우신 하느님께서 영혼을, 그것도 착한 영혼을 그런 시꺼먼 육신에 넣어주셨으리라고는 생각할 수 없다.

피부색이 인류의 본질을 구성한다는 것은 너무도 당연한 생각이다.

후손을 염려하여 거세를 서슴지 않는 아시아 사람들조차 우리 백인과는 관계를 갖지만 흑인과는 여전히 관계를 삼가고 있다.

〈중략〉

흑인들이 상식에서 벗어나는 인종이라는 증거는 그들이 대개의 경우 금목걸이보다는 유리목걸이를 선호한다는 것이다. 문명화된 국가에서는 금이 귀중한 것으로 여겨지기 때문이다. 이들을 인간이라고 가정하는 것조차 불가능하다. 이들을 인간으로 가정하면 우리 자신 또한 하느님의 자식이 아니라고 믿고 시작할 것이기 때문이다.

〈이하 생략〉

－법의 정신 제15권 제5장에서－

다. 각국의 노예제도 폐지연도

(1) 세계 각국의 노예제도 등

아래와 같이 영국이 최초로 노예제도를 1833년에 폐지하였으며 천부인권설 등의 당시 혁명적 사상을 가진 프랑스조차 15년 뒤인 1848년에 노예제도를 폐지한 것을 보면 피부색깔에 대한 사람들의 선입관념이 얼마나 무서운 것인지를 알 수 있다.

지구에서 마지막으로 노예제도가 사라진 것은 1980년이었다. 그 후부터야말로 진정한 의미에서 모든 사람이 권리와 의무의 주체가 될 수 있었다고 보아야 할 것이다.[9]

- 영국 : 1833년(+15년 뒤 프랑스)(+32년 뒤 미국)
- 프랑스 : 1848년
- 미국 : 1865년(1861~65년에 남북전쟁)(자유주[10]와 노예주)
- 브라질 : 1888년
- 노예문제에 관한 국제협약조인 : 1926년
- 세계인권헌장 : 1948년(파리) 어느 누구도 노예상태나 예속상태에 놓여서는 안 된다.

---

9) 1980년 이후에도 사실상 노예는 존속했을 것이다. 그렇다고 하더라도 노예제도가 폐지된 후에는 노예에 대한 정당성을 상실했다는 데 그 의미가 있는 것이다. 예를 들면 노예제도 폐지 전의 노예매매는 자금부족을 부동산매각으로 충당하느냐 아니면 노예를 매각하여 충당하느냐 하는 문제에 불과하지만, 노예제 폐지 후의 노예매매는 인신매매에 해당하여 형법상 처벌문제가 따를 것이다.

10) 1840년대 미국에서는 노예 수입이 금지되자 흑인 납치 사건이 만연하게 된다. 미국 내 자유주(州)의 흑인을 납치해 노예주(州)로 팔아넘기는 것이 만연하게 되었다. 사람이라는 사실만으로 자유인일 수는 없었다. 피부색만으로 자유인과 노예를 구분할 수는 없었으므로, 검은 피부이지만 자유인이라는 것을 증명하기 위해서는 '자유인증명서'가 필요했다. '노예 12년'은 실화를 바탕으로 만들어진 영화이다. 1842년 뉴욕에서 아내 그리고 두 명의 아이와 함께 자유로운 삶을 누리고 살던 흑인 가장은 어느 날 갑자기 납치되어 노예로 팔려 간다. 그리고 도착한 곳은 가장 악명 높았던 루이지애나…. 도저히 신분을 증명할 수 있는 방법이 없는 그는 노예 플랫이라는 이름을 받는다(이하 생략).

그 형태가 무엇이든 모든 노예제도와 노예매매는 금지된다(48개국이 찬성, 8개국은 기권).

- 사우디 : 1963년
- 모리타니아이슬람공화국 : 1980년 7월 5일(지구에서 제도상 노예가 사라짐)

(2) 우리나라의 노비제도

신분제사회에서는 사회적 신분이 일정하지 않고 군주의 생각에 따라 언제든지 바뀔 수 있었다. 설사 양인이 어느 정도 자유를 누리는 경우에도 그 자유는 군주 또는 특정인으로부터 시혜로 주어지는 혜택이었을 뿐 언제든지 없어질 수 있는 자유였을 뿐이다. 근대시민사회에서 천부인권설은 이런 의미에서 근본적으로 다르다.

(가) 장예원

장예원은 노비 소송 업무의 주무관청이었다. 조선의 사법기관은 형조, 의금부, 사헌부, 한성부였다. 일반 백성 관련 민사와 형사 소송은 형조, 관리와 양반 관련 소송은 의금부, 재심은 사헌부, 토지와 가옥 관련 민사 소송은 한성부에서 주로 다뤘다. 노비는 사람이 아니라 주인의 동산으로서 매매 · 상속 · 증여가 가능[11]했기에 사법기관이 아닌 장예원이 전담했다. 중국도 폐지한 노비제 유지책이었다. 장예원이라는 역사 한 귀퉁이에 등장할까 말까 한 관아가 광화문 육조거리에 자리를 차지하고 있었다.

(나) 노비호적은 3년마다 갱신

노비 소송의 증거 자료인 호적은 3년마다 갱신했다. 전국의 각 호구는 아버지, 할아버지, 외할아버지, 증조할아버지 등 4조(四祖)를 기재한 호구단자를 관아에 제출했다. 관아는 보관 중인 호적과 대조해 변동 사항을 반영 기재한 뒤 돌려줬는데, 개인이 보관하는 호구단자와 관아가 소장한 호적이 신분 확인의 기본 자료였다.

모든 노비의 신원은 장예원의 천적(賤籍)에 기재돼 엄격하게 관리됐다. 노비 문서를 보관한 장예원 창고의 규모는 어마어마했을 것이다. 세종대에 이르러 종천법(從賤法)이 적용되어 노비가 기하급수적으로 증가하게 되었다. 이후 세조는 종천법을 취소하고자 했으나 성공하지 못했다.[12] 1894년 갑오개혁 때 신분제를 타파하면서 장예원의 노비문서를 소각하였다. 조용조(租庸調) 체제의 한 축을 형성한 조(調), 즉 공납제도가 갑오개혁을 계기로 폐지되었다. 이는 전통적 조세제도로서의 조용조 체제가 역사 속으로 사라졌음을 의미한다.[13]

---

11) 이영훈, 한국경제사1, 서울 : (주)일조각, 2017, 380면

12) 이영훈, 상게서, 378~379면 : 세종은 노비와 양인의 결혼을 허용했으며, 나아가 그들이 낳은 자녀를 모두 노비 신분으로 돌렸다. 종천법(從賤法)이라 불리는 이 고약한 신분세습의 원리는 세계사의 다른 곳에서 유례를 찾기 힘든 것이다. 이렇게 종천법을 적용함에 따라 노비인구가 기하급수적으로 증가하였다. 이미 15세기 후반에 노비의 인구비중은 전체인구의 30~40%에 달하였다.

13) 한국조세연구원, 한국세제사(제1편 연대별), 일지사, 2012, 107면

조선 전기에는 국민 개병제, 즉 농병일치의 징병제가 시행되었는데 노비를 제외한 일반 양인남정은 16세부터 60세까지 정군 또는 보인으로서의 의무를 부담했다.[14] 노비는 납세 의무도, 국방의 의무도 없었다는 점에서 생각할 점이 적지 않다.

┃ 종로구 장예원 터 : 종로구 세종로 155의 4 ┃

장예원이라는, 역사 한 귀퉁이에 등장할까 말까 한 관아가 광화문 육조거리에 떡하니 자리를 차지했던 까닭은 두 가지이다. 첫째는 왕의 재산인 공노비, 양반의 사유물인 사노비를 증명하는 기록이 보관돼 있었다. 인구의 3분의 1이 넘는 특수한 재산이기에 눈에 불을 켜고 지켜야 했다. 또 한 가지는 노비의 소유권과 신분을 다투는 소송이 이곳에서 행해졌다. 한양 거주자의 70~80%가 노비이고, 전국 노비 소유주의 대부분이 한양과 경기 지방에 살았으므로 이곳에 두는 게 편했다.

┃ 톰아저씨의 오두막(1850년) 중에서 ┃

문으로 가까이 다가서자 엘리자는 안에서 흘러나오는 이야기를 또렷이 들을 수 있었다. 노예상이 몇몇 노예들을 자신들에게 팔 것을 권유하고 있었다.
그 이름들 중에는 엘리자의 아이도 있었던 것 같았다.
잘못 들었던 것일까? 가슴이 터질 듯 뛰었다.
자신도 모르는 사이 아이를 힘껏 가슴에 안았다.
영문도 모르는 아이는 놀라서 엄마를 돌아다보았다.
〈중략〉
"애 마님."

---

14) 한국조세연구원, 한국세제사(제1편 연대별), 일지사, 2012, 71면

2. 민법상의 '능력'의 의미

가. 개요

민법 제3조(권리능력의 존속기간)에서는 "사람은 생존한 동안 권리와 의무의 주체가 된다"라고 규정하고 있다. 즉 생존하고 있는 일정한 기간 동안만 권리의 주체가 되는 것이다.

이것은 사람은 권리의 주체이지 권리의 객체가 아니라는 것을 강조하는 것으로 인간의 오랜 역사과정에서 법률로써 표현된 것은 19세기 근대시민사회에 와서부터이다. 고대사회에서 생산수단으로서의 노예를 생각해보면 잘 알 수 있다. 앞에서 이미 본 바와 같이 노예는 권리의 객체일 뿐이었다.

요사이는 당연한 원칙으로 인정하고 있지만 사람이 권리의 주체가 된다는 원칙은 오랜 역사 동안의 진통이 있었던 것이다. 이 권리의 주체는 결국 자유인이라는 의미이고 나아가 납세주체가 될 수 있음을 뜻한다.

나. '능력'의 의미

민법상의 능력은 근본적으로 권리능력에 있어 모두 평등하다는 원칙에서 출발하며 권리능력 외에 의사능력과 행위능력이 있다.

그런데 오늘날에는 권리를 가질 수 있는 자는 동시에 의무를 지는 자이므로 권리능력자는 당연히 의무능력자가 된다. 우리 민법이 '권리와 의무의 주체'라고 규정(제3조)하고 있는 것이 바로 이 때문이다. 권리의 주체만이 납세의무주체가 될 수 있는 것도 같은 맥락이다.

한편, 민법에서는 생체로 구성된 사람인 자연인과 인위적으로 구성된 조직체인 사단과 재단을 법인이라 하여 권리능력자로 인정하고 있다.

자연인과 법인이 권리능력이 있다고 하는 경우에 이것은 어디까지나 단순히 하나의 권리보유의 가능성을 의미하는 것으로 재화를 소유할 자격을 부여하는 데 목적이 있었다. 그러므로 이러한 자들이 현실로 권리나 의무를 취득하는 행위, 예컨대 매매나 증여 따위를 어떻게 하는가는 별개의 문제인데, 이를 규율하는 것을 행위능력이라 한다. 따라서 행위능력은 권리취득을 위한 법률행위의 가능성에 관한 것이다.

그런데 권리·행위능력에 관한 규정은 강행규정이므로 개인의 의사에 좌우될 수 없다. 따라서 권리능력의 포기나 제한은 허용되지 않는다. 천부인권설로 그 당위성을 설명할 수 있다.

3. 자연인

가. 권리능력

(1) 권리능력 평등의 원칙

모든 자연인, 즉 살아 있는 모든 사람은 태어나면서부터 평등하게 권리능력을 갖는다. 연령·성별·종교·계급·직업 등에 의한 차별 없이, 또한 정신적·육체적 결함 여부를 불문하고 누구나 권리능력을 갖는다.

이러한 원칙이 인정된 것은 평등권이 헌법에 의해 보장되기 시작한 근대 이후의 일로서 헌법상의 개인의 존엄과 가치를 구현하기 위해 평등권이 민사법 영역에 반영된 것이다.

권리능력 평등의 원칙은 민법의 기본원칙인 사적 자치의 원칙을 관철하기 위한 기초가 된다. 왜냐하면 누구든지 자기의 법률관계를 자기의 의사에 따라 처리하기 위해서는 그 전제로서 권리의무의 주체가 될 수 있는 자격이 있어야 하기 때문이다.

자연인의 권리능력에 관하여 오늘날에는 평등의 문제보다는 권리능력의 취득시기와 상실의 문제에 중심을 두고 있다.

(2) 권리능력의 시기(始期)

민법 제3조에서는 "사람은 생존한 동안 권리와 의무의 주체가 된다"라고 규정하고 있어 권리능력을 가지는 시기는 생존하기 시작한 때, 즉 출생한 때이다. 그러면 출산 과정 중에서 어느 시점을 출생한 것으로 볼 것인가가 중요하다. 왜냐하면 태아가 출생 과정에서 사망한 경우 권리능력을 일시적으로 취득하느냐 여부를 결정하여 특히 상속 관계에 중대한 영향을 미치기 때문이다. 출산과정에서 사람으로 보게 되는 특정시기부터는 소위 '권리능력'이 부여되므로 납세의무에 관한 고지서를 그 법정대리인이 수령할 수 있게 될 것이다. 또한 형법상으로도 사람으로 보느냐 태아로 보느냐에 따라서 살인죄 또는 낙태죄가 각각 성립하는 차이가 있다.[15]

---

15) 형법 제250조 【살인, 존속살해】
① 사람을 살해한 자는 사형, 무기 또는 5년 이상의 징역에 처한다.
형법 제251조 【영아살해】
직계존속이 치욕을 은폐하기 위하거나 양육할 수 없음을 예상하거나 특히 참작할 만한 동기로 인하여 분만 중 또는 분만직후의 영아를 살해한 때에는 10년 이하의 징역에 처한다.

(가) 출생의 시점

① 진통설

산모가 분만에 앞서서 느끼는 주기적인 복통이 있을 때를 출생으로 보는 설. 진통은 태아가 모체로부터 분리하려고 하는 것이라는 것을 그 이유로 한다.

② 일부노출설

태아의 일부가 모체로부터 밖으로 노출된 때에 출생이 있다고 보는 설

③ 전부노출설

태아의 전부가 모체로부터 밖으로 노출된 때에 출생이 있다고 보는 설

④ 독립호흡설

태아가 모체로부터 완전히 분리된 후 자기의 폐로 독립하여 호흡하게 된 때를 출산의 시기로 보는 설

민법상으로는 전부노출설이 물리적으로 그 시기를 쉽게 확인할 수 있어서 훨씬 정확성을 가지므로 통설이다. 그러나 형법에서는 진통설이 통설이다.

살아서 출생했다면 성별·출생 후의 생명력의 유무·기형 또는 정형·조산 또는 지산·쌍생 또는 3생 등을 묻지 않고 모두 권리능력을 가진다. 인공수정으로 출생한 자도 차별되지 않음은 물론이다. 그리고 2인 이상이 출생한 경우에 모체로부터 먼저 전부 분리한 자가 먼저 권리능력을 취득함은 물론이다.

(나) 출생의 증명

사람의 출생이나 출생의 시기의 증명은 호적부에 기재된 사항이 유력한 증거가 된다. 그러나 그것은 추정력을 가지는 데 지나지 않으므로 의사나 조산원의 증명 등에 의하여 실제의 사실관계를 증명하여 번복할 수 있다. 출생하면 가족관계의등록등에관한법률(제44조 제1항)에 의하여 출생신고를 하여야 하지만 호적부에의 출생신고 유무는 권리능력의 취득에 필수요건은 아니다.

호적부에 출생신고를 한 경우에는 나이 등을 계산하는 데 있어 사실추정력을 가질 뿐이므로 실제 나이가 다른 경우에는 이를 입증하여 호적부의 신고내용을 부인할 수 있다.

특히 세법에서는 나이에 따라 각종 공제액, 비과세 여부 등 세법의 적용방법이 다르게 적용하게 되고, 이 경우 공부상의 나이와 실제 나이가 다른 때에는 실제 나이로 판단한다. 이를 실질과세의 원칙으로 설명하기도 한다. 그러나 동 실질과세의 원칙은 각 개별세법

형법 제269조 【낙태】
① 부녀가 약물 기타 방법으로 낙태한 때에는 1년 이하의 징역 또는 200만원 이하의 벌금에 처한다.

에서 달리 정하고 있는 경우에는 각 개별세법에서 정하는 바에 따르도록 규정되어 있음을 유의해야 한다.

> **세대를 합친 현재 호적상 나이와 실제 나이가 다른 경우에는 실제 나이로 판단하는 것임**
> (국심 96광261, 1996.5.15. 취소)
>
> 처분청은 청구인의 부(父)가 1934년생이며 세대 합가 시 청구인의 부(父)가 59세로서 비과세요건이 충족되지 못한다고 판단하였으나, 청구인이 제시한 1983.6.10. 인쇄된 ○○심씨 곡산공파세보에 의하면 청구인의 부(父)의 생년월일은 1933.6.3.로서 합가일 현재 실제 연령이 60세 이상으로 나타나 있는 점 등으로 볼 때 합가일 현재 청구인과 청구인의 부(父)는 각각 1세대 1주택 비과세요건을 충족하였고 청구인의 부(父) 연령은 60세 이상이고 합가 후 1년 이내에 청구인이 쟁점주택을 양도하였는바 처분청이 이건 양도에 대해 1세대 1주택 비과세규정의 적용을 배제한 당초 처분은 부당함.

결국 위 심판사례는 기간계산에 있어 등기부, 호적부 등의 공부에 기재된 사실의 추정력을 가지는 것에 불과하다는 것을 의미하고, 공부상의 추정력을 부인하고자 하는 쪽에서 공부와 다른 사실의 주장과 입증을 통하여 불이익에서 벗어날 수 있다는 것을 말하고자 하는 것이다.

(다) 태아의 권리능력과 법적 지위

태아는 임신 후 출생 전까지의 생명체로 원칙적으로 권리능력이 인정되지 아니하여야 할 것이다. 그러나 이 원칙을 관철하는 경우 출생하기 직전에 부모가 사망한 경우에는 상속권이 인정되지 않고 더욱이 부모의 사망이 타인의 불법행위에 의한 경우에는 손해배상청구권조차 없어 출생할 태아에게 불이익할 뿐만 아니라 너무 가혹하여 인정에도 맞지 않는다.

세계 각국은 다소의 차이는 있지만 태아를 보호하기 위하여 어떤 형태로든지 사람과 마찬가지로 다루고 있다. 그 방식으로 첫째 스위스와 같이 모든 법률관계에 관하여 또는 일반적으로 태아를 출생한 것으로 보는 일반보호주의와 독일 · 프랑스와 같이 중요한 법률관계에서만 개별적으로 태아를 출생한 것으로 보는 개별보호주의가 있다.

우리 민법은 개별보호주의를 취하여 불법행위로 인한 손해배상청구(제762조), 재산상속(제1000조 제3항), 재산상속상의 대습상속(제1001조에 의한 제1000조 제3항의 준용), 유류분(제1112조), 유증(제1064조)에 관해서는 태아를 이미 출생한 것으로 보아 권리능력을 인정한다.

이와 같이 태아에게 예외적으로 권리능력을 인정할 경우에 태아의 법적 지위에 관하여 정지조건설 또는 해제조건설로 설명하고 있다.

한편, 상속세및증여세법에서는 상속세과세가액에서 공제하는 인적공제를 자녀 1명에 대해서는 5천만원을 공제해주면서 그 자녀가 미성년자인 경우에는 1천만원에 19세가 될 때까지의 연수를 곱하여 계산한 금액을 추가로 공제해주고 있다(상속세및증여세법 제20조 제1항).

그러나 태아는 자녀공제 및 미성년자공제의 적용대상이 아니라는 예규(재삼 01254－2470, 1992.9.30.)에 따라 그 공제를 배제하고 있다.

┃ **상속세및증여세법집행기준 20-18-2 【태아의 인적공제 여부】** ┃

태아는 상속인의 지위에는 있으나 자연인에 해당하지 아니하므로 자녀공제 및 미성년자공제를 받을 수 없다.

1월 1일 태아상태에서 부(父)가 사망한 경우 상속세 신고기한은 7월 1일이다. 태아가 7월 1일 이전에 출생하면 전부노출설에 따라 7월 1일 신고 시 5천만원의 인적공제가 가능하지만, 7월 1일 신고기한 후 출생하면 인적공제를 받을 수 없다는 의미이다. 더구나 태아가 상속인 지위에 설 수 있음을 인정하면서 한편으로 인적공제를 배제하는 것은 합리적이라 하기 어렵다.

한편, 배우자상속공제에 있어 배우자를 민법상 혼인으로 인정되는 혼인관계(즉 법률혼)에 의한 배우자라고 하는 태도에 비추어 볼 때에도 심도 있는 검토가 필요한 부분이다.

다른 세목에서와 달리 상속세및증여세법에 있어 상속인이 될 수 있는 배우자는 민법에 따르는 것이고 민법상 상속인이 될 수 있는 배우자는 법률혼관계에 있는 배우자이므로 민법상 상속권이 없는 사실혼관계에 있는 배우자에게 배우자공제를 인정하는 것은 자연스럽지 못한 부분이 있다.

> **참고** 예규의 변천
> • 재삼 46014-273, 1994.1.29. ☞ 사실혼관계자(내연관계는 제외)도 배우자공제 인정
> • 재경원 재산 46014-272, 1997.8.14. ☞ 법률혼관계에 있는 배우자만 배우자공제

(라) 정지조건설

태아로 있을 때에는 권리능력을 인정하지 아니하고 살아서 출생하는 시점에서 권리능력을 취득하되 그 권리능력이 태아시점으로 소급한다는 견해이다.

즉 태아로 있는 동안에는 권리능력의 부여가 정지되고 살아서 출생하는 시점에서 권리능력이 태아시점으로 소급하는 것이 판례의 입장이다.

정지조건설에 의하면 태아인 동안에는 권리능력이 없으므로 법정대리인이 태아를 대리하여 화해 등의 법률행위를 하더라도 그 효력이 없다.

(마) 해제조건설

태아로 된 시점에서 권리능력을 취득하고, 다만 살아서 출생하지 못하고 사산되는 경우에는 소급하여 권리능력을 잃는다고 보는 견해이다.

즉 사산하는 것을 해제조건으로 하여 태아시점에서부터 권리능력을 취득한다고 보는 것이다.

해제조건설에 의하면 태아인 동안에도 태아는 권리능력이 있으므로 그 법정대리인이 태아를 대리하여 화해 등의 법률행위를 한 경우에도 그 효력이 있다고 볼 수 있다.

(바) 정지조건설과 해제조건설의 차이점

A가 아버지와 처, 그리고 태아를 둔 상태에서 교통사고로 사망한 경우

① 정지조건설에 의하면

A의 재산은 아버지와 처가 공동으로 상속한다.

그 후 태아가 살아서 출생하는 경우에는 태아는 상속분에 대한 반환청구권을 가지게 되고, 태아가 사산하는 경우에는 위 공동상속내용은 확정된다.

그리고 교통사고로 인한 태아의 손해배상청구권에 대하여는 법정대리인인 어머니가 행사할 수 없게 된다.

② 해제조건설에 의하면

A의 재산은 처와 태아가 공동으로 상속한다.

그 후 태아가 살아서 출생하는 경우에는 위 상속은 확정되고 태아가 사산하는 경우에는 아버지가 상속회복청구권을 가진다.

그리고 교통사고로 인한 태아의 손해배상청구권에 대하여는 태아인 상태에서도 권리능력이 있다고 보아야 하므로 태아의 법정대리인인 어머니가 태아를 대리하여 손해배상청구를 할 수도 있고 가해자와 화해를 한 경우에도 그 효력이 있다고 할 수 있다.

③ 상속세및증여세법상의 취급

세법상으로는 판례의 정지조건설을 따라야 할 것이며 국세기본법기본통칙에서도 태아에게 상속이 된 경우에는 그 태아가 출생한 때에 상속으로 인한 납세의무가 승계된다고 규정하고 있다.[16] 통칙이 원칙적으로 대외적 효력이 없고 대내적으로만 효력이 있는 행정규칙에 불과하지만 동 통칙은 판례의 중요한 내용을 반영한 것으로 그 행정규칙이라는 형식에 불구하고 효력이 있다고 할 것이다.

---

16) 국세기본법기본통칙 24-0···4 【태아】
   태아에게 상속이 된 경우에는 그 태아가 출생한 때에 상속으로 인한 납세의무가 승계된다.

정지조건설에 의하는 경우 사망일로부터 태아의 출생일이 6개월이 경과하는지에 따라서 달라질 수 있다.

먼저 A의 사망일로부터 6개월 전에 출생하는 경우에는 살아서 출생하는지, 아니면 사산인지의 여부가 상속세신고기한 내에 확정되므로 확정된 내용에 따라서 상속세신고를 하면 될 것이다.

그러나 A의 사망일부터 6개월을 경과하여 태아가 출생하는 경우에는 상황은 다소 복잡해진다. 왜냐하면 사망일로부터 6개월 내에 상속세를 신고해야 하기 때문이다.

따라서 이 경우에는 A의 재산은 아버지와 처가 공동으로 상속하는 것으로 하여 우선 신고를 하고 그 후 살아서 출생하는 경우에는 수정신고를 하면 될 것이고 사산하는 경우에는 당초신고가 유효한 것으로 확정될 것이다.

상속세및증여세법은 상속세납부의무가 있는 상속인 또는 수유자는 상속개시일이 속하는 달의 말일부터 6개월 이내에 신고를 하도록 하면서 신고기한까지 상속인이 확정되지 아니한 경우에는 위 신고와는 별도로 상속인이 확정된 날부터 30일 이내에 확정된 상속인의 상속관계를 적어 납세지관할세무서장에게 제출하여야 한다(상속세및증여세법 제67조 제5항). 동 규정은 유산세제도와 관련되어 있다.

(3) 권리능력의 종기(終期)

(가) 사망시기

사람은 생존한 동안 권리와 의무의 주체가 되는 것이므로 자연히 사망한 때 권리능력이 소멸한다. 그러나 사망에 있어서도 유언의 효력발생시기, 재산상속, 잔존배우자의 재혼, 보험금청구권의 발생 및 시기 그리고 연금과 관련하여 여러 가지 문제가 발생하므로 출생시기와 마찬가지로 사망과정 중 어느 시점을 사망으로 볼 것인가 하는 것이 중요한 문제이나 법에 규정하고 있지 아니하다.

사망은 상식적으로 생명의 절지, 즉 소생이 불가능한 상태를 말하지만 엄밀히 말하면 생의 징후라고 하는 호흡, 맥박, 뇌파 중 어느 것이 정지한 상태를 의미하는지가 문제이므로 사망의 판단에 의학의 도움을 받게 된다.

민법에서는 호흡과 혈액순환의 영구적 정지 혹은 심장의 기능이 회복 불가능한 상태로 정지된 때를 사망시기로 보는 심장박동정지설이 통설이지만 최근 의학의 발달로 특히 심장이식수술이 행해지면서 뇌질환이나 교통사고로 뇌기능이 정지된 환자의 심장 및 기타 장기의 이식을 법적으로 허용하고자 하는 취지에서 사망의 시기를 심장사보다 조금 빨리 인정하는 뇌사설이 등장하고 있다. 의학계에서는 뇌사설을 전폭적으로 지지하고 있으며 법학계에서도 점차 지지자가 늘어나고 있다.

사망의 시기는 호적부의 기재에 의하고 이에 대하여는 사실상의 추정의 효력뿐임은 출생의 시기와 관련하여서 이미 언급한 바와 같다.

한편, 사망 여부나 사망시기가 중요함에도 그 증명이나 확정이 곤란한 경우, 예컨대 항공기추락, 선박침몰, 전쟁, 지진, 화재 그리고 홍수 등으로 사망이 거의 확실하지만 사체를 찾지 못한 경우에 이를 조사한 관공서의 사망보고에 의하여 사망으로 추정하여 호적부에 사망을 기재하는 인정사망제도(가족관계의등록등에관한법률 제87조)를 두고 있다. 또한 2인 이상이 동일 위난으로 사망한 경우에 상속문제와 관련하여 사망시기가 중요하나 누가 먼저 사망하였는지를 확정하기 곤란한 경우 이를 위하여 동시사망추정제도(제30조)를 두었다.

(나) 사망시기에 따른 세법상의 차이

처와 아버지가 있는 A가 미혼인 아들과 비행기를 타고 가다가 비행기가 추락하여 같이 사망한 경우를 본다(상속재산은 30억원이라고 가정).

① 아버지 A가 먼저 사망한 경우

A가 사망하는 순간 상속이 개시되어 상속재산은 처에게 18억원, 미혼인 아들에게 12억원이 각각 상속된 후 미혼인 아들의 사망 순간 다시 상속이 개시되어 아들의 어머니에게 12억원이 상속된다. 결국 30억원이 모두 처에게 상속되는 결과가 된다.

② 미혼인 아들이 먼저 사망한 경우

A가 사망하는 순간 상속이 개시되지만 미혼인 아들은 이미 권리능력이 없어 권리의 주체가 될 수 없다. 따라서 상속재산은 처에게 18억원, A의 아버지에게 12억원이 각각 상속된다.

③ 누가 먼저 사망한 것인지 알 수 없는 경우(일반적인 경우임)

누가 먼저 사망한 것인지 알 수 없는 경우에는 '②'와 같은 결과가 된다. A가 사망하는 순간 상속이 개시되지만 미혼인 아들 역시 그 순간 권리능력이 없어져 일순간이라도 상속권의 주체가 될 수 없는 것이다. 동시사망 추정의 효과는 동시에 사망하지 않았다고 주장하는 쪽에서 입증해야 한다. 따라서 동시에 사망하지 않고 사망의 선후사실을 입증하는 것은 거의 불가능에 가깝다.

나. 의사능력과 행위능력

(1) 의사능력

의사능력이란 자신의 행위 자체를 인식하고 이를 규율할 수 있는 정신능력을 말한다. 의사능력이 없는 경우 그 법률행위는 '무효'가 된다. 왜냐하면 사적 자치의 원칙상 각 당사자는 자기의 의사에 기하여 거래행위를 하게 되는데, 유아·광인 등 의사제한능력자의 행위는 진정으로 그의 '의사'에 기한 것이라고 할 수 없고 따라서 법률상 행위로서의 의미를 가질 수 없기 때문이다.[17]

이와 같이 의사제한능력자의 행위의 효력을 부정하는 것은 의사제한능력자를 보호하기 위하여 필요한 것이기는 하지만, 실제 각 구체적인 상황에서는 당사자가 상대방의 의사능력 유무를 판단하는 것이 결코 쉬운 일이 아니며, 또 본인으로서도 행위 당시에 의사능력이 없었다고 증명하는 것이 곤란한 경우가 많다. 더욱이 이것이 증명되면 의사능력이 있다고 생각하여 거래한 상대방은 뜻하지 않은 손해를 입게 될 것이다.

그리하여 민법은 연령과 정신장애의 정도를 기준으로 하여 의사능력의 유무를 묻지 않고 획일적으로 제한능력자를 정하여 이들이 법정대리인의 동의 없이 단독으로 한 일정한 행위는 후에 '취소'할 수 있는 것으로 하였다. 이것이 행위제한능력제도이다.

(2) 행위능력

행위능력이란 단독으로 법률행위를 완전·유효하게 할 수 있는 지위 내지 자격이다.

민법 제4조(성년기)에서는 "만 19세로 성년에 이르게 된다"라고 규정하고 있다.

행위능력이 없는 자, 즉 행위제한능력자는 스스로 단독으로 유효한 법률행위를 할 수 없고 법정대리인의 동의를 받아야 한다. 유효한 법률행위란 적극적인 행위는 물론 소극적인 행위, 즉 단순히 수령하는 행위도 포함하고 여기서 수령행위는 공법행위에 있어서도 같다.

세무서장으로부터 서류송달을 받을 자가 제한능력자인 경우 송달방법을 보면 송달을 받아야 할 자가 제한능력자인 경우에는 그 법정대리인의 주소 또는 영업소에 서류를 송달하여야 한다(국세기본법기본통칙 8−0…4). 여기서 제한능력자라 함은 행위능력이 없는 자를 뜻한다. 즉 서류송달을 받을 납세자가 될 자가 제한능력자인 때에는 의사능력 유무에 불구하고 행위능력을 기준으로 수령능력 유무를 판단하는 것이다.

---

17) 의사능력을 책임능력 또는 불법행위능력이라고 부르기도 한다.

　　민법 제753조【미성년자의 책임능력】
　　미성년자가 타인에게 손해를 가한 경우에 그 행위의 책임을 변식할 지능이 없는 때에는 배상의 책임이 없다.

　　민법 제754조【심신상실자의 책임능력】
　　심신상실 중에 타인에게 손해를 가한 자는 배상의 책임이 없다. 그러나 고의 또는 과실로 인하여 심신상실을 초래한 때에는 그러하지 아니하다.

　　민법 제755조【감독자의 책임】
　　① 다른 자에게 손해를 가한 사람이 제753조 또는 제754조에 따라 책임이 없는 경우에는 그를 감독할 법정의무가 있는 자가 그 손해를 배상할 책임이 있다. 다만, 감독의무를 게을리하지 아니한 경우에는 그러하지 아니하다.
　　② 감독의무자를 갈음하여 제753조 또는 제754조에 따라 책임이 없는 사람을 감독하는 자도 제1항의 책임이 있다.

이에 비하여 서류를 송달하는 자가 서류송달을 받아야 할 자를 만나지 못하는 경우에는 종업원 또는 동거인으로서[18] 사리를 판별할 수 있는 자에게 서류를 송달할 수 있다. 즉 지배권 내에 송달이 되면 되지만 서류의 중요성을 인식하고 수령될 자에게 전달할 것으로 기대할 수 있는 능력은 있어야 하는 것이다. 여기서의 능력은 의사능력으로 세법에서는 사리를 판별할 수 있는 자라고 표현하고 있다. 즉 한 단계 낮은 정신능력으로서 의사능력만 있으면 서류송달에 대한 수령권한이 있다고 보는 것이다.

만약 법정대리인의 동의 없이 또는 그에 의한 대리행위에 의하여 법률행위를 하지 않고 단독으로 법률행위를 하는 경우 그 법률행위는 취소할 수 있다.

민법상 행위제한능력자에는 미성년자, 피한정후견인 그리고 피성년후견인이 있다.

이러한 제한능력자제도는 사적 자치의 원칙상 자유경쟁에서 자신의 이익을 지킬 의사능력을 결하기 때문에 재산상 손해를 입을 염려가 있으므로 이러한 위험으로부터 보호하는 데 그 목적이 있으므로 재산상 행위에만 적용되고 이해타산을 목적으로 하지 않는 신분행위에는 적용되지 않는다.

한편, 우리나라의 국세기본법에 해당하는 독일 조세기본법에서는 민법상의 행위능력을 갖는 자연인 등을 구체적으로 열거하여 열거된 자에 한하여 조세절차행위의 수행에 대하여 행위능력을 가지는 것으로 규정하고 있다.[19]

우리나라의 국세기본법에 해당하는 조세기본법에 행위능력의 개념이 구체적으로 적시되어 절차행위의 적법성 유무에 대한 예견가능성을 제공하고 있는 것이다.

다. 행위제한능력자

(1) 미성년자

(가) 성년기

만 19세*에 달하였을 때 성년자가 되므로 만 19세 미만의 자를 미성년자라 한다. 다만, 만 19세에 달하지 아니하였어도 혼인하면 성년으로 보는 성년의제제도(제826조의 2)를 우리 민법은 두고 있으므로 이러한 자는 행위능력자가 된다.

* 2011.3.7. 민법이 개정되어 19세로 낮추어졌고 2013.7.1.부터 시행되었다.

---

18) 국세기본법기본통칙 10-0···1【종업원】
   법 제10조 제4항에서 "종업원"이라 함은 송달을 받아야 할 자와 고용관계에 있는 자를 말한다.
   국세기본법기본통칙 10-0···2【동거인】
   법 제10조 제4항에서 "동거인"이라 함은 송달을 받을 자와 동일장소 내에서 공동생활을 하고 있는 자를 말하며, 생계를 같이하는 것을 요하지 않는다.

19) 한국조세연구소 편, 「독일의 조세기본법과 재정법원법」, 서울 : 한국세무사회, 37면

여기서 연령의 계산은 출생일을 넣어서 한다. 즉 기간계산에 있어 초일불산입 원칙의 예외가 적용된다. 배 속에서부터 자라는 것을 감안한 것으로 보인다.

(나) 미성년자의 행위능력

미성년자는 행위능력이 없으므로 스스로 단독으로 법률행위를 완전히 유효하게 할 수 없다. 따라서 법률행위를 함에는 원칙적으로 법정대리인, 즉 친권자의 동의를 얻어야 하고 만일 동의를 얻지 못한 경우에는 미성년자 자신이나 법정대리인이 이를 취소할 수 있다(제5조 · 제140조). 또한 법정대리인이 미성년자를 대리하여 재산상의 법률행위를 할 수 있다(제920조 · 제938조 · 제949조).

(다) 단독으로 할 수 있는 행위

예외적으로 미성년자가 스스로 유효한 거래행위를 할 수 있다고 인정하여도 재산상 손해를 입을 염려가 없는 경우에는 미성년자에게 행위능력을 인정하여도 무방할 것이므로 이 경우에는 동의 없이 거래행위를 하여도 그 자체가 완전히 유효한 법률행위가 된다. 그러나 이때에도 의사능력은 가지고 있어야 한다.

① 단순히 권리만을 얻거나 의무만을 면하는 행위(제5조 제1호 단서)
② 범위를 정하여 처분을 허락한 재산의 처분행위(제6조)
③ 영업을 허락한 경우 그 영업에 관한 행위(제8조)
④ 혼인을 한 미성년자의 행위(제826의 2)
⑤ 대리행위(제117조)
⑥ 유언행위(제1062조)[20]
⑦ 법정대리인의 허락을 얻어 회사의 무한책임사원이 된 미성년자가 그 사원자격에 의하여 행하는 행위(상법 제7조)
⑧ 근로계약과 임금의 청구[21]

---

20) 미성년자도 유언은 할 수 있으나 최소한 의사능력은 있어야 하고 이러한 의사능력 유무에 관한 다툼을 미연에 방지하기 위하여 민법은 만 17세에 달하지 못한 자의 유언은 효력이 없는 것으로 명확히 규정하고 있다.
　민법 제1061조【유언적령】
　만 17세에 달하지 못한 자는 유언을 하지 못한다.
　민법 제1062조【제한능력자와 유언】
　유언에 관하여는 제5조, 제10조 및 제13조를 적용하지 아니한다.
21) 근로기준법 제67조 제1항
　① 친권자나 후견인은 미성년자의 근로계약을 대리할 수 없다.
　친권자라고 하더라도 자(子)의 노동을 강요할 수 없다. 만약 근로계약을 당사자 의사에 반하여 할 수 있다면 자유민주주의 이상에 반한다. 계획경제체제에서는 해외파견근로자의 근로계약은 노동자 자신이 독자적으로 체결할 수 없다. 개성공단의 경우를 생각하면 어렵지 않게 이해할 수 있다. 근로계약을 스스로 체결할 수 없다면 자유인이 될 수 없는 것이다.

그러나 법정대리인은 동의를 한 법률행위 또는 처분을 허락한 재산의 처분행위를 미성년자가 하기 전에는 그 동의와 허락을 취소할 수 있다. 또한 영업을 허락하였던 경우에도 그것을 취소하거나 그 종류를 제한할 수 있다. 그러나 이 경우에는 미성년자와 거래하는 상대방을 보호하기 위하여 제3자에게 이 취소로써 대항하지 못하도록 하였다(제8조 제2항 단서).

(라) 미성년자의 수령능력

국세기본법에서는 납세의 고지·독촉·체납처분 또는 세법에 따른 정부의 명령에 관계되는 서류의 송달을 우편으로 할 때에는 원칙으로 등기우편으로 하여야 하고, 서류를 송달할 장소에서 송달받아야 할 자를 만나지 못한 때에는 그 사용인 또는 동거인으로서 '사리를 판별할 수 있는 자'에게 서류를 송달할 수 있도록 규정하고 있다(국세기본법 제10조 제2항·제3항. 제4항).

위에서 '사리를 판별할 수 있는 자'라 함은 서류의 송달취지를 이해하고, 수령한 서류를 송달받아야 할 자에게 교부할 것이라고 기대될 수 있는 능력이 있는 자를 말한다(국세기본법기본통칙 10-0…3).

위 고지서 등의 수령능력, 즉 '사리를 판별할 수 있는 자'는 민법상의 의사능력과 유사한 것으로 민법에서는 의사능력을 책임능력 또는 불법행위능력이라고도 한다. 현행 민법상 의사능력 없는 자의 불법행위에 대한 책임은 친권자 등 감독의무 있는 자가 지도록 하고 있다(제753조·제754조·제755조).

그러나 송달을 받아야 할 자가 제한능력인 때에는 그 법정대리인에게 송달하여야 한다.[22]

국세환급금의 수령은 미성년자도 가능하다. 수령행위 자체는 법률행위가 아니고 사실행위에 해당하기 때문이다. 그러나 사실행위라 하더라도 의사제한능력자에 해당하는 피성년후견인 등에게는 환급을 할 수 없다 할 것이다. 여기서 환급을 할 수 없다는 의미는 그 환급행위 자체가 무효라는 의미보다는 수령사실에 관한 입증을 통상적인 방법과 달리해야 한다는 것으로 해석해야 할 것이다. 이러한 특별한 입증의 부담을 해소하기 위해서는 법정대리인에게 환급을 할 수 있도록 하고 있다.[23]

---

22) **국세기본법기본통칙 8-0…4 【제한능력자에 대한 송달】**
   송달을 받아야 할 자가 제한능력자인 경우에는 그 법정대리인의 주소 또는 영업소에 서류를 송달한다(2019.12.23. 개정).
   ※ 제한능력자라 함은 단독으로 완전유효한 법률행위를 할 수 있는 능력(행위능력)이 없는 자, 즉 미성년자, 성년후견 및 한정후견이 개시된 자를 말한다.

23) **국세기본법기본통칙 51-0…9 【제한능력자 등에의 환급】**
   국세환급금의 환급을 받을 납세자가 제한능력자 또는 한정후견개시자인 경우에도 당해 납세자에게 환급한

(마) 성년의제의 효력

위에서 미성년자가 혼인하여 성년으로 의제되는 경우 그 의제의 효력은 민법상의 법률행위를 단독으로 유효하게 할 수 있다는 데 그치는 것이고, 다른 법률에까지 의제의 효과가 확장되는 것은 아니고 일정한 범위에 국한되는 것이다. 법률에서 의제규정이 있는 경우 그 의제효과는 최소한의 범위에 그치는 것이다.

따라서 혼인의제로 성년이 된 아들에게 아버지가 증여하는 경우에는 상속세및증여세법상 성년자로 보아 5천만원의 공제를 받을 수는 없는 것이고, 미성년자인 아들에게 증여하는 효력만이 있을 뿐이므로 증여재산공제는 2천만원에 불과하다.

■ **미성년자가 혼인하여 성년의제되는 경우 증여재산 공제(서일 46014-10069, 2001.9.3.)**

[질의요지]
1. 증여세 과세 시 직계비속공제에서 미성년자는 1천 500만원을 공제하도록 되어 있는바 여기서 미성년자의 범위가 어떠한지.
2. 민법에는 미성년자가 혼인을 한 경우는 성년자로 보도록 되어 있는데 상속세법에서도 혼인을 한 경우에 성년자로 보아 직계존속으로부터 증여받았을 때 3천만원 공제를 받을 수 있는지.

[회신]
상속세및증여세법 제20조 제1항 제2호 및 같은 법 제53조 제1항 제2호의 규정을 적용할 때에 '미성년자'는 상속개시일 또는 증여일 현재 만 20세에 달하지 아니하는 자를 말한다.

---

(2) 피성년후견인

피성년후견인이란 질병, 장애, 노령, 그 밖의 사유로 인한 정신적 제약으로 사무를 처리할 능력이 지속적으로 결여되어 가정법원으로부터 성년후견개시의 심판을 받은 사람을 말한다(제9조 제1항).

(가) 성년후견개시심판의 요건

성년후견의 실질적 요건으로는 후견개시의 심판을 받을 사람이 질병, 장애, 노령, 그 밖의 사유로 인한 정신적 제약으로 사무를 처리할 능력이 지속적으로 결여된 경우이다(제9조 제1항).

이러한 피후견인의 사무를 처리할 능력이 지속적으로 결여된 경우에 본인, 배우자, 4촌 이내의 친족, 미성년후견인, 미성년후견감독인, 한정후견인, 한정후견감독인, 특정후견인, 특정후견감독인, 검사 또는 지방자치단체의 장의 청구가 있어야 한다.

다. 다만, 법정대리인이 명백히 존재하는 경우에는 환급받을 자를 명시하여 법정대리인에게 환급한다(2019.12.23. 개정).

(나) 성년후견개시심판의 절차

위 요건들이 갖추어지면 가정법원은 본인의 의사를 고려하여 성년후견개시의 심판을 하여야 한다(제9조 제2항). 선고절차는 가사소송법과 가사소송규칙에 의한다.[24] 성년후견제도는 후견등기제도와 함께 성년후견의 개시와 종료 등이 후견등기부를 통해 공시된다.[25] 그리고 가정법원이 피한정후견인 또는 피특정후견인에 대하여 성년후견개시의 심판을 할 때는 종전의 한정후견 또는 특정후견의 종료 심판을 한다(제14조의 3 제1항).

(다) 피성년후견인의 행위능력

① 원칙

피성년후견인의 법률행위는 언제든지 취소할 수 있다(제10조 제1항). 피한정후견인이 한정후견인의 동의 없이 한 법률행위는 취소할 수 있는 데 그 차이가 있다. 피성년후견인이 성년후견인의 동의를 받아 한 행위라도 취소할 수 있다. 그러나 약혼, 혼인 등의 신분행위는 후견인의 동의를 얻어 할 수 있다.[26]

그리고 피성년후견인의 의사능력이 회복된 때에는 유언을 할 수도 있다(제1063조). 한편 피성년후견인은 자신의 신상에 관하여 자신의 상태가 허락하는 범위에서 단독으로 결정할 수 있다(제947조의 2 제1항).

② 예외

피성년후견인의 법률행위는 원칙적으로 취소할 수 있는 것인 데 반하여 일용품의 구입 등 일상생활에 필요하고 그 대가가 과도하지 아니한 법률행위는 성년후견인이 취소할 수 없으며(제10조 제4항), 가정법원은 본인, 배우자, 4촌 이내의 친족, 성년후견인, 성년후견감독인, 검사 또는 지방자치단체의 장의 청구에 의하여 취소할 수 없는 피성년후견인의 법률행위의 범위를 정할 수 있다(제10조 제2항, 제3항). 종전의 금치산제도에서는 없었던 제도이다. 피성년후견인의 자기결정권 범위를 어느 정도 인정한 것이라 할 수 있다.

(라) 법정대리인으로서 성년후견인

① 성년후견인의 선임과 성년후견감독인의 선임

가정법원의 성년후견개시심판이 있는 경우에는 그 심판을 받은 사람의 성년후견인을 두어야 하고(제929조), 성년후견인은 피성년후견인의 법정대리인이 된다(제938조 제1항).

---

24) 가사소송법 제2조 제1항 제2호의 가사비송사건에 해당
25) 후견등기에관한법률 제14976호
26) 제802조, 제808조 제2항, 제835조, 제856조, 제873조 제1항, 제902조 등 참조

가정법원이 성년후견인을 선임할 때에는 피성년후견인의 의사를 존중하여야 하며, 그 밖에 피성년후견인의 건강, 생활관계, 재산상황, 성년후견인이 될 사람의 직업과 경험, 피성년후견인과의 이해관계의 유무(법인이 성년후견인이 될 때에는 사업의 종류와 내용, 법인이나 그 대표자와 피성년후견인 사이의 이해관계의 유무를 말한다) 등의 사정도 고려하여야 한다(제936조 제4항). 미성년자의 후견인 수는 한 명으로 하지만 성년후견인은 피성년후견인의 신상과 재산에 관한 모든 사정을 고려하여 여러 명을 둘 수 있으며 법인도 성년후견인이 될 수 있다(제930조 제2항·제3항).

가정법원은 필요하다고 인정하면 직권으로 또는 피성년후견인, 친족, 성년후견인, 검사, 지방자치단체의 장의 청구에 의하여 성년후견감독인을 선임할 수 있다(제940조의 4). 이는 종전에 후견제도에서 친족회를 필수적으로 후견감독기관으로 하던 것과 대비된다. 즉, 성년후견제도에서 후견감독인은 필수기관이 아닌 임의기관이다.

② 성년후견인의 법적 지위

후견인은 피후견인의 재산을 관리하고 그 재산에 관한 법률행위에 대하여 피후견인을 대리한다(제949조). 성년후견인은 피성년후견인의 재산관리와 신상보호를 할 때 여러 사정을 고려하여 그의 복리에 부합하는 방법으로 사무를 처리하여야 한다. 이 경우 성년후견인은 피성년후견인의 복리에 반하지 아니하면 피성년후견인의 의사를 존중하여야 한다(제947조).

(마) 성년후견의 종료

성년후견개시의 원인이 소멸된 경우에는 가정법원은 본인, 배우자, 4촌 이내의 친족, 성년후견인, 성년후견감독인, 검사 또는 지방자치단체의 장의 청구에 의하여 성년후견종료의 심판을 한다(제11조).

가정법원이 피성년후견인 또는 피특정후견인에 대하여 한정후견개시의 심판을 할 때에는 종전의 성년후견 또는 특정후견의 종료 심판을 한다(제14조의 3 제2항). 의사능력이 회복되는 경우는 사실상 드문 현상이라고 할 것이다.

(3) 피한정후견인

가정법원은 질병, 장애, 노령, 그 밖의 사유로 인한 정신적 제약으로 사무를 처리할 능력이 부족한 사람에 대하여 본인, 배우자, 4촌 이내의 친족, 미성년후견인, 미성년후견감독인, 성년후견인, 성년후견감독인, 특정후견인, 특정후견감독인, 검사 또는 지방자치단체의 장의 청구에 의하여 한정후견개시의 심판을 한다(제12조).

(가) 한정후견개시의 요건 및 절차

한정후견의 실질적 요건으로는 후견개시의 심판을 받을 사람이 질병, 장애, 노령, 그 밖의 사유로 인한 정신적 제약으로 사무를 처리할 능력이 부족한 경우이다(제12조 제1항). 성년후견이 '지속적으로 결여'인 데 반하여 한정후견은 '부족한 경우'이다.

이러한 피후견인의 사무를 처리할 능력이 부족한 경우에 본인, 배우자, 4촌 이내의 친족, 미성년후견인, 미성년후견감독인, 성년후견인, 성년후견감독인, 특정후견인, 특정후견감독인, 검사 또는 지방자치단체의 장의 청구가 있어야 한다.

위 요건들이 갖추어지면 가정법원은 본인의 의사를 고려하여 한정후견개시의 심판을 하여야 한다(제12조 제2항). 심판의 절차와 공시는 성년후견과 동일하다.

(나) 피한정후견인의 행위능력

가정법원은 피한정후견인이 한정후견인의 동의를 받아야 하는 행위의 범위를 정할 수 있으며(제13조 제1항), 본인, 배우자, 4촌 이내의 친족, 한정후견인, 한정후견감독인, 검사 또는 지방자치단체의 장의 청구에 의하여 이미 정한 한정후견인의 동의를 받아야만 할 수 있는 행위의 범위를 변경할 수 있다(제13조 제2항).

한정후견인의 동의를 필요로 하는 행위에 대하여 한정후견인이 피한정후견인의 이익이 침해될 염려가 있음에도 그 동의를 하지 아니하는 때에는 가정법원은 피한정후견인의 청구에 의하여 한정후견인의 동의를 갈음하는 허가를 할 수 있다(제13조 제3항).

한정후견인의 동의가 필요한 법률행위를 피한정후견인이 한정후견인의 동의 없이 하였을 때에는 그 법률행위를 취소할 수 있으나(제13조 제4항 본문), 일용품의 구입 등 일상생활에 필요하고 그 대가가 과도하지 아니한 법률행위에 대하여는 피한정후견인은 행위능력을 가지게 되고 따라서 그 법률행위는 취소의 대상이 되지 않는다(제13조 제4항 단서).

종전의 한정치산자의 법률행위능력에 비하여 상당히 변화된 모습인 데 반하여 법정대리인 후견인의 위임사무 범위가 커졌다고 할 수 있다.

(다) 한정후견인의 법적 지위

가정법원의 한정후견개시의 심판이 있는 경우에는 그 심판을 받은 사람의 한정후견인을 두어야 하는데(제959조의 2), 이는 가정법원이 직권으로 선임한다(제959조의 3).

한정후견인은 민법규정에서 정한 범위내의 법률행위에 관하여 동의권과 취소권을 가지며(제13조 제1항, 제4항), 가정법원이 민법 제959조의 4(한정후견인의 대리권 등)에 따라 대리권수여의 심판을 한 경우에는, 그 범위 내에서 한정후견인은 피한정후견인을 대리할 수 있다.

성년후견에서와 같이 한정후견에서도 가정법원은 필요하다고 인정하면 직권으로 또는 피한정후견인, 친족, 한정후견인, 검사, 지방자치단체의 장의 청구에 의하여 한정후견감독인을 선임할 수 있다(제959조의 5).

(라) 한정후견의 종료

한정후견개시의 원인이 소멸된 경우에는 가정법원은 본인, 배우자, 4촌 이내의 친족, 한정후견인, 한정후견감독인, 검사 또는 지방자치단체의 장의 청구에 의하여 한정후견종료의 심판을 한다(제14조). 한정후견종료의 심판이 있으면 한정후견인은 완전한 행위능력자가 된다.

(4) 피특정후견인

가정법원은 질병, 장애, 노령, 그 밖의 사유로 인한 정신적 제약으로 일시적 후원 또는 특정한 사무에 관한 후원이 필요한 사람에 대하여 본인, 배우자, 4촌 이내의 친족, 미성년후견인, 미성년후견감독인, 검사 또는 지방자치단체의 장의 청구에 의하여 특정후견의 심판을 한다(제14조의 2 제1항). 이 특정후견은 본인의 의사에 반하여 할 수 없으며(제14조의 2 제2항), 특정후견의 심판을 하는 경우에는 특정후견의 기간 또는 사무의 범위를 정하여야 한다(제14조의 2 제3항).

상속재산의 협의분할 과정 등에서 미래에 생길 분쟁에 대비해서 특정후견인제도를 활용할 수도 있을 것이다.

(가) 특정후견의 심판

특정후견 실질적 요건으로는 특정후견의 심판을 받을 사람이 질병, 장애, 노령, 그 밖의 사유로 인한 정신적 제약으로 일시적 후원 또는 특정한 사무에 관한 후원이 필요한 경우이다(제14조의 2 제1항). 본인, 정신적 제약이 원인이라는 점에서는 성년후견 또는 한정후견과 같지만, '일시적 후원' 또는 '특정한 사무'라는 점에서 차이가 있다. 그리고 형식적 요건으로는 4촌 이내의 친족, 미성년후견인, 미성년후견감독인, 검사 또는 지방자치단체의 장의 청구에 의하여 특정후견의 심판을 한다(제14조의 2 제1항). 특정후견의 기간 또는 특정사무가 종결되면 특정후견도 종료한다.

(나) 특정후견인의 법적 지위

가정법원은 피특정후견인의 후원을 위하여 필요한 처분을 명할 수 있으며(제959조의 8), 위 처분으로 피특정후견인을 후원하거나 대리하기 위한 특정후견인을 선임할 수 있다(제959조의 8).

피특정후견인의 후원을 위하여 필요하다고 인정하면 가정법원은 기간이나 범위를 정하여 특정후견인에게 대리권을 수여하는 심판을 할 수 있다(제959조의 11).

피특정후견인은 행위능력제한자가 아닌 행위능력자라는 점에서 특정후견인에게 동의권이나 취소권이 생길 여지는 없다. 즉, 특정사무에 대한 대리권만 존재하는 것이다.

새로운 성년후견제는 제3자 후견인을 인정하는 제도로 상속권 범위 내의 후견인이었던 종전의 금치산, 한정치산제도와는 근본적으로 차이가 있다. 후견인은 법정대리인으로 수임인의 경우 선량한 관리자로서의 주의의무가 있으므로 피후견인의 재산관리행위에 조세요소를 결코 가볍게 보아서는 안 된다. 후견인으로서 피후견인의 재산관리에 있어 예상치 못한 조세채무가 생기는 경우에는 손해배상책임 등에서 자유롭지 않기 때문이다.

(5) 후견제도 신설(전문개정 2011.3.7.; 시행일 2013.7.1.)

한정치산제는 '한정후견인제'로, 금치산제는 '성년후견인제'로 대체되었다.

기존의 금치산·한정치산제도를 현재 정신적 제약이 있는 사람은 물론 미래에 정신적 능력이 약해질 상황에 대비하여 후견제도를 이용하려는 사람이 재산행위뿐만 아니라 치료, 요양 등 복리에 관한 폭넓은 도움을 받을 수 있는 성년후견제로 확대·개편하고, 피성년후견·피한정후견 선고의 청구권자에 후견감독인과 지방자치단체의 장을 추가하여 후견을 내실화하며, 성년후견 등을 요구하는 노인, 장애인 등에 대한 보호를 강화하고, 피성년후견인 등과 거래하는 상대방을 보호하기 위하여 성년후견 등에 관하여 등기로 공시하도록 하였다.

치매 등으로 정신능력이 악화하는 상황에 대비해 본인이 직접 후견인과 후견의 내용을 정할 수 있도록 개정법에 삽입된 '후견계약제도'는 고령화와 핵가족화가 심화하는 현실을 고려해 노후를 대비할 보호장치로 기능할 것으로 기대하고 있다.

라. 제한능력자의 상대방의 보호

(1) 상대방보호의 필요성

미성년자는 언제든지 자기가 한 계약 등을 취소할 수 있고 그 취소효과는 소급효가 있으므로 미성년자와의 계약은 전적으로 제한능력자 의사에 좌우되게 되어 상대방은 물론 제3자도 불안한 지위에 서게 되어 미성년자의 상대방도 일정한 보호장치가 필요하다.

(2) 최고권

제한능력자의 상대방은 제한능력자가 능력자가 된 후 1개월 이상의 유예기간을 정하여 취소할 수 있는 행위를 취소하겠느냐 아니면 추인하겠느냐의 확실한 대답을 할 것을 요구할 수 있다. 능력자로 된 자가 위 기간 내에 확답을 발하지 아니한 때에는 취소할 수 있는 행위를 추인한 것으로 본다. 이는 취소권을 포기한 것으로 본다는 의미이다. 미성년자가 아직 성년이 되지 못한 때에는 법정대리인에게 위 최고를 할 수 있다.

(3) 철회권과 거절권

위 최고권은 제한능력자의 상대방이 계약의 유효를 원하는 경우에 행하는 방법이고 제한능력자의 상대방이 계약의 효력발생을 원하지 않는 경우에는 제한능력자의 상대방이 스스로 그 계약의 효력발생을 부인해서 그 구속으로부터 벗어날 수 있도록 하기 위한 것이다.

철회권은 계약의 효력발생을 부인하는 것이고 거절권은 단독행위의 효력발생을 부인하는 것이다.

(4) 단기소멸시효

추인할 수 있는 날로부터 3년 또는 법률행위를 한 날로부터 10년 이내에 취소권을 행사해야 하고 이 기간이 지나면 취소권을 행사할 수 없고 취소할 수 있는 법률행위는 확정적으로 유효하게 된다.

(5) 취소권의 배제

제한능력자가 사기(詐欺)로써 능력자로 믿게 하거나 법정대리인의 동의서를 위조하는 등의 방법으로 법정대리인의 동의가 있는 것으로 믿게 한 때에는 제한능력을 이유로 그 행위를 취소하지 못한다. 그러한 사기(詐欺)를 쓰는 제한능력자까지 보호할 필요가 없기 때문이다.

마. 주소

(1) 주소란?

주소란 생활의 근거되는 곳을 말한다.

사람이 법률상 인격자로서 사회활동을 하는 경우 어느 특정한 장소를 중심으로 하여 움직이는 것이 보통이다. 이 경우 특정한 장소를 생활의 근거지로 주소라고 한다. 이러한 주소는 동시에 두 곳 이상 있을 수 있다(제18조).

(2) 주소의 효과

주소는 선거·납세의무의 이행 등 공법상의 관계를 결정하는 표준이 되고 민법상으로는 실종, 채무의 이행지, 상속개시의 장소 등을 결정하는 표준이 된다. 또 법원의 관할이나 국제사법상의 준거법을 결정하는 표준 외에도 조세법상 납세의무 유무를 가리는 기준이 되는 등의 효과가 있다.

(3) 조세법상 주소의 효과

소득세법은 1세대 1주택의 양도에 대하여 양도소득세를 비과세하고 있다.[27] 비과세를 하고 있는 이유는 주택의 경우 다른 부동산과는 달리 국민주거생활의 기초가 되는 것으로서 1세대가 국내에 소유하고 있는 한 개의 주택을 양도하는 것이 양도소득을 얻거나 단기적인 투기를 목적으로 일시적으로 거주하거나 소유하다가 양도하는 경우가 아닌 한 그 양도소득에 대하여 소득세를 부과하지 아니함으로써 국민주거생활의 안정과 거주이전의 자유를 보장하여 주려는 데 그 목적이 있는 것이다.

여기서 1세대의 판정은 주민등록표등본에 의하되 주민등록법상 세대를 달리 구성하고 있더라도 사실상 가족과 함께 동일한 거소 또는 주소에 거주하고 있는 경우에는 동일세대로 보게 된다. 세대원 중 일부가 취학, 질병의 요양, 근무상 또는 사업상 형편으로 본래의 주소 또는 거소를 일시퇴거한 경우에도 생계를 같이하는 자로 보아 1세대를 판정한다.

특히 1세대의 판정에 있어 거주자 및 그 배우자의 경우에는 부부가 함께 거주하는 경우는 물론 각각 주민등록을 달리하여 거주하더라도 1세대로 본다.[28]

"1세대"란 거주자 및 그 배우자가 그들과 같은 주소 또는 거소에서 생계를 같이하는 자와 함께 구성하는 가족단위를 말한다. 여기서 배우자에는 "법률상 이혼을 하였으나 생계를 같이하는 등 사실상 이혼한 것으로 보기 어려운 관계에 있는 사람을 포함하는 것"으로 2018.12.31. 개정하였다.[29] 사실혼 관계를 유지하고 있는 배우자도 동일 세대의 구성원

---

27) 거주자가 두 개의 주택을 보유하고 있는 경우, 먼저 양도한 주택은 1세대 2주택인 상태에서의 양도이므로 양도소득세가 과세된다. 그 다음 날 남은 주택을 양도하는 때에는 1세대 1주택인 상태에서의 양도이므로 양도소득세는 비과세된다.
정부는 2019.2.12. 동 규정을 개정하여 비과세 보유기간 요건을 강화하였다. 즉, 2주택 보유자가 먼저 양도한 주택은 위 설명과 같이 과세를 하게 되고, 남은 주택의 양도소득세를 비과세받기 위해서는 1세대 1주택이 된 날부터 비과세요건이 되는 보유기간(원칙적으로 2년)을 채워야 비과세되는 것으로 비과세요건을 강화한 것이다. 다만 부칙(대통령령 제29523호, 2019.2.12.)을 두어 2021년 1월 1일 이후 양도하는 분부터 적용하도록 하였다. 2021.1.1. 이후에는 시장에 공급으로 나오는 주택수량은 부족해질 수밖에 없다. 왜냐하면, 양도로 인한 세부담이 강화되었고 매도는 자유의지에 달렸기 때문이다. 이렇게 양도소득세를 강화하는 경우에는 수요를 줄이는 것이 아니고 공급을 줄이는 부정적 효과가 생길 수밖에 없다는 사실을 이해해야 한다.

28) 소득세법집행기준 89-154-1【1세대의 정의】
거주자(주택을 양도한 자)와 그 배우자가 그들과 동일한 주소 또는 거소에서 생계를 같이하는 가족을 1세대라고 하며, 이 경우 가족은 거주자와 그 배우자의 직계존비속(그 배우자를 포함한다) 및 형제자매를 말하며, 취학·질병의 요양, 근무상 또는 사업상의 형편으로 본래의 주소 또는 거소를 일시 퇴거한 자를 포함한다.

29) 소득세법 제88조【정의】제6호
"1세대"란 거주자 및 그 배우자(법률상 이혼을 하였으나 생계를 같이하는 등 사실상 이혼한 것으로 보기 어려운 관계에 있는 사람을 포함한다. 이하 이 호에서 같다)가 그들과 같은 주소 또는 거소에서 생계를 같이하는 자[거주자 및 그 배우자의 직계존비속(그 배우자를 포함한다) 및 형제자매를 말하며, 취학, 질병의 요양, 근무상 또는 사업상의 형편으로 본래의 주소 또는 거소에서 일시 퇴거한 사람을 포함한다]와 함께 구성하는 가족단위를 말한다. 다만, 대통령령으로 정하는 경우에는 배우자가 없어도 1세대로 본다 (2018.12.31. 개정).

으로 보아 조세회피를 방지하기 위하여 개정한 것으로 설명되고 있으나 동 개정내용은 의미가 크다고 하기 어렵다. 소득세법상 배우자에 대해서는 종래부터 실질과세원칙을 적용하여 법률혼배우자를 원칙으로 하되 실질과세원칙을 적용하여 아직 법률혼이 해소되지 않았지만 오래전에 혼인이 해소된 사실 등이 명백한 경우에는 별도 세대로 보아 과세행정을 유지해 오고 있었다. 법률혼이 해소된 경우에도 그 해소가 가장행위에 불과하다면 역시 실질과세원칙에 따라 배우자로 판단할 수 있을 것이다. 동 개정내용에 관하여 적용시기에 관한 언급이 없는 것으로 봐서 동 개정내용은 창설적 규정이 아닌 확인적 규정에 불과하다는 사실을 인지한 것으로 추정된다.

거주이전은 자유이지만 이러한 자유는 경우에 따라서는 값비싼 대가를 치르기도 한다. 예를 들면 이미 비과세요건을 갖춘 1세대가 이미 독립된 세대를 구성한 형제 또는 자매의 부탁으로 주소를 이전하여 동일세대를 구성하는 경우에는 그 형제자매의 주소 이전과 동시에 1세대 2주택으로서 양도소득세 비과세요건에서 제외된다. 따라서 조세법상 법률관계에 있어서는 주소의 효과에 있어서도 조세를 고려하지 않으면 곤란하게 된다. 조세를 일반상식 정도로 생각하며 생활한다면 불측의 손실을 피할 가능성은 희박해진다.

바. 부재와 실종

(1) 의의

부재자라 함은 종래의 주소 또는 거소를 떠나 용이하게 돌아올 가망이 없고, 또 스스로도 재산을 관리할 수 없는 자를 말한다(제22조). 부재자제도는 부재자의 재산을 관리하면서 부재자가 돌아오기를 기다리는 제도라는 점에서 실종선고제도와 구별된다. 즉 부재자 중 생사불명의 상태가 계속되어 사망하였다는 추측이 가능하지만 확실히 사망한 사실을 증명할 방법이 없는 때에는 일정한 요건에 따라 가정법원의 선고로써 일정한 범위 내에서 사망한 것으로 간주하는 제도가 바로 실종선고이다.

유사한 개념으로 인정사망이 있으나 인정사망의 경우에는 사체가 확인되지 않는 점은 실종선고에서와 유사하지만 사망확률이 매우 높아서 실종선고절차는 적당치 아니한 경우에 이를 조사한 관공서에서 사망지의 시·읍·면장에게 사망의 보고에 따라 호적에 사망의 기재를 하는 것을 말한다. 이하 실종선고에 대하여 본다.

(2) 실종선고란?

실종선고란 종래의 주소 또는 거소를 떠나 쉽게 돌아올 가망이 없는 부재자로서 일정한 기간 동안 생사불명의 상태가 계속되고 있는 자에 대하여 가정법원의 선고에 의하여 사망한 것으로 보는 제도를 말한다. 사망하였을 개연성이 높다 하더라도 사망의 증명을 할수 없는 한 사망으로 볼 수도 없어 생존한 것으로 언제까지나 보게 되면 배우자는 재혼할수 없고 상속도 개시되지 않는 등 불합리한 점이 많기 때문에 일정한 절차를 거쳐 가정법원이 선고를 내려 사망한 것으로 간주하는 것이다. 이에는 보통실종과 특별실종이 있다.

(3) 실종선고 요건

(가) 부재자의 생사가 분명치 아니하여야 한다.

생존의 증명도 할 수 없을 뿐 아니라 사망의 증명도 할 수 없어야 한다.

(나) 생사불명이 일정기간 계속되어야 한다.

생사불명이 법률에 정해진 기간 동안 계속되어야 한다. 실종기간과 그 기산일은 사망의 가능성 정도에 따라 보통실종과 특별실종으로 구분한다.

보통실종은 부재자의 생존을 증명할 수 있는 최후의 시기로부터 5년간이고 특별실종의 실종기간은 1년이다. 특별실종의 경우에는 실종이 될 수밖에 없는 사건에 따라서 그 기산일이 구체적으로 각각 다르다. 전쟁실종의 경우에는 전쟁이 종지한 때, 예컨대 휴전·항복선언이 있거나 사실상 전쟁이 끝난 때, 선박실종의 경우에는 선박이 침몰한 때, 항공기실종의 경우에는 항공기가 추락한 때, 기타 위난실종의 경우, 예컨대 지진·홍수·화재 등으로 인한 실종의 경우에는 그 위난이 종료한 때부터 1년간 생사불명상태가 계속되어야 한다(제27조 제2항).

(다) 이해관계인이나 검사의 청구가 있어야 한다.

여기서의 이해관계는 법률상의 이해관계로서 경제적 또는 신분적 이해관계가 있는 자를 말한다. 따라서 1순위의 재산상속인이 있는 경우에 후순위의 상속인은 실종선고를 청구할 수 있는 이해관계인은 아니다(제27조).

(4) 실종선고 절차

가정법원은 6개월 이상 공시최고를 하여야 한다. 공시최고 내용은 부재자 본인이나 부재자의 생사를 아는 자에 대하여 신고하도록 하는 것이다.

이 공시최고기간 동안 부재자 및 부재자의 생사에 관한 신고가 없을 때에는 실종선고를 하여야 한다(가사소송규칙 제54조·제55조·제26조).

02
총칙

(5) 실종선고 효과

(가) 민법상의 사망의제시기

실종선고를 받은 자는 실종기간이 만료한 때에 사망한 것으로 본다(제28조).

따라서 반증을 들어 실종선고의 효과를 다투지 못하며 이 효과를 뒤집으려면 선고를 취소하여야 한다.

실종선고가 내리면 사망한 것으로 보므로 기존의 혼인관계는 종료되어 생존배우자는 재혼할 수 있으며 상속도 개시된다.

그러나 이 효과는 실종자의 주소나 거소를 중심으로 하는 실종기간 만료 시의 사법적(私法的) 법률관계를 종료시키는 데 지나지 않으며, 실종자의 권리능력을 소멸시키는 제도는 아니다.

사법적 법률관계인 이상 재산법적 관계이거나 또는 가족법적 관계이거나 불문한다.

따라서 사법적 법률관계가 아닌 공법상의 선거권·피선거권의 유무 그리고 실종자의 범죄행위 등은 실종선고와는 관계없이 결정된다.

또한 실종선고가 있는 경우에 실종자가 사망한 것으로 보는 시점까지는 생존하고 있었던 것으로 해석하는 것이 통설이다. 그러나 실종선고가 없는 한 그 부재기간이 아무리 오래되어도 생존하고 있는 것으로 추정된다.

(나) 상속세 관련 사망의제시기

민법에서는 실종기간이 만료되는 시점에 사망한 것으로 보지만 상속세및증여세법에서는 실종기간이 만료되는 시점이 아닌 재판부에서 실종을 선고하는 시점에 사망한 것으로 본다. 부과제척기간 만료로 인한 국세채권 일실을 막기 위해서이다.[30]

예를 들면 1980.6.25. 행방불명된 A에 대하여 1999.1.1. 실종선고 청구가 있는 때에는 6월의 공시최고를 거쳐 1999.7.에 실종선고를 하게 되고 사망의 효과는 1980.6.25.부터 5년이 되는 1985.6.25.이 된다. 이 경우 1999년에서 볼 때 1980.6.25. 상속개시에 대한 과세는 부과제척기간의 만료로 이미 불가능하게 된다. 이를 방지하기 위하여 상속세및증여세법에서는 실종선고에 있어 사망으로 보는 시기를 민법과 달리 실종선고일인 1999년 7월로 보는 것이다.

다만, 아쉬운 점은 부과제척기간의 만료로 국세를 일실하는 것을 막고자 하는 취지와

---

[30] 상속세및증여세법 제2조 【정의】
　　"상속개시일"이란 피상속인이 사망한 날을 말한다. 다만, 피상속인의 실종선고로 인하여 상속이 개시되는 경우에는 실종선고일을 말한다.

함께 상속재산의 평가에 있어서도 그 취지를 함께 살려 민법상의 상속개시일인 1980.6. 25.로 평가하는 것이 바람직하다 할 것이다. 왜냐하면 부과제척기간의 만료를 방지하기 위하여 상속개시일을 의제한 것이므로 상속인의 상속개시 당시가 아닌 시점의 기준으로 상속재산을 평가하는 것은 당초 부과제척기간의 만료를 막고자 하는 의제목적을 벗어난 것이고 나아가 위헌요소까지 있기 때문이다.

(다) 실종선고 관련 재산의 취득·양도시기

실종선고를 받은 자는 실종기간이 만료한 때에 사망한 것으로 보는 것이지만 이러한 민법규정을 따르는 경우 실종선고신청을 늦게 할 경우 부과제척기간의 만료로 상속세를 부과할 수 없는 경우가 발생하게 되고 따라서 국가채권을 일실하는 경우가 생긴다.

이를 막기 위하여 상속세및증여세법에서는 실종선고 시에 사망한 것으로 간주하는 규정을 민법과 별도로 두고 있는 것을 위에서 보았다.

여기서 소득세법상 취득시기를 가리는 데 있어 민법을 따라서 실종기간만료일을 취득시기로 볼 것인가 아니면 상속세및증여세법에 따라 실종선고일을 취득시기로 볼 것인가 하는 의문이 생길 수 있다.

국세청 기존예규에서는 실종선고에 의하여 상속이 개시된 경우에는 실종선고일이라고 하고 있으나,[31] 이는 대외적 효력이 있는 법규명령으로 볼 수 없으므로 법령으로서 명확하게 그 취득시기를 설정할 필요가 있다.

이에 반하여 소득세법에서는 점유취득시효로 부동산의 소유권을 취득하는 경우에는 당해 부동산의 점유를 개시한 날을 취득 또는 양도시기로 보도록 민법과는 별도의 규정을 두고 있다.[32]

(6) 실종선고의 취소

실종선고가 내려지면 실종자는 사망한 것으로 보아 상속 기타의 법률관계가 발생하지만 특정한 때에 사망한 것으로 의제하는 데 지나지 않는다. 실종자가 생존하고 있거나 선고로 사망하였다고 보았던 시기와 다른 시기에 사망하거나 생존하고 있었던 사실이 입증되는 때에는 본인, 이해관계인, 검사의 청구에 의하여 가정법원은 선고를 취소하게 된다. 실종선고 시 필요했던 공시최고는 실종선고의 취소 시에는 필요하지 않다.

실종선고의 취소는 실종선고로 인하여 발생했던 효력을 무효화시켜 실종선고가 처음부터 없었던 것과 같이 되어 모두 번복된다. 따라서 선고로 사망한 것으로 보았던 시기와

---

31) 국세청재일 46014-1081, 1997.5.2.

32) 소득세법시행령 제162조【양도 또는 취득의 시기】제1항 제6호

다른 시기에 사망한 것이 증명되면 그 시기에 사망한 것이므로 상속인 또는 상속분이 변동되어 상속을 한 자에 대하여 진정상속인이 상속회복을 청구할 수 있게 된다(제999조).

4. 법인

가. 법인이란?

법인이란 자연인 이외에 법률상 권리·의무의 주체가 될 수 있는 것을 말한다. 이에는 일정한 목적 아래 모인 사람들의 집단인 사단(社團)으로 변호사회, 의사회, 세무사회 등과 일정한 목적 아래 출연된 재산의 집단인 재단(財團)으로 학교법인, 육영재단, 장학재단 등이 있다.

사단 또는 재단은 그 구성원인 개인 또는 재산과는 별개의 단일성을 가지고 그 구성원 개인의 증감변동에 관계없이 혹은 그 재산에 의하여 이익을 누리는 자나 이를 운영하는 자의 증감변동에 불구하고 독립적인 통일체로서 독자적인 사회적 작용을 담당하고 있다.

이에 따라 권리는 그 구성원이 되는 사원이나 관리자인 이사 등에 속하는 것이 아니라 전적으로 사단과 재단에 귀속하여 부동산도 그 사단과 재단의 명의로 등기할 수 있으며, 의무와 책임도 사단과 재단에만 귀속하며 법률행위를 한 대표자나 구성원의 의무와 책임이 되지 않는다. 그리하여 사단과 재단의 채권자는 그 구성원 또는 대표자의 재산에 대하여 그리고 구성원의 채권자도 사단의 재산에 대하여 강제집행을 할 수 없다. 그리고 거래와 소송에 있어서도 사단과 재단의 이름으로 할 수 있으며, 법인의 소득에 대해서는 소득세가 아닌 법인세가 과세된다.

나. 법인의 본질

(1) 법인부정설

법인의 실재성을 부인하는 설로서 이 설은 모든 권리·의무관계를 그 종국적 이익이 귀속하는 데 따라서 파악하므로 그 이익은 결국 자연인에 돌아가는 것이므로 자연인 이외에 달리 법률관계의 주체가 될 수 있는 것은 있을 수 없다고 주장한다.

법인의 실체를 부정하므로 법인의 소득에 대해서는 출자자에 대한 소득세는 과세할 수 있을지언정 법인세는 과세할 수 없게 된다.

(2) 법인의제설

권리의 주체가 될 수 있는 실체는 본래 자연인에 한할 수밖에 없다는 전제 후에 법인은 법률이 특히 자연인으로 의제한 것에 불과한 것으로 본다. 이 이론은 개인중심주의의 요구에 부합하며 법인설립에 관하여 특허주의나 허가주의의 이론적 기초를 부여한다. 그리고 법인의제설에 의하면 법인단계에서 법인세가 과세되고 종국적으로 그 법인소득을 분배받는 출자자에게 소득세를 부과하는 것은 이중과세가 된다.

(3) 법인실재설

법인은 자연인과 마찬가지로 현실사회에 실재하는 것이라고 본다.

이 설은 개인 이외에 단체의 중요성을 의식하고 여러 가지 결합체를 기초로 하여 사회관계를 규율하려고 하는 근대법 진화의 과정에 부합하고 이점에 강력한 이론적 근거를 가진다.

법인실재설에 의하면 법인은 독립된 권리주체로서 그 소득에 대하여 법인세를 부과하는 것은 자연인의 소득에 대해 소득세를 부과하는 것과 동일한 것으로 법인세를 과세하는 데 정당성을 제공한다.

다. 법인의 종류

(1) 내국법인과 외국법인

이 구별은 주로 영리법인인 회사의 영역에서 다루어진다.

외국법인은 내국법인 이외의 법인을 말하는데 무엇을 기준으로 내국법인과 외국법인을 구별할 것인가가 문제된다.

민법이나 상법 등에서는 내국법인 및 외국법인의 구분기준으로서 주소지설, 준거법설 등의 학설이 있으나 법인세법에서는 주소지설에 의해 구분한다.

따라서 법인세법상으로는 본점 또는 주사무소가 국내에 있으면 내국법인이 되고, 본점 또는 주사무소가 국외에 있으면 외국법인이 된다. 내국법인은 국내외 모든 소득이 과세대상인 데 반하여 외국법인은 우리나라에서 발생한 소득, 즉 국내원천소득에 대하여만 과세한다.

(가) 내국법인

국내에서 발생한 소득과 국외에서 발생한 소득 모두에 대하여 납세의무가 있다.

법인순자산증가설에 의하여 모든 소득이 과세대상이 되며, 법인이 청산하는 경우에는 청산소득에 대하여도 법인세를 과세하게 된다.

외국에서 법인세를 과세하는 경우에 발생하는 이중과세의 문제점은 외국납부세액공제라는 제도로써 방지할 수 있다.

(나) 외국법인

우리나라에서 발생한 소득, 즉 국내원천소득에 대하여만 납세의무가 있다.

우리나라에 지점 등 국내사업장이 있는 경우와 국내사업장이 없는 경우에 따라 과세방법이 다르다. 지점 등 국내사업장이 있는 경우에는 내국법인과 같이 각 사업연도단위로 법인세가 과세되는 데 반해, 국내에 사업장이 없는 경우에는 국내에서 그 외국법인에게 소득을 지급할 때마다 소득금액을 지급하는 자가 법인세를 원천징수하여 납부해야 한다.

(2) 영리법인과 비영리법인

영리법인이란 영리활동에 의하여 생긴 이익을 어떤 형태이든 구성원에게 분배할 것을 목적으로 하는 법인을 말하고, 비영리법인이란 학술·종교·자선·기예·사교, 기타 영리 아닌 사업을 목적으로 하는 법인을 말한다.

(가) 영리법인

영리법인은 당해 법인의 사업목적을 이윤추구에 두고 있는 법인으로 상법상의 상사회사가 대표적이다. 영리법인은 그 법인의 설립목적이 이윤추구를 위한 영리활동에 있기 때문에 영리사업에서 얻은 이윤은 배당금·분배금의 형태 또는 법인의 해산 시 잔여재산의 분배형태를 통하여 그 구성원에게 분배되는 반면, 비영리법인은 수익사업을 통하여 획득한 이윤을 고유목적사업을 위하여만 사용할 수 있고 그 구성원에게 분배할 수 없으며, 아울러 비영리법인이 해산할 때에도 잔여재산은 일정한 순서에 따라 처리되며 그 구성원에게 분배될 여지는 없게 된다.

영리법인은 순자산증가설에 의하여 과세하게 되므로 열거된 소득에 대하여 과세하게 되는 소득세의 소득원천설에 비교되기도 한다.

(나) 비영리법인

비영리법인은 열거된 수익사업에 한하여 과세한다. 납세의무가 있는 내국법인은 각 사업연도의 종료일이 속하는 달의 말일부터 3개월 이내에 그 과세표준과 세액을 신고하여야 하는 것으로 규정하면서(법인세법 제60조) 비영리내국법인에 대하여는 일정한 요건 아래 과세표준신고특례를 두고 있다. 여기서 일정한 요건과 신고특례내용은 비영업대금의 이익이 아닌 원천징수된 이자소득이 있는 경우 이를 신고하여 환급받을 수도 있고 신고를 아니할 수도 있다는 내용이다.[33]

---

33) ① 비영업대금의 이익이라 함은 대외적으로 대금업을 표방하지 아니한 거주자의 금전대여로 인하여 발생하는 이익을 말한다. 즉 민법상으로 금전소비대차에 해당한다(제598조). 여기서 비영리내국법인이 환급받을 수 있는 원천징수된 이자소득이라 함은 민법상으로 소비임치에 따른 이자를 말한다(제702조).
② 원천징수된 이자소득을 환급받는 장점의 뒷면에 보유부동산의 양도 시 실가과세(개인은 기준시가과세가 원칙) 등의 차이점이 있다는 점에 유의해야 한다.

비영리사업이 반드시 공익을 요건으로 하는 것은 아니며 또한 비영리사업의 고유목적을 달성하기 위하여 필요한 한도 내에서 그 본질에 반하지 아니하는 정도의 영리행위를 하는 것은 무방하다. 따라서 이익분배를 목적으로 하지 않는 사립학교가 경영자금의 충당을 위해 영리행위를 하더라도 영리법인이 아니다. 특정한 법인이 영리법인으로 분류되느냐 또는 비영리법인으로 분류되느냐에 따라 법인세법상으로는 그 납세의무의 범위, 신고·납부 절차 기타 조세특례규정의 적용 등에서 상당한 차이가 발생하게 된다.

주의할 것은 부가가치세법상 납세의무에서 영리·비영리의 구분을 하지 아니한다는 것이다.[34]

그리고 증여에 있어서 수증자가 영리법인인 경우에 법인의 익금에 산입되어 법인세로서 과세되는 것이지만, 수증자가 비영리법인이거나 개인인 경우에는 증여세가 과세됨에 유의해야 한다.

(3) 사단법인과 재단법인

민법은 비영리법인으로서 사단법인과 재단법인의 두 가지만을 인정하고 있다.

사단법인의 구성원은 출자지분을 갖는 반면, 재단법인은 재산의 집합체로서 구성원의 지분권이 성립될 수 없다.

(가) 사단법인

사단법인이란 일정한 목적하에 집합한 사람의 단체로서 법률상 권리·의무의 주체가 될 수 있는 것을 말하고, 재단법인이란 일정한 목적을 위하여 제공된 재산이라고 하는 실체에 대하여 법인격을 부여한 것을 말한다. 사단법인은 사람의 집합체로서 민법상의 사단법인은 모두 비영리이다.

영리법인은 그 법인의 설립목적이 이윤추구를 위한 영리활동에 있기 때문에 영리사업에서 얻은 이윤은 배당금·분배금의 형태나 또는 법인의 해산 시 청산소득을 제외한 잔여재산은 그 구성원에게 분배된다.

(나) 재단법인

재단법인은 사원이 없으며 설립자의 의사 및 제공된 기본재산이 중요하여 설립자의 의사

☞ 2002년부터는 특별부가세가 폐지되었음.

법인세법시행령 제99조【비영리내국법인의 이자소득에 대한 신고 특례】
② 법 제62조 제1항의 규정에 의하여 과세표준신고를 하지 아니한 이자소득에 대하여는 수정신고, 기한 후 신고 또는 경정 등에 의하여 이를 과세표준에 포함시킬 수 없다.

34) 부가가치세법에서는 "사업자란 사업목적이 영리이든 비영리이든 관계없이 사업상 독립적으로 재화 또는 용역을 공급하는 자를 말한다"라고 규정하고 있다(부가가치세법 제2조 제3호).
이것은 부가가치세가 대물세로서 가격중립성, 시장중립성을 유지하기 위한 규정이다.

에 의하여 정하여진 대로 활동하며 사원총회와 같은 의사결정기관이 없다는 본질적인 차이점이 있다. 그리하여 재단법인과 사단법인 사이에는 설립행위, 설립목적 내지 정관의 변경, 의결기관, 해산사유 등에서 차이가 생긴다. 재단법인은 모두 비영리법인에 해당한다.

비영리법인은 수익사업을 통하여 획득한 이윤을 고유목적사업을 위하여만 사용할 수 있고 그 구성원에게 분배할 수 없으며 아울러 비영리법인이 해산할 때에도 잔여재산은 그 구성원에게 분배될 여지가 없다.

라. 법인과 조합(組合)

(1) 구별기준에 있어 주의사항

민법상 사단과 조합은 다수의 구성원이 공동의 목적을 가지고 공동사업을 영위한다는 점에서 유사한 점이 있으나 양자를 구별하여야 한다. 민법에서도 양자를 구별하여 사단에 관해서는 총칙편(제31조 이하)에, 조합에 관해서는 계약의 한 유형으로 다루어 채권편(제703조 이하)에 규정하고 있다.

주의할 점은 사단과 조합을 형식상의 명칭만으로 구별해서는 안 되고 그 단체 실질적인 성격에 의하여 구별하여야 한다는 점이다. 따라서 '조합'이라는 명칭이 붙어 있어도 사단으로서의 실질을 가지고 있는 것이 적지 않다. 예를 들면 노동조합, 각종 협동조합 등은 조합이라는 명칭이 붙어 있지만 그 실질은 민법상의 조합이 아니고 사단에 해당한다.

(2) 사단과 조합의 차이

사단은 단체로서 일체적 성격을 가지고 있으며 그 구성원인 사원 개인의 개성은 상실되고, 단체의 활동은 기관에 의하여 이루어지며 그 법률적 효과는 단체 자신에 귀속한다. 그러나 조합은 단체이지만 그 단체로서의 일체성은 희박하고 구성원인 조합원 개인의 개성이 강하게 나타나며, 조합의 활동은 조합원 전원 또는 전원으로부터 대리권을 받은 자에 의하여 이루어지고 그 법률적 효과는 조합원 전원에 귀속한다.

또한 사단의 자산이나 채무는 모두 단체 자체의 것이고 구성원은 단체의 채무에 관하여 책임을 지지 않는다. 반면에 조합의 자산은 조합원 전원의 합유에 속하며 어느 조합원이 조합을 위하여 부담한 채무는 조합재산뿐만 아니라 조합원 각자의 개인재산으로도 책임을 진다.

마. 법인 아닌 사단(社團)과 재단(財團)

(1) 법인이 아닌 사단(社團)

법인이 아닌 사단이란 실질적으로는 사단이지만 설립등기를 하지 않아 법인격(권리능력)이 부여되지 않은 단체를 말한다. 이를 '법인격 없는 사단' 또는 '권리능력 없는 사단'이라고도 한다. 설립등기를 하지 않은 것이 주무관청의 허가를 받지 못하였든, 관청이 감독을 꺼려 허가를 원치 않는 경우 등 그 이유는 묻지 않는다. 종중, 친목계, 사찰, 교회 등이 법인이 아닌 사단의 예이다.

법인 아닌 사단이 되기 위해서는 단체로서의 실체를 가지고 있어야 하므로 공동의 목적을 위하여 다수의 구성원이 단체를 구성하여야 하며, 대외적으로 구성원과 별개인 단체의 이름으로 활동하고 단체로서의 조직, 즉 사원총회와 이사 그리고 감사가 존재하며 대표의 방법, 총회의 운영, 재산의 관리, 기타 중요한 사항이 정관으로 정하여져 있어야 한다.

우리 민법은 법인격 있는 사단에 대하여만 규정하고 법인이 아닌 사단에 대하여는 직접적으로 규정하고 있지 아니하여 학설과 판례에 의할 수밖에 없다.

법인이 아닌 사단의 내부관계는 그 사단의 규칙에 따라서 그리고 사단법인에 관한 민법의 규정을 준용하여 사원총회를 최고의사결정기관으로 하여야 한다.

외부관계에 대해서는 사단의 사회적 중요성에 비추어 몇 개의 관련 규정을 개별법에 두고 있다.

민법에서는 "법인 아닌 사단의 사원이 집합체로서 물건을 소유할 때에는 총유로 한다"라는 규정을 두어(제275조 제1항) 법인 아닌 사단의 채무에 대하여 책임을 지는 것은 법인 아닌 사단의 재산뿐이며 그 구성원은 자기 재산으로 책임을 지지 않는다.

부동산등기법에서도 "종중(宗中), 문중(門中), 그 밖에 대표자나 관리인이 있는 법인 아닌 사단(社團)이나 재단(財團)에 속하는 부동산의 등기에 관하여는 그 사단이나 재단을 등기권리자 또는 등기의무자로 한다"라고 하여 법인이 아님에도 그 명의로 등기를 할 권리와 등기해 줄 의무를 인정하고 있다(부동산등기법 제26조 제1항).

한편, 민사소송법에서도 "법인이 아닌 사단이나 재단은 대표자 또는 관리인이 있는 경우에는 그 사단이나 재단의 이름으로 당사자가 될 수 있다"라고 규정하여 법인 아닌 사단의 이름으로 소송의 원고·피고가 될 수 있다고 하여 당사자능력을 인정하고 있다(민사소송법 제52조).

(2) 법인 아닌 재단(財團)

법인 아닌 사단과 마찬가지로 재단으로서의 실질은 갖추고 있으나, 설립등기를 하지 않아 법인격이 인정되지 않는 재산의 집단을 뜻한다. 장학사업을 수행하고 있으나 아직 법인격을 취득하지 못한 경우가 그 예이며 육영회 그리고 유치원도 마찬가지이다.

법인 아닌 재단은 부동산의 등기나 소송상 당사자능력에 관해서는 법인 아닌 사단의 경우와 마찬가지로 법인 아닌 재단의 명의로 등기할 수 있고 그 자체의 명의로 소를 제기할 수도 있고 피소될 수도 있다(부동산등기법 제26조, 민사소송법 제52조).

재산권의 귀속관계에 관하여는 어려운 문제가 생기는데 왜냐하면 법인 아닌 재단의 경우 사원이 존재하지 않으므로 재산의 총유관계를 인정할 수 없기 때문이다. 또한 법인격이 없으므로 재단 자체의 소유로 볼 수도 없다. 그러므로 설립자를 위탁자, 대표자를 수탁자, 장래 탄생할 재단법인을 수익자로 하는 사익신탁(私益信託)이 성립한다고 생각하여 부동산 물권 이외의 권리의 형식적 귀속관계에는 신탁법의 규정을 유추 적용하는 것이 적절한 경우가 적지 않을 것이다. 그리고 법인 아닌 재단의 의무에 대하여는 그 재단의 목적재산만 이 책임을 진다고 보아야 할 것이다.

법률행위를 하는 경우에는 대표자인 관리자의 개인명의로 할 수밖에 없을 것이다.

바. 법인의 능력

(1) 권리능력

법인이 향유할 수 있는 권리는 단지 재산권에만 한하지 않고 개별적인 인격권적 권리, 예컨대 단체의 명칭을 향유하는 권리, 명예권 등도 포함한다. 그러나 법인의 성격상 자연인에 비하여 일정한 제한이 있다.

(가) 성질에 의한 제한

자연인을 전제로 하는 생명권·상속권·친권·정조권 등은 법인이 가질 수 없다. 그러나 일반의 재산권·명예권·성명권·신용권 등은 가질 수 있다. 그리고 상속권은 없으나 유증을 받을 수는 있다.

(나) 법률에 의한 제한

법인격은 법률에 의하여 부여되는 것이므로 법률로 권리능력의 범위를 제한할 수 있음은 당연하다. 법률의 규정에 의하여 법인의 권리능력을 일반적으로 제한하고 있는 규정은 없으나, 회사는 다른 회사의 무한책임사원이 될 수 없다(상법 제173조)

는 규정과 같이 개별적인 제한은 있다. 그리고 청산법인은 권리능력이 청산의 범위
내로 제한된다(제81조).

(다) 목적에 의한 제한

민법은 '정관으로 정한 목적의 범위 내에서' 법인의 권리능력을 인정한다고 규정하
고 있다(제34조). 이 규정은 일반적으로 권리능력에 관한 제한을 정한 규정인 동시
에 행위능력에 관한 제한을 정한 규정이라고 할 수 있다.

위에서 목적의 범위 내라 함은 정관에 열거된 목적과 그 외에 법인의 목적을 달성함
에 필요한 범위를 의미한다.

(2) 행위능력

법인은 그 권리능력의 범위 내에 속하는 권리를 현실로 취득하거나 이미 취득한 권리를
관리·처분하기 위해서는 일정한 행위를 행하여야 하는데 그러한 행위는 자연인을 통해서
할 수밖에 없다. 이때 누가 법인의 행위를 담당하는가 하는 점이 문제된다. 그리고 이 자는
어떠한 범위에서 법인의 행위를 할 수 있으며 어떠한 형식으로 행위하는가 하는 점이 문제
되는데 이러한 점들이 행위능력의 문제이다.

현실적으로 법인의 행위는 자연인이 행하는데 이 자연인(이사, 임시이사, 특별대리인, 청산
인)을 대표기관이라 하며, 법인이 행위능력의 범위에 속하는 행위를 대표기관이 하면 곧
법인의 행위로 된다. 즉 법인의 대표기관과 법인 간에는 '대표관계'가 성립된다. 이것은
행위자와 그 행위의 효과의 귀속자가 다르다는 점에서 대리관계와 비슷하다. 따라서 민법
에서는 법인의 대표에 관하여 대리에 관한 규정(제114조 내지 제136조)을 준용하고 있다.

법인의 행위능력에 관하여 민법에서 특별한 규정을 두고 있지 않지만 법인은 권리능력을
넘는 권리를 취득할 수 없으므로 대표기관이 법인을 대표하여 행한 행위가 모두 법인의
행위로 되는 것이 아니라 법인의 권리능력에 속하는 권리의무를 취득하기 위해서 행한
행위만이 법인의 행위로 된다. 그러므로 법인의 행위능력의 범위는 권리능력의 범위와 일
치한다. 따라서 대표기관이 이 범위를 넘어서 행한 행위는 법인의 행위로 되지 않아 이에
대하여 법인이 책임을 지지 않는다.

　　납세의무자의 조세채권에 대한 성립요건에 관하여는 각 세법에서 규정을 하고 있으며, 각 세법은 국가와 납세의무자 간의 권리의무관계를 규정하고 있으므로 납세의무자의 성립요건은 최소한 권리·의무의 주체가 전제되어야 한다.

　　권리의무의 주체가 되는 납세의무자의 구분에 대하여는 각 세법에서 규정한 바 없으므로 이는 민법상 구분에 따르는 것을 원칙으로 해야 하며, 민법상 권리·의무의 주체로는 자연인인 개인과 법인으로 구분된다. 다만, 세법에서는 일정한 경우 납세의무자의 원하는 바에 따라 법인으로 납세의무를 이행할 것을 신청할 수 있다.

1. 자연인과 납세의무자

가. 부가가치세

　　부가가치세법 제2조(정의) 및 제3조(납세의무자)에서는 사업 목적이 영리이든 비영리이든 관계없이 사업상 독립적으로 재화 또는 용역을 공급하는 자, 재화를 수입하는 자는 부가가치세납세의무가 있다고 규정하고 있다. 여기서의 사업성이란 계속성을 의미하는 것으로 종합소득세를 과세하는 사업자의 개념과 같다.

　　하나의 사업장단위를 기준으로 하여 납세의무가 성립하게 되는 것이므로 동일한 자연인이 두 개의 사업장을 가지는 경우에는 두 개의 납세의무자가 될 수 있다.

　　이 경우에도 소득세는 자연인 한 사람을 기준으로 납세의무가 성립하게 되므로 개별사업장의 수입금액을 합하여 자연인의 주소지 관할세무서에 신고를 하여야 한다.

나. 소득세

(1) 종합소득세

　　원칙적으로 사업성이 있는 경우, 즉 계속성이 있는 경우에는 종합소득세가 과세된다. 법인이 순자산증가설에 의해 과세됨에 비하여 소득세는 소득원천설로서 열거된 소득에 대하여 과세함을 원칙으로 한다.

(2) 양도소득세

사업성이 없는 경우로서 토지 또는 건물 등 소득세법에서 정하는 과세대상자산을 우발적 · 일시적으로 양도하는 경우에 한하여 양도소득세가 과세된다. 만약 우발적 · 일시적이 아닌 사업성, 즉 계속성이 있는 것으로 볼 수 있는 때에는 양도소득세가 아닌 종합소득세가 과세될 수 있다.

다. 상속세

자연인만이 상속을 받을 수 있다. 법인은 상속을 받을 수 없다.

상속인은 상속이 개시된 때에 상속인에게 부과되거나 그 피상속인이 납부하여야 할 국세 및 체납처분비를 상속으로 인하여 얻은 재산을 한도로 하여 납부할 의무를 진다.

상속으로 인하여 얻은 재산이라 함은 상속으로 인하여 얻은 자산총액에서 부채총액과 그 상속으로 인하여 부과하거나 납부할 상속세를 공제한 가액을 의미하며, 상속인은 상속으로 인하여 얻은 자산총액에서 그 상속세를 공제하고 남은 상속재산가액의 한도[35] 내에서 피상속인으로부터 승계한 국세 등을 납부할 의무가 있다.

라. 증여세

자연인과 비영리법인은 증여세납세의무가 있다. 이 경우 법인격 없는 사단 · 재단 · 기타 단체는 비영리내국법인으로 보고 상속세및증여세법을 적용한다.

영리법인은 증여받은 재산에 대하여 법인세가 과세될 뿐이다. 별도의 증여세는 과세되지 아니한다.

2. 법인과 납세의무자

가. 부가가치세

선행세인 부가가치세의 경우 부가가치세법에서는 "사업 목적이 영리이든 비영리이든 관계없이 사업상 독립적으로 재화 또는 용역을 공급하는 자, 재화를 수입하는 자는 이

---

35) 상속으로 얻은 재산과 관련해서는 상속세및증여세법에서 상속재산으로 추정하여 상속세가 과세되었다 하더라도 국세기본법상의 납세의무의 승계와 관련해서는 상속으로 얻은 재산으로 추정하지 아니한다. 국세기본법상 상속으로 얻은 재산이 되기 위해서는 처분청의 별도입증이 필요하다.

법에 의하여 부가가치세를 납부할 의무가 있다"라고 규정하고 있다.[36] 이것은 부가가치세가 소득세와는 달리 대물세로서 부가가치세로 인하여 그 물건을 소비하는 자의 선택에 영향을 최소화하기 위해서이다.

즉 가격중립성, 시장중립성을 유지하기 위한 규정인 것이다. 따라서 영리법인이든지 비영리법인이든지 관계없이 사업상 독립적으로 재화 또는 용역을 공급하는 경우에는 부가가치세납세의무가 있다.

나. 법인세

부가가치세와는 달리 법인세의 경우에는 영리법인과 비영리법인에 있어서 그 납세의무의 범위가 다르다. 영리법인의 경우에는 순자산증가설에 의하여 과세하고 비영리법인의 경우에는 열거된 수익사업에 한하여 과세한다.

납세의무 있는 내국법인은 각 사업연도의 종료일부터 3월 이내에 그 과세표준과 세액을 신고하여야 하는 것으로 규정하면서 비영리내국법인에 대하여는 일정한 요건 아래 과세표준신고특례를 두고 있다.[37] 여기서 일정한 요건과 신고특례내용은 비영업대금의 이익이 아닌 원천징수된 이자소득이 있는 경우 이를 신고하여 환급받을 수도 있고 신고를 아니할 수도 있다는 내용이다.[38]

다. 증여세 등

영리법인은 순자산증가설에 의하여 과세하게 되므로 수증재산에 대하여도 법인세를 과세할 뿐 수증법인에 대하여 증여세를 별도로 과세하지 아니한다.

상속세및증여세법 제4조의 2(증여세 납세의무)에서는 수증자에게 법인세법에 따른 법인세가 부과되는 경우(비과세 또는 감면되는 경우 포함)에는 증여세를 부과하지 아니하는 것으로 규정하

---

36) 부가가치세법 제2조【정의】및 제3조【납세의무자】

37) 법인세법 제62조【비영리내국법인의 이자소득에 대한 신고 특례】

38) ① 비영업대금의 이익이라 함은 대외적으로 대금업을 표방하지 아니한 거주자의 금전대여로 인하여 발생하는 이익을 말한다. 즉 민법상으로 금전소비대차에 해당한다(제598조). 여기서 비영리내국법인이 환급받을 수 있는 원천징수된 이자소득이라 함은 민법상으로 소비임치에 따른 이자를 말한다(제702조).
　② 원천징수된 이자소득을 환급받는 장점의 뒷면에 보유부동산의 양도 시 실가과세(개인은 기준시가과세가 원칙) 등의 차이점이 있다는 점에 유의해야 한다.
　　☞ 2002년부터는 특별부가세가 폐지되었음.
　법인세법시행령 제99조【비영리내국법인의 이자소득에 대한 신고 특례】
　② 법 제62조 제1항의 규정에 의하여 과세표준신고를 하지 아니한 이자소득에 대하여는 수정신고, 기한 후 신고 또는 경정 등에 의하여 이를 과세표준에 포함시킬 수 없다.

여 영리법인에 대한 법인세와 증여세의 중복과세를 방지하는 장치를 마련하고 있다. 따라서 법인의 경우 비영리법인에 대하여만 증여세를 과세하게 된다.

법인의 경우 상속은 받을 수 없으나 유증은 받을 수 있다. 그런데 상속세및증여세법에서는 유증과 사인증여 그리고 특별연고자에 대한 상속재산이 분여되는 경우 이들을 상속으로 보도록 규정하고 있다.[39] 그렇다면 법인이 유증과 사인증여에 의하여 재산을 취득하는 경우 상속세를 과세할 수 있는 근거가 되어 민법상 상속인이 될 수 있는 자는 자연인에 국한하고 있는 점에 볼 때 모순되는 결과가 된다.

이와 관련하여 상속세및증여세법 제3조의 2(상속세 납부의무)에서는 특별연고자 또는 수유자가 영리법인인 경우에는 그 영리법인이 납부할 상속세를 면제하도록 규정하여 민법상 상속인이 될 수 있는 자가 자연인에 국한되는 원리에 부합되도록 함과 동시에 법인의 이중과세를 방지하도록 하고 있다.

라. 비영리내국법인의 과세표준신고특례

비영리내국법인은 비영업대금의 이익[40]을 제외하고는 원천징수된 이자소득에 대하여는 법인세과세표준의 신고를 하지 아니할 수 있다.

이자가 발생하는 민법상의 계약과 함께 세법상 적용의 차이점을 살펴본다.

(1) 소비대차

소비대차는 당사자 일방이 금전, 기타 대체물의 소유권을 상대방에게 이전할 것을 약정하고, 상대방은 그와 같은 종류, 품질 및 수량으로 반환할 것을 약정함으로써 그 효력이 생긴다(제598조).

(가) 사업소득

대금업을 하는 거주자임을 대외적으로 표방하고 불특정다수인을 상대로 금전을 대여하는 사업을 하는 경우에는 소득세법 제19조 제1항 제11호에 규정하는 금융업으로 본다.

(나) 이자소득

대외적으로 대금업을 표방하지 아니한 거주자의 금전대여는 소득세법 제16조 제1항 제11호에 규정하는 비영업대금의 이익으로 본다. 일시적으로 사용하는 전화번호만을 신문지상에 공개하는 것은 대금업의 대외적인 표방으로 보지 아니한다.

---

39) 상속세및증여세법 제2조【정의】
40) 소득세법기본통칙 16-26…1【비영업대금의 이익과 금융업의 구분】

(2) 소비임치

수치인이 계약에 의하여 임치물을 소비할 수 있는 경우에는 소비대차에 관한 규정을 준용한다. 그러나 반환시기의 약정이 없는 때에는 임치인은 언제든지 그 반환을 청구할 수 있다(제702조).

(가) 법인세신고를 하는 경우

원천징수된 이자소득에 대하여는 법인세신고로써 그 환급을 받을 수 있다.

(나) 법인세신고를 하지 않는 경우

법인세 과세표준신고를 하지 아니한 경우에는 이자수령 시에 원천징수당한 이자소득은 그 환급을 받을 수 없다. 그리고 법인세과세표준신고를 하지 아니한 이자소득에 대하여는 수정신고, 기한 후 신고 또는 경정 등에 의하여 이를 과세표준에 포함시킬 수 없다(법인세법시행령 제99조).

(3) 부가가치세법상의 차이

(가) 소비대차

대주가 인도하는 물건과 차주가 그 후 반환하는 물건이 부가가치세법상의 과세대상인 경우에는 모두 재화의 공급에 해당되어 세금계산서를 교부하여야 한다.
세금계산서를 교부하는 경우 당초 공급자는 거래징수한 부가가치세액을 납부하고 거래징수당한 공급받는 자는 매입세액을 공제받게 된다.
그리고 그 후 차주가 반환하는 경우에는 반환하는 쪽이 공급하는 자가 된다.
그러나 세금계산서를 교부하지 아니하는 경우에는 양쪽 다 매출누락이 되어 공급자는 부가가치세액을 납부해야 하는 반면, 공급받는 자는 매입세액을 공제받지 못하게 된다.

(나) 소비임치

소비임치의 대상물이 되는 것은 금전, 곡물 등과 같이 목적물의 개성이 중요하지 않아서 당사자 사이에서 동종 · 동질 · 동량의 물건으로 바꾸어도 당사자에게 영향을 주지 아니하는 물건이다. 소비대차에서의 목적물과 같이 대체물이다.
일반적으로 임치계약에 있어서는 임치인이 수치인에게 보관에 필요한 비용을 제공한다. 이는 수치인이 임치인에게 재화 · 시설물 등을 사용하게 하는 경우로서 부가가치세법상 용역의 공급에 해당하여 수치인이 임치인으로부터 보관료를 받을 때 당해 부가가치세액을 함께 거래징수하여야 한다. 그러나 임치의 목적물이 금전인 경우에는 수치인이 오히려 이자 명목으로 일정금액을 임치인에게 지급하게 된다. 이 경우에는 이자가 발생하는 때에도 소비대차로 인하여 발생하는 이자와는 구별하여야 한다.

(4) 인지세법상의 차이

(가) 소비대차

일정한 금융·보험기관과의 금전소비대차에 관한 증서는 인지세과세대상이 된다. 부가가치세법과는 달리 대체물 중 금전소비대차에 관한 증서에 한하여 과세문서로 본다.

최저 2만원에서 35만원까지의 계급정액세를 적용한다.

이 경우 인지세가 과세되는 금전소비대차에 관한 증서에는 계약당사자와 금액의 변경 없이 이율, 상환기간 및 상환방법 등의 조건을 변경하는 증서는 포함되지 아니한다(인지세법시행규칙 제4조).

(나) 소비임치

예금·적금에 관한 증서는 민법상의 임치에 관한 증서에 해당한다.

임치목적물이 대체물이면서 소비물이라는 특성으로 인하여 수치인이 소비를 하고 나서 그 후 동질, 동량의 목적물을 돌려주면 되는 것이다.

일반적으로 은행이 개인 또는 기업에게 금융을 해주는 경우 이는 소비대차에 해당하고 개인 또는 기업이 은행에 예금 또는 적금을 하는 경우에는 법률상 보관의 의미로서 소비임치에 해당한다. 소비임치에 해당하는 예금·적금에 관한 증서에 대해서는 단순정액세를 적용하여 100원의 인지를 첨부하면 된다.

3. 법인 아닌 단체의 납세의무

가. 당연 법인으로 보는 단체

주무관청의 허가 또는 인가를 받아 설립되거나 법령에 따라 주무관청에 등록한 사단, 재단, 그 밖의 단체로서 등기되지 아니한 것과 공익을 목적으로 출연(出捐)된 기본재산이 있는 재단으로서 등기되지 아니한 것에는 법인으로 보아 법인세법을 적용한다(국세기본법 제13조 제1항).

나. 신청·승인에 의하여 법인으로 보는 단체

법인으로 보는 사단, 재단, 그 밖의 단체 외의 법인 아닌 단체 중 다음 각 호의 요건을 모두 갖춘 것으로서 대표자나 관리인이 관할세무서장에게 신청하여 승인을 받은 것도 법인으로 보아 이 법과 세법을 적용한다. 이 경우 해당 사단, 재단, 그 밖의 단체의 계속성과 동질성이 유지되는 것으로 본다(국세기본법 제13조 제2항).
① 사단, 재단, 그 밖의 단체의 조직과 운영에 관한 규정을 가지고 대표자나 관리인을 선임하고 있을 것
② 사단, 재단, 그 밖의 단체 자신의 계산과 명의로 수익과 재산을 독립적으로 소유·관리할 것
③ 사단, 재단, 그 밖의 단체의 수익을 구성원에게 분배하지 아니할 것

위 규정에 의하여 법인으로 신청한 단체가 관할세무서장으로부터 승인을 얻은 경우에는 관할세무서장으로부터 승인을 얻은 날이 속하는 과세기간과 그 과세기간 종료일로부터 3년이 되는 날이 속하는 과세기간까지는 거주자 또는 비거주자로 변경할 수 없다. 다만, 요건을 갖추지 못하게 되어 승인취소를 받는 경우에는 그러하지 아니하다.

다. 개인으로 보는 경우

법인 아닌 사단, 재단, 그 밖의 단체는 국세기본법 제13조의 규정에 의하여 법인과 개인으로 구분한다는 것을 보았다.
법인으로 보는 법인 아닌 사단, 재단, 그 밖의 단체를 법인으로 보고 법인세법을 적용한다. 법인으로 보는 단체 이외의 단체인 경우 그 단체에 대표자 또는 관리인이 선임되어 있으나, 이익의 분배방법 및 비율이 없는 경우에는 1거주자로 보아 소득세를 과세하고 그 이외의 경우에는 공동사업경영 등으로 보아 구성원 각자에게 지분에 따라 소득세납세의무가 발생한다(소득세법집행기준 2-0-3).
이 경우 1거주자로 보는 단체의 소득은 중복과세를 피하기 위하여 그 대표자나 관리인의 다른 소득과 합산하여 과세하지 아니한다.

라. 법인과 개인의 과세방법 차이

신청에 의해 법인으로 보는 경우에는 비영리법인으로 보아 법인세법에서 열거된 수익사업에 한하여 법인세가 과세된다. 양도시기가 2002.1.1. 이전인 때에는 특별부가세가 함께 과세됨은 물론이다.

이 경우 개인으로 보아 양도소득세를 과세하는 경우와 법인으로 보아 법인세와 특별부가세를 과세하는 경우와 비교해 보면 세액에서 많은 차이가 있다.

예를 들면 종중 등의 소유 부동산이 수용되는 경우에 법인으로 보는 단체로 신고를 하지 않는 때에는 양도소득세를 기준시가로 계산하여 납부하는 것으로 납세의무가 종결한다 (2006.1.1.부터 실가과세로 전환).[41]

그러나 종중 등이 법인으로 보는 단체로 신고를 하는 때에는 법인세를 과세하는 외에도 양도시기가 2002.1.1. 이전인 경우 특별부가세도 함께 과세되며, 이 경우 실지거래가액을 기준으로 양도차익을 계산해야 하는 상대적 부담이 있다.

양도하는 자산이 고유목적사업에 직접 사용하는 고정자산으로 일정한 요건을 갖춘 경우에는 과세대상에서 제외될 수도 있다.[42]

그러나 고유목적사업에 직접 사용하는 고정자산으로 입증하는 것은 용이하지 않다.

공시지가가 시행되기 전인 1990.12.31. 이전에 취득한 토지 및 건물로 수익사업용 자산이 아닌 때에는 그 취득가액 계산에 대하여 특례규정이 있다.[43]

현실적으로 신청에 의하여 법인으로 적용받는 경우 비영리법인의 일정한 이자소득에 대하여 원천징수된 세액을 환급을 받을 수 있다는 장점 때문에 정확한 장단점을 비교하지 못하고 선택을 하는 경우가 많이 있다.[44]

02
총칙

---

[41] 2005.12.31. 소득세법 개정으로 기준시가 대신 실지거래방식으로 전환하였다. 그리고 1년의 유예기간을 두어 2006.12.31.까지 양도한 자산에 대해서는 종전과 같이 기준시가에 의해 과세할 수 있도록 하였다. 조세법이 양도 당시의 법률을 원칙적으로 적용하는 것과 소득세부과제척기간이 최장 10년인 점을 함께 고려하면 현재도, 그리고 상당기간 기준시가과세는 적용될 수 있음을 간과해서는 안 된다.

[42] **법인세법 제4조【과세소득의 범위】**
③ 비영리내국법인의 각 사업연도의 소득은 다음 각 호의 사업 또는 수입(이하 "수익사업"이라 한다)에서 생기는 소득으로 한정한다.
  5. 유형자산 및 무형자산의 처분으로 인한 수입. 다만, 고유목적사업에 직접 사용하는 자산의 처분으로 인한 대통령령으로 정하는 수입은 제외한다(2018.12.24. 개정).

법인세법시행령 제3조【수익사업의 범위】
② 법 제4조 제3항 제5호 단서에서 "대통령령으로 정하는 수입"이란 해당 유형자산 및 무형자산의 처분일(국가균형발전특별법 제18조에 따라 이전하는 공공기관의 경우에는 공공기관 이전일을 말한다) 현재 3년 이상 계속하여 법령 또는 정관에 규정된 고유목적사업(제1항에 따른 수익사업은 제외한다)에 직접 사용한 유형자산 및 무형자산의 처분으로 인하여 생기는 수입을 말한다. 이 경우 해당 자산의 유지·관리 등을 위한 관람료·입장료수입 등 부수수익이 있는 경우에도 이를 고유목적사업에 직접 사용한 자산으로 보며, 비영리법인이 수익사업에 속하는 자산을 고유목적사업에 전입한 후 처분하는 경우에는 전입 시 시가로 평가한 가액을 그 자산의 취득가액으로 하여 처분으로 인하여 생기는 수입을 계산한다(2019. 2.12. 개정).

[43] 법인세법 부칙 제8조 제2항, 법률 제5581호, 1998.12.28.

[44] 법인세법 제62조【비영리내국법인의 이자소득에 대한 신고 특례】

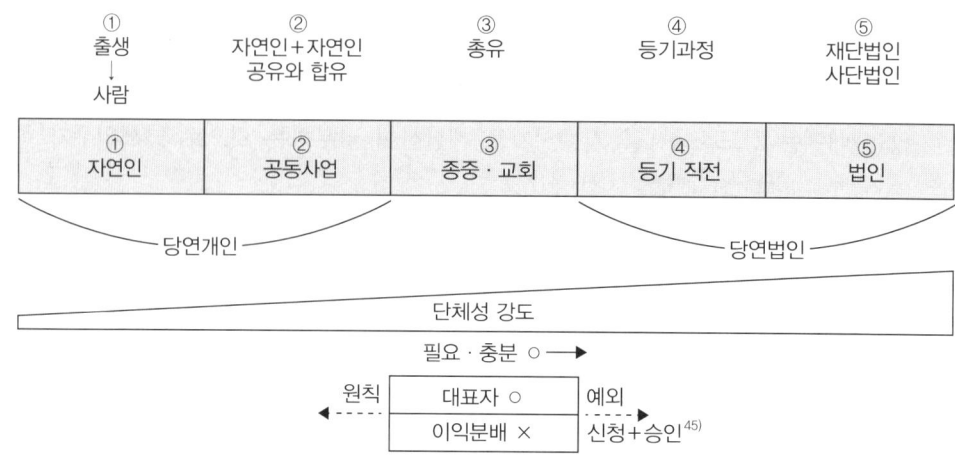

│그림 2-1│ 자연인의 결합형태에 따른 납세의무

대표자에 과세하되, 타소득과 합산하지 않음.
• 아파트부녀회(청소용역 등)
• 복합상가자치관리위원회
• 직장상조회(자판기수입 등)
• 동창회 등(기금운영수입)

---

45) 국세기본법집행기준 13-0-2【법인으로 보는 단체의 사례】

법인으로 보는 단체로 인정하지 않은 사례	법인으로 보는 단체로 인정한 사례
① 영유아보육법의 규정에 의하여 보육시설 ② 변호사법에 의하여 설립된 법무조합 ③ 산업발전법에 의한 기업구조조정조합 ④ 근로기준법에 의해 설립된 우리사주조합 ⑤ 시·교육청에 등록된 학교형태의 평생교육시설인 골프학교 ⑥ 여신전문금융업법에 의거 신기술사업금융회사가 업무집행조합원으로서 운영하는 '신기술사업투자조합'	① 공동주택 입주자대표회의(공동주택 관리기구) ② 근로자의주거안정과목돈마련지원에관한법률 제12조에 의하여 설치된 주택금융 신용보증기금 ③ 사회간접자본시설에대한민간투자법 제30조에 의하여 설치된 산업기반신용보증기금과 근로자의 주거안정과목돈마련지원에관한법률 제12조에 의하여 설치된 ○○기금 ④ 중소기업창업지원법 규정에 의하여 결성된 ○○조합 ⑤ 설립 후 설립신고만을 필하고 법인 설립등기하지 아니한 노동조합 ⑥ 주택건설촉진법 제44조에 따라 설립인가받아 설립된 재건축조합

제 2 장 권리의 객체(물건)

개요

사람은 권리의 주체일 뿐 권리의 객체가 되지 아니한다. 이 원칙은 인간의 오랜 역사 속에서 확립된 지 불과 100여 년밖에 되지 아니한다. 사람을 전문적으로 사고파는 인신매매범의 행위에 대하여 재화의 공급이 있었다고 보아 부가가치세를 과세할 수는 없을 것이다. 사람은 물건이 아니므로 부가가치세법상의 재화에 포함될 수 없기 때문이다. 그러나 흑인노예제도와 함께 부가가치세제도가 있었다면 그 흑인들은 물건으로서 부가가치세과세대상이 되는 재화에 해당했을 것이다.
민법상의 물건은 부동산과 동산, 주물·종물, 원물·과실 등으로 구분한다.
물건은 부가가치세법상의 재화와 거의 동일하게 개념정의되고 있다.
따라서 선행세로서의 부가가치세법상의 재화를 정확하게 이해하기 위해서는 민법상의 물건을 정확하게 먼저 이해하는 것이 필요하다.

제 1 절 물건이란?

권리는 법에 기초하여 권리주체가 향유할 수 있는 일정한 이익을 내용으로 한다. 이 이익을 충족시키기 위하여 필요한 일정한 대상을 권리의 객체라고 하는데 이 권리의 객체는 권리의 종류에 따라 각각 다르다. 즉 물권이라는 권리의 객체는 물건이, 채권이라는 권리의 객체는 채무자의 일정한 행위가, 무체재산권은 저작이나 발명 등의 정신적 산물이, 인격권은 자신의 인격적 이익이, 친족권은 친족적 신분이, 상속권은 상속재산이 각각 객체가 된다.

그러나 민법은 권리의 객체 일반의 통칙을 두는 것은 곤란하므로 권리의 객체로서 물건에만 국한시키고 그 밖의 것에 대해서는 각각의 규정이나 이론 및 특별법에 맡기고 있다.
민법상 물건이라 함은 '유체물 및 전기, 기타 관리할 수 있는 자연력'이라고 규정하고 있다(제98조).

그러나 물건이 권리의 객체가 되기 위해서는 일반적으로 지배가능성, 독립성, 비인격성이라는 요건을 갖추어야 한다.

부가가치세법에서도 과세대상이 되는 재화를 물건과 권리로 구분하고 있으며, 결국 물건과 권리는 공급시기를 결정하는 점 등에 있어 구분의 실익이 있다.[46]

민법 총칙에서는 물건을 동산·부동산, 주물·종물, 원물·과실의 세 가지로 분류하나 학문상으로는 가분물·불가분물, 대체물·부대체물 등의 여러 방식으로 분류하기도 한다.

학문상의 분류방식을 보면 다음과 같다.

1. 융통물 · 불융통물

사법(私法)상 거래의 객체가 될 수 있는지 여부에 따라 구분되는 개념이다.

가. 융통물

사법상 거래의 객체가 될 수 있는 물건으로 대부분의 물건이 이에 해당한다.

나. 불융통물

(1) 공용물(公用物)

국가·공공단체의 소유에 속하며, 국가나 공공단체에 의하여 공적목적에 사용되는 물건이 공용물이다. 관공서의 건물·국공립학교의 건물 등이 이에 속한다. 그러나 공용물도 공용폐지 후에는 사법상의 거래의 객체가 된다. 공용폐지로 불융통물에서 융통물로 전환되는 것이다.

(2) 공공용물(公共用物)

공중의 일반적 사용에 제공되는 물건이 공공용물(公共用物)이다. 도로·하천·공원·항만 등이 이에 속한다. 공공용물은 반드시 국가·공공단체의 소유에 속하는 것이어야 하는 것은 아니고 사인의 소유에 속하는 공공용물도 있을 수 있다. 예를 들면 도로부지는 사인의 소유에 속할 수 있다.

(3) 금제물(禁制物)

법령의 규정에 의하여 거래가 금지되는 물건을 말하며, 이에는 소유 또는 소지가 금지되

---

46) 부가가치세법 제2조【정의】및 동법 시행령 제2조【재화의 범위】

는 것과, 다만 거래가 금지 또는 제한되는 것이 있다. 아편·아편흡식기구(형법 제198조 이하), 음란한 문서·도화, 기타의 물건(형법 제243조·제244조), 위조·변조한 통화와 그 유사물(형법 제207조 이하) 등을 소유 또는 소지가 금지되는 것의 예이고, 국보·지정문화재(문화재보호법 제21조·제26조·제43조 이하·제54조·제76조 등) 등은 거래가 금지되는 것의 예이다.

2. 가분물 · 불가분물

물건의 성질 또는 가격을 현저히 손상하지 않고 분할할 수 있는지 여부에 따른 것으로 공유물의 분할(제269조), 다수 당사자 간의 채권(제408조) 등에서 구별의 실익이 있다.

가. 가분물(可分物)

금전·곡물·토지 등 분할 시에도 성질 또는 가격이 현저히 손상되지 않는 물건

나. 불가분물(不可分物)

말·소·살아 있는 생물의 경우 등과 살아 있는 생물이 아닌 건물의 경우와 같이 물리적인 분할로 가격이 현저히 손상되는 경우의 물건

3. 대체물 · 부대체물

거래에 있어서 물건의 개성이 중요한 것인지에 따른 일반적·객관적인 구별로 소비대차(제598조)·소비임치(제702조) 등에서 구별의 실익이 있다.

가. 대체물

금전·신간서적[47]·곡물 등과 같이 물건의 개성이 중요시되지 않고 단순히 종류·품질·수량에 의해 정해져서 동종·동질·동량의 물건으로 바꾸어도 당사자에게 영향을 주지 않는 물건이다.

---

47) 신간서적이 아니고 고서인 경우에는 골동품으로서 부대체물에 해당한다고 보아야 할 것이다.

나. 부대체물

금전이라도 옛날 주화, 소, 말, 골동품 등은 그 물건을 바꾸었을 때 당사자에 영향을 주는 물건으로 대체성이 없는 물건이다.

4. 특정물 · 불특정물

구체적인 거래에 있어서 당사자의 주관적인 의사로 상환 · 변제 시에 같은 종류의 다른 물건으로 바꿀 수 없게 한 것인지 여부에 따라 다음과 같이 구분된다.

가. 특정물

당사자의 의사에 의하여 거래 당시 그 물건만을 특정한 경우에 있어서의 당해 물건

나. 불특정물

당사자가 특정하지 아니한 경우의 당해 물건

대체물 · 부대체물이 객관적인 구별인 데 반하여 특정물 · 불특정물은 주관적인 구별이다. 따라서 객관적인 구별에 따라 대체물로 분류된다 하더라도 당사자의 의사에 의하여 특정물로 할 수 있다.

거래당사자 사이에 대금수수가 이루어진 경우에도 매매목적물의 종류를 지정하지 아니하였거나, 종류는 지정하였으나 특정하지 아니한 때에는 양도 또는 취득시기는 도래한 것으로 보기 어렵다.[48]

5. 상품성 유무에 따른 분류

가. 재고자산

부동산매매업자가 소유한 토지 또는 건물은 상품이므로 재고자산에 해당한다.

건물이 상품으로 재고자산에 해당하는 경우에는 감가상각을 할 수 없고 매출 시에 그 취득가액을 전액 비용으로 인식할 뿐이다.

---

48) 정병용, 2004양도소득세실무, 서울 : ㈜조세통람, 2004, 251~252면

부동산매매업자가 소유한 부동산이 거주하는 주택인 경우에는 이것은 부동산매매업자의 상품으로서의 재고자산으로 보지 아니한다. 따라서 거주하던 주택 등을 양도하는 경우에도 종합소득세가 아닌 일시적·우발적 소득으로 보아 양도소득세를 과세하게 된다.

나. 고정자산

부동산매매업자가 아닌 사업자가 동 사업을 위하여 소유하고 있는 토지 또는 건물은 판매를 위하여 보유하고 있는 자산이 아니므로 재고자산이 아닌 고정자산에 해당한다.

고정자산에 해당하는 부동산의 경우 토지가 아닌 건물 등에는 감가상각을 통하여 비용인식을 할 수 있다.

그러나 부동산매매업자가 소유한 부동산의 경우에도 동 부동산이 부동산매매업을 위한 사업장으로 활용하고 있는 경우에는 동 부동산은 고정자산이므로 감가상각대상이 된다.

동산의 경우 자동차판매회사에서 판매용으로 보유하고 있는 자동차는 재고자산이지만 회사임원의 출퇴근용인 자동차는 고정자산에 해당한다.

6. 부가가치세법상 재화와 민법상 물건

가. 부가가치세법상 재화

부가가치세법 제2조(정의) 제1호에서는 "재화란 재산 가치가 있는 물건 및 권리를 말한다"라고 규정하고 있다. 그리고 이들 물건과 권리는 동법 시행령에서 설명하고 있다(2013. 6.28. 개정).

(1) 물건(부가가치세법시행령 제2조 제1항)

① 상품, 제품, 원료, 기계, 건물 등 모든 유체물(有體物)
② 전기, 가스, 열 등 관리할 수 있는 자연력

(2) 권리(부가가치세법시행령 제2조 제2항)

광업권, 특허권, 저작권 등 제1항에 따른 물건 외에 재산적 가치가 있는 모든 것

(3) 과세대상인 재화개념의 변천

부가가치세법 제정 당시에는 부가가치세 과세대상인 재화를 유체물과 무체물로 명시하면서도, 전기사업면허, 전화가입권 등 권리에 대해서도 부가가치세를 과세해 오고 있었다.

그러나 그 후 대법원에서 권리는 자연력이 아니므로 무체물에 포함되지 않는다는 판결이 있었다. 이에 따라 처음 개정 시에는 유체물은 그대로 두고, 무체물에 권리가 포함되는 것으로 정의해 오다가 2013.6.28. 이후 재화를 물건과 권리로 크게 나눈 후 물건에는 유체물과 무체물을 포함하고 권리는 별도로 재화의 범주에 포함하게 된 것이다. 즉, 권리가 명시적으로 부가가치세 과세대상으로 추가된 것이다. 부가가치세법 제정 당시부터 10년이 넘게 과세대상이 아니었던 전화가입권 등 권리에 대한 부가가치세 과세처분의 유효성 문제가 대두될 수밖에 없을 뿐 아니라 물건 외 재산적 가치가 있는 모든 것에 포함되는 부가가치세 과세대상인 권리의 범주는 확정적이지 못한 상태이다. 일반소비세인 부가가치세 과세대상이 이렇게 모호하다는 점은 이해하기 어렵다. 더구나 세금계산서 교부의무까지 두고 있다는 점을 생각하면 과세대상인 권리를 명확하게 특정할 필요가 있다. '과세요건 명확주의 원칙'에도 위배되는 것이다.

나. 민법상 물건

민법 제98조(물건의 정의)에서는 "본법에서 물건이라 함은 유체물 및 전기, 기타 관리할 수 있는 자연력을 말한다"라고 규정하고 있으며, 이를 기초로 하여 부동산 · 동산, 주물 · 종물, 천연과실 · 법정과실로 분류하고 있다.

여기서는 부가가치세법상의 재화와 비교하기 위하여 유체물과 무체물에 대하여만 본다.

(1) 유체물

유체물이란 외부공간의 일부를 차지하면서 사람의 감각기관에 의하여 감지할 수 있는 형태를 가진 고체 · 액체 · 기체로서의 물질을 말한다.

유체물에 대하여 입법적으로 별도 정의한 바는 없다.

(2) 무체물

무체물이란 전기, 기타 관리할 수 있는 자연력을 말한다고 표현하고 있으나 이외에도 열 · 가스 · 냉기 · 에너지 등이 속하는 것으로 보아야 한다. 지상권이나 전세권이라는 권리를 저당권이라는 물권의 목적으로 할 수도 있으나[49], 물권의 객체가 된다고 하여 그 객체가 되는 권리가 물건이 되는 것은 아니다.

---

49) 민법 제371조 【지상권, 전세권을 목적으로 하는 저당권】

다. 재화와 물건의 비교(부가가치세법상 재화와 민법상 물건의 비교)

(1) 1992.12.31.까지

재화를 유체물과 무체물로 나눈 후 무체물은 "동력ㆍ열과 기타 관리할 수 있는 자연력으로서 재산적 가치가 있는 유체물 이외의 모든 물질을 포함한다"라고 규정하고 있었다. 따라서 부가가치세법 제정 시 무체물의 개념은 민법의 무체물과 정확하게 일치하였다.

(2) 1993.1.1.부터

재화를 유체물과 무체물로 나눈 후, 무체물은 "동력ㆍ열, 기타 관리할 수 있는 자연력 및 권리 등으로서 재산적 가치가 있는 유체물 이외의 모든 것을 포함한다"라고 개정하였다.[50] 이로서 처음으로 무체물에 권리가 포함하게 되어 민법상 무체물과 불일치하게 되었다.

개정 후의 무체물의 개념은 유체물 이외의 모든 물질 외에 권리도 포함하는 넓은 개념이 되었다. 그러나 부가가치세과세대상이 되는 권리가 무엇을 의미하는지에 대하여는 명확하지 아니한 상태였다. 특히 일반소비세로서의 부가가치세과세대상이 불확정개념으로 사용되고 있다는 것은 법률이 필수적으로 요구하고 있는 예견가능성의 부족이라는 면에서 상당한 문제점을 내포하고 있었다.

(3) 2013.6.28. 이후부터

부가가치세법에서 처음으로 물건이란 표현을 도입하면서 민법상의 물건과 일치하게 되었다. 다만 세법상 고유개념인 재화에 물건 외 권리가 포함되는 것으로 하였다. 정리하면 부가가치세 제정 시에는 권리를 근거 없이 무체물에 포함하여 과세해오고 있었고, 1993. 1.1. 이후부터는 권리를 무체물에 포함하는 것으로 과세해오다가, 2013.6.28.부터는 권리를 무체물에는 제외하되 상위개념인 재화에 포함하는 것으로 과세하고 있는 것이다. 결국은 '권리'를 어떻게 과세대상의 범주에 넣을 것인가에 대한 숙제라고 할 수 있다.

---

50) 위 '권리 등'은 1992.12.31. 개정 시 추가된 것으로 개정 전까지는 해석상으로 권리를 무체물의 범주에 포함하여 부가가치세를 과세해 오고 있었다.
   그러나 1990년대에 권리는 재화로 볼 수 없어 부가가치세법상 과세대상이 아니라는 법원의 판결에 따라 1992.12.31. 시행령을 개정하여 권리를 무체물의 범위에 포함하게 된 것이다.
   [대법원 91누87 1991.7.23. 외 다수]
   전기공사면허는 무체물이 아니다. …자연력으로서 재산적 가치가 있는 유체물 이외의 모든 물질을 포함한다고 규정하고 있으므로 이와 같은 관리할 수 있는 자연력에는 해당하지 않는 이 사건 전기공사면허는 시행령 제1조 제2항이 규정하는 무체물에는 포함될 수 없고, 따라서 부가가치세의 과세대상이 된다고 할 수 없다. (이하 생략)

┃ 그림 2-2 ┃ 재화와 물건의 비교

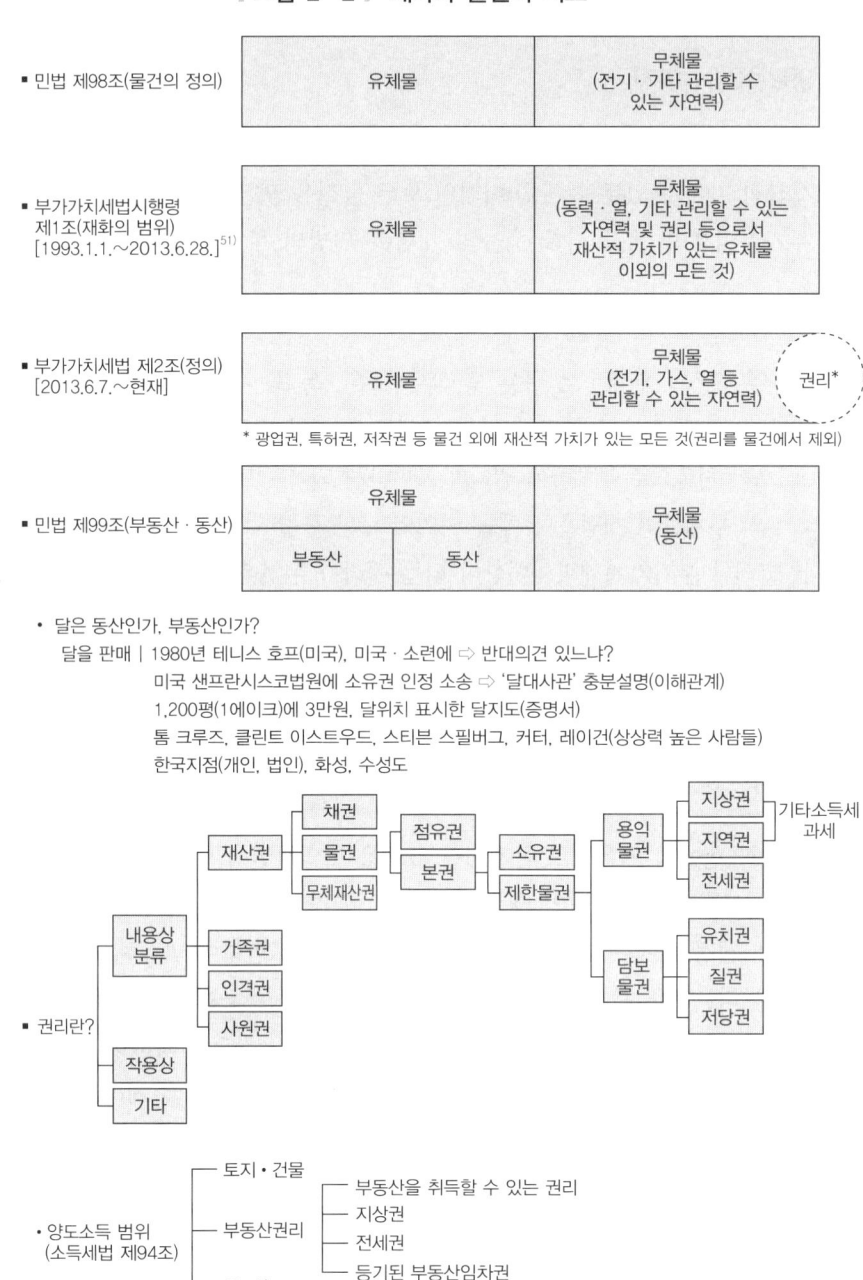

	유체물	무체물 (전기·기타 관리할 수 있는 자연력)
▪ 민법 제98조(물건의 정의)		

	유체물	무체물 (동력·열, 기타 관리할 수 있는 자연력 및 권리 등으로서 재산적 가치가 있는 유체물 이외의 모든 것)
▪ 부가가치세법시행령 제1조(재화의 범위) [1993.1.1.~2013.6.28.][51]		

	유체물	무체물 (전기, 가스, 열 등 관리할 수 있는 자연력)	권리*
▪ 부가가치세법 제2조(정의) [2013.6.7.~현재]			

* 광업권, 특허권, 저작권 등 물건 외에 재산적 가치가 있는 모든 것(권리를 물건에서 제외)

	유체물		무체물 (동산)
▪ 민법 제99조(부동산·동산)	부동산	동산	

- 달은 동산인가, 부동산인가?

  달을 판매 ┃ 1980년 테니스 호프(미국), 미국·소련에 ⇨ 반대의견 있느냐?

  미국 샌프란시스코법원에 소유권 인정 소송 ⇨ '달대사관' 충분설명(이해관계)

  1,200평(1에이크)에 3만원, 달위치 표시한 달지도(증명서)

  톰 크루즈, 클린트 이스트우드, 스티븐 스필버그, 커터, 레이건(상상력 높은 사람들)

  한국지점(개인, 법인), 화성, 수성도

- ▪ 권리란?

- • 양도소득 범위
  (소득세법 제94조)
  - 토지·건물
  - 부동산권리
    - 부동산을 취득할 수 있는 권리
    - 지상권
    - 전세권
    - 등기된 부동산임차권
  - 주 식
  - 기타자산

---

51) 2013.6.28. 이후에는 종전 유체물과 무체물을 포함하는 민법상 개념인 물건으로 통합되고, 권리는 별도 과세대상으로 정의하고 있는바 부가가치세 과세대상에는 1993.1.1. 내용과 변함이 없다. 부가가치세과세 대상인 권리의 개념이 모호하여 특정하기 어렵다는 점에서 '과세요건명확주의 원칙'에 부합하지 않는 점은 여전하다 할 것이다.

라. '물건 외 재산적 가치가 있는 모든 것'이 과세대상이 될 수 있는지? (과세객체 인 권리의 모호성)

민법상 권리는 여러 가지로 구분할 수 있다.

대표적으로는 권리의 내용에 따른 분류로서 재산권, 가족권, 인격권, 사원권 등을 들 수 있다. 부(父)의 자(子)에 대한 친권 등 가족권은 일신에 전속하는 권리로서 양도나 담보 제공이 제한되어 있음을 볼 때 최소한 부가가치세법에서 말하는 과세객체가 되는 권리로 볼 수는 없다.

재산권은 이와 달리 양도나 담보제공이 가능한 것으로 물권·채권·무체재산권 등으로 구분할 수 있다. 여기서 특히 모호한 부분이 채권에 속한다.

민법상 채권은 모두 부가가치세법상 과세객체가 되는 권리로 볼 것인가, 아니면 그중 일부분의 권리만을 과세객체가 되는 권리로 볼 것인가?

매매계약만 체결한 상태에서 그 지위를 양도하는 것은 부가가치세과세대상이 아니라고 하는 점 등을 볼 때 민법상의 채권이 모두 과세객체는 아니라는 의미이다.

문제는 그 구분의 기준이 모호하다는 점이다.

과세요건 중 과세대상이 제일 중요하고, 부가가치세법상 과세대상은 과세객체와 인도 또는 양도 등 일정한 행위를 구성요소로 하고 있음을 보면 부가가치세법상 과세객체의 판단은 선결과제이고 제일 중요한 부분이다.

따라서 무체물로 의제되는 권리는 특허권, 실용신안권, 디자인권, 상표권, 광업권, 어업 권 등 구체적으로 적시·열거하여 국민으로 하여금 부가가치세과세객체 여부에 대한 판단 을 용이하도록 하여야 할 것이다.

마. 권리양도와 물건양도에 따른 세법상 효과 차이

주택과 부동산을 취득할 수 있는 권리를 가지고 있는 거주자의 경우 주택을 먼저 양도하 는 경우에는 1세대 1주택으로 양도소득세가 비과세된다.

그러나 부동산을 취득할 수 있는 권리를 먼저 양도하는 경우에는 양도소득세가 과세된다.

2주택 보유 중 1주택 재건축되는 경우로 나머지 1주택 양도하는 경우

(제도 46014-12001, 2001.7.9.)

국내에 2주택을 보유한 세대가 그중 하나의 주택에 대하여 주택건설촉진법에 의한 재건축사업에 재건 축조합의 조합원으로 참여하여 동 재건축사업의 시행으로 그 재건축 추진 중인 주택이 주택건설사업계획의 승인 이후부터 주택건설촉진법 제33조의 2의 규정에 의한 사용검사 등을 받기 전에[52] 나머지 한 주택을 양도하는 경우 그 주택을 양도일 현재 3년 이상 보유한 경우에는 소득세법시행령 제154조 제1항의 규정에 의하여 양도소득세가 비과세되는 것임.

☞ 권리를 먼저 양도하는 경우에는 양도소득세를 실지거래가액으로 과세됨. 그러나 물건(주택)을 먼저 양도하는 경우에는 양도소득세가 비과세됨.

2005.12.31. 소득세법 제89조(비과세 양도소득) 제2항을 개정하여 1세대가 주택과 조합원입주권을 함께 보유하다가 주택을 양도하는 경우에 비과세적용을 받을 수 없도록 개정하였다.

그리고 동 개정규정은 부칙에서 2006.1.1. 이후 최초로 도시및주거환경정비법에 따른 주택재개발사업 또는 주택재건축사업의 관리처분계획이 인가된 분부터 적용하는 것으로 하였다(소득세법 제89조 제2항 및 동 부칙 제12조, 법률 제7837호, 2005.12.31.).

║ 소득세법시행령 제155조 【1세대 1주택의 특례】 ║

⑰ 법 제89조 제2항 본문에 따른 조합원입주권(이하 "조합원입주권"이라 한다)을 1개 소유한 1세대[도시및주거환경정비법 제48조에 따른 관리처분계획의 인가일(인가일 전에 기존주택이 철거되는 때에는 기존주택의 철거일) 현재 제154조 제1항에 해당하는 기존주택을 소유하는 세대에 한한다]가 당해 조합원입주권을 양도하는 경우 다음 각 호의 어느 하나에 해당하는 경우에는 법 제94조 제1항 제2호 가목에도 불구하고 제154조 제1항에 따른 1세대 1주택으로 본다.
 1. 양도일 현재 다른 주택이 없는 경우
 2. 양도일 현재 1조합원입주권 외에 1주택을 소유한 경우로서 해당 1주택을 취득한 날부터 2년 이내에 해당 조합원입주권을 양도하는 경우(2년 이내에 양도하지 못하는 경우로서 기획재정부령으로 정하는 사유에 해당하는 경우를 포함한다)

☞ 제1호는 비과세요건을 갖춘 주택(법률상은 부동산권리)을 비과세 유지시켜 주기 위하여, 제2호는 거주이전 위한 일시적 2주택과 평형을 맞추기 위한 경우이다(즉 제1호는 그 자체를 양도하는 경우이고, 제2호는 입주권이 팔리지 않아서 다른 주택을 취득하는 경우이다). 위 시행령 내용은 그대로 아래 소득세법 제89조(비과세소득)로 이관되었다. 소득세법 제1항 제4호는 주택이 사업인정고시로 권리가 된 경우에 비과세해 주기 위하여 주택(물건)으로 의제하는 경우로서 국민의 권리보호에 충실한 반면, 동법 제2항은 두 개의 주택을 보유하고 있는 거주자가 하나의 주택이 사업인정고시로 권리가 되는 경우 다른 주택을 양도하는 때에 권리를 주택(물건)으로 의제하여 국민에게 부담을 주기 때문에 시행령이 아닌 본법으로 조정한 것으로 추정된다.

║ 소득세법 제89조(비과세소득) ⇒ 2016.12.20. 제14389호, 시행령에서 법으로 이관 ║

① 다음 각 호의 소득에 대해서는 양도소득에 대한 소득세(이하 "양도소득세"라 한다)를 과세하지 아니한다(2009.12.31. 개정).
 4. 제2항에 따른 조합원입주권을 1개 보유한 1세대[도시및주거환경정비법 제48조에 따른 관리처분계획의 인가일(인가일 전에 기존주택이 철거되는 때에는 기존주택의 철거일) 현재 제3호 가목

---

52) 사용검사를 받기 전에는 주택법(구 주택건설촉진법)에 의하여 물건이 아닌 권리가 된다. 즉 사용검사를 받는 시점에서 권리가 물건(주택)으로 되는 것이다.

| 그림 2-3 | 부동산과 부동산권리의 민법과 세법상 차이

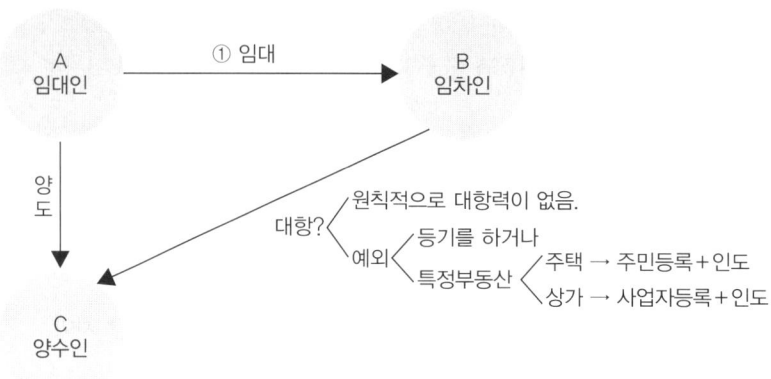

▎그림 2-4 ▎ 임차인의 대항력 유무

제2절 동산과 부동산

1. 구별이 필요한 이유

첫째, 물권변동의 공시방법의 차이로 부동산은 등기, 동산은 점유의 이전, 즉 인도에 의한다.[53)]

둘째, 공시방법에 대한 공신력 유무 면에서 부동산의 등기에는 공신력이 인정되지 않지만 동산의 점유에 대하여는 공신력이 인정된다(제249조).

셋째, 부동산의 취득시효는 10년 또는 20년인 데 반하여 동산은 10년 또는 5년이다.

넷째, 무주물 선점(제252조)과 부합(附合)(제256조·제257조)에 있어서 법률효과의 차이가 있다.

다섯째, 강제집행절차와 방법이 동산과 부동산에 따라 다르다.

---

53) ① 동산물권변동의 공시방법으로서의 인도에는 현실의 인도 외에 간이인도·점유개정·목적물반환청구권의 양도가 이에 포함된다(제188조~제190조).

② 부가가치세법 제15조【재화의 공급시기】제1항 제1호에서는 '재화의 이동이 필요한 경우에는 재화가 인도되는 때'라고 규정하고 있는데, 여기서의 인도 역시 위 간이인도·점유개정·목적물반환청구권의 양도가 포함되는 것으로 보아야 한다. 만약 이를 부정하는 경우 부산에서 렌트하여 서울에서 사용하고 있는 승용차를 구매하고자 하는 경우 다시 부산까지 갔다가 서울로 와야 한다는 우스꽝스러운 모습이 될 것이다. 이 경우 당사자의 의사표시만으로 물권변동의 효력이 생기는 것이고 이를 간이인도라고 한다.

2. 부동산

민법에 의하여 부동산이란 토지와 그 정착물을 말한다(제99조 제1항).[54]

가. 토지

토지라 함은 일정범위의 지면에 정당한 이익이 있는 범위 내에서의 상하(공중과 지하)에 미치는 입체적인 존재이다. 따라서 토지의 구성물(암석·지하수·토사)은 토지와 별개의 독립한 물건이 아니므로 토지의 소유권은 당연히 그 구성물에도 미친다.

다만, 미채굴의 광물에 대하여 국가는 채굴·취득하는 권리(광업권)를 가지고 있으므로 토지소유자의 소유권은 이에 미치지 못한다.

토지는 무한히 연속하고 있으나 편의상 인위적으로 구분하여 한 구역, 즉 필(筆)마다 번지를 붙여서 그 동일성 및 개수를 판단한다.

1필의 토지의 일부분을 분필(分筆)하기 전에는 토지의 일부를 양도하거나 제한물권을 설정하거나 시효취득을 할 수 없고 분필한 후에야 가능하다. 왜냐하면 분필하기 전까지는 등기할 수 없기 때문이다. 그러나 용익물권은 분필하기 전에 1필의 토지의 일부 위에 설정할 수 있는 예외가 인정되고 있다(부동산등기법 제69조·제70조).

그리고 하천은 지적법상 지목 중의 하나로서 권리의 객체라고 할 수 있지만 개인의 소유권대상은 될 수 없다.

개인소유의 토지가 홍수 등의 범람으로 하천으로 볼 수 있는 정도가 되는 경우에는 권리의 주체가 개인에서 국가로 변동되지만 개인소유의 토지가 해일 등 자연 재해로 바다로 볼 수 있는 정도에 이를 때에는 개인도, 국가도 그 소유권의 주체가 될 수 없다.

나. 토지의 정착물

토지의 정착물이라 함은 현재의 토지에 직접 또는 간접적으로 고정되어 있어 거래관념상 토지에 계속 고정되어 사용되는 것으로 인정되는 물건을 말한다. 돌담, 터널, 다리, 우물

---

54) ① 민법상 법률행위(주로 계약)를 통하여 부동산을 취득하는 경우에 나의 부동산이라고 할 수 있는 시기는 소유권이전등기일이다. 잔금이 미지급된 경우에도 먼저 등기가 이루어지면 나의 부동산이 되는 것이다.
② 그러나 세법에서는 부동산이 되는 시기는 잔금청산일(그 전에 등기 시는 등기시점)이 된다.
따라서 잔금수령 후 등기를 하지 않고 전매하는 경우 미등기전매로서 최고세율(70%) 등의 불이익을 받지만 잔금수령 전에 전매하는 경우에는 미등기양도에 해당하지 않고 부동산을 취득할 수 있는 권리의 양도에 해당한다.
③ 소득세법기본통칙 94-0…1(부동산을 취득할 수 있는 권리의 예시) 제3호에서는 '부동산매매계약을 체결한 자가 계약금만 지급한 상태에서 양도하는 권리'라고 하고 있으나 이는 정확한 표현으로 보기 어렵다. '잔금을 수령하지 아니한 상태에서 양도하는 권리'라고 해야 정확한 표현이 될 것이다.

등이 그러하다. 그러나 임시건물, 공중전화함, 가식(假植)의 식목 등은 정착물이 아니라 동산이다. 또한 건물에 부착된 기계는 고정성 여하에 따른다.

정착물 가운데는 그 취급에 있어 차이가 있다. 첫째, 거래관념상 토지의 구성부분으로 다루어지는 물건(담, 우물 등), 둘째, 토지로부터 완전히 독립된 물건으로 다루어지는 것(건물, 입목법상의 입목), 셋째, 경우에 따라서는 어느 쪽으로도 될 수 있는 물건(나무, 미분리의 과실, 동상, 정원석 등)이 있다.

(1) 건물

건물은 언제나 토지와 별개의 부동산이다. 그리하여 토지와 따로 건물등기부가 있다. 따라서 건물의 득실변경은 등기하지 않으면 효력이 발생하지 않는다.

건축 중인 건물은 언제부터 독립한 부동산으로 되느냐 또는 헐고 있는 건물이 언제부터 부동산이 아니냐에 대해서는 일정한 표준이 있지 아니하므로 사회통념에 의하여 정하여지는데 기와를 덮고 흙벽을 바른 정도이면 건물이 된다고 보아야 할 것이다.

건물의 개수는 토지와 달리 등기부에 의하는 것이 아니라 사회통념에 의하여 정하여진다. 등기부상 한 개의 건물로서 1용지에 기재되어 있더라도 건물의 물리적 구조, 주위 건물과의 밀착의 정도, 연락의 설비, 소유자의 의사 등을 고려하여 판단하여야 하므로 사실상 두 개의 건물로 하면 두 개의 건물로서 각각 소유권의 객체가 된다.

건물의 경우에도 토지의 경우와 마찬가지로 구분 또는 분할의 등기절차를 밟기 전에는 처분하지 못한다고 해석한다. 다만, 한 채의 건물의 일부에 대하여 전세권을 설정할 수 있는 예외가 인정된다(부동산등기법 제72조 제1항 제6호).

(2) 입목

입목은 보통 토지의 정착물로서 부동산이지만 입목에관한법률에 의한 입목은 별론으로 하고, 토지와 운명을 같이하는가 여부는 다음과 같이 구별하여야 한다.

첫째, 토지의 처분의 효력은 다른 의사표시가 없는 한 입목에도 미친다.
둘째, 입목을 지반에서 분리하여 처분할 수 있는가에 대하여 입목에 관한 권리의 공시방법이 명인방법에 한정되므로 양도는 가능하지만 저당권설정은 불가능하다.
셋째, 토지에 입목이 식재되거나 생립한 경우 토지 위의 권리는 원칙적으로 그 입목에 미친다.

입목의 집단이 입목에관한법률상의 등기(입목에관한법률 제2조)를 하였을 때는 완전히 독립한 부동산이 되므로(동법 제3조 제1항) 소유권의 이전뿐만 아니라 저당권도 설정할 수 있다(동법 제3조 제2항). 그리고 입목의 지반인 토지에 대하여 소유권이나 지상권이 설정되어도 입목에 영향을 주지 않는다(동법 제3조 제3항).

(3) 미분리의 과실

미분리의 과일, 뽕잎, 입도(立稻), 입담배 등도 명인방법을 갖춘 때에는 독립한 물건으로서 거래할 수 있다.

(4) 동상·철관·정원석

일반적으로 토지의 구성부분이지만 그것만의 거래도 불가능한 것은 아니며, 그것만의 소유권을 취득하였을 때에는 명인방법을 대항요건으로 한다.

(5) 농작물

토지에서 경작·재배하는 각종 농작물은 토지의 구성부분이다. 다만, 정당한 권원(權原)에 의하여 타인의 토지에서 경작한 경우에는 그 농작물은 토지에 부합하지 않고 마치 토지로부터 별개의 부동산인 것처럼 다루어진다(제256조 단서). 그러나 아무런 권원 없이 타인의 토지에서 경작·재배한 농작물에 대하여 판례는 그 농작물의 소유권은 언제나 그리고 심지어 그 경작자가 위법하게 토지소유자나 점유자를 배제하여 경작한 경우에도 경작자에게 있다고 한다. 이 경우에는 미분리의 과실처럼 명인방법을 갖출 필요도 없다.

3. 동산

부동산 이외의 물건을 동산이라 한다(제99조 제2항). 토지에 부착한 물건이라도 정착물이 아니다(가식의 나무). 또한 전기, 기타 관리할 수 있는 자연력도 동산이다.

선박·자동차·항공기·일정한 중기 등도 동산이지만 등기·등록으로 그 권리관계를 공시하는 점에서 부동산에 접근하므로 법률상 부동산과 같이 취급하는 일이 있다.

4. 조세법상 동산과 부동산

가. 동산의 경우

동산의 경우 대부분 계약체결과 거의 동시에 인도 등 그 이행이 이루어진다. 즉 청약과 승낙이 명시적 또는 묵시적으로 시차 없이 또는 동시에 이루어지면서 인도 등 그 이행도 즉시 이루어지는 것이 보통이다.

문방구에 가서 볼펜을 들고 "이것 얼마죠?"라고 물으면 청약(청약의 유인이 될 수도 있다)에 해당하고 문방구 주인이 "천원입니다"라고 하면 승낙(청약이 될 수도 있다)이 되어 동산(여기서는 볼펜)양도에 관한 계약이 성립된다. 그리고 볼펜을 잡고 있는 상태에서 천원을 지급하면 인도(엄격하게는 간이인도)에 해당되어 천원이라는 대가의 지급과 볼펜인도라는 채무가 거의 동시에 이루어진다. 따라서 동산양도에 있어서는 대부분 1~2분 사이 아무리 길어도 몇 시간을 넘기지 않고 계약과 이행이 완료된다.

나. 부동산의 경우

토지는 부가가치세가 면세되는 데 반해, 사업용 건물은 원칙적으로 부가가치세가 과세된다.

우리나라는 토지와 건물은 별개의 부동산이지만, 통상적으로 면세인 토지와 과세인 건물이 하나의 단위로 거래된다. 또한 부가가치세법상 공급시기와 민법상 소유권이전시기가 서로 다름으로 인해 조세법과 민법이 하나의 거래관계에서 중첩적으로 적용되게 된다. 그러나 중요한 것은 1차적으로 민법이 적용되고, 2차적으로 조세법이 적용된다는 사실이다.

개인사업자의 토지와 건물의 매매거래를 예로 들어 사업자로서 종합소득세를 신고, 납부하기 위해 필요한 장부에 회계처리하는 과정을 통하여 부가가치세법상의 공급시기, 민법상의 소유권이전시기 및 소득세법상의 수입금액 귀속연도 등의 차이를 알아보고자 한다. 즉 민법과 세법 및 회계학까지 아우르는 일련의 거래과정을 통하여 서로의 관련성과 차이점을 살펴본다.

(1) 개인사업자로서 토지만 매매하는 경우(3억원을 계약금 · 중도금 · 잔금으로 나누어 지급키로 약정)

[양도인]

(차) 현금	1억원	(대) 선수금	1억원
(차) 현금	1억원	(대) 선수금	1억원
(차) 현금	1억원	(대) 토지	3억원
선수금	2억원		

[양수인]

(차) 선급금	1억원	(대) 현금	1억원
(차) 선급금	1억원	(대) 현금	1억원
(차) 토지	3억원	(대) 현금	1억원
		선급금	2억원

☞ 토지는 부가가치세가 면세되므로 부가가치세법은 고려할 필요가 없으나, 소득세법상 사업소득의 수입시기(소득세법시행령 제48조 제11호)에 의하여 부동산의 매매로 인한 수입시기는 대금을 청산한 날. 다만, 대금을 청산하기 전에 소유권 등의 이전에 관한 등기 또는 등록을 하거나 해당 자산을 사용수익하는 경우에는 그 등기 · 등록일 또는 사용수익일로 한다. 따라서 계약금, 중도금을 받을 때까지는 선수금의 상태이며 최종 잔금을 받는 시점에서 경제적으로는 토지의 매매거래가 완성되며 나의 자산목록에서 제외할 뿐이다. 그렇다 하더라도 민법상으로는 아직 양수인에게 소유권이전등기를 하지 않았으므로 나의 자산이다.

(1-1) 1983.1.1. 이전 소득세법상 양도시기(계약금 외 대가를 받는 때)

[양도인]

(차) 현금	1억원	(대) 선수금	1억원
(차) 현금	1억원	(대) 토지	3억원
선수금	1억원		
미수금	1억원		
(차) 현금	1억원	(대) 미수금	1억원

[양수인]

(차) 선급금	3억원	(대) 현금	1억원
		선급금	1억원
		미지급금	1억원
(차) 미지급금	1억원	(대) 현금	1억원

☞ 1983.1.1. 이전에는 소득세법상 양도시기가 계약금 외 대가를 받는 때이므로 위의 분개와 같이 계약금 외 중도금을 받는 시점에서 경제적으로는 목적물을 사용수익할 수 없어도 나의 자산목록에서 제외할 뿐이다. 이후 잔금을 지급하면 비로소 경제적으로 목적물을 사용수익할 수 있으나 등기부에 소유권자로서 공시방법을 갖추었을 때 비로소 목적물을 취득한다.

(2) 계약금 1억원을 받고 토지의 소유권을 이전해주는 경우(단, 가등기를 함)

[양도인]

(차) 현금	1억원	(대) 토지	3억원
미수금	2억원		
(차) 현금	1억원	(대) 미수금	1억원
(차) 현금	1억원	(대) 미수금	1억원

[양수인]

(차) 토지	3억원	(대) 현금	1억원
		미지급금	2억원
(차) 미지급금	1억원	(대) 현금	1억원
(차) 미지급금	1억원	(대) 현금	1억원

☞ 잔금지급 전에 소유권이전등기를 경료했으므로 소득세법시행령 제48조 제11호(사업자가 아닌 경우에는 소득세법 제98조)에 의해 토지의 양도시기가 도래했다. 다만, 양수인이 중도금 또는 잔금을 지급하지 아니하는 때에는 양도인은 법정해제권을 행사할 수 있다. 따라서 양도시기 도래로 양도인은 소득세 납세의무가 성립했지만 동 납세의무는 양수인의 채무불이행을 해제조건으로 성립하는 것으로 이해할 수 있다. 즉 채무불이행으로 해제권행사가 있는 때에는 납세의무도 소멸한다는 뜻이다.

(3) 토지와 건물을 함께 양도하는 경우. 토지는 3억원, 건물은 2억원(부가가치세 별도)으로 가정

총 5억원 중에서 1억원(계약금), 2억원(중도금), 2억원(잔금)으로 나누어 지급하는 것으로 약정한다. 여기서는 약정대로 실제 지급한 것으로 가정한다.

계약금 1억원을 받은 후 토지 소유권을 이전하기로 한다.

[양도인]

(차) 현금	1억원	(대) 토지	3억원
미수금	2억원		
(차) 현금	2억원	(대) 미수금	2억원
(차) 현금 2억2천만원		(대) 건물	2억원
		VAT예수금 2천만원	

[양수인]

(차) 토지	3억원	(대) 현금	1억원
		미지급금	2억원
(차) 미지급금	2억원	(대) 현금	2억원
(차) 건물	2억원	(대) 현금 2억2천만원	
VAT대급금 2천만원			

(3-1) 위 '(3)'의 경우에서 계약금 1억원을 받고 건물의 등기를 먼저 넘겨준 경우

(차) 현금 1억2천만원	(대) 건물 2억원
미수금 1억원	VAT예수금 2천만원
(차) 현금 2억원	(대) 미수금 1억원
	선수금 1억원
(차) 현금 2억원	(대) 토지 3억원
선수금 1억원	

(차) 건물 2억원	(대) 현금 1억2천만원
VAT예수금 2천만원	미지급금 1억원
(차) 미지급금 1억원	(대) 현금 2억원
선급금 1억원	
(차) 토지 3억원	(대) 현금 2억원
	선급금 1억원

☞ 우리나라는 토지와 건물이 별개의 부동산이다. 하나의 계약 아래 두 개의 부동산이 거래되는 경우이므로 납세의무성립시기와 특히 부가가치세법상 세금계산서 교부의무가 생기는 공급시기 도래에 주의해야 한다.

※ 특히 사업연도가 달라질 경우에 토지, 건물의 수입금액귀속시기가 달라짐에 주의해야 한다.

(3-2) 위 '(3)'의 경우에서 부동산매매업자로서 중간지급조건부거래로 가정할 때

[부동산매매업자]

(차) 현금 1억4백만원	(대) 선수금 1억원
	VAT예수금 4백만원[*1]
(차) 현금 2억8백만원	(대) 선수금 2억원
	VAT예수금 8백만원[*2]
(차) 선수금 3억원	(대) 공사매출 5억원
현금 2억8백만원	VAT예수금 8백만원[*3]

[매수인]

(차) 선급금 1억원	(대) 현금 1억4백만원
VAT대급금 4백만원	
(차) 선급금 2억원	(대) 현금 2억8백만원
VAT대급금 8백만원	
(차) 토지 3억원	(대) 선급금 3억원
건물 2억원	현금 2억8백만원
VAT대급금 8백만원	

*1 VAT예수금 : (1억×2/5)=4천만원×10%=4백만원
*2 VAT예수금 : (2억×2/5)=8천만원×10%=8백만원
*3 VAT예수금 : (2억×2/5)=8천만원×10%=8백만원

☞ 부동산매매업자로서 부가가치세법상 중간지급조건부 매매거래를 한 경우 부가가치세법상 공급시기는 대가의 각 부분을 받기로 한 때이므로 계약금, 중도금, 잔금을 받을 때마다 세금계산서를 교부하여야 하며, 받기로 한 금액 중 건물부분에 해당하는 금액에 대해서는 부가가치세를 별도로 거래징수하여야 한다. 이후 대금이 청산되는 시점에서 부동산매매업자는 공사매출(토지+건물)이 실현되는 것이며, 당해 부동산을 취득하는 매수인은 대가의 각 부분을 지급할 때마다 세금계산서를 교부받아 건물분 부가가치세에 대해 매입세액으로 공제받은 후 잔금청산 시 토지 및 건물로서 자신의 자산이 된다.

한편, 부동산매매업자는 신축건물로 원시취득이므로 등기와 관계없이 목적물의 소유권을 취득하지만, 매수인은 잔금을 지급하여 장부상 자산으로 회계처리한 경우에도 등기부에 소유권자로 등기하기 전에는 소유권자가 될 수 없다. 다만, 부동산매매업자는 등기 없이도 소유권을 취득하지만 처분(여기서는 매도)하기 위해서는 취득등기를 해야 한다(제187조 참조).

5. 조세법상 부동산과 부동산권리

가. 토지 또는 건물

(1) 토지

토지라 함은 지적법에 의하여 지적공부상에 등록하여야 할 지목에 해당하는 것을 말하며 지목의 판단은 사실상의 지목에 의하며, 사실상의 지목이 불분명한 경우에는 지적공부상 의 지목에 의한다.

(2) 건물

민법 제99조(부동산, 동산)에서는 토지 및 그 정착물은 부동산으로 하고 부동산 이외의 물건은 동산으로 규정하고 있다.

토지의 정착물 중에서 교량·돌담 등은 토지의 일부에 지나지 않지만 건물은 토지로부터 완전히 독립한 별개의 부동산이다. 이 점에서 서양제국에서 건물을 토지의 구성부분으로 보는 입법례와 우리나라의 입법례는 다르다.

소득세법에서는 건물에 부속된 시설물과 구축물은 건물에 포함되는 것으로 규정하고 있다(소득세법 제94조 제1항 제1호). 현재 짓고 있는 건물은 언제부터 독립한 부동산으로서 의 건물로 보아야 하는가 하는 점은 양도대상목적물의 확정과 함께 압류와 관련해서도 중요한 요인이다.

신축 중인 아파트를 가사용승인일 이후에 양도하는 경우(재산 46014-1069, 2000.9.5.)
신축 중인 아파트가 가사용승인일 이후에 양도되었다면 부동산을 취득할 수 있는 권리의 양도가 아닌 부동산의 양도에 해당함.

나. 부동산을 취득할 수 있는 권리

(1) 민법상 부동산을 취득할 수 있는 권리의 개념

본래 민법상으로는 매수인이 부동산에 관한 매수계약을 체결한 후 중도금 잔금을 모두 지급하였다 하더라도 등기를 하지 아니한 상태에서는 권리를 가지고 있을 뿐 물건, 즉 부동산을 소유하고 있다고 할 수 없다. 즉 민법상 부동산이 되는 시기는 등기를 하는 시점 이 된다. 그리고 소유권자로서 등기를 신청한 사람이 여러 사람인 경우에는 등기접수일이

02
총칙

빠른 사람이 소유권을 취득하게 된다. 이렇게 부동산에 관한 매매계약 체결 후 소유권이전등기를 하기 전의 상태를 부동산을 취득할 수 있는 권리라고 한다.

(2) 소득세법상 부동산을 취득할 수 있는 권리의 개념

부동산을 취득할 수 있는 권리라 함은 부동산에 관한 매매 등 유상계약이 체결된 후 소득세법상의 취득시기가 도래하기 전에 해당하는 권리의 상태를 말한다.

이 경우 건물의 경우에 있어서는 동 건물이 완성되는 때에 그 건물과 이에 딸린 토지를 취득할 수 있는 권리를 포함한다(소득세법 제94 제1항 제2호 가목).

민법에서는 매매의 목적이 된 권리가 타인에게 속한 경우에도 매도인은 그 권리를 취득하여 매수인에게 이전하여야 하는 것으로 규정하고 있어 매도인에 속하지 아니한 자산을 매매하는 경우에도 동 매매계약은 무효가 되지 않고 그 계약내용에 따라 이행하여야 하는 것으로 규정하고 있다.

▌민법 제569조 【타인의 권리의 매매】▌

매매의 목적이 된 권리가 타인에게 속한 경우에는 매도인은 그 권리를 취득하여 매수인에게 이전하여야 한다.

☞ A가 B의 동의를 받지 않고 B소유 부동산을 C와 매매계약을 체결한 경우에도 그 매매계약은 유효하다는 것을 의미한다.

(3) 부동산을 취득할 수 있는 권리의 예시

양도소득세과세대상(현재는 소득세법 제94조 제1항 제2호 가목)이 되는 부동산을 취득할 수 있는 권리라 함은 소득세법 제98조에서 규정하는 취득시기가 도래하기 전에 당해 부동산을 취득할 수 있는 권리를 말하는 것으로 그 예시는 다음과 같다(소득세법기본통칙 94 – 0…1).

① 건물이 완성되는 때에 그 건물과 이에 부수되는 토지를 취득할 수 있는 권리(아파트당첨권 등)
② 지방자치단체 · 한국토지주택공사가 발행하는 토지상환채권 및 주택상환사채
③ 부동산매매계약을 체결한 자가 계약금만 지급한 상태에서 양도하는 권리

위 소득세법기본통칙 94 – 0…1 '③'에서 '계약금만 지급한 상태에서 양도하는 권리'의 표현은 '계약금을 지급한 후 잔금을 지급하지 아니한 상태에서 양도하는 권리'라고 해야 정확한 법률상의 표현이 될 것이다. 우리나라 부동산거래의 대부분은 중도금이 있어 중도금을 지급한 후 잔금지급 전 제3자에게 양도하는 경우, 동 권리는 '부동산'이 아닌 '부동산을 취득할 수 있는 권리'에 해당하기 때문이다.

(4) 도시재개발지구 내의 권리

도시재개발구역 내의 부동산소유자가 도시및주거환경정비법에 의하여 인가된 관리처분계획에 따라 취득한 자산과 관련해서 대지 또는 건축시설에 대한 소유권을 취득하기 전에 양도하는 경우의 당해 양도자산은 소득세법시행령 제94조 제1항 제2호에 규정한 부동산을 취득할 수 있는 권리의 양도에 해당하므로 양도소득세가 과세된다.

그러나 도시및주거환경정비법 제74조에 따른 관리처분계획의 인가일 전 주택소유자가 도시재개발구역 내의 권리를 관리처분인가일 이후 양도하는 경우에도 기존주택철거일 현재 당해 주택이 다음 각 호의 어느 하나에 해당하는 경우에는 부동산에 관한 권리가 아닌 주택으로 보아 1세대 1주택 비과세규정을 적용한다(소득세법 제89조 제1항 제4호).

① 양도일 현재 다른 주택이 없는 경우
② 양도일 현재 1조합원입주권 외에 1주택을 소유한 경우로서 해당 1주택을 취득한 날부터 2년 이내에 해당 조합원입주권을 양도하는 경우

즉 양도하는 부동산권리가 주택에 관한 권리인 경우에 한하여 부동산으로 간주한다. 이는 권리를 물건(여기서는 주택)으로 의제하는 것이다.

하나의 주택을 오랫동안 보유한 거주자가 자신의 눈으로 보이는 주택이 있음에도 법률상 주택이 아닌 권리(관리처분인가일 이후에는 부동산을 취득할 수 있는 권리가 됨)를 양도한 것이 되어 비과세혜택을 받지 못하는 문제점을 보완해주는 입법기술로 바람직한 조세입법이라 할 수 있다.

그러나 이렇게 권리를 물건(여기서는 주택)으로 의제할 경우, 반드시 혜택만 뒤따르는 것은 아니다. 예를 들면, 이미 하나의 주택을 보유하고 있는 거주자의 가족이 아파트 입주권(부동산을 취득할 수 있는 권리에 해당)을 거주자의 상의 없이 매수한 경우, 동 입주권을 주택으로 의제하게 되면 거주자의 보유주택 양도에 대해서는 1세대 2주택으로 보게 될 것이다.

이렇게 조세법에서는 의제규정을 지나치게 활용하는 경향이 있다. 이렇게 만들어진 의제규정은 헌법재판소의 위헌결정이 없는 한 그 효력이 유지된다.

헌법재판소의 위헌결정은 헌법재판소 재판관 여섯 명의 찬성이 있어야 한다. 헌법재판관 아홉 명 중 2/3에 해당하는 것으로 위헌결정을 신중히 하여 법적 안정성을 유지하고자 하는 의지로 볼 수 있다.

한편, 헌법재판소의 위헌결정의 효력은 그 결정이 있는 날로부터 효력이 생기게 되므로 무효의 법률로 판정이 되는 경우에도 그 소급효가 없음에 유의해야 할 것이다(헌법재판소법 제47조 제2항).

(5) 주택청약예금통장

(가) 주택청약예금통장

주택청약예금제도는 주택법 제56조 및 주택공급에관한규칙 제4조(주택의 공급대상)에 의하여 주택분양에 대한 우선순위를 확보하기 위하여 실시되는 제도이다.

주택청약예금증서는 아파트분양의 순위를 결정할 수 있는 권리에 해당되므로 그 액면가액에 프리미엄을 붙여 거래되고 있는 것이 현실이며, 주택청약예금증서의 양도는 결과적으로 양수인이 예금주명의로 당첨됨으로써 소득세법 제94조 제2호 가목에서 규정하는 부동산을 취득할 수 있는 권리를 양도한 것으로서 양도소득세과세대상이 된다.

주택청약예금통장의 경우 아파트 추첨에 있어 우선권이 부여되므로 부동산을 취득할 수 있는 권리로 보는 것이지만 등기가 불가능한 자산이므로 미등기양도자산에는 해당되지 아니한다.

(나) 아파트당첨권

아파트를 분양받은 후 그 계약을 체결한 날로부터 잔금지급 전일까지는 소유권이전등기가 불가능한 상태이므로 소득세법 제94조 제1항 제2호의 규정에 의한 부동산을 취득할 수 있는 권리의 일부인 아파트당첨권 등으로 보아 양도소득세를 과세한다.

장기할부조건으로 분양받은 미완성된 자산의 양도(재산 46014-336, 2000.3.16.)
소득세법시행규칙 제78조 제3항에서 규정하는 장기할부조건으로 분양받은 경우로서 당해 자산이 완성 또는 확정되기 전에 양도하는 경우에는 소득세법 제94조 제2호에서 규정하는 부동산을 취득할 수 있는 권리에 해당함.

다. 지상권

지상권자는 타인의 토지에 건물, 기타 공작물이나 수목을 소유하기 위하여 그 토지를 사용하는 물권이다(제279조). 지상권자는 토지소유자에게 그에 상응하는 지료를 지급해야 한다. 지상권을 설정하는 목적에 따라 30년, 15년, 5년이라는 장기간 타인의 토지를 배타적으로 사용·수익할 수 있다.

이 물권은 토지를 전면적으로 사용하는 권리인데 이와 달리 토지의 공중, 지상, 지하 중에서 어느 한 층만을 객체로 하는 지상권을 구분지상권(제289조의 2)이라 한다. 지하철을 건설하는 경우, 지하상가를 짓는 경우, 고가도로를 건설하는 경우, 고압전선을 가설하는 경우에 이용된다. 구분지상권도 지상권의 일종이므로 보통의 지상권과 본질적으로 다른 것이 없다.

라. 전세권

전세권이란 전세금을 지급하고 타인의 부동산을 점유하여 그 부동산의 용도에 좇아 사용·수익한 후 그 부동산을 반환하고 보증금의 반환을 받는 용익물권이다(제303조).

이 전세권은 채권으로서의 전세가 아니라 물권이다. 농경지는 전세권의 목적으로 하지 못하는 것으로 규정하고 있다(제303조 제2항).

한편, 농지법에서도 농지는 원칙적으로 임대하거나 사용대(使用貸)할 수 없다고 규정하고 있다(농지법 제23조).

마. 등기된 부동산임차권

(1) 임대차의 의의

임대차란 당사자의 일방이 상대방에게 목적물을 사용·수익하게 할 것을 약정하고 상대방이 이에 대하여 차임을 지급할 것을 약정함으로써 성립하는 계약이다(제618조).

타인의 물건을 사용·수익할 것을 내용으로 하고, 차용물 그 자체를 반환하여야 하는 점에서 사용대차와 같고 차임의 지급을 요소로 하는 점에서 사용대차와 다르다.

한편, 차용물 그 자체를 반환해야 하는 점에서 그 목적물을 소비 후 동종·동질·동량을 반환하는 소비대차와 다르다.

(2) 등기된 부동산임차권

부동산임차인은 당사자 간에 반대약정이 없으면 임대인에 대하여 그 임대차등기절차에 협력할 것을 청구할 수 있으며 부동산임대차를 등기한 때에는 그때부터 제3자에 대하여 효력이 생긴다.

등기되지 아니한 부동산임차권의 경우에는 임대차계약을 체결하고 임차인이 거주를 하는 도중에 임대인이 동 부동산을 양도하여 소유권자가 바뀌는 때에는 임차인은 새로운 소유자에게 대항할 수 없다. 즉 새로운 소유자와 새로운 임대차계약을 체결하든가 아니면 새로운 소유자에게 부동산의 점유를 이전하든가 해야 한다.

그러나 등기된 부동산임차권의 경우에는 임차인이 거주하고 있던 중에 소유자가 바뀐다고 하더라도 임차인은 새로운 소유자에게 대항할 수 있는 것이다.

새로운 소유자는 부동산등기부를 볼 수 있고 따라서 그 부동산에 권리관계의 내용을 사전에 인지할 수 있기 때문이다. 이렇게 제3자에게 대항할 수 있는 권리이기 때문에 소득세법에서도 과세대상으로 할 수 있는 것이다.

1. 의의

"물건의 소유자가 그 물건의 상용에 공하기 위하여 자기 소유인 다른 물건을 이에 부속하게 한 때에는 그 부속물은 종물이다"(제100조 제1항). 시계와 시곗줄, 안채와 사랑채가 그 예이다.

민법은 법적 안정성과 거래의 안전을 위하여 물권법질서는 단일물을 중심으로 한다. 그런데 수 개의 물건이 각각 독자적인 존재이더라도 사회경제적으로 한쪽이 다른 쪽의 효용을 도와서 하나의 경제적 가치를 발휘하고 있는 경우가 적지 않으며 또한 서로 경제적 운명을 같이하는 경우가 보통이다. 이 경우에 법률도 그들의 결합을 파괴함이 없이 사회경제상의 의의를 다할 수 있도록 법적으로도 운명을 같이하는 것으로 인정한 것이 주물과 종물제도이다.

2. 종물의 요건

종물이 주물의 상용에 이용되어야 하고 주물에 부속된다고 인정할 만한 장소적 관계에 있으며, 양쪽이 동일한 소유자에 속하고 양쪽이 독립성을 유지하고 있어야 주물과 종물이 된다. 이러한 관계에 있는 한 모두 동산이건 부동산이건 묻지 않는다(제100조 제1항).

3. 종물의 효과

주물과 종물의 관계에 있으면 당사자 사이에 다른 의사표시가 없는 한 종물은 주물의 처분에 따른다(제100조 제2항).

주물과 종물은 물건 사이의 관계이지만 권리 사이에도 성립할 수 있다. 이를 주된 권리·종된 권리라 하고 주물과 종물의 규정을 유추적용하여야 할 것이다. 따라서 원본채권이 양도되면 이자채권도 원본채권과 운명을 같이한다.

1. 의의

물건으로부터 생기는 경제적 수익물을 과실이라 하고 이 과실을 낳게 하는 물건을 원물이라 한다. 과실에는 천연과실과 법정과실이 있다.

2. 천연과실

천연과실이란 원물의 경제적 용법에 의하여 자연적 · 인공적으로 수취되는 산출물을 말한다(제101조 제1항). 달걀, 과일, 양모, 우유, 가축의 새끼 등이 그 예이다.

이러한 천연과실은 "그 원물로부터 분리하는 때에 이를 수취할 권리자에게 속한다"(제102조 제1항)라고 규정하고 있으나, 그 수취권자가 누구인지에 대하여 직접 규정하고 있지 않지만 다른 규정을 살펴보아 원물의 소유자, 선의의 점유자, 지상권자, 전세권자, 유치권자, 질권자, 저당권자, 매도인, 사용차주, 임차인, 친권자 등이 수취권자에 해당된다.

3. 법정과실

법정과실이란 물건의 사용대가로 받는 금전, 기타의 물건을 말한다(제101조 제2항). 지료(地料), 차임(借賃), 이자(利子)가 이에 속한다.

민법은 권리의 과실이란 개념을 인정하고 있지 않으므로 주식의 배당금, 특허권사용료는 법정과실이 아니나, 이에 대하여도 법정과실에 관한 규정을 유추적용하여야 할 것이다.

법정과실의 귀속에 관하여도 "수취할 권리의 존속기간일수의 비율로 취득한다"(제102조 제2항)라고 규정하고 있을 뿐이므로 수취권자가 누구인가에 대해서는 당사자 사이의 계약 또는 다른 규정에 맡기고 있다.

국세징수법상 압류의 효력은 압류재산으로부터 생기는 천연과실 또는 법정과실에 미친다. 다만, 체납자 또는 제3자가 압류재산의 사용 또는 수익을 하는 경우에는 그 재산으로부터 생기는 천연과실(그 재산의 매각으로 인하여 권리를 이전할 때까지 수취되지 아니한 천연과실을 제외한다)에 대하여는 미치지 아니한다(국세징수법 제36조).

02
총칙

1. 민법상 물건과 부가가치세법상 재화

가. 민법상 물건

민법은 "본법에서 물건이라 함은 유체물 및 전기, 기타 관리할 수 있는 자연력을 말한다"라고 정의하고 있다.[55] 물건은 유체물과 무체물로 구분할 수 있으며, 이들 개념은 조세법상의 과세대상과 밀접한 관련이 있다.

(1) 유체물

유체물이란 공간의 일부를 차지하고 사람의 오감에 의하여 지각할 수 있는 형태를 가진 물질로서 고체, 액체, 기체 등이 이에 속한다.

(2) 무체물

무체물이란 어떤 형체는 없고, 다만 사고상의 존재에 지나지 않는 것으로 민법에서는 전기를 예로 들고 있지만, 그 외에도 열, 가스, 냉기, 에너지 등이 이에 속한다. 민법에서는 자연력이라고 표현하고 있으므로 권리는 자연력이 아니므로 무체물에 해당하지 아니한다.

나. 부가가치세법상 재화

(구)부가가치세법은 "재화란 재산 가치가 있는 모든 유체물과 무체물을 말한다"라고 정의하고 있으며,[56] 유체물과 무체물의 정의는 시행령에 위임하고 있었다.

(1) 유체물

(구)부가가치세법은 "유체물에는 상품·제품·원료·기계·건물과 기타 모든 유형적 물건을 포함한다"라고 정의[57]하고 있어 부가가치세법상의 유체물 개념과 민법상의 유체물 개념은 일치하고 있었음을 알 수 있다.

---

55) 민법 제98조【물건의 정의】
56) (구)부가가치세법 제1조【과세대상】제2항
57) (구)부가가치세법시행령 제1조【재화의 범위】제1항

(2) 무체물

(구)부가가치세법은 "무체물에는 동력·열, 기타 관리할 수 있는 자연력 및 권리 등으로서 재산적 가치가 있는 유체물 이외의 모든 것을 포함한다"라고 정의하고 있어 부가가치세법상의 무체물 개념과 민법상의 무체물 개념은 일치하지 않았다.

다. 불일치하는 부분

(구)부가가치세법상의 무체물에는 '재산적 가치가 있는 권리'가 포함되어 있어 민법상의 무체물보다 권리만큼 그 범위가 넓었다. 여기서 우리는 부가가치세법상 무체물과 민법상의 무체물 개념이 불일치하게 된 배경과 부가가치세법상 무체물에 포함되어 과세대상이 되는 '권리'는 무엇을 의미하는가 하는 점에 대해 살펴볼 필요가 있다.

(1) 불일치하게 된 배경 및 시기

부가가치세법이 제정[58]된 당초에는 민법상의 무체물 개념과 부가가치세법상의 무체물 개념은 일치했다.

부가가치세법 제정 당시의 무체물은 "동력·열과 기타 관리할 수 있는 자연력으로서 재산적 가치가 있는 유체물 이외의 모든 물질을 포함한다"라고 정의하고 있었다.

그럼에도 불구하고 과세당국은 건설업면허권·전화가입권 등의 권리[59]를 무체물로 해석하여 부가가치세를 과세하여 왔었다.[60]

그 후 국민의 납세의식이 높아짐에 따라 부가가치세법 시행 후 15여 년이 경과한 후에야 비로소 건설업면허권양도에 대한 부가가치세과세처분에 쟁송을 제기하게 되었고 대법원의 반복되는 판례에 따라 부가가치세법을 개정하게 되었다.

(2) 1992년에 개정된 부가가치세법 내용

부가가치세법 제정 당시 "동력·열과 기타 관리할 수 있는 자연력으로서 재산적 가치가 있는 유체물 이외의 모든 물질을 포함한다"라고 정의하고 있었던 것을 "동력·열, 기타 관리할 수 있는 자연력 및 권리 등으로서 재산적 가치가 있는 유체물 이외의 모든 것을 포함한다"라고 개정하였다.

요약정리하면 '권리 등'을 추가하고 '물질'을 '것'으로 바꾼 것이다.

---

58) 1976.7.1. 시행

59) 간세 1235-1792. 1977.7.9.; 간세 1235-2847. 1977.8.30.; 부가 22601-1030. 1988.4.11.

60) 부가가치세사업자는 양도·상속세납세의무자와는 달리 계속사업자로서 권리를 무체물로 보아 부가가치세를 과세하는 것이 타당하지 않다는 인식은 하였으나 정식으로 불복을 하지는 아니하였다.

이제 모든 것이 잘 해결되어 다툼의 소지가 사라진 것인가?

여기에는 두 가지 문제가 있다.

하나는 종전에 과세대상이 아닌 권리를 과세대상으로 보아 15여 년 동안 부가가치세를 과세해 온 것을 어떻게 치유할 것인가 하는 문제이고, 다른 하나는 과세대상이 되는 권리의 개념이 과연 납세자가 과세대상 여부를 판단할 수 있는 확정개념에 속하는가 하는 문제이다.

2. 불확정개념으로서의 권리

가. 권리개념의 모호성

앞에서 살펴본 바와 같이 부가가치세법 시행 후 1992.12.31. 개정될 때까지 오랫동안 과세당국은 권리를 무체물로 보아 부가가치세과세대상으로 해석하여 과세해 왔었다.

과세대상이 아님에도 불구하고 과세해 온 것에 대한 처분은 무효이지만 그 무효로 다툴 수 있는 데에는 한계가 있다.[61]

두 번째 문제에서 1992.12.31. 개정된 부가가치세 과세대상은 동력, 열, 기타 관리할 수 있는 자연력에서 '자연력'을 '자연력 및 권리 등'으로 바꾸고 유체물 이외의 모든 물질에서 '물질'을 '것'으로 바꾸었다.[62]

따라서 부가가치세법상으로는 권리가 무체물로 의제되는 법률효과가 발생하게 되었으나, 실제 부가가치세과세대상이 되는 권리의 범주에 무엇을 포함하고 무엇을 배제할 것인가에 대한 이론적 근거는 제시하기 어렵다.

나. 예규의 근거

주택건설업허가권[63], 전세권[64] 등은 과세대상인 권리의 범주에 포함되는 것으로 해석하고 외상매출채권[65], 상품권[66] 등은 과세대상인 권리의 범주에 포함되지 않는 것으로 해석하고 있으나 그 구분기준은 명확하지 않다.

---

61) 자세한 것은 '제5장 무효와 취소' 참조

62) 2013년에 전체적으로 개정된 부가가치세법은 제2조【정의】및 제4조【과세대상】에서 종전 과세대상을 규정하고 있으나 근본적인 문제점은 해결되지 않고 있다.

63) 부가 46015-376, 1998.3.2.

64) 부가 46015-2208, 1999.7.30.

65) 부가 46015-2459, 1997.11.1.

66) 부가 46015-4561, 1999.11.11.

부가가치세과세대상인 부동산(건물)에 대하여 매수계약만 체결한 사업자가 그 '부동산을 취득할 수 있는 권리'[67]를 양도하는 경우 이 권리를 부가가치세과세대상이 되는 것으로 해석할 수 있을 것인가? 중도금을 지불한 상태에서 양도를 하는 경우에는? 잔금을 지불하고 미등기 상태에서 양도하는 경우에는? 이들 물음에 대한 명쾌한 해답은 가능한가?

현재 부가가치세법규정으로는 그 해답의 근거를 제공할 수 없다.

결국 첫 번째 문제는 납세자의 부담으로 귀착될 수밖에 없었고[68], 두 번째 문제는 과세요건명확주의 중 제일 중요한 요소라 할 수 있는 과세대상의 모호성으로 세금계산서 교부여부를 판단하기 어려운 상황이 되었다.

┃ 부가가치세법집행기준 1-0-2 【재화의 범위】 ┃

재화란 재산적 가치가 있는 모든 유체물과 무체물을 말하며, 과세대상이 되는 재화의 구체적 범위는 다음과 같다.

구분	구체적 범위
유체물	원료, 상품, 제품, 비품, 기계장치, 건축물 등 모든 유형적 물건
무체물	전기, 열, 빛, 에너지, 기타 관리할 수 있는 자연력
권리	영업권, 산업재산권, 광업권 등 재산적 가치가 있는 권리
기타	선하증권, 창고증권, 화물상환증 등

3. 소득세법상의 권리

앞에서 민법상의 권리에 개념에 대해서는 이미 살펴보았다.

소득세법 중 양도소득세는 부가가치세 또는 특별소비세의 과세대상과 같이 그 과세대상을 열거하고 있다.[69]

---

67) 소득세법에서는 부동산을 취득할 수 있는 권리를 양도소득세과세대상으로 명확하게 명시하고 있다(소득세법 제94조 제1항).

68) 당연무효가 되기 위한 요건으로서의 중대한 하자와 명백한 하자에 대한 해석 여부에 따라서는 당연무효가 될 수 있다. 여기서는 결국 명백한 하자에 해당하는지가 요체이다.
권리를 무체물로 보아 과세해 온 잘못된 사실, 즉 하자가 대법원의 판결이 있을 때까지는 명백한 하자에 해당하지 않는 것이냐? 하는 것이다.
명백한 하자로 볼 때에는 구제를 받을 수 있다. 저자는 사안의 경우 명백한 하자로 볼 수 있다고 생각한다.

69) 부가가치세가 양도소득세처럼 그 과세대상을 구체적으로 열거하고 있는 것은 아니지만 일반소비세로서의 부가가치세는 재화와 용역으로 그 과세대상을 정하고 있으므로 넓게 표현하면 열거되었다고 할 수 있다. 그러나 개별소비세로서의 특별소비세야말로 그 과세대상이 열거되었다고 표현할 수 있을 것이다.

양도소득세 과세대상 중에는 '토지 또는 건물'과 '부동산에 관한 권리'가 있으며, '부동산에 관한 권리'에는 부동산을 취득할 수 있는 권리, 지상권 등이 있다.[70]

여기서 토지 또는 건물과 부동산에 관한 권리의 구분기준은 무엇인가에 대한 명확한 기준을 제시하지 않으면 조세법률주의 원칙 중 하나인 과세요건 명확주의를 실현할 수 없다.

가. 부동산취득과정에 있어서 권리의 단계

민법상으로는 부동산을 매수하여 취득하는 과정에 있어 계약금, 중도금, 잔금을 모두 지급한 경우에도 등기를 완료하기 전에는 부동산을 취득한 것으로 볼 수는 없다.[71]

등기를 하기 전에는 부동산을 보유하고 있는 것이 아닌 부동산을 취득할 수 있는 권리를 보유한 것이 된다.[72]

나. 소득세법상 권리의 개념

양도소득세 과세대상이 되는 물건과 권리의 구분은 민법과는 상이하다.

부동산을 매수하여 취득하는 경우 잔금을 지급함으로써 매수인은 부동산을 취득한 것이 된다. 회계학적으로도 잔금수수를 기준으로 하여 부동산이 표기된다.

따라서 부동산을 취득하는 과정에서 잔금지급 전에 부동산을 양도하면 권리의 양도에 해당하고, 잔금지급 후 양도하면 물건의 양도에 해당할 것이다.

그러나 민법상으로는 잔금지급 후에 양도하는 경우에도 물건의 양도가 아닌 권리의 양도에 해당한다.

현재 건축 중에 있는 부동산의 경우에는 완공 전에 양도하면 권리의 양도에 해당하고, 완공 후에 양도하면 부동산의 양도에 해당할 것이다.

다. 민법상 권리와의 차이

앞에서 살펴보듯이 민법상으로는 권리의 취득과 물건의 취득은 잔금을 기준으로 판단되는 것만은 아니다.

부동산의 경우 법률행위로 인한 물권의 변동에 있어서는 잔금기준이 아닌 물권변동의

---

70) 엄격하게 말하자면 양도소득세과세대상은 '토지 또는 건물의 양도로 인하여 발생하는 소득'이다. 이에 반하여 부가가치세과세대상은 '토지 또는 건물의 양도' 그 자체가 과세대상이 된다.

71) 민법 제186조 【부동산물권변동의 효력】
부동산에 관한 법률행위로 인한 물권의 득실변경은 등기하여야 그 효력이 생긴다.

72) 물권적 기대권 등의 학설이 있으나 잔금지급으로 부동산을 보유한 것이 아니라는 점에서는 다툼이 없으므로 그냥 권리라고 한다.

공시방법인 등기를 기준으로 부동산취득 여부를 판단하는 것이다. 따라서 부동산의 취득 등기를 하기 전에 양도하는 경우에는 권리의 양도에 해당하게 되고, 취득등기를 한 후 양도하는 경우에 비로소 부동산의 양도에 해당하게 된다.

라. 권리를 물건 등으로 의제하는 경우

(1) 의제의 효과는 최소한에 그친다

(구)부가가치세법에서는 권리를 물건, 즉 무체물로 의제하여 부가가치세를 과세해 오고 있었음을 앞에서 보았다.

그리고 소득세법에서는 주택의 경우 일정한 요건을 갖춘 때에 비과세하는 특례규정이 있다.[73] 그리고 법령에 의하여 주택이 권리로 의제되는 경우 즉 도시및주거환경정비법에 의하여 관리처분계획인가일로부터 주택 등의 물건이 추상적인 권리화되는 경우에도 일정한 요건을 갖춘 경우에 다시 주택으로 의제하여 비과세혜택을 주도록 규정하고 있다.

이러한 의제효과는 그 의제효과의 범주가 최소한에 그친다.

하물며 조세법에서 특정한 목적에 따라 의제한 경우에 그 의제효과가 민법의 개념에 영향을 미칠 수 없음은 자명하다.

> **재건축주택에 있어 부동산을 취득할 수 있는 권리로 보는 기간(국심 2004서593, 2004.5.19.)**
> 쟁점 외 주택은 쟁점주택 양도일 현재 완전히 철거된 사실은 확인되지 않지만 청구인이 퇴거한 이후 사실상 주택으로서의 사용이 불가능한 폐가상태이고, 재건축주택에 있어 부동산을 취득할 수 있는 권리로 보는 기간은 주택건설촉진법상 사업계획승인일부터 재건축아파트의 사용검사필증교부일까지 이므로 처분청이 재건축사업계획이 승인되어 시행 중인 쟁점 외 주택을 청구인의 소유주택에 포함하여 1세대 2주택으로 보아 과세한 이건 처분은 잘못이다.

4. 개념정의는 내포된 성질의 최대공약수

가. 개념파악의 중요성

법률에서는 권리, 의무, 혼인, 상속 등 기타 여러 가지 법률학 특유의 술어 내지 개념을 사용하고, 그 정의, 성질, 조건 등을 설명하는 경우가 많다.

---

73) 소득세법 제89조 【비과세 양도소득】 제1항
　　3. 다음 각 목의 어느 하나에 해당하는 주택(가액이 대통령령으로 정하는 기준을 초과하는 고가주택은 제외한다)과 이에 딸린 토지로서(이하 생략).
　　　☞ 위에서 주택은 부동산에 속하고 부동산 중 건축물에 속하므로 물건의 범주에 포함하는 개념이다.

제2장 권리의 객체(물건) **173**

부가가치세법에서 제일 중요한 개념 중 하나는 부가가치세법상 과세대상이 되는 재화 또는 용역이다. 여기서 재화는 물건과 권리로 구분한다. 그리고 물건은 유체물과 무체물로 구분한다.

유체물, 무체물이라는 용어는 모두 특별한 법률적 의미를 가지는 개념인 것이다.

조세법을 공부한다는 것은 이들 정의나 개념 등을 암기하는 것이 아니라 그 의미를 이해하는 것이다. 정의는 칭하는 것이 내포하고 있는 공통되는 성질, 즉 최대공약수라고 할 수 있다.

나. 용어해석의 통일성

한 나라의 법은 헌법을 정점으로 하여 법률, 시행령 등의 하위법으로 구성되어 있다.

모든 법률은 헌법의 테두리 안에서 비로소 효력이 발생하게 되는 것이며, 헌법에 위반되는 법률의 효력은 원칙적으로 무효가 된다.

헌법 아래 위치한 법률이 상호 간에 상충되는 경우에는 일반법과 특별법의 법리에 따라 특별법이 일반법에 우선하게 되기도 하고, 신법과 구법의 법리에 따라 신법이 구법에 우선되기도 한다.

그러나 민법과 세법 사이의 관계는 조금 특이한 면이 있다.

세법상 과세요건 자체에 사법상의 법률요건이 도사리고 있으며, 특별히 달리 개념정의하지 아니한 경우에는 사법상의 개념을 따라야 하는 것이다.

이 경우에 법률개념의 해석이 통일되었다 할 수 있고 또한 한 나라를 움직이는 법이라는 시스템이 유기적으로 연결되었다고 할 수 있다.

5. 과세대상 해석사례의 실증분석

가. 전세권 양도는 과세대상

(1) 질의요지

부가가치세법상 과세사업자인 '갑'은 과세사업자인 '을'에게 등기된 전세권을 양도하고 '을'은 전세권을 양수할 경우 법률상 '갑'이 전세권자로서 가졌던 권리·의무와 동일한 권리·의무를 가지게 되는데, 상술하면 '을'은 전세권을 양수할 경우 등기부등본상 기존 전세권보다 후순위권리자에게 우선하여 임차건물에 대해 전세보증금을 우선 변제받을 권리를 가지게 되며, 향후 전세기간 만료 시 건물주로부터 애당초 '갑'이 건물주에게 지급하였던 전세보증금을 회수할 권리도 가지게 되는 경우 부가가치세 과세 여부가 질의요지이다.

(2) 회신요지

사업자가 자기의 사업을 위하여 사용되었거나 사용될 전세권을 양도하고 대가를 받는 경우 전세권양도대가로 받는 금액(당초의 전세보증금을 초과하는 금액)은 부가가치세가 과세되는 것이다(부가 46015-2208, 1999.7.30.).

나. 해석에 대한 분석

(1) 부가가치세과세대상의 특징

부가가치세는 거래세로서 대물세이며 재화 또는 용역 자체가 과세객체가 된다.

그리고 재화 또는 용역이라는 과세객체에 공급이라는 행위가 첨가되면 재화의 공급 또는 용역의 공급이 되어 과세대상이 된다.

소득세와는 달리 부가가치세과세대상은 재화 또는 용역의 공급행위 그 자체이다.

그 반대급부로서의 대금은 소득세에 있어서는 과세대상이지만 부가가치세에 있어서는 과세표준이 될 뿐이다.

예를 들면 공급가액 1억원의 고속버스를 구입하면서 저당권 3천만원을 설정했다고 가정하는 경우에 그 후 고속버스를 양도하는 경우 소득세에 있어서는 차량 자체에 설정되어 있는 부채는 과세소득을 계산하는 데 영향을 주게 된다.

그러나 부가가치세에 있어서는 설정되어 있는 부채와 관계없이 당해 재화의 공급이 과세대상이 되고 당해 재화의 거래가액은 과세표준이 될 뿐이다.

(2) 해석오류의 원인과 대안

부가가치세는 소득에 대하여 과세하는 세목이 아닌 당해 재화 또는 용역의 공급에 대하여 공급받는 자로부터 거래징수하여 공급자는 납부하고 공급받는 자는 공제받음으로써 최종소비자에게 전전할 것을 기대하는 세목인 것이다.

이러한 해석오류의 근본원인은 사실 부가가치세과세대상으로서 무체물에 포함하여 과세해 온 권리의 범주[74] 또는 무체물에서 독립하여 과세대상이 된 권리의 범주[75]를 구체적으로 확정하지 아니한 데 있다.

1992.12.31. 권리를 무체물로 의제하는 경우에도 과세대상이 되는 무체물에 포함되는 권리는 열거를 해야 하는 것이다.

---

74) 부가가치세법 제정 당시인 1977.7.1.~2013.6.7.까지(1992.12.31.까지는 법적 근거 없이 과세, 1993.1.1.부터는 권리를 물건으로 의제하는 규정을 두고 과세)

75) 2013.6.7.~현재까지

그 대상으로는 특허권, 실용신안권, 디자인권, 상표권 등 공업소유권과 광업권, 어업권 등 준물권에 속하는 것들이 될 수 있을 것이다. 이들 권리는 물건에 해당하지 않지만 물건과 같이 직접적·배타적으로 지배할 수 있는 권리로서 물건과 동일하게 물권의 대상으로 할 수 있으며, 부가가치를 창출할 수 있는 경제적 효능을 갖추고 있기 때문이다. 이 문제는 아직도 숙제로 남아 있다.

제 3 장

법률행위

개요

권리의 주체가 권리의 객체를 취득하는 법률적 수단을 법률요건이라고 하고, 법률요건은 법률행위와 법률의 규정으로 대별할 수 있다.

증여, 매매, 교환 등이 법률행위이고 상속, 공용수용, 경매 등이 법률의 규정에 의하여 권리가 변동되는 경우이다. 여기서 중요한 것은 법률행위이다.

법률행위는 권리의 주체가 스스로 원하는 바에 따라 권리의 변동이 생기게 하고 그 결과 권리의 주체가 원하는지 여부에 관계없이 납세의무는 법률의 규정, 즉 조세법이 정하는 바에 따라 생기게 되는 것이다.

권리의 변동은 원하는 바에 따라 그 법률효과가 발생하고 납세의무는 본인의 의사와 무관하게 발생한다.

예를 들면 부담부증여의 경우 부담에 대하여는 양도소득세가 과세되고 증여부분에는 증여세가 과세될 수 있다. 또한 상속받은 자산을 조세법이 정하는 절차에 의하지 않고 타인에게 모두 증여하여 빈손이 된 경우 상속세 납세의무는 물론 증여세의 연대납세의무도 생기게 되어 상속인의 고유재산으로 납세의무를 이행해야 한다.

이 장에서는 법률행위를 주로 하여 권리변동이 되는 과정과 함께 필수적으로 부수되는 납세의무에 대하여 살펴본다.

제 1 절 권리변동의 원인

1. 법률관계

가. 의의

사람의 사회생활을 규율하는 사회규범은 법에 한하지 않고 도덕·관습·종교 등 여러 가지가 있다. 그중에서 법에 의하여 규율되는 생활관계를 '법률관계'라고 한다.

원시사회에서는 법의 규율을 받는 생활관계는 적었으나, 현대의 법치국가에 있어 우리 생활관계의 대부분을 법률관계로 보아도 무방할 것이다.

나. 법률관계와 납세의무

(1) 부동산매매의 경우

법률관계의 유형 중 부동산매매의 예를 들어 법률관계와 납세의무가 발생하는 경우를 살펴보자.

부동산매매라는 법률관계에 있어 A가 B에게 부동산을 양도하는 계약을 체결하는 경우 B는 매수인으로서 목적물의 소유권과 점유이전청구권이라는 권리를 갖고, 매도인 A는 그에 대응하는 의무를 진다는 법률관계와 한편으로는 A는 대금청구권이라는 권리를 가지며, B는 그에 대응하는 의무를 진다는 법률관계가 발생한다.

이 경우 민사상 매매의 효력이 유효하다고 하는 경우 B는 취득세·등록세 등 지방세납세의무를 지게 될 것이고, A는 A의 여러 가지 지위에 따라서 개인인 경우에는 양도소득세 또는 종합소득세, 법인인 경우에는 법인세·특별부가세[76] 등을 부담하게 될 것이고, 나아가서 법률이 정하는 일정한 요건(개인인 경우 3년 이상 보유 등)을 갖춘 경우에는 비과세 또는 감면혜택을 받을 수 있게 된다.

이때 A라는 납세의무자가 있고 부동산이라는 과세물건 등이 있어 과세요건이 성립하는 경우에도 기존의 부동산매매라는 법률관계에 문제가 발생하여 매매계약이 무효가 되는 경우, 취소가 되는 경우 또는 유효하게 성립한 계약에 따라 이행한 것을 합의해제 등으로 소급하여 효력을 상실케 하는 경우 이미 과세한 처분의 효력에는 어떠한 영향을 미칠 수 있는가 하는 의문점이 발생한다.

(2) 부동산증여 후 합의해제하는 경우

연로한 아버지가 사후를 걱정하여 생전에 아들에게 35억원의 부동산을 증여하였다고 가정해 보자. 이와 관련하여 취득세와 등록세를 모두 부담하였으나 증여세를 미처 배려하지 못하여 증여한 때로부터 6월이 경과한 후에 아들과 합의해제형식을 거쳐 다시 아버지에게로 반환한 경우에 세법상으로는 당초 증여에 대한 증여세를 아들에게 부과하게 되고, 그 후 아들이 아버지에게 반환하는 것에 대하여는 아들이 아버지에게 증여한 것으로 보아 아버지에게 다시 증여세를 부과하게 된다. 여기서 취득세와 등록세의 이중부담 그리고 가산세 등을 고려하면 원본을 넘어서고 마는 결과가 발생한다.

---

76) 특별부가세는 2002.1.1. 양도분부터는 과세하지 않도록 하고 있으나 그 전에 양도한 경우에는 양도 당시의 법률에 따라 과세를 해야 한다.

이러한 상속세및증여세법 규정[77])에 대하여 헌법재판소는 위헌법률이 아니라고 이미 결정한 바 있다.[78])

따라서 현대사회에서의 권리변동의 원인 중 가장 중요하다고 할 수 있는 법률행위는 사적 자치의 원칙 또는 계약자유의 원칙이라는 근대사회의 꽃이라고 할 수 있으나, 법률행위에 따른 납세의무를 사전에 고려하지 못하는 경우 커다란 고통을 받을 수 있음에 유의해야 한다.

이렇게 유효하게 성립한 증여계약 등에 따라 이행한 것을 합의해제 등으로 소급하여 효력을 상실케 하는 경우 이미 과세한 처분 또는 납세의무에는 어떠한 영향을 미칠 수 있는가?

이러한 영향을 분석하기 전에 먼저 권리변동의 원인이 되는 것에 대하여 고찰하고 어떤 경우에 변동된 권리가 효력이 잃게 되는지에 대하여 먼저 살펴본다.

┃그림 2-5┃ 부동산 증여 후 합의해제로 반환하는 경우

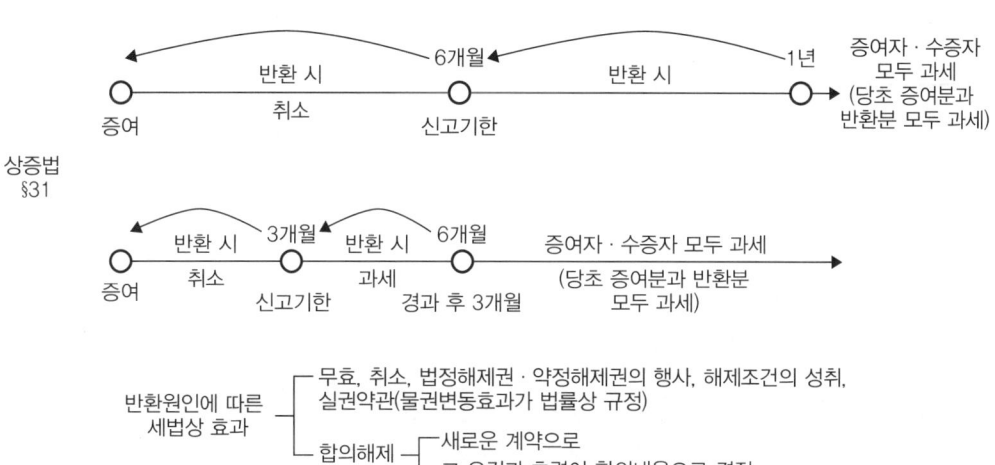

---

77) 상속세및증여세법 제4조【증여세 과세대상(2015.12.15. 조번 개정)】
   ④ 수증자가 증여재산(금전은 제외한다)을 당사자 간의 합의에 따라 제68조에 따른 증여세 과세표준 신고기한까지 증여자에게 반환하는 경우(반환하기 전에 제76조에 따라 과세표준과 세액을 결정받은 경우는 제외한다)에는 처음부터 증여가 없었던 것으로 보며, 제68조에 따른 증여세 과세표준 신고기한이 지난 후 3개월 이내에 증여자에게 반환하거나 증여자에게 다시 증여하는 경우에는 그 반환하거나 다시 증여하는 것에 대해서는 증여세를 부과하지 아니한다(2020.6.9. 개정).

78) 1년의 기간은 반환 내지 증여에 의해 증여재산을 환원시킬 것인지에 대하여 판단하기 충분한 시간이므로 1년 뒤의 합의해제는 원 증여와는 또 다른 별개의 새로운 증여로 보아야 한다(헌재 2000헌바35, 2002. 1.31.).
   ☞ 여덟 명 중 세 명의 반대의견이 있었음.

2. 권리변동의 모습

권리의 발생·변경·소멸을 약칭하여 권리의 변동이라고 한다. 이를 권리의 주체를 중심으로 하여 말한다면 권리의 '득실변경(得失變更)'[79]이 된다.

가. 권리의 발생

권리가 어떤 사람에 관하여 발생한다는 것은 그 사람이 권리를 취득한다는 것이다. 이에는 다음과 같은 것이 있다.

(1) 원시취득(原始取得, 절대적 발생)

타인의 권리에 기함이 없이 원시적으로 취득하는 것이며, 말하자면 사회적으로 전에는 없었던 권리가 하나 새로 발생하는 것이다. 선점(제252조)·시효취득(제245조 이하) 등이 이에 속한다. 그리고 인격권·가족권은 원시적·자연적으로 취득된다.

건물의 신축과 같이 세상에 새로운 물건이 탄생되는 경우의 자연적인 원시취득과 수용과 같이 특별한 목적 때문에 법률적으로 원시취득으로 의제되는 경우가 있다. 원시취득은 법률의 규정에 의해 권리를 취득하는 경우에 한하여 특별한 때 인정될 수 있는 것으로 법률의 규정에 의해 권리를 취득하는 모든 경우에 원시취득으로 인정되는 것은 아니다. 따라서 공매 또는 경매의 경우 법률의 규정에 의하여 권리를 취득하는 것이지만 원시취득이 아닌 승계취득에 해당한다.

(2) 승계취득(承繼取得, 상대적 발생)

타인의 권리에 기하여 취득하는 것이 승계취득이며, 그것은 타인이 가지고 있는 기존의 권리가 승계되어서 어떤 주체에게 권리가 발생하는 것이므로 상대적 발생이라고도 한다. 매매·상속 등에 의한 취득이 그것이다. 원시취득은 기존의 권리에 기하는 것이 아니므로 취득 전의 권리상태는 취득된 권리에 영향을 미치지 않으나, 승계취득에 있어서는 후주는 전주가 가지고 있었던 권리 이상의 권리를 취득하지 못한다. 그러므로 전주가 권리가 없으면 후주는 권리를 취득하지 못한다. 또한 전주의 권리에 제한이나 하자가 있으면 후주의 권리도 같은 제한 또는 하자를 가지는 것이다.

---

79) ① 인지세법 제1조【납세의무】제1항에서는 "국내에서 재산에 관한 권리 등의 창설·이전 또는 변경에 관한 계약서나 이를 증명하는 그 밖의 문서를 작성하는 자는 해당 문서를 작성할 때에 이 법에 따라 그 문서에 대한 인지세를 납부할 의무가 있다"라고 규정하고 있다.
② 인지세법에서 '권리 등의 창설·이전 또는 변경'은 민법에서의 '권리의 득실변경'과 동일한 개념이다. 따라서 인지세법에서의 과세문서를 정확하게 이해하기 위해서는 민법의 권리의 득실변경에 관한 내용을 정확히 이해하는 것이 그 지름길이라 할 수 있다.

이는 다시 이전적 승계와 설정적 승계, 특정승계와 포괄승계로 나누어진다.

(가) 이전적 승계와 설정적 승계

이전적 승계에 있어서는 구권리자에게 속해 있었던 권리가 그 동일성을 유지하면서 그대로 신권리자에 의하여 취득되고 권리의 주체에 변경이 생긴다. 이에 대하여 설정적 승계에 있어서는 구권리자는 그대로 그의 권리를 보유하면서, 다만 그 권리에 기하여 그 권리와 성질·내용을 같이 하나 내용 및 존립에 관하여 제약된 새로운 권리를 발생케 하고, 신권리자는 이 새로운 권리만을 취득한다. 예컨대 소유권에 기한 지상권·전세권·저당권 등의 설정의 경우가 그것이다. 따라서 설정적 승계가 있으면 구주가 가지는 기본적 권리는 신주가 취득한 권리에 의하여 제한을 받게 된다.

(나) 특정승계와 포괄승계

승계취득은 개개의 권리가 개개의 취득원인에 의하여 취득되느냐 또는 하나의 취득원인에 의하여 다수의 권리가 일괄해서 취득되느냐에 따라 특정승계와 포괄승계로 나누어진다. 상속·포괄유증·회사의 합병 등은 포괄승계이다.

부가가치세법상의 사업의 양도는 재화의 공급으로 보지 아니한다. 이는 부가가치세사업자의 법률상 지위를 승계시키는 것으로 포괄승계에 해당하여 개별 재화 또는 용역의 공급과는 그 성격이 다르기 때문에 재화의 공급에서 제외하여 세금계산서를 교부하지 않아도 되도록 한 것이다.[80]

나. 권리의 소멸

권리가 어떤 사람에 관하여 소멸한다는 것은 그 사람이 권리를 상실한다는 것이다. 즉 권리주체로부터 권리가 이탈하는 것이 권리의 소멸 또는 상실이며, 이에는 상대적 또는 주관적인 것과 절대적 또는 객관적인 것이 있다. 전자는 권리의 이전을 전주의 주관적 입장에서 본 것이며 권리 자체는 소멸하지 않는다. 이에 반하여 후자, 즉 절대적 소멸(상실)은 권리 자체가 이 사회에서 없어지는 것이다. 목적물의 멸실에 의한 권리의 소멸은 그 예이다.

다. 권리의 변경

권리가 그의 동일성을 잃지 않고서 그의 주체·내용·작용에 관하여 변경을 받는 것이다. 주체의 변경은 권리의 승계에 해당한다. 내용(객체)의 변경에는 ① 물건의 인도를 목적

---

80) 부가가치세법 제9조【재화의 공급】

으로 하는 채권이 손해배상채권으로 변하는 것과 같은 성질적 변경과 ② 소유권의 객체에 제한물권(지상권·전세권·저당권 등)이 설정되거나 또는 이미 설정되어 있는 제한물권이 소멸하여 소유권이 원만한 상태로 회복되는 것과 같은 수량적 변경이 있다.

3. 권리변동의 원인

가. 법률요건

일정한 법률효과를 발생하게 하는 사실을 총괄하여 '법률요건'이라고 한다.

법규는 법률관계를 규정함에 있어서 언제나 "이러한 사실이 있으면 저러한 효과가 발생한다"라는 형식을 취한다.

이때 '이러한 사실'이라는 조건명제가 법률요건이 되는 것이고 '저러한 효과'라는 귀결명제가 법률효과가 되는 것이다.

법률요건으로서 가장 중요한 것은 법률행위이다. 법률요건은 본래 형법학에 있어 범죄구성요건의 관점에서 출발하여 그것이 조세법과 민법에 도입이 된 것이다. 일정한 납세의무를 발생하게 하는 요건사실을 총괄하여 과세요건이라고 한다. 조세법에서는 납세의무자·과세대상·과세표준·세율 등을 과세요건으로 보는 것이 통설이다.

과세요건 중 과세대상은 인지세법에서는 과세문서의 작성, 부가가치세법에서는 재화 또는 용역의 공급, 소득세법에서는 소득 등을 뜻하는 것으로 한마디로 정의하기는 어렵다.

그러나 특정인이 재화를 공급하면서 공급계약을 문서로 체결하는 경우를 상정해 보면 인지세납세의무와 부가가치세납세의무 그리고 소득세납세의무가 발생할 수 있음을 알 수 있다.

과세대상을 명확하게 하기 위해서는 계약내용을 정확히 인식하여야 한다.

예를 들면 임치에 관한 증서인지, 소비대차에 관한 증서인지는 임치와 소비대차를 구별할 수 있어야 한다.

임치에 관한 증서는 100원의 납세의무가 있으나 소비대차에 관한 증서는 최고 30만원의 납세의무가 있다.

이자가 발생하는 경우에도 소비임치로 인한 이자인지, 아니면 소비대차로 인한 이자인지에 따라 비영리법인의 납세의무의 범위에도 차이가 있다.

나. 법률사실

　법률요건을 구성하는 개개의 사실을 '법률사실'이라고 한다. 법률효과를 발생케 하는 원인으로서 필요·충분한 사실의 총체가 법률요건이며, 유언·동의·추인 등은 하나의 '의사표시'라는 한 개의 법률사실이 법률요건으로 되어 있는 경우이고, 계약은 청약이라는 '의사표시'와 승낙이라는 '의사표시'의 두 개의 법률사실이 합쳐서 법률요건을 이루고 있다.

4. 권리변동과 조세법상 납세의무

가. 권리변동과 납세의무와의 관계

　공법행위는 일반적으로 사법행위에 기초하지 아니하고 독립적으로 이루어진다.
　예를 들면 허가·특허·면제·인가 등 행정주체의 공법행위는 사법행위와 독립하여 이루어지는 것인 데 반하여 납세의무라는 사인의 공법행위는 사법상의 매매, 증여 등에 기초한다.

　이 점에서 사법행위 자체로 납세의무라는 공법적 효과를 발생시킨다고 할 수 있고 이때 사법행위 자체도 공법상의 법률사실에 포함되게 된다. 따라서 매매·증여 등 사법상의 법률요건은 과세요건의 구성에서 중요한 판단요소가 된다.

　사법상 권리변동의 원인이 되는 법률요건에는 법률행위와 법률의 규정이 있다.
　그리고 권리의 취득을 기준으로 보면 전권리자의 권리와 관계없이 새로운 권리를 취득한 것으로 인정하는 원시취득과 전권리자의 권리에 기초하여 취득하는 것으로 인정하는 승계취득이 있다. 원시취득과 승계취득은 납세의무에 따른 영향을 미친다.

　원시취득은 타인의 권리에 기함이 없이 원시적으로 취득하는 것으로 보기 때문에 그 취득이 전소유자의 권원(權原) 유무에 영향을 받지 아니한다.
　건물의 신축과 같이 사실상의 원시취득과 수용과 같이 법률에 의해 원시취득으로 의제되는 경우가 있다.
　여기서는 승계취득과 원시취득을 나누어 조세법에서의 연관성을 살펴본다.

나. 승계취득과 납세의무

　승계취득은 타인의 권리에 기초하여 취득하는 것으로 이에는 특정승계와 포괄승계가 있으나, 여기서는 포괄승계가 납세의무의 승계 등과 직접적이고 밀접한 관계가 있으므로 포괄승계에 관하여 본다. 포괄승계와 납세의무는 사업양도를 하는 경우에 있어서의 사업양수인의 제2차 납세의무와 사업양도는 재화의 공급으로 보지 아니하는 부가가치세법의 규정이 현실적으로 제일 많이 문제로 부딪힌다.

(1) 사업양수와 제2차 납세의무

국세기본법은 사업이 양도·양수된 경우에 양도일 이전에 양도인의 납세의무가 확정된 그 사업에 관한 국세 및 체납처분비를 양도인의 재산으로 충당하여도 부족할 때에는 사업장별로 그 사업에 관한 모든 권리와 모든 의무[81]를 포괄적으로 승계한 사업의 양수인은 그 부족한 금액에 대하여 양수한 재산의 가액을 한도로 제2차 납세의무를 지도록 규정하고 있다.[82]

(2) 사업양도와 부가가치세납세의무

사업장별(상법에 따라 분할하거나 분할합병하는 경우에는 같은 사업장 안에서 사업부문별로 구분하는 경우를 포함한다)로 그 사업에 관한 모든 권리와 의무를 포괄적으로 승계시키는 것(법인세법 제46조 제2항 또는 제47조 제1항의 요건을 갖춘 분할의 경우 및 양수자가 승계받은 사업 외에 새로운 사업의 종류를 추가하거나 사업의 종류를 변경한 경우를 포함한다)을 말한다. 이 경우 그 사업에 관한 권리와 의무(미수금과 미지급금, 사업과 관련 없는 일정한 토지, 건물 등은 제외)를 승계시킨 경우에도 그 사업을 포괄적으로 승계시킨 것으로 본다(부가가치세법시행령 제17조 제2항).

이와 같이 사업의 양도를 재화의 공급으로 보지 아니하는 취지는 사업양도는 일반적으로 그 거래금액과 그에 관한 부가가치세액이 커서 그 양수자는 거의 예외 없이 매입세액을 공제받을 것이 예상되어 이와 같은 거래에 대하여도 매출세액을 징수하도록 하는 것은 사업양수자에게 불필요한 자금압박을 주게 되어 피하여야 한다는 조세 내지 경제정책상의 배려에 연유한다 할 것이다.[83]

사업의 양도자 및 양수자가 일반과세자 또는 간이과세자인지 여부에 불구하고 과세사업자이면 사업의 포괄양수도로 본다.[84] 다만, 일반과세자로부터 사업을 포괄양수받은 사업자에 대해서는 간이과세자 등록을 배제하고 있다.

또한 사업 양수자의 사업자등록 여부는 사업의 양도 여부를 판단하는 데 영향을 주지 않는다.[85] 즉 사업의 양수자가 사업자등록을 하지 않았더라도 사실상 양도자의 사업을

---

81) 여기서의 권리에는 미수금은 제외하고 의무에는 미지급금을 제외한다.

82) 국세기본법 제41조【사업양수인의 제2차 납세의무】제1항

83) 대법원 82누86, 1983.6.28.

84) 2006.2.8.까지는 일반과세자가 간이과세자에게 양도하는 때에는 동질성을 인정하지 않았다.

85) 부가 46015-430, 1998.3.7.

계속하여 영위한 경우에는 사업의 양도로 인정받을 수 있다.

포괄양도양수에 해당된다 할지라도 1999.1.1.부터 사업자가 세금계산서를 교부한 경우로서 거래징수한 세액을 예정신고 또는 확정신고 시 신고납부한 경우에는 사업의 양도로 보지 아니하였으나, 교부받은 세금계산서에 의하여 양수자가 부가가치세 신고 시 매입세액으로 공제하였으나 양도자가 납부하지 않는 경우 양수자는 매입세액으로 공제를 받지 못하는 등 문제점을 해소하기 위하여 2007.1.1. 이후 공급분부터는 포괄양수도의 경우 세금계산서 교부를 할 수 없도록 하였다.

(3) 국세기본법과 부가가치세법의 관계

국세기본법상의 사업양수인의 제2차 납세의무 규정과 부가가치세법상의 사업양도에 관한 규정에서 '사업의 양도'는 동일하게 해석되어야 할 것이다.

그러나 현실적으로 국세기본법상의 사업양도는 넓게 해석되는 경향이 있는가 하면, 부가가치세법상의 사업양도는 좁게 해석되는 경향이 있다는 사실을 부인하기 어렵다.

사업의 양도는 특정승계가 아닌 포괄승계에 해당되어야 하는 것으로서 사업장을 하나의 단위로 하여 그 사업장에 관한 권리와 의무를 포괄하는 소위 법률상의 지위가 승계되는 것을 요건으로 하고 있다는 사실에 유의하여야 할 것이다.[86]

> **부동산임대업자가 미수임대료 등을 제외한 경우 사업양도에 해당 여부**
>
> (법규부가 2011-213, 2011.6.28.)
>
> [질의내용]
> 부동산임대업을 영위하는 사업자가 미수임대료와 사업용 고정자산 취득을 위한 차입금을 제외하고 사업을 양도하는 경우 재화의 공급으로 보지 않는 사업양도에 해당하는지 여부
>
> [회신]
> 귀 사전답변 신청의 사실관계와 같이 부동산임대사업과 부동산개발 및 컨설팅 사업을 함께 영위하는 사업자가 부동산개발 및 컨설팅 사업을 제외하고 부동산임대사업을 양도하면서 미수임대료 및 사업용 고정자산을 취득하기 위한 차입금을 사업양도 자산·부채에서 제외하는 경우에는 부가가치세법 제6조 제6항 제2호에 따라 재화의 공급으로 보지 아니하는 사업양도에 해당하지 않는다.

---

86) 상세한 것은 정병용 저, 양도소득세실무(부제 : 민사법 등 주변법률과 연계해설) 제7장 제7절 참조

다. 권리변동의 흐름도

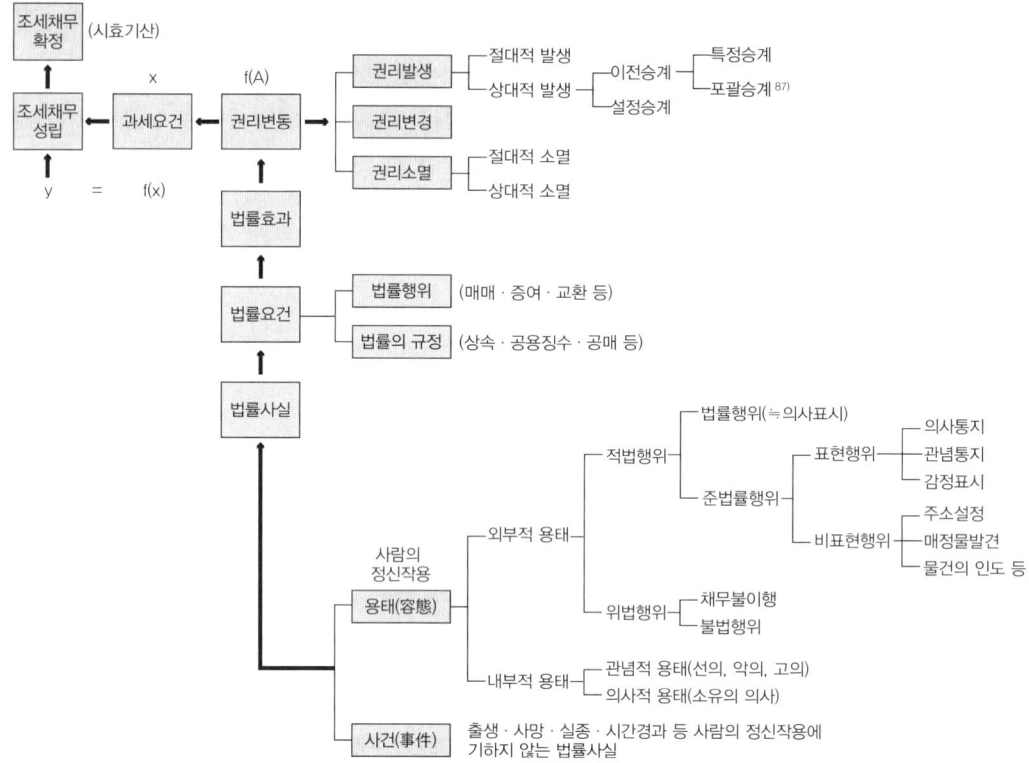

사법상 권리변동의 원인은 크게 법률행위와 법률의 규정으로 나눌 수 있다. 유언은 법률행위에 속하고, 상속은 법률의 규정에 속한다. 민법 상속편에서 상속이 제1장에 나오는 것은 사람이 스스로 죽을 날을 대부분 모르기 때문이다. 이에 대비하여 민법이 재산상속의 순위를 정해 놓고 있는 것이다.

증여, 매매, 교환은 법률행위에 의한 재산권변동이고, 수용, 경매 등은 법률의 규정에 의한 재산권변동이다. 사법상 권리변동의 원인되는 사실의 집합을 법률요건이라고 한다.

---

87) ① 포괄승계의 대표적인 경우가 상속인바, 민법 제1005조(상속과 포괄적 권리의무의 승계)에서는 "상속인은 상속개시된 때로부터 피상속인의 재산에 관한 포괄적 권리의무를 승계한다. 그러나 피상속인의 일신에 전속한 것은 그러하지 아니하다"라고 규정하고 있다.
② 부가가치세법에서도 사업을 양도하는 것은 재화의 공급으로 보지 아니하는 것으로 규정하고 있다. 이는 사업자가 그 사업에 관한 법률상의 지위를 양도하는 것으로 사업양도인은 거래징수하여 부가가치세를 납부하고 사업양수인은 거래징수당한 후 부가가치세를 환급받아야 하는 번거로움을 해소하기 위해서이다. 이를 간과하여 불측의 피해를 입는 경우가 있다. 특히 부동산임대사업과 관련해서 부동산, 즉 물건만의 양도이냐, 아니면 부동산임대업에 관한 법률상의 지위를 양도한 것이냐? 하는 문제가 사후에 대두되는 일이 비일비재한 것이 현실이다(동법 제10조).

이미 앞에서 본 바와 같이 현대조세의 세원이라 할 수 있는 사권 그 자체는 조세법상 중요한 과세요건에 해당한다. 매매 등 행위가 계속적인 때에는 부가가치세납세의무가 생기고, 계속적·반복적이 아닌 일시적·일회적인 때에도 그 목적물이 토지, 건물, 부동산에 관한 권리, 지상권, 전세권 등 열거된 재산에 해당하는 때에는 양도소득세납세의무가 생긴다.

어부가 밍크고래를 선점하면 사업소득이, 일반인이 밍크고래를 선점하면 기타소득이 된다.

이렇게 사법상 법률요건이 성립하여 권리변동이 생기면 대부분 납세의무로 연결이 된다. 이때 사법상 법률요건을 A, 조세법상 과세요건을 x, 조세법상 납세의무를 y라고 하고 그 관계를 함수로 표시하면 x = F(A), 즉 과세요건 = F(법률요건)가 된다.

이를 연속하여 표시하면 납세의무 = F(과세요건), 과세요건 = F(법률요건)가 된다.

즉 과세요건은 납세의무에 영향을 주는 독립변수의 역할과 법률요건으로부터 영향을 받는 종속변수로서의 역할을 함께하는 것이다.

따라서 조세법상 과세요건은 납세의무에만 영향을 미치는 것이 아니라 궁극적으로 사법상 법률요건으로부터 지대한 영향을 받는다는 인식이 필요하다. 결국, 재산권변동과 관련하여 법률행위(주로 계약) 체결 시에는 조세법상 법률효과, 즉 정확한 납세의무의 발생을 예측하는 것이 필요하다.

라. 사법상 권리변동이 공법상 법률사실이 되는 경우

사법상의 법률요건과 법률효과도 납세의무의 발생이라는 공법적 효과가 생기는 경우에는 과세요건충족 여부에 대한 판단에 있어서 사법상의 법률요건과 법률효과 자체는 공법상 법률사실이 된다.

위에서 매매라는 법률행위가 있는 경우에는 일정한 경우 부가가치세, 소득세 등의 납세의무가 발생하게 되고, 증여라는 법률행위가 있는 경우에는 증여세납세의무가 발생하고 상속이라는 사건이 생기는 경우에는 상속세납세의무라는 사인의 공법상 의무가 발생하게 된다. 그러나 납세의무라는 공법상 효과는 그 기초되는 사법상의 매매, 증여, 상속이라는 법률요건이 유효하게 되는 것을 전제로 하는 것이므로 그 전제되는 사법상 유효요건은 공법상의 법률사실이 되는 것이다.

공법행위는 일반적으로 사법행위에 기초하지 아니하고 독립적으로 이루어진다.

예를 들면 허가·특허·면제·인가 등 행정주체의 공법행위는 사법행위와 독립하여 이루어지는 것인 데 반하여, 납세의무라는 사인의 공법행위는 사법상의 매매·증여 등에 기초한다.

이 점에서 사법행위 자체로 납세의무라는 공법적 효과를 발생시킨다고 할 수 있고 이때 사법행위 자체도 공법상의 법률사실에 포함되게 된다.

따라서 매매·증여 등 사법상의 법률요건은 과세요건의 구성에서 중요한 판단요소가 된다.

제2절　법률행위의 의의

1. 법률행위란?

법률행위라 함은 일정한 법률효과의 발생을 목적으로 하는 하나 또는 수 개의 의사표시를 불가결의 요소로 하는 법률요건이다. 법률행위는 적법행위이며 법률요건 가운데 가장 중요한 것이다. 또한 조세법상의 과세요건에 직접적·간접적으로 영향을 미치는 중요한 변수로서 법률행위라는 법률요건과 과세요건과의 상호관계는 근대시민사회로 진입하면서 더욱 밀접한 관계를 가지게 되었다. 이하 법률행위의 특징을 살펴본다.

가. 사적 자치의 수단이 되는 법률요건

근대사법은 개인의 창의를 존중하여 그가 원하는 바에 따라 채권·채무라는 법률관계를 형성하게 된다. 여기서 법률은 개인의 일정한 사법상의 법률효과를 원하는 의사의 표시행위를 법률요건으로 하여 그가 원하는 대로의 법률효과를 인정하는 것이다.

매매계약이 체결된 경우 매도인에게는 목적물인도의무와 대금수령권을, 매수인에게는 대금지급의무와 목적물인도청구권을 각각 인정해 준다. 그러나 각자 의무이행 후(경우에 따라서는 이행과정에서) 납세의무가 발생한다는 것이 바로 법률행위라는 법률요건이 세법상 과세요건의 근저를 이루고 있다.

나. 의사표시는 필수요소

의사표시가 법률행위의 유일한 요건은 아니며 의사표시 이외의 법률사실을 필요로 하는 것도 있다. 예컨대 물건의 인도와 같은 법률사실이 요구되는 법률행위도 있고 법인설립에서의 주무관청의 허가와 같이 관청의 협력을 요하는 법률행위도 있다. 그러나 법률행위라고 할 만한 것이 있기 위해서는 반드시 하나 또는 둘 이상의 의사표시가 있어야 하며 의사표시 없는 법률행위는 있을 수 없다.

다. 표의자가 원하는 대로 효과가 발생

법률행위의 본질은 행위자가 의도한 행위의 사법상 효과를 법률이 시인하고 그의 달성에 조력하는 데에 있다. 그러므로 행위자가 원하는 대로의 효과가 생기지 않는 것은 법률행위가 아니다. 예를 들면 최고[88]를 하는 경우에 행위자가 원하는 변제의 효과가 나타나지는 않지만 시효의 중단이라는 다른 법률효과가 생기는 적법행위는 준법률행위라고 한다.

2. 법률행위 필수요소로서의 의사표시

가. 의사표시란?

법률행위에는 대표적으로 단독행위와 계약이 있다. 이들 법률행위에 공통되는 법률사실이 바로 의사표시이다.

의사표시라 함은 일정한 법률효과의 발생을 의욕하고 이를 외부에 표시하는 의식 있는 행위를 말한다. 법률행위는 하나 또는 둘 이상의 의사표시를 요소로 구성되는 법률요건으로 의사표시는 법률행위의 불가결의 요소가 되는 법률사실이다.

의사표시는 우선 일정한 효과를 의욕하는 내심의 효과의사를 결정하고 이를 외부에 표시하려고 하는 표시의사를 가지고 마지막으로 이를 외부로 표현하는 법률상의 가치 있는 표시행위를 하는 과정을 가진다.

---

88) 민법 제15조 【제한능력자의 상대방의 확답을 촉구할 권리】
　① 제한능력자의 상대방은 제한능력자가 능력자가 된 후에 그에게 1개월 이상의 기간을 정하여 그 취소할 수 있는 행위를 추인할 것인지 여부의 확답을 촉구할 수 있다. 능력자로 된 사람이 그 기간 내에 확답을 발송하지 아니하면 그 행위를 추인한 것으로 본다.
　② 제한능력자가 아직 능력자가 되지 못한 경우에는 그의 법정대리인에게 제1항의 촉구를 할 수 있고, 법정대리인이 그 정하여진 기간 내에 확답을 발송하지 아니한 경우에는 그 행위를 추인한 것으로 본다.
　③ 특별한 절차가 필요한 행위는 그 정하여진 기간 내에 그 절차를 밟은 확답을 발송하지 아니하면 취소한 것으로 본다.
　민법 제131조 【상대방의 최고권】
　대리권 없는 자가 타인의 대리인으로 계약을 한 경우에 상대방은 상당한 기간을 정하여 본인에게 그 추인여부의 확답을 최고할 수 있다. 본인이 그 기간 내에 확답을 발하지 아니한 때에는 추인을 거절한 것으로 본다.
　☞ 위에서 볼 수 있는 바와 같이 제한능력자의 상대방의 최고권과 무권대리인의 상대방의 최고권은 그 최고 결과 그 효과가 각각 다르다. 즉 앞의 최고에 대하여 확답이 없으면 추인한 것으로 보도록 하고, 뒤의 최고에 대하여 확답이 없으면 추인을 거절한 것으로 보도록 하고 있다. 이들 효과가 각각 다른 것은 법률의 규정에 따른 차이일 뿐이다.

나. 의사표시의 구성요소

(1) 효과의사(效果意思)

법률상 일정한 효과의 발생을 바라는 내심의 의사를 말한다. 민법 제107조상의 '진의(真意)'가 바로 이에 해당된다.

효과의사는 일반적으로 표시행위로부터 추단되는 의사이므로 착오, 기타의 이유로 그 행위에 상응하는 의사를 실제로는 가지지 않는 경우가 있다. 이것이 의사와 표시의 불일치에 관한 문제이다.

(2) 표시의사(表示意思)

효과의사를 외부에 표시하려는 의사, 즉 효과의사와 표시행위를 중간에 매개하는 의사이다. 이 매개하는 의사인 표시의사를 의사표시의 요소로 보지 않는 데에 의견이 일치하고 있다. 따라서 표시의사가 없는 표시행위의 경우 법률행위는 성립한 것으로 보고, 다만 효과의사와 표시행위와의 차이가 있는 착오의 문제로 다룬다.

(3) 표시행위(表示行爲)

표시행위는 내심의 효과의사를 외부에 표시하는 행위이다. 표의자의 효과의사가 추단될 수 있을 만한 외부적인 표시가 있는 경우에 표시행위가 있었던 것으로 인정된다.

이 표시행위는 언어나 문자 등에 의하여 이루어지지만 찬성의 의미로 손을 들거나, 반대의 의미로 침묵 또는 부작위와 같은 거동으로 표시하는 경우도 있다. 표시행위이기 위해서는 의식 있는 행위여야 하므로 잠꼬대나 강제로 한 행위는 그 효과가 인정되지 않는다.

(가) 명시적인 표시행위

표의자의 효과의사가 언어나 문자 등에 의하여 분명하게 표현된 경우이다.

소득세법에서는 소유권이전등기를 경료하는 경우에도 양도로 보지 아니하는 양도담보에 해당하기 위한 요건으로 '채권담보를 위하여 양도한다는 의사표시'와 목적물을 '채무자가 원래대로 사용·수익한다는 의사표시' 등이 있을 것을 요건으로 하고 있다.[89]

여기서 양도담보에 해당하기 위한 의사표시는 명시적일 것을 요구하고 있다.

(나) 묵시적인 표시행위

법률행위 당시의 여러 사정에 비추어 볼 때 의사표시가 있었다고 인정되는 경우이다.

법인세법에서는 시용판매의 경우 그 상품을 수령한 자가 구입의 의사를 표시한 날을

---

89) 소득세법시행령 제151조 【양도의 범위】

손익귀속시기로 본다고 규정하면서 명시적인 의사표시가 없는 경우에는 일정기간 내에 반송하거나 거절의 의사를 표시하지 아니하면 특약 등에 의하여 그 판매가 확정되는 경우에는 그 기간의 만료일을 손익귀속시기로 규정하고 있다.[90]

이 경우 그 상품을 수령한 자가 일정한 구입의사를 표시하지 않았지만 그 상품을 소비하거나 처분한 때에는 구입에 관한 묵시적인 의사표시가 있었다고 볼 수 있을 것이다.

그리고 소비하거나 처분하지는 않았지만 송달자가 지정한 일정한 기한까지 특정한 의사표시를 하지 않으면 구입의 의사표시가 있었던 것으로 추정되는 것이다.

(4) 묵시적 의사표시의 중요성

법률행위는 당사자의 의사에 기초하여 성립한다. 이것은 사적 자치의 기본원리이다.
그러나 우리의 마음속으로 결정한 것만으로는 법률효과가 발생하지 아니한다.
이를 외부에 행위로 표현하여 비로소 효력을 발생한다.

그러나 그 표현하는 행위는 반드시 문서나 언어에 한정되는 것은 아니다. 명료하다고 생각한 표현들도 종국적으로는 그 의미가 매우 애매해지는 것이 많다.

계약서가 있음에도 불구하고 다툼이 생기는 경우는 대부분 그 문구의 의미의 해석에 관한 다툼이다.

미성년자인 아들이 음식점을 하고 있는데 그 아버지가 일손이 부족할 때 가끔 음식배달을 해준 경우 아버지는 아들의 음식점영업행위를 허락했다고 볼 것인가, 아니면 허락하지 않았다고 볼 것인가? 허락이 있었다고 보아야 할 것이다.

이처럼 주변 행동양식에 의하여 일정한 의사를 표시하는 경우를 묵시의 의사표시라고 한다.

그러나 일정한 방식을 요하는 요식행위에 있어서는 묵시의 의사표시는 그 효력이 없다. 유언 등이 이에 속한다. 일반적으로는 묵시의 의사표시도 명시의 의사표시와 동일한 효력을 가진다. 위에서 미성년자인 아들에 대한 아버지의 음식점영업허락도 묵시의 의사표시라고 할 수 있을 것이다.

이렇게 묵시의 의사표시라고 해석하려면 경험법칙과 조리의 도움을 받아야 할 것이다.

부가가치세법에서는 재화의 공급은 계약상·법률상 모든 원인에 의하여 재화를 인도 또는 양도하는 것으로 한다고 규정하고 있다.

여기서 계약상의 원인이라 함은 거래당사자 간의 재화의 소유권이전에 관한 의사표시의 합치로 재화를 인도하는 것을 뜻하는바, 갑이 을에게 청약의 의사표시와 함께 재화를 송부한 경우 을이 그 재화를 소비하거나 처분한 경우에는 승낙의 의사표시가 있는 것으로 보아

90) 법인세법시행령 제68조【자산의 판매손익 등의 귀속사업연도】제1항 제2호

야 할 것이다. 을이 견본품으로 생각하여 소비하였다면 의사표시의 착오에 관한 문제가 될 것이다.

다. 의사표시가 의제되는 경우

일정한 경우에는 법률에 의하여 특정한 의사표시가 있었던 것으로 의제된다.

제한능력자의 상대방이 상당한 기간을 정하여 추인 여부의 확답을 최고하였음에도 제한능력자가 그 기간 내에 확답을 하지 아니한 때에는 그 추인을 거절한 것으로 의제하고[91] 취소할 수 있는 법률행위에 관하여 추인할 수 있게 된 후에 이행·경개·담보제공 등 법이 정하는 사유가 있으면 취소권을 포기한 것으로 본다.[92]

즉 침묵도 의사표시로 의제될 수 있으며 법이 정하는 일정한 사유가 있는 때 역시 의사표시가 있는 것으로 의제될 수 있다.

라. 의사표시가 추정되는 경우

일정한 경우 사실상 특정한 의사가 있었던 것으로 추정되고 이를 부인하고자 하는 쪽에서 추정되는 사실과 반대사실을 입증하는 경우 추정력을 배제할 수 있는 경우이다.

갑이 을에게 재화를 공급하면서 세금계산서를 교부하였으나 그 후 을에게 재화를 실지로 공급한 자가 제3자라고 하여 을이 관련 부가가치세매입세액을 공제받지 못하게 되는 위험에 처한 경우 을은 자신의 선의·무과실을 입증하면 관련 부가가치세매입세액을 공제받을 수 있다.

이 경우 을은 선의·무과실인 것으로 추정받는가, 아니면 악의로 추정받는가?

대법원은 을은 악의로 추정받는 것이므로 악의 추정으로부터 벗어나기 위해서는 을이 자신의 선의·무과실을 입증해야 한다고 한다.[93]

이 경우 을의 선의·무과실은 어떻게 입증할 것인가?

을의 내심의 의사를 추단할 수 있는 일정한 외부적 행위로부터 을의 선의·무과실 여부를 추단할 수밖에 없을 것이다.

예를 들면 을이 재화를 공급받으면서 갑에게 사업자등록의 제시를 요구하는 등 적극적으

---

91) 민법 제131조【상대방의 최고권】
92) 민법 제145조【법정추인】
93) 대법원 95누15599, 1996.2.27.(부가가치세부과처분 취소)
실제 공급하는 사업자와 세금계산서상 공급자가 다른 세금계산서는 공급받는 자가 세금계산서의 명의위장 사실을 알지 못하였고 알지 못한 데에 과실이 없다는 특별한 사정이 없는 한 그 매입세액은 공제 내지 환급받을 수 없고, 공급받는 자가 위와 같은 명의위장사실을 알지 못하였고 알지 못한 데에 과실이 없다는 점은 매입세액의 공제 내지 환급을 주장하는 자가 입증하여야 한다.

로 공급자의 신원을 확인한 사실이 있었다는 것을 입증하는 경우에는 을이 제3자가 숨어 있었던 사실을 몰랐고, 몰랐던 데 대하여 잘못이 없었다고 인정할 수 있을 것이다.[94]

즉 을의 선의·무과실을 인정할 수 있을 것이다.

마. 의사주의(意思主義)와 표시주의(表示主義)

(1) 의사표시의 해석

의사표시에 있어서 표의자의 내심의 효과의사와 표시행위에서 추단되는 효과의사가 어떤 이유에서 일치하지 않는 경우가 있다. 이러한 경우에 그 의사표시의 효력 내지 내용을 내심의 효과의사에 따라 결정하는 것이 '의사주의'이고, 표시상의 효과의사에 따라 결정하려는 것이 '표시주의'이다.

의사와 표시가 불일치할 경우에 내심의 효과의사를 의사표시의 본체로 보는 의사주의에 의하면 무효 또는 불성립이 되어 표의자는 보호되나 거래의 상대방이나 제3자는 불이익을 입게 된다. 반대로 표시행위를 의사표시의 본체로 삼는 표시주의에 의하면 그 의사표시는 유효하여 표의자는 불이익을 입게 되지만 거래의 상대방과 제3자는 보호된다.

이에 따라 대부분의 입법례는 표의자의 보호와 거래상대방의 보호라는 양자의 균형을 도모하기 위하여 정도의 차이가 있지만 양자를 절충하여 해결하고 있다. 이를 '절충주의'라고 한다. 우리 민법도 절충주의를 채택하고 있다.

(2) 법률표현의 해석

법률행위에 있어서는 표의자의 진의를 중시하기 때문에 표의자의 내심의 효과의사와 표시된 표시행위가 일치하지 않는 경우에는 어느 쪽을 따를 것인가 하는 문제가 발생하지만, 법률의 규정에 의하여 채권·채무관계가 설정되는 납세의무에 관해서는 정부의 의사표시는 법표현에 의해서 구체화되는 것으로 입법자의 입법의도보다는 법문으로 나타난 문자의 객관적인 표현에 따라야 할 것이다. 즉 표시주의가 우선 적용된다고 보아야 할 것이다.

큰 아들을 평소에 호랑이라고 부르고 작은 아들을 고양이라고 부르던, 글씨를 모르는 아버지가 유언에서 호랑이를 그리려고 하였으나 고양이밖에 그리지 못한 경우 표의자의 내심의 효과의사를 존중하는 사법(私法)원리상 호랑이로 보아 줄 수 있을 것이다.

---

94) 대법원 85누647, 1986.3.11. 선고
사업자가 거래상대방의 사업자등록증을 확인하고 거래에 따른 세금계산서를 교부받은 경우에 거래상대방이 관계 기관의 조사로 인하여 명의위장업자 등으로 판명되었다 하더라도 당해 거래자를 선의의 거래당사자로 볼 수 있는 때에는 부가가치세를 산정함에 있어서 그 매입세액은 매출세액에서 공제되어야 할 것이다.

그러나 입법과정에서 호랑이를 그리려고 하였으나 고양이로 그린 경우에는 입법의도에 관계없이 고양이로 집행을 할 수밖에 없다. 실지로 용인시에서 취득세 5배 중과지역을 고시하면서 '용인시 고기리'를 '용인기 기고리'로 고시를 했고, 법원은 고시의 효력이 없는 것으로 최종 판결한 사실이 있다. 이것이 법률의 규정에 관한 해석이다. 만약 용인시 고기리 토지 소유자가 매매계약서에 그 목적물을 '용인시 기고리'로 기재한 경우에도 그 계약은 '고기리'로서의 효력이 있다. 이것이 법률행위에 관한 해석[95]이다. 이는 조세법률주의 원칙에서 파생되는 과세요건법정주의와 과세요건명확주의와 깊은 관련이 있다.

법의 제1의 사명이 국민에 대한 예견가능성의 제공에 있기 때문이다.

그러나 입법취지는 법해석에 있어 표시된 내용이 애매한 경우에 참고사항이 될 수는 있을 것이다.

3. 독일의 조세기본법

가. 무효인 법률행위

독일의 조세기본법에서는 법률행위가 무효가 되는 경우에도 관계인이 당해 법률행위의 경제적 결과를 발생시키면서 존속시키는 범위 및 기간에 대한 과세에 영향을 미치지 못하는 것으로 규정하고 있다(독일 조세기본법 제41조 제1항).

독일의 조세기본법에 따르면 의사제한능력자의 매매행위 등으로 무효사유가 있으나 취소권을 행사하지 아니하고 있어 소유권이전에 따른 사용수익의 결과 소득이 발생되는 경우에는 당해 소득에 대한 과세는 유효하다고 보아야 할 것이다. 위 규정은 무효의 종류 등에 따라 구체적으로 발생하는 사례 등에 어떻게 적용해야 하는지는 불명확하다.

그렇지만 법률행위가 무효인지 여부에 따라서 과세요건에 미치는 영향에 대하여 언급하고 있다는 사실이 중요하다. 즉 예견가능성의 기준이 존재한다는 의미인 것이다.

우리나라의 경우 불법소득에 대하여 소득세를 과세해야 하는지 여부에 관하여는 근거규정이 없다. 개별판례만이 존재할 뿐이다. 이 역시 법이 근본적으로 요구하는 예견가능성의 부족이라는 점에서 보완되어야 할 부분이다.

---

95) 매매계약서에 '고기리'를 '기고리'로 적시한 경우에는 당사자의 진의가 합치되는 것으로 보아야 한다. 만약, 표시된 행위와 의도한 행위가 다른 경우에도 그 법률행위는 무효가 아닌 착오로 인한 의사표시로 취소할 수 있을 뿐이다(예 : 일방당사자가 엔화와 원화가 동일한 것으로 착오한 경우는 내용의 착오에 해당하고 원화를 적는다는 것이 실수로 엔화로 적시한 경우에는 사실의 착오에 해당한다. 모두 취소할 수 있는 법률행위이다).

나. 가장행위

독일의 조세기본법에서는 가장법률행위 및 가장행위는 과세에 대하여 영향을 미치지 못하는 것으로 하면서 가장법률행위에 의하여 다른 법률행위가 은닉되어 있는 경우에는 은닉된 법률행위가 과세의 기준이 되는 것으로 규정하고 있다(독일 조세기본법 제41조 제2항).

예를 들면 증여의 의사를 가지고 매매로 가장하여 소유권을 이전하는 경우에는 은닉된 증여라는 법률행위가 과세의 기준이 되어 증여세과세대상이 된다.

그러나 가장행위의 존재 및 은닉된 행위에 대하여는 그 가장행위와 숨겨진 은닉행위가 존재한다고 주장하는 쪽에서 입증해야 할 것이다.

우리 세법에서는 부당행위계산부인이라는 규정에 의하여 일정한 요건에 해당하는 경우 가장행위의 존재 및 은닉행위의 존재에 관한 입증책임을 전환하고 있는 규정이 많이 있다.

소득세법에서는 증여를 한 경우라도 일정한 경우 양도로 보아 양도소득세를 과세할 수 있도록 규정하고 있으며[96], 상속세및증여세법에서는 양도를 한 경우라도 일정한 경우 증여세를 과세할 수 있도록 규정하고 있다.[97]

> **∥ 독일의 조세기본법 제41조【무효한 법률행위】∥**
>
> ① 법률행위가 무효이거나 또는 무효가 되는 경우에도 관계인이 당해 법률행위의 경제적 결과를 발생시키면서 존속시키는 범위 및 기간에 대한 과세에 영향을 미치지 못한다. 전단의 규정은 조세법률에 다른 규정이 있는 경우에는 적용하지 않는다.
> ② 가장법률행위 및 가장행위는 과세에 대하여 영향을 미치지 못한다. 가장법률행위에 의하여 다른 법률행위가 은닉되는 경우는 은닉된 법률행위가 과세의 기준이 된다.

* 위 독일 조세기본법에서 보는 바와 같이 법률행위의 개념은 민법에서의 고유개념이지만 법률행위의 유효한 효력발생을 전제로 과세요건이 성립하고 처분행위가 이루어지고 있는 점을 감안해 보면 법률행위는 과세요건이 유효하게 성립하고 효력을 발생할 수 있게 하는 전제되는 행위로 볼 수 있다.

따라서 이러한 법률행위가 성립요건을 갖추지 않거나 일단 성립한 법률행위가 취소 또는 무효요건을 갖춘 경우에는 과세요건에도 영향을 미치게 된다는 점을 생각해 볼 때 권리변동의 원인이 되는 법률요건 중 하나인 법률행위가 무엇인지를 살펴볼 필요가 있다.

다. 가장행위 여부에 대한 입증책임

매매를 등기원인으로 하여 소유권이전등기를 경료하였으나, 그 실질은 대가의 지급이

---

96) 소득세법 제101조【양도소득의 부당행위계산】
97) 상속세및증여세법 제44조【배우자에게 양도한 재산의 증여 추정】

없는 증여인 경우에는 매매는 가장행위에 해당하고 증여는 은닉행위에 해당한다.

이 경우에는 앞에서 본 것과 같이 실질과세의 원칙에 따라 경제적 실질인 은닉행위인 증여를 거래의 실체로 보아 증여세를 과세해야 할 것이다.

그러나 이 경우 매매가 가장행위라는 입증은 어느 쪽에서 할 것인가?

등기에는 공신력은 없지만 추정력은 있는 것이므로[98] 매매가 아니라고 주장하는 쪽에서 입증을 해야 할 것이다. 즉 추정력을 부인하고자 하는 쪽에서 입증을 해야 한다.

때로는 납세자 스스로 등기의 추정력을 부인해야 하는 경우도 있을 수 있다.

매매를 부인하고 단순한 양도담보임에 불과한 경우에는 양도소득세 등이 과세되지 않을 수 있기 때문이다.[99] 이렇게 등기의 추정력 부인은 납세자 또는 국가 양쪽에서 모두가 필요할 수 있다.

그리고 때로는 이러한 입증책임이 전환되는 경우도 있음에 유의해야 한다.

라. 입증책임의 전환

매매를 등기원인으로 소유권이 이전된 경우 또는 증여를 등기원인으로 소유권이 이전된 경우에도 일정한 경우에는 매매 또는 증여를 부인할 수 있도록 조세법은 규정하고 있다. 부인하는 방법에는 의제규정을 두는 경우와 추정규정을 두는 경우가 있다. 의제규정은 위헌결정에 의해서만 구제가 가능한 데 반하여 추정규정은 추정사실과 반대사실을 증명하여 불이익으로부터 벗어날 수 있다. 과세요건에 관해서는 원칙적으로 과세관청에 입증책임이 있음을 볼 때, 이 추정규정을 입증책임의 전환이라고 한다.

(1) 양도를 부인할 수 있는 경우

상속세및증여세법에서는 배우자 또는 직계존비속에게 양도한 재산은 양도자가 당해 재산을 양도한 때에 그 재산의 가액을 배우자 등이 증여받은 것으로 추정하도록 규정하고 있다.[100]

따라서 배우자 또는 직계존비속으로부터 매매·교환 등 유상으로 권리가 이전된 경우에

---

98) 대법원 2001다72029, 2002.2.5.(소유권이전등기 등)

어느 부동산에 관하여 등기가 경료되어 있는 경우 특별한 사정이 없는 한 그 원인과 절차에 있어서 적법하게 경료된 것으로 추정되므로(대법원 1995.4.28. 선고 94다23524 판결 참조), 전 등기명의인이 미성년자이고 이 사건 지분을 친권자인 피고에게 증여하는 행위가 이해상반행위라 하더라도 일단 이 사건 이전등기가 경료되어 있는 이상 특별한 사정이 없는 한, 그 이전등기에 관하여 필요한 절차를 적법하게 거친 것으로 추정된다고 할 것이다.

99) 매매가 등기원인이 된 경우에는 매도자에게는 양도소득세 또는 종합소득세가 과세될 것이다.

그러나 그 매매를 원인으로 한 등기가 단순히 양도담보에 불과한 때에는 양도소득세 또는 종합소득세가 과세되지 아니한다(소득세법시행령 제151조).

100) 상속세및증여세법 제44조【배우자 등에게 양도한 재산의 증여추정】

도 배우자 또는 직계존비속 사이라는 특수관계만으로 등기의 추정력을 부인함과 동시에 증여로 추정할 수 있으므로 과세관청은 매매 등 유상거래를 뒤집을 수 있는 별도의 반증 없이 별다른 노력 없이도 동 양도행위를 부인하고 증여받은 것으로 추정하여 증여세를 과세할 수 있는 것이다.[101]

그러나 현실적으로 과세관청은 증여추정력에만 의존하여 부과하지 않고 쟁송과정에서 납세자의 반증에 대비하여 부과처분하게 될 것이다.

(2) 증여를 부인할 수 있는 경우

양도소득에 대한 소득세를 부당하게 감소시키기 위하여 일정한 특수관계자에게 자산을 증여한 후 그 자산을 증여받은 자가 그 증여일로부터 5년 이내에 다시 이를 타인에게 양도한 경우에는 증여자가 그 자산을 직접 양도한 것으로 본다.[102]

이 경우 증여자의 무재산에 대비하여 증여자와 증여받은 자가 연대하여 납세의무를 진다.[103]

그러나 거주자가 양도일부터 소급하여 5년 이내에 그 배우자 또는 직계존비속으로부터 증여받은 토지, 건물, 기타자산의 양도차익을 계산함에 있어서 양도가액에서 공제할 취득 가액은 당해 배우자 등의 취득 당시의 금액으로 한다.[104]

배우자 등에게 증여한 경우에는 증여를 부인하고 양도를 의제하지 않고 취득가액을 의제 하는 것이지만 증여를 부인하는 경제적인 효과는 동일하다.

4. 조세법상 용어해석의 문제

가. 조세법상 용어의 정의

법률행위란 일정한 법률효과의 발생을 목적으로 하여 의사표시를 필수요소로 하는 사법 상의 법률요건이다. 사적 자치의 원칙, 계약자유의 원칙이라는 근대민법정신에 비추어 볼 때 법률행위는 법률요건 중 가장 중요한 것이다.

---

101) 종전에는 추정규정이 아닌 간주규정으로 되어 있다가 헌법재판소의 위헌결정으로 1997.1.1.부터 추정규 정으로 보완되었다.

102) 소득세법 제101조【양도소득의 부당행위계산】

103) 소득세법 제2조의 2【납세의무의 범위】
④ 제101조 제2항에 따라 증여자가 자산을 직접 양도한 것으로 보는 경우 그 양도소득에 대해서는 증여 자와 증여받은 자가 연대하여 납세의무를 진다.

104) 소득세법 제97조의 2【양도소득의 필요경비 계산 특례】

특히 현대국가는 시민사회의 출현으로부터 필연적으로 발생하게 된 조세국가이기 때문에 조세국가의 요청에서 필수적으로 갖추어야 하는 요소가 생기게 된다.

이와 관련하여 조세법에서 사용하는 용어를 고유개념과 차용개념으로 나누어 살펴본다.

나. 고유개념과 차용개념

구체적인 사실에 법을 적용하기 위하여 법규의 의미와 내용을 명확하게 하는 것을 법의 해석이라고 한다.

특히 조세법은 침해규범으로 법적 안정성의 요청이 강하게 요구되므로 그 해석은 원칙적으로 문리해석을 필요로 하고, 확장해석 또는 유추해석을 허용해서는 아니 된다.

한편, 조세는 사적 부분에서 생산된 부의 일부를 국가의 수중에 이관하기 위한 수단이 되고, 사적 부문에 관한 재화의 생산과 교환은 사법($私法$)의 규율을 받을 것이기 때문에 조세법은 사법과 밀접한 관계를 가지고 있다. 이러한 관계에서 조세법의 해석에 관해서는 필연적으로 특수한 두 가지의 용어개념, 즉 고유개념과 차용개념을 이해해야 한다.

고유개념은 조세법에서만 사용하는 용어이고, 차용개념은 사적 자치의 원칙 아래 경제생활을 영위하는 일반인이 일반사회경제생활상에서 사용하는 용어를 세법에서 빌려서 사용하는 것을 뜻한다.

고유개념에서 국세기본법에서 정의되는 고유개념과 개별세법에서 정의되는 고유개념으로 나누어 볼 수 있으며, 차용개념은 전부차용개념과 부분차용개념으로 나누어 볼 수 있다.

(1) 고유개념

(가) 국세기본법상의 고유개념

국세기본법 제2조에서는 원천징수, 가산세, 과세표준 등에 대하여 그 개념을 정의해 놓고 있다. 그리고 국세기본법 제2조는 개별세법에 우선하여 적용하는 것으로 되어 있다.

이들 원천징수, 가산세 등의 개념은 세법에서만 단독으로 사용되는 용어로서 일반인이 사회생활상으로나 경제생활에서 사용하는 용어가 아니다. 이들 용어는 오직 세법상 납세의무를 이행하는 데 있어서 필요한 용어로서 이들 용어의 개념을 세법에서만 사용된다고 하여 고유개념으로 부른다.

(나) 고유개념의 한계

원천징수, 가산세 등의 개념이 오직 세법상 납세의무를 이행하는 데 있어서 필요한 용어로서 이들 용어의 개념을 세법에서만 사용된다고 하여 고유개념으로 부른다고 하였다.

그러나 국세기본법에서 '보증인'에 대한 개념정의에 대하여는 어떻게 이해할 것인가?

국세기본법에서는 "보증인이란 납세자의 국세 또는 체납처분비의 납부를 보증한 자를 말한다"라고 규정하고 있다.

그러나 보증인이라는 용어는 국세징수법[105], 기타 개별세법[106]에서도 사용하고 있으며, 이때 그 개념은 국세기본법상의 보증인에 대한 정의와 일치하지 않는다.

이들 보증인은 민법상의 개념정의를 원용해야 하는 것이다.

그렇다면 한 국가에 있어서 법률개념의 통일적 이해라는 관점에서 볼 때 국세기본법상의 보증인은 납세보증인이라고 표현하는 것이 보다 바람직할 수 있다.

(2) 차용개념

(가) 차용의 필요성

조세는 사적 부문에서 생산된 부의 일부를 국가 또는 지방자치단체로 이전시키는 법률제도이다. 행정법이 명령과 강제가 그 특징이지만, 조세에 있어서는 그 과세요건에 있어 타 행정법과는 사뭇 다른 면이 있음을 간과해서는 안 된다.

허가, 인가, 특허 등은 그 행정처분 자체가 사인의 법률행위에 기초하지 않고 독립해서 이루어진다. 예를 들면 음식점영업을 하기 위하여 상가를 임차하여 영업허가를 신청한 경우 영업허가 처분은 상가임대차계약의 효력 유무에 영향을 받지 아니한다.

그러나 임대차계약에 따라 보증금과 월세를 받는 경우에 부동산임대소득이라는 납세의무의 이행은 전적으로 임대차계약의 내용에 의존하게 된다.

이와 같이 조세법상 납세의무의 이행과정에서 발생하는 행정처분은 사인의 법률행위 자체가 행정처분의 법률사실이 되는 것이다. 이런 면에서 볼 때 조세법상 과세요건 속에 숨어 있는 사인의 법률행위의 요건효력 등은 조세법상 과세요건성립 여부를 판단함에 있어 중요한 요소가 되는 것으로 조세 관련 행정행위의 특수한 면이라 할 수 있다.

만약 조세법에서 사용되는 용어가 조세법상의 고유개념으로 보아야 하는지, 아니면 차용개념으로 보아야 하는지에 대한 정확한 이해가 부족한 경우에는 전혀 엉뚱한 결과가

---

105) 국세징수법기본통칙 41-0…4 【보증인이 있는 채권】
　① 보증인이 있는 채권을 압류한 경우에는 주된 채권의 압류와 동시에 보증인을 제3채무자로 하여 그 보증인에 대한 채권을 별개로 압류한다.
　② 보증인이 있는 채권을 압류한 경우 그 보증인은 민법에 따른 최고의 항변권과 검색의 항변권을 가진다. 다만, 연대보증인의 경우에 있어서는 그러하지 아니하다(제437조 참조).

106) 소득세법기본통칙 41-98…3 【조세의 부담을 부당하게 감소시킨 것으로 인정되지 아니하는 경우의 예시】
　다음 각 호의 1에 해당하는 것은 "조세의 부담을 부당하게 감소시킨 것으로 인정되는 경우"에 포함되지 아니하는 것으로 한다.
　1~8. (생략)
　9. 종업원이 부당유용한 공금을 종업원의 보증인 등으로부터 회수하는 때. 다만, 통칙 27-55…37 외에 동 공금을 회수할 수 없는 경우에는 그 종업원의 근로소득으로 처리한다.

초래될 것이다. 예를 들면 무체물의 개념을 부가가치세법상의 고유개념으로 보아야 하는지, 아니면 차용개념으로 보아야 하는지에 대한 이해가 부족하여 15여 년 동안 권리를 무체물에 포함하여 부가가치세를 과세해 온 것 등이 여기에 속한다.

(나) 차용개념의 예시

매매, 증여, 소비대차, 임대차 등의 개념은 민법의 개념에 따라서 사용한다.

따라서 매매는 재산권의 이전과 대금의 지급을 약정함으로써 그 효력이 생기게 되고, 증여는 무상으로 재산을 수여하는 의사표시와 상대방이 이를 승낙함으로 그 효력이 생기고, 소비대차의 경우에도 민법의 개념을 따르게 되므로 대체물에 대해서만이 소비대차계약이 성립할 수 있으므로 당사자의 법률이해 부족으로 부대체물에 대하여 소비대차약정을 한 경우에도 소비대차로서의 계약의 효력이 생기지 않는다.

부대체물에 대한 대차약정은 유상이면 임대차이고 무상이면 사용대차로서의 효력이 생길 뿐이고 이에 따라 납세의무 여부가 가려지게 될 뿐이다. 이와 같이 세법상 차용개념은 전적으로 민법의 개념에 의존하게 되고 결과적으로 납세의무에 영향을 미치게 된다.

한 나라의 법체계는 헌법을 정점으로 하여 모든 법률이 유기적으로 얽혀 있어 설사 그물과 같이 연결되어 있는 것이므로 통일적으로 해석해야 하는 것이다.

다. 세법상 '양도'는 고유개념인가, 차용개념인가

(1) 양도의 개념 개관

본래 민법상 양도는 의사표시에 의한 권리의 이전을 의미한다.

그러나 소득세법상 양도의 개념은 민법상 양도의 개념과 다르다.

원칙적으로 양도의 개념은 민법상의 양도의 개념으로 이해를 해야 한다.

그 후 특별한 목적에 따라 정의된 소득세법상의 양도의 개념을 예외적으로, 한정적으로 적용을 해야 할 것이다.

예를 들면 국세기본법에서의 양도의 개념은 소득세법상 정의된 양도의 개념이 아닌 민법 본래의 양도의 개념을 따라야 할 것이다.

민법상 양도개념을 적용하는 경우와 소득세법상 정의된 양도개념을 적용하는 경우는 그 차이를 보면 국세징수법에 의한 공매 또는 민사집행법에 의한 경매 등 공적경매는 양도소득세를 과세함에 있어서는 양도개념에 포함되지만 민법상의 양도에는 해당하지 아니한다.

한편, 증여의 경우에는 민법상으로는 의사표시에 의한 권리변동이므로 양도에 해당하지만 양도소득세를 과세함에 있어서는 양도에 해당하지 않는다.

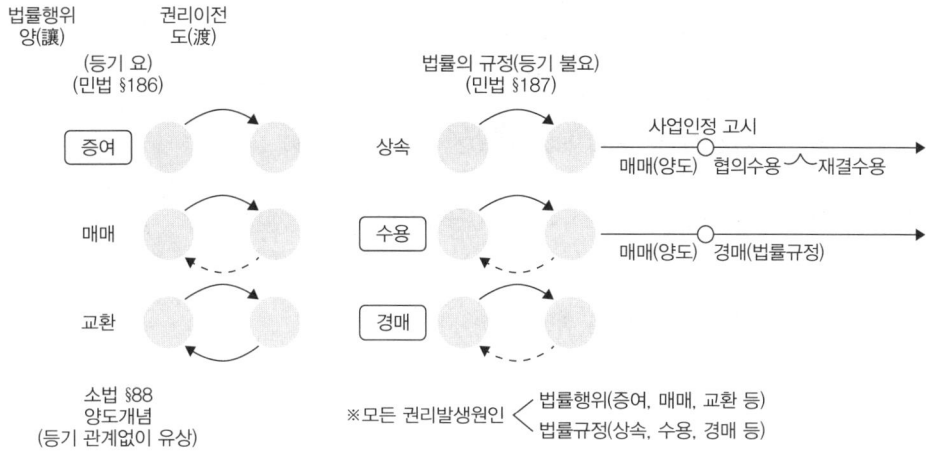

(2) 사해행위취소대상이 되는 양도

(가) 2002년 개정되기 전의 국세징수법

국세징수법상 사해행위취소규정을 적용함에 있어서 체납자가 유일한 부동산을 배우자에게 증여한 경우 이 증여행위는 양도에 해당하지 아니하므로 국세징수법에 근거해서는 사해행위취소를 할 수 없는가?

세제당국은 국세징수법 관련 조문에서 양도를 한 경우에 사해행위취소를 할 수 있다고 규정하고 있으므로 증여를 하는 경우에는 양도에 해당하지 않고 따라서 사해행위취소권을 행사하기 어렵다고 판단하고 2002.12.26. 동 규정을 개정하였다. 그러나 앞에서 본 바와 같이 국세징수법상 양도에는 증여도 당연히 포함되어야 하고 따라서 국세징수법을 개정하지 않고도 사해행위취소권행사를 할 수 있었다.

┃아래 개정내용 중 핵심은 '양도'를 '법률행위'로 바꾼 것이다. 개정이유가 타당한지 살펴본다.┃

■ 국세징수법 제30조 【사해행위의 취소】 (2002.12.26. 개정 전)
세무공무원은 체납처분을 집행함에 있어서 체납자가 국세의 징수를 면하고자 그 재산권을 **양도하고**
양수인은 그 정을 알고 이를 **양수한 때**에는 당해 행위의 취소를 법원에 청구할 수 있다.

■ 국세징수법 제30조 【사해행위의 취소】 (2002.12.26. 제6805호)
세무공무원은 체납처분을 집행함에 있어서 체납자가 국세의 징수를 면하고자 재산권을 목적으로 한
법률행위를 한 경우에는 민법과 민사소송법의 규정을 준용하여 사해행위의 취소를 법원에 청구할
수 있다.

■ 국세징수법 제30조 【사해행위의 취소】 (2011.4.4. 제10527호)
세무공무원은 체납처분을 집행할 때 체납자가 국세의 징수를 면탈(免脫)하려고 재산권을 목적으로
한 **법률행위를 한 경우**에는 민법 제406조 및 제407조를 준용하여 사해행위(詐害行爲)의 취소를 법원
에 청구할 수 있다.

■ 국세징수법 제30조 【사해행위의 취소 및 원상회복】 (2015.12.29. 제목개정)
세무공무원은 체납처분을 집행할 때 납세자가 국세의 징수를 피하기 위하여 재산권을 목적으로 한
법률행위(신탁법에 따른 사해신탁을 포함한다)**를 한 경우**에는 민법 제406조 · 제407조 및 신탁법 제8
조를 준용하여 사해행위(詐害行爲)의 취소 및 원상회복을 법원에 청구할 수 있다(2015.12.29. 개정).

지방세법에서도 종전에 사해행위취소대상이 되는 행위를 '양도'로 하고 있었던 것을 무
비판적으로 국세징수법을 받아들여 '법률행위'로 개정하였다.

(나) 개정법률안 심사보고서에서 본 '양도'에서 '법률행위'로 바꾼 이유

2002.12.26. 개정과정에서 작성된 국세징수법중개정법률안 심사보고서[107]는 개정의
이유를 다음과 같이 설명하고 있다.

"현행 사해행위취소 규정의 문제점으로는, 첫째, 국세징수법은 양도에 관하여 제한적으로 규정
하고 있으나 실무상 빈번하게 제기되는 증여에 관하여는 세법에 규정되어 있지 않아 민법의
규정을 준용하여 소송을 진행하는 실정이고, (이하 생략)

개정이유를 요약하면 증여를 하는 경우에는 양도에 해당하지 않아서 국세징수법을 적용
할 수 없다는 것이다. 이에 대하여 당시 재정경제부가 국회에 제출한 위 '국세징수법중개정
법률안 심사보고서' 내용이 옳은 것인지 살펴본다.

---

107) 의안정보시스템, 2002년 국세징수법중개정법률안 심사보고서

(다) '양도'개념에 대한 오해에서 비롯된 개정

앞에서 이미 살펴본 바와 같이 소득세법 제88조에서의 양도개념은 양도소득세를 과세하기 위한 것에 불과하다. 국가가 토지를 수용하는 경우 사업인정고시를 전후로 그 전에는 민법상의 양도에 해당하고 사업인정고시 후에는 의사표시가 아닌 법률의 규정에 의한 변동, 약칭 수용에 해당한다.

이때 민법에만 충실하여 사업인정고시 전의 양도에만 양도소득세를 과세하는 것은 조세공평주의에 반하게 된다. 사업부진으로 부동산이 경매되는 경우도 마찬가지이다. 경매는 의사표시가 아닌 법률의 규정에 의한 부동산물권의 변동이다. 민법상 양도와 법률의 규정에 의한 부동산물권변동의 차이는 등기를 요하는지를 구분하는 실익에 있다. 이때 수용의 경우 그 차익에 대해 과세함이 마땅하고, 경매의 경우 취득가액과 경락가액과의 차액이 있을 때 양도소득세를 과세함이 마땅하다. 이러한 조세공평을 위하여 소득세법 제88조는 "이 장에서 양도란 자산에 대한 등기 또는 등록과 관계없이 매도, 교환, 법인에 대한 현물출자 등을 통하여 그 자산을 유상으로 사실상 이전하는 것(이하 생략)"이라고 정의하고 있다. 이는 양도소득세를 과세할 때에 적용되는 개념일 뿐이다. 국세기본법, 국세징수법 등 타법에서의 양도의 개념은 민법을 마땅히 따라야 하는 것이다. 시행규칙도, 시행령도 아닌 본법(소득세법 제88조)에서 양도에 관한 개념정의를 하고 있는 것 자체가 특정사안에 한하여 민법상 양도개념을 배제하겠다는 입법의지인 것이다.

재정경제부가 국회에 제출한 위 '국세징수법중개정법률안 심사보고서' 내용은 '양도'개념에 관한 오해에서 비롯된 것이다. 의아스러운 것은 재정경제부에도 법률전문가들이 많은데 국민의 경제생활에 지대한 영향을 미치는 조세법에 대한 신중한 심사가 없었다는 점이다. 혹자는 법률행위는 저당권, 전세권 등 소위 설정행위를 포함하여 '양도'보다는 넓은 개념이므로 '양도'를 '법률행위'로 바꾼 실익이 있다고 한다. 그러나 저당권, 전세권 등 설정행위에 대해서는 국세기본법에서 별도로 장치를 마련하고 있다. 즉, 국세기본법 제35조 제6항 단서[108], 동법 시행령 제18조의 2에서는 통정허위담보권설정계약의 추정으로 사해행위취소를 할 수 있도록 별도의 장치를 두고 있음을 간과한 것이다.

---

[108] 국세기본법 제35조 【국세의 우선】
⑥ 세무서장은 납세자가 제3자와 짜고 거짓으로 재산에 다음 각 호의 어느 하나에 해당하는 계약을 하고 그 등기 또는 등록을 하거나 주택임대차보호법 제3조의 2 제2항 또는 상가건물임대차보호법 제5조 제2항에 따른 대항요건과 확정일자를 갖춘 임대차 계약을 체결함으로써 그 재산의 매각금액으로 국세를 징수하기가 곤란하다고 인정할 때에는 그 행위의 취소를 법원에 청구할 수 있다. 이 경우 납세자가 국세의 법정기일 전 1년 내에 특수관계인 중 대통령령으로 정하는 자와 전세권·질권 또는 저당권 설정계약, 임대차 계약, 가등기 설정계약 또는 양도담보 설정계약을 한 경우에는 짜고 한 거짓 계약으로 추정한다.
1. 제1항 제3호 가목에 따른 전세권·질권 또는 저당권의 설정계약
2. 제1항 제3호 나목에 따른 임대차 계약
3. 제1항 제3호 다목에 따른 가등기 설정계약
4. 제42조 제2항에 따른 양도담보 설정계약

(라) 경매는 사해행위 취소대상인가

소득세법 제88조 양도의 개념에서 유상을 조건으로 하므로 경매는 양도에 해당한다. 즉, 의사표시에 의한 것이 아니므로 민법상 양도에는 해당하지 않지만 양도소득세과세를 위한 양도개념에는 포함되는 것이다. 그러나 국세징수법 사해행위취소에서의 '양도'는 민법상 '양도'로 의사표시에 의한 재산권이전을 뜻한다. 사해행위라는 말 자체에 의사표시, 즉 숨은 의사표시가 존재한다는 뜻이다. 따라서 국세징수법상 양도의 개념을 사해행위라는 숨은 의사표시를 전제로 하는 민법상 양도개념에 따르게 되는 것이다.

이렇게 수용·경매 등은 국세징수법상 양도의 개념에 포함되지 않으므로 설사 배우자의 유일한 부동산을 경락받았다 하더라도 그 경락받은 상대배우자의 행위는 사해행위취소대상에 포함되지 않는다. 만약 배우자에게 증여를 하는 경우에는 양도가 아니어서 사해행위취소를 할 수 없는데 공매의 경우에는 양도에 해당하여 사해행위취소를 할 수 있다면 기이한 현상이라 할 것이다.

이런 기이한 현상을 막기 위해 무리한 해석이 필요한 것이 아니고 현행 법테두리 내에서 정확한 해석을 하는 경우에도 국세징수법상 증여는 양도에 해당하고, 공매는 양도에 해당하지 않는 것이다.

즉 양도소득세를 과세하는 경우에 한하여 소득세법 제88조에서 규정한 양도의 개념이 적용되어야 하는 것이다. 그 외에는 양도의 개념은 원칙적으로 민법을 따라야 한다.

민법상 양도라 함은 '법률행위에 의한 권리이전'을 요약한 법률용어이다.

따라서 법률의 규정에 의한 권리이전에 해당하는 공매 등은 양도에 해당하지 않는 것이다.

(마) 조세법에서 용어개념정의 시 주의사항

조세법에서는 상속세과세대상이 되는 상속개념에 대하여 유증과 사인증여를 포함하는 것으로 하여 본래 의미의 상속에서 유증과 사인증여를 덧붙여 상속세를 과세할 수 있도록 규정하고 있다. 본래 의미의 상속개념은 바로 민법의 상속개념이다. 상속세를 과세함에 있어 유증과 사인증여를 상속에 포함시키는 이유는 유증과 사인증여 모두 상속개시시점에 효력이 발생하기 때문이다. 따라서 유증과 사인증여는 본래 의미에 있어서는 상속에 포함되지 않는다는 사실에 유의해야 한다.

한편, 상속세및증여세법 제2조(정의)는 증여세과세대상이 되는 증여에 대하여 제6호 단서에서 민법상 증여에 해당하는 '사인증여'는 증여세과세대상에서 제외하고[109], 증여세를

---

109) 상속세및증여세법 제2조 【정의】
　　6. "증여"란 그 행위 또는 거래의 명칭·형식·목적 등과 관계없이 직접 또는 간접적인 방법으로 타인에게 무상으로 유형·무형의 재산 또는 이익을 이전(移轉)(현저히 낮은 대가를 받고 이전하는 경우를 포함한다)하거나 타인의 재산가치를 증가시키는 것을 말한다. 다만, 유증과 사인증여는 제외한다 (2015.12.15. 신설).

과세할 수 있는 증여에 포함되는 행위를 포괄적으로 규정하고 있다. 즉 후단에서는 증여세 과세대상 중 '사인증여'를 제외하여 민법상 증여개념에서 출발하여 그 범위를 좁히고 있는 데 반하여, 전단에서는 오히려 증여세과세대상이 되는 범위를 넓히고 있음을 알 수 있다.

특이하게도 양도에 대해서는 시행규칙도, 시행령도 아닌 본법에서 그 개념정의를 분명하게 하고 있다. 소득세법 제88조에서는 '이 장에서 양도란…'이라고 분명히 그 적용범위를 한정하여 밝히고 있다.[110] 그럼에도 불구하고 이런 현상이 여러 곳에서 발생하는 이유에 대해서는 깊이 생각해 보아야 한다. 그리고 나아가 이런 오류를 범하고 있는 부분이 여기서 지적한 양도개념 외에는 없는가 하는 점을 다시 한 번 연구해 보아야 할 것이다.

현대국가는 시민사회의 출현으로부터 필연적으로 발생하게 된 조세국가이다.

이러한 조세국가의 요청에서 조세법률주의 파생원리로 조세요건법정주의, 조세요건명확주의 등의 원리가 도출되어 조세가 재정수입의 대종을 이룰 뿐만 아니라 국민의 재산권에도 지대한 영향을 미치기 때문이다. 특히 법의 요구인 예견가능성을 잃지 않아야 한다.

조세법만큼 국민의 생활관계에 직접적, 계속적으로 영향을 주는 법은 없다.

그 개정은 신중에 신중을 거쳐 진행되어야 한다.

이를 위해서는 민법학자 등 관련 전문가의 자문을 반드시 거치면서 오류를 줄여야 한다.

조세법은 경제현상을 다루는 것으로만 생각하고, 신속한 대응만을 생각하는 경향이 있다.

그러나 경제적 현상에 대응하는 방법이 법이고, 법이 요구하는 두 가지, 즉 법적 안정성과 예측가능성을 어떻게 유지시킬 수 있는지에 대한 충분한 고려가 있어야 한다.

5. 소득세법상 양도의 개념

가. 양도의 개념

앞에서 살펴본 바와 같이 본래 민법상 양도의 개념은 의사표시에 의하여 권리가 이전되는 경우를 말한다. 이는 법률행위에 의한 권리양도와 같은 뜻으로서 법률의 규정에 의한 권리가 이전되는 경우와 비교되는 개념이다.

등기라는 공시방법을 갖추고 있는 부동산에 관하여 특히 그 차이가 있다. 즉 법률행위로 인한 부동산물권의 득실변경은 등기를 그 성립요건으로 하는 것이지만 법률의 규정에 의한 부동산물권의 취득은 등기를 요하지 않는다는 데서 커다란 차이가 있다.

---

110) 소득세법 제88조 【정의】
　　1. "양도"란 자산에 대한 등기 또는 등록과 관계없이 매도, 교환, 법인에 대한 현물출자 등을 통하여 그 자산을 유상(有償)으로 사실상 이전하는 것을 말한다. 이 경우 대통령령으로 정하는 부담부증여(負擔附贈與)의 채무액에 해당하는 부분은 양도로 보며, 다음 각 목의 어느 하나에 해당하는 경우에는 양도로 보지 아니한다(2016.12.20. 개정).

일정한 소득이 발생하는 경우 조세를 부과하는 양도소득세에 관하여 민법의 양도개념을 그대로 원용하는 경우에는 여러 가지 불합리한 상황이 발생한다.

예를 들면 사업인정고시 전후를 기준으로 하여 사업인정고시 전에 권리가 이전되는 경우에는 양도에 해당하는 것이지만 사업인정고시 후에 권리가 이전되는 경우에는 수용에 해당하게 된다.

이 경우 수용을 양도에 포함시키지 않는 것은 공익용지를 취득하여 공익사업을 원활하게 수행해야 하는 쪽에서 본다면 그 사업에 지장을 초래하게 되고, 소득세법에서도 사업인정고시 전후를 차별하여 조세의 형평성을 크게 저해하는 결과를 초래하게 될 것이다.

따라서 양도에 관하여는 소득세법에서 일정한 경우에 한하여 그 개념을 고유개념으로 정의하여 경제적 실질과세원칙의 실현과 과세의 형평성 등을 도모하고 있는 것이다.

이 경우 부담부증여에 있어서 증여자의 채무를 수증자가 인수하는 경우에는 증여가액 중 그 채무액에 상당하는 부분은 그 자산이 유상으로 사실상 이전되는 것으로 본다.

따라서 위 개념정의에 의하면 민법상 의사표시에 의한 권리이전으로 보는 증여는 유상이 아니므로 양도소득세의 양도에 해당할 수 없고, 그와 반대로 민법상으로는 의사표시에 의한 권리이전이 아닌 수용과 경매 등은 양도소득세에 있어서는 양도에 해당한다.

나. 양도소득의 범위 및 사업소득과의 구분

(1) 양도소득의 범위

양도소득이라 함은 토지 또는 건물과 같은 부동산 그리고 부동산에 관한 권리 등과 같이 일정한 자산의 양도에 따라 발생하는 소득을 말한다. 이러한 양도소득은 계속되고 반복되는 사업소득과는 달리 일시적 또는 우발적으로 발생하는 것으로서 모든 국민이 납세자가 될 수 있다. 그러나 일정한 자산의 양도로 발생하는 소득에 한해서 그 과세대상으로 하고 있다.
① 토지 또는 건물
② 부동산을 취득할 수 있는 권리를 포함한 일정한 범위의 부동산에 관한 권리
③ 상장주식 등 일정한 범위 내의 주식
④ 위 자산의 내용과 유사한 권리로 볼 수 있는 기타자산

양도소득은 부동산 등을 보유하는 동안의 시세차익이므로 일반적으로 장기간에 걸쳐 발생하기 때문에 과세소득을 종합소득·양도소득으로 분류하여 별도로 과세하는 분류과세방식을 취하고 있다.

(2) 양도소득과 사업소득의 구분

부동산매매를 표시한 사업자등록을 하여 그 사업목적이 명시되는 경우에는 당해 부동산의 양도로 발생하는 소득은 분명한 사업소득이다. 그러나 현실은 부동산을 양도하는 경우에 사업소득인지, 양도소득인지 분명하지 아니한 경우가 많다.

결국 사업성 유무에 대한 판단은 매매의 규모·횟수·기간·태양 등에 비추어 사업목적으로 볼 수 있을 정도의 계속성과 반복성 유무를 검토하여 각 사안에 따라 개별적으로 판단할 수밖에 없다. 사업목적 유무는 부동산양도 당시를 기준으로 판단하는 것이 타당할 것이다.

다. 소득세법상 양도시기와 소유권이전시기

세법상 양도 또는 취득시기는 등기와는 관계없이 도래하도록 규정하고 있다.

등기라는 법률적 형식보다는 경제적인 측면을 고려하여 매수인의 사용·수익권이 어느 시점에서 발생된 것인가를 중시한다. 이는 실질과세의 원칙을 반영한 것이다.

(1) 원칙

양도소득세를 과세하기 위하여 양도차익계산의 기초가 되는 취득시기와 양도시기는 대금을 청산한 날을 기준으로 한다. 잔금을 지급하면서 동시에 부동산의 점유이전을 받기 때문이다.

양수인은 부동산의 점유를 이전받는 시점에서 사용권을 행사할 수 있고 그 부동산에서 수익이 발생하는 경우에는 임대료수입도 점유이전을 받는 시점부터 생기므로 대금청산일을 원칙적인 취득시기 또는 양도시기로 하는 것이다(소득세법시행령 제162조).

(2) 예외

① 대금을 청산한 날이 분명하지 아니한 경우에는 등기부·등록부 또는 명부 등에 기재된 등기·등록접수일 또는 명의개서일이 취득 또는 양도시기가 된다.
② 대금을 청산하기 전에 소유권이전등기(등록 및 명의의 개서를 포함)를 한 경우에는 등기부·등록부 또는 명부 등에 기재된 등기접수일이 취득 또는 양도시기가 된다.

라. 부담부증여의 경우 양도세과세대상부분

부담부증여라 함은 수증자가 증여를 받는 동시에 일정한 채무를 부담하는 것을 부관(附款)으로 하는 증여이다. 민법에서는 이를 상대부담 있는 증여라고 부른다.

예를 들면 5억원의 근저당채무가 설정된 10억원 짜리 건물을 증여하면서 5억원의 채무를 수증자가 인수하여 수증자의 채무로 하는 경우이다.

이 경우 수증자의 실지수증재산가액은 5억원이다. 10억원의 건물가액에서 나머지 5억원은 채무자가 앞으로 변제를 해야 하기 때문이다. 건물가액 중 5억원 상당은 앞으로 변제하여야 할 부채 5억원과는 대가관계가 있는 것이고 따라서 유상양도에 해당한다.

소득세법 제88조에서는 부담부증여에 있어서 증여자의 채무를 수증자가 인수하는 경우에는 증여가액 중 그 채무액에 상당하는 부분은 그 자산이 유상으로 사실상 이전되는 것으로 본다고 규정하여 부담부분에 대하여는 양도로 보아 양도소득세를 과세한다.

그러나 배우자 또는 직계존비속 간의 부담부증여는 수증자가 증여자의 채무를 인수한 경우에도 당해 채무액은 수증자에게 채무가 인수되지 아니한 것으로 추정한다.

여기서의 추정규정은 헌법재판소의 간주규정에 대한 위헌결정[111]으로 개정보완된 결과이다.

▌그림 2-7▐ 부담부증여

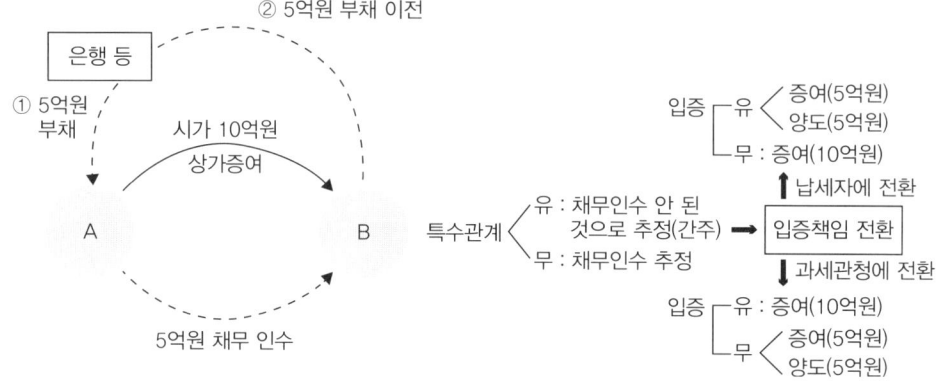

---

111) 동 간주규정은 헌법상 보장된 평등권 · 재산권 · 재판청구권 등의 본질적 내용을 침해하는 것으로 헌법 제37조 제2항에 위배되고 헌법 제38조 및 헌법 제59조의 조세법률주의에 위배된다(헌재 90헌바3, 90헌가69, 91헌가5, 1992.2.25. 결정).

6. 소득세법상 양도로 보는 경우

가. 매매

(1) 의의

매매는 당사자 일방이 재산권을 상대방에게 이전할 것을 약정하고 상대방은 대금을 지급할 것을 약정함으로써 성립하는 낙성·쌍무·불요식의 전형적인 유상계약이다(제563조). 양도의 전형적인 모습이라 할 수 있다.

매매는 재화와 금전을 교환하는 계약이다. 교환의 최초의 모습은 물건과 물건과의 현물교환이다.

(2) 해약금으로 추정되는 계약금

민법은 당사자 간에 특별한 의사표시가 없는 한 계약금을 교부한 경우에는 해제권을 유보하기 위하여 수수된 해약금으로 추정하고 있다(제565조). 동 규정은 당사자의 의사가 없거나 분명하지 아니한 경우에 적용하는 임의규정이므로 이와 달리하여 계약금을 교부하면서 해약할 수 없는 것으로 약정하면 그 의사가 우선한다.

나. 교환

(1) 의의

교환이란 당사자 쌍방이 금전 이외의 재산권을 상호 이전할 것을 약정함으로써 성립하는 계약이다(제596조).

당사자가 이전하기로 약정하는 것이 모두 금전 이외의 재산권이라는 점이 매매와의 차이이다. 그중 당사자의 일방이 금전을 지급하는 경우에는 매매가 된다.

교환은 매매와 그 본질이 같은 것이라 할 수 있으나 연혁적으로는 매매보다도 먼저 나타난 것이다. 물건과 물건을 서로 바꾸는 교환으로부터 시작하여 매매가 발달하게 된 것은 화폐라는 가치척도의 도입 때문이다. 화폐의 출현으로 사람들은 교환의 상대방을 찾는 어려움을 덜게 되었으나 오늘날 교환 역시 매매와 같이 거래의 유용한 수단으로 활용되고 있다.

양도소득세에 있어서 교환은 매매와는 달리 그 양도가액과 취득가액은 무엇으로 할 것인가 하는 문제가 있다. 매매와 비교해 보면 그 어려움은 쉽게 이해될 수 있다.

(2) 교환의 효력

교환에 대해서는 원칙적으로 매매의 규정이 적용된다.

특히 보충금 지급(시가 1억원의 토지와 시가 7천만원 건물을 교환하면서 3천만원을 보충하여 지급하는 경우 등)의 특약이 있는 교환에 있어서는 그 보충금 3천만원에 대해서는 매매의 대금에 관한 규정이 준용된다(제597조).

공유물분할의 경우 엄격한 의미에서는 교환에 해당하지만 단순한 공유물분할의 경우에는 양도로 보지 아니한다. 다만, 양도로 보지 아니하는 공유물분할 후 분할토지를 양도하는 경우에는 그 취득시기는 공유물분할시점이 아닌 당초 공유취득시기임에 유의하여야 한다.

다. 공동사업에 대한 현물출자

개인이 자기소유자산을 자기 개인사업체에 출자하는 것은 자산이 사실상 이전되는 것이 아니므로 소득세법상 양도에 해당하지 아니하나, 그 자산을 공동사업체(조합)에 현물출자하는 경우 당해 자산은 공동사업목적에 의하여 통제되고 그 조합구성원인 총조합원의 합유재산이 되므로 등기에 관계없이 현물출자시점에서 사실상 유상이전된 것으로 보아 양도소득세가 과세된다.

- 공동사업을 영위하기 위하여 각각의 소유 토지를 현물출자한 경우 현물출자의 효력이 발생하는 날에 공동사업체에 유상으로 사실상 이전되는 것으로 현물출자한 자산의 전체가 양도소득세 과세대상이 되는 것임(재일 46014-707, 1996.3.15.).
- 현행 소득세법상 자산의 유상양도 사례는 예시적 규정으로 법인이 아닌 조합에의 현물출자도 자산의 유상이전에 해당되고, 현물출자 이행 시를 양도시기로 봄(대법원 86누771, 1987.4.28.).

라. 대물변제

(1) 의의

대물변제는 채무자가 채권자의 승낙을 얻어 본래의 급부에 갈음하여 재산적·정신적 손해에 대한 배상으로 다른 급부를 현실적으로 함으로써 채권을 소멸시키는 채권자와 채무자 간의 계약으로서 변제와 동일한 효력을 가진다(제466조).

(2) 대물변제와 위자료

(가) 손해배상위자료

손해배상에 있어서 당사자 간의 합의에 의하거나 법원의 확정판결에 의하여 일정액의 위자료를 지급하기로 하고, 동 위자료 지급에 갈음하여 당사자 일방이 소유하고 있던 부동산으로 대물변제한 때에는 그 자산을 양도한 것으로 본다(소득세법기본통칙 88-0…3). 여기서 대물변제하는 목적물이 '부동산'이라는 것은 '양도소득세과세대상'이 되는 것임을 의미한다. 확정판결에 의한 위자료를 지급의무자가 보유하고 있던 현금으로 지급하거나 대물변제하는 경우에도 양도소득세과세대상이 아닌 목적물(예 : 보석류 등)인 때에는 양도소득세과세문제는 발생하지 않는다.

(나) 이혼위자료

① 남편이 처와 협의이혼하면서 처에게 위자료조로 그 소유의 부동산을 양도한 것은 처에 대한 위자료 지급에 갈음한 것으로서, 이는 부동산 양도의 대가로 위자료 지급 의무의 소멸이라는 경제적 이익을 얻은 것과 다름없는 것이므로 양도에 해당하여 양도소득세의 과세대상이 된다고 할 것이다(대법원 88누10183, 1989.6.27.).

② 이혼위자료 또는 정신적 피해보상의 대가로서 부동산 등을 소유권이전하여 주는 경우에는 유상양도에 해당하여 양도소득세가 과세된다(재일 46014-569, 1997.11.28.).

③ 이혼 등에 따라 정신적 또는 재산상 손해배상의 대가로 받는 위자료는 조세포탈의 목적이 있다고 인정할 경우를 제외하고는 이를 증여로 보지 아니한다.

(다) 이혼 후 재결합하여 소유권이 환원되는 경우

이혼합의에 의하여 일정액의 위자료를 지급하기로 하고 동 위자료 지급에 갈음하여 당사자 일방이 소유하고 있던 부동산으로 대물변제한 때에는 그 자산을 양도한 것으로 보아 양도소득세가 과세되는 것이며, 이혼 이후 당사자 간의 재혼으로 대물변제받은 부동산의 소유권이 환원되는 경우에도 그 부동산이 유상 또는 무상으로 이전되었는지의 여부를 가려 양도소득세나 증여세를 부과하는 것이다(재일 46014-354, 1997.2.19.).

(3) 재산분할청구권과의 관계

재산분할청구권제도가 신설됨에 따라 민법 제839조의 2 또는 동법 제843조의 규정에 의하여 이혼자의 일방이 다른 일방에게 재산분할청구권을 청구함으로써 이혼 당사자 간에 재산의 소유권이 이전되는 경우 소득세법 제88조 제1항의 규정에 의한 양도에 해당되지 아니하며 증여세도 해당되지 아니한다.

마. 담보제공자산의 경매

보증에는 인적보증과 물적보증이 있다.

인적보증이란 채무자의 요청에 의하여 보증인이 될 자가 채권자와의 계약으로 채무자가 채무변제기에 이르러 채무를 변제할 수 없는 경우에 보증인이 대신 변제할 것을 약속하는 것이다.

이 경우 보증인이 채무발생 시에는 변제능력이 있었으나 변제기에 이르러서는 변제능력이 없을 수도 있고 그 후 다른 보증을 하여 당초 채권자의 채권만족을 채우지 못할 수도 있다. 이것은 채권발생의 선후에 관계없이 모든 채권자의 권리는 동등하다는 소위 채권자 평등의 원칙 때문이다.

이에 따라 채권자는 채권발생의 선후에 따라 우선변제권이 확보될 수 있는 물권을 선호하게 되고 따라서 특별한 사정이 없는 한 인적보증보다는 물적보증을 선택하게 된다.

이와 같이 채무자를 위하여 자기의 물건 등을 담보로 제공하는 경우의 지위를 물상보증인이라고 한다.

물상보증인은 보증인과는 달리 채무는 없고 단지 담보로 제공한 자산가치의 범위 안에서 책임을 질 뿐이다. 따라서 채권자는 채무 자체에 대하여 보증인에게 이행의 청구를 할 수 없을 뿐만 아니라 담보물에 의해 충족되지 아니하는 나머지 채권의 청구도 할 수 없다.

여기서 담보가 되는 물건이 질권설정대상인 다이아몬드, 금괴 등 동산이거나 저당권설정대상이라도 입목이라면 이들은 모두 양도소득세과세대상자산이 아니므로 양도소득세과세 문제는 발생할 여지가 없다.

주의할 것은 담보로 제공된 사실만으로는 양도에 해당하지 않는다는 것이다. 따라서 금융이라는 경제적 목적을 위해 소유권이전이라는 법률적 수단을 이용하는 소위 양도담보의 경우에는 외형상 소유권이전이라는 형식을 갖추었다 하더라도 양도에는 해당하지 않는다.

그 후 담보권의 실행으로 일정한 정산절차를 거쳐 양도담보권자가 담보물의 소유권을 취득하는 때에 취득시기가 되고, 채무자, 즉 양도담보설정자의 경우에는 양도시기가 된다.

7. 소득세법상 양도로 보지 않는 경우

가. 환지처분

법률의 규정에 의하여 토지의 효율적인 이용과 공공시설의 정비 등을 위하여 사업시행자(토지소유자, 토지구획정리조합, 대한주택공사, 산업기지개발공사, 지방자치단체, 국가 등)는 토지구획정리사업을 위하여 토지의 교환, 분배, 구획변경, 지목 또는 형질의 변경이나, 공공시설의 설치·변경 등을 할 수 있다.

또한 사업시행자는 사업완료 후에 사업구역 내의 토지소유자 또는 이해관계자에게 종전토지의 대가로 새로운 토지를 얻기 어려운 때에는 금전으로 청산할 수 있는바, 이를 환지처분이라 한다. 환지처분에는 사업시행으로 인한 토지의 분할, 합병, 교환의 경우를 포함한다.

환지에 따라 조합으로부터 환지청산금을 교부받는 경우에는 당해 부분은 양도에 해당한다.

나. 양도담보

(1) 의의

양도담보는 민법에서 규정하고 있는 물권은 아니지만 예전의 명의신탁과 같이 판례에 의하여 인정되는 물권이다.

담보의 목적이 되는 재산권을 일단 채권자에게 이전시키고 채무자가 채무를 변제할 시는 당해 재산을 반환한다는 형식의 물적 담보제도이며, 담보되는 채권이 반드시 존재하여야 하고 담보의 목적이 되는 재산권을 채권자에게 이전시킬 것을 그 요건으로 하고 있다.

한편, 채무자가 채무를 약정대로 이행하지 아니하는 경우 담보권자는 당해 재산을 임의로 매각할 수 있으며 그 매각대금으로 원금과 이자를 충당하고도 잔액이 있을 경우는 채무자에게 반환하는 것이 원칙이나, 특약에 의하여 채권자가 당해 재산에 대한 소유권을 완전히 취득할 수도 있다.

(2) 소득세법상 양도담보요건

채무자가 채무의 변제를 담보하기 위하여 자산을 양도하는 계약을 체결한 경우에 다음 각 호의 요건을 갖춘 계약서의 사본을 양도소득 과세표준확정신고서에 첨부하여 신고한 때에는 이를 양도로 보지 아니한다(소득세법시행령 제151조 제1항).
① 당사자 간에 채무의 변제를 담보하기 위하여 양도한다는 의사표시가 있을 것

02
총칙

② 당해 자산을 채무자가 원래대로 사용·수익한다는 의사표시가 있을 것

③ 원금·이율·변제기한·변제방법 등에 관한 약정이 있을 것

위 규정에 의한 계약을 체결한 후 동항의 요건에 위배하거나 채무불이행으로 인하여 당해 자산을 변제에 충당한 때에는 그때에 이를 양도한 것으로 본다.

> 소득세법시행령 제45조 제1항의 규정은 그 각 호의 요건을 갖추지 못하였다고 하여 반드시 자산의 양도로 보아야 한다는 취지라고 해석되지 아니함(대법원 91누12097, 1992.2.11.).

(3) 채무변제에 충당되는 경우

양도담보에 관한 계약을 체결한 후 계약조건에 위배하거나 채무불이행으로 인하여 변제에 충당된 때에는 그때에 양도한 것으로 본다(소득세법시행령 제151조 제2항).

양도담보설정자, 즉 소유자는 양도담보권자에게 근저당 대신 소유권이전을 해준 것이나 실질적으로 소유권이전이 된 것이 아니라고 보아 일정한 요건을 갖춘 경우에 양도로 보는 것이다. 이 경우 양도자는 양도담보설정자, 즉 소유자를 양도자로 보는 것이며 양도담보권자가 담보자산을 제3자에게 처분하는 경우에는 환가정산형인지, 아니면 취득정산형인지 등에 따라 양도담보권자의 양도자 해당 여부를 판단한다.

> ■ 담보권자가 양도담보부동산을 환가처분으로 제3자에게 양도하고 그 대가를 피담보채무의 변제에 충당한 경우에는 양도로 볼 수 없음(대법원 85누919, 1986.2.25.)
>
> ■ 가등기된 자산의 경락(대법원 94누10290, 1995.6.16.)
> 소유권이전청구권 보전을 위한 가등기의 효력은 가등기에 기한 본등기가 마쳐질 때까지는 부동산소유자에 대하여 부동산의 처분을 금지 또는 제한하는 것이 아니므로 부동산소유자는 부동산을 유효하게 처분할 수 있음은 물론 제3자도 매매·경매 등을 통하여 부동산을 유효하게 취득할 수 있으며, 다만 가등기에 기한 본등기가 마쳐지면 가등기의 순위보존의 효력에 의하여 가등기 이후에 마쳐진 본등기에 저촉되는 소유권이전등기 등은 말소되는 것이지만, 그렇다고 하여 부동산소유자와 제3자 사이의 매매·경락 등에 의한 소유권이전의 효력이 소급적으로 소멸하는 것은 아님.

다. 공유물분할

(1) 의의

공유라 함은 공동소유 중 그 결합성이 가장 낮은 소유형태이다. 여러 사람이 같은 물건에 대하여 각각 소유권을 보유함에 따라 각자가 소유권을 갖는 단독소유의 경우에 비하여

분량적으로 제한을 받게 되는데 이때 각 공유자가 갖게 되는 분량적으로 제한된 소유권을 지분권이라 한다.

(2) 공유물분할에 대한 과세

공동소유의 토지를 공유지분별로 단순히 분할만 하는 것은 공유자 상호 간의 지분권에 대한 소유형태만이 변경되는 것이므로 소득세법 제88조 제1항의 유상양도에 해당되지 아니하며 따라서 양도소득세가 비과세된다. 그러나 공동소유의 토지를 공유지분을 변경하여 분할하는 경우에는 그 지분이 변경되는 부분은 유상양도에 해당되어 양도소득세가 과세된다(소득세법 제88조).

또한 각각 2분의 1의 지분을 소유하고 있는 공유지분 토지 2필지에 대하여 각자 자기의 공유지분을 서로 양도(교환)하여 1필지씩 단독소유로 하는 경우는 당해 자산의 지분이 유상으로 양도된 것으로 보아 양도소득세가 과세된다.

> **자기지분을 초과하여 취득하는 경우(재산 01254-754, 1988.3.11.)**
> 공유자가 공유물분할 시 자기지분을 초과하여 취득한 것이 무상이전인 경우에는 증여에 해당하며, 유상이전인 경우에는 양도에 해당함.

라. 명의신탁

(1) 의의

명의신탁은 양도담보와 마찬가지로 판례에 의하여 그 유효성이 인정된 것으로 당사자의 신탁에 관한 채권계약에 의하여 신탁자가 실질적으로는 그의 소유에 속하는 부동산의 등기 명의를 실체적인 거래관계가 없는 수탁자에게 매매 등의 형식으로 이전하여 두는 것을 말하며, 판례에서는 명의신탁의 법률관계를 대내적 관계와 대외적 관계로 구분한다.

상속세및증여세법 제45조의 2 제1항에서는 "권리의 이전이나 그 행사에 등기 등이 필요한 재산(토지와 건물은 제외한다. 이하 이 조에서 같다)의 실제소유자와 명의자가 다른 경우에는 국세기본법 제14조에도 불구하고 그 명의자로 등기 등을 한 날(그 재산이 명의개서를 하여야 하는 재산인 경우에는 소유권취득일이 속하는 해의 다음 해 말일의 다음 날을 말한다)에 그 재산의 가액을 실제소유자가 명의자에게 증여한 것으로 본다"라고 규정하고 있다.

토지와 건물의 경우 명의신탁에 대하여 부동산실권리자명의등기에관한법률에 의하여 과징금을 부담하도록 규정하고 있다. 이와 관련하여 중복부담을 방지하기 위하여 상속세 및증여세법에서는 증여의제대상 중 토지와 건물을 제외시켰다.

(2) 명의신탁된 재산의 양도

명의신탁된 재산을 명의신탁자에게 환원하지 않은 상태, 즉 수탁자에게 등기가 되어 있는 상태에서 제3자에게 양도한 경우로서 동 사실이 밝혀진 때에는 양도소득세납세의무자는 실지소유자, 즉 명의신탁자가 된다.

다만, 수탁자명의로 이미 양도소득세를 납부한 때에는 수탁자에게 양도소득세상당액을 환급하지 않고 명의신탁자의 양도소득세계산 시에 기납부세액으로 공제한다.

그리고 명의신탁자의 납부세액을 계산함에 있어서 납부불성실가산세는 적용하지 않는다. 신고불성실가산세만 적용한다(국심 94서5148, 1995.3.9.; 재일 46014 - 78, 1999.1.14.).

명의신탁된 재산이 명의수탁자의 소유상태에서 경매되는 경우에는 명의수탁자는 자신의 재산이 아니라는 사실을 밝히는 과정에서 명의수탁된 숨은 사실이 밝혀지기도 한다. 이때 명의신탁자는 양도소득세납세의무의 부담과 함께 과징금 등 불이익도 생기게 된다.

> ■ **명의신탁된 부동산이 경매된 경우 양도소득세납세의무자는 명의신탁자임**
> (국심 2001중2858, 2002.3.11.)
> ■ **부동산경매에도 명의신탁관계가 성립함**(대법원 2002두5351, 2002.9.10.)
> 부동산경매절차에서 그 대금을 부담하는 사람이 다른 사람의 이름을 빌려 부동산을 매수한 뒤 그 앞으로 소유권이전등기를 마친 경우 대금을 부담한 사람과 이름을 빌려준 사람 사이에는 명의신탁관계가 성립하는 것임.

마. 협의분할

(1) 의의

공동소유의 토지를 소유지분별로 단순히 분할만 하는 경우에는 양도로 보지 아니하나 이 경우 공유지분이 변경되는 부분은 양도로 보는 것이며, 2인 이상이 공동소유하던 각 필지를 각각 1인 단독소유로 지분정리하는 것은 한 필지의 자기지분 감소분과 다른 필지의 자기지분 증가분을 교환하는 것이므로 이는 양도소득세과세대상이다.

그러나 민법 제1013조에 규정된 상속재산의 협의분할은 같은 법 제1015조의 규정에 의하여 상속개시된 때에 소급하여 그 효력을 인정하고 있으므로 공동상속인들의 협의에 의하여 상속재산을 분할하는 경우 상속인 중 1인이 고유의 상속지분을 초과하여 재산을 취득하게 되더라도 이는 상속개시 당시에 피상속인으로부터 직접 상속받은 것으로 보는 것이므로 양도소득세의 과세대상이 되지 아니한다.

(2) 협의분할 요건·효과 등

공동상속인은 상속개시 후 분할요건이 갖추어지면 언제든지 협의에 의하여 상속재산을 분할할 수 있다(제1013조).

(가) 분할의 요건

① 유언에 의한 분할방법의 지정이 없는 경우
② 분할방법지정의 위탁이 없거나 불완전한 경우
③ 위의 유언이 무효인 경우
④ 지정위탁을 받은 사람이 지정을 실행하지 않는 경우
⑤ 유언에 의한 분할금지가 없는 경우

(나) 분할협의의 방법

① 협의는 상속인 전원이 회동하여 상의함이 필요하지만, 한 사람이 원안을 만들어서 회람시켜 승낙을 얻어도 된다.
② 상속인 중에 미성년자와 친권자가 있는 경우에는 분할협의는 이해상반행위가 되므로 미성년자를 위하여 특별대리인의 선임이 필요하다(제921조).

(다) 조정 또는 심판에 의한 분할

공동상속인 사이에 상속재산분할의 협의가 성립되지 않은 때에는 각 공동상속인은 가정법원에 분할을 청구할 수 있다(제1013조 제2항에 의한 제269조 준용). 이 경우 각 공동상속인은 가정법원에 대하여 우선 조정을 신청하여야 하며 조정이 성립되지 아니하면 당사자는 심판을 청구할 수 있다.

(라) 상속의 포기

상속의 포기는 상속권의 포기이며 단독의사표시이다. 상속권을 포기하려는 자는 3개월의 고려기간 중에 가정법원에 포기의 신고를 하여야 한다. 공동상속의 경우에도 각 상속인은 단독으로 포기할 수 있다. 상속인은 고려기간 중에 상속재산의 조사를 할 수 있으나 고려기간을 경과하거나 또는 그 기간 중에 상속재산을 처분하면 단순승인으로 보게 되므로 포기할 수 없다.

1. 단독행위와 계약

가. 단독행위

행위자 한 사람의 한 개의 의사표시로 성립하는 법률행위로 의사표시를 수령해야 하는 상대방 유무에 따라 다음과 같이 나누어진다.

(1) 상대방 있는 단독행위

상대방 있는 단독행위가 효력을 발생하려면 의사표시가 상대방에게 도달하여야 한다. 이 점에서 다음에 보는 상대방 없는 단독행위가 표의자의 표백시점에서 그 효력이 발생한 것과 차이가 있다. 동의·채무면제·상계·추인·취소·해제·해지 등이 상대방 있는 단독행위이고, 동의·취소 등은 그 의사표시가 상대방에 도달해야 효력이 발생한다.

(2) 상대방 없는 단독행위

단독행위의 의사표시를 받을 자가 특정되어 있지 않고, 그 의사표시가 있으면 곧 효력을 발생하는 것이 상대방 없는 단독행위이다. 유언·재단법인의 설립행위·권리의 포기 등은 그 예이다. 상대방 있는 단독행위에 비하여 훨씬 드물고, 또한 그 의사표시의 진실성·명백성 등을 확보하기 위하여 대부분이 엄격한 요식 행위로 되어 있다(유언에 있어 다섯 가지 방식).[112]

법률행위 자유의 원칙상 단독행위의 자유도 인정되어야 한다고 할 수 있다. 그러나 단독행위의 자유가 인정되는 범위는 계약이나 합동행위에 비하여 훨씬 좁다. 원칙적으로 법률의 규정에 의하여 인정되는 경우에만 단독행위는 그 효력을 발생한다. 그 이유는 행위자 이외의 타인이 그의 의사와는 관계없이 의무를 부담하고 불이익을 받게 될 염려가 있기 때문이다.[113]

---

112) 민법 제1065조【유언의 보통방식】
　　유언의 방식은 자필증서, 녹음, 공정증서, 비밀증서와 구수증서의 5종으로 한다.
　　☞ 위 다섯 가지의 유언방식이 형식을 결여하는 경우에는 원칙적으로 효력이 없다.

113) ① 본래 상속은 사망이라는 우연한 사건에 의해서 발생하는 것이지만 상속세및증여세법에서는 유증과 사인증여 모두 상속으로 보도록 규정하고 있다(상속세및증여세법 제2조).
　　② 여기서 유증은 단독행위 중 상대방 없는 단독행위이므로 그 의사표시가 상대방에 도달할 것을 요건으로 하지 않고 있으며, 단지 그 의사표시의 진실성을 확보하기 위하여 엄격한 방식을 요구하고 있다(제1065조~제1071조).

나. 계약

계약이란 두 개 이상의 의사표시가 합치·결합함으로써 성립되는 법률행위이며 쌍방행위라고도 한다. 하나의 계약을 형성하는 의사표시의 수는 전형적으로는 매매에 있어서 볼 수 있는 바와 같이 두 개인 것이 보통이지만, 경우에 따라서는 세 개 이상일 수도 있다(예 : 채무인수 등).

계약에 있어서의 수 개의 의사표시는 '대립하는' 성질의 것이며, 이 점에 있어서 다음 합동행위의 경우와는 다르다. 협의의 계약은 채권관계의 발생을 목적으로 하는 것, 즉 채권계약만을 가리킨다. 민법은 14종의 전형적인 채권계약에 관하여 규정하고 있지만 계약자유의 원칙이 인정되므로 계약의 종류는 민법이 규정하는 바에 한정되는 것은 아니다.

다. 합동행위

합동행위란 방향을 같이하는 두 개 이상의 의사표시가 합쳐서 성립되는 법률행위를 말한다(사단법인 설립행위). 합동행위에 있어서는 의사표시가 복수인 점에서 단독행위와 다를 것은 명백하지만 계약과의 차이는 다음과 같이 지적될 수 있다. 즉 첫째, 계약은 '대립하는' 두 개 이상의 의사표시가 합치된 것인 데 비하여 합동행위는 '동일방향'의 두 개 이상의 의사표시가 합치된 것이고, 둘째, 계약의 당사자는 서로 '상반되는' 이익으로써 대립하는 데 대하여 합동행위의 당사자는 '공동의 목적'을 향하여 협력하는 관계이다.

2. 요식행위와 불요식행위

가. 불요식행위

계약자유의 원칙이 인정되는 오늘날에 있어 계약의 방식은 원칙적으로 자유이다. 즉 불요식을 원칙으로 한다. 그러나 당사자로 하여금 신중하게 행위를 하게 하기 위하여 필요한 경우에는 다음에서 보듯이 일정한 방식을 요구하는 수가 있다.

---

③ 한편, 사인증여는 계약으로서 증여자의 사망으로 인하여 증여의 효력이 발생하는 것을 말한다(제562조). 결국 상속세및증여세법에서는 민법상 고유의미인 상속 외에 단독행위인 유증, 계약인 사인증여 모두를 상속으로 보도록 규정하고 있으며 이는 상속세및증여세법에 관하여 간주의 효력이 있다.

나. 요식행위

법인설립행위, 유언은 법률관계를 명확하게 하고 당사자로 하여금 신중을 기하게 하기 위하여 일정한 방식을 요구한다. 특히 외형을 신뢰하여 민활하게 거래하게 할 필요가 있는 어음·수표 등의 유가증권에 관한 행위 등에는 일정한 방식이 요구되어 있다.

한편, 증여계약은 구두로 하는 경우와 문서로 하는 경우에 그 효력에 차이가 있다. 서면으로 표시되지 아니한 증여계약은 각 당사자는 이행이 있을 때까지는 언제든지 해제할 수 있는 것이다. 그렇다고 하여 증여가 요식행위는 아니다. 구두로 증여를 하고자 하는 경우에도 증여계약은 성립하기 때문이다. 다만, 그 효력 면에서 차이가 있을 뿐이다.[114]

3. 사인행위(死因行爲)와 생전행위(生前行爲)

행위자의 사망으로 효력이 생기는 법률행위를 사인(死因)행위라고 하고, 보통의 행위를 생전(生前)행위라고 한다. 우리 민법에서는 사인증여(제562조)와 유언(제1073조)이 사인행위에 해당한다.

4. 채권행위와 물권행위

채권·채무의 발생을 목적으로 하는 행위를 채권행위라고 하고, 물권의 변동을 목적으로 하는 법률행위를 물권행위라고 한다. 채권행위는 이행의 문제를 남기지만 물권행위는 이행의 문제를 남기지 않는다.

한편, 채권의 양도, 무체재산권의 양도와 같이 물권은 아니지만 권리의 변동을 목적으로 하여 이행의 문제를 남기지 아니하는 법률행위를 준물권행위라고 한다.

5. 주된 행위와 종된 행위

법률행위가 유효하게 성립하기 위하여 다른 법률행위의 존재를 필요로 하는 법률행위를 종된 행위라고 하고 그 다른 법률행위를 주된 행위라고 한다.

---

[114] 민법 제555조【서면에 의하지 아니한 증여와 해제】
　　증여의 의사가 서면으로 표시되지 아니한 경우에는 각 당사자는 이를 해제할 수 있다.
　　민법 제558조【해제와 이행완료부분】
　　전 3조의 규정에 의한 계약의 해제는 이미 이행한 부분에 대하여는 영향을 미치지 아니한다.

금전소비대차계약이라는 주된 계약에 따른 보증계약 또는 저당권설정계약은 종된 계약으로 금전소비대차가 해소되는 경우에는 그 종된 보증계약 등은 자동적으로 효력을 상실하게 된다. 종된 행위는 주된 행위와 법률상 운명을 같이한다는 데 그 특색이 있다.

이외에도 여러 가지 분류가 있다.

1. 성립요건

법률행위라고 하기 위하여 요구되는 최소한의 외형적 · 형식적 요건이다. 성립요건은 다시 법률행위 일반에 공통하는 성립요건, 즉 일반적 성립요건과 특수한 법률행위에 관하여 그 밖에 특별히 필요한 성립요건, 즉 특별성립요건으로 나눌 수 있다.

가. 일반적 성립요건

모든 법률행위에 공통적으로 요구되는 요건으로 당사자, 목적, 의사표시를 갖추어야 하며, 이 중에서 하나라도 없으면 법률행위는 성립하지 않는다. 법률행위가 성립하지 아니하는 경우에는 유효 · 무효의 문제조차 거론할 수 없다. 법률행위가 성립한 후에 성립 당시의 흠의 정도에 따라 그 흠이 중대하면 무효이고 그 흠이 경미하면 일응 효력이 있는 취소로 보는 것이다.

나. 특별성립요건

한정된 법률행위에 관하여만 요구되는 성립요건으로 구체적인 내용은 법률의 규정에 의하여 정하여진다. 법인이 성립하기 위해 주무관청의 허가를 얻어 설립등기를 하여야 하고(제33조), 어음채무가 성립하기 위해서는 일정한 형식에 따라서 하여야 하는 것(어음법 제1조) 등이 그것이다.

2. 효력발생요건

법률행위의 내용에 따른 효과가 발생하기 위하여 필요한 요건을 유효요건 또는 효력발생요건이라 한다. 여기에도 일반적 효력요건과 특별효력요건이 있다.

가. 일반적 효력요건

어떠한 법률행위도 이것이 없으면 그 효력이 발생하지 않는다.

(1) 당사자에 관한 요건

당사자는 권리능력과 행위능력을 가지고 있어야 한다.

(2) 법률행위목적에 관한 요건

목적은 확정되어 있고 가능하며 적법[115]하고 사회적 타당성을 가져야 한다.

(3) 의사표시에 관한 요건

의사표시는 표의자의 효과의사와 표시행위가 일치해야 하고 의사표시에 흠이 없어야 한다.

나. 특별효력요건

각 법률행위의 특유한 효력요건으로 이것이 없으면 그 법률행위는 효력이 발생하지 않는다. 예컨대 대리행위에 있어서 대리권의 존재, 조건부·기한부 법률행위에 있어서의 조건의 성취와 기한의 도래 등이 이에 해당한다.

그리고 유언에 있어서 유언자의 사망 시 수증자가 생존하지 아니하면 유언의 효력이 생기지 않는 것도 여기에 속한다. 즉 유언자의 사망 시 수증자의 생존을 특별효력발생요건으로 하고 있는 것이다.

---

115) 적법하다는 것은 강행법규에 위반하지 아니한다는 의미인바, 강행법규에 위반하는 내용의 법률행위는 부적법·위법한 것으로서 무효이다.
그러나 정확히 말하자면 강행법규 중 효력규정에 위반하는 경우가 무효가 되는 것이고 강행법규라 하더라도 효력규정이 아닌 단속규정에 위반하는 경우에는 그 효력에는 영향을 미치지 아니한다. 위반한 행위에 대하여 처벌을 받는 것은 별개의 문제이다.

3. 법률행위의 해석

가. 법률행위의 해석이란?

법률행위의 해석이란 법률행위의 내용을 확정하는 것을 의미한다.

법률행위에 대하여 그 효과를 부여하기 위해서는 먼저 그 법률행위의 내용을 명확하게 하여야 한다. 명확하지 아니한 경우 국가사법기관이 그 이행을 강제할 수 없기 때문이다.

법률행위는 의사표시를 불가결의 요소로 하기 때문에 법률행위의 해석은 결국 의사표시의 해석문제라고 할 수 있다. 법률행위의 해석은 법률의 해석과는 다르다. 법률의 해석이란 법에 관한 해석문제로 법학방법론의 한 분야로 법률개별조문의 의미를 명확히 하는 것을 말한다.

나. 조세법에 미치는 영향

법률행위의 해석은 결국 당사자의 의사표시를 명확하게 하는 것이다.

근대조세의 채권채무관계는 조세법률주의에 의하는 것으로 조세의 부담 면에서 보면 사적 자치의 원칙이라는 사법원리에 기초한 권리변동을 통하여 과세요건이 성립한다. 따라서 권리변동의 원인이 되는 법률행위의 핵심요소인 의사표시의 방향에 따라 납세의무도 정해진다.

소비대차라는 계약서를 작성하였다 하더라도 그 내용이 소비를 전제로 하지 아니하는 임대차의 성격을 가지고 있다면 임대차에 관한 납세의무가 발생할 것이다.

이와 반대로 임대차라는 계약서를 작성하였다 하더라도 그 내용이 소비를 전제로 하는 경우에는 소비대차에 관한 납세의무가 발생한다. 따라서 건설현장에서 건설업체 간에 임대차약정에 의해 서로 철골조 등을 융통하여 사용하는 때에는 소비대차로서 부가가치세 납세의무는 양쪽 모두에서 발생한다.

상속에 있어 단독상속인이 법률의 무지로 피상속인의 형제자매와 공동으로 상속되는 것으로 알고 공동상속인으로 하여 상속세를 신고한 경우에 단독상속인이 피상속인의 형제자매에게 상속재산을 증여할 의사가 있었다고 볼 만한 특별한 사정이 없는 한 법률행위의 해석상 단독상속인에게 상속세를 부과하고 피상속인의 형제자매에게 증여세를 부과하기는 어려울 것이다.

계약자유의 원칙 중 계약을 문서로 할 것인가, 구두로 할 것인가에 관한 선택은 문서를 과세대상으로 하는 인지세납세의무에 대해서는 그 선택이 납세의무 발생에 직접적인 영향을 미치게 된다. 그러나 여타 세목에서는 계약의 성립이 구두 또는 문서에 의함에 관계없이 오직 권리변동사실에 기초하여 납세의무가 발생한다.

4. 법률행위 해석의 표준

가. 의의

법률행위의 해석은 당사자의 의사표시의 내용을 명확히 한다는 점도 있지만 그 내용을 명확히 했을 때 강행법규에 위반하여 효력을 인정하기 어려운 경우 등이 있을 수 있다.

그리고 명확히 한 의사표시가 신의성실의 원칙에 반하는 경우에도 역시 의사표시의 효력이 불완전해질 수 있다. 따라서 법률행위의 해석은 강행규정, 당사자의 목적, 사실인 관습, 임의규정, 신의성실의 원칙 등을 고려하여 해석되어야 하는 것이다.

이러한 해석을 통하여 권리·의무가 성립된 터에 잡아 온전한 납세의무도 발생하게 되는 것이다.

예를 들면 A와 B가 합의한 내용이 "A는 B에게 토지를 인도하고, B는 A에게 매년 1천만 원씩 10년간 지급한다"는 것이라면 동 합의내용이 임대차계약인지, 토지의 장기할부조건부매매인지 등 그 내용을 명확하지 않다. 만약 임대차인 경우에는 임대료에 대하여 부가가치세와 부동산임대소득에 대한 소득세가 과세될 것이다.

임대차가 아니고 토지의 장기할부조건부매매라면 토지의 인도일 또는 사용수익일 중 빠른 날이 양도시기가 되어 양도소득세가 과세될 것이다.[116)]

이렇게 볼 때 법률행위 해석의 문제는 당사자의 권리변동과는 별도로 조세법상의 납세의무의 내용을 명확히 하기 위하여 선행되어야 하는 것으로 볼 수도 있는 것이다. 따라서 계약체결 시 반드시 뒤따르게 되는 납세의무의 종류 및 구체적 내용을 사전에 정확하게 파악하는 것이 중요하게 된다.

나. 강행규정

민법 제103조(반사회질서의 법률행위)에서는 "선량한 풍속, 기타 사회질서에 위반한 사항을 내용으로 하는 법률행위는 무효로 한다"라고 규정하고 있다.

이러한 강행규정에 위반하는 당사자의 의사표시는 효력이 없다. 무효인 법률행위에 대하여 국가사법기관이 조력하여 그 이행을 강제할 수는 없는 것이다.

따라서 의사표시의 해석은 먼저 그 의사표시의 내용이 강행규정에 위반되지 않아야 하는 것이다.

---

116) 토지는 부가가치세면세대상이다(부가가치세법 제26조 제1항 제14호).
그러나 토지의 임대는 토지 자체와는 다른 별도의 용역의 공급으로서 부가가치세과세대상이다.

다. 당사자의 목적

법률행위 당사자가 표시한 문언만으로 그 의미가 명확하지 아니한 경우에는 법률행위의 동기, 경위 등을 종합적으로 고려하여 당사자가 바라던 바를 해석해야 한다.

앞에서 법률행위의 해석에서 용인시가 착오로 '용인시 고기리'를 '용인시 기고리'로 고시한 경우에는 효력이 생기지 않는 반면, 토지 소유자가 매매계약 시 그 목적물을 착오로 '용인시 기고리'로 기재한 경우에 그 계약은 효력이 있다고 하였다. 계약당사자의 의도, 즉 내심의 목적한 바가 보다 중요하고 당사자 간에도 그 목적한 바가 부합하기 때문이다. 부합하지 않는 경우에도 무효가 되지 않고 착오로 인한 의사표시로 취소할 수 있는 데 불과하다.

라. 사실인 관습

민법의 규정은 강행규정과 임의규정으로 대별할 수 있는데 강행규정은 주로 물권법과 가족법에 규정되어 있고 임의규정은 주로 채권법에 규정되어 있다.

당사자의 의사표시해석이 모호할 때 임의규정과 다른 관습이 있는 경우에는 그 관습이 민법의 임의규정에 우선하여 법률행위해석의 표준이 된다. 민법이 강행적으로 적용되는 일반법과 다른 모습은 여기서도 나타난다. 즉, 당사자의 합의가 없는 경우에 민법의 규정이 적용되고, 임의규정이 있어도 사실상 다중이 관습적으로 행해지는 있는 경우에는 그 임의규정을 배제하고 사실인 관습이 우선적용된다.

민법은 "법령 중의 선량한 풍속, 기타 사회질서에 관계없는 규정과 다른 관습이 있는 경우에 당사자의 의사가 명확하지 아니한 때에는 그 관습에 의한다"라고 규정하고 있다(제106조). 사실인 관습은 조세법에 관해서도 판단이 필요한 경우가 생긴다. 다음에 설명이 이어진다.

이러한 관습의 존재에 대하여는 결국 법원이 판단할 것이다.

마. 임의규정

민법의 규정은 대부분 임의규정으로 되어 있다.

사적 자치의 원칙 또는 계약자유의 원칙이란 민법의 규정과 다르게 약정을 한 경우에도 강행규정에 위반되지 않는 한 그 계약의 효력은 발생하는 것이다.

즉 법률행위 당사자가 임의규정과 다른 의사표시를 한 때에는 그 의사에 의하는 것이다. 이를 반대해석하면 당사자가 임의규정과 다른 의사를 표시하지 아니하는 경우에는 임의규정이 적용되는 것이다. 예를 들면 부동산매매계약에 있어서 계약금을 지급하면서 별도의 약정이 없는 경우에는 이를 해약금으로 보아 계약금을 지급한 자는 그 계약금을 포기하고 계약을 해제할 수 있고 계약금을 수령한 자는 그 두 배를 상환함으로써 계약을 해제할 수 있다.

그러나 이 임의규정보다 당사자의 의사표시가 우선하므로 당사자가 계약을 해제할 수 없는 것으로 합의하는 경우에는 위 임의규정은 그 적용을 배제할 수 있다.

민법은 "법률행위의 당사자가 법령 중의 선량한 풍속, 기타 사회질서에 관계없는 규정과 다른 의사를 표시한 때에는 그 의사에 의한다"라고 규정하고 있다(제105조).

바. 신의성실의 원칙

신의성실의 원칙을 법률행위해석의 기준으로 규정하지 않고 있지만 신의성실의 원칙과 조리를 법률행위의 해석기준으로 삼는 데는 이견이 없다.

민법은 그 제1조(법원)에서 "민사에 관하여 법률에 규정이 없으면 관습법에 의하고 관습법이 없으면 조리에 의한다"라고 규정하고 있으며, 그 제2조(신의성실) 제1항에서는 "권리의 행사와 의무의 이행은 신의에 좇아 성실히 하여야 한다"라고 명백히 규정하고 있다.

사. 조세법에서의 법률행위해석

(1) 간주임대료에 대한 부가가치세

부동산임대용역을 제공하고 받는 보증금의 간주임대료에 대한 부가가치세를 누가 부담할 것인가에 대하여 임대차 계약체결 당시 명시적인 약정이 없으면 임대인이 부담하기로 하는 것이 관행이고, 임대차 계약 시에 부가가치세의 부담을 누가 질 것인가에 관하여 아무런 논의가 없었던 것은 위 관행에 따라 임대인이 부가가치세를 부담하려는 묵시적 특약이 있었다고 할 수 있을 것이다.[117]

사실 간주임대료에 대해서는 세금계산서 교부의무가 면제되어 있을 뿐 아니라 국세행정에 있어서도 임대보증금에서 발생되는 소득에 대한 부가가치세를 임대인이 부담하는 경우 임대인이 부담한 부가가치세를 법인세법 및 소득세법에 의하여 임대인의 소득계산상 비용으로 인정해 주고 있는 점 등을 종합해 보면 당사자의 약정과 관행에 따르는 것이 타당함을 알 수 있다.

---

117) 대법원 86다카745, 1986.10.28.

(2) 법률행위해석의 표준

만일 부가가치세법에서 간주임대료에 대한 부가가치세상당액을 부담할 쪽을 명확하게 규정하고 있다면 이는 강행규정에 해당하므로 동 강행규정이 우선하여 다툼의 소지가 없을 것이고, 강행규정이 없는 현행 부가가치세법상 부가가치세상당액에 대한 부담을 누가 할 것인지 대하여 명확하게 약정을 한 경우에는[118] 거래당사자의 약정에 따라야 할 것이므로 역시 다툼의 소지가 없었을 것이다.

사안의 경우에는 강행규정도 없고 당사자의 목적도 분명하지 않은 경우에 해당하여 결국 그 다음 적용기준이 되는 사실인 관습의 존재 여부에 대한 쟁점으로 부각된 것이다.

당초 고등법원에서는 약정이 없는 경우 임대인이 부담하기로 하는 사실상의 관행은 없다고 판단[119]하였다. 상고심인 대법원에서 임대인이 부담하기로 하는 관행이 있다고 판단[120]하여 고등법원의 판결을 파기하여 환송한 사건이다.

사실인 관습의 존재 여부에 대한 판단도 객관적이고 절대적인 것은 아니라는 것을 알 수 있다. 보는 각도에 따라 보이는 면이 달라질 수 있는 것이다.

5. 법률행위의 목적

법률행위의 내용이 그 효과를 발생하기 위해서는 그 내용이 확정할 수 있어야 하고 가능하고 적법하여야 하며 그리고 사회적 타당성이 있어야 한다. 이 네 가지 요건 중 하나만 결여되어도 그 법률행위는 무효가 된다. 위 요건들을 하나씩 본다.

---

118) 약정에 관하여는 주의해야 할 부분이 있다.
    당사자의 약정은 여러 가지 형태가 있을 수 있다. 예를 들면 임대업자가 세금계산서에 수령금액을 공급가액으로 기재하여 교부하는 경우에는 임차인으로부터 부가가치세가 미납되었다는 명시적인 의사표시로 볼 수 있고 세금계산서를 교부하면서 수령금액을 공급대가로 하여 안분계산한 경우에는 수령금액 중에 부가가치세가 포함되어 있는 명시적인 의사표시가 있다고 보아야 할 것이다.

119) 서울고등법원 85나2157, 1986.2.11.
    피고(임차인)의 주장하는 '사무실인 부동산에 대해 공급가액에 부가가치세액을 포함하여 임대인이 부가가치세를 부담'하는 관행이 이루어지고 있다거나 원고와 피고 사이에 임대인이 원고가 부가가치세를 부담하겠다고 하는 묵시적 특약이 있다고 인정하기에 충분한 증거가 없다. 따라서 피고인이 원고에게 1981.1.1.~1982.12.31. 기간에 대한 부가가치세액과 이에 대한 지연손해금을 초과하여 지급해야 한다.

120) 대법원 86다카745, 1986.10.28.
    부동산임대용역의 공급에 관하여 누가 부가가치세를 부담할 것인가에 관하여 계약체결 시 명시적인 약정이 없으면 임대인이 부담하기로 하는 것이 관행이고, 임대계약 시에 부가가치세의 부담을 누가 질 것인가에 관하여 아무런 논의가 없었던 것은 위 관행에 따라 임대인이 부가가치세를 부담하려는 묵시적 특약이 있었다고 할 수 있다.

가. 내용의 확정

법률행위의 내용을 확정할 수 없는 경우에는 그 법률행위는 무효이다.

왜냐하면 당사자 스스로도 이행할 수 없을 뿐 아니라 국가사법기관도 그 이행에 조력할 수 없기 때문이다.

법률행위의 내용, 즉 의사표시의 내용이 확정되는 경우에 한하여 그 확정된 의무를 이행 청구할 수 있고 이행이 없는 경우에 국가의 조력을 받아 이행과 같은 결과를 강제받을 수 있다.

나. 내용이 가능할 것

(1) 의의

법률행위의 내용이 확정된 후에도 그 확정된 내용은 실현가능한 것이어야 한다.

가능·불가능은 물리적 기준이 아니고 사회통념상의 기준에 의한다.

따라서 한강에 빠진 반 돈짜리 반지를 찾아주기로 하는 계약은 물리적으로는 불가능이 아니지만 사회통념상의 기준에 의하면 불가능에 속한다.

범죄 관련 증거자료로 국가기관이 이를 찾는 것은 별개의 문제이다.

(2) 불능의 분류

(가) 원시적 불능·후발적 불능

계약성립일을 기준으로 계약성립 전에 이미 불능인 경우를 원시적 불능이라고 하고, 계약성립일 당시에는 존재하였지만 그 후 소실 등으로 이행이 불가능하게 된 경우를 후발적 불능이라고 한다. 법률행위의 내용이 무효로 되는 것은 원시적 불능에 한한다.

후발적 불능의 경우에는 계약 자체는 유효하고 그 불능에 대하여 채무자의 귀책사유가 있는지 여부에 따라 손해배상의 책임을 질 뿐이다.[121]

그리고 쌍무계약에서의 위험부담의 문제가 된다(제537조·제538조).

(나) 전부불능·일부불능

법률행위의 내용이 전부불능인 경우에는 법률행위 전부가 무효가 된다. 일부불능인 경우에는 그 법률행위 전부가 무효가 되는 것이 원칙이나, 그 무효부분이 없더라도 법률행위를 하였을 것이라고 인정될 때에는 나머지 부분은 무효가 되지 아니한다(제137조).

---

121) 민법 제390조【채무불이행과 손해배상】

채무자가 채무의 내용에 좇은 이행을 하지 아니한 때에는 채권자는 손해배상을 청구할 수 있다. 그러나 채무자의 고의나 과실 없이 이행할 수 없게 된 때에는 그러하지 아니하다.

주택임대차계약 전에 주택이 전부 멸실된 경우와 일부 멸실된 경우가 이에 속한다.

(다) 법률적 불능·사실적 불능

법률행위의 내용이 실현불가능한 이유가 법률상 허용되지 않는 데 있는 경우를 법률적 불능이라고 하고, 자연적으로 물리적으로 실현불가능한 경우를 사실적 불능이라고 한다.

채권을 물권으로 하기로 하는 계약이 법률적 불능에 속하고 죽은 사람을 살려내기로 하는 계약은 사실적 불능에 속한다.

이미 죽은 신도를 생명수 등을 통하여 살려주기로 한 합의는 원시불능이며 또한 사실적 불능에 속한다. 합의금을 수령한 때에도 여기에 납세의무가 성립하기 어렵다. 형법상 사기죄 명목으로 처벌받는 것은 별개의 문제이다.

다. 내용이 적법할 것

(1) 의의

근대민법이 사적 자치의 원칙으로 당사자의 의사를 우선하는 경우에도 그 의사표시의 내용이 최소한 강행법규에 위반되어서는 아니 된다.

민법은 제105조(임의규정)에서 "법률행위의 당사자가 법령 중의 선량한 풍속, 기타 사회질서에 관계없는 규정과 다른 의사를 표시한 때에는 그 의사에 의한다"라고 규정하여 간접적으로 사적 자치의 원칙과 그 한계를 정하고 있다.

적법하지 아니한 당사자의 의사표시에 국가사법기관이 그 이행에 조력을 부여할 수는 없는 것이다.

(2) 강행법규

강행법규에는 효력규정과 단속규정이 있다. 효력규정을 위반한 법률행위는 무효이지만 단속규정을 위반하는 경우에는 처벌을 받는 것은 별개로 하더라도 법률행위가 무효가 되는 것은 아니다.

(가) 효력규정

강행법규 중 효력규정에 위반하는 내용의 법률행위는 무효이다.

권리능력·행위능력·물권법정주의와 같은 규정은 법률질서의 기본구조에 관한 것으로 당사자의 의사로서 이를 바꿀 수 없다. 만 10세의 미성년자가 부동산매매계약을 하면서 행위능력이 있는 것으로 인정한다는 합의가 있었다고 하더라도 동 합의내용은 효력규정에 위반한 것으로 그 효력이 없다.

그리고 채권을 물권으로 한다는 합의내용도 민법 제185조(물권법정주의)의 효력규정에 위반한 것으로 무효이다. 경우에 따라서는 일방 당사자에게 불리한 경우에만 이를 무효로 하는 규정이 있는바 이를 편면적 강행규정이라고 한다.[122]

(나) 단속규정

강행법규 중 단속규정에 위반하는 내용의 법률행위는 무효가 되는 것은 아니다. 그 금지규정에 위반하여 처벌을 받는 것은 별개의 문제이다. 강행법규 중 효력규정과 단속규정을 구별하는 표준에 관한 일반적 기준은 없다. 그러나 행정법규 중 일정한 행위를 하는 데 허가 등을 요하는 것은 대부분 단속규정으로 이에 위반하여 행한 거래는 원칙적으로 무효가 되지 않는다. 예를 들면 허가 없이 음식물을 판매하는 행위, 허가 없이 숙박업을 하는 행위 등이 이에 속한다.

주택건설촉진법에 위반하여 주택의 전매금지규정을 위반한 경우에 동 규정은 효력규정이라고 볼 수 없어 그 매매계약이 무효가 되지 아니한다.[123] 전매행위에 대하여 처벌을 받는 것은 별개의 문제이다.

위 판례에 따라 주택건설촉진법(주택법으로 법명이 바뀜)을 개정하였다.

대법원에서는 공인중개사 수수료에 관하여 종전에 단속규정이라고 판시하였으나 그 후 효력규정이라고 판시한 바 있다. 효력규정과 단속규정의 구분이 어렵다는 단적인 예에 속한다.

(다) 강행법규 위반의 효과

강행규정에 위반하는 법률행위의 무효는 확정적이고 절대적이어서 추인에 의하여 유효한 것으로 되지 아니한다.

법률행위의 일부만이 강행규정에 위반하는 경우에는 일부무효의 법리에 따라 처리하여야 한다(제137조).

그리고 강행규정이라 하더라도 그 행위의 효력을 일정한 범위 또는 기준까지는 인정하는 특별규정도 있다. 예를 들면 민법에서는 환매의 경우 부동산은 5년, 동산은 3년을 넘지 못하도록 규정하면서 당사자의 약정기간이 이를 넘는 때에는 전부 무효가 되지 않고 부동산은 5년, 동산은 3년으로 단축하여 인정하는 것으로 규정하고 있다(제591조 제1항).

---

122) 민법 제289조 【강행규정】
　　　제280조 내지 제287조의 규정에 위반되는 계약으로 지상권자에게 불리한 것은 그 효력이 없다.
　　　주택임대차보호법 제10조 【강행규정】
　　　이 법에 위반된 약정(約定)으로서 임차인에게 불리한 것은 그 효력이 없다.
123) 대법원 91다44544, 1992.2.25.

라. 사회적 타당성이 있을 것

(1) 의의

사회에서 규제대상을 모두 입법화하는 것은 불가능하다.

법률이 미래를 예상하여 미리 입법화되는 것이 바람직하지만 현실적으로 미래를 정확히 예상하는 것은 어렵고 규제대상도 시대의 흐름에 따라 변화하기 때문이다.

이러한 입법기술상의 어려움 때문에 그 흠결이 있기 마련이고 여기서 민법은 그 흠결을 메우기 위하여 선량한 풍속, 기타 사회질서에 위반한 사항을 내용으로 하는 법률행위는 무효로 하는 것으로 규정하여 일반적이고 포괄적으로 반사회질서의 법률행위를 규제할 수 있도록 장치를 마련하였다(제103조).

(2) 반사회질서의 법률행위

(가) 인륜에 반하는 행위

일부일처제에 위반하는 등 윤리에 반하는 법률행위는 무효이다. 따라서 첩계약은 처의 동의 유무에 관계없이 언제든지 무효이다. 혼인을 하면서 평생 이혼하지 않기로 하는 합의도 무효이다. 다만, 조건 없는 법률행위로 보기 때문에 조건만이 무효가 되어 혼인의 효력만이 있을 뿐이다.

(나) 개인자유를 극도로 제한하는 행위

어떤 경우에도 이혼하지 않겠다는 각서는 신분행위의 의사결정을 구속하는 것으로 무효이고, 여직원을 채용하면서 근무기간 중 혼인하지 아니할 것을 정한 약관 등도 개인의 자유를 극도로 제한하는 행위로서 무효이다.

(다) 도박 등 사행행위

도박자금이라는 사실을 알고 이를 대여하는 행위와 도박으로 인한 채무의 변제를 하기 위하여 토지를 양도하는 계약을 체결하였다고 하더라고 동 계약은 무효이다.

6. 조세법상의 효력규정과 단속규정

가. 의의

조세법이 대부분 강행규정으로 되어 있는 것은 조세법률의 성격상 당연하다.

납세자에게 일정한 이익을 주는 감면제도에 있어서 그 감면내역을 신청하지 아니하는 경우에는 과세관청이 이를 확인할 수 없다. 따라서 조세특례제한법 등에서 감면요건을 규정할 때에는 납세자의 감면신청을 전제로 한다.

그러나 동 감면신청규정에 관하여 감면신청을 감면에 대한 효력규정으로 볼 수 있는 경우와 단속규정으로 볼 수 있는 경우로 구분할 수 있다. 효력규정으로 본다면 시행령 등에서 정한 기간 내에 감면신청을 하지 아니하고 그 기간을 경과하여 감면신청을 하는 경우에는 그 신청의 효력이 없다. 그러나 단속규정으로 본다면 시행령 등에서 정한 기간을 경과하여 감면신청을 하는 경우에도 감면의 효력이 부인되지는 아니한다.

나. 효력규정

국가 등에 양도하는 토지 등에 대해서 조세특례제한법 제79조(2001.12.29. 삭제)는 25%의 양도소득세 또는 특별부가세를 감면하도록 규정하고 있었다.

▌(구)조세특례제한법 제79조 【국가 등에 양도하는 토지 등에 대한 양도소득세 등의 감면】▌

1. 거주자가 국가 또는 지방자치단체에 대통령령이 정하는 산림지를 2003년 12월 31일 이전에 양도함으로써 발생하는 소득
2. 대통령령이 정하는 토지 등을 제주도 개발특별법에 의한 사업시행자 중 대통령령이 정하는 자에게 2001년 12월 31일 이전에 양도함으로써 발생하는 소득

그리고 동법 제2항에서는 "제1호의 규정에 의한 감면을 받고자 하는 자는 대통령령이 정하는 바에 따라 그 감면신청을 하여야 한다"라고 규정하고 있던 반면, 동법 제3항에서는 "제2호의 규정은 토지 등을 매입한 자가 대통령령이 정하는 바에 따라 감면신청을 하는 경우에 한하여 이를 적용한다"라고 규정하고 있어 그 표현내용이 상이했다.

제2호의 규정은 강행규정 중 효력규정에 해당하므로 시행령 등에서 정하는 기한 내에 감면신청을 하지 아니하는 경우에는 신청의 효력이 없었다.

다. 단속규정

위에서 제1호의 규정이 단속규정에 해당한다.

단속규정에 해당하는 경우에는 시행령 등에서 정하는 기한 내에 감면신청을 하지 아니하고 그 기한을 경과하여 신고하는 경우에도 감면효과를 배제할 수 없다. 가산세규정을 적용하여 가산세를 부과하는 것은 별개의 문제이다. 이는 민법에서 단속규정을 위반한 경우 그 행위의 효력을 부인할 수 없으나 처벌을 받는 것은 별개의 문제인 것과 같은 맥락이다.

조세특례제한법 등 조세법상의 감면규정은 대부분 단속규정으로 되어 있다.

1. 신고가 없어도 감면요건에 해당하는 경우 감면이 됨(대법원 2001두3457, 2003.5.16. 외 다수)

[쟁 점]

공공사업 또는 재개발사업의 시행자가 구조세감면규제법 제63조 제1항 제1호 또는 제2호에 따라 양도소득세 등을 감면받기 위해서는 반드시 감면신청을 해야 하는 것인지

[요 약]

공공용지취득및손실보상에관한특례법이 적용되는 공공사업에 필요한 토지 등을 당해 공공사업의 시행자에게 양도함으로써 발생하는 소득 및 도시재개발법에 의한 도시재개발구역 안의 토지 등을 그 법 제10조 또는 그 법 제11조의 규정에 의하여 지정된 사업시행자에게 양도함으로써 발생하는 소득은 구조세감면규제법 제63조 제1항 제1호 또는 제2호에 따라 그 감면요건이 충족되면 당연히 감면되는 것이고, 감면신청이 있어야만 감면되는 것은 아니라고 할 것이며, 그 감면신청에 관한 규정인 구조세감면규제법 제63조 제4항은 양수인인 당해 공공사업 또는 재개발사업의 시행자로 하여금 과세표준 및 세액을 결정함에 있어 필요한 서류를 정부에 제출하도록 협력의무를 부과한 것에 불과하므로, 감면신청서의 제출이 없다고 하더라도 구조세감면규제법 제63조 제1항 제1호 또는 제2호 소정의 감면요건에 해당되는 경우에는 양도소득세 등을 감면하여야 할 것임.

2. 금융실명법 제3조 제3항은 효력규정이 아닌 단속규정임(대법원 2000다49091, 2001.1.5.)

[쟁 점]

금융실명법 제3조 제3항을 효력규정으로 보아 피고들이 이 사건 증권계좌에 보유하고 있는 주식 및 예수금에 대한 반환청구권을 원고에게 반환할 의무가 없는 것인지

[요 약]

금융실명거래및비밀보장에관한긴급재정명령(1993.8.12. 대통령긴급재정경제명령 제16호, 1997.12.31. 법률 제5493호 금융실명거래및비밀보장에관한법률로 대체) 시행 이후 예금주 명의를 신탁한 경우 명의수탁자는 명의신탁자와의 관계에 있어서 상대방과의 계약에 의하여 취득한 권리를 명의신탁자에게 이전하여 줄 의무를 지는 것이고, 위 명령 제3조 제3항은 단속규정일 뿐 효력규정이 아니라는 점에 비추어 볼 때 출연자와 예금주인 명의인 사이의 명의신탁약정상 명의인은 출연자의 요구가 있을 경우에는 금융기관에 대한 예금반환채권을 출연자에게 양도할 의무가 있다고 보아야 할 것이어서 출연자는 명의신탁을 해지하면서 명의인에 대하여 금융기관에 대한 예금채권의 양도를 청구하고 아울러 금융기관에 대한 양도통지를 할 것을 청구할 수 있음.

7. 조세채권의 성립 · 확정 · 소멸

민법상의 법률행위는 의사표시로서 당사자 사이에 채권 · 채무가 성립한다. 이와는 달리 조세법에서는 납세자의 일정한 행위 또는 세법에서 정하는 일정한 사실이 발생하면 과세요건의 충족으로 납세자의 의사와 관계없이 자동적으로 납세의무가 성립된다.[124] 이를 추상적 납세의무라고 한다. 추상적인 납세의무는 아직 납세의무의 이행내용과 범위가 구체화되지 않은 상태이므로 납세의무자는 그 내용에 따른 조세채무의 이행을 할 수 없고 조세당국도 징수권을 발동할 수 없는 단계이다.[125]

---

124) 납세자가 세법을 인지하고 있는 경우에는 이러한 추상적 납세의무는 납세자가 선택하는 결과가 되며, 관련 세법을 인지하지 못하고 있는 경우에는 납세자가 원하지 아니하는 결과에 부딪칠 수 있다.

이행해야 하는 납세의무를 구체화하기 위해서는 최소한 납세의무가 되는 금액을 확정해야 할 필요가 생긴다. 이러한 필요에 의하여 추상적으로 성립한 납세의무가 되는 금액을 구체적으로 확정하는 것을 납세의무의 확정이라고 한다.

확정된 납세의무는 납세자가 이를 납부함으로써 납세의무가 소멸된다. 납부 외에도 국세징수권의 소멸시효의 완성 등에 의해서도 납세의무는 소멸한다.

이처럼 납세의무는 납세의무의 성립·확정·소멸 등 일련의 단계를 거치는 동태적 과정으로 파악할 수 있다.

가. 조세채권의 성립

(1) 과세기간이 종료하는 때 성립하는 국세

납세의무의 성립일은 납세의무성립일을 기준으로 하여 납세의무가 이미 성립한 경우에 한하여 제2차 납세의무를 부담하게 되는 등 그 구분의 실익이 있다.

여기에는 flow의 개념을 도입하여 일정한 기간의 도래와 동시에 납세의무가 성립하는 경우와 stock의 개념을 도입하여 특정한 사건이 발생하는 시점에서 납세의무가 성립하는 경우 등이 있다.

- 소득세·법인세 : 과세기간이 끝나는 때. 다만, 청산소득에 대한 법인세는 그 법인이 해산하는 때
- 부가가치세 : 과세기간이 끝나는 때. 다만, 수입재화의 경우에는 세관장에게 수입신고를 하는 때

(2) 과세사실이 발생하는 때 성립하는 국세

- 상속세 : 상속이 개시되는 때
- 증여세 : 증여에 의하여 재산을 취득하는 때
- 인지세 : 과세문서를 작성한 때
- 증권거래세 : 해당 매매거래가 확정되는 때

(3) 납세의무 성립시기의 예외

아래 국세는 위의 원칙적인 납세의무 성립시기와는 다른 시기에 그 납세의무가 성립한다. 과세기간이 있는 국세의 경우 과세기간 종료 시에 납세의무가 성립하는 것을 과세기간

---

125) 확정되지 아니한 국세는 원칙적으로 압류할 수 없으나 일정한 경우 국세가 확정된 후에는 그 국세를 징수할 수 없다고 인정할 때에는 국세로 확정되리라고 추정되는 금액의 한도에서 납세자의 재산을 압류할 수 있도록 국세징수법에서는 규정하고 있다(국세징수법 제24조 제2항).

중에 징수할 경우의 납세의무 성립시기를 규정한 것이다.

- 원천징수하는 소득세·법인세 : 소득금액 또는 수입금액을 지급하는 때
- 납세조합이 징수하는 소득세 또는 예정신고납부하는 소득세 : 과세표준이 되는 금액이 발생한 달의 말일
- 중간예납하는 소득세·법인세 또는 예정신고기간·예정부과기간에 대한 부가가치세 : 중간예납기간 또는 예정신고기간·예정부과기간이 끝나는 때
- 수시부과하여 징수하는 국세 : 수시부과할 사유가 발생한 때

나. 조세채권의 확정

여기서 조세채권의 확정이란 국가에 대한 채권·채무액의 확정, 즉 납세의무의 확정을 의미한다.

조세채권의 확정은 채권자인 국가의 입장에서의 채권을 강조하는 것이고, 납세의무의 확정은 조세에 관한 채무자인 국민의 입장에서의 채무를 강조하는 것이다.

납세의무의 성립이 납세의무이행이 가능하지만 현실적으로 납부할 수 있는 세액이 확정되지는 아니한 추상적인 데 반하여, 납세의무의 확정은 구체적으로 납부할 수 있는 세액이 확정되는 단계를 의미하는 것이다.

부가가치세 또는 소득세의 경우 과세기간의 만료로 납세의무는 성립하여 소득세를 예를 들면 12월 31일 24시가 됨과 동시에 납세의무가 성립하는데 이 시점에서 1년 동안에 발생한 소득이 아직 구체적 세액은 확정되지 않았지만 세액확정의 기반이 갖추어진 것으로 추상적으로는 세액이 정해져 있는 것이라고 할 수 있으므로 추상적 납세의무 또는 납세의무가 성립했다고 하는 것이다. 물론 정부결정제도에서는 신고는 참고사항에 불과하고 조사·결정 시에 세액이 확정된다.

따라서 세액의 결정방식에는 자기확정방식과 정부확정방식이 있다.

(1) 자진신고납세제도

납세의무자가 세법이 정하는 바에 따라 과세표준과 세액을 과세관청에 신고함으로써 납세의무가 확정되는 것으로서, 이에는 소득세, 법인세, 부가가치세, 개별소비세, 주세, 증권거래세, 교육세, 교통세·에너지·환경세가 있다.

자진신고납세제도에 있어서 과세표준과 세액의 확정권이 1차적으로는 납세의무자에게 있다. 그러나 당해 납세의무자가 과세표준과 세액의 신고를 하지 않거나, 신고는 하였으나 신고내용에 오류나 탈루가 있는 경우에는 과세관청이 2차적으로 결정 또는 경정에 의하여 과세표준과 세액을 확정하게 된다.

(2) 정부부과과세제도

과세관청의 결정에 의하여 납세의무가 확정되는 것으로, 이에는 상속세, 증여세가 있다. 정부부과과세제도하에서 과세처분(행정처분)이 그 효력을 발생하기 위하여는 해당 납세의무자에 대한 납세의 고지가 있어야 하며, 세무서장은 납세의무자를 명시하여 국세징수법 제9조 제1항에 따른 납세고지서를 발부하여야 한다(국세기본법기본통칙 22-10의 2…1).

정부부과과세제도에 해당하는 세목에서도 납세의무자에 대하여 과세표준과 세액의 신고의무를 두고 있으나, 이는 일종의 협력의무에 불과한 것이지 납세의무의 확정효력은 인정하지 않고 있다. 따라서 과세관청은 반드시 과세표준과 세액에 대하여 결정을 하여야 한다.

(3) 납세의무의 성립과 동시에 확정되는 경우

납세의무가 성립과 동시에 그 세액이 확정되는 세목은 다음과 같다.
- 인지세
- 원천징수하는 소득세 또는 법인세
- 납세조합이 징수하는 소득세
- 중간예납하는 법인세(세법에 의하여 정부가 조사 · 결정하는 경우 제외)

다. 자기결정제도와 정부결정제도의 차이

법인세의 경우를 보면, 법인세액의 확정은 정부부과에 의하지 않고 납세자의 자진신고에 의하여 이루어진다. 따라서 법인세를 신고하지 않은 경우에는 정부가 조사하여 결정하게 되고 잘못 신고한 경우에는 세무서에서 조사를 통하여 세액을 경정하게 된다.

이는 상속세납세의무자 또는 증여세납세자가 정상적으로 납부할 세액을 신고하는 경우에도 신고한 세액이 신고로써 확정되지 않고 정부의 확인과정을 통하여 세액이 확정되는 정부부과방식과는 커다란 차이점이 있는 것이다. 세액을 납세자의 자진신고로 확정할 수 있는 경우에는 그 책임 또한 비례하여 커진다. 이는 권리 또는 자유가 커짐에 따라 의무 또는 부담이 커지는 원리와 같다.

따라서 조세범처벌법상 조세포탈범으로 처벌할 수 있는 기수시기는 신고납부기한의 다음 날이 된다. 상속세의 경우 신고의무가 있으나 이는 조세협력의무로써 신고만으로 세액이 확정력[126]이 없으므로 조세범처벌법상 조세포탈범으로 처벌할 수 있는 기수시기는 신

---

126) 여기서 확정이란 국가에 대한 채권 · 채무액의 확정, 즉 납세의무의 확정을 의미한다.
　　납세의무의 성립이 납세의무이행이 가능한, 그러나 현실적으로 납부할 수 있는 세액이 확정되지는 아니

고납부기한의 다음 날이 되는 것이 아니고 조사를 통하여 확정된 후 기수시기가 도래한 것으로 되고[127], 징수권 역시 확정된 후 비로소 생기게 된다. 징수권소멸시효도 확정된 조세에 한하여 그 시효가 시작된다. 확정되지 아니한 국세는 부과할 수 있는 날의 익일, 즉 신고납부기한익일부터 부과제척기간이 기산될 뿐이다.

(1) 조세채무의 확정시기와 조세범처벌법상의 기수시기의 관계

조세채무의 확정시기는 국세우선권을 가리는 법정기일이 되고, 체납이 된 경우에는 독촉, 압류 집행을 할 수 있으며 조세범처벌법상 기수시기, 부과제척기간 기산 등 조세법상 여러 효과가 생긴다. 여기서 확정신고가 아닌 예정신고의 경우 조세범처벌법상의 기수시기가 도래하는지에 대하여 견해를 달리하는 경우가 있다. 예정신고, 납부기한에 예정신고를 허위로 하거나 그 신고를 하지 아니한 것은 포탈의 결과가 발생하였다고 할 수 없기 때문에 조세범처벌법상의 기수시기가 도래하지 않는다는 견해[128]가 있다. 예정신고 아닌 확정신고 기간을 기준으로 조세범처벌법상 기수시기가 도래한다는 견해인데 조세범처벌법 및 국세기본법을 중심으로 동 견해의 근거에 대하여 살펴본다.

(2) 조세범처벌법상의 기수시기

(가) 납세의무자의 신고에 의하여 정부가 부과 · 징수하는 조세

해당 세목의 과세표준을 정부가 결정하거나 조사결정한 후 그 납부기한이 지난 때. 다만, 납세의무자가 조세를 포탈할 목적으로 세법에 따른 과세표준을 신고하지 아니함으로써 해당 세목의 과세표준을 정부가 결정하거나 조사결정할 수 없는 경우에는 해당 세목의 과세표준의 신고기한이 지난 때로 한다(조세범처벌법 제3조 제5항 제1호). 상속세, 증여세, 종합부동산세가 여기에 속한다.

한 추상적인 데 반하여, 납세의무의 확정은 구체적으로 납부할 수 있는 세액이 확정되는 단계를 의미하는 것이다.

부가가치세 또는 소득세의 경우 과세기간의 만료로 납세의무는 성립하여 소득세를 예를 들면 12월 31일 24시가 됨과 동시에 납세의무가 성립하는데 이 시점에서 1년 동안에 발생한 소득이 아직 구체적 세액은 확정되지 않았지만 세액확정의 기반이 갖추어진 것으로 추상적으로는 세액이 정해져 있는 것이라고 할 수 있으므로 추상적 납세의무 또는 납세의무가 성립했다고 하는 것이다. 납세의무의 성립은 이를 기준으로 하여 납세의무가 이미 성립한 경우에 한하여 제2차 납세의무를 지는 등 그 구분의 실익이 있다.

127) 조세범처벌법 제3조 【조세 포탈 등】 제5항
범칙행위의 기수(旣遂) 시기는 다음의 각 호의 구분에 따른다.
1. 납세의무자의 신고에 의하여 정부가 부과 · 징수하는 조세 : 해당 세목의 과세표준을 정부가 결정하거나 조사결정한 후 그 납부기한이 지난 때. 다만, 납세의무자가 조세를 포탈할 목적으로 세법에 따른 과세표준을 신고하지 아니함으로써 해당 세목의 과세표준을 정부가 결정하거나 조사결정할 수 없는 경우에는 해당 세목의 과세표준의 신고기한이 지난 때로 한다.
2. 제1호에 해당하지 아니하는 조세 : 그 신고 · 납부기한이 지난 때

128) 안대희, 조세형사법, 서울 : 법문사, 2005년, 301면

(나) 위 '(가)'에 해당하지 아니하는 조세

그 신고·납부기한이 지난 때(조세범처벌법 제3조 제5항 제2호).

설명하면, 납세자의 신고로써 정부가 부과, 징수하는 조세는 상속세, 증여세 등이고 그 외 부가가치세, 소득세 등은 납세자의 신고로써 조세채무가 확정된다. 조세채무가 확정된다는 것은 정부가 부과, 징수할 세액이 확정된다는 것이고, 이에 따라 법정기일이 부여됨에 따라 국세우선의 원칙 등 여러 효과가 생긴다. 법인세, 소득세, 부가가치세 등이 여기에 속한다.

(다) 차이점은 확정력 유무

납세자의 신고만으로 조세채무가 확정되지 않고 정부가 확정시키는 경우와, 신고만으로 조세채무가 확정되는 경우 두 가지로 나눌 수 있다. 전자가 상속, 증여세이다. 상속, 증여세의 경우 신고의무도 있고, 그 신고를 담보하기 위한 가산세제재도 있지만 신고만으로 조세채무가 확정되지는 않는다. 따라서 납부를 하지 않은 경우에 이행의 청구도 할 수 없고, 독촉과정을 거쳐서 압류, 공매하는 것도 원칙적으로 허용되지 않는다. 조세채무가 확정되지 않았기 때문이다.[129] 신고서를 바탕으로 상속, 증여재산의 누락, 평가 등의 적법성을 가려 정부가 조사를 통하여 확정하여 통지한 후 그 납부기한이 경과하는 때에 기수시기가 도래하는 것이다.

그 외의 조세의 경우에는 그 신고, 납부기한이 지난 때에 기수시기가 도래한다. 이 차이는 신고로써 조세채무가 확정되느냐의 여부에 있다. 예정신고의 확정력에 대하여 살펴본다.

(3) 부가가치세 예정신고 등에 대한 법적지위의 변천

(가) 부가가치세 예정신고에 대하여 확정력 부여

1977.7.1. 부가가치세법 제정 당시에는 명칭과 같이 예정신고에는 확정력이 없었고, 확정신고 시에 확정력이 생겼다. 명칭 그대로 확정되지 아니한 예정상태로 머물렀던 것이다. 그 후 1990년 국세기본법 제35조(국세의 우선)를 개정하여 부가가치세 예정신고에도 확정력을 부여[130]하였다.

양도소득세 예정신고의 경우에도 2004년 말까지는 부가가치세예정신고와 마찬가지로 예정신고는 이름 그대로 예정으로, 예정신고세액공제라는 인센티브를 제공해서 협조를 유인하

---

129) 확정력이 없어 법정기일을 기준한 국세우선권이 적용되지 않기 때문에 당해세라는 예외규정을 적용하는 것으로 보인다. 상속세, 증여세, 종합부동산세가 당해세에 해당하는 것으로 공통점은 신고만으로 조세채무가 확정되지 않는다는 데 있다.

130) 여기서 확정력을 부여했다는 말은 예정신고에 대해 국세우선권기준이 되는 '법정기일'이 되도록 했다는 의미이다. 국세의 법정기일과 저당권, 전세권 등이 같은 일자인 경우에는 법정기일이 우선한다.

는 정도였다. 그 후 2004.12.31. 국세기본법 제35조(국세의 우선)를 개정하여 양도소득세 예정신고에도 확정력을 부여하여 부가가치세 예정신고와 동일한 효력이 생기게 되었다.

(나) 예정신고에 확정력을 부여한 이유 등

부가가치세의 경우 예정신고 후 납부하지 않은 경우에는 확정력이 없어 일반민사채권에 열위에 있어 조세채권의 일실이 발생했다. 이를 막기 위하여 예정신고에도 확정력을 부여한 것으로 이해할 수 있다. 그런데 이 예정신고에 확정력을 부여함에 따라 조세법상 다른 효과까지도 변화하는지 미리 확인한 것인지는 알 수 없다. 조세채권확보만을 위해서 확정력을 부여하면서 조세범처벌법상 기수시기 등에 미치는 영향은 예측한 것인지는 연구대상이다.

(다) 예정신고에 확정력 부여 후 부과제척기간 기산일에는 예외규정

국세기본법시행령 제12조의 3 제1항에서는 과세표준과 세액을 신고하는 국세의 경우 해당 국세의 과세표준과 세액에 대한 신고기한 또는 신고서 제출기한의 다음 날이 부과제척기간의 기산일이라고 규정하면서 "중간예납·예정신고기한과 수정신고기한은 과세표준 신고기한에 포함되지 아니한다"라고 규정함으로써 예정신고에 확정력이 부여되어도 부과제척기간 기산은 확정신고를 기준으로 한다고 밝히고 있다. 이는 국세의 부과제척기간을 연장하는 효과가 있다.

예정신고, 예를 들면 부가가치세 예정신고로 조세채무가 확정되어 국세우선의 원칙과 함께 독촉, 압류 후 공매처분까지 할 수 있고 나아가 조세범처벌법상의 기수시기까지도 도래했으나, 부과제척기간의 기산일에 관해서는 예외규정을 둔 것이다. 조세범처벌법상 기수시기와 관련해서는 아직까지 예외규정이 없는 한 해석론에 의하여 확정력 유무를 기준으로 엄격하게 해석할 수밖에 없다.

8. 납세의무의 소멸

납세의무의 소멸사유는 조세채권의 실현, 즉 만족을 얻은 후 소멸하는 경우와 조세채권이 실현되지 않은 상태에서 소멸하는 경우로 대별할 수 있다.

가. 조세채권의 실현

(1) 납부

세액을 정부에 납부하여 결과적으로 납세의무가 소멸하는 것을 말한다.

여기서 납부라 함은 당해 납세의무자는 물론 연대납세의무자, 제2차 납세의무자, 납세보증인, 물적납세의무자 및 기타 이해관계가 있는 제3자 등에 의한 납부를 말한다(국세기본법기본통칙 26-0…1).

(2) 충당

- 국세 등을 국세환급금과 상계하는 것
- 국세징수법상 공매대금으로 체납액을 충당하는 것

나. 조세채권의 미실현

(1) 부과의 취소

유효하게 행해진 부과처분을 당초의 처분시점으로 소급하여 효력을 상실시키는 과세관청의 처분

- 부과의 취소는 납세의무의 소멸사유이나, 부과의 철회는 납세의무의 소멸사유가 아니다. 부과철회란 국세징수법에 의하여 송달불능으로 징수유예한 국세를 확보할 수 없다고 인정되는 때에 그 부과결정을 철회하는 것을 말한다. 부과의 철회 후에 납세자의 행방 또는 재산을 발견한 때에는 지체 없이 부과 또는 징수의 절차를 밟아야 한다.
- 결손131)은 확정된 조세채권의 징수가능성이 없는 경우 이를 소멸시키는 과세주체의 행위이다. 이는 종전에 납부의무 소멸사유로 규정되어 있었으나, 결손이란 결손 이후 국세징수권의 소멸시효가 완성되기 이전에 압류할 수 있는 재산(압류가능재산은 결손 전에 존재하던 숨겨진 재산이든, 결손 후에 새로이 취득·형성된 재산이든 관계없다)이 발견되는 즉시 결손을 취소하고 당초 세액을 부활시켜 강제징수절차인 체납처분을 행하여야 하는 것이기에[[(구)국세징수법 제86조132) 제2항(참조)], 1996년 말 세법개정에서 이를 납부의무 소멸사유에서 제외시켰다.133)

---

131) 1996년 12월 납부의무 소멸사유에서 결손처분이 삭제됨으로써 결손처분이라는 용어는 쓸 수 없다. 처분행위는 이익처분 또는 불이익처분 중 하나에 해당해야 한다. 그러나 결손으로 납세의무자의 권리의무에 영향을 미치지 않게 되어 더 이상 결손처분이라고 할 수 없다. 그래서 여기서는 '처분'이라는 용어를 빼고 '결손'이라고 칭한다.

132) 2012.12.31. 국세징수법 제86조(결손처분)가 삭제되었다. 삭제된 이유는 1997.1.1.부터 결손처분의 납부의무소멸에서 제외한 것이 원인이 되었다. 1996.12.30. 국세기본법 제26조(납부의무의 소멸사유)에서 '체납처분'을 삭제한 후 16년이 지난 2012.12.31. 실효성이 없게 된 국세징수법 제86조(결손처분)를 삭제한 것이다. 실상 국세징수법 제86조(체납처분)는 1996.12.30. 국세기본법 제26조(납부의무소멸사유) 개정이 실효성을 상실한 것이다. 상세한 내용은 후술한다.

133) 결손처분이 1996.12.29. 이전에 행하여진 경우에는 결손처분 이후 결손처분 당시 다른 압류할 수 있는 재산이 있었던 것을 발견한 때에 지체 없이 결손처분을 취소하고 체납처분을 하여야 한다(재경부 조세 46019-61, 2000.2.29.; 징세 46101-424, 2000.3.17.).

따라서 그 후 결손된 세액은 재산 유무에 불문하고 국세징수권 소멸시효가 완성되는 때에 비로소 납부의무가 소멸되는 것이고, 국세징수권의 소멸시효가 완성되면 그 시점에서 체납자의 납부의무가 소멸된다. 결국 결손을 함으로써 국세징수권 및 체납자의 납부의무가 소멸되는 것은 아니다.

(2) 제척기간의 만료

국세부과권의 존속기간이 경과로 인하여 납세의무는 소멸된다.

국세부과권의 제척기간이 만료되는 경우에는 국세징수권의 소멸시효는 언급할 필요조차 없게 된다.

국세부과권의 제척기간은 납세자의 신고내용의 불성실의 정도와 세목에 따라서 5년에서 15년까지의 차이가 있다. 그리고 상속·증여세의 경우 일정한 요건에 해당하는 때에는 당해 재산의 상속 또는 증여가 있음을 안 날부터 1년 이내에 상속세 및 증여세를 부과할 수 있도록 규정하고 있다.[134]

'안 날부터 1년 이내'에서 '안 날'은 또 다른 제척기간의 기산일이지만 그 기산일에 해당하는 '안 날'은 불확정개념으로 해석의 여지를 남기고 있다. 과세자료가 최초로 국가기관에 접수된 시점인지, 아니면 관할서에 이첩된 시점인지 등 그 시점이 객관적이지 아니할 뿐아니라 인지하고 있는 주체를 누구로 한정해야 하는지 등에 대하여는 언급이 없다. 고무줄 규정이라고 하지 않을 수 없는 표현이다.

(3) 소멸시효의 완성

국세징수권을 일정기간 동안 행사하지 아니하는 경우에는 국세징수권의 소멸시효가 완성되어 납세의무는 소멸된다. 부과제척기간과는 달리 세목 등의 구분 없이 소멸시효의 완성기간은 5년으로서 동일하다.

제 5 절 **의사(意思)와 표시(表示)의 불일치**

1. 의의

법률행위는 의사를 외부에 표시함으로써 성립하는 것으로 표의자의 내심의 의사와 밖으

---

134) 국세기본법 제26조의 2【국세부과의 제척기간】

로 표시된 것이 일치하는 것이 가장 바람직하다. 그리고 내심의 의사와 표시된 표시행위가 일치하지 않는 경우에는 어느 것을 우선할 것인가가 문제된다. 사적 자치의 원칙을 고려하면 표의자의 내심의 의사를 존중하는 것이 바람직할 것이다. 그러나 표시된 의사표시에 기하여 상대방은 그 진의를 판단하고 서로 교섭하여 사회생활을 하는 것이므로 표시행위를 신뢰하고 행위를 한 상대방의 입장도 고려하지 않을 수 없다. 그래서 내심의 진의와 외부의 표시 사이에 불일치가 있는 경우는 어디까지 표시의 효력을 인정하고 진의에 반하는 효과를 강제하여 상대방을 보호할 것인가, 또 어디까지 진의의 효력을 인정하고 표시를 신뢰한 상대방을 희생시킬 것인가가 문제된다.

이러한 경우에 관하여 민법은 진의 아닌 의사표시, 통정한 허위의 의사표시, 착오로 인한 의사표시, 사기강박에 의한 의사표시에 대하여 규정을 두고 있다.

2. 진의(眞意) 아닌 의사표시

가. 의의

의사표시는 표의자가 진의 아님을 알고 한 것이라도 그 효력이 있다. 그러나 상대방이 표의자의 진의 아님을 알았거나 이를 알 수 있었을 경우에는 무효로 한다(제107조).

즉 표의자가 진의가 아님을 알면서 상대방에게 이와 다른 의사표시를 하는 경우를 말한다. 단독허위표시 또는 비진의 표시라고도 한다. 농담이나 거짓말이 이에 해당한다.

나. 효과

이런 경우는 표의자를 보호할 필요성이 별로 없고, 오히려 이 표시를 신뢰한 상대방을 보호하여야 하기 때문에 원칙적으로 표시된 대로 효력을 갖는다. 그러나 상대방도 진의 아님을 알고 있었던 경우나 보통의 주의를 기울이면 알 수 있었던 경우에는 상대방을 보호할 필요가 없기 때문에 이 의사표시는 무효로 한다. 이와 같이 의사표시가 무효로 되는 경우에도 이를 몰랐던 선의의 제3자에게는 이 무효를 주장하지 못한다.

3. 통정(通情)허위표시

가. 의의

상대방과 통정한 허위의 의사표시는 무효로 한다(제108조).

표의자와 상대방이 서로 통정하여 하는 진의 아닌 의사표시를 통정허위표시라 한다. 예컨대 압류를 면하기 위하기 위하여 매매를 가장하고 부동산의 소유권이전등기를 하는 것이 여기에 해당한다.

나. 효과

허위표시에 대해서는 전혀 행위자를 보호할 필요가 없으므로 무효이다.

다시 말하면 당사자 쌍방이 진의 아님을 알고 한 가장된 의사표시이기 때문에 그러한 의사표시는 보호할 필요가 없으므로 그 의사표시는 무효로 하는 것이다.

그러나 이러한 가장행위를 진실인 것으로 신뢰하고 이를 전제로 이해관계를 가지게 된 선의의 제3자는 보호되어야 하므로 허위표시의 당사자는 선의의 제3자에게 대항하지 못한다.[135]

| 허위표시와 구별하여야 할 행위 |

1. 은닉행위

증여의 의사를 감추고 매매를 가장하는 경우와 같이 진실로 다른 행위를 할 의사가 감추어져 있는 경우가 있다. 이때에 그 감추어진 행위를 '은닉행위'라고 한다. 은닉행위도 일종의 허위표시이지만 진실로 다른 행위를 할 의사가 있기 때문에 보통의 허위표시로 다룰 것이 아니라 이와 같이 그 감추어진 행위로서의 요건을 갖추어져 있느냐의 여부에 따라 그 효력을 결정하면 되는 것이다. 즉 은닉행위라고 하여 당연히 무효가 되지는 않는다.

2. 신탁행위

추심을 위한 채권양도, 담보를 목적으로 하는 동산소유권 양도와 같이 상대방에게 그 행위의 경제적 목적을 넘는 권리를 주고, 상대방으로 하여금 그 목적의 범위 안에서만 그 권리를 행사케 하려는 행위를 민법상의 '신탁행위'라고 한다. 신탁행위에 있어서는 권리를 이전하려는 진의가 있기 때문에 그것은 허위표시는 아니다. 예컨대, 동산양도담보에 있어서는 채권담보라는 경제적 목적을 소유권 양도라는 법률적 수단으로써 달성하려는 것일 뿐 소유권양도라는 의사표시 그 자체는 진의이기 때문에 그것은 허위표시가 아니다.

---

135) 세무서장은 납세자가 제3자와 짜고 거짓으로 재산에 전세권, 질권, 저당권, 임대차, 가등기, 양도담보 설정 등의 계약을 하고 그 등기 또는 등록을 하거나 주택임대차보호법 제3조의 2 제2항 또는 상가건물임 대차보호법 제5조 제2항에 따른 대항요건과 확정일자를 갖춘 임대차 계약을 체결함으로써 그 재산의 매각금액으로 국세를 징수하기가 곤란하다고 인정할 때에는 그 행위의 취소를 법원에 청구할 수 있다. 이 경우 납세자가 국세의 법정기일 전 1년 내에 특수관계인 중 대통령령으로 정하는 자와 전세권·질권 또는 저당권 설정계약, 임대차 계약, 가등기 설정계약 또는 양도담보 설정계약을 한 경우에는 짜고 한 거짓 계약으로 추정한다(국세기본법 제35조 제6항, 2019.12.31. 개정).

☞ 추정규정이므로 법정기일 전 1년 내에 전세권 등을 설정했다 하더라도 전세금을 지급한 사실 등을 제시하여 허위계약이 아닌 것을 입증하면 된다.

☞ 만약 간주규정일 경우에는 전세금을 지급한 사실 등으로 진실한 계약임을 입증한다 하더라도 세법상의 허위계약효과에서 벗어날 수 없다.

4. 착오

가. 의의

의사표시는 법률행위의 내용의 중요부분에 착오가 있는 때에는 취소할 수 있다. 그러나 그 착오가 표의자의 중대한 과실로 인한 때에는 취소하지 못한다(제109조).

착오라 함은 인식 자체와 표시와의 불일치를 의미하는 것으로 표의자 자신이 의사와 표시가 불일치함을 알지 못하는 의사표시를 말한다.

예를 들면 대원군의 친필로 알고 산 족자가 사실 친필이 아닌 경우에는 착오로 인한 매매가 되는 것이다.

나. 효과

표의자 자신이 진의와 표시가 불일치함을 모르고 있으므로 외부에 표시된 대로 법률효과를 부여하는 것은 표의자에게 가혹하다. 그리하여 민법은 표의자를 보호하기 위하여 이를 취소할 수 있도록 하였다.

이때 모든 경우에 취소할 수 있도록 하면 착오로 인한 것임을 알지 못하고 거래한 상대방에게 불측의 손해를 줄 염려가 있으므로 제한하여 법률행위의 중요부분에 관하여 착오가 있을 경우에만 취소할 수 있게 하였다.

여기서 중요부분의 착오에 해당하는지 여부는 보통 일반인을 기준으로 하여 그러한 착오가 없었다면 그러한 법률행위를 하지 않았을 정도로 중요한 부분에 관한 착오인가 여부로 판단하여야 할 것이다. 그리고 추상적으로 결정할 것이 아니라 개개의 법률행위에 관하여 구체적으로 표의자 자신의 이익과 상대방의 이익 그리고 거래의 안전과의 조화 속에서 판단하여야 한다.

민법에서는 거래의 안전을 위하여 이 취소로서 선의의 제3자에게 대항할 수 없도록 규정(제109조 제2항)하고 있으며 여기서의 제3자란 그 착오인 법률행위를 기반으로 하여 새로운 이해관계를 맺은 자를 말한다. 제3자는 선의로 추정되는 것이므로 제3자가 악의라는 사실을 주장하는 쪽에서 입증하여야 한다.

위의 중요부분의 착오가 있더라도 그 착오가 표의자의 중대한 과실로 인한 것인 때에는 거래의 상대방을 해치면서까지 표의자를 보호할 필요가 없기 때문에 이를 취소하지 못한다(제109조 제1항 단서).

5. 사기·강박에 의한 의사표시(제110조)

의사표시가 완전히 유효하기 위해서는 표의자의 자유로운 의사에 의해야 한다.

개인의 자유로워야 하는 의사가 타인의 불법간섭에 의하여 방해를 당한 경우에 이를 하자 있는 의사표시라고 한다.

이는 진의에 상당하는 의사표시가 있었지만 진의의 결정과정 자체가 타인의 사기 또는 강박에 의하여 이루어짐으로써 의사표시가 자유롭지 못하였던 경우를 말한다.

사기 또는 강박행위는 불법행위를 구성하므로 민법상 손해배상책임이 발생하고(제750조) 형법상으로도 범죄행위가 된다. 그러나 이로써 피해자를 보호하는 것은 미흡하므로 그 의사표시 자체를 취소할 수 있도록 하였다.

가. 사기에 의한 의사표시

사기에 의한 의사표시라 함은 타인에게 속아서 한 의사표시를 말한다.

사기란 타인을 기망하여 착오에 빠지게 하는 것을 말하는데 사기에 의하여 의사표시를 하게 한 사기자에게는 표의자를 기망하여 착오에 빠지게 하려는 고의와 그에 의하여 착오에 의한 의사표시를 시키려는 이중의 고의가 있어야 한다. 기망행위는 허위의 진술이나 진실의 은폐뿐만 아니라 단순한 침묵이나 의견 또는 평가 등도 이에 포함된다. 그리고 표의자는 사기에 의하여 착오에 빠져 의사표시를 하여야 한다.

나. 강박에 의한 의사표시

강박에 의한 의사표시란 타인이 불러일으킨 공포심에 의하여 한 의사표시를 말한다. 강박이라 함은 고의로 타인에게 해악을 통고하여 공포심을 일으키는 위법한 행위이다.

사기에 의한 의사표시와 마찬가지로 강박자는 이중의 고의가 있어야 하고 강박행위를 하였어야 한다. 강박행위는 상대방에게 공포심을 일으키는 일체의 행위로서 해악의 종류나 행위의 모습에는 제한이 없다. 그리고 강박행위로 공포심이 나서 의사표시를 하였어야 한다.

다. 제3자가 행하는 사기·강박

보통의 사기나 강박의 경우에는 사기나 강박을 행하는 자와 사기나 강박을 당하는 자가 존재할 뿐이다. 그러나 특별한 경우 제3자가 사기나 강박으로 의사표시를 하게 하는 경우가 있다. 예를 들면 갑이 을에게 부당한 간섭을 하여 을이 시달림에 지쳐서 을의 부동산을 병에게 양도하는 경우이다. 이 경우에도 사기·강박의 의사표시로 다룬다. 다만, 그 효과에 있어서 다르게 취급한다.

라. 하자 있는 의사표시의 효과

사기·강박에 의한 의사표시는 취소할 수 있다.

상대방 있는 의사표시에 관하여 제3자가 사기·강박을 한 때에는 상대방이 사기·강박의 사실을 알았거나 알 수 있었을 경우에만 취소할 수 있다(제110조 제2항).

이 경우에는 법률행위로 인한 법률효과를 받는 자가 위법한 간섭을 한 제3자가 아니라는 점에서 무조건 취소를 인정하기는 어렵다. 왜냐하면, 그 간섭에 참여하지 아니한 상대방에게는 너무나 가혹한 결과가 되기 때문이다. 그래서 민법은 상대방이 제3자의 사기 또는 강박의 사실을 알았거나 알 수 있었을 경우에 한하여 그 의사표시를 최소할 수 있도록 규정하고 있는 것이다.

그러나 이 취소는 선의의 제3자에게는 대항할 수 없다. 즉 표의자의 상대방과 거래한 다음 단계의 제3자가 선의인 경우에는 그 선의의 제3자에게는 대항할 수 없는 것이다.

제6절 의사표시의 효력발생시기

1. 서론

의사표시는 그 상대방이 있는 경우와 유언과 같이 상대방이 없는 경우가 있다. 상대방이 없는 의사표시는 원칙적으로 표시행위가 완료된 때에 효력이 발생하지만 상대방 있는 의사표시는 상대방의 의사표시 수령능력의 문제와 의사표시의 효력발생시기가 문제된다.

상대방 있는 의사표시의 진행과정을 보면

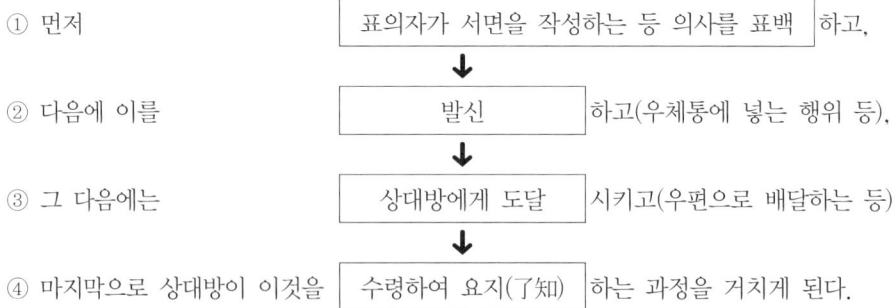

① 먼저 | 표의자가 서면을 작성하는 등 의사를 표백 | 하고,

② 다음에 이를 | 발신 | 하고(우체통에 넣는 행위 등),

③ 그 다음에는 | 상대방에게 도달 | 시키고(우편으로 배달하는 등),

④ 마지막으로 상대방이 이것을 | 수령하여 요지(了知) | 하는 과정을 거치게 된다.

의사표시의 효력발생시기에 있어서도 이와 같은 단계에 대응하여 표백(表白)주의, 발신(發信)주의, 도달(到達)주의 및 요지(了知)주의가 있을 수 있다. 그런데 표백주의와 요지주의는 당사자 중의 일방에게 유리하고 타방에게는 불리하다. 반면, 발신주의와 도달주의는 양 당사자의 이익을 가장 잘 조절하므로 민법은 도달주의를 원칙으로 하고, 특수한 경우에만 발신주의를 취하였다.

한편, 세무서장의 고지 등 처분행위는 도달주의로 하고 있으며, 납세자의 신고는 발신주의(단, 해제조건부)를 채택하고 있으며, 납세의 고지 · 독촉 · 정부의 명령에 관계되는 서류의 송달은 등기우편에 의하도록 규정하고 있다.[136]

2. 의사표시의 효력발생

가. 효력발생시기

의사표시는 상대방 있는 의사표시와 상대방 없는 의사표시로 나눌 수 있다. 계약은 모두 상대방이 있는 경우이고 단독행위의 경우에는 동의, 추인 등의 상대방 있는 단독행위와 유언, 포기 등의 상대방 없는 단독행위가 있다. 상대방 없는 단독행위는 그 의사표시를 수령할 상대방이 없기 때문에 도달을 논할 실익이 없다.

상대방 있는 의사표시는 상대방에게 도달한 때에 그 효력이 발생한다. 이에 반하여 상대방 없는 의사표시의 경우에는 표백과 동시에 효력이 발생한다.

따라서 단독행위의 경우에 있어서 상대방 있는 단독행위와 상대방 없는 단독행위의 효력발생시기가 다르게 된다. 상대방 있는 단독행위는 그 의사표시가 상대방에게 도달한 때 그 효력이 생기는 것이다.

여기서 도달이란 상대방의 지배권 안으로 들어가 사회통념상 요지할 수 있는 상태가 생겼다고 인정되는 것을 말한다.

이 원칙은 격지자 사이나 대화자 사이에 모두 적용된다.

---

136) ① 등기우편으로 고지서를 발송하는 경우에는 동 고지서가 상대방에 도달된 것으로 추정할 수 있다. 따라서 상대방이 받지 못했음을 입증해야 한다(국심 95중2265, 1995.11.18. 취소).
고지서송달기관인 ○○우체국에 조회한바 이 건 고지서는 수취인이 이사 간 관계로 담당집배원이 1995.1.19.자로 반송처리하였으나 반송처리과정에서 분실된 것으로 확인하고 있다. 따라서 처분청에서 청구인의 주소지를 확인하지 아니하고 청구인의 전 주소지로 납세고지서를 발송함으로써 청구인에게 송달되지 아니한 이 건 납세고지는 당연무효이고, 이에 따라 청구인의 재산에 대하여 압류한 처분도 취소해야 한다.
② 일반우편으로 고지서를 발송하는 경우에는 동 고지서가 상대방에 도달하지 않은 것으로 추정한다. 따라서 동 추정사실을 번복하고자 하는 처분청에서 상대방이 수령하여 인지했음을 입증해야 한다. 즉 입증책임이 누구에게 주어지느냐 하는 것이다.

나. 효과

의사표시는 도달한 때에 그 효력이 생기므로 발신 후라도 도달하기 전까지는 표의자는 그 의사표시를 임의로 철회할 수 있다.

도달은 이미 성립한 의사표시의 효력발생요건에 불과하고 표백과 발신으로 이미 의사표시가 완성되어 있으므로 발신 후 의사표시자가 그 통지를 발송한 후 사망하거나 제한능력자가 되어도 의사표시의 효력에 영향을 미치지 아니한다(제111조 제2항). 그리고 대리권과 같은 의사표시를 할 권한의 상실도 의사표시의 효력에는 영향이 없다.

다. 의사표시의 공시송달

의사표시는 도달에 의하여 효력이 발생하므로 상대방을 알 수 없거나 그의 소재를 알 수 없는 경우에는 의사표시의 효력을 발생시킬 수가 없는데 이러한 불편을 제거하기 위한 제도가 공시송달이다(제113조).

공시방법은 민사소송법이 정한 공시송달의 규정(민사소송법 제194조·제195조·제196조)에 의한다. 공고와 게시한 날로부터 2주일이 경과한 때에 그 의사표시가 상대방에게 송달된 것으로 본다.

국세기본법상의 공시송달요건과 효력발생시기는 다음과 같다.

(1) 공시송달요건

송달할 장소에 수취인이 부재중인 경우로서 다음과 같다.
- 서류를 등기우편으로 송달하였으나 수취인이 부재중(不在中)인 것으로 확인되어 반송됨으로써 납부기한 내에 송달이 곤란하다고 인정되는 경우
- 세무공무원이 2회 이상 납세자를 방문[처음 방문한 날과 마지막 방문한 날 사이의 기간이 3일(기간을 계산할 때 공휴일 및 토요일은 산입하지 않는다) 이상이어야 한다]해 서류를 교부하려고 하였으나 수취인이 부재중인 것으로 확인되어 납부기한까지 송달이 곤란하다고 인정되는 경우

(2) 공시송달의 효력발생시기

- 공고한 날로부터 14일이 경과한 때
- 고지서가 반송되자 '이장'으로부터 거주하지 아니함을 확인받은 후 공시송달한 것은 정당하다(대법원 98두1996, 1999.2.12.).

라. 국세기본법상 공시송달

(1) 요건

주소 또는 영업소가 국외에 있고 그 송달이 곤란한 경우와 주소 또는 영업소가 분명하지 아니한 경우에는 공시송달할 수 있다. 여기서 송달이 곤란한 경우 등에 관한 입증은 처분청에서 부담해야 한다고 보아야 할 것이다.

그리고 서류를 송달할 장소에 수취인이 부재중인 경우로서 서류를 등기우편으로 송달하였으나 수취인이 부재중(不在中)인 것으로 확인되어 반송됨으로써 납부기한 내에 송달이 곤란하다고 인정되는 경우와 세무공무원이 2회 이상 납세자를 방문[처음 방문한 날과 마지막 방문한 날 사이의 기간이 3일(기간을 계산할 때 공휴일 및 토요일은 산입하지 않는다) 이상이어야 한다]해 서류를 교부하려고 하였으나 수취인이 부재중인 것으로 확인되어 납부기한까지 송달이 곤란하다고 인정되는 경우(국세기본법시행령 제7조의 2, 2020.2.11. 개정).

여기서 공시송달을 할 수 있다는 의미는 위의 요건에 해당하는 경우 공시송달로서 상대방이 고지서 등의 서류를 수령한 것과 같은 효력이 발생한다는 것을 뜻한다. 따라서 공시송달의 효력이 발생한 때로부터 90일이 경과하면 취소를 원인으로 하는 행정쟁송을 제기할 수 없는 등의 불이익이 생긴다.

한편, 공시송달의 요건이 결여된 경우에는 처분행위 자체가 없는 것으로 되어 일정한 기간이 경과되면 부과제척기간의 만료로 납세의무가 소멸된다.

이렇게 볼 때 공시송달제도는 과세관청의 입장에서나 납세자의 입장에서나 모두 간과할 수 없는 중요한 제도이다.

(2) 효력발생시기

공시송달을 위한 공고는 국세정보통신망(세무서 홈페이지), 세무서의 게시판이나 그 밖의 적절한 장소, 해당 서류의 송달장소를 관할하는 특별자치시·특별자치도·시·군·구의 홈페이지·게시판이나 그 밖의 적절한 장소, 관보 또는 일간신문에 게재하여야 한다. 이 경우 국세정보통신망을 이용하여 공시송달을 하는 때에는 다른 공시송달방법과 함께 하여야 한다(국세기본법 제11조 제2항).

따라서 일반외부인이 용이하게 볼 수 없는 사무실 내부에 고시할 내용을 게시하는 경우에는 공시송달의 효력이 부인될 수 있을 것이다.

공시송달이 위의 적절한 방법으로 공고가 된 경우에는 공고한 날로부터 14일이 경과함으로써 서류의 송달이 있는 것으로 간주한다. 민사소송법에서는 게시한 날로부터 2주일이 경과한 때에 그 의사표시가 상대방에게 송달된 것으로 보는 것이므로 국세기본법의 규정과 동일하다.

제 4 장

대리(代理)

사적 자치의 확충이라는 임의대리, 사적 자치의 보충이라는 법정대리 등은 그 법률효과가 모두 본인에게 귀속된다.

대리인이 행한 법률효과는 모두 본인에게 귀속되므로 납세의무자 역시 본인이 되는 것이 원칙이다. 대리인에 의한 매매 등의 경우 납세의무자를 규명함에 있어 소득세부과에는 큰 문제가 없다. 그러나 거래상대방에게 세금계산서를 교부해야 하는 부가가치세는 누가 누구에게 세금계산서를 교부해야 하는가 등 정확히 이해해야 하는 부분이 있다. 따라서 대리에 관한 조세법은 특히 부가가치세법상의 세금계산서 교부의무와 연계하여 이해할 필요가 있다.

그리고 대리는 상법상의 위탁매매업과는 구분되어야 하며 대리는 사실행위 또는 불법행위에 대하여는 인정되지 아니한다는 의미를 정확하게 이해할 필요가 있다.

제 1 절   대리(代理)의 의의

법률행위의 효과는 행위자 자신에게 귀속하는 것이 원칙인데 대리에서는 대리인이 계약하고 그 결과인 권리·의무는 본인에 대하여 생김으로써 행위자와 효과의 귀속자가 분리된다.

대리는 의사표시 내지 법률행위에 대해서만 인정되므로 사실행위나 불법행위에 대해서는 문제되지 않는다. 그리고 반드시 본인 자신이 의사결정을 하여야 하는 혼인 등의 신분행위에는 대리가 허용되지 않는다.

대리에는 본인의 의사에 의하여 대리인이 되는 임의대리와 그렇지 않고 법률의 규정에 의하여 대리인이 되는 법정대리 그리고 대리인이 의사표시를 하는 경우의 능동대리 또는 적극대리, 의사표시를 수령하는 수동대리 또는 소극대리 그리고 대리권의 유무에 따른 유권대리와 무권대리 등이 있다. 여기서는 임의대리와 법정대리만을 본다.

1. 임의대리

근대사회에서와 같이 사회경제생활이 복잡하게 얽혀 있는 시대에서 각인이 항상 자기 사무를 스스로 행해야 한다면 불편함을 넘어서 때로는 불가능할 경우도 있다. 어느 특정인 한 사람이 여러 개의 사업에 관여하고 활동하고 있는 오늘날의 현실을 고려하면 대리제도 의 유용성은 결코 과소평가할 수 없을 것이다. 결국 대리제도의 사회적 효용은 본인이 대리인 지능을 이용하여 그 활동의 효과를 거둘 수 있다는 점에 있다. 즉 사적 자치의 확충이라는 요청에 부응한 것이 임의대리제도이다.

2. 법정대리

근대민법에서는 예외 없이 사람은 생존한 동안 권리와 의무의 주체가 된다.

따라서 직업, 출생, 나이, 성별 등에 관계없이 모든 사람, 즉 자연인은 예외 없이 출생이 라는 자연적 사실에 의하여 권리능력을 가지게 된다. 그에 따라 갓 태어난 유아의 경우에도 상속 등으로 재산을 취득할 수 있으나, 그 재산을 실제로 관리하거나 적정한 법률행위를 할 수는 없다. 민법에서도 만 19세 미만인 자를 미성년자라고 하여 단독으로 유효한 법률 행위를 하지 못하도록 규정하고 있는 것도 이들 제한능력자를 위한 보호를 위한 것이다. 이러한 요청에서 일정요건에 있는 자를 법률에서 대리인으로 정하고 있으며, 이들을 당사 자의 의사와 관계없이 법률에 의해 대리권이 주어진다고 하여 법정대리인이라고 한다.

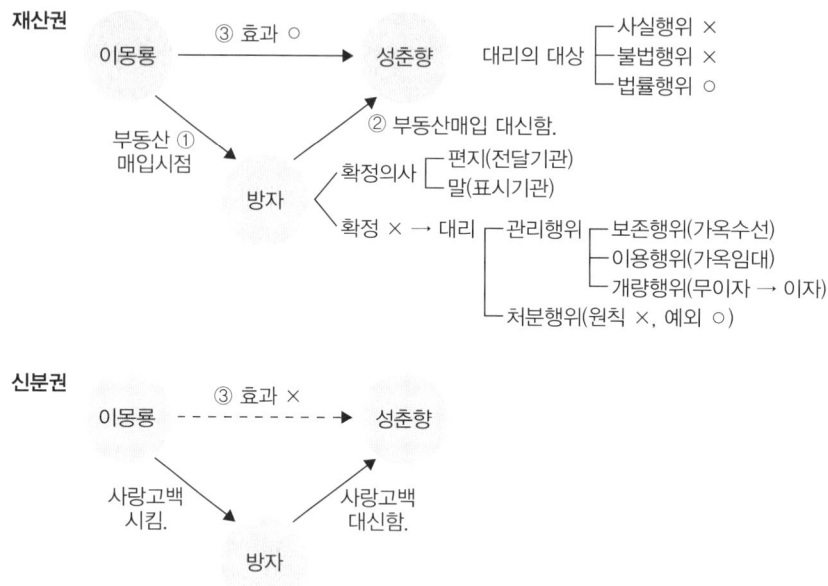

┃그림 2-8┃ 대리

제산권

이몽룡 ──── ③ 효과 ○ ──→ 성춘향

대리의 대상 ┬ 사실행위 ×
           ├ 불법행위 ×
           └ 법률행위 ○

부동산 ①
매입시점

② 부동산매입 대신함.

방자 ┬ 확정의사 ┬ 편지(전달기관)
     │   └ 말(표시기관)
     │
     └ 확정 × → 대리 ┬ 관리행위 ┬ 보존행위(가옥수선)
                    │   ├ 이용행위(가옥임대)
                    │   └ 개량행위(무이자 → 이자)
                    └ 처분행위(원칙 ×, 예외 ○)

신분권

이몽룡 ┄┄┄ ③ 효과 × ┄┄→ 성춘향

사랑고백
시킴.

사랑고백
대신함.

방자

1. 간접대리

위탁매매업(상법 제101조)과 같이 자기의 명의로써 타인의 계산으로 하는 법률행위를 간접대리라 한다. 위탁매매업은 법적으로 보면 행위의 효과가 일단 위탁매매업자인 행위자 자신에게 귀속된 후 이것을 다시 본인에게 옮기는 것이므로 대리와 구별된다. 본래의 대리를 이 간접대리에 대하여 직접대리라고 부른다.

대리행위의 효과가 직접적으로 본인에게 귀속되지 않고 대리인을 거쳐서 본인에게 대리행위의 효과가 귀속된다는 면에서 특별히 간접대리라고 부르는 것이다. 조세법에서는 직접대리와 간접대리를 근본적으로 동일하게 과세하고 있으며, 다만 부가가치세법에서 세금계산서 수수방법만을 간접대리라는 특별한 사정을 고려하여 예외규정을 두고 있을 뿐이다.[137]

---

137) 부가가치세법시행령 제69조【위탁판매 등에 대한 세금계산서 발급】제1항 · 제2항

2. 사자(使者)

　사자에는 본인이 완성한 의사표시를 그대로 전달하는 전달기관으로서의 사자(문서를 건네주는 심부름꾼)와 본인이 결정한 의사를 상대방에게 표시하여 그 의사표시를 완성시키는 표시기관으로서의 사자(예 : 말을 전하는 심부름꾼)가 있다. 후자는 대리와 비슷하나 이 경우에도 의사를 결정하는 것은 본인이며 사자는 단지 이것을 표시하는 데 지나지 않으므로 대리가 아닌 보조행위에 불과하다.

3. 대표

　법인의 대표에 있어서는 대표기관, 예컨대 이사의 행위가 바로 법인의 행위가 되지만, 대리의 경우에는 대리인은 본인과는 별개의 독립적인 법적 지위를 가지는 자로서 그 행위도 어디까지나 대리인의 행위이다. 또 대표는 불법행위에도 인정되지만 불법행위에는 대리가 인정되지 않는다.

02
총칙

제3절 　**대리권**

---

1. 대리권이란?

　본인을 위하여 의사표시를 하거나 수령하여 본인에게 법률효과를 발생하게 하는 법률상의 자격을 말한다. 대리권이 없으면 대리행위와 같은 외양이 있어도 그 효과가 본인에게 귀속되지 아니한다.

　대리권은 법률의 규정에 의하여 발생하는 경우가 있다. 즉 법정대리의 경우에는 미성년자 등 일정한 신분관계로 인하여 또는 상속재산관리인처럼 가정법원의 선임으로 발생한다. 그러나 임의대리의 경우에는 본인이 대리인에게 대리권을 줌으로써 발생한다. 수권행위는 대개 위임계약이나 조합계약 그리고 고용계약과 함께 행해지는 수가 많으나 수권행위와 위의 계약과는 별개의 행위이다.

　대리권의 범위에 관해서는 법정대리의 경우에는 개별법규에 정해져 있으나, 임의대리의 경우에는 위임장에 기재된 내용 등 수권행위의 해석을 통하여 정해진다. 수권행위에서 대리권의 범위가 정해지지 않으면 보존행위와 물건이나 권리의 성질을 변화시키지 않는 범위 내에서의 이용행위 그리고 개량행위만을 할 권한이 있다고 본다. 다시 말해 관리행위는 할 수 있으나 처분행위는 할 수 없다(제118조).

2. 대리권의 발생

가. 대리권의 발생원인

대리권은 본인의 의사의 의하여 발생하는 경우와 법률의 규정 또는 가정법원의 선임에 의하여 본인의 의사와는 관계없이 발생하는 경우가 있다.

본인의 의사의 의하여 발생하는 경우의 대리를 임의대리라고 하고 본인의 의사에 관계없이 발생하는 대리를 법정대리하고 한다. 임의대리에는 반드시 본인인 대리인에게 대리권을 수여하는 의사표시가 필요로 한다. 즉 반드시 수권행위가 있어야 한다.

나. 수권행위

임의대리에 있어서 본인이 대리인에게 대리권을 수여하는 행위를 수권행위라고 한다.

이러한 수권행위는 대개 위임계약이나 조합계약 그리고 고용계약과 함께 행해지는 수가 많으나 수권행위와 위의 계약과는 별개의 행위이다.

대리권의 범위에 관해서는 법정대리의 경우에는 개별법규에 정해져 있으나, 임의대리의 경우에는 위임장에 기재된 내용 등 수권행위의 해석을 통하여 정해진다. 수권행위에서 대리권의 범위가 정해지지 않으면 관리행위는 할 수 있으나 처분행위는 할 수 없다.

3. 대리권의 범위와 그 제한

가. 대리권의 범위

대리권의 범위는 대리인이 본인에 대하여 직접 법률효과를 귀속시키는 행위를 할 수 있는 범위를 말하는 것으로 대리인의 권한이라고도 한다.

법정대리의 경우에는 법률의 규정에 의하여 대리권한이 정해지고 임의대리의 경우에는 본인의 대리인에 대한 수권행위의 내용에 의하여 대리권한이 정해진다.

물건의 멸실 또는 훼손을 막기 위해 수리계약 · 권리의 보존등기 · 시효중단행위 등이 보존행위로 볼 수 있는 예이고, 가옥의 임대 · 무이자의 금전소비대차를 이자부로 변경하는 계약 등이 이용 또는 개량하는 행위로 볼 수 있는 예이다. 이들은 모두 본인에게 불리하게 작용하지 않는 관리행위에 해당한다. 본인에게 불리하게 작용할 수 있는 개연성이 있는 처분행위는 권한을 정하지 않은 대리인이 할 수 없는 것이다. 즉, 보존행위, 이용행위, 개량행위 등 관리행위만 할 수 있다.

나. 대리권의 제한

(1) 자기계약·쌍방대리의 금지

법률행위의 당사자 일방이 상대방을 대리하거나 한 사람이 당사자 쌍방의 대리인을 겸하는 것은 원칙적으로 금지된다(제124조).

대리인이 대리인자신의 이익을 위하여 본인의 이익을 훼손하는 것을 막기 위한 제도이지만 임의규정이므로 본인이 미리 승낙을 한 경우에는 완전한 효력이 발생한다. 금지라는 표현으로 되어 있지만 동 규정은 강행규정이 아니고 당사자의 의사표시로써 그 적용을 배제할 수 있는 임의규정이라는 의미이다.

그리고 동 규정에 위반하는 대리행위가 곧바로 절대적으로 무효가 되는 것은 아니고 무권대리로서 상대적 무효에 해당할 뿐이다.

(2) 공동대리의 제한

수인의 대리인이 공동하여야만 대리할 수 있는 것을 공동대리하고 한다.

따라서 대리인 1인으로서는 완전한 대리를 할 수 없으므로 개개인의 대리권은 제한된다. 이 경우 개개의 대리인에 대하여는 대리권의 제한이 있는 것으로 볼 수 있다. 그러므로 개개인이 단독으로 대리행위를 한 경우에는 권한을 넘은 무권대리행위가 된다.

4. 복대리

대리인은 자기가 가지는 대리권의 범위 내에서 특정한 자를 선임하여 그자에게 권한 내의 행위의 전부 또는 일부를 행하게 할 수 있다(제120조 이하). 이 관계를 복대리라고 하고, 대리인에 의해 선임된 자를 복대리인이라고 한다.

가. 복대리인

복대리인은 대리인이 자기의 대리권한에 속하는 사항의 전부 또는 일부를 행하게 하기 위하여 대리인 명의로 선임한 본인의 대리인이다. 민법에서는 복대리인은 그 권한 내의 행위에 관해서 본인을 대리한다고 규정함으로서 복대리인은 대리인의 대리인이 아닌 본인의 대리인임을 명문으로 선언하고 있다(제123조).

나. 복임권

복대리인을 선임하는 대리인의 권한을 복임권이라고 한다. 복임권은 법률의 규정에 의하여 대리권에 부수하여 인정된 기능이지만 임의대리의 경우와 법정대리의 경우에 차이가 있다.

(1) 임의대리의 복임권

임의대리인은 원칙적으로 복임권을 가지지 못한다. 그러나 본인의 승낙을 얻거나 부득이한 사유가 있는 경우에는 예외로 복임권을 가진다(제120조).

이 경우 임의대리인은 복대리인의 선임감독에 대하여 본인에게 책임을 져야 한다(제121조 제1항).

다만, 복대리인의 선임이 본인의 지명에 의하여 행하여진 경우에는 그 부적임 또는 불성실한 것을 알고도 본인에게 통지하지 않았거나 해임을 태만히 한 경우에만 책임을 부담한다(제121조 제2항).

(2) 법정대리의 복임권

법정대리인은 원칙적으로 복임권이 있다. 이 경우 법정대리인은 복대리인의 행위에 관하여 본인에게 모든 책임을 부담하여야 한다(제122조). 그러나 부득이한 사유로 인하여 복대리인을 선임하였을 때에는 책임이 경감되어 복대리인을 선임·감독하는 데 과실이 있는 때에 한하여 본인에게 책임을 진다(제122조 단서).

5. 대리권의 소멸

대리권의 소멸사유로는 법정대리와 임의대리에 공통적인 것과 각각의 대리에 특유한 것이 있다.

가. 일반적 소멸사유

임의대리와 법정대리에 공통한 소멸사유는
① 본인의 사망(제127조 제1호)[138]
② 대리인의 사망, 성년후견의 개시 또는 파산(제127조 제2호)

---

138) 상법 제50조【대리권의 존속】
　　상인이 그 영업에 관하여 수여한 대리권은 본인의 사망으로 인하여 소멸하지 아니한다.

대리권은 대리인과 본인과의 인적 신뢰관계를 바탕으로 성립하는 것이므로 당사자의 사망은 당연히 소멸사유가 된다. 또한 대리인은 행위능력자임을 요하지 않지만 행위능력자를 대리인으로 선임한 뒤에 그 대리인이 피성년후견선고나 파산선고를 받은 경우에는 본인의 의사에 부합된다고 보기 어렵고 당초 본인의 수권취지에 보아 적당하지 않으므로 민법에서는 이를 대리권의 소멸사유로 규정하고 있는 것이다.

나. 특별소멸사유

(1) 법정대리에 특유한 소멸사유

법정대리의 소멸사유에 관해서는 부재자의 재산관리인을 가정법원이 개임하는 경우나 친권이 상실된 경우 그리고 법정대리인이라 하더라도 친권자가 부적당한 관리로 인하여 자(子)의 재산을 위태롭게 한 경우에는 일정한 절차에 따라 법원에서 법정대리인의 대리권의 상실을 선고할 수 있도록 하는 등 법률에서 개별적으로 규정하고 있다(제23조, 제925조).

(2) 임의대리에 특유한 소멸사유

임의대리권은 본인과 대리인 사이에 존재하는 위임, 기타 법률관계를 이행하는 수단으로 부여되는 것이 보통이므로 그 기초인 대내관계가 소멸하면 대리권도 소멸한다. 이것을 민법에서는 원인된 법률관계의 종료에 의하여 소멸한다고 규정하고 있다(제128조).

그리고 법률관계가 종료되기 전에 본인이 수권행위를 철회할 때에도 역시 대리권은 소멸한다.

제4절 대리의 효과

대리권이 있는 자가 요건을 갖춘 대리행위를 하면 법률행위상의 효과는 모두 본인에게 귀속한다. 즉 본인과 상대방과의 사이에는 마치 그들 자신이 직접 법률행위를 한 때와 같은 권리·의무관계가 발생한다. 그러나 앞에서 언급한 바와 같이 대리인이 대리할 때에 한 불법행위로 인한 손해배상책임은 대리의 효과로서 본인에게 귀속하지 않는다. 다만, 본인이 대리인의 사용자로서 책임을 지는 경우가 있다(제756조).

무권(無權)대리와 표현(表見)대리

1. 개관

무권대리란 대리행위로서의 요건을 갖추고 있지만 대리권이 없는 경우를 말한다. 여기서 대리권이 없다는 것은 대리권 자체가 전혀 없는 경우뿐만 아니라 대리권의 범위를 넘는 경우도 포함한다.

이러한 무권대리에는 광의의 무권대리와 협의의 무권대리가 있다. 협의의 무권대리는 대리권이 전혀 없는 경우이고, 광의의 무권대리는 이 협의의 무권대리와 이른바 표현대리를 포함하는 대리를 말한다.

표현대리란 무권대리인과 본인과의 사이에 대리권의 존재를 추측케 하는 객관적 사정이 있으므로 이를 신뢰한 상대방을 보호하기 위하여 마치 정당한 대리행위를 한 것처럼 효과가 인정되는 제도를 말한다.

대리권 없이 대리행위를 한 경우에는 우선 대리권이 없으므로 아무리 대리의사가 표시되더라도 행위의 효과는 본인에게 귀속되지 않는다. 반면에 대리의사를 표명한 이상 대리인에게도 효과가 생기지 않는다. 이런 경우에 상대방은 자칭 대리인에 대하여 불법행위에 의한 손해배상을 청구할 수밖에 없다.

이렇게 되면 대리인이라고 믿고 거래한 상대방은 매우 불안정하고 또 위험에 처하여 그 결과 대리제도에 대한 사회적 신용도 상실하게 될 수 있다.

그래서 민법은 대리권이 없는 대리행위를 표현대리와 협의의 무권대리로 나누어 별도로 각각 규정하고 있다.

2. 표현대리

가. 제125조의 표현대리

민법에서는 대리권수여의 표시에 의한 표현대리라고 규정하고 있다.

본인이 제3자에 대하여 특정인에게 대리권을 수여하였다는 것을 표시한 경우에 그 특정인과 법률행위를 한 제3자는 일정한 보호를 받아야 할 이유가 있다. 이를 위하여 표현대리의 성립을 인정한다. 이 경우 본인은 대리권을 수여하지 않았음을 이유로 선의이고 무과실인 상대방에게 대리행위의 효과를 부인하지 못한다.

본인에게 책임이 있기 때문에 이를 표시책임에 의한 표현대리라고도 할 수 있다.

나. 제126조의 표현대리

민법에서는 권한을 넘은 표현대리라고 규정하고 있다.

본인으로부터 대리권을 부여받았으나 부여받은 대리권의 범위를 벗어난 경우이다. 예를 들면 본인이 배우자에게 저당권을 설정하도록 대리권을 부여하였으나 그 범위를 벗어나 매도를 한 경우이다. 이 경우 본인의 대리권이 있음을 믿고 거래한 제3자는 그 권한이 있다고 믿을 만한 정당한 이유가 있는 때에는 표현대리가 되는 것이다.

따라서 본인은 대리인의 행위에 대하여 일정한 경우 책임이 있다.

다. 제129조의 표현대리

민법에서는 대리권소멸 후의 표현대리라고 규정하고 있다.

과거에 대리인이었던 자가 대리권이 아직 있는 것처럼 대리행위를 한 경우에 성립하는 표현대리이다.

이 경우 상대방이 대리권소멸에 관하여 선의이고 무과실이면 상대방은 대리의 효과를 본인에게 주장할 수 있다.

종업원을 해고하였으나 그 해고한 사실을 거래처에 통보하지 아니한 상태에서 종업원이 본인의 거래처와 대리계약을 한 경우에 일정한 경우 표현대리로서 본인이 책임을 져야 한다.

이 경우 종업원의 해고에 관하여 광고 또는 통지를 한 때에는 상대방은 악의 또는 선의지만 과실 있는 경우가 된다.

3. 협의의 무권대리

가. 의의

대리권 없이 대리행위를 한 경우에 최소한 표현대리의 요건도 갖추지 못한 무권대리를 협의의 무권대리라고 한다. 무권대리의 특징은 상대방이 대리의 효력을 본인에게 주장할 수 없다는 데 있다. 협의의 무권대리는 그 대리행위가 계약인지, 아니면 단독행위인지에 따라 그 효과가 다르다.

나. 계약의 무권대리

(1) 본인에 대한 효과

무권대리인이 상대방과 체결한 계약은 본인에 대하여 전혀 효력이 생기지 않는다. 그러나 절대무효는 아니어서 유효 또는 무효가 불확정한 상태에 있다.

이 계약이 본인에 관하여 효력을 발생하느냐의 여부는 본인의 추인 여부에 달려 있다. 본인이 무권대리인의 행위를 추인한 때에는 그 행위는 유효한 대리행위로 된다(제130조). 그리고 그 효력은 원칙적으로 계약 시에 소급하여 발생한다(제133조).

본인은 당해 무권대리행위가 본인 자신에게 유리하다고 판단되면 추인을 할 것이고 불리하다고 판단되면 추인을 거절할 것이다.

(2) 상대방에 대한 효과

무권대리행위는 본인의 의사 여하에 의하여 그 효과가 좌우되므로 본인의 의사가 표시되기까지는 상대방은 불안정한 지위에 놓이게 된다. 따라서 민법에서는 이러한 불안정한 상대방을 보호하기 위하여 상대방에게 최고권과 철회권을 부여하고 있다.

상대방의 최고권의 구체적 내용은 본인에 대하여 상당한 기간을 정하여 그 추인 여부의 확답을 요구하는 것이다. 그 기간 내에 확답을 하지 않으면 본인이 추인을 거절한 것으로 본다(제131조 후단).

상대방의 거절권의 구체적 내용은 계약 당시 대리인이라고 자칭하는 자가 대리권을 갖지 아니한 사실을 알지 못한 상대방에게 인정되는 것으로 이 경우 상대방은 본인이 추인할 때까지 그 계약을 철회할 수 있다(제134조).

(3) 무권대리인의 책임

본인이 추인을 거절하거나 대리인이 그 대리권이 있음을 증명하지 못하는 경우에 선의의 상대방은 불측의 손해를 보게 된다. 이러한 선의의 상대방을 보호하기 위하여 민법은 무권대리인에게 무거운 책임을 부여하고 있다. 즉 무권대리인은 상대방의 선택에 따라서 그 계약을 스스로 이행하거나 아니면 손해배상을 해야 한다(제135조).

그러나 대리인으로서 계약을 맺은 자에게 대리권이 없다는 사실을 상대방이 알았거나 알 수 있었을 때 또는 대리인으로서 계약을 맺은 사람이 제한능력자일 때에는 위 책임이 없다.

다. 단독행위의 무권대리

단독행위의 무권대리는 원칙적으로 절대무효이다(제136조). 따라서 본인이 추인을 한다든가 아니면 추인을 거절하여 무권대리인에게 책임을 부담시키는 것은 인정되지 않는다.

제6절 위탁매매와 대리

1. 의의

위탁매매 또는 대리인에 의한 매매의 경우 위탁자 또는 본인이 직접 재화를 공급하거나 공급받은 것으로 본다. 그러나 거래상대방이 위탁자 또는 본인을 알 수 없는 경우에는 수탁자 또는 대리인이 재화를 공급하거나 공급받은 것으로 하여 세금계산서를 교부하거나 교부받아야 한다.

여기서 위탁매매는 재화의 판매 시에 타인에게 맡겨서 판매하는 위탁판매와 재화의 구입 시에 타인에게 부탁하여 매입하는 위탁매입으로 구분할 수 있다.

위탁매매는 수탁인이 자기의 명의로 위탁자의 계산에 의해 재화를 판매하거나 매입받는 것을 의미하고, 대리인에 의한 매매는 본인이 대리인을 통하여 판매하는 경우와 본인이 대리인을 통하여 매입하는 경우를 의미한다.

위탁매매와 대리인에 의한 매매의 차이점은 위탁매매의 경우 수탁인이 자기의 명의를 사용하는 데 반하여 대리인에 의한 매매는 본인의 이름을 사용한다는 데 있다. 위탁매매의 경우 수탁인이 자기의 명의를 사용하게 되므로 행위의 효과가 일단 수탁자 자신에게 귀속되지만 대리인에 의한 매매는 행위의 효과가 즉시 본인에게 귀속된다.

그러나 조세법에서는 실질과세의 원칙에 의하여 위탁매매와 대리인에 의한 매매를 특별히 차별하지 아니한다. 그 수수료에 대한 과세의 문제만이 있을 뿐이다.

소득세과세에 관한 문제는 없으므로 여기서는 부가가치세와 관련하여 살펴본다.

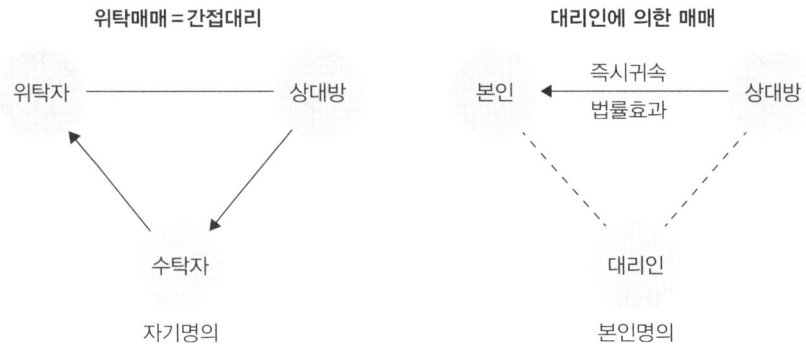

┃그림 2-9┃ 위탁매매와 대리

위탁매매 = 간접대리

위탁자 ─────── 상대방

수탁자

자기명의

대리인에 의한 매매

본인 ←즉시귀속 법률효과── 상대방

대리인

본인명의

2. 위탁판매 등의 경우 세금계산서 발급

가. 위탁판매의 경우

위탁판매 또는 대리인에 의한 판매의 경우에 수탁자 또는 대리인이 재화를 인도하는 때에는 수탁자 또는 대리인이 위탁자 또는 본인의 명의로 세금계산서를 발급하며, 위탁자 또는 본인이 직접 재화를 인도하는 때에는 위탁자 또는 본인이 세금계산서를 발급할 수 있다. 이 경우에는 수탁자 또는 대리인의 등록번호를 부기하여야 한다(부가가치세법시행령 제69조 제1항).

즉 재화를 직접 점유하여 현실의 인도를 하는 주체가 세금계산서를 교부해야 한다는 의미이다. 사업자가 위탁 또는 대리에 의하여 재화를 공급하는 경우에는 수탁자 또는 대리인이 위탁자 또는 본인의 명의로 세금계산서를 발급하여야 한다.[139]

어느 경우에도 재화의 공급주체는 위탁자 또는 본인이기 때문이다.

나. 위탁매입의 경우

위탁매입 또는 대리인에 의한 매입의 경우에는 공급자가 위탁자 또는 본인을 공급받는

---

139) 부가가치세법기본통칙 32-69-5【위탁판매 등의 세금계산서 발급】
　　부가가치세법시행령 제69조【위탁판매 등에 대한 세금계산서 발급】
　　① 위탁판매 또는 대리인에 의한 판매의 경우 수탁자 또는 대리인이 재화를 인도할 때에는 법 제32조 제6항에 따라 수탁자 또는 대리인이 위탁자 또는 본인의 명의로 세금계산서를 발급하며, 위탁자 또는 본인이 직접 재화를 인도하는 때에는 위탁자 또는 위탁자 또는 본인이 세금계산서를 발급할 수 있다. 이 경우 수탁자 또는 대리인의 등록번호를 덧붙여 적어야 한다(2013.6.28. 개정).
　　② 위탁매입 또는 대리인에 의한 매입의 경우에는 법 제32조 제6항에 따라 공급자가 위탁자 또는 본인을 공급받는 자로 하여 세금계산서를 발급한다. 이 경우 수탁자 또는 대리인의 등록번호를 덧붙여 적어야 한다(2013.6.28. 개정).

자로 하여 세금계산서를 발급한다. 이 경우에는 수탁자 또는 대리인의 등록번호를 부기하여야 한다(부가가치세법시행령 제69조 제2항). 위탁수수료는 위탁매입이라는 용역의 공급에 대한 대가이므로 수탁자 또는 대리인의 과세자료를 확보하기 위해서이다.

위탁매입 또는 대리, 중개, 알선으로 인한 재화의 공급에 있어서는 조세법상 불이익을 고려하지 않으면 위험하다. 매입세액불공제 등의 불이익이 생길 수 있기 때문이다.

사적 자치의 원칙이 보장되는 것은 근대시민사회의 정신이지만, 강행규정인 조세법이 사적 거래에 개입하게 되면 사적 자치의 원칙은 어느 정도 후퇴하지 않을 수 없게 된다. 필요한 재화를 매입하는 사업자는 거래상대방이 진실한 사업자인지 등을 주의 깊게 살펴야 하며, 조금이라도 의심이 가는 경우에는 거래를 중단할 것을 조세법은 요구하고 있는 것이다. 거래 시에 최소한 부가가치세법은 적지 않은 주의의무를 부여하고 있는 것이다.

다. 공매 · 경매 · 수용되는 경우

부가가치세법상 재화의 공급은 계약상 또는 법률상의 모든 원인에 의하여 재화를 인도 또는 양도하는 것으로 한다. 사업자가 사업과 관련한 재화가 공매 · 경매 · 수용되는 경우에는 민법 제187조의 법률의 규정에 의한 권리변동으로 위에서 '법률상의 원인에 의하여 재화를 인도'하는 경우에 해당한다.

공매 · 경매 또는 수용으로 인하여 재화가 공급되는 경우에는 제1항의 규정을 준용하여 공매 · 경매를 실시한 기관 또는 당해 사업시행자가 세금계산서를 교부할 수 있었다.[140]

그러나 현실적으로 공매 · 경매를 실시하는 법원이 채무자를 공급하는 자로 하고 경락 등을 받는 자를 공급받는 자로 하여 세금계산서를 발급하는 경우는 드물다.

그리고 경매되는 재화의 공급자는 대부분 폐업, 파산 등으로 세금부담능력이 없어 체납하는 데 반하여, 경락자는 매입세액공제를 받고 있으며 경매대금 배분 시 부가가치세가 다른 채권에 반드시 우선하는 것도 아니어서 조세채권 확보도 어려운 것이 현실이었다.

이에 따라 국세징수법에 의한 공매 및 민사집행법에 의한 강제경매는 재화의 공급으로 보지 않도록 2006.2.9. 부가가치세법시행령 제14조 제3항을 개정하여 그 시행일인 2006.2.9. 이후 공급하는 분부터 적용하도록 하였고 따라서, 그 전에 공급된 분에 대해서는 종전의 규정에 의하여 재화의 공급에 해당한다.

그리고 2007.2.28. 부가가치세법시행령 제14조 제4항을 신설하여 도시및주거환경정비법 · 공익사업을위한토지등의취득및보상에관한법률 등에 따른 수용절차에 있어서 수용대

---

140) (구)부가가치세법시행령 제58조 【위탁판매 등의 경우의 세금계산서의 발급】 제6항(2006.2.9. 대통령령 제19330호로 개정 전의 것)

상인 재화의 소유자가 해당 재화를 철거하는 조건으로 그 재화에 대한 대가를 받는 경우에는 재화의 공급으로 보지 아니하는 것으로 규정하였다.

수용대상인 재화의 소유자가 해당 재화를 철거하는 조건으로 그 대가를 받는 경우에 한하여 재화의 공급으로 안 보도록 규정함으로써 조세를 수용의 수단으로 활용하려는 의도가 보인다. 그러나 재화의 소유자가 철거하여 받는 금액은 공급행위에 따른 대가가 아니고, 원칙적으로 재화의 공급이 있다고 보기 어려워 2007.2.28. 개정내용은 조금 부자연스러워 보인다. 아래 예규는 자진철거하지 않고 시행자가 철거하는 경우에 부가가치세과세대상으로 보는 것인데, 시행자가 철거하는 경우란 사실상 지배권이 시행자에게 넘어간 경우로 볼 수 있으므로 부가가치세법상 재화의 공급이 이미 이루어진 경우로 해석할 수 있다.

과세사업용 건물 등이 수용되는 경우 부가가치세 과세 여부 등(부가가치세과−458, 2011.5.3.)
[요약]
공익사업을위한토지등의취득및보상에관한법률에 의한 수용의 경우 수용대상인 재화의 소유자가 해당 재화를 철거하는 조건으로 그 재화에 대한 대가를 받는 경우에는 재화의 공급으로 보지 아니하는 것이나, 수용대상 건물소유자가 해당 재화를 철거하는 조건을 이행하지 아니한 상태에서 사업시행자의 부담으로 철거가 이루어진 경우에는 부가가치세법시행령 제14조 제4항의 규정이 적용되지 아니하므로 재화의 공급에 해당하는 것임.

위에서 지적한 문제점들에 대하여 2013.2.15. (구)부가가치세법시행령 제14조(재화공급의 범위)를 개정하여 수용대상인 재화에 대하여 소유자가 철거하는 조건을 이행한 경우에 재화의 공급으로 보지 않도록 하던 종전 규정에 대하여 그 조건(철거)을 삭제하도록 보완하였다. 수용과정에서 수용대상 건물소유자가 해당 재화를 철거하는 조건을 이행하지 아니한 상태에서 사업시행자의 부담으로 철거가 이루어진 경우에는 재화의 공급을 본다는 위 예규의 원천이 되는 관련규정이 얼마나 모순이 되는지는 어렵지 않게 이해할 수 있다.

(1) 예규(부가가치세과−458, 2011.5.3.)의 원천이 되는 관련규정

│ (구)부가가치세법시행령 제14조 【재화공급의 범위】 │

④ 제1항 제4호에 불구하고 도시및주거환경정비법·공익사업을위한토지등의취득및보상에관한법률 등에 따른 수용절차에 있어서 수용대상인 재화의 소유자가 해당 재화를 철거하는 조건으로 그 재화에 대한 대가를 받는 경우에는 재화의 공급으로 보지 아니한다(2007.2.28. 신설).

(2) 보완한 규정(2013.2.15. 개정)

║ **(구)부가가치세법시행령 제14조【재화공급의 범위】** ║

④ 제1항 제4호에 불구하고 도시및주거환경정비법·공익사업을위한토지등의취득및보상에관한법률 등에 따른 수용절차에 있어서 수용대상인 재화의 소유자가 수용된 재화에 대한 대가를 받는 경우에는 재화의 공급으로 보지 아니한다.

위 (구)부가가치세법시행령 제14조(재화공급의 범위)는 같은 내용으로 부가가치세법시행령 제18조(재화 공급의 범위)로 조문이 정리되었다.

따라서 수용절차에서 수용대상 재화의 소유자가 수용된 재화에 대한 대가를 받는 경우 2013.2.15. 이후 공급하는 분부터 부가가치세 과세대상 재화의 공급으로 보지 아니하는 것이며, 2013.2.14. 이전에 수용대상인 재화의 소유자가 재화를 철거하는 조건으로 그 재화에 대한 대가를 받은 경우에는 재화의 공급으로 보지 아니하는 것이다. 국세부과제척 기간이 경과되지 아니한 경우 등에는 종전 규정이 적용될 수 있다는 면에서 행위 당시의 법률을 적용하는 법의 대원칙을 감안하면 조세법적용의 어려움을 알 수 있다. 참고로 여기서 수용이란 사업인정고시 후를 기준으로 한다. 따라서 사업인정고시 후 협의매수인 경우에도 수용에 해당하지만, 사업인정고시 전에 매도한 경우에는 수용으로 볼 수 없음에 유의해야 한다.

제 5 장 무효와 취소

납세의무가 성립한 후에 세액이 확정되어 고지처분이 이루어진 경우에도 과세요건이 되는 권리변동의 원인이 되는 법률행위가 무효 또는 취소되어 그 효력이 소멸하는 때에는 납세의무의 효력에도 영향을 미친다.

무효는 당초부터 효력이 발생하지 아니하고 취소는 효력이 생기지만 취소를 하면 소급하여 그 효력을 잃게 되기 때문이다. 이 점은 민법상 취소와 공법상 취소가 같다.

여기서는 법률행위는 어떠한 경우에 무효가 되고 어떠한 경우에 취소가 되는지를 보고 법률행위의 무효와 취소와는 달리 처분청의 고지처분의 무효 또는 취소사유가 있다고 할 때의 그 법률적 의미를 이해하고 고지처분에 대한 취소를 구하는 쟁송에서 여러 개의 처분이 있는 경우 불복청구의 기산일을 언제로 볼 것인지에 대하여 정확하게 인식하도록 하는 데 도움이 되고자 한다.

제 1 절 무효와 취소의 차이점

무효와 취소의 가장 근본적인 차이는 취소에 있어서는 특정인이 특히 그 효력을 잃게 하기 위한 주장 내지 행위를 하는 때에 비로소 효력이 없는 것으로 되는 데 반하여, 무효에 있어서는 누구의 주장이나 행위를 기다리지 않고서 당연히 처음부터 효력이 없는 것으로 되는 점에 있다. 무효·취소의 근본적 차이점을 비교해 보면 다음과 같다.

무효	취소
① 특정인의 주장을 필요로 하지 않으며, 당연히 효력이 없다.	① 특정인(취소권자)의 주장(취소)이 있어야 비로소 효력이 없게 된다.
② 처음부터 효력이 없으므로 누구든지 효력이 없는 것으로 다루게 된다.	② 취소를 하기 전에는 일단은 효력이 있는 것으로서 다루어진다.
③ 시간의 경과에 의하여 효력에 변동이 없다.	③ 일정한 시간이 경과하면 취소권은 소멸하고, 따라서 유효한 것이 되어 버리나, 취소되면 처음부터 효력이 없었던 것으로 된다.

위와 같이 근본적 차이가 있기는 하지만 어떠한 경우에 법률행위 내지 의사표시를 무효 또는 취소할 수 있는 것으로 하느냐는 입법정책의 문제이며, 어떤 절대적인 원칙이 있는 것은 아니다. 그렇기 때문에 시대의 변천에 따라, 혹은 사회에 따라서는 취소할 수 있는 데 지나지 않았던 것을 무효인 것으로 하는 수가 있는가 하면 때로는 종래 무효였던 것을 취소할 수 있는 것으로 하는 데 그치는 수도 있게 되는 것이다. 우리의 현행 민법과 구민법 을 비교하더라도 그러한 사실을 발견할 수 있다. 예를 들면 착오에 의한 의사표시에 대하여 구민법에서는 무효로 규정하였으나 현행 민법에서는 취소할 수 있는 것으로 규정하고 있는 것처럼 입법정책적인 문제이다.

제2절 무효

1. 무효란?

가. 법률행위의 무효

무효란 당사자가 당초 의도한 법률행위가 처음부터 법률상 당연히 그 효력이 생기지 않는 것을 말한다. 법률행위가 무효로 되는 사유는 표의자에게 의사능력이 없거나, 법률행 위의 목적이 강행법규에 반하거나(제105조) 사회질서에 반하는 경우(제103조), 현저하게 공정을 잃은 경우(제104조), 진의 아닌 의사표시로서 표의자의 진의 아님을 상대방이 알았 거나 알 수 있었을 경우, 허위표시의 경우, 불법조건이 붙은 경우 등이다.

무효와 비슷한 제도로 취소가 있으나 취소는 일단 유효하게 성립한 법률행위를 후에 취소의 의사표시로 효력을 잃게 한다는 점에서 차이가 있지만 결국 법률행위의 효력이 없게 된다는 점에서는 같다고 할 수 있다. 그런데 어떤 법률행위를 무효로 할 것인지, 취소 로 할 것인지는 법률정책상의 문제이다.

한편, 무효도 구체적으로 살펴보면 모두 동일한 개념은 아니다. 즉 누구에게나 반드시 주장할 수 있는 절대적 무효가 있는가 하면 앞에서 본 통정한 허위의 의사표시처럼 무효이 면서도 선의의 제3자에게 대항할 수 없는 상대적 무효도 있으며, 무효의 효과는 원칙적으 로 확정적이지만 무권대리행위처럼 추인하면 처음부터 유효였던 것으로 할 수 있는 미확정 적 무효도 있고, 법률상 당연 무효이므로 아무런 행위나 절차도 필요치 않는 것이 원칙이지만 회사설립의 무효(상법 제184조) 같이 소(訴)로서만 그 무효를 주장할 수 있는 경우, 즉 재판상 무효도 있으므로 무효에 대한 각 규정상의 효력을 유의하여야 한다.

나. 행정처분의 무효

행정처분이 무효인 경우에는 그 하자가 중대함으로 인하여 당초부터 효력이 발생하지 아니한다. 따라서 전심절차를 요하지 않아 제소기간의 제한도 없어 취소소송의 제기기간을 놓친 경우에 주로 이용된다.

그리고 과세처분의 경우 부과고지된 세금을 완납하지 아니한 경우에 한하여 과세처분무효확인의 소를 제기할 수 있는 것으로 대법원은 해석해 오고 있었다. 납부를 한 경우에는 민사상 부당이득반환의 소를 제기할 수 있으므로 행정소송을 제기할 수는 없다는 의미였다.

다시 말하면, 행정처분의 무효를 전제로 한 이행소송 등과 같은 구제수단이 있는 경우에는 원칙적으로 소의 이익을 부정하고, 다른 구제수단에 의하여 분쟁이 해결되지 않는 경우에 한하여 무효확인소송이 보충적으로 인정된다고 하는 이른바 '무효확인소송의 보충성'을 요구하여 온 것이다.

그 결과 무효인 행정처분의 집행이 종료된 경우에 부당이득반환청구의 소 등을 청구하여 직접 위법상태를 제거하는 길이 열려 있는 이상 그 행정처분에 대하여 무효확인을 구하는 것은 종국적인 분쟁해결을 위한 필요하고도 적절한 수단이라고 할 수 없어 소의 이익이 없다고 판시하여 왔다(대법원 63누122, 1963.10.22. 선고; 대법원 2004두14717, 2006.5.12. 선고 외 다수).

이 문제는 행정소송법 제35조에 규정된 '무효확인을 구할 법률상 이익'에 관한 해석론에 대한 것으로서, 행정청의 위법한 처분 등으로 인하여 권리 또는 이익의 침해를 입은 국민에게 무효확인소송의 길을 열어 주는 것이 적절한 구제방안인가라는 목적론적 관점에서 합리적으로 결정할 문제이다.

대법원은 그동안의 입장을 변경하여 행정처분의 근거 법률에 의하여 보호되는 직접적이고 구체적인 이익이 있는 경우에는 무효확인을 구할 법률상 이익이 있다고 보아야 하고, 이와 별도로 무효확인소송의 보충성이 요구되는 것은 아니라고 하여 세금을 완납한 경우에도 무효확인을 구할 수 있도록 대법원전원합의체를 통하여 종전 판례를 변경하였다.[141]

양 소송의 중요한 차이점을 살펴보면 다음과 같다.
첫째, 인지대의 차이가 있다.
행정소송으로 제기하는 경우에는 소가를 무효확인을 구하는 1억원의 3분의 1로 하는

---

[141] 대법원 2007두6342, 2008.3.20.

데 반하여, 민사소송으로 제기하는 경우에는 1억원 전체가 소가가 되어 인지대의 차이가 있다.

둘째, 소송을 제기할 수 있는 기간의 제한이 있다.

부당이득반환청구는 세금을 납부한 날부터 5년 내에만 소송을 제기할 수 있으나, 무효확인소송은 소를 제기하는 데에 기간제한이 없다.

따라서 5년 전에 납부한 세금의 경우 종전 판례에 의하면 민사소송도, 행정소송도 제기할 수 없어 반환받을 방법이 없었으나, 판례가 변경된 지금은 그 부과처분에 무효사유가 있으면 5년이 지난 지금이라도 무효확인소송을 제기하여 승소하는 경우 납부한 세금을 반환받을 수 있다.

당연무효로서의 하자는 중대하고 명백한 하자에 해당하여야 한다. 즉 중대한 하자에 해당하면서 동시에 명백한 하자에도 해당해야 하는 것이다.

예를 들면 처분 후 위헌결정된 법률 또는 처분 후 위임근거 없어 무효규정으로 판결이 된 대통령령 등은 모두 처분 당시에는 무효라는 것이 명백하지 아니한 상태이므로 취소소송대상이 될 수 있을 뿐 무효소송의 대상이 되지 못하고 따라서 민사상 부당이익반환청구의 소도 제기할 수 없다.

> **명의자에 대한 과세와 실질과세원칙과의 관계**(대법원 88누12110, 1987.7.11.)
> 실질사업자가 있음에는 명의자에 과세한 처분은 실질과세원칙에 위반한 중대한 하자가 있으나 객관적으로 명백한 하자로 볼 수 없어 당연무효는 아니고 이에 따른 압류처분도 당연무효라고는 볼 수 없음.

2. 무효의 일반적 효과

법률행위의 무효란 법률상 아무런 효과가 발생하지 않는 것이다.

무효는 원칙적으로 모든 사람에 대하여 주장할 수 있으나 허위표시의 경우처럼 선의의 제3자에게 대항하지 못하는 경우가 있다. 한편, 제3자는 취득시효(제245조·제246조), 동산의 선의취득(제249조) 또는 채권의 준점유자에 대한 변제(제470조)의 규정에 의하여 보호된다.

3. 무효행위의 추인

무효인 법률행위는 당사자가 후에 추인하더라도 소급적으로 유효로 되지 않는다(제139조). 그러나 당사자가 무효인 것을 알면서 추인하면 새로운 법률행위를 한 것으로 보아 그때부터 효력이 생긴다(제139조 단서). 그러나 사회질서에 반하는 것은 아무리 추인하여도 유효하게 되는 것은 아니다.

무효행위의 추인에는 소급효가 없는 것이 원칙이지만 당사자 사이에서만은 처음부터 유효한 것으로 다룰 수 있다.

그러나 무효행위의 추인에 관한 규정은 신분행위에는 적용되지 않는다.

4. 일부무효와 무효행위의 전환

법률행위의 일부가 무효인 경우에는 그 전부를 무효로 한다(제137조 본문). 그러나 무효부분이 없더라도 법률행위를 하였을 것이라고 인정될 때에는 그 나머지 부분은 유효하고(제137조 단서) 무효부분만 효력이 없게 된다. 법률에서 특히 일부무효에서 그 부분만 무효로 된다고 규정하고 있는 경우(제385조·제591조 제1항[142])가 있다.

그런데 무효인 법률행위가 다른 법률행위의 요건을 구비하고 당사자가 그 무효를 알았더라면 다른 법률행위를 하는 것을 의욕하였으리라고 인정될 때에는 다른 법률행위로서의 효력을 인정한다(제138조). 이를 무효행위의 전환이라 한다. 그 예로서 비밀증서에 의한 유언이 그 방식에 흠결이 있는 경우에 그 증서가 자필증서의 방식을 갖춘 경우에는 자필증서에 의한 유언으로서의 효력을 인정한다(제1071조).

5. 법률행위 효력과 납세의무와의 관계

사적 자치의 원칙에 따라 법률행위는 자유이다. 여기에서의 자유는 당사자 사이에서 합의가 있는 때에는 법률행위의 효력을 없게 하는 것도 포함한다.

법률행위당사자 사이에 성립한 계약의 효력이 추후에 문제가 되는 요인에는 무효, 취소, 해제 등이 있으나, 여기서는 법률행위 성립 당시부터 효력이 발생하지 아니하는 무효를 중심으로 하여 조세법과의 관계를 살펴본다.

가. 확정적으로 무효인 경우

범죄행위를 해주기로 하는 약정에 따라 개인이 보수를 받는 경우 그 효력이 없다는 것에

---

142) 제591조【환매기간】
　　① 환매기간은 부동산은 5년, 동산은 3년을 넘지 못한다. 약정기간이 이를 넘는 때에는 부동산은 5년, 동산은 3년으로 단축한다.
　　※약정기간이 5년, 3년을 넘는 경우 무효가 되는 것이 아니고 5년 또는 3년의 환매권이 있다는 의미이다.

다툼이 없는 때에는 소득원천설에 따르면 원칙적으로 소득세를 과세할 수 없을 것이다. 다만, 처벌을 받는 것은 별개의 문제가 될 것이다. 그러나 범죄행위에 따른 대가가 아니고, 절도라는 범죄 후 절도한 재화를 판매하는 경우에는 소득세과세 여부를 판단하는 것은 간단한 문제가 아니다.

법인의 대표이사가 횡령한 금액에 대하여 소득세를 과세한 처분에 대한 다툼에서 대법원은 환원조치가 취해지지 아니한 상태이므로 과세소득에 해당한다고 판단하고 있다.[143]

그리고 위법소득을 얻기 위하여 지출한 비용이나 지출 자체에 위법성이 있는 비용에 대해서도 그 손금산입을 인정하는 것이 사회질서에 심히 반하는 등의 특별한 사정이 없는 한 손금으로 산입함이 타당하다고 대법원은 판단하고 있다.[144]

법인의 경우에는 소득원천설이 아닌 순자산증가설에 의하여 소득을 인식하는 것이므로 소득의 원천이 불법행위를 구성하는지 여부에도 불구하고 과세소득을 구성하게 될 것이므로 별문제가 없다.

토지거래허가구역 내의 토지에 대하여 거래당사자 사이에 체결한 매매계약이 관청의 불허가통지를 받는 경우에는 당초 체결한 매매계약은 확정적으로 효력이 없게 된다.

이 경우 당초 체결한 매매계약에 따라 잔금을 지급하면서 행한 소득세 신고납부행위가 경정청구기간을 넘어서 불허가처분이 이루어진 경우 경정청구가 가능한가 하는 문제 등이 생긴다.

나. 유동적으로 무효인 경우

토지거래허가구역 내의 토지에 대하여 거래당사자 사이에 체결한 매매계약은 무조건적으로 무효가 아니고 거래허가처분이 있기 전까지는 불확정적으로 효력이 없는 상태로 유동적 무효에 해당한다. 즉 토지거래허가구역 내의 토지에 대한 매매계약은 거래허가처분을 정지조건으로 하는 계약에 해당하는 매매계약 당시로 소급효력이 있는 정지조건부거래에 해당한다고 할 수 있다.

대리권 없는 자의 법률행위와 같이 그 법률행위가 효력이 없지만 특정인의 의사에 의하여 유효하게 될 가능성이 있는 경우 등에는 대리권 유무에 대한 입증책임에 관한 문제가 대두될 수 있을 것이다. 즉 대리인을 통하여 부동산을 매도한 후 과세문제로 대리행위무효

---

143) 1981누136, 1983.10.25.(종합소득세 부과처분 취소소송에서)
   과세소득은 이를 경제적 측면에서 보아 현실로 이득을 지배관리하면서 이를 향수하고 있어서 담세력이 있는 것으로 판단되면 족하고 그 소득을 얻게 된 원인관계에 대한 법률적 평가가 반드시 적법하고 유효한 것이어야 하는 것은 아니라 할 것이므로 범죄행위로 인한 위법소득이더라도 귀속자에게 환원조치가 취해지지 않은 한 이는 과세소득에 해당된다.

144) 1996누615, 1998.5.8.(법인세부과처분취소)

를 주장하는 경우 등에는 원칙적으로 대리행위의 무효를 주장하는 쪽에서 그 무효의 존재
사실을 입증해야 하는 부담을 가져야 할 것이다.

다. 유동적으로 유효인 경우

행위제한능력자의 법률행위와 같이 일단은 유효하지만, 특정인의 의사에 의하여 취소권
행사로 그 법률행위가 효력이 없게 될 가능성이 있는 경우에는 특정인이 취소권을 행사할
때까지는 제한능력자의 법률행위와 과세처분은 유효하다고 보아야 할 것이다. 그러나 그
후 취소권자가 취소권을 행사하는 경우에는 원칙적으로 그 과세처분은 효력을 상실하게
될 수 있을 것이다. 이 경우 취소권의 행사로 과세요건에 미치는 영향은 경정청구와 밀접한
관련이 있다.

라. 확정적으로 유효인 경우

위의 '가, 나, 다'의 경우 조세부과와 관련하여 과세요건이 성립한 것으로 볼 수 있느냐,
또는 처분이 있은 후에 '가, 나, 다'의 경우에 해당되는 것으로 판명되는 경우 그 처분의
효력에 어떤 영향을 미칠 수 있느냐 하는 문제 등이 제기될 수 있다.

현실적으로는 대부분 과세처분의 무효 또는 취소를 주장하는 쪽에서 무효 또는 취소사유
의 존재사실에 관한 입증책임을 부담하게 될 것이다.

물론 확정적으로 유효하게 성립한 경우에도 후에 합의해제 등으로 계약의 효력이 상실된
경우에는 유사한 문제가 발생할 수 있다.

위와 같이 법률행위의 효력의 확정성과 관련하여 과세요건에 미치는 영향에 대하여는
국세기본법 중 경정청구와 밀접한 관련을 가지고 있으며, 이에 대하여는 민법상의 법률행
위의 성립요건과 효력발생요건에 대한 법률적 의미를 조세법과 관련하여 어느 정도 확정력
을 부여할 것인지 심도 있게 입법정책적으로 또는 해석론으로 깊은 연구를 해야 할 부분이
될 것이다.

토지거래허가구역 내의 토지에 대한 거래당사자 사이에 체결한 매매계약의 경우 거래허
가처분이 있기까지는 유동적 무효, 불허가처분이 있으면 당초계약은 확정적으로 무효, 거
래허가처분이 있으면 확정적으로 유효가 됨으로써 토지거래허가와 관련하여 계약의 효력
은 단계적으로 유동적 무효, 확정적 무효, 확정적 유효의 계약효력의 모든 상황이 내포되
어 있다.

이와 관련하여 납세의무는 더욱더 복잡한 현상이 뒤따른다. 따라서 토지거래허가구역
내의 토지에 대한 매매계약에 대해서는 별도로 상술하고자 한다.

6. 유동적 무효와 납세의무

가. 유동적 무효의 개념

(구)국토의계획및이용에관한법률에서는 "허가를 받지 아니하고 체결한 토지거래계약은 그 효력이 발생하지 않는다"라고 규정함으로써[145] 동 규정이 강행규정 중 효력규정임을 명확하게 하고 있었다.

대법원은 당초 토지거래허가 전에 청산된 매매대금은 보관금 내지 선수금 상태에 불과하고 토지거래 허가일에 비로소 매매대금으로 전환된 것으로 보아 동 허가일을 양도시기로 보아야 하는 것으로 판단하였다.

그러나 그 후 대법원전원합의체에서 기존입장을 바꾸어 토지거래허가 전의 계약은 무효이지만 확정적 무효가 아닌 유동적 무효라고 보아 허가처분이 있는 경우에는 매매계약 시에 소급하여 효력이 발생하는 것이라고 판단하였다.

당사자 사이에 토지허가구역 내의 토지에 대하여 체결된 계약[146]은 토지거래허가를 받을 때까지는 유동적 무효로서, 여기서 유동적 무효란 체결된 계약의 효력이 토지거래허가를 받을 때까지는 유효하지 않지만 그렇다고 확정적으로 무효인 것도 아닌 상태라는 의미이다.

이때 소득세법상 양도시기를 어느 때로 볼 것인가에 대하여 만약 대금청산이 이루어졌음에도 양도시기를 허가일로 본다면 대금청산일과 허가일 사이에 상당한 기간의 차이가 있는 경우에 기준시가로 계산한 양도차익은 대금청산일을 기준으로 계산한 양도차익보다 허가일을 기준으로 계산한 양도차익이 과다계상되는 경우가 발생할 것이다.[147]

---

145) (구)국토의계획및이용에관한법률 제118조 【토지거래계약에 관한 허가】
    ① 허가구역에 있는 토지에 관한 소유권·지상권(소유권·지상권의 취득을 목적으로 하는 권리를 포함한다)을 이전하거나 설정(대가를 받고 이전하거나 설정하는 경우만 해당한다)하는 계약(예약을 포함한다. 이하 "토지거래계약"이라 한다)을 체결하려는 당사자는 공동으로 대통령령으로 정하는 바에 따라 시장·군수 또는 구청장의 허가를 받아야 한다. 허가받은 사항을 변경하려는 경우에도 또한 같다.
    ⑥ 제1항에 따른 허가를 받지 아니하고 체결한 토지거래계약은 그 효력이 발생하지 아니한다.
    ☞ 2020.4.7. '부동산거래신고등에관한법률 제4장 【토지거래허가구역 등】'으로 이관됨.

146) 토지거래허가 대상이 되는 계약은 유상계약에 한정되며, 이 경우 토지거래에 관한 예약도 허가대상에 포함되므로 가등기를 하는 청구권의 발생을 위해서도 거래허가는 필요하다.

147) 우리나라의 부동산은 일반적으로 가격상승한다는 전제하에서의 가정이다.
    만약 부동산가격이 하락하였다면 과소계상되는 현상이 발생할 것이다.

나. 유동적 무효상태에서의 매매계약의 효력

(1) 약정에 따른 협력의무

토지거래허가구역 내의 토지에 관한 매매당사자는 매매계약을 유효하게 하기 위하여 토지거래허가에 협력할 의무를 진다. 계약당사자는 계약 당시에 장래에 허가를 받아 매매계약상의 권리·의무를 발생시키는 약정과 함께 허가를 얻기 위하여 함께 노력할 것을 약정할 것이다.

이러한 허가를 얻기 위한 협력의무에 관한 약정은 명시적으로 하지 않은 경우에도 허가지역에 있는 토지의 매매가 있는 때에는 묵시적으로 협력의무에 관한 합의가 있었던 것으로 추정해야 할 것이다.

(2) 매매계약의 해제

토지거래허가구역 내에서 매매계약을 체결하면서 당사자 일방이 계약 당시 상대방에게 계약금을 교부한 경우 당사자 사이에 다른 약정이 없는 한 당사자 일방이 계약이행에 착수할 때까지 계약금 교부자는 이를 포기하고 계약을 해제할 수 있고, 그 상대방은 계약금의 배액을 상환하고 계약을 해제할 수 있음이 계약 일반의 법리인 이상, 특별한 사정이 없는 한 아직 토지거래허가를 받지 않아 유동적 무효 상태인 매매계약에 있어서도 당사자 사이의 매매계약은 매도인이 계약금의 배액을 상환하고 계약을 해제함으로써 적법하게 해제된다.[148]

그러나 유동적 무효의 상태에 있는 거래계약의 당사자는 상대방이 그 거래계약의 효력이 완성되도록 협력할 의무를 이행하지 아니하였음을 들어 일방적으로 유동적 무효의 상태에 있는 거래계약 자체를 해제할 수 없다.[149]

(3) 이행지체로 인한 손해배상

국토의계획및이용에관한법률상 토지거래허가구역 내의 토지에 관한 거래계약은 관할관청으로부터 허가받기 전의 상태에서는 거래계약의 채권적 효력도 전혀 발생하지 아니하여 무효이므로 권리의 이전 또는 설정에 관한 어떠한 내용의 이행청구도 할 수 없으므로 매매계약에 기한 매매대금을 전액 수령하고 소유권이전등기의무와 인도의무의 이행을 지체하였다 하더라도 매매계약에 대하여 관할관청으로부터 토지거래허가를 받을 때까지는 그 이행지체로 인한 손해배상책임을 부담하지 아니한다.[150]

---

148) 대법원 1997다9369, 1997.6.27.(토지거래계약 허가절차이행)
149) 대법원 99다40524, 2000.1.28.
150) 대법원 1999다40524, 2000.1.28.

(4) 중간생략등기의 효력유무

국토의계획및이용에관한법률상 허가구역 안에 있는 갑 소유의 토지에 대하여 매매계약을 체결한 매수인 을이 갑과 을 공동으로 토지거래허가를 받지 아니한 상태에서 다시 병에게 매도하면서 갑과 합의를 하여 토지거래를 받은 즉시 병에게로 소유권이전등기를 경료하기로 하는 중간생략등기의 합의가 있었다고 하더라도 최종 매수인 병의 소유권이전등기는 적법한 토지거래허가 없이 경료된 등기로서 무효가 된다.[151]

(5) 부당이득반환청구권

국토의계획및이용에관한법률상 토지거래허가를 받지 않아 매매계약이 유동적 무효의 상태에 있는 경우 매수인이 그에 기하여 임의로 지급한 계약금 등은 그 계약이 유동적 무효상태로 있는 한 부당이득으로서 반환을 구할 수 없고, 유동적 무효상태가 확정적으로 무효가 되었을 때 비로소 부당이득으로 그 반환을 구할 수 있다.[152]

(6) 토지거래허가구역 지정이 해제된 경우

토지거래허가구역으로 지정된 토지에 관하여 건설교통부장관이 허가구역 지정을 해제하거나 또는 허가구역 지정기간이 만료되었음에도 허가구역 재지정을 하지 아니한 경우에는 그 토지거래계약이 허가구역 지정이 해제되기 전에 확정적으로 무효로 된 경우를 제외하고는, 더 이상 관할 행정청으로부터 토지거래허가를 받을 필요가 없이 확정적으로 유효로 되어 거래당사자는 그 계약에 기하여 바로 토지의 소유권 등 권리의 이전 또는 설정에 관한 이행청구를 할 수 있고, 상대방도 반대급부의 청구를 할 수 있다고 보아야 할 것이다. 즉 여전히 그 계약이 유동적 무효상태에 있는 것은 아니다.[153]

다. 유동적 무효상태에서의 납세의무

(1) 소득세법상 양도시기의 문제

(가) 선수금성격의 매매대금

소득세법상으로는 잔금청산일을 원칙적인 취득·양도시기로 규정하고 있으나 잔금청산 시점에서 토지거래허가를 받지 못하는 경우에는 국토의계획및이용에관한법률에 의해 매매계약은 무효가 되어 소득세법과 국토의계획및이용에관한법률을 어떻게 조화할 것인가 하는 것이 문제가 된다.

---

151) 대법원 96다22464, 1997.3.14.(소유권이전등기말소)
152) 대법원 96다31703, 1996.11.22.
153) 대법원 98다40459, 1999.6.17.

토지거래허가일 전에 잔금이 청산된 경우 양도시기를 잔금지급일로 볼 것인가, 아니면 토지거래허가일로 볼 것인가 하는 문제에 대하여 처음 대법원에서는 토지거래허가 전에 청산된 매매대금은 보관금 내지 선수금상태[154]에 있다가 토지거래허가일에 비로소 매매대금으로 전환된 것으로 보아 동 허가일을 양도시기로 보아야 하는 것으로 판단하였다.[155]

이에 따라 국세심판원에서도 토지거래허가지역에서 체결한 매매계약체결에 따라 잔금을 수령한 경우에도 양도시기가 도래하지 아니한다고 결정하였다.[156]

(나) 대가적 성격의 매매대금

그러나 그 후 대법원전원합의체에서 토지거래허가를 받지 아니한 매매계약의 효력은 확정적 무효가 아닌 유동적 무효상태로 보아야 하므로 토지거래허가를 받으면 당초계약은 효력이 생기므로 잔금청산일을 양도시기로 보는 것이 타당하다고 하여 기존 입장을 바꾸게 되었다.

국세심판원에서도 토지거래허가구역 내의 토지매매에 대하여 토지거래허가일을 양도일로 하여 양도소득세를 과세한 데 대하여 잔금청산일을 양도시기로 보아 부과제척기간이 도과되었다고 결정하였다.[157] 재정경제부 세제실에서도 동일한 입장을 밝혔다.[158]

이 경우 잔금청산일로부터 토지거래허가일까지의 기간이 지연되는 경우에는 부과제척기간이 경과되어 과세할 수 없는 문제가 생긴다.

---

154) 건물완공 전에 매매대금을 수령한 경우 그 매매대금은 선수금에 불과하고 목적물이 완공되는 시점에서 비로소 양도시기가 도래하는 것과 같은 이치로 본 것이다.

155) 대법원 90다12243, 1991.12.24. ; 대법원 92누8361, 1993.1.15.
토지거래계약허가를 받지 아니하고 체결한 토지거래계약은 그 효력을 발생하지 아니하며 허가를 받기 전에는 물권적 효력은 물론 채권적 효력도 발생하지 아니한 유동적 무효의 상태에 있는 것으로 토지거래계약허가일 이전에 미리 지급받은 금전은 매매대금이라기보다는 보관금 내지 선수금의 성격으로 보는 것이 타당한바, 따라서 보관금을 수령한 날을 법소정의 잔금청산일로 볼 수 없다.

156) 국심 93경2565, 1994.8.10. 합동회의
토지거래허가구역에서 체결한 쟁점 토지 등의 매매계약은 관할관청의 토지거래허가를 받기 전까지는 유동적 무효의 상태에 있다 할 것이므로 그 허가일 이전에 미리 지급받은 금전은 이를 소득세법상 자산의 유상대가로 지급받은 대금이라고는 할 수 없고 단순한 보관금 또는 선수금에 해당된다고 보는 것이 타당하므로 양도시기가 도래했다고 볼 수 없다.

157) 국심 1997부2281, 1998.3.21.
쟁점 토지의 양도시기는 1989.12.22. 부산지방법원 민사제12부에서 작성된 제소 전 화해조서상 대금청산일인 1989.12.2.로 인정된다 할 것이고, 쟁점 토지의 양도시기를 위와 같이 1989.12.2.로 보는 경우에는 처분청이 청구인에게 이건 양도소득세를 결정 고지한 1997.4.17. 현재에는 국세기본법 제26조의2 제1항 제1호에서 정한 국세부과제척기간이 도과된다 할 것이므로 쟁점 토지에 대한 이건 양도소득세를 취소하여야 한다는 청구주장은 그 이유가 있는 것으로 판단된다.

158) 재경원 재산 46014-21, 1998.1.20.
토지거래계약허가구역 내 토지의 매매에 따른 양도시기를 판정함에 있어 국토의계획및이용에관한법률 제21조의 3의 규정에 의하여 허가를 받지 아니한 경우에는 당해 토지에 대하여 대금을 청산한 경우라도 당해 토지거래계약은 효력이 발생하지 아니하여 자산의 양도로 보지 아니하는 것이나, 대금청산 후 허가를 받은 경우에는 그 계약은 소급하여 유효한 계약이 되므로 소득세법시행령 제162조 제1항 본문의 규정에 의하여 당해 자산에 대한 대금을 청산한 날이 양도시기가 되는 것이다.

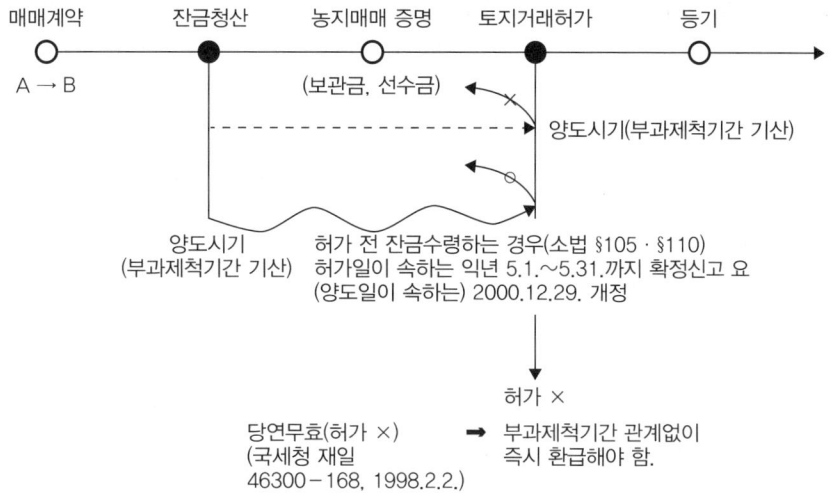

| 그림 2-10 | 유동적 무효

매매계약　　　잔금청산　　　농지매매 증명　　토지거래허가　　　등기
A → B
　　　　　　　　　　　　　　(보관금, 선수금)
　　　　　　　　　　　　　　　　　　　　　　　양도시기(부과제척기간 기산)

양도시기　　　　허가 전 잔금수령하는 경우(소법 §105·§110)
(부과제척기간 기산)　허가일이 속하는 익년 5.1.~5.31.까지 확정신고 요
　　　　　　　　　(양도일이 속하는) 2000.12.29. 개정

　　　　　　　　　　　　　　　허가 ×

당연무효(허가 ×)　　→　부과제척기간 관계없이
(국세청 재일　　　　　　즉시 환급해야 함.
46300-168, 1998.2.2.)

(2) 부과제척기간 경과의 문제

(가) 국세기본법상 부과제척기산기산일

국세기본법에서는 과세표준과 세액을 신고하는 국세에 있어서는 당해 국세의 과세표준과 세액에 대한 과세표준 신고기한의 다음 날을 부과제척기간의 기산일로 보도록 규정하고 있다.[159]

따라서 잔금청산일을 기준으로 부과제척기간의 기산일로 삼는 경우에는 잔금청산일과 토지거래허가일의 기간이 상당기간 경과하는 때에는 부과제척기간의 경과로 양도소득세를 과세할 수 없는 불합리한 경우가 발생할 수 있다.

이 경우 국세기본법을 개정하여 직접 부과제척기간의 기산일을 조정하는 방법과 개별세법을 개정하여 과세표준신고기한을 보완하여 간접적으로 부과제척기간의 기산일을 조정하는 방법이 있을 수 있다. 과세당국은 후자를 택하였다.

(나) 부과제척기간 보완내용

위와 같이 매매계약 후 상당기간 경과 후 토지거래허가를 받는 경우 잔금청산일을 기준으로 부과제척기간을 기산하는 경우에 부과제척기간의 경과로 양도소득세 등을 과세할 수 없는 경우가 발생한다. 이에 따라 소득세법을 개정하여 토지거래허가구역 안의 토지로서 토지

---

159) 국세기본법시행령 제12조의 3【국세 부과제척기간의 기산일】
　　① 법 제26조의 2 제9항에 따른 국세를 부과할 수 있는 날은 다음 각 호의 날로 한다.
　　　1. 과세표준과 세액을 신고하는 국세(종합부동산세법 제16조 제3항에 따라 신고하는 종합부동산세는
　　　　제외한다)의 경우 해당 국세의 과세표준과 세액에 대한 신고기한 또는 신고서 제출기한(이하 "과세
　　　　표준신고기한"이라 한다)의 다음 날. 이 경우 중간예납·예정신고기한과 수정신고기한은 과세표준
　　　　신고기한에 포함되지 아니한다.

거래허가를 받기 전에 대금을 청산한 경우에는 허가일이 속하는 연도의 다음 연도 5월 1일부터 5월 31일까지를 양도소득과세표준 확정신고기간으로 보도록 개정하였다.[160]

만약 확정신고기간을 개정하지 아니하고 양도시기에 관한 규정을 개정하는 경우에는 양도차익이 실제 잔금을 청산한 시기와 부합하지 않는 모순점이 생기게 되므로 양도시기는 실질적으로 계약을 한 대로 하고, 다만 확정신고기간을 보완함으로써 부과제척기간의 계산과의 조화를 이루도록 한 것이다.[161]

(3) 유동적 무효와 국세기본법상 경정청구권

토지거래허가구역 내의 토지에 대한 양도계약 체결 후에 잔금을 수령하여 잔금수령일을 기준하여 양도소득세를 신고납부하였으나 종국적으로 토지거래허가를 받지 못한 경우에 당초 신고납부한 양도소득세를 환급받기 위해서는 국세기본법상의 경정청구기간 내에 경정청구를 해야 하는지, 경정청구기간 내에 경정청구를 하는 경우에도 부과제척기간 내에 경정청구를 해야 하는지, 아니면 부과제척기간과 관계없이 경정청구를 할 수 있는지 등이 문제가 될 것이다. 이에 대하여 토지거래허가를 받지 못하고 당초 계약이 효력을 상실하게 되는 경우에는 당초 신고·납부에 의한 결정은 당연무효로서 부과제척기간에 관계없이 납부한 세액을 환급조치해야 한다고 분명하게 밝히고 있다.[162]

(4) 유동적 무효상태에서의 취득세

토지에 대한 거래허가를 받지 아니한 상태에서 매수인이 매매대금을 전액 지급하고 취득세 신고·납부를 하였으나 종국적으로 허가를 받지 못한 경우 매수인은 그 토지를 취득하였다고 할 수 없고, 매수인의 취득세 신고·납부행위는 토지거래허가의 불허가처분이라는 특별한 사정으로 말미암아 조세채무의 확정력을 인정할 여지가 없는 중대하고 명백한 하자가 있는 것으로 당연무효에 속한다고 보아야 할 것이다.[163]

---

160) 소득세법 제110조 【양도소득과세표준 확정신고】
　　① 해당 과세기간의 양도소득금액이 있는 거주자는 그 양도소득 과세표준을 그 과세기간의 다음 연도 5월 1일부터 5월 31일까지[제105조 제1항 제1호 단서에 해당하는 경우에는 토지거래계약에 관한 허가일(토지거래계약허가를 받기 전에 허가구역의 지정이 해제된 경우에는 그 해제일을 말한다)이 속하는 과세기간의 다음 연도 5월 1일부터 5월 31일까지] 대통령령으로 정하는 바에 따라 납세지 관할 세무서장에게 신고하여야 한다(2017.12.19. 개정).

161) 국세기본법시행령 제12조의 3 【국세 부과제척기간의 기산일】

162) 재일 46300 - 168, 1998.2.2.

163) 대법원 97다8427, 1997.11.11.

라. 갑으로부터 취득한 토지를 을이 병에게 전매하면서 갑과 병이 토지거래허가를 받고 등기한 경우

(1) 사안

을은 토지거래허가구역 내에 위치한 갑의 토지를 20억원에 매수하는 매매계약을 체결하였으나 토지거래허가를 받지 못하자 이 토지를 다시 병에게 27억원에 전매하는 매매계약을 체결하는 한편, 갑과 병이 직접 위 토지를 매매한 것처럼 계약서를 작성하고 토지거래허가를 받아 갑에서 병으로 소유권이전등기를 마쳤다. 관할세무서장은 을이 병으로부터 매매대금을 전액 지급받았으면서도 거래일로부터 약 4년이 지나도록 양도소득세를 납부하지 아니하자 을에게 가산세를 포함하여 양도세 7억원을 부과하였고, 이 부과처분에 대해 을은 병과의 매매계약이 토지거래허가를 받지 아니하여 무효이므로 양도세 과세대상이 되지 아니한다는 이유로 소송을 제기하였다.

(2) 쟁점

국토의계획및이용에관한법률(이하 "국토계획법"이라 한다)에 의한 토지거래허가를 받지 아니한 매매계약을 하고 대금을 지급받은 경우 양도세 과세대상이 되는지 여부이다.

(3) 종전 대법원판례[164] 요약

매매계약이 무효인 이상 그 매매대금이 양도인에게 지급되었다 하여도 양도소득세 부과대상인 자산의 양도에 해당한다거나 자산의 양도로 인한 소득이 있었다 할 수 없으므로 양도소득세 부과대상이 아니며(대법원 1993.1.15. 선고 92누8361 판결 참조), 또한 증여받은 것이 아니므로 증여세 부과처분도 위법하다 함(대법원 1991.12.10. 선고 91누2915 판결 참조)이 이 법원의 견해이다.

등기된 내용과 실질이 다를 경우 그 등기를 말소하고 실질에 일치시키지 않는 한 등기된 원인대로 과세하여야 하고 실질에 의한 과세를 주장하는 것은 신의성실의 원칙에 반하여 허용될 수 없다고 한다면 실질과세원칙을 대폭 수정하는 결과가 된다는 점 등에 비추어 볼 때 원상복구 여부가 배신행위 여부를 판단함에 있어 고려할 대상이라 할 수도 없다 할 것이다.

(4) 종전 대법원판례의 변경

대법원은 "조세정의와 형평을 이유로 하여 국토계획법이 정한 토지거래허가구역 내의

---

164) 대법원 95누18383, 1997.3.20. 선고

토지를 매도하고 그 대금을 수수하였으면서도 토지거래허가를 배제하거나 참탈할 목적으로 ① 매매가 아닌 증여가 이루어진 것처럼 가장하여 매수인 앞으로 증여를 원인으로 한 이전등기까지 마친 경우, ② 토지거래허가구역 내의 토지를 매수하였으나 그에 따른 토지거래허가를 받지 아니하고 이전등기를 마치지도 아니한 채 그 토지를 제3자에게 전매하여 그 매매대금을 수수하고서도 최초의 매도인이 제3자에게 직접 매도한 것처럼 매매계약서를 작성하고 그에 따른 토지거래허가를 받아 이전등기까지 마친 경우에 그 이전등기가 말소되지 아니한 채 남아 있고 매도인 또는 중간의 매도인이 수수한 매매대금도 매수인 또는 제3자에게 반환하지 아니한 채 그대로 보유하고 있는 때에는 예외적으로 양도소득세 과세대상이 된다"라고 판결하였다.[165]

제3절   취소

1. 취소란?

법률행위의 취소란 일단 발생하고 있는 법률행위의 효력을 후에 행위 시에 소급하여 효력을 잃게 하는 것을 말한다. 따라서 취소할 수 있는 행위는 취소의 의사표시를 함으로써 비로소 효력을 잃게 되므로 그 전까지는 유효하다.

---

[165] 대법원 2011.7.21. 선고, 2010두23644 전원합의체 판결
외관상 자산이 매매·교환·현물출자 등(아래에서는 "매매 등"이라고 한다)에 의하여 양도된 것처럼 보이더라도 그 매매 등의 계약이 처음부터 무효이거나 나중에 취소되는 등으로 효력이 없는 때에는 양도인이 받은 매매대금 등은 원칙적으로 양수인에게 원상회복으로 반환되어야 할 것이어서 이를 양도인의 소득으로 보아 양도소득세의 과세대상으로 삼을 수 없음이 원칙이다.
그러나 구소득세법 제88조 제1항 본문은 "제4조 제1항 제3호 및 이 장에서 '양도'라 함은 자산에 대한 등기 또는 등록에 관계없이 매도, 교환, 법인에 대한 현물출자 등으로 인하여 그 자산이 유상으로 사실상 이전되는 것을 말한다"라고 규정하고 있을 뿐 자산이 유상으로 이전된 원인인 매매 등 계약이 법률상 유효할 것까지를 요구하고 있지는 않다.
한편, 매매 등 계약이 처음부터 국토의계획및이용에관한법률(아래에서는 "국토계획법"이라고 한다)이 정한 토지거래허가를 배제하거나 참탈할 목적으로 이루어진 경우와 같이 위법 내지 탈법적인 것이어서 무효임에도 불구하고 당사자 사이에서는 그 매매 등 계약이 유효한 것으로 취급되어 매도인 등이 그 매매 등 계약의 이행으로써 매매대금 등을 수수하여 그대로 보유하고 있는 경우에는 종국적으로 경제적 이익이 매도인 등에게 귀속된다고 할 것이고, 그럼에도 그 매매 등 계약이 법률상 무효라는 이유로 그 매도인 등이 그로 인하여 얻은 양도차익에 대하여 양도소득세를 과세할 수 없다고 보는 것은 그 매도인 등으로 하여금 과세 없는 양도차익을 향유하게 하는 결과로 되어 조세정의와 형평에 심히 어긋난다. 이와 달리 위와 같은 예외적인 경우에도 자산의 양도에 해당하지 아니하여 그로 인한 소득이 양도소득세 과세대상이 되지 아니한다는 취지로 판시한 대법원 1997.3.20. 선고, 95누18383 전원합의체 판결; 대법원 2000.6.13. 선고, 98두5811 판결 등의 견해는 이 판결의 견해에 저촉되는 범위에서 이를 변경한다.

민법에서는 취소할 수 있는 법률행위로 제한능력자가 한 법률행위(제5조·제10조·제13조)와 착오로 인한 의사표시(제109조) 그리고 사기·강박에 의한 의사표시(제110조)를 두고 있다.

취소에 관한 규정(제140조 이하)은 한정후견심판·성년후견심판이나 실종선고의 취소와 같은 공법상의 취소에는 적용되지 않으며, 혼인·이혼 등의 신분행위상에서의 취소의 경우에는 적용이 제한된다.

2. 구별개념

취소는 이미 발생하고 있는 법률행위의 효력을 잃게 하는 것이고, 철회는 아직 법률행위의 효력이 발생하기 전에 그 효력발생을 저지시키는 의사표시이고, 해제는 일단 유효하게 성립한 계약의 효력을 계약 시에 소급하여 소멸시키는 것이라면 해지는 해제와 같으나, 다만 계약의 성질이 계속적인 계약관계이므로 장래에 대하여 효력이 소멸하는 것을 말한다.

3. 취소의 방법

취소의 의사표시를 할 수 있는 권리를 갖는 자, 즉 취소권자는 제한능력자와 하자 있는 의사표시를 한 자와 그 대리인 및 승계인이다.

취소는 원칙적으로 소송 등 특별한 형식을 필요로 하지 않으며 명시적으로 또는 묵시적으로 할 수 있다. 그러나 사해행위의 취소나 혼인 등의 신분행위의 취소 그리고 회사법상의 각종 취소의 소(訴)는 재판상 취소를 청구해야 한다.

취소를 할 경우에 상대방이 있는 법률행위면 상대방에 하고 그 취소의 의사표시가 도달하여야 한다.

4. 취소의 효과

취소된 법률행위는 처음부터 무효인 것으로 본다(제141조 본문). 즉 소급효가 인정된다. 따라서 채무를 이행할 필요가 없고 이미 채무를 이행한 경우에는 그 반환을 청구할 수 있다.

취소할 수 있는 법률행위를 취소할 수도 있고 취소하지 않기로 할 수도 있는데 어느 것을 선택할지는 취소권자의 자유이다.

이와 같이 취소할 수 있는 법률행위를 취소하지 않기로 확정하는 의사표시를 추인이라 하고 추인하면 확정적으로 유효한 행위가 되어 더 이상 취소할 수도 없다(제143조 제1항). 취소권자가 추인권자가 된다.

경우에 따라서는 추인권자가 추인할 수 있게 된 후에 상대방이나 제3자가 보기에 추인이라고 인정할 만한 일정한 행위가 있는 때에는 취소권자의 의사를 묻지 않고 추인한 것으로 보는 경우가 있는데 이를 법정추인(제145조)이라 한다.

취소권자가 채무자로서 전부나 일부를 이행한 경우, 이행을 청구하는 경우, 경개를 한 경우, 담보를 제공하거나 담보를 수령한 경우, 취소할 수 있는 행위로 취득한 권리의 전부 또는 일부를 양도한 경우, 강제집행을 하거나 이를 수인한 경우가 법정추인사유이다.

이 취소권은 추인할 수 있는 날로부터 3년, 법률행위를 한 날로부터 10년이 경과하면 소멸한다. 이 기간은 제척기간이다.

5. 신분행위와 행정행위 취소의 유사성

재산권에 관한 법률행위에 취소사유가 있는 경우에는 동 취소권은 추인할 수 있는 날로부터 3년 내에, 법률행위를 한 날로부터 10년 내에 행사할 수 있다.

그러나 신분행위 중 혼인의 경우 사기 또는 강박행위를 매개하여 혼인에 이르렀다 하더라도 사기를 안 날 또는 강박을 면한 날로부터 3월 내에 한하여 그 취소를 청구할 수 있을 뿐이다.[166]

이 점에 있어서는 행정처분에 취소사유가 있는 경우 그 처분의 통지를 받은 때에는 그 받은 날로부터 90일 내에 취소권을 행사할 수 있는 것과 유사하다.

취소사유 있는 행정처분과 다른 점은 사기 또는 강박으로 인한 혼인의 경우 취소권을 행사하는 경우에도 그 취소의 효력은 장래에 향해서만 효력이 있다는 점이다.[167]

따라서 혼인이 취소되는 경우에도 취소되는 혼인에 의하여 기왕 출생한 자(子)는 혼인 중의 출생자의 신분을 그대로 유지하게 된다.

---

166) 민법 제823조 【사기, 강박으로 인한 혼인취소청구권의 소멸】
사기 또는 강박으로 인한 혼인은 사기를 안 날 또는 강박을 면한 날로부터 3월을 경과한 때에는 그 취소를 청구하지 못한다.

167) 민법 제824조 【혼인취소의 효력】
혼인의 취소의 효력은 기왕에 소급하지 아니한다.

1. 구분의 실익

무효확인소송은 전심절차를 요하지 아니하고 제소기간의 제한이 없어 조세행정쟁송에 있어 전심절차를 거치지 아니하였거나, 쟁송을 제기하였다 하더라고 당연무효사유에 해당하는 경우에는 제소기간에 영향을 받지 아니한다.

그러나 취소소송의 경우에는 행정처분이 있은 때로부터 90일 내에 불복청구를 하지 아니하면 그 후에는 다툴 수 없게 된다. 결국 행정처분의 하자가 무효사유에 해당하면 90일이 경과된다 하더라도 불복청구에는 장애가 되지 아니하는 것이다. 여기에 무효소송과 취소소송의 구분의 실익이 존재한다.

2. 행정처분의 무효와 취소

가. 처분의 무효

무효등확인소송은 행정청의 처분이나 재결의 효력 유무 또는 존재 여부의 확인을 구하는 소송을 말한다(행정소송법 제4조 제2호).

처분 등이 무효, 부존재인 경우에는 그 하자가 중대함으로 인하여 처음부터 효력을 발생시키지 아니하므로 누구나 어느 때고 그 효력을 부인할 수 있는 것이다.

이 소송은 전심절차를 요하지 아니하고 제소기간의 제한이 없으므로 조세행정소송에 있어서는 적법한 전심절차를 거치지 아니하였거나, 취소소송의 제소기간을 놓친 경우에 주로 이용되고 있다.

행정소송법은 취소소송에 관한 규정 중 제소기간, 행정심판전치, 사정판결 등을 제외하고 거의 모든 규정을 무효등확인소송에 준용하고 있다(행정소송법 제38조 제1항).

행정처분에서의 무효확인소송대상이 되는 무효란 그 하자가 중대하면서도 아울러 명백한 하자이어야 한다. 일반적으로 중대한 하자에 해당되는 경우에도 명백한 하자에 해당하지 않아 당연무효요건이 되지 않는 경우가 많다고 할 수 있다.

예를 들면 헌법에 위배되는 법률의 경우에 헌법재판소에서 특정법률이 헌법에 위배된다는 결정이 있기 전까지는 그 하자가 중대한 것이라 할지라도 명백한 것이라고는 할 수 없고, 시행령이 법률에 위배되는 경우에도 대법원에서 위임근거 없는 무효의 규정이라고 판결을 할 때에 비로소 그 시행령은 위임근거 없는 무효의 규정이라는 것이 명백하게 되는 것이다.

┃ 헌법재판소법 제47조 【위헌결정의 효력】 ┃

① 법률의 위헌결정은 법원과 그 밖의 국가기관 및 지방자치단체를 기속(羈束)한다.
② 위헌으로 결정된 법률 또는 법률의 조항은 그 결정이 있는 날부터 효력을 상실한다. 〈개정 2014. 5.20.〉
③ 제2항에도 불구하고 형벌에 관한 법률 또는 법률의 조항은 소급하여 그 효력을 상실한다. 다만, 해당 법률 또는 법률의 조항에 대하여 종전에 합헌으로 결정한 사건이 있는 경우에는 그 결정이 있는 날의 다음 날로 소급하여 효력을 상실한다. 〈신설 2014.5.20.〉
④ 제3항의 경우에 위헌으로 결정된 법률 또는 법률의 조항에 근거한 유죄의 확정판결에 대하여는 재심을 청구할 수 있다. 〈개정 2014.5.20.〉
⑤ 제4항의 재심에 대하여는 형사소송법을 준용한다.

이는 헌법재판소법 제47조에서 취소결정의 효력을 원칙적으로 소급적용하지 않는다고 천명하고 있는 것과도 밀접한 관련이 있는 것으로 보인다.

나. 처분의 취소

취소소송은 행정청의 위법한 처분이나 재결의 취소 또는 변경을 구하는 소송을 말한다 (행정소송법 제4조 제1호).

행정청의 공권력의 행사나 그 거부, 기타 이에 준하는 행정작용의 전부 또는 일부를 취소함으로써 그 효력을 원칙적으로 소급하여 소멸시키는 내용의 소송으로 행정소송의 유형 중에서 가장 많은 비중을 차지하는 대표적인 소송이다. 이러한 취소소송은 적법한 행정심판을 반드시 거쳐야 하고 제소기간도 단기간으로 정해져 있다.

취소소송의 제1심 관할법원은 피고인 처분청의 소재지를 관할하는 고등법원이며, 대법원은 제2심이 되어 2심제를 채택하고 있다. 그러나 1998.3.1.부터는 행정법원이 신설되어 행정법원이 제1심이 되고, 고등법원이 제2심이 되므로 3심제가 된다(법원조직법 부칙 제 1·2조, 법률 제4765호, 1994.7.27.).

3. 불복청구기산일

국세기본법에서는 "이 법 또는 세법에 따른 처분으로서 위법 또는 부당한 처분을 받거나 필요한 처분을 받지 못함으로 인하여 권리나 이익을 침해당한 자는 이 장의 규정에 따라

그 처분의 취소 또는 변경을 청구하거나 필요한 처분을 청구할 수 있다"라고 규정하고 있다.[168]

가. 작위처분

처분이란 행정청이 행하는 구체적 사실에 관한 법집행으로서의 공권력의 행사 또는 그 거부, 그 밖에 이에 준하는 행정작용을 말한다.[169]

조세관련 행정처분에서 대표적인 작위처분이 고지처분이라 할 수 있다.

고지처분에 대한 불복청구기산일은 동 고지서를 수령한 익일이 된다.

고지서수령 여부에 대한 입증은 과세관청이 진다.

그리고 청구인이 이의신청 · 심사청구 또는 심판청구를 취하한 경우에도 청구기간 내에는 이의신청 · 심사청구 또는 심판청구를 할 수 있다.[170]

나. 부작위처분

부작위란 행정청이 당사자의 신청에 의하여 상당한 기간 내에 일정한 처분을 하여야 할 법률상 의무가 있는데도 처분을 하지 아니하는 것을 말한다.[171]

국세기본법에서는 필요한 처분을 받지 못함으로써 권리 또는 이익의 침해를 당한 경우를 부작위처분이라고 정의하면서 국세기본법기본통칙에서는 납세자의 경정청구 등에 대하여 명시적 또는 묵시적으로 거부하는 것을 부작위처분이라고 예시하고 있다.[172]

---

168) 국세기본법 제55조 【불복】 제1항
169) 행정심판법 제2조 【정의】 제1호
170) 국세기본법기본통칙 62-0…1 【취하한 사건에 대한 불복】
171) 행정심판법 제2조 【정의】 제2호
172) 국세기본법기본통칙 55-0…3 【필요한 처분을 받지 못한 경우】
   "법 제55조 제1항에서 필요한 처분을 받지 못한 경우"라 함은 처분청이 다음 각 호의 사항을 명시적 또는 묵시적으로 거부하는 것을 말한다.
   1. 공제 · 감면신청에 대한 결정
   2. 국세의 환급
   3. 사업자등록신청에 대한 등록증 교부
   4. 허가 · 승인
   5. 압류해제
   6. 법 제45조의 2의 청구에 대한 결정 또는 경정
   7. 기타 전 각 호에 준하는 것
   국세기본법기본통칙 55-0…4 【권리 또는 이익의 침해를 당한 자】
   ① "권리 또는 이익의 침해를 받은 자"라 함은 위법부당한 처분을 받거나 필요한 처분을 받지 못한 직접적인 당사자를 말한다.

부작위처분에 대한 불복청구기산일에 대해서는 국세기본법기본통칙 61-0…1에서 예시하고 있다(아래 통칙 중 '①'은 국세기본법 제45조의 2 제3항 단서로 이관).

① 국세기본법 제45조의 2 제3항에서 규정한 결정 또는 경정의 통지를 그 처리기간(2개월) 내에 받지 못하였을 때에는 그 처리기간 종료일의 다음 날[173]

② 국세기본법 제11조 제1항 각 호의 사유에 해당하여 공시송달한 처분에 대하여 이의가 있을 때에는 공고한 날부터 14일이 경과한 날

③ 국세징수법 제16조에 따라 부과의 결정을 철회하였다가 재결정하여 통지한 처분에 대하여 이의가 있을 때에는 재결정의 통지를 받은 날의 다음 날

④ 처분의 통지서를 사용인, 기타 종업원 또는 동거인이 받은 경우는 사용인, 기타 종업원 또는 동거인이 처분의 통지를 받은 날의 다음 날

⑤ 피상속인 사망 전에 피상속인에게 행하여진 처분에 대하여 상속인이 불복청구를 하는 경우에는 피상속인이 해당 처분의 통지를 받은 날의 다음 날

4. 경정청구

가. 경정청구란?

국세기본법에서는 작위처분에 대한 취소청구는 물론 부작위처분에 대한 필요한 처분을 적극적으로 청구할 수 있도록 규정하고 있다.

이때 부작위처분이란 과세관청에 법령상 그 처분을 할 의무를 구체적으로 지우고 있음에도 소정기간이 경과하도록 과세관청이 아무런 처분을 하지 아니한 경우를 말한다.

수정신고에 의해 증액수정신고와 감액수정신고가 있었으나 감액수정신고에 대한 거부가 있는 경우 국세기본법상의 부작위처분에 해당 여부에 대하여 논란이 있었다.[174]

---

[173] 2개월의 처리기간 종료일의 다음 날로 예시하고 있으나 그 의미는 쟁송을 조속히 진행하고자 하는 경우에 부작위처분으로 볼 수 있는 날이라고 한 것뿐이므로 2개월이 경과하여 불가처분을 받은 경우에는 그때를 기산일로 하여 일정기간 내에 불복청구를 할 수 있다고 보아야 할 것이다.

  ※ 국세기본법 제45조의 2 【경정 등의 청구】 제3항 단서가 신설되어 위 통칙내용이 그대로 반영되었으므로 동 통칙은 삭제되었다. 설명한 바와 같이 단서는 "할 수 있다"라고 표현했다.

  제3항 단서 : 다만, 청구를 한 자가 2개월 이내에 아무런 통지를 받지 못한 경우에는 통지를 받기 전이라도 그 2개월이 되는 날의 다음 날부터 제7장에 따른 이의신청, 심사청구, 심판청구 또는 감사원법에 따른 심사청구를 할 수 있다(2014.12.23. 단서신설).

[174] ① 정부의 감액경정청구권에 대한 거부는 국세기본법상의 부작위처분에도 해당하지 아니하여 조세불복의 대상이 되지 아니함(국심 88부1168, 1988.12.28.).

  ② 감액수정신고에 대한 정부의 경정규정은 경정할 사항에 대하여 경정할 의무가 있는 것으로 해석하므로 만약 과세관청이 당해 법정기한 내에 조사결정이나 통지를 하지 아니하는 경우에는 납세자는 상기 경정청구를 과세관청이 거부한 처분으로 보아 이에 대한 조세불복절차 및 항고소송을 제기할 수 있음(대법원 85누883, 1989.1.31.).

그 후 1994.12.22. 국세기본법을 개정하여 감액수정신고의 경우에 대한 경정청구제도를 신설하였다. 이에 따라 감액수정신고는 경정청구라는 구체적인 권리가 되어 국세기본법에서 정하는 경정청구요건에 해당하는 경우에는 감액경정 거부는 부작위처분으로서 다툼이 없이 조세불복의 대상이 되어야 한다.

경정청구에는 신고 전에 생긴 사유로 인한 통상적 경정청구와 신고 후에 생긴 사유로 인한 후발적 경정청구가 있다.

나. 통상적 경정청구

(1) 요건

과세표준신고서를 법정신고기한까지 제출한 자 및 제45조의 3 제1항에 따른 기한후과세표준신고서를 제출한 자는 다음 각 호의 어느 하나에 해당할 때에는 최초신고 및 수정신고한 국세의 과세표준 및 세액의 결정 또는 경정을 법정신고기한이 지난 후 5년 이내에 관할 세무서장에게 청구할 수 있다. 다만, 결정 또는 경정으로 인하여 증가된 과세표준 및 세액에 대하여는 해당 처분이 있음을 안 날(처분의 통지를 받은 때에는 그 받은 날)부터 90일 이내(법정신고기한이 지난 후 5년 이내로 한정한다)에 경정을 청구할 수 있다(국세기본법 제45조의 2 제1항, 2019.12.31. 개정).[175]

① 과세표준신고서 또는 기한후과세표준신고서에 기재된 과세표준 및 세액(각 세법에 따라 결정 또는 경정이 있는 경우에는 해당 결정 또는 경정 후의 과세표준 및 세액을 말한다)이 세법에 따라 신고하여야 할 과세표준 및 세액을 초과할 때(2019.12.31. 개정)

② 과세표준신고서 또는 기한후과세표준신고서에 기재된 결손금액 또는 환급세액(각 세법에 따라 결정 또는 경정이 있는 경우에는 해당 결정 또는 경정 후의 결손금액 또는 환급세액을 말한다)이 세법에 따라 신고하여야 할 결손금액 또는 환급세액에 미치지 못할 때(2019.12.31. 개정)

(2) 경정청구에 대한 통지의무

결정 또는 경정의 청구를 받은 세무서장은 그 청구를 받은 날부터 2개월 이내에 과세표

(저자주) 위 판례는 자진신고납부제도 세목에만 적용되었고, 경정청구제도는 모든 세목에 적용되므로 경정청구제도의 신설은 실익이 있음.

175) 수정신고분에 대하여 경정청구할 수 있는 법적 근거는 2003.12.30. 개정되어 마련된 것이다. 그리고 동 개정규정의 적용은 국세기본법 부칙(법률 제7008호, 2003.12.30.)에 다음과 같이 되어 있다. 따라서 2003.12.30.이 속하는 과세는 과세연도에도 적용되는 것이다.
제1조【시행일】이 법은 공포한 날부터 시행한다.
제4조【경정 등의 청구에 관한 적용례】제45조의 2 제4항의 개정규정은 이 법 시행일이 속하는 과세연도분부터 적용한다.

준 및 세액을 결정 또는 경정하거나 결정 또는 경정하여야 할 이유가 없다는 뜻을 그 청구를 한 자에게 통지하여야 한다.

경정청구를 한 것에 대하여 과세관청이 거부하는 경우에는 부작위처분에 해당하여 불복청구를 제기할 수 있다. 불복청구기산일은 거부처분을 받은 날이 된다.

다. 후발적 경정청구

(1) 요건

과세표준신고서를 법정신고기한까지 제출한 자 또는 국세의 과세표준 및 세액의 결정을 받은 자는 다음 각 호의 어느 하나에 해당하는 사유가 발생하였을 때에는 제1항에서 규정하는 기간에도 불구하고 그 사유가 발생한 것을 안 날부터 3개월 이내에 결정 또는 경정을 청구할 수 있다(국세기본법 제45조의 2 제2항, 2015.12.15. 개정).

① 최초의 신고·결정 또는 경정에서 과세표준 및 세액의 계산근거가 된 거래 또는 행위 등이 그에 관한 소송에 대한 판결(판결과 같은 효력을 가지는 화해나 그 밖의 행위를 포함한다)에 의하여 다른 것으로 확정되었을 때

② 소득이나 그 밖의 과세물건의 귀속을 제3자에게로 변경시키는 결정 또는 경정이 있을 때

③ 조세조약에 따른 상호합의가 최초의 신고·결정 또는 경정의 내용과 다르게 이루어졌을 때

④ 결정 또는 경정으로 인하여 그 결정 또는 경정의 대상이 되는 과세기간 외의 과세기간에 대하여 최초에 신고한 국세의 과세표준 및 세액이 세법에 따라 신고하여야 할 과세표준 및 세액을 초과할 때

⑤ '①'부터 '④'까지와 유사한 사유로서 대통령령으로 정하는 사유가 해당 국세의 법정신고기한이 지난 후에 발생하였을 때

위 '⑤'에서 '대통령령으로 정하는 사유가 해당 국세의 법정신고기한이 지난 후에 발생하였을 때'라 함은 다음 각 호의 어느 하나에 해당하는 때를 말한다.

㉠ 최초의 신고·결정 또는 경정을 할 때 과세표준 및 세액의 계산 근거가 된 거래 또는 행위 등의 효력과 관계되는 관청의 허가나 그 밖의 처분이 취소된 경우

㉡ 최초의 신고·결정 또는 경정을 할 때 과세표준 및 세액의 계산 근거가 된 거래 또는 행위 등의 효력과 관계되는 계약이 해제권의 행사에 의하여 해제되거나 해당 계약의 성립 후 발생한 부득이한 사유로 해제되거나 취소된 경우

㉢ 최초의 신고·결정 또는 경정을 할 때 장부 및 증거서류의 압수, 그 밖의 부득이한 사유로 과세표준 및 세액을 계산할 수 없었으나 그 후 해당 사유가 소멸한 경우

㉣ 위 '㉠'부터 '㉢'까지의 규정과 유사한 사유에 해당하는 경우

(2) 경정청구에 대한 통지의무

제1항과 제2항에 따라 결정 또는 경정의 청구를 받은 세무서장은 그 청구를 받은 날부터 2개월 이내에 과세표준 및 세액을 결정 또는 경정하거나 결정 또는 경정하여야 할 이유가 없다는 뜻을 그 청구를 한 자에게 통지하여야 한다(국세기본법 제45조의 2 제3항).

국세기본법 제45조의 2 제1항·제2항 및 제4항에 따라 결정 또는 경정의 청구를 하고자 하는 자는 다음 각 호의 사항을 적은 결정 또는 경정청구서를 제출(국세정보통신망을 활용한 제출을 포함한다)하여야 한다.

① 청구인의 성명과 주소 또는 거소
② 결정 또는 경정 전의 과세표준 및 세액
③ 결정 또는 경정 후의 과세표준 및 세액
④ 결정 또는 경정의 청구를 하는 이유
⑤ 그 밖에 필요한 사항

(3) 경정청구기산일

과세표준 및 세액의 계산근거가 된 거래 또는 행위 등이 그에 관한 소송에 대한 판결에 의하여 다른 것으로 확정된 때에는 '그 사유가 발생한 것을 안 날'부터 3개월 이내에 결정 또는 경정을 청구할 수 있다. 이때 그 사유가 발생한 것을 안 날은 본인의 경우에는 본인의 인지 여부에 따라서 판단하고, 대리인이 선임된 경우에는 그 대리인이 인지한 날을 기준으로 경정청구기산일을 판단해야 할 것이다.

따라서 소송대리인이 법원으로부터 판결문을 수령한 경우 '그 사유가 발생한 것을 안 날'이라 함은 소송대리인이 판결문을 수령한 날이 되므로 소송과정에서 소송대리인이 판결문을 수령하는 경우 판결내용에 부합하는 경정을 받기 위해서는 경정청구기간을 놓치게 됨에 주의해야 한다.[176)]

(4) 경정청구와 부과제척기간

후발적 경정청구사유에 해당되어 그 사유가 발생한 것을 안 날로부터 3개월 이내에 결정 또는 경정을 청구할 수 있다고 국세기본법에서 밝히고 있으나, 이에 대하여 재경부와 국세청은 동 후발적 경정청구는 국세기본법 제26조의 2에 규정하는 부과제척기간이 경과한 후에는 할 수 없다고 한다.[177)]

그러나 과세표준 및 세액의 계산근거가 된 거래 또는 행위 등이 그에 관한 소송에 대한

---

176) 국세청 서삼 46019-10347, 2003.2.25.
177) 재무부 기법 46068-89, 1995.3.23.

판결 등에 의하여 다른 것으로 확정된 경우에는 당초결정 또는 경정내용이 사실에 부합하지 않다는 사실이 다툼이 없음에도 불구하고 부과제척기간이 경과되었다는 사실만으로 경정청구를 할 수 없다고 해석하는 것은 이론적 근거가 부족하다. 최근 대법원 등은 이러한 사실을 확인해 준 바 있다.[178]

다시 한 번 법률불소급의 원칙 등이 납세자 등 국민을 보호하기 위한 제도로서 납세자에게 유리한 소급입법은 위헌이 되지 않는 이유를 생각해 보아야 할 것이다.

라. 상속 · 증여세의 경정청구특례

(1) 개요

국세기본법상의 후발적 경정청구는 '그 사유가 발생한 것을 안 날'부터 3개월 이내에 경정청구를 할 수 있도록 규정하고 있다.

그러나 상속세와 증여세의 경우에는 특별한 규정을 두어 그 요건에 해당하는 경우에는 '그 사유가 발생한 것을 안 날'부터 6개월 이내에 경정청구를 할 수 있도록 규정하고 있다.

국세기본법상 부과제척기간에 있어서도 상속세와 증여세는 다른 세목과 차이가 있다.

경정청구제도에 있어서도 상속세 또는 증여세의 경우 당초 신고를 하였거나 결정 또는 경정이 된 후에도 상속회복의 청구소송이 제기되어 당초 신고 또는 결정된 내용과 달라지는 경우가 많고, 이 경우 다른 세목에 비하여 경정청구를 할 수 있는 시간이 상대적으로 많이 필요하게 되는 것을 반영하고 있다.

(2) 요건

상속세 과세표준 및 세액을 신고한 자 또는 상속세 과세표준 및 세액의 결정 또는 경정을 받은 자에게 다음 각 호의 어느 하나에 해당하는 사유가 발생한 경우에는 그 사유가 발생한 날부터 6개월 이내에 대통령령으로 정하는 바에 따라 결정이나 경정을 청구할 수 있다(상속세및증여세법 제79조 제1항).

① 상속재산에 대한 상속회복청구소송 등 대통령령으로 정하는 사유로 상속개시일 현재 상속인 간에 상속재산가액이 변동된 경우

② 상속개시 후 1년이 되는 날까지 상속재산의 수용 등 대통령령으로 정하는 사유로 상속재산의 가액이 크게 하락한 경우

그리고 다음 각 호의 어느 하나에 해당하는 경우에는 그 사유가 발생한 날부터 3개월 이내에 대통령령으로 정하는 바에 따라 결정 또는 경정을 청구할 수 있다(상속세및증여세법 제79조 제2항).

---

178) 대법원 2005두7006, 2006.1.26.

① 제37조에 따른 증여세를 결정 또는 경정받은 자가 대통령령으로 정하는 부동산무상
사용기간 중 부동산소유자로부터 해당 부동산을 상속 또는 증여받거나 대통령령으로
정하는 사유로 해당 부동산을 무상으로 사용하지 아니하게 되는 경우

② 제41조의 4에 따른 증여세를 결정 또는 경정받은 자가 같은 조 제2항의 대출기간
중에 대부자로부터 해당 금전을 상속 또는 증여받거나 대통령령으로 정하는 사유로
해당 금전을 무상으로 또는 적정이자율보다 낮은 이자율로 대부받지 아니하게 되는
경우

(3) 절차

결정 또는 경정의 청구를 하고자 하는 자는 다음 각 호의 사항을 기재한 결정 또는 경정
청구서를 제출하여야 한다[상속세및증여세법시행령 제81조(경정청구 등의 인정사유 등) 제1항].

① 청구인의 성명과 주소 또는 거소

② 결정 또는 경정 전의 과세표준 및 세액

③ 결정 또는 경정 후의 과세표준 및 세액

④ 제2항 및 법 제79조 제1항 각 호 및 같은 조 제2항의 사유에 해당됨을 입증하는
서류

⑤ '①'부터 '④'까지 외에 기타 필요한 사항

마. 경정청구권의 한계

(1) 경정청구기간의 제한

국세기본법에서는 과세표준 신고서를 법정신고기간 내에 제출한 자 또는 국세의 과세표
준 및 세액의 결정을 받은 자는 최초의 신고·결정 또는 경정에 있어서 과세표준 및 세액의
계산근거가 된 거래 또는 행위 등이 그에 관한 소송에 대한 판결에 의하여 다른 것으로
확정된 때에는 '그 사유가 발생한 것을 안 날'부터 3개월 이내에 결정 또는 경정을 청구할
수 있다.

이 경우 소송결과에 따라 소송대리인이 법원으로부터 판결문을 수령한 경우에 '그 사유
가 발생한 것을 안 날'은 소송대리인이 수령권한도 있는 것이므로 대리인이 수령한 날을
기준으로 해야 하는 것이므로 경정청구기간의 기산일은 소송대리인이 판결문을 수령한
날이 된다.[179)]

물론 경정청구기간을 놓친 납세자는 소송대리인에 대하여 손해배상을 청구할 수도 있겠

---

179) 국세청 서삼 46019-10347, 2003.2.25.

지만, 그 전에 실체적인 권리관계에 기초하지 아니한 처분이 유지되는 것은 진정 타당한 것인가 하는 근본적인 의문을 제기하지 않을 수 없는 것이다.

"권리 위에 잠자는 자는 보호받지 못한다"라는 한마디 법언으로 위 상황을 정당화할 수 있는 것인가?

(2) 국세부과제척기간의 제한

국세기본법상의 경정청구권행사는 국세부과제척기간 내에 행사할 수 있고 국세부과제척기간이 경과하는 경우에는 경정청구를 할 수 없다고 해석하고 있다.[180]

즉 경정청구기간 내에 있더라도 국세부과제척기간이 경과한 경우에는 경정청구를 할 수 없다는 의미이다.

그러나 과세의 근거가 된 행위 등이 소송에 대한 판결 등으로 다른 것임이 확정된 경우에도 부과제척기간이 경과되었다는 사실만으로 경정청구를 할 수 없다고 보는 것은 문제이다.

본래 법의 해석은 문리해석이 원칙이고 '국세부과의 제척기간'이라는 문구의 해석을 문리적으로 해석하면 과세관청이 국세를 부과하는 데 있어서는 시효중단이 없는 제척기간을 두겠다는 것으로 볼 수도 있다. 오히려 이렇게 해석하는 것이 합리적이다.

(3) 법률행위취소권의 제척기간과의 관계

매매 등의 법률행위에 착오, 사기·강박 등의 취소원인이 있는 경우 그 취소권은 법률행위를 한 날로부터 10년 내에 또는 추인할 수 있는 날로부터 3년 내에 행사해야 하고 그 기간이 경과하면 제척기간의 만료로 취소할 수 있었던 법률행위는 확정적으로 유효해지고 따라서 취소권을 행사할 수 없다.

취소권과 해제권은 성격이 다르다. 취소는 법률행위 당시에 이미 하자가 있는 경우이고 해제는 유효하게 성립한 법률행위의 효력을 당사자의 채무불이행 등 사후에 생긴 사유로 인하여 인정되는 권리이다. 계약의 무효 또는 취소로 당사자의 권리변동이 원상회복된 경우에는 부과제척기간 또는 경정청구기간과 관계없이 동 부과처분은 당연무효가 된다. 당해 법률행위가 무효 또는 취소사유가 존재한다는 사실에 과세관청과 다툼이 없어야 함은 물론이다.

---

180) 제도 46019-11643, 2001.6.21.; 국세청 서삼 46019-10234, 2003.2.10.

5. 경정처분의 효력

가. 학설

(1) 흡수설

선행처분이 후행처분에 흡수된다는 이론이다. 즉 시간적 순위로 보아 후행처분이라고 할 수 있는 경정처분이 당초처분을 흡수하게 되고 결과적으로 당초처분은 경정처분에 흡수·일체화되어 소멸된다는 이론이다.

(2) 역흡수설

후행처분이 선행처분에 흡수된다는 이론이다. 즉 경정처분은 당초처분에 흡수·일체화되어 소멸하고 당초처분에 의해 확정된 세액은 경정처분에 의해 증감한다는 이론이다.

(3) 병존설

선행처분과 후행처분이 각각 독립하여 존재한다는 이론이다.

경정처분의 효력은 당해 처분으로 인해 증감된 부분에 대해서만 미치며, 당초처분은 경정처분과는 독립적으로 효력을 유지한다는 이론이다. 단계설·분리설·독립설이라고도 한다.

나. 증액처분과 감액처분

증액처분의 경우에는 흡수설을, 감액경정 시는 역흡수설의 입장을 취하고 있다. 즉 증액처분의 경우에는 증액처분이 되는 후행처분이 선행처분인 당초처분을 포함하는 것이 되고, 감액처분의 경우에는 선행처분이 되는 당초처분이 후행처분을 포함하게 된다.

현실적으로 문제가 되는 것은 증액처분의 경우에 흡수설을 적용하는 것을 이용하는 사례이다. 즉 당초처분에 대하여 불복청구의 전심절차를 놓친 경우에 증액수정신고를 하고 무납부하는 경우 과세관청에서 무납부에 대한 처분을 하게 된다. 이 처분이 증액처분으로 불복청구기간을 놓친 당초처분을 흡수하게 되어 증액처분을 기준으로 새로이 불복청구를 할 수 있게 되는 것이다.

다. 입법적 보완

(1) 보완이유

대법원판례에 따라 흡수설을 견지하는 경우 당초처분에 근거한 가산금 결정, 체납처분 등의 선행절차가 모두 무효가 되는 법적 문제점이 있고, 납세자가 고의적으로 적은 금액의 경정사유를 제공하여 증액경정처분을 받아 이미 불복제기기간이 경과한 당초결정에 대하여 불복청구를 하는 등 악용사례가 빈번하여 이를 방지하기 위하여 2002.12.18. 경정 등의 효력에 관한 내용을 신설 보완하였다.

(2) 개정내용

(가) 증액경정처분

세법에 따라 당초 확정된 세액을 증가시키는 경정은 당초 확정된 세액에 관한 이 법 또는 세법에서 규정하는 권리·의무관계에 영향을 미치지 아니한다(국세기본법 제22조의 2 제1항).

(나) 감액경정처분

세법에 따라 당초 확정된 세액을 감소시키는 경정은 그 경정으로 감소되는 세액 외의 세액에 관한 이 법 또는 세법에서 규정하는 권리·의무관계에 영향을 미치지 아니한다(국세기본법 제22조의 2 제2항).

(다) 시행일과 적용례

이 법은 공포한 날부터 시행한다. 제22조의 2(경정 등의 효력)의 개정규정은 이 법 시행 후 최초로 경정하는 분부터 적용한다(국세기본법 부칙, 2002.12.18. 법률 제6782호).[181]

(3) 개정내용 설명

위의 경정 등의 효력에 관한 신설규정은 당초처분과 경정처분과의 법률관계를 판례에 의존하다가 법률로써 그 관계를 명확히 한 것이다. 결국 당초처분과 경정처분을 각각 독립된 처분으로 보는 병존설을 입법화한 것으로 보인다.

당초처분을 독립된 처분으로 보는 경우 다음의 변화를 예상할 수 있다.

---

181) 국세기본법 제22조의 2(경정 등의 효력)는 2018.12.31. 국세기본법 제2조의 3(경정 등의 효력)으로 조번 개정되었다. 내용은 동일하다.

(가) 불복청구기산일

당초처분이 이미 전심절차를 경과한 경우에는 당초처분에 내재하는 하자가 당연무효의 하자가 있는 것으로 볼 수 있는 것이 아닌 한 행정쟁송에서 다툴 수 없다.

(나) 징수권소멸시효 기산일

당초처분과 경정처분은 각각 독립된 처분으로 보게 되므로 국세징수권의 소멸시효는 처분고지서를 기준으로 각각 별도로 진행하게 된다.

(다) 체납처분 등의 독립성

당초처분에 의한 세액의 납부와 체납처분 그리고 제2차 납세의무자의 지정 등에 관한 효력이 경정처분에 의하여 영향을 받지 아니하고 그대로 유효하다.

이상의 내용은 당초처분과 경정처분이 각각 독립된 처분으로 보는 결과이므로 이외에도 종래 당초처분이 경정처분에 흡수되는 결과로 미치는 당초처분의 변화는 병존설에 의하여 변화 없이 당초처분 그대로 유지된다고 볼 수 있다.

라. 입법적 보완 후 대법원 입장 등

(1) 기획재정부 유권해석(기획재정부 조세정책과-1150, 2010.12.16. 등)

"당초 확정된 세액을 증가시키는 경정에 대하여 국세기본법에 따라 불복을 하는 경우, 당초 확정된 세액과 경정된 세액의 모든 과세요건의 사유를 대상으로 다툴 수 있으나, 국세기본법 제22조의 2 제1항에 따라 취소가능한 세액의 범위는 경정으로 인하여 증액된 세액이다"라고 하여 국세기본법 제22조의 2의 의미를 '흡수병존설'로 해석하였다.

(2) 대법원의 입장

(가) 증액경정처분의 경우

당초처분이 있은 뒤 증액경정처분이 행하여진 경우에는 제소기간의 경과 등으로 불가쟁력이 발생하여 확정된 당초신고나 결정에서의 세액에 관하여는 취소를 구할 수 없고, 증액경정처분에 의하여 증액된 세액의 한도 내에서만 취소를 구할 수 있다고 판시하였으므로 이미 확정된 당초처분의 세액은 국세기본법 제22조의 2 제1항에 따라 그 취소를 구할 수 없다는 태도를 명확히 하고 있다. 흡수병존설을 취하였다고 볼 수 있다(대법원 2008두 22280 판결, 2011.4.14. 선고).

(나) 감액경정처분의 경우

당초처분이 있은 뒤 감액경정처분이 행하여진 경우에는 당초처분의 전부를 취소한 다음 새로이 잔액에 대하여 구체적 조세채무를 확정시키는 처분이 아니라 당초처분의 일부를 취소하는 효력을 갖는 것에 불과하며, 감액경정처분은 그에 의하여 감소된 세액부분에 관하여만 법적 효과를 미치는 것으로서 이는 당초처분과 별개 독립된 것이 아니고, 실질적으로 당초처분의 변경이라고 판시한바, 감액경정처분은 세액의 일부 취소라는 납세의무자에게 유리한 효과를 가져오는 처분으로서 그 취소를 구할 소의 이익이 없고, 항고소송의 대상이 되는 것은 당초처분 중 경정결정에 의하여 취소되지 않고 남아 있는 부분, 즉 감액된 당초처분으로, 대법원의 태도는 역흡수병존설을 취하였다고 볼 수 있다(대법원 91누391 판결, 1998.5.26. 선고).

제6장 조건과 기한

개요

조건과 기한은 법률행위의 종된 의사표시로서 법률행위의 부관이라고도 한다.

조건은 장래 그 도래사실이 불확실한 경우를 말하고 기한은 장래 그 도래사실이 확실한 경우를 말한다.

권리변동을 원하는 법률행위에 있어 조건부 또는 기한부법률행위는 계약자유의 원칙상 특별한 경우를 제외하고는 제한받지 않는다.

이 경우 조세법상 그 과세요건의 성립에도 영향을 주는 것은 당연하다.

선행세로서의 부가가치세법에서는 조건부 또는 기한부판매의 경우 그 공급시기는 조건이 성취된 때 또는 기한이 도래한 때로 규정하고 있다.

그러나 조건에는 정지조건과 해제조건이 있으며 기한에도 시기와 종기가 있다. 거래의 조건이 정지 조건부인 경우와 해제조건부인 경우에 있어 공급시기가 다를 것이다.

제1절 조건

1. 조건이란?

조건이란 법률행위의 효력의 발생 또는 소멸을 장래의 불확정한 사실의 성부에 의존하게 하는 법률행위의 부관이다.

이러한 조건에는 대표적으로 정지조건과 해제조건이 있으며 그 외에도 여러 가지로 분류할 수 있다.

정지조건은 법률행위의 효력의 발생을 장래의 불확정한 사실의 성부에 의존케 하는 것인 반면 해제조건은 법률행위의 효력의 소멸을 장래의 불확정한 사실의 성부에 의존케 하는 것이다. 시험에 합격하면 시계를 사주겠다고 하는 것은 정지조건이고, 시계를 먼저 사주고 그 후 시험에 떨어지면 시계를 돌려받겠다고 한다면 이는 해제조건이다.

조건이 되는 사실은 장래의 불확실한 사실이어야 한다. 따라서 과거의 사실은 조건이 되지 못한다. 또 장래의 사실이라도 도래할 것이 확실한 것은 그 도래의 시기가 불확정하더라도 조건이 되지 않고 기한이 될 뿐이다.

2. 조건을 붙일 수 없는 법률행위

법률행위에 조건을 붙이게 되면 법률효과의 발생 또는 존속이 불확정하게 된다.

따라서 법률효과가 확정적으로 발생하거나 존속하는 것이 필요로 하는 법률행위에는 조건을 붙이는 것이 허용되지 않는다. 이를 '조건에 친하지 않는 행위'라 한다.

조건을 붙이는 것이 강행법규 또는 사회질서에 반하는 결과가 되는 경우에는 조건을 절대로 붙일 수 없다. 혼인, 입양, 인지, 상속의 승인 등의 신분행위와 어음 · 수표행위에는 조건을 붙일 수 없는 것이다.

그리고 단독행위에 조건을 붙이게 되면 상대방의 지위를 현저하게 불안정하게 하므로 일반적으로 허용되지 않는다. 예컨대 해제, 해지, 취소, 추인 등이 그러하며 상계의 경우에는 명문으로 조건 또는 기한을 붙일 수 없도록 규정하고 있다(제493조).

3. 조건의 성부(成否)

가. 조건의 성취로 의제되는 경우

조건의 성취로 불이익을 받을 당사자가 신의성실에 반하여 조건의 성취를 방해한 경우에 상대방은 그 조건이 성취된 것으로 주장할 수 있다.

예를 들면 달리기에서 1등을 하면 시계를 주겠다고 약속한 후 뛰는 도중에 다리를 걸어 1등을 놓치게 한 경우 주자는 1등이라는 조건이 성취된 것으로 주장할 수 있다.

┃그림 2-11┃ 조건

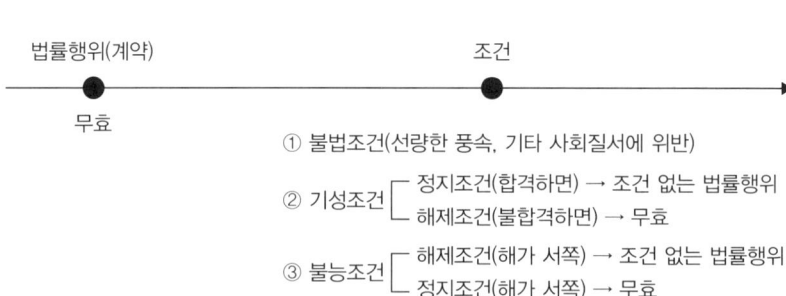

나. 조건의 불성취로 의제되는 경우

조건의 성취로 이익을 받을 당사자가 신의성실에 반하여 조건을 성취시킨 경우에는 상대방은 조건이 성취되지 않은 것으로 주장할 수 있다.

예를 들면 달리기에서 1등을 하면 시계를 주겠다는 약속을 받은 후 시계를 받기 위하여 불법적인 약을 복용하여 1등을 한 경우에는 상대방은 1등이라는 조건이 성취되지 아니한 것으로 주장할 수 있다.

제2절　기한

1. 기한이란?

기한이란 법률행위의 효력의 발생, 소멸 또는 채무의 이행을 장래 도래할 것이 확실한 사실의 발생에 의존시키는 법률행위의 부관이다.

장래의 일정한 사실이라는 점에서는 조건과 다를 바 없지만 그 사실이 장래 도래할 것이 확실한 사실이라는 점에서 조건과 다르다.

기한에는 확정기한과 불확정기한이 있으며 또한 시기와 종기가 있다.

2. 기한의 종류

가. 확정기한과 불확정기한

내년 1월 1일부터라고 하는 경우와 같이 그 도래시기가 확정되고 있는 기한을 확정기한이라고 하고, 내가 죽을 때 또는 비가 오면이라고 하는 것과 같이 시기가 불확정한 경우를 불확정기한이라고 한다. 경우에 따라서는 조건이냐, 불확정기한이냐 하는 것의 구별이 어려운 경우가 있으나, 당사자가 장래 반드시 채무를 부담하거나 그 이행을 할 의사가 있지만 그 사실이 도래할 때까지 채무의 발생 또는 이행을 연기한 취지라면 불확정기한이다.

나. 시기(始期)와 종기(終期)

시기란 예컨대 내년 1월 1일부터 임대차의 효력이 발생한다든지, 금년 말에 지급한다고
하는 바와 같이 법률행위의 효력의 발생 또는 채무의 이행시기를 장래의 확실한 사실의
발생에 의존시키는 기한이다. 이에 대하여 종기란 금년 말까지 임대한다고 하는 것과 같이
법률행위의 효력의 소멸을 장래의 확실한 사실에 의존시키는 것을 말한다.

3. 기한을 붙일 수 없는 법률행위

기한을 붙이는 것이 허용되지 않는 법률행위의 범위는 조건에 친하지 않는 법률행위와
같으나 약간의 차이가 있다.

가. 시기(始期)의 불허

혼인이나 입양 등과 같이 행위의 효력이 곧 발생하여야 하는 경우에는 시기를 붙이지
못한다. 그러나 시기는 효력발생을 불확실하게 하는 것이 아니므로 어음ㆍ수표행위에 기
한은 붙일 수 있다. 그리고 상계와 같이 소급효가 있는 행위에는 시기를 붙이는 것은 무의
미하다(제493조 제1항).

나. 종기(終期)의 불허

종기를 붙일 수 없는 법률행위는 해제조건의 경우와 대체로 같다.

4. 기한의 이익

가. 의의

기한의 이익이란 기한이 붙여져 있어 그 기간이 도래하지 않음으로써 그동안에 당사자가
받는 이익을 말한다. 기한의 이익은 무상의 임치(제693조)처럼 채권자를 위한 경우, 무이자
소비대차(제601조)처럼 채무자를 위한 경우, 이자부 소비대차처럼 채권자와 채무자 쌍방을
위한 경우가 있으나, 일반적으로 채무자에게 기한의 유예를 주는 취지에서 붙이는 것이
보통이므로 민법은 기한을 채무자의 이익을 위한 것으로 추정하고 있다(제153조 제1항).

나. 기한의 이익의 포기

기한의 이익은 이를 포기할 수 있다. 그러나 상대방의 이익을 해하지 못한다(제153조 제2항).

기한의 이익이 채무자에게만 있는 때에는 채무자는 기한의 이익을 포기하여 기한 전에 변제할 수 있다. 이 경우 이자부인 경우에도 변제 시까지의 이자를 지급하면 되고 기한까지 이자를 지급할 필요는 없다. 다만, 이 경우 상대방이 손해를 입으면 배상하여야 한다.

기한의 이익이 채무자를 위한 것뿐만 아니라 채권자를 위하여도 존재하는 때에는 채무자는 채권자의 손해를 배상하고 포기할 수 있다고 해석된다.

다. 기한이익의 상실

다음의 경우에는 채무자는 기한의 이익을 주장할 수 없다(제388조).

채무자가 담보를 손상·감소 또는 멸실하게 하거나 채무자가 담보의 제공의 의무를 이행하지 않을 때 그리고 채무자가 파산선고를 받은 때에는 기한의 이익을 주장할 수 없다. 그리고 특약에 의하여 기한의 이익을 상실시킬 수 있다.

제3절 **조건부·기한부판매**

1. 조건부판매

가. 정지조건부의 경우

정지조건부판매의 경우 부가가치세법상 공급시기는 조건이 성취된 때이다.

조건부판매의 경우에는 대부분 정지조건부 판매이다.

물품을 인도하고 인수한 쪽에서 검수를 통과하는 것을 조건으로 하는 경우에는 검수를 통과하는 시점이 부가가치세법상의 공급시기가 되고 이 시점에서 세금계산서를 교부하여야 한다. 물론 공급시기가 도래하기 전에도 세금계산서를 교부할 수 있으나 이것은 별개의 문제이다. 물품공급에 대하여 검사에 합격할 것을 조건으로 하고 그 전에는 공급의 효력을 정지시키는 공급계약이 정지조건부 판매에 해당하는 것이다.

나. 해제조건부의 경우

해제조건부 판매는 물품을 공급하는 시점에서 그 공급의 효력이 발생하고, 그 후에 일정한 하자 등이 발생하는 경우에는 당초의 공급의 효력을 배제하는 공급계약이다.

이 해제조건부 판매의 경우에는 재화의 공급 시에 공급의 효력이 발생하는 것이므로 부가가치세법상의 공급시기가 도래한 것이 된다. 다만, 그 후에 당초 약정한 해제조건이 성취되는 경우에는 공급시기는 효력이 없게 되므로 이미 교부한 세금계산서는 취소하게 되는 것이다.

2. 기한부판매

기한부판매는 재화를 공급함에 있어서 당해 재화를 거래상대방에게 인도한 후 일정한 기한까지 반환하지 아니하거나 매입동의 또는 거절의 의사표시가 없으면 그 기한이 경과하는 시점에서 계약체결과 동시에 공급되는 것으로 하는 약정에 의하여 공급하는 것을 말한다.

3. 완성도기준 · 중간지급조건부 판매

가. 개념

완성도기준지급 또는 중간지급조건부로 재화를 공급하거나 전력, 기타 공급단위를 구획할 수 없는 재화를 계속적으로 공급하는 경우에는 대가의 각 부분을 받기로 한 때를 공급시기로 한다(부가가치세법시행령 제28조 제3항).

그리고 부가가치세법시행규칙 제18조(중간지급조건부 재화의 공급)에서는 중간지급조건부로 재화 또는 용역을 공급하는 경우에 해당하는 것으로 '계약금을 받기로 한 날의 다음 날부터 재화를 인도하는 날 또는 재화를 이용가능하게 하는 날까지의 기간이 6개월 이상인 경우로서 그 기간 이내에 계약금 외의 대가를 분할하여 받는 경우'로 규정하고 있다.

나. 입법취지

재화는 유체물과 무체물로 나눌 수 있다.
유체물의 경우에 일시적 거래가 있을 수 있고 계속적인 거래가 있을 수 있다.
일시적 거래의 경우에는 원칙적인 거래시기를 적용하여 재화의 이동이 필요한 경우에는 재화가 인도되는 때를 공급시기로 하여 세금계산서를 교부하고 재화의 이동이 필요하지 아니한 경우에는 재화가 이용가능하게 되는 때를 공급시기로 하여 세금계산서를 교부해야 할 것이다.

그러나 일시적 거래가 아닌 계속적 거래인 경우에는 개별재화의 인도시기에 따라 세금계산서를 교부하는 것은 불가능할 것이다. 왜냐하면 공급단위를 구획할 수 없기 때문이다.

특히 무체물의 경우에는 대부분 공급단위를 구획할 수 없는 형태로 거래가 된다.

전력의 공급은 소비처에 따라서는 24시간 계속 공급받는 경우가 있으며 결국 24시간 동안 무체물인 재화의 인도가 끊임없이 이루어지게 된다. 도시가스공급의 경우에도 마찬가지이다. 인도시기를 기준으로 하면 24시간 계속 세금계산서를 교부하여야 할 것이다.[182]

이와 같이 공급단위를 구획할 수 없는 재화 또는 용역을 계속적으로 공급하는 경우에는 원칙적인 공급시기를 적용할 수 없어 그 대가의 각 부분을 받기로 한 때를 공급시기로 하는 것이다.

다. 완성된 재화의 공급

완성된 재화를 공급하는 경우로서 대가의 각 부분을 받기로 계약이 체결된 때에 그 공급시기는 재화가 인도되는 때인가, 아니면 대가의 각 부분을 받기로 한 때인가?

그리고 계약금을 지급받는 때에 공급시기가 일부 도래했다고 볼 것인가, 아니면 계약금 이외의 대가를 받는 때에 계약금과 함께 공급시기가 도래한 것으로 볼 것인가?

전자에 대한 문제는 재화의 인도를 받는 때를 공급시기로 하여 세금계산서를 교부하는 경우에는 잔금 외의 대가에 대하여는 공급자는 세금계산서 미교부·미제출가산세 등의 불이익을 감수해야 할 것이고 공급받는 자는 매입세액불공제라는 더 큰 불이익을 감수해야 할 것이다.

그리고 후자에 관한 문제 역시 계약금을 받는 때 세금계산서를 교부하지 아니하는 경우 공급받는 자는 매입세액불공제라는 더 큰 불이익을 감수해야 한다.

(1) 현행규정

(가) 법률의 규정

① 재화의 이동이 필요한 경우 : 인도되는 때
② 재화의 이동이 필요하지 아니한 경우 : 재화가 이용가능하게 되는 때
③ 위 규정을 적용할 수 없는 경우 : 재화의 공급이 확정되는 때

---

182) 수돗물의 경우에도 재화가 끊임없이 공급되고 있으나 부가가치세가 면제되므로 정적인 시점을 따질 실익이 없다.

(나) 시행령의 규정

위 부가가치세 본법에서 위임을 받아 시행령에서는 '완성도기준지급 또는 중간지급조건부로 재화를 공급하거나 전력, 기타 공급단위를 구획할 수 없는 재화를 계속적으로 공급하는 경우에는 대가의 각 부분을 받기로 한 때'를 공급시기로 규정하고 있다(부가가치세법시행령 제28조).

(다) 시행규칙

부가가치세법시행규칙 제18조(중간지급조건부 재화의 공급)에서는 '계약금을 받기로 한 날의 다음 날부터 재화를 인도하는 날 또는 재화를 이용가능하게 하는 날까지의 기간이 6개월 이상인 경우로서 그 기간 이내에 계약금 외의 대가를 분할하여 받는 경우 재화가 인도되기 전 또는 재화가 이용가능하게 되기 전이거나 용역의 제공이 완료되기 전에 계약금 이외의 대가를 분할하여 지급하는 경우로서 계약금을 지급하기로 한 날부터 잔금을 지급하기로 한 날까지의 기간이 6월 이상인 경우'라고 규정하고 있다.[183]

동 시행규칙은 상위법으로부터 위임을 받은 바 없다.

(2) 심판례 등

(가) 완성된 재화는 중간지급조건부 거래가 아니라고 본 사례

완성도기준지급이나 중간지급조건부 거래의 이면에는 모두 완성된 재화의 공급이 아니라 완성된 공급을 하기 위한 과정에 있어서 그 완성되는 정도에 따른 대가의 지급 같은 개념이 내포되어 있다고 보아야 할 것이므로 이미 완성되어 있는 건물의 매매를 중간지급조건부 거래라고 본 것은 관련 부가가치세법 규정의 법리를 오해한 잘못이 있다고 판단하고 있다.

---

183) 소득세법에서는 다음과 같이 장기할부조건거래의 경우에는 잔금지급 전인 목적물의 인도일 또는 사용수익일에도 취득 또는 양도시기로 보도록 규정하고 있다(소득세법시행규칙 제78조 제3항).
　① 계약금을 제외한 해당 자산의 양도대금을 2회 이상으로 분할하여 수입할 것
　② 양도하는 자산의 소유권이전등기(등록 및 명의개서를 포함한다) 접수일·인도일 또는 사용수익일 중 빠른 날의 다음 날부터 최종 할부금의 지급기일까지의 기간이 1년 이상인 것
　위의 '①'에서 '해당 자산의 양도대금'에는 원칙적으로 계약금은 포함되지 않는다. 따라서 계약금과 잔금으로 2회로 대금지급을 하는 때에는 장기할부조건거래에 해당하지 않는다.
　☞ 2011.3.28. 위 제1항을 개정하여 양도대금에는 계약금을 포함하지 않는 것으로 하였다. 동 개정규정은 종전의 예규내용을 입법화한 것으로 확인규정에 불과할 뿐이다.

(나) 완성된 재화도 중간지급조건부 거래가 될 수 있다고 본 사례

거래 당시 이미 완성된 재화를 공급하는 경우를 '중간지급조건부 재화의 공급'에서 제외해야 할 합리적인 이유나 근거가 없어 이미 완성된 재화를 공급하는 경우에도 중간지급조건부 재화의 공급에 포함된다고 한다.

(3) 필자의 견해

(가) 법령 상호 간의 조화

본법에서 재화의 이동이 필요한 경우에는 '재화가 인도되는 때'로, 재화의 이동이 필요하지 아니한 경우에는 '재화가 이용가능하게 되는 때'를 공급시기로 보도록 하면서 '재화가 인도되는 때'와 '재화가 이용가능하게 되는 때'에 관하여 필요한 사항은 시행령에 위임하고 있다.

따라서 위임명령의 한계상 그 본법에서 정하는 내용을 벗어날 수는 없고, 재화의 이동이 필요한 재화의 경우라면 달리 시행령에서 이보다 앞선 공급시기를 정할 수는 없다고 보아야 한다. 물론 시행규칙의 경우에는 시행령의 위임근거조차도 없고 설사 위임근거가 있다고 하더라도 상위법령의 뜻에는 거슬릴 수 없으므로 재화의 이동이 필요한 경우에는 '재화가 인도되는 때'를 공급시기로 보아야 하는 것이다.

(나) 시행령의 합리적 해석

시행령의 내용을 상세하게 분해해 보면 다음과 같다.
① 완성도기준지급조건부 공급
② 중간지급조건부 공급
③ 전력, 기타 공급단위를 구획할 수 없는 재화를 계속적으로 공급

위에서 완성도기준지급조건부와 전력의 경우에는 공급단위를 구획할 수 없는 계속적 공급에 해당한다. 따라서 앞에서 본 바와 같이 재화가 인도되는 때에 세금계산서를 교부하기 어렵다.

그렇다면 결국 중간지급조건부공급에 대한 해석의 문제로 귀착된다.

계속적인 공급의 경우에도 완성도조건에 따라 대금을 지급하기로 할 수도 있으며, 완성도를 따지기가 복잡하다고 생각하여 일정시기를 기준으로 하여 대금을 지급하기로 약정할 수도 있는 것이다. 중간지급조건부 공급은 이 경우를 뜻하는 것으로 해석해야 한다. '공급단위를 구획할 수 없는 재화를 계속적으로 공급하는 경우'를 전제로 한다고 해석할 때 본법과 시행령 그리고 시행규칙과의 조화롭고 합리적인 해석이 되는 것이다. 결국 위 '①, ②, ③'의 거래유형은 '공급단위를 구획할 수 없는 거래'의 예시규정에 불과한 것이다.

부가가치세는 과세대상이 재화 또는 용역의 공급이다. 소득세는 과세대상이 소득이다.

재화 또는 용역의 공급으로 소득이 발생하지만 그 과세대상을 파악하는 구조는 엄격한 차이가 있다.

라. 계약금의 공급시기

(1) 현행규정

현행 부가가치세법기본통칙은 대가의 일부로 계약금을 받는 경우에는 당해 계약조건에 따라 계약금을 받기로 한 때를 공급시기로 보도록 하고 있다.

이 기본통칙에 따라 모든 계약금은 대가관계에 있는 것으로 보아 계약금을 수령하면서 세금계산서를 교부하지 않는 경우에는 매도자에게는 세금계산서 미교부 가산세 등을 부과하고 매입자에게는 일정한 경우 매입세액을 공제받지 못하는 것으로 하고 있다.

완성도기준지급 및 중간지급조건부로 재화를 공급하거나 용역을 제공함에 있어서 그 대가의 일부로 계약금을 거래상대자로부터 받는 경우에는 해당 계약조건에 따라 계약금을 받기로 한 때를 그 공급시기로 본다. 이 경우 착수금 또는 선수금 등의 명칭으로 받는 경우에도 해당 착수금 또는 선수금이 계약금의 성질로 인정되는 때에는 계약금으로 본다.

(2) 계약금의 법률적 성격

거래당사자 일방이 계약 당시에 계약금·보증금 등의 명목으로 상대방에게 교부한 때에는 당사자의 다른 약정이 없는 한 이행에 착수할 때까지 교부한 자는 이를 포기하고 계약을 해제할 수 있고 수령한 자는 그 배액을 상환하여 계약을 해제할 수 있는 해약금에 불과하다.

일단 이행에 착수하게 되면 어느 일방이 단독으로 계약을 해제할 수 없다.

이행의 착수란 계약금 이외의 대가를 받는 때가 되는 것이고, 이때부터 거래는 어느 일방이 해제할 수 없는 대가관계에 서는 것이다. 따라서 원칙적으로 계약금교부시기를 공급시기로 보는 것은 계약금의 법률적 성격을 고려하지 못한 것이다.

당사자가 계약금을 교부하면서 해약금의 성격을 배제하기로 하는 약정은 유효하고 이 경우 계약금은 대가관계에 있다고 보아야 할 것이다. 그렇지 않은 경우에는 계약금이 대가관계에서는 시기는 계약금 외의 대가를 받는 시기가 되는 것이다.

이는 소득세법에서 장부출부조건거래의 경우 양도대금의 개념에는 계약금이 포함되지 않는 것으로 해석해 왔으며, 이를 2011.3.28. 개정하여 입법화한 것을 참고해 보면 합리적인 해석이라 할 수 있을 것이다.

더구나 계약금을 수수한 상태에서는 계약금을 지급한 자는 계약금을 포기하고 계약을 해제할 수 있고 계약금을 수급한 자는 그 배액을 상환하여 계약을 해제할 수 있는 해약금에 불과하고 중도금 지급 시 비로소 동 계약금이 대가관계에 있게 되어 어느 일방이 계약을 해제할 수 없는 점 등을 고려할 때 계약금을 공급시기로 하는 것은 바람직하지 않다 할 것이다.

제 7 장 기간

개요

기간의 계산은 원칙적으로 민법에 의하도록 규정하고 있다.

따라서 기간의 계산방법은 민법의 기간계산방법을 숙지해야 한다.

다만, 세법상의 기간계산방법은 자연적 계산에 의하지 않고 역법적 계산방법에 의하도록 규정하고 있다는 데 특색이 있다.

종종 기간계산의 방법에 있어 초일불산입의 원칙에 대한 예외규정이냐에 대한 판단이 어려운 경우가 있다.

제 1 절 기간이란?

기간이란 어떤 시점에서 다른 시점까지 계속하는 때의 구분을 말한다.

시간의 경과는 성년, 최고기간, 실종선고, 기한, 시효 등 다른 법률사실과 함께 중요한 법률효과가 생기는 일이 있다. 기간은 시간적 계속의 관념을 필요로 하는 점에서 일정한 시점 또는 시기를 의미하는 기일과 다르다.

기간에 관한 민법의 규정(제155조 내지 제161조)은 사법상의 기간뿐만 아니라 공법상의 기간에도 적용된다.

제 2 절 기간의 계산방법

민법은 단기간에 대하여는 자연적 계산방법을, 장기간에 대하여는 역법적 계산방법을 사용한다. 세법으로는 자연적 계산방법을 사용하는 경우는 없고 역법적 계산방법을 사용한다.

1. 시·분·초를 단위로 하는 경우

자연적 계산방법에 따라 즉시로부터 기산하여 정하여진 시·분·초가 종료한 때에 기간은 만료한다(제156조).

세법에서는 기간을 시, 분, 초를 단위로 하여 기산하도록 규정한 경우는 없다.

민원서류에서 '즉시' 또는 'ㅇㅇ시간 내'라고 표시되어 있다 하더라도 이는 국세청장의 훈령 등 행정규칙으로서의 성격을 가지고 있을 뿐이다.

2. 일·주·월·년을 단위로 하는 경우

가. 기산점(起算點)

기간이 오전 0시부터 시작하는 경우를 제외하고는 초일을 산입하지 않고 이튿날부터 기산하는 것을 원칙으로 한다(제157조). 이를 초일불산입의 원칙이라 한다. 예외로 연령의 계산(제158조), 호적의 신고기간(가족관계의등록등에관한법률 제37조 제1항)에서는 초일을 산입한다.

나. 만료점(滿了點)

기간의 말일로 만료한다. 기간의 말일이 공휴일인 경우에는 그 이튿날로 만료한다.

기간을 주·월·년으로 정한 경우에는 역에 의하여 계산한다. 주·월·년의 처음부터 기간을 기산하지 않은 때에는 그 기간의 최후의 주·월·년에서 그 기산일에 해당하는 날의 전일로 만료한다. 다만, 월 또는 년으로 정한 경우에 최종의 월에 해당 일이 없는 때에는 그 월의 말일로 기간이 만료한다.

다. 계산례

(1) 해당 일이 있는 경우

1월 1일 금전대여와 함께 1년간 사용하기로 약정한 경우에 기산일은 1월 2일 0시가 되고, 만료일은 기산일인 1월 2일 전일인 다음 해 1월 1일 24시가 된다.

(2) 해당 일이 없는 경우

2월 28일 금전대여와 함께 1년간 사용하기로 약정한 경우 기산일은 2월 29일 0시 또는

3월 1일 0시(29일이 없는 경우)가 되고 만료일은 다음 해 2월 28일 24시 또는 2월 29일 24시가 된다. 실제 존재하는 날을 기준으로 판단한다.

3. 기간역산의 계산법

기산일부터 과거에 소급하여 계산하여 기간의 계산방법에 대하여 민법에 규정하고 있는 바가 없다. 그러나 이 경우에도 민법의 규정을 준용하여야 할 것이다.

4. 국세기본법상 기간의 계산

가. 규정

국세기본법 또는 세법에 규정하는 기간의 계산은 국세기본법 또는 그 세법에 특별한 규정이 있는 것을 제외하고는 민법에 따른다(국세기본법 제4조).

따라서 기간계산에 있어서는 민법의 초일불산입의 원칙과 역법에 의한 계산의 원칙이 국세기본법과 세법에 그대로 적용된다.

다만, 국세기본법과 세법에서 표현하고 있는 내용이 초일불산입의 원칙에 대한 예외규정으로 볼 것인지에 주의할 필요가 있다. 이는 결국 법원이 최종적으로 판단할 수 있는 사항이다.

나. 초일불산입에 대한 예외사례

양도자산의 보유기간 등의 계산은 취득일로부터 양도일까지로 계산하는 것으로 규정하고 있다. 이 경우 취득일을 포함하여 기간을 계산할 것인가, 아니면 취득일의 다음 날로 하여 기간을 계산할 것인가 하는 것이 쟁점이 되었다.

초일을 산입하여 계산하는 경우에는 장기보유특별공제 및 세율적용에서 유리한 적용을 받을 수 있다는 데 쟁점의 실익이 있다.

과거 국세청 예규는 양도자산의 보유기간 계산은 민법상 기간계산규정을 준용하여 초일이 불산입되는 것으로 해석하였으나, 이후 대법원 판례 및 심판례에서 소득세법에서 정한 양도자산의 보유기간 규정은 국세기본법 제4조(기간의 계산)에서 정한 기간계산의 특별규정에 해당하므로 민법상 초일불산입 규정이 적용되지 않는다고 계속하여 판결 또는 결정을 하고 있다.

보유기간의 계산에 있어 취득일은 초일산입하여 계산함(대법원 91누8548, 1992.3.10.)

소득세법(1988.12.26. 법률 제4019호로 개정되고 1990.12.31. 법률 제4281호로 개정되기 전의 것) 각 규정에 의하면 자산양도차익예정신고납부에 있어 납부할 산출세액은 그 자산의 보유기간이 2년 미만이냐의 여부에 따라 공제내역 및 세율이 상이하고, 한편 자산의 보유기간계산에 관하여는 동법 제97조 제3항에 의하여 준용되는 제70조 제6항에서 "제3항 제2호 및 제3호의 보유기간은 당해 자산의 취득일로부터 양도일까지로 함. 다만, 상속받은 자산에 대한 보유기간의 계산은 피상속인이 당해 자산을 취득한 날로부터 기산함"이라고 규정하고 있는바, 그 규정형식에 비추어 볼 때 위 규정은 국세기본법 제4조 소정의 '특별한 규정'에 해당하는 것으로 보아야 할 것이고, 따라서 민법상 초일불산입의 원칙규정은 그 적용이 배제되어 취득일을 보유기간의 기산일로 보아 보유기간을 판정하여야 할 것임.

제 8 장 소멸시효

개요

민법에서는 시효중단 또는 시효정지규정의 적용 여부에 따라 제척기간과 소멸시효로 대별한다. 그러나 조세법에서는 조세를 부과할 수 있는 권리에 대하여 그 권리를 행사할 수 있는 기간을 정하여 부과권의 제척기간으로 하고 확정 또는 부과 후에 징수할 수 있는 권리에 대하여 그 권리를 행사할 수 있는 기간을 정하여 이를 징수권의 소멸시효로 구분하고 있다. 따라서 조세법에서 부과권의 제척기간과 징수권의 소멸시효는 조세법의 고유개념으로 볼 수 있다.
이 장에서는 민법의 제척기간과 소멸시효를 살펴보고 세법상의 고유개념으로 하고 있는 부과권의 제척기간과 징수권의 소멸시효에 대하여 살펴본다.
아울러 민법의 소멸시효와 상법의 소멸시효와의 관계도 살펴본다.

제 1 절 소멸시효란?

시효란 사실상태가 일정기간 계속되는 경우에 그 사실상태가 진실한 권리관계와 일치하느냐 여부를 묻지 않고 이것을 그대로 존중하여 권리관계로 인정하는 제도이다. 따라서 어떤 사람이 소유자인 것과 같은 사실상태, 어떤 사람이 채무를 부담하고 있지 않는 것과 같은 상태가 영속한 경우에는 과연 소유자인가 아닌가, 과연 채무가 없는가 있는가를 묻지 않고 그 사실상태 그대로의 권리관계를 인정하고 진정한 권리자가 있더라도, 진정한 채권이 있어도 그 주장을 허용하지 않는 제도이다.

시효에는 일정한 기간 타인의 물건을 점유한 자에게 그 물건의 소유권을 취득시키는 취득시효와 일정한 기간 동안 권리를 행사하지 않는 자에게 그 권리를 소멸시키는 소멸시효가 있다. 취득시효는 물권법에서 규정하고 있고 소멸시효는 민법총칙에서 규정하고 있다.

시효제도를 인정하는 이유는 진정한 권리관계가 없다 하더라도 영속되면 그러한 사실상태에 대하여 정당한 것으로 신뢰하여 여러 가지 법률관계를 쌓아올리는데 후에 진정한 권리자가 나타나서 이 사실상태를 번복한다면 이제까지의 법률관계는 모두 허물어지게 되어 사회질서가 해를 입게 되고 시간이 오래될수록 증거를 수집하기 어렵고 또한 권리 위에 오랫동안 잠자던 자를 보호할 필요가 없기 때문이다.

　　제척기간이란 소멸시효와 비슷한 제도로서 권리의 존속기간이 예정되어 있어서 그동안에 권리를 행사하지 않으면 그 기간의 경과로 권리가 당연히 소멸하는 제도를 말한다. 이것은 불안정한 법률관계를 일정한 짧은 기간 내에 확정시키는 데 목적이 있다.[184)]

　　소멸시효와 제척기간은 다음과 같은 차이점이 있다.

　① 소멸시효는 권리가 소급적으로 소멸하는 반면 제척기간은 기간이 경과한 때로부터 장래에 향하여 소멸한다.

　② 소멸시효는 일정한 사실상태의 계속을 요건으로 하므로 이러한 상태가 중단되면 시효는 중단되고 사실상태를 방해하는 사정이 있으면 시효는 정지한다. 그러나 제척기간은 사실상태의 계속과 관계없이, 다만 권리관계를 빨리 확정시키려는 제도이기에 중단이란 제도가 인정되지 않는다.

　③ 소멸시효의 이익은 그 이익을 받을 자가 주장하여야 법원이 참작하지만 제척기간은 당사자의 주장과 관계없이 참작하여야 한다.

　④ 소멸시효에는 그 기간 완성 후에 포기라는 제도가 인정되나 제척기간에는 이러한 포기제도가 없다.

　　채권의 소멸시효는 권리의 불행사와 그 상태가 일정기간 동안 계속하는 것을 요건으로 완성한다.

---

184) 국세기본법에서는 민법의 소멸시효와 제척기간의 개념을 원용하면서 제척기간은 부과권의 제척기간으로, 소멸시효는 징수권의 소멸시효로 각각 구분하여 적용하도록 하여 결국 세법상의 고유개념화되었다고 볼 수 있다. 따라서 먼저 부과권의 제척기간이 진행되게 되고 동 제척기간이 만료하기 전에 고지를 하는 경우(구체적으로는 만료 전에 도달) 다시 징수권 소멸시효가 새로이 진행된다.

만약 동 고지서를 제척기간 만료 전에 발송하였으나 제척기간 만료 후 수령한 경우에는 징수권은 행사할 수 없게 된다.

결국 세법에서는 민법의 제척기간과 소멸시효의 기본개념만을 원용하고 있다.

1. 권리의 불행사

소멸시효기간은 권리를 행사할 수 있는 때로부터 진행한다(제166조 제1항). 권리를 행사함에 있어, 예컨대 기한미도래, 조건불성취와 같은 법률상 장애가 없는 상태에 있으면서 권리를 행사하지 않아야 한다. 단순히 채권자의 입원, 외유, 개인적인 사정으로는 소멸시효의 진행을 멈추지 못한다.

여기서 권리를 행사할 수 있는 때라고 하는 것은 각종의 권리마다 다르므로 각종의 권리마다 달리 판단하여야 한다.

따라서 확정기한부채권은 기한이 도래한 때(제387조 제1항 전단), 불확정기한부채권은 채무자가 기한의 도래 여부를 알든 모르든 기한이 도래한 때, 정지조건부채권은 조건이 성취한 때, 시기부채권도 기한이 도래한 때, 기한이 없는 채권은 채권이 성립한 때, 청구나 해지통고를 한 후 상당기간이 경과한 후에 청구할 수 있는 채권은 그러한 기간이 경과한 때, 부작위채권은 위반행위를 한 때(제166조 제2항), 1회만이라도 이행을 게을리하면 곧 전부의 변제를 청구할 수 있다는 계약이 있는 할부급채권은 이행을 게을리한 때, 보증인의 구상권은 그 권리가 발생하여 이를 행사할 수 있는 때, 불법행위로 인한 손해배상청구권은 그 권리가 객관적으로 발생한 때, 이전등기의무의 이행불능으로 인한 손해배상청구권은 의무이행이 불능으로 된 때부터 소멸시효가 진행한다.

2. 불행사의 계속성

가. 채권

(1) 소멸시효기간 10년

민사상의 일반채권이 이에 해당된다(제162조 제1항). 이 규정은 민법이나 다른 법령에 이보다 단기의 시효기간을 정한 이외의 모든 채권에 적용된다. 상법상의 일반채권은 5년 (상법 제64조), 공법상의 금전채권도 5년으로 규정하고 있다.[185)]

---

185) 국가재정법 관련 규정 제96조 【금전채권과 채무의 소멸시효】
　　① 금전의 급부를 목적으로 하는 국가의 권리로서 시효에 관하여 다른 법률에 규정이 없는 것은 5년 동안 행사하지 아니하면 시효로 인하여 소멸한다.
　　② 국가에 대한 권리로서 금전의 급부를 목적으로 하는 것도 또한 제1항과 같다.
　　③ 금전의 급부를 목적으로 하는 국가의 권리의 경우 소멸시효의 중단·정지, 그 밖의 사항에 관하여 다른 법률의 규정이 없는 때에는 민법의 규정을 적용한다. 국가에 대한 권리로서 금전의 급부를 목적으로 하는 것도 또한 같다(2020.6.9. 개정).
　　④ 법령의 규정에 따라 국가가 행하는 납입의 고지는 시효중단의 효력이 있다.

(2) 단기소멸시효

(가) 소멸시효기간 3년(제163조)

일상생활에서 자주 발생하는 소액인 채권이다.

이자 · 부양료 · 급료 · 사용료 · 기타 1년 이내의 기간으로 정한 금전 또는 물건의 지급을 목적으로 한 채권, 의사 · 조산원 · 간호사 · 약사의 치료, 근로 및 조제에 관한 채권, 변호사 · 변리사 · 공증인 · 공인회계사 및 법무사에 대한 직무상 보관한 서류의 반환을 청구하는 채권, 도급받은 자 · 기사 · 기타 공사의 설계 또는 감독에 종사하는 자의 공사에 관한 채권, 생산자 및 상인이 판매한 생산물 및 상품의 대가, 수공업자 및 제조업자의 업무에 관한 채권

(나) 소멸시효 1년(제164조)

여관 · 음식점 · 대석(貸席) · 오락장의 숙박료 · 음식료 · 대석료 · 입장료 · 소비물의 대가 및 체당금(替當金)의 채권, 의복 · 침구 · 장구(葬具) · 기타 동산의 사용료의 채권, 노역인 · 연예인의 임금 및 그에 공급한 물건의 대금채권, 학생 및 수업자의 교육 · 의식 및 유숙에 관한 교주(校主) · 숙주(塾主) · 교사(敎師)의 채권

나. 채권 이외의 재산권의 소멸시효

채권 또는 소유권 이외의 재산권은 20년간 행사하지 않으면 소멸시효가 완성한다(제162조 제2항).

(1) 소유권은 소멸시효에 걸리지 않는다

(2) 소유권 이외의 물권에 기인한 물권적 청구권

시효로 인하여 소멸하지 않는다는 것이 통설이지만 소유권 이외의 물권은 소멸시효에 걸리기 때문에 그로 인한 물권적 청구권도 시효로 인하여 소멸한다고 보는 소수설이 있다.

(3) 형성권

형성권에 존속기간이 정해져 있으면 비록 '시효로 인하여'라고 법문상 나와 있어도 그것은 언제나 제척기간이다.

존속기간이 정해져 있지 않는 경우(예 : 지상권자의 매수청구권 등)에는 10년의 제척기간이라고 해석한다.

(4) 소멸시효에 걸리지 않는 재산권

점유권, 상린권(相隣權), 공유물분할청구권은 소멸시효에 걸리지 않는다. 그리고 신분권이나 인격권과 같은 비재산권도 마찬가지이다.

또한 담보물권은 피담보 채권이 존재하는 한 독립하여 소멸시효에 걸리지 않는다.

다. 판결 등으로 확정된 채권의 소멸시효

판결로 확정된 채권은 그때부터 다시 시효가 진행한다(제178조 제2항). 그러나 판결이나 파산절차에 의하여 확정된 채권 그리고 재판상 화해·조정·기타 확정판결과 동일한 효력이 있는 것(화해조서나 확정된 지급명령 등)에 의하여 확정된 경우에는 원래 그 채권이 10년보다 짧은 단기소멸시효에 해당하는 것이라도 소멸시효는 새로이 10년으로 한다(제165조 제1항·제2항). 단, 확정 당시에 변제기가 도래하지 않은 채권에 대해서는 이 규정을 적용하지 않는다.

3. 상법상 소멸시효와의 관계

가. 상법상 소멸시효

민법은 모든 권리의 주체에 대하여 적용되는 일반법인 데 반하여, 상법은 기업이라는 특유한 주체에 대하여 경제생활관계를 규율하는 특별법에 해당한다.

따라서 민법의 내용 중 친족법, 상속법은 자연인에 대해서만 적용되고 기업에는 원칙적으로 적용될 수 없는 속성이 있다.

재산행위에 관한 사법이 민법과 상법으로 분리되는 기준을 이해하는 것은 민법의 재산관계의 특색을 정확하게 이해하기 위해서도 필요하다.

소멸시효에 관해서도 민법을 적용하는 경우와 상법을 적용하는 경우에 있어 다르게 된다.

민사채권의 소멸시효는 원칙적으로 10년으로 정하고 예외적으로 단기 또는 장기의 소멸시효규정을 개별적으로 두고 있다.

그러나 상사채권의 소멸시효는 원칙적으로 5년(상법 제64조)으로 규정하고, 상법에서 다른 규정이 있거나 다른 법령에서 보다 짧은 기간을 정하고 있는 경우에는 그 짧은 기간을 적용한다. 즉 상사채권의 소멸시효기간은 일반 민사채권의 소멸시효기간보다 짧다.

나. 시효 완성된 채무를 변제하는 경우

채권자인 고객이 은행에 예탁한 예금은 상사채권에 해당하는 것이므로 소멸시효는 5년이 된다. 따라서 5년이 경과한 경우에는 은행의 입장에서는 소구권의 상실로 자연채무에 해당하게 되고 채권자인 예금주는 소송을 통해서는 채권을 행사할 수 없다.

그러나 이 경우에도 소멸시효가 완성된 예금을 일단 익금에 산입한 은행이 당해 고객의 청구에 의하여 이미 익금에 산입한 금액을 지급하는 경우에 지급한 동 금액은 법률상 지급 없는 채무라고 하더라도 그 지급일이 속하는 사업연도의 손금에 산입하도록 하고 있다.[186)]

제4절	소멸시효의 중단과 정지

1. 시효의 중단

소멸시효는 권리의 불행사라는 사실상태가 계속하는 것이므로 이 사실상태를 뒤집는 사실이 생긴 때에는 시효는 진행할 수 없게 된다. 이것을 시효의 중단이라 한다.

민법에서는 시효의 중단사유에 상세히 규정하고 있으나 결국 이것은 권리자가 권리를 주장하거나 의무자가 상대방의 권리를 승인하는 것이다. 그것은 일반적으로 채권자가 시효로 인하여 이익을 받는 자에 대하여 재판상 또는 재판 외에서 권리를 행사하는 것이다.

즉 재판상 청구(제170조), 파산절차참가(제171조), 화해를 위한 소환(제173조), 임의출석(제173조), 최고(제174조)가 그러하다. 그러나 화해를 위한 소환이나 임의출석은 화해가 성립하지 않는 경우에는 1월 내에 소(訴)를 제기하지 아니하면 시효중단의 효력이 생기지 않으며 최고의 경우에도 채무의 이행을 최고한 후에 앞의 중단방법을 쓰거나 압류·가압류·가처분을 하지 않으면 시효중단의 효력이 없다. 이러한 시효중단사유 외에도 압류를 하거나 가압류·가처분을 한 경우(제175조·제176조)에도 시효가 중단된다. 또한 시효의 이익을 받을 자가 시효로 인하여 권리를 잃을 자에 대하여 그 권리의 존재를 알고 있다는 것을 표시하는 승인(제177조)을 한 경우에도 시효는 중단된다.

권리의 행사로 소멸시효가 중단된 때에는 중단까지 경과한 시효기간은 무효로 되고 이를 시효기간에 산입하지 않는다(제178조 제1항). 이 시효중단의 효력은 원칙적으로 당사자 및

---

186) 법인세법기본통칙 19-19…43【익금에 산입한 소멸시효 완성예금 환급액의 처리】

승계인 사이에서만 효력이 있다(제169조).

시효중단사유가 종료한 후에도 시효상태가 계속될 때에는 그때로부터 새로이 시효가 진행된다(제178조 제1항).

2. 시효의 정지

소멸시효가 거의 완성될 무렵에 권리자가 중단행위를 할 수 없거나 하기 곤란한 사정이 있는 경우에 시효의 완성을 일정한 기간 동안 유예하는 것을 말한다. 정지는 중단과 달라 이미 경과한 시효기간이 무효로 되는 것은 아니다.

소멸시효기간만료 전 6월 내에 제한능력자에게 법정대리인이 없거나 그가 능력자가 되거나 법정대리인이 취임한 때에는 6월이 경과할 때까지는(제179조), 그리고 재산을 관리하는 부·모 또는 후견인에 대하여 가지는 제한능력자의 권리를 그가 능력자로 되거나 후임의 법정대리인이 취임한 때로부터, 부부의 일방이 타방에 대하여 갖는 권리는 혼인관계가 종료한 때로부터 6월 내에는 소멸시효가 완성하지 않는다(제180조). 또한 상속재산에 속한 권리나 상속재산에 대한 권리는 상속인의 확정, 관리인의 선임 또는 파산선고가 있는 때로부터 6월 내에는 시효가 완성하지 않는다.

천재, 기타 사변이 난 경우에는 그 사유가 종료한 때로부터 1월 내에는 시효가 완성하지 않는다(제182조).

제 5 절 　　소멸시효의 효력

---

1. 소멸시효의 이익

민법에서는 "소멸시효가 완성한다"라고 규정할 뿐 시효의 원용에 대해서는 상세히 규정하고 있지 아니하여 소멸시효완성의 효력에 대하여 다툼이 있다.

시효기간이 만료함으로써 권리가 절대적으로 소멸한다고 보는 다수설과 권리가 당연히 소멸하지 않고, 다만 시효의 이익을 받을 자에게 권리의 소멸을 주장할 권리가 생길 따름이라는 견해가 있다. 전자를 절대적 소멸설이라 하고 후자를 상대적 소멸설이라고 한다. 판례는 절대적 소멸설을 택하고 있다.

소멸시효의 이익은 이를 받고 싶어 하지 않는 자에게 이를 강제할 필요는 없으므로 소멸시효가 완성한 이후에는 시효이익을 포기할 수 있다. 그러나 채권자가 채무자의 궁박한 상태를 이용하여 포기를 미리 강제할 수 있으므로 이를 방지하기 위하여 시효의 이익은 미리 포기하지 못하게 하였다(제184조 제1항). 같은 취지에서 시효의 완성을 배제하거나 시효기간을 연장하거나 시효완성요건을 가중 또는 곤란하게 하는 특약은 무효이다(제184조 제2항 전단). 이와 반대로 시효기간을 단축하거나 시효요건을 경감하는 특약은 유효하다(제184조 제2항 후단).

2. 국세기본법 제26조와 국세징수법 제86조의 관계 등

국세징수권의 소멸시효가 완성된 경우에 결손처분을 할 수 있는 것으로 규정하고 있었 던(국세징수법 제86조 제1항 제3호) 국세징수법 제86조(결손처분)는 2012.12.31. 삭제되었다.[187]

국세징수법 제86조(결손처분)는 국세기본법 제26조(납부의무의 소멸)에서 납부의무의 소멸사유로 '결손처분'이 포함되어 있을 때는 그 의의가 있었으나, '결손처분'이 납부의무소멸사유에서 제외(1996.12.30. 삭제)된 후에는 '처분'이라고 부를 수조차 없게 되었다. 즉 종전에는 '결손처분'은 납세자의 입장에서는 납부의무의 소멸이라는 이익처분에 해당하였으나 납부의무소멸사유에서 삭제된 후부터는 처분이 아닌 그냥 '결손'으로서 내부행위에 불과한 모습이 되어 버린 것이다. 대외적으로 납세자와의 권리의무관계에 영향을 미칠 수 있는 처분으로서의 속성이 사라져 버린 것이다.[188]

국세징수법 제86조(결손처분)가 있으면 국세기본법 제26조(납부의무의 소멸)에 의해 납부의무가 소멸되던 것이, 국세기본법 제26조의 납부의무소멸사유에서 결손처분을 삭제(1996.12.30.)하게 된 결과, 국세징수법 제86조(결손처분)가 사문화되었다. 이 인과관계를 이해하고 정리하는 데 16년(1996.12.30.~2012.12.31.)이 걸린 셈이다. 저자 개인적으로는 잘된 방향이라고 생각하지 않는다. 1996.12.30. 실수를 인정하지 않으려는 자세로밖에

---

187) 2012.12.31. 국세징수법 제86조(결손처분)가 삭제되었다. 삭제된 이유는 1997.1.1.부터 결손처분이 납부의무소멸사유에서 제외된 것이 원인이 되었다. 1996년 말 잘못된 국세기본법 제26조(납부의무의 소멸) 개정이 16년이 지난 2012.12.31. 국세징수법 제86조(결손처부)를 삭제하는 결과를 초래한 것이다.
   [개정이유]
   국세기본법 개정으로 1997.1.1.부터 결손처분의 납부의무소멸효과가 사라지고 내부적으로 일정기간 징수권 행사를 보류하는 의미만을 갖게 되어 법률에 규정할 실익이 없는 점을 감안
   ※ 납부의무 소멸사유(국세기본법 제26조) : 납부, 충당되거나 부과의 취소 또는 결손처분된 때
                          → 납부, 충당되거나 부과가 취소된 때(1996.12.31. 삭제)
   [적용시기]
   2013.1.1. 이후 적용
188) 조세법개정에 얼마나 신중해야 하는지를 여실히 보여주는 장면이다. 이로 인한 부작용은 국민의 경제생활 안정에 영향을 미칠 뿐 아니라, 감사원이 관리하는 부실국가채권(결손으로 납부의무가 소멸되지 않고 국가의 채권으로 남게 되므로)이 기하급수적으로 늘어나는 부작용을 낳았다.

보이지 않는다. 솔직히 '결손처분'을 '납부의무소멸사유'에서 삭제한 실수를 인정하고, 오히려 국세기본법 제26조(납부의무의 소멸)에 '결손처분'을 추가하는 용기가 필요했다. 이렇게 국세기본법과 국세징수법은 물론 모든 조세법이 그물처럼 서로 연결되어 있는 것이다. 세법개정에 보다 신중을 기해야 하는 이유이기도 하다.

3. 국민의 안정된 결제생활에 미치는 영향

1996.12.30. 국세기본법 제26조(납부의무의 소멸)에서 '결손처분'이 삭제되기 전에는 국세징수법 제86조(결손처분) 제2항은 "세무서장은 제1항의 규정에 의하여 결손처분을 한 후 그 처분당시 다른 압류할 수 있는 재산이 있었던 것을 발견한 때에는 그 처분을 하여야 한다"라고 하여 결손처분 당시에 압류할 수 있었던 재산에 한하여 결손처분을 부활할 수 있었다.

그러나 결손처분이 납부의무소멸사유에서 삭제(2016.12.30.)된 후 1999.12.28. 국세징수법 제86조(결손처분) 제2항은 "세무서장은 제1항의 규정에 의하여 결손처분을 한 후 압류할 수 있는 다른 재산을 발견한 때에는 지체 없이 그 처분을 취소하고 체납처분을 하여야 한다"라고 개정되었다.

'결손처분' 당시 압류할 수 있었던 재산에 한하여 결손처분을 부활했던 제한을 없앤 것이다. 예를 들면, 상속을 받거나, 복권에 당첨된 경우, 명백하게 결손처분당시 압류할 수 있었던 재산, 즉 은닉재산이 아님에도 불구하고 체납처분을 할 수 있도록 한 것이다. 이는 국세기본법 제26조(납부의무의 소멸)에서 '결손처분'을 삭제한 데서 필연적으로 예견할 수 있었다. 저자 개인적으로는 국세징수법 제86조(결손처분)를 삭제할 것이 아니라, 국세기본법 제26조(납부의무의 소멸)에 '결손처분'을 추가했어야 옳은 판단이었다고 생각하는 것이다. 개인이나 조직이나 실수를 하기 마련이다. 중요한 것은 실수를 솔직하게 인정하는 데서 진정한 가치와 발전이 이루어질 수 있다는 것이다. 더구나 국세기본법, 국세징수법은 모든 세법의 모법에 해당한다. 국가의 재정수입과 국민의 경제생활에 이보다 더 영향을 미치는 법은 없다 할 것이다.

4. 소멸시효가 완성된 예금

법인세법은 고객이 예탁한 예금 중 소멸시효가 완성된 예금을 익금에 산입한 후 고객의 청구에 의해 이미 익금에 산입한 금액을 지급하는 경우에 그 지급일이 속하는 사업연도의 손금에 산입하도록 하고 있다.[189] 이는 손금의 귀속시기에 관한 것으로 예금 등이 소멸시효가 완성될 경우 은행 등이 스스로 익금에 산입하지 아니한 경우에도 과세관청이 적극적으로 조사를 통하여 익금산입할 수 있는지에 대해서는 의문의 소지가 있다.

제6절 국세기본법의 소멸시효와 제척기간

1. 세법상 고유개념

본래 민법상의 제척기간이란 소멸시효와 비슷한 제도로서 권리의 존속기간이 예정되어 있어서 그동안에 권리를 행사하지 않으면 그 기간의 경과로 권리가 당연히 소멸하는 제도를 말한다. 이것은 불안정한 법률관계를 일정한 짧은 기간 내에 확정시키는 데 목적이 있다. 따라서 제척기간은 시효의 정지 또는 중단이라는 제도를 인정하지 않는 등 소멸시효와는 차이가 있음을 이미 보았다.

국세기본법에서는 민법의 소멸시효와 제척기간의 개념을 원용하면서 제척기간에 대해서는 부과권의 제척기간으로, 소멸시효에 대해서는 징수권의 소멸시효로 각각 구분하여 적용하도록 하여 결국 세법상의 고유개념화되었다고 볼 수 있다.

따라서 먼저 부과권의 제척기간이 진행되게 되고 동 제척기간이 만료하기 전에 고지를 하는 경우(구체적으로는 만료 전에 도달) 다시 징수권소멸시효가 새로이 진행된다.

만약 동 고지서를 제척기간 만료 전에 발송하였으나 제척기간 만료 후 수령한 경우에는 징수권은 행사할 수 없게 된다.

결국 세법에서는 민법의 제척기간과 소멸시효의 개념 중 일부만을 원용하고 있는 것이다.

2. 국세부과권의 제척기간

가. 의의

정부부과과세제도하에서 납세의무를 정부가 확정하거나, 자진신고납세조세의 무신고 또는 오류·탈루에 대한 과세관청의 납세의무확정에 대한 권리를 국세부과권이라 한다. 제척기간이란 일정한 권리에 관하여 법이 예정해 놓은 존속기간으로서 그 기간 내에 권리

---

189) 법인세법기본통칙 19-19…43 【익금에 산입한 소멸시효 완성예금 환급액의 처리】

가 행사되지 않으면 그 권리는 소멸 내지 실효가 되는 기간을 말한다. 따라서 국세부과의 제척기간이란 국가가 성립된 납세의무에 대하여 국세를 부과하여 확정할 수 있는 권리가 존속하는 기간을 말하며, 이는 국세채권에 대한 권리관계를 조속히 확정시키기 위하여 설정한 기간으로서 이 기간이 경과하면 부과권은 당연히 소멸된다.

국가는 부과권을 행사한 후에야 징수권을 행사할 수 있는 것이므로, 부과권이 소멸된 후에는 징수권은 탄생조차 할 수 없다.

부과제척기간은 시간의 경과에 의하여 권리가 소멸되는 점에서 소멸시효와 유사하나, 권리의 존속기간이 예정되어 있고 그 기간 만료에 의하여 권리가 당연히 소멸된다는 점 등에서 소멸시효와는 차이가 있다. 따라서 제척기간에 대하여는 시효와 같이 원용이나 포기 또는 중단·정지라는 문제가 발생하지 않는다.

나. 제척기간

국세를 부과할 수 있는 기간은 국세를 부과할 수 있는 날부터 5년으로 한다. 다만, 역외거래[국제조세조정에관한법률 제2조 제1항 제1호에 따른 국제거래(이하 "국제거래"라 한다) 및 거래 당사자 양쪽이 거주자(내국법인과 외국법인의 국내사업장을 포함한다)인 거래로서 국외에 있는 자산의 매매·임대차, 국외에서 제공하는 용역과 관련된 거래를 말한다. 이하 같다]의 경우에는 국세를 부과할 수 있는 날부터 7년으로 한다(2019.12.31. 개정).

(1) 일반국세

① 납세자가 법정신고기한까지 과세표준신고서를 제출하지 아니한 경우 : 해당 국세를 부과할 수 있는 날부터 7년(역외거래의 경우 10년)(2019.12.31. 신설)

② 납세자가 대통령령으로 정하는 사기나 그 밖의 부정한 행위190)(이하 "부정행위"라 한다)로 국세를 포탈(逋脫)하거나 환급·공제를 받은 경우 : 그 국세를 부과할 수 있는 날부터 10년(역외거래에서 발생한 부정행위로 국세를 포탈하거나 환급·공제받은 경우에는 15년). 이 경우 부정행위로 포탈하거나 환급·공제받은 국세가 법인세이면 이와 관련하여 법인세법 제67조에 따라 처분된 금액에 대한 소득세 또는 법인세에 대해서도 또한 같다(2019.12.31. 신설).

③ 납세자가 부정행위를 하여 다음 각 목에 따른 가산세 부과대상이 되는 경우 : 해당 가산세를 부과할 수 있는 날부터 10년(2019.12.31. 신설)

　㉠ 소득세법 제81조의 10 제1항 제4호(2019.12.31. 신설)

---

190) 법 제26조의 2 제2항 제2호 전단에서 '대통령령으로 정하는 사기나 그 밖의 부정한 행위'란 조세범처벌법 제3조 제6항에 해당하는 행위를 말한다(국세기본법시행령 제12조의 2 제1항).

ⓒ 법인세법 제75조의 8 제1항 제4호(2019.12.31. 신설)

ⓒ 부가가치세법 제60조 제2항 제2호, 같은 조 제3항 및 제4항(2019.12.31. 신설)

(2) 상속세, 증여세

상속세·증여세의 부과제척기간은 국세를 부과할 수 있는 날부터 10년으로 하고, 다음 각 호의 어느 하나에 해당하는 경우에는 15년으로 한다. 부담부증여에 따라 증여세와 함께 소득세법 제88조 제1호 각 목 외의 부분 후단에 따른 소득세가 과세되는 경우에 그 소득세 의 부과제척기간도 또한 같다(2019.12.31. 개정).

① 납세자가 부정행위로 상속세·증여세를 포탈하거나 환급·공제받은 경우

② 상속세및증여세법 제67조 및 제68조에 따른 신고서를 제출하지 아니한 경우

③ 상속세및증여세법 제67조 및 제68조에 따라 신고서를 제출한 자가 대통령령으로 정하는 거짓신고 또는 누락신고[191]를 한 경우(그 거짓신고 또는 누락신고를 한 부분만 해당한다)

(3) 상속세, 증여세의 부과제척기간의 특례

납세자가 부정행위로 상속세·증여세(제7호의 경우에는 해당 명의신탁과 관련한 국세를 포함 한다)를 포탈하는 경우로서 다음 각 호의 어느 하나에 해당하는 경우 과세관청은 해당 재산 의 상속 또는 증여가 있음을 안 날부터 1년 이내에 상속세 및 증여세를 부과할 수 있다. 다만, 상속인이나 증여자 및 수증자(受贈者)가 사망한 경우와 포탈세액 산출의 기준이 되는 재산가액(다음 각 호의 어느 하나에 해당하는 재산의 가액을 합친 것을 말한다)이 50억원 이하인 경우에는 그러하지 아니하다(2019.12.31. 개정).

① 제3자의 명의로 되어 있는 피상속인 또는 증여자의 재산을 상속인이나 수증자가 취득 한 경우(2019.12.31. 개정)

② 계약에 따라 피상속인이 취득할 재산이 계약이행기간에 상속이 개시됨으로써 등기· 등록 또는 명의개서가 이루어지지 아니하고 상속인이 취득한 경우(2010.1.1. 개정)

③ 국외에 있는 상속재산이나 증여재산을 상속인이나 수증자가 취득한 경우(2010.1.1. 개정)

④ 등기·등록 또는 명의개서가 필요하지 아니한 유가증권, 서화(書畵), 골동품 등 상속 재산 또는 증여재산을 상속인이나 수증자가 취득한 경우(2010.1.1. 개정)

---

191) 국세기본법시행령 제12조의 2 【부정행위의 유형 등】 제2항
① 상속재산가액 또는 증여재산가액에서 가공(架空)의 채무를 빼고 신고한 경우
② 권리의 이전이나 그 행사에 등기, 등록, 명의개서 등(이하 이 호에서 "등기 등"이라 한다)이 필요한 재산을 상속인 또는 수증자의 명의로 등기 등을 하지 아니한 경우로서 그 재산을 상속재산 또는 증여 재산의 신고에서 누락한 경우
③ 예금, 주식, 채권, 보험금, 그 밖의 금융자산을 상속재산 또는 증여재산의 신고에서 누락한 경우

⑤ 수증자의 명의로 되어 있는 증여자의 금융실명거래및비밀보장에관한법률 제2조 제2호에 따른 금융자산을 수증자가 보유하고 있거나 사용·수익한 경우(2013.1.1. 신설)

⑥ 상속세및증여세법 제3조 제2호에 따른 비거주자인 피상속인의 국내재산을 상속인이 취득한 경우(2016.12.20. 신설)

⑦ 상속세및증여세법 제45조의 2에 따른 명의신탁재산의 증여의제에 해당하는 경우(2019.12.31. 신설)

다. 기산일

(1) 과세표준과 세액을 신고하는 국세

당해 국세의 과세표준 신고기한[192]의 다음 날이 부과제척기간의 기산일이다.

여기서 과세표준과 세액을 신고하는 국세라 함은 부가가치세와 같이 자진신고납부세목 이외에도 상속세와 증여세도 이에 포함됨에 주의해야 한다.

상속세와 증여세는 정부결정세목으로 비록 신고로서 바로 확정이 되지 아니하고 신고서를 참고로 하여 정부가 결정하지만 부과제척기간의 계산에 있어서는 부가가치세와 같이 신고기한의 익일을 기산일로 한다.

(2) 종합부동산세·인지세

당해 국세의 납세의무가 성립한 날이 부과제척기산의 기산일이다.

인지세의 경우 문서작성한 날이 납세의무가 성립한 날이 되므로 이 익일이 기산일이 될 것이다.

3. 국세징수권의 소멸시효

가. 의의

구체적으로 확정된 조세채권을 실현하기 위하여 납세자에게 그 이행을 청구하고, 자진 이행이 이루어지지 않을 경우 체납처분에 의해 그 이행을 강제하는 등 세액수납과 관련된 일련의 과세권자의 권리를 징수권이라고 한다. 국세부과권과 국세징수권은 동일한 조세채권의 실현을 위한 실체적 측면과 절차적 측면으로 구분되기는 하나, 동시에 진행되어지는 양면성을 갖는다.

---

192) 이 경우 중간예납·예정신고기한과 수정신고기한은 과세표준신고기한에 포함되지 아니한다(국세기본법 시행령 제12조의 3 제1항).

소멸시효란 일정한 기간이 경과하는 동안에 일정한 사실상태가 그대로 계속되는 경우에 그 상태가 진실한 권리관계에 부합되는지의 여부를 묻지 않고 그 사실상태를 존중하여 그것을 그대로 권리관계로 인정하는 제도이다. 이때 권리를 얻게 되는 경우를 취득시효(取得時效)라 하고, 권리를 잃게 되는 경우를 소멸시효(消滅時效)라고 한다.

나. 기산일

국세징수권은 국세부과권과는 달리 세목별로 차이가 없이 그 징수권을 행사할 수 있는 기간은 징수권을 행사할 수 있는 때부터 국세의 금액에 따라 5억원 이상의 국세는 10년간, 5억원 미만의 경우에는 5년간 행사하지 아니하면 소멸시효가 완성한다(국세기본법 제27조 제1항).

소멸시효는 국세징수권을 행사할 수 있는 때부터 기산하며, '국세징수권을 행사할 수 있는 때'란 다음의 날을 말한다(국세기본법 제27조 제3항, 제4항).

(1) 자진신고제도로서 확정되는 국세

신고한 당해 세액에 대하여는 법정신고납부기한의 다음 날이 징수권소멸시효의 기산일이 된다. 부가가치세 1기 확정신고의 경우 1월 25일이 법정신고납부기한이므로 그 다음 날인 1월 26일 0시가 신고한 부가가치세납세의무에 관한 징수권의 소멸시효의 기산일이 된다. 그러나 상속세 및 증여세와 같이 신고제도는 있지만 동 신고로서 조세채권이 확정되지 않는 경우에는 신고 후 조사결정하여 납세고지서가 발송되어 납세자에 도달한 후 그 납부기한의 다음 날에 이르러 비로소 징수권소멸시효 진행이 시작됨에 유의해야 한다.

(2) 정부결정고지하는 국세

자진납부제도 여부에 불구하고 신고 또는 무신고 후 정부가 결정 또는 경정하여 고지하는 세액에 대하여는 납세고지에 의한 납부기한의 다음 날이 징수권소멸시효기산일이 된다. 신고로서 조세채무가 확정되지 않기 때문에 징수권이 발생할 수 없고, 따라서 징수권과 관련한 소멸시효가 시작될 수 없다.

(3) 기타

인지세의 경우에는 납세의무가 성립한 날을 기산일로 하며 법정신고납부기한 또는 법정납부기한이 연장되는 경우에는 그 연장된 기한의 다음 날이 기산일이 된다.

4. 시효의 중단과 정지

가. 의의

본래 소멸시효는 권리가 있음에도 불구하고 일정기간 동안 그 권리를 행사하지 아니하는 경우에 그 권리가 없는 것과 같은 외관을 그대로 존중하는 제도이다.

따라서 권리자가 그 권리를 행사하는 경우와 그 권리를 행사하지 못하는 데 일정한 사유가 있는 경우에는 권리 위에 잠자는 자와 동일하게 취급할 수는 없다.

이러한 이유에서 부과제척기간에서와는 달리 소멸시효에는 시효중단과 시효정지제도가 있다.

나. 시효중단사유

소멸시효의 중단이란 압류 등 일정한 권리행사로서 이미 경과한 소멸시효기간의 효력이 상실되는 것을 말한다. 소멸시효가 중단된 경우에는 중단사유가 발생할 때까지 경과한 소멸시효기간은 효력을 상실하고 중단사유 종료 시부터 시효가 새로이 진행한다. 국세기본법상 소멸시효의 중단사유와 새로운 시효의 기산일은 다음과 같다(국세기본법 제28조 제1항 · 제2항).

소멸시효 중단사유	새로운 소멸시효 기산일
① 납세고지	고지한 납부기간
② 독촉 또는 납부최고	독촉이나 납부최고에 의한 납부기간
③ 교부청구	교부청구 중의 기간
④ 압류	압류해제까지의 기간

위의 시효중단사유는 예시규정에 불과한 것이다. 따라서 위에서 열거되지 아니한 경우에도 세무서장이 국세징수권을 행사한 것으로 볼 수 있는 때에는 시효중단의 효력이 있다.

예를 들면 압류하기 위하여 수색을 하였으나 압류할 재산이 없어 압류할 수 없는 경우에도 그 수색을 착수했을 때에 세무서장이 국세징수권의 행사에 착수한 것으로 볼 수 있으므로 시효중단의 효력이 발생한다고 보아야 할 것이다.[193]

소멸시효에 관하여는 국세기본법 또는 세법에 특별한 규정이 있는 것을 제외하고는 민법에 따른다(국세기본법 제27조 제2항).

---

193) 압류하기 위하여 수색을 하였으나 압류할 재산이 없어 압류할 수 없는 경우에도 그 수색을 착수했을 때에 시효중단의 효력이 발생한다. 이 경우에 그 수색이 제3자의 주거 등에 대하여 행하여진 경우에는 수색한 취지를 수색조서의 등본 등에 의거 체납자에게 통지하여야 시효중단의 효력이 발생한다(국세기본법 제27조 제2항, 민법 제176조 참조)(국세징수법기본통칙 26-0…6).

다. 시효정지사유

소멸시효의 정지는 중단과는 달리 일정기간 동안의 기간만을 시효진행에서 제외시키는 제도이다. 국세기본법상 시효정지는 납세자의 신청에 근거하여 세무서장이 스스로 일정기간 동안 납부 또는 징수를 유예해 줌으로 해서 그 기간 동안은 징수권을 행사할 수 없고, 한편으로는 납세자도 기한의 이익이 존재하므로 그 기한의 이익이 있는 동안에는 징수권소멸시효가 유예되는 것이 합리적이다. 이러한 이유에서 징수권소멸시효정지제도가 있으며 소멸시효의 정지사유 종료 후에는 잔여기간이 경과하면 소멸시효가 완성된다.

국세기본법상 소멸시효의 정지사유는 다음과 같다(국세기본법 제28조 제3항).

① 세법에 따른 분납기간
② 세법에 따른 징수 유예기간
③ 세법에 따른 체납처분유예기간
④ 세법에 따른 연부연납(年賦延納)기간
⑤ 세무공무원이 국세징수법 제30조에 따른 사해행위(詐害行爲) 취소소송이나 민법 제404조에 따른 채권자대위 소송을 제기하여 그 소송이 진행 중인 기간
⑥ 체납자가 국외에 6개월 이상 계속 체류하는 경우 해당 국외 체류 기간(2017.12.19. 신설)

라. 소멸시효완성의 효과

소멸시효가 완성되면 국세징수권은 당연히 소멸되고 부과된 납세의무는 기산일에 소급하여 소멸한다.

국세의 소멸시효가 완성한 때에는 당해 국세뿐만 아니라 당해 국세와 체납처분비 및 이자상당세액에도 그 효력이 미친다. 그리고 주된 납세자의 국세가 소멸시효의 완성에 의하여 소멸한 때에는 제2차 납세의무자, 보증인과 물적납세의무자에도 소멸시효완성의 효력이 미친다. 그러나 종된 납세자의 소멸시효의 완성이 주된 납세자에게는 영향이 미치지 아니한다.

마. 민법과의 차이

민법상의 시효중단사유로는 재판상 청구(제170조), 파산절차참가(제171조), 화해를 위한 소환(제173조), 임의출석(제173조), 최고(제174조) 등이 있다. 그러나 화해를 위한 소환이나 임의출석은 화해가 성립하지 않는 경우에는 1월 내에 소(訴)를 제기하지 아니하면 시효중단의 효력이 생기지 않으며, 최고의 경우에도 채무의 이행을 최고한 후에 6월 내에 앞의

중단방법을 쓰거나 압류·가압류·가처분을 하지 않으면 시효중단의 효력이 없다.

그러나 국세기본법상의 최고 또는 독촉은 그 자체만으로도 시효중단의 효력이 있다. 국세징수권과 일반채권의 청구권과의 힘의 우위가 엿보이는 부분이다.

이는 국세채권의 자력집행권과 관련되는 부분이라 할 수 있다.

┃그림 2-12┃ 부가세·상속세의 경우 제척기간의 소멸시효 차이

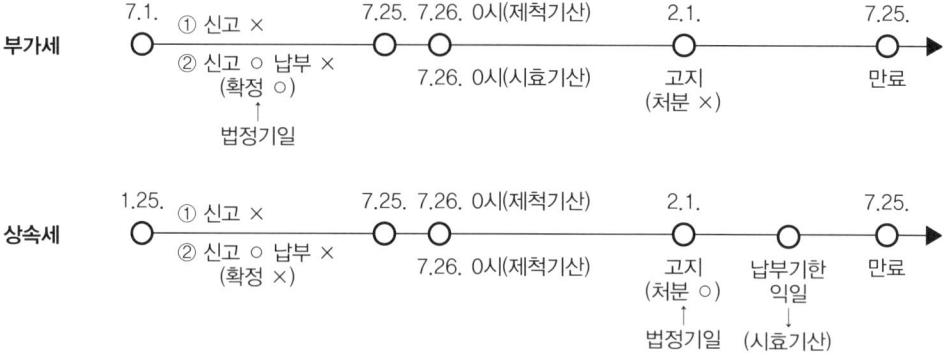

제3편

물권법

개요

물권은 채권에 대해서는 시간의 순위에 관계없이 항상 우선한다. 물권과 물권 사이에는 시간의 순위에 의하여 그 우선순위가 결정된다. 이러한 물권의 우선적 효력은 권리존재의 외부적 인식가능성 때문에 가능하다. 물권의 공시방법을 믿고 거래한 경우 그 등기를 믿고 거래한 사람을 보호해 줄 것인가?
우리나라에서는 부동산에 대하여는 공신력을 인정하지 아니한다. 부동산등기를 믿고 거래한 자를 보호해주지 못하는 것이다. 제도적으로는 공신력을 인정하는 것이 바람직하다.
그러나 공신력의 부여는 부실등기를 막기 위한 제도적 노력이 선행되어야 할 것이다.
한편, 물권과 국세채권의 관계에 있어서는 원칙적으로 국세채권이 우선하도록 규정하고 있다. 그리고 특별히 규정된 경우에 한하여 그 예외를 인정하고 있다. 헌법재판소가 국세우선의 원칙에 관한 규정이 위헌법률이 아니라는 결정은 역시 외부적 인식가능한 징표가 존재한다고 보기 때문이다. 그것이 바로 법정일자라는 개념이다. 그러나 과연 법정일자는 외부적 인식이 가능한 징표인가?
이 장에서는 물권의 개념과 물권법정주의 의미를 알아보고 채권 상호 간의 효력, 물권과 채권의 효력, 물권과 물권의 효력순위를 알아본다.
그리고 가등기와 국세채권과의 관계와 함께 매매예약가등기와 담보가등기의 차이와 함께 국세채권의 우선순위에 있어 그 차이를 알아본다.

제 1 절 물권의 개념

물권은 '특정의 물건을 직접으로 지배하는 배타적 권리'라고 할 수 있다. 그러나 이것은 관념상 물권을 채권으로부터 구별하여 그 성질을 말한 것에 불과하다. 법률적으로도 물권이 채권관계로부터 완전히 독립하여 존재할 수 없고, 더구나 실제적 경제작용에 있어서는 물권과 채권이 여러 가지 모습으로 결합되어 있는 것이 보통이다.

1. 물건을 직접으로 지배하는 권리

물권은 객체인 물건을 직접으로 지배하는 권리이다.

여기서 '직접으로'라고 하는 것은 채권에 있어서는 그 권리의 실현을 위하여 채무자의 행위를 필요로 함에 비하여, 물권에 있어서는 그 권리의 실현을 위하여 타인의 매개를 필요로 하지 않는다는 뜻이다. 현실적으로는 채권의 과정을 거쳐서 물권을 취득하는 경우가 많다. 부동산매매의 경우를 생각해보면 이해가 쉽게 갈 것이다.

2. 배타적으로 지배하는 권리

물권은 배타적 권리로서 이는 하나의 물건 위에 서로 양립할 수 없는 두 개 이상의 물권이 병합할 수 없다는 것을 뜻한다. 즉 동일물 위에 두 개의 소유권 또는 두 개의 지상권은 성립할 수 없다.

이는 마치 물리학에서 하나의 공간에 두 개의 물체가 있을 수 없는 논리와 마찬가지이다.

물권의 배타성은 제3자에 대한 영향이 크기 때문에 물권의 존재를 외부에서 인식할 수 있는 공시방법, 즉 부동산에 관하여는 등기를, 동산에 관하여는 점유를 갖추어야 하는 것이다. 이와 같이 권리의 배타성을 인정하기 위해서는 반드시 공시방법을 갖추어야 하는 것이다.

이에 비하여 채권과 물권은 본질적으로 차이가 있다. 갑이 특정부동산을 A와 매매계약을 하면서 동시 또는 다른 시기에 B와도 매매계약을 체결하는 경우에, 두 사람(A와 B)의 채권은 동시에 존재할 수 있고 그 두 사람 사이에 계약의 선후에 따른 우열은 없다. 갑이 어느 채권자에게 이행하느냐 하는 문제만 남아 있을 뿐이고 A와 B의 채권은 배타성이 없다.

3. 절대성

물권은 특정의 상대방이 없고 모든 사람에 대하여 주장할 수 있으나, 채권은 특정의 상대방(채무자)에 대해서만 주장할 수 있다. 이 점을 강조하여 물권을 대세권(對世權) 또는 절대권(絕對權)이라고 부르고, 채권은 특정인에 대해서만 주장할 수 있기 때문에 대인권(對人權) 또는 상대권(相對權)이라고 부르는 것이다.

4. 전면적 지배권

물권의 내용인 물건의 지배는 전면적 지배와 제한적 지배로 나눌 수 있다. 전면적 지배를 내용으로 하는 물권은 소유권이고, 제한적 지배를 내용으로 하는 물권은 제한물권이다.

소유권은 전면적 지배권이다. 즉 객체인 물건에 대한 모든 가능한 지배의 총합을 그 내용으로 한다. 즉 물건을 스스로 사용할 수도 있고, 타인에게 사용 · 수익시키고 대가를 받을 수도 있고, 이를 팔아서 돈으로 바꿀 수도 있다.

이에 비하여 제한물권은 물권의 사용가치를 목표로 하느냐 또는 교환가치를 목표로 하느냐에 따라 용익물권과 담보물권의 두 가지로 나누어진다.

제2절　물권의 종류

1. 물권법정주의

물권은 배타적인 권리이기 때문에 누구나 함부로 창설할 수 있다고 한다면 불측(不測)의 피해를 보는 사람이 많아져서 결국 사회질서가 위험에 처할 수 있으므로 민법 제185조에서는 "물권은 법률 또는 관습법에 의하는 외에는 임의로 창설하지 못한다"라고 규정하고 있다. 이것을 '물권법정주의'라고 한다.

여기서 창설이란 완전히 새로운 물권을 만드는 것과 기존의 물권에 법률이나 관습법이 인정하지 않는 내용을 부여하는 것을 말한다.

채권법에 있어 '계약자유의 원칙'과 물권법에서 '물권법정주의'를 비교해 보면 대조적임을 알 수 있다.

민법의 채권편에 있는 증여, 매매 등 열네 개의 채권계약유형은 예시에 불과한 데 비하여 물권편에 있는 점유권, 소유권 등 여덟 개의 물권유형은 관습법이 인정하는 외에는 추가로 인정되지 아니한다. 민법 제185조의 물권법정주의는 강행규정 중 효력규정에 해당한다.

2. 물권의 분류

가. 현행 법률에서 인정되는 물권

(1) 민법이 인정하는 물권

민법 제2편에서는 점유권과 소유권 그리고 용익물권으로서 지상권 · 지역권 · 전세권, 담보물권으로서 유치권 · 질권 · 저당권의 여덟 종류의 물권을 규정하고 있다.

(2) 상법상의 물권

상사유치권, 상사질권, 주식질권, 선박저당권, 선박채권자의 우선특권 등이 있다.

(3) 특별법상의 물권

농지법상의 농지저당권, 공장및광업재단저당법상의 공장저당권 · 공장재단저당권 · 광업재단저당권, 자동차등특정동산저당법상의 자동차저당권[1] · 항공기저당권 · 건설기계저당권, 광업법상의 광업권, 내수면어업법상의 어업권 등이 인정되고 있다.

(4) 관습법상의 물권

타인의 토지 위에 분묘를 설치하는 경우에 일정한 요건을 갖춘 때에는 지상권과 유사한 분묘기지권과 동일인의 소유에 속하는 대지와 그 지상건물이 매매 등으로 각각 소유자가 달라지게 된 때에는 특별히 당사자의 약정으로 그 건물을 철거한다는 특약이 없는 한, 건물의 소유자는 그 소재지 위에 관습법상의 법정지상권을 취득한다. 소위 관습법상의 법정지상권이다.

나. 민법상의 물권의 분류

민법에서 인정하는 물권은 점유권과 소유권 그리고 용익물권으로서 지상권 · 지역권 · 전세권, 담보물권으로서 유치권 · 질권 · 저당권의 여덟 종류이나 이를 몇 가지 표준에 따라 분류하면 다음과 같다.

(1) 점유권과 본권

점유권은 물건을 지배할 수 있는 법률상의 권원(權原)의 유무에 관계없이 물권을 사실상 지배하고 있는 상태 그 자체를 보호하는 것을 목적으로 하는 물권이다. 점유자의 권리보다는 사회 전반의 질서유지와 관련하여 인정되는 권리라고 할 수 있다.

이에 비하여 본권은 물건을 사실상 지배하고 있느냐 여부보다는 물건의 지배를 정당화시키는 권원이 있는 경우를 말한다.

(2) 소유권과 제한물권

물건에 대한 지배를 완전히 하는지 여부를 표준으로 하는 분류이다.

소유권은 권리의 객체인 물건을 전면적으로 지배하여 그 물건이 가지는 사용 · 수익 · 처

---

1) 2009년 3월 25일 법률 제9525호로 '소형선박저당법' · '자동차저당법' · '항공기저당법' 등 세 개 법률을 통합하여 '자동차등특정동산저당법'이 제정되었다.

분권능을 다 가지고 있는 물권으로 완전물권이라고도 한다.

이에 비하여 제한물권은 물건에 대한 사용·수익·처분권능 중에서 사용·수익·수익권능 중 일부만 가지고 있는 물권을 말한다. 물건이 가지고 있는 사용가치와 교환가치 중에 소유권은 사용가치와 교환가치 모두를 보유하고 있는 경우이고, 이에 비하여 제한물권은 사용가치·교환가치 중 하나를 목적으로 하는 권리이다. 따라서 한정된 범위에서 지배하고 한정된 이익을 누리게 된다. 제한물권에는 물건이 가지는 사용가치를 목적으로 하는 용익물권과 물건이 가지는 교환가치를 목적으로 하는 담보물권이 있다.

(3) 용익물권과 담보물권

용익물권이란 타인의 물건을 일정한 범위 내에서 사용·수익할 수 있는 권리로서 이용권이라고도 한다. 주로 물건의 사용가치의 지배를 목적으로 한다. 이에는 지상권, 지역권, 전세권이 있는데 모두 부동산을 객체로 한다.

담보물권이란 채권을 담보하기 위하여 타인의 물건을 담보로 삼을 수 있는 물권으로 가치권이라 한다. 주로 물건의 교환가치의 지배를 목적으로 한다. 이에는 유치권, 질권, 저당권이 있다.

담보물권 중 유치권은 법률의 규정에 의하여 일정한 요건이 갖추어질 때 당연히 성립하므로 법정담보물권으로 동산과 부동산에 모두 성립할 수 있으며, 질권과 저당권은 원칙적으로 당사자의 설정행위에 의하여 성립하는 것으로 약정담보물권이라고 하며 원칙적으로 동산과 권리2)에 성립할 수 있다.

(4) 부동산물권과 동산물권

물권의 객체가 부동산이냐 동산이냐 여부에 따라 부동산물권과 동산물권으로 분류한다.

부동산물권은 등기에 의하여 공시되며 동산물권은 점유에 의하여 공시되는 점에서 차이가 있다.

부동산물권으로는 점유권, 소유권, 지상권, 지역권, 전세권, 유치권3), 저당권이 있으며 동산물권으로는 점유권, 소유권, 유치권, 질권이 있다.

---

2) 민법 제345조【권리질권의 목적】
  질권은 재산권을 그 목적으로 할 수 있다. 그러나 부동산의 사용, 수익을 목적으로 하는 권리는 그러하지 아니하다.
    ☞ 따라서 지상권과 전세권은 부동산의 사용, 수익을 목적으로 하는 권리이므로 권리질권의 대상이 되지 못한다.
3) 부동산에 대하여도 유치권은 성립한다. 예를 들면 타인의 토지 위에 건설공사를 해 준 경우 그 건설공사대금을 받지 못한 경우에는 건설공사대금을 받을 때까지 그 토지를 점유할 수 있다.

물권은 그 종류마다 각각 특수한 효력이 있지만 모든 종류의 물권에 공통한 일반적 효력으로는 우선적 효력과 물권적 청구권을 들 수 있다.

이 효력은 물권의 '배타적 지배권'이라는 본질에서 나오는 것이다.

1. 우선적 효력

가. 물권 상호 간의 우선적 효력

내용이 같은 물권 사이에는 먼저 성립한 물권이 뒤에 성립한 물권에 우선한다(시간에 있어서 빠르면 권리에 있어서 강하다).

동일물건 위에 앞의 물권과 동일한 내용을 가지는 물권은 그 후에 다시 성립할 수 없는 것이므로 앞의 물권내용의 지배를 해치지 않는 범위 내에서만 뒤의 물권이 성립할 수 있다.

예를 들면 A가 소유권 또는 지상권을 취득하고 있는 물건에 대하여는 B가 다시 소유권 또는 지상권을 취득할 수 없다. 또 A가 이미 저당권을 가지고 있는 경우에는 B의 저당권은 A의 저당권의 후순위에 놓이게 되고 A의 권리를 침범할 수 없다.

또한 A의 저당권설정 후 B의 지상권설정은 A의 저당권실행(경매)으로 소멸하며, 만약 B의 지상권이 먼저 설정되었다면 A의 저당권이 실행되어도 B의 지상권은 소멸하지 않는다. 이 경우 경락인은 지상권의 제한이 있는 토지를 취득하게 된다.

이러한 것들은 채권 상호 간에 있어서는 그 채권발생 전후에 관계없이 우열이 없는데, 이는 앞에서 본 바와 같이 물권의 '배타적 지배권'이라는 본질에서 나오는 효과이다.

나. 물권과 채권 사이의 우선적 효력

어느 물건에 물권과 채권이 성립하게 된 경우에는 시간의 전후에 관계없이 언제나 물권이 우선한다. 예를 들면 A가 B에게 매도한 부동산을 다시 C에게 매도하여 C가 먼저 등기를 마친 때에는 C의 소유권(물권)이 B의 채권에 우선한다.

또한 A소유의 부동산을 B가 임차하여 사용하고 있는 상태에서 A가 C에게 부동산을 양도한 때에는 B는 그 임차권을 가지고 C에게 대항하지 못한다. 이러한 물권과 채권의 관계를 "매매는 임대차를 깨뜨린다"라는 말로 압축하여 설명하기도 한다.

03
물권법

그러나 이 경우에도 다음과 같은 예외가 있다.

즉 B가 부동산을 임차하여 등기하는 경우에는 제3자, 즉 이 경우에는 C에게 대항할 수 있다. 그리고 이 부동산이 주택인 때에는 주택임대차보호법 제3조에 의해 일정한 요건 (주택인도와 주민등록)을 갖춘 때에는 제3자에 대하여 효력이 생기며, 위 요건 외에 임대차계약증서상의 확정일자를 갖춘 임차인은 우선변제권까지도 인정된다(주택임대차보호법 제3조의 2 제2항). 이것을 '임차권의 물권화'라고도 한다.[4]

한편, 조세채권에 대하여는 채권자평등의 원칙은 말할 것도 없고 담보물권 등에 대하여도 일정한 경우 우선한다. 종전에는 국세의 납부기한으로부터 1년 전에 전세권·질권 등이 설정되는 경우에 한하여 전세권·질권 등을 국세에 우선할 수 있도록 규정하였다(1990.12. 31. 법률 제4277호로 개정되기 전의 것).

이 규정에 따르면 은행 등에서 대출하면서 채무자의 1년 후의 상황까지도 예측해야 하며 그렇지 않은 경우 불측(不測)의 손해를 입을 수 있었다. 그러나 위 규정은 헌법재판소에서 위헌법률로 결정(1990.9.3. 89헌가95 전원재판부)된 바 있으며, 현재는 법정기일(신고일 또는 고지일)과 전세권·질권 등의 설정시기를 비교하여 빠른 것에 우선권을 부여하도록 하였다. 그리고 이 법정기일을 기준으로 우선변제권을 가리는 것은 예측가능성을 해하지도 않고 과세관청의 자의가 개재될 소지가 없다 하여 헌법재판소에서 이미 합헌으로 결정한 바 있다(1995.7.21. 93헌바46 전원재판부).

그러나 현실에 있어 대출해 주고자 하는 은행 등 채권자는 저당권설정시점에서 채무자가 (정확히 말하면 채무자가 될 사람) 전국 세무서에 신고한 세금이 있는지 그리고 전국 세무서에서 고지서를 발송한 사실이 있는지 등을 파악해야 하는데 이것은 현실적으로 어렵다. 예측 가능한 제도가 보완되어 헌법재판소의 합헌결정을 뒷받침하여야 할 것이다.

---

4) 점포임차권의 보호문제가 사회적으로 큰 문제로 대두되어 '상가건물임대차보호법'이 제정(2001.12.29.)되어 2002.11.1.에 시행하였다.
임차인이 건물의 점유와 세무서에 사업자등록을 신청하면 대항력이 생기고 계약서 원본에 확정일자를 받는 경우에는 우선변제권까지 인정한다는 내용이다. 앞으로 많은 어려움과 다툼이 예상된다.
그리고 조세환원(소유주에게 조세를 부과할 때 자산의 소유주가 부담하여 수익가치 저하로 자산가치가 떨어지는 현상)이 이루어지지 않을 때, 즉 공급부족 등으로 공급자우위에 있을 때 추가로 부담되는 조세만큼 임차인에게 전가될 것도 현실적으로 우려되는 부분이다. 이것은 과거 주택임대차보호법상 임차인의 임차기간을 1년에서 2년으로 연장했을 때 임대인이 그 사전처방으로 일시에 전세금 등을 올린 예전의 사례에 비추어 보았을 때 더욱 걱정되는 부분이다. 그리고 금융을 해주고 담보권을 설정하는 은행 등 채권자는 등기소, 동회, 세무서에 가서 담보물에 관련된 채무액 등을 확인해야 할 것이다. 담보력이 떨어지는 것과 함께 원활한 금융에도 다소 제동이 걸릴 것이다.

다. 채권 상호 간의 효력

같은 채무자에 대한 모든 채권자는 채권발생의 시기, 액수의 크고 작음에 관계없이 채무자의 총재산으로부터 모두 평등하게 변제를 받는다. 이를 '채권자평등의 원칙'이라고 한다. 이 '채권자평등의 원칙'은 채권에는 공시방법도 없고 배타성도 없기 때문에 채권의 성립시기에 따라 우열을 인정한다면 다른 채권자들에게 예측할 수 없는 손해를 발생시킬 우려가 있기 때문에 인정되는 것이다. "시간에 있어서 빠르면 권리에 있어서 강하다"라는 원칙과 '채권자평등의 원칙'은 이렇게 대비되는 개념인 것이다.

2. 물권적 청구권

가. 물권적 반환청구권

제3자가 물권의 객체인 목적물의 점유를 침탈하거나 반환을 거부함으로써 물권이 침해되는 경우에 침해자에 대하여 그 반환을 청구할 수 있는 권리이다. 물권적 반환청구권은 동산뿐만 아니라 부동산에 대하여도 인정된다. 이렇게 물권자가 물건을 되찾아올 수 있는 힘을 가리켜 '물권의 추급효'라고 한다.

나. 물권적 방해제거청구권

목적물에 대한 점유의 침탈 및 반환거부 이외의 방법으로 물권의 행사가 방해되는 경우에 물권자가 방해자에 대하여 방해의 제거를 청구하는 권리이다.

다. 물권적 방해예방청구권

물권의 침해가 현실적으로 발생하지는 않았지만 장래 발생할 염려가 있는 경우에 그 발생을 저지하기에 필요한 일체의 작위 및 부작위를 청구할 수 있는 권리이다. 청구의 상대방은 방해의 위험을 현실적으로 야기한 사람에 한하지 아니하고 현재 방해유발원인을 자기지배 내에 가지고 있는 사람도 포함된다.

03
물권법

3. 물권의 우선적 효력과 국세채권의 우선

가. 개관

물권은 그 종류마다 각각 특수한 효력이 있지만 모든 종류의 물권에 공통한 일반적 효력으로는 우선적 효력과 물권적 청구권을 들 수 있다.

이 효력은 물권의 '배타적 지배권'이라는 본질에서 나오는 것이다.

여기서는 물권의 우선적 효력과 국세채권우선의 원칙을 비교해 보고 문제점과 그 대책을 분석해 본다.

먼저 물권의 우선적 효력과 관련하여 물권 상호 간의 우선권에 대하여 보고 다음으로 물권과 채권 사이의 우선관계 및 채권 상호 간의 효력을 살펴본 후 채권에 불과한 국세채권의 우선권에 대한 구체적 내용과 국세우선권의 예외를 살펴본 후 마지막으로 국세우선의 원칙의 기준이 되는 법정기일과 관련하여 문제점과 그 보완책을 알아본다.

(1) 물권 상호 간의 우선적 효력

내용이 같은 물권 사이에는 먼저 성립한 물권이 뒤에 성립한 물권에 우선한다. 앞에서 "시간에 있어서 빠르면 권리에 있어서 강하다"라고 한다는 것을 보았다.

동일한 물건 위에 앞의 물권과 동일한 내용을 가지는 물권은 그 뒤에 다시 성립할 수 없는 것이다.

물리학에서 "하나의 공간에 두 개의 물체가 공존할 수 없다"라는 명제와 형법에서 "하나의 물체가 동일시간에 다른 장소에 있을 수 없다"라는 명제는 물권법의 일물일권주의를 설명할 때 적절하게 인용되기도 한다.

이에 비하여 채권 상호 간에 있어서는 그 채권발생 전후에 관계없이 우열이 없다.

(2) 물권과 채권 사이의 우선적 효력

특정물건에 물권과 채권이 성립하게 된 경우에는 시간의 전후에 관계없이 언제나 물권이 우선하는 것임을 앞에서 보았다. A가 B에게 매도한 부동산을 다시 C에게 매도하여 C가 먼저 등기를 마친 때에는 C의 소유권(물권)이 B의 채권에 우선하게 된다.

또한 A소유의 부동산을 B가 임차하여 사용하고 있는 상태에서 A가 C에게 부동산을 양도한 때에는 B는 그 임차권으로 소유권자인 C에게 대항하지 못한다. 채권과 물권은 시간의 선후에 관계없이 언제든지 물권이 우선하기 때문이다.

(3) 채권 상호 간의 효력

한 사람의 채무자에 대하여 여러 명의 채권자가 있는 경우에 그 채권자들의 채권발생의 시기, 액수의 크고 작음에 관계없이 채무자의 총재산으로부터 모두 평등하게 변제를 받는 원칙을 '채권자평등의 원칙'이라고 한다.

'채권자평등의 원칙'은 채권에는 외부에서 인식할 수 있는 공시방법이 없음에도 불구하고 채권의 성립시기에 따라 우선순위를 인정하는 경우에는 다른 채권자들은 예측불허의 손해를 입게 되기 때문에 인정되는 것이다.

이에 비하여 물권은 등기 등의 공시방법을 갖추고 있기 때문에 공시방법을 먼저 갖춘 자에 대하여 우선권을 부여할 수 있는 것이다.

따라서 물권은 채권과는 달리 법률 또는 관습법에 의해서만 인정되고 당사자가 임의로 창설하지 못하도록 규정하고 있다(제185조).

나. 국세우선권

국세의 우선권(優先權)이란 채권자평등의 원칙에 대한 예외로서 국세채권과 다른 공과금 및 기타 채권이 동시에 납세자의 재산에서 강제징수절차(압류재산의 매각·교부청구)에 의하여 징수 또는 변제되는 경우에 특정의 경우를 제외하고는 국세채권을 경합관계에 있는 다른 공과금 및 기타 채권보다 우선 징수할 수 있는 법률상의 권리를 말한다.

국세기본법 제35조 제1항에서는 "국세 및 체납처분비는 다른 공과금이나 그 밖의 채권에 우선하여 징수한다. 다만, 다음 각 호의 어느 하나에 해당하는 공과금이나 그 밖의 채권에 대해서는 그러하지 아니하다"라고 규정하여 원칙적으로 국세가 우선하는 것임을 천명하고 있다.

이 경우 징수순서는 체납처분비, 국세(가산세는 제외한다), 가산세의 순서로 한다(국세징수법 제4조).

(1) 국세우선의 일반원칙

국세 및 체납처분비는 납세자의 재산을 강제매각 시 다른 공과금이나 그 밖의 채권에 우선하여 징수한다(국세기본법 제35조 제1항).

지방세 또는 공과금의 체납처분금액 중에서 국세를 징수하는 경우에 공과금은 국세보다 우선하지 못하나, 국세와 지방세는 동순위로서 우열이 없고 압류선착주의에 의하여 먼저 압류한 것이 교부청구5)하는 것에 우선한다.

---

5) 교부청구와 참가압류의 비교
  1. 같은 점 : 배당청구권과 시효중단의 효력이 있다.

(2) 국세우선권의 예외

국세우선의 원칙에 대한 예외로서 규정하고 있는 사항은 다음과 같다.

(가) 직접경비 또는 공익비용

① 지방세·공과금의 체납처분 시(국세기본법 제35조 제1항 제1호)
② 강제집행 등의 소요비용(국세기본법 제35조 제1항 제2호)

(나) 전세권 등에 의한 피담보채권(국세기본법 제35조 제1항 제3호)[6]

(다) 전세권 등의 설정 또는 확정일자를 받은 주택임대차보호법 또는 상가건물임대차보호법상 임차보증금(국세기본법 제35조 제1항 제4호)[7]

(라) 사용자의 재산을 매각하거나 추심 시 임금채권의 우선(국세기본법 제35조 제1항 제5호)[8]

(마) 대물변제의 예약으로 가등기되어 담보된 채권의 우선

---

2. 다른 점
　① 요건 : 참가압류는 압류요건을 구비하여야 하지만, 교부청구는 이러한 제한이 없음은 물론 징수유예기간 중에도 교부청구가 가능하다.
　② 절차 : 교부청구는 청구로 충분하나, 참가압류는 필요 시 등기 또는 등록을 요한다.
　③ 효력 : 참가압류는 기압류기관의 압류해제 시 압류의 소급효가 인정되고 기압류기관에의 환가최고가 가능하나, 교부청구는 기압류기관의 압류해제 시 그 효력이 상실되며 환가최고도 불가능하다.

6) 국세기본법상 법정기일 전에 설정된 근저당권에 의해 담보되는 채권보다 우선하는 당해 재산에 대하여 부과되는 국세(상속세·증여세 및 재평가세를 말하며, 이하 '당해세'라 한다)의 경우 현행 국세기본법이 우선권을 부여하고 있는 것처럼 규정되어 있으나, 대법원에서는 해석으로 우선권을 반복적으로 부인하고 있어 이에 대한 해석을 개선하였다.
　■ 대법원 판례(96다55204, 1997.5.9. 선고) 요지
　국세에 대하여 우선적으로 보호되는 저당권으로 담보되는 채권이라 함은 원래 저당권설정 당시의 저당권자와 저당권 설정자와의 관계를 기본으로 하여 그 설정자의 납세의무를 기준으로 한 것이라고 해석되므로, 저당권설정자가 그 피담보채권에 우선하여 징수당할 조세의 체납이 없는 상태에서 사망한 경우에 그 상속인에 대하여 부과된 국세인 상속세는 이를 당해세라 하여 우선 징수할 수 없음이 법원의 확립된 견해이고(대법원 1991.9.24. 선고, 88다카8385 판결; 1991.10.8. 선고, 88다카105 판결; 1994.3.22. 선고, 93다49581 판결; 1995.4.7. 선고, 94다11835 판결; 1996.7.12. 선고, 96다21058 판결 등 참조), 나아가 이 규정의 취지는 납세의무자의 재산상에 근저당권이 설정되어 있고 그 설정일이 이 규정 소정의 법정기일 이전인 때에는 그 근저당권에 의하여 담보되는 채권의 발생시기 여하를 불문하고 그 채권이 국세에 우선한다는 취지로 보아야 할 것이다(대법원 1962.7.19. 선고, 62다190 판결; 1976.10.26. 선고, 76다1091 판결 등 참조).
　■ 개선된 세법해석(재조세 46019-244, 2000.10.19.)
　상속세 등 그 재산에 부과되는 국세와 가산금은 피상속인(증여인 포함)이 조세의 체납이 없는 상태에서 설정한 저당권 등에 담보된 채권보다는 우선하지 않고, 본래의 납세의무자인 상속인(수증인 포함)이 설정한 저당권 등에 담보된 채권보다는 법정기일에 관계없이 항상 국세채권이 우선한다.
7) 이 경우 임차보증금은 국세에 대하여는 우선하지만 체납처분비에 대하여는 우선하지 못한다.
8) 이 경우 임금채권은 국세에 대하여는 우선하지만 체납처분비에 대하여는 우선권을 가지지 못한다.

납세의무자를 등기의무자로 하고 채무불이행을 정지조건으로 하는 대물변제(代物辨濟)의 예약에 따라 채권 담보의 목적으로 가등기(가등록을 포함한다. 이하 같다)를 마친 가등기 담보권(국세기본법 제35조 제1항 제3호 다목)은 법정기일과 비교하여 국세우선여부를 판단한다.

법정기일 후에 위 담보가등기가 이루어진 경우에는 동 가등기에 따른 본등기가 이루어지더라도 그 국세는 그 가등기에 의해 담보된 채권보다 우선한다(국세기본법 제35조 제4항).

담보가등기는 저당권과 같은 효력이 있으므로 담보가등기의 경우에는 법정기일과 가등기일자를 비교하여 법정기일보다 먼저 설정된 가등기는 국세채권에 우선한다.

그러나 담보가등기가 아닌 매매예약가등기의 경우에는 매매예약가등기가 법정기일보다 늦다고 하더라도 국세채권보전을 위한 압류에 앞서 본등기를 하는 경우에는 가등기의 순위보전의 효력에 의하여 소유권은 가등기시점으로 소급하게 된다. 이는 압류 전에 소유권이 전등기를 하는 경우와 같다.

이렇게 가등기에 있어서도 법정기일은 아주 중요한 역할을 하고 있으며 현실적으로 가등기의 대부분이 담보가등기임을 고려해 볼 때 법정기일은 예견가능성 있는 제도로서 자리잡아야 할 필요성이 있다.

‖그림 3-1‖ 담보가등기와 매매예약가등기

〈국세우선의 조건〉

(바) 통정허위계약에 의한 피담보채권의 취소청구

세무서장은 납세자가 제3자와 짜고 거짓으로 재산에 다음 각 호의 어느 하나에 해당하는 계약을 하고 그 등기 또는 등록을 하거나 주택임대차보호법 제3조의 2 제2항 또는 상가건물임대차보호법 제5조 제2항에 따른 대항요건과 확정일자를 갖춘 임대차 계약을 체결함으로써 그 재산의 매각금액으로 국세를 징수하기가 곤란하다고 인정할 때에는 그 행위의 취소를 법원에 청구할 수 있다. 이 경우 납세자가 국세의 법정기일 전 1년 내에 특수관계인 중 대통령령으로 정하는 자와 전세권·질권 또는 저당권 설정계약, 임대차 계약, 가등기 설정계약 또는 양도담보 설정계약을 한 경우에는 짜고 한 거짓 계약으로 추정한다(2019. 12.31. 개정).

① 제1항 제3호 가목에 따른 전세권·질권 또는 저당권의 설정계약(2019.12.31. 개정)

② 제1항 제3호 나목에 따른 임대차 계약(2019.12.31. 개정)

③ 제1항 제3호 다목에 따른 가등기 설정계약(2019.12.31. 개정)

④ 제42조 제2항에 따른 양도담보 설정계약(2019.12.31. 개정)

짜고 한 거짓계약에 대한 입증책임은 원칙적으로 과세관청에 있다. 그러나 실제에 있어서는 과세관청이 이를 입증한다는 것이 매우 곤란하므로 세법에서는 납세자가 반대의 증거를 제시하지 않는 한 국세의 법정기일 전 1년 내에 납세자가 친족이나 그 밖의 특수관계인과 전세권·질권 또는 저당권의 설정계약, 가등기의 설정계약 또는 양도담보설정계약을 한 경우에는 짜고 한 거짓계약으로 추정(推定)한다(국세기본법 제35조 제6항 후단).

동 추정규정도 예전에는 간주규정으로 되어 있었으나 헌법재판소의 위헌결정으로 추정규정으로 보완하였다.

법정기일을 기준으로 1년 내에 특수관계인과 전세권 등을 설정한 경우에는 짜고 한 거짓계약으로 추정되는 것이므로 저당권설정계약 등이 짜고 한 거짓계약이 아니고 진실한 계약임을 납세자가 입증하면 불이익을 벗어날 수 있다. 입증방법으로는 저당권설정의 원인이 되는 피담보채권의 수수상황 등을 제시하는 방법을 들 수 있다.

법정기일로부터 소급하여 1년이 지난 저당권은 어떠한가?

이 경우에는 진실한 것으로 추정되는 것이므로 이때는 세무서장이 적극적으로 진실이 아닌 짜고 한 거짓계약임을 입증해야 할 것이다.

위의 예에 의하면 저당권으로서 피담보채권이 전혀 수수된 사실이 없음을 세무서장이 입증하면 될 것이다.

이렇듯 입증책임의 주체는 법정기일이 중심이므로 법정기일은 중요한 지표가 된다.

친족, 그 밖의 특수관계인의 범위에 관하여는 '짜고 한 거짓 계약으로 추정되는 계약의 특수관계인의 범위'의 경우를 준용한다(국세기본법시행령 제18조의 2).

(3) 국세상호 간 또는 국세와 지방세 간의 우선권 관계

국세의 우선권을 적용함에 있어서 국세상호 간의 우열관계는 원칙적으로 동순위이나 구체적 징수절차에 있어서는 다음과 같이 우열관계가 있다.

(가) 압류에 의한 우선

여러 가지의 국세채권과 지방세채권이 경합되는 경우에는 압류선착주의에 따라 먼저 압류한 국세나 지방세가 우선한다(국세기본법 제36조).

(나) 담보 있는 국세의 우선

납세담보물을 매각하였을 때에는 위 압류선착주의에도 불구하고 그 국세 및 체납처분비는 매각대금 중에서 다른 국세 및 체납처분비와 지방세에 우선하여 징수한다(국세기본법 제37조).

다. 국세우선권의 문제점 및 보완방안

(1) 현행 국세우선권의 기준일

종전에는 국세의 납부기한으로부터 1년 전에 전세권·질권 등이 설정되는 경우에 한하여 전세권·질권 등을 국세에 우선할 수 있도록 규정하였다(1990.12.31. 법률 제4277호로 개정되기 전의 것). 이 규정에 따르면 은행 등에서 대출하면서 채무자의 1년 후의 상황까지도 예측해야 하며, 그렇지 않은 경우 불측(不測)의 손해를 입을 수 있었다.

그러나 위 규정은 헌법재판소에서 위헌법률로 결정(1990.9.3. 89헌가95 전원재판부)된 바 있으며, 현재는 법정기일(신고일 또는 고지일)과 전세권·질권 등의 설정시기를 비교하여 빠른 것에 우선권을 부여하도록 하였다.

그리고 이 법정기일을 기준으로 우선변제권을 가리는 것에 대하여도 예측가능성 등의 문제를 이유로 헌법소원이 제기되었으나, 헌법재판소는 법정기일을 기준으로 국세채권과 저당권과의 우선권을 가리는 것은 예측가능성을 해하지도 않고, 과세관청의 자의가 개재될 소지가 없다고 하면서 이미 합헌으로 결정한 바 있다(1995.7.21. 93헌바46 전원재판부).

따라서 법정기일을 기준으로 하여 국세우선권을 가리는 것은 위헌이 아니고 합헌이라는 헌법재판소의 결정 후에는 다툼의 소지 없이 완벽한 기준일로 신고일 또는 고지일이 등기에서의 공시방법과 유사한 기능을 하고 있다.

(2) 법정기일의 예측가능성 정도

그러나 현실에 있어 대출해주고자 하는 은행 등 채권자는 저당권설정시점에서 채무자가(정확히 말하면 채무자가 될 사람) 전국 세무서에 신고한 세금이 있는지 그리고 전국 세무서에서 납세자에게 고지서를 발송한 사실이 있는지, 당일에 고지서를 발송할 것인지 등을 파악해야 하는데 이것은 현실적으로 쉬운 일이 아니고 납세자의 노력만으로 해결될 수 있는 문제가 아니다.

부동산물권을 취득하고자 하는 사람은 등기소에 가서 등기부를 열람하여 등기부에 기재된 갑구 또는 을구를 확인하여 자신이 장차 취득할 권리와 충돌할 것인지 등을 판단할 수 있다.

03
물
권
법

물론 우선권은 등기부로만 확인할 수 있는 것은 아니다.

주택임대차보호법상 보호를 받을 수 있는 주택임차인의 대항력 유무 및 우선변제권과 관련하여 주민등록등본과 확정일자를 확인해야 할 것이다.

그러나 이들 모두 예견가능성에 관하여 큰 문제는 없다.

국세우선권과 관련하여 국세우선권을 부여하는 기준이 되는 법정기일이 과연 헌법재판소의 견해대로 예측가능성을 해하지도 않고 과세관청의 자의가 개재될 소지가 전혀 없다고 볼 수 있는지에 대하여는 고려해 볼 점이 있다.

납세자가 신고한 세목이 있는 경우 그 신고한 납세의무자는 신고한 세금을 납부할 수도 있고 체납할 수도 있다. 그러나 앞으로 채권자가 되려고 하는 자는 신고한 세금이 있는 사람에 대하여는 금융을 해주지 않아야 할 것이다.

또한 고지서를 받은 사실을 확인한 후에는 그 고지서에 의하여 납부를 한 사실을 확인하지 않고는 금융을 해주지 않아야 안전할 것이다.

여기까지 이해를 한다 하더라도 현실적으로 또 다른 문제가 있다.

즉 특정일에 금융을 받고자 하는 자는 그 특정일에 신고한 세금도 없어야 하고 고지서를 받지도 말아야 한다.

신고한 세금은 당사자가 알 수 있으므로 별론으로 하더라도 고지서를 세무서에서 즉시 발송할 것인지, 보류하여 며칠 뒤에 발송할 것인지에 관해서는 납세자가 미리 알 수가 없다.

그리고 현재는 전국세무서를 상대로 이러한 고지서를 발송할 것인지 여부를 확인해 주는 제도는 없다. 그렇다면 국세우선권을 가리는 법정기일은 예측가능성에 관한 문제가 남아 있다고 볼 수밖에 없다.

더구나 채권자가 될 금융기관이 채무자가 될 자에 대한 고지 여부를 확인하려고 세무서를 오후 5시에 방문하여 현재시간 고지된 사실이 없음을 확인하고 돌아가서 저당권을 설정했다고 하더라고 세무서에서 그 사실을 인지하고 며칠 뒤에 발송할 고지서를 당일 발송한다면 채권자는 예측하지 못한 손해를 입을 것이고 우선권의 대전제가 되는 예견가능성의 결함으로 금융시장에서의 역할은 불안정한 것이 될 것이다.

(3) 예측가능성의 보완방안

대출을 받고자 하는 자나 대출해 주고자 하는 은행 등 채권자는 전국 세무서에 신고한 세금이 있는지 그리고 전국 세무서에서 고지서를 발송한 사실이 있는지 등을 파악해야 할 필요성에 대하여는 이미 살펴보았다.

따라서 납세자의 신청이 있는 경우 신고한 세목이 있거나 고지서를 발송한 사실이 있는 때에는 문서로 확인해 주는 제도가 도입되어야 한다.[9]

그리고 확인된 그 시점에서 법정기일에 해당하는 것이 없다면 국세우선적용이 배제되어야 할 것이다.

이러한 예견가능성의 문제는 당사자 사이의 채권·채무의 시각으로 보아서는 곤란하다.

자유경제체제를 채택하고 있고 법치주의라는 제도 아래 자유로운 경제생활을 하기 위해서는 모든 행위에 있어 합리적인 의사결정을 할 수 있도록 예견가능성은 선택의 문제가 아니고 필수적인 것임을 인식해야 하는 것이다.

우선권 여부의 기준일이 되는 법정기일을 확인할 수 있는 제도는 없다.[10]

빠른 시일 내에 이러한 문제점을 보완하여 국민으로 하여금 예견가능성을 갖도록 하여 원활한 금융을 통한 경제안정과 발전에 장애가 되지 않도록 하고 물권의 우선권에서와 같은 납득할 수 있는 공시방법을 갖추도록 하여 헌법재판소의 합헌결정을 뒷받침해야 할 것이다.

4. 일본의 경우 국세우선권제도

가. 메이지(明治) 30년의 국세징수법

메이지 30년(1897년)에 제정된 (구)국세징수법(메이지 30년 법률 제21호)은 국세는 그 법정납기한보다 1년 전에 설정된 질권 또는 저당권으로 담보된 채권에는 당해 국세의 징수가 열후하는 것(제3조)으로 규정하였으며, 이 일본의 국세징수법이 우리나라에 그대로 계수되

---

9) 주택 또는 상가를 임차하고자 하는 경우에는 임대차계약 전에 임대인의 동의를 얻어 임대인의 미납국세를 열람할 수 있도록 개정되었다(국세징수법 제6조의 2).
   ☞ 2003.1.1. 이후부터 적용

10) 국세징수법에서는 임차인이 될 사람이 임대인의 미납국세를 확인할 수 있는 제도를 보완(2011.4.4. 법률 제10527호)하였다.
   제6조의 2 【미납국세 등의 열람】
   ① 주택임대차보호법 제2조에 따른 주거용 건물 또는 상가건물임대차보호법 제2조에 따른 상가건물을 임차하여 사용하려는 자는 해당 건물에 대한 임대차계약을 하기 전에 임대인의 동의를 받아 임대인이 납부하지 아니한 국세의 열람을 임차할 건물 소재지의 관할 세무서장에게 신청할 수 있다. 이 경우 관할 세무서장은 열람신청에 따라야 한다(2020.6.9. 후단 개정).
   ② 제1항에 따라 임차인이 열람할 수 있는 국세는 다음 각 호로 한정한다.
   1. 임대인의 체납액
   2. 납세고지서 또는 납부통지서를 발급한 후 납기가 도래하지 아니한 국세
   3. 각 세법에 따른 과세표준 및 세액의 신고기한까지 신고한 국세 중 납부하지 아니한 국세
   ③ 제1항에 따른 열람신청에 필요한 사항은 대통령령으로 정한다.

어 적용된 것이다. 위의 규정에 대하여는 사법학자들의 비판이 강력하게 제기되는데, 그 이유를 보면 조세는 그 납부기한보다 1년 전에 설정된 질권, 저당권에 우선하는 것은 물권 공시의 원칙에 반할 뿐 아니라 사법질서의 안정을 근본적으로 해친다는 점이다. 또한 질권, 저당권 이외의 담보물권에 관해서도 조세채권에 대하여 보호할 필요가 있다. 이러한 지적은 이유가 있다. 그 외에도 문제는 적지 아니하다.

일본의 최고재판소는 사법학자(私法學者)들의 비판을 반영하는 것과 동시에 국세징수법 개정에 커다란 영향을 미치는 판결을 하였다.[11] 사법학자들의 비판에 따른 최고재판소의 판결에 따라 쇼와(昭和) 34년(1959년)에 국세징수법을 전면적으로 개정하여 쇼와 35년 (1960년)부터 시행되고 있다.

나. 개정 후의 국세징수법

개정법은 조세채권과 담보권부 사채권(私債權)과의 관계에 관하여 근대담보제도에 관한 공시의 원칙과 조세의 특질과를 대비하여 고려할 때는 조세와 담보부채권과의 우선열후를 결정하는 시기를, 납세자의 재산상에 담보권을 설정하는 제3자가 구체적인 조세의 존재를 인지할 수 있는지에 관하여 양자의 조정이 있었다. 원칙적으로 조세의 법정납부기한을 기준으로 양자의 우선우열을 정한다.[12] 또한 조세채권과 질권, 저당권 이외의 담보권 및 비전형담보와의 우선열후를 정하는 것으로 규정하고 있다.[13]

우리나라의 국세징수법이 일본 국세징수법을 그대로 계승하여 국세의 납부기한으로부터 1년 전에 설정된 질권 또는 저당권의 담보된 채권에 우선하는 규정이 1990년 위헌결정을 받아 1990년 말에 개정이 된 점을 보면 일본과 비교하여 다음의 두 가지에 차이가 있다.

첫째, 일본이 납부기한으로부터 1년 전에 설정된 질권 또는 저당권에 우선하는 규정을 1959년에 개정한 데 비하여, 우리나라는 31년 늦은 1990년에 개정하였다. 둘째, 일본은 법정납부기한을 기준으로 하여 조세의 우열 여부를 판단하도록 개정한 데 비하여, 우리나라의 경우 법정기일을 도입하여 조세의 우선순위를 가리도록 개정하였다. 신고일 또는 고지일이 법정기일로서 납부기한보다는 공시성 면에서 불완전하고 예측가능성이 부족하다.

---

11) 金子 宏, 租稅法(第9版), 東京 : 弘文堂, 2003, 705面 ; 日本最裁 1957年(昭和 32) 1月 16日(民集11卷1號1面)

12) 일본 국세징수법 제15조 제1항, 제16조 : 납세자가 그 재산상에 질권 또는 저당권이 설정된 경우에 그 질권 또는 저당권이 조세의 법정납부기한 등 이전에 설정된 때에는 그 환가대금의 배분에 있어서 조세채권은 그 질권 또는 저당권에 담보된 채권에 열후한다.

13) 金子 宏, 前揭書, 703~707面

1. 물권변동과 공시(公示)의 필요성

물권변동이란 물권의 발생·변경·소멸의 총칭이지만 이를 물권자의 입장에서 보면 물권의 득실·변경이다.

그런데 물권은 배타적 효력을 가지는 권리이므로 현재 누가 권리자이고 누구에게 이전되었다는 것을 외부에서 알 수 없다면 제3자는 불측(不測)의 손해를 입을 염려가 있다. 따라서 외부에서 물권의 존재를 인식할 수 있는 외부적 징표를 나타낼 필요가 있다. 그러나 권리는 그 자체는 눈에 보이지 않는 관념적인 존재에 지나지 않으므로 무엇인가 눈에 보이는 표상을 갖출 때에만 비로소 제3자에게 널리 그 존재를 알릴 수 있다. 이것을 물권의 공시라 하며 공시에 사용되는 방법을 공시방법이라고 한다. 이러한 공시성이 관철되기 위하여는 "물권의 변동이 있을 때마다 그것이 공시되지 않으면 안 된다", 이것이 물권변동에 있어서의 공시원칙이다.

우리나라에서는 공시의 원칙 중에서 공시방법을 갖추지 않으면 당사자 사이에서도 물권변동의 효력이 생기지 않는 '성립요건주의'를 취하고 있다. 따라서 물권변동의 효력이 인정되려면 부동산에는 등기를(제186조), 동산에는 인도, 즉 점유의 이전(제188조 제1항)을 갖추어야 한다.[14]

[14) 동산물권변동의 공시방법인 인도에는 현실의 인도와 간편한 방법에 의한 인도가 있다. 간편한 인도에는 간이인도, 점유개정, 목적물반환청구권의 양도가 있으며 이들 간편한 인도는 점유의 이전이라는 물리적인 공간이동을 하지 않고 당사자의 의사표시만으로 인도의 효력이 생긴다. 부가가치세법에서 재화의 인도에는 간편한 인도가 포함되므로 그 개념을 알아둘 필요가 있다.

민법 제188조 【동산물권양도의 효력, 간이인도】
① 동산에 관한 물권의 양도는 그 동산을 인도하여야 효력이 생긴다.
② 양수인이 이미 그 동산을 점유한 때에는 당사자의 의사표시만으로 그 효력이 생긴다.

민법 제189조 【점유개정】
동산에 관한 물권을 양도하는 경우에 당사자의 계약으로 양도인이 그 동산의 점유를 계속하는 때에는 양수인이 인도받은 것으로 본다.

민법 제190조 【목적물반환청구권의 양도】
제3자가 점유하고 있는 동산에 관한 물권을 양도하는 경우에는 양도인이 그 제3자에 대한 반환청구권을 양수인에게 양도함으로써 동산을 인도한 것으로 본다.
☞ 간이인도는 타주점유가 자주점유로 바뀌는 것이고 점유개정은 반대로 자주점유가 타주점유로 바뀌는 것이다. 예를 들면 간이인도는 임차인이 소유자로 바뀌는 것이고 점유개정은 소유자가 사정에 의하여 임차인으로 바뀌는 것이다. 특히 인도 개념이 공급시기 라고 규정하고 있는 부가가치세법과 관련해서는 인도의 개념을 정확히 알아둘 필요가 있다.

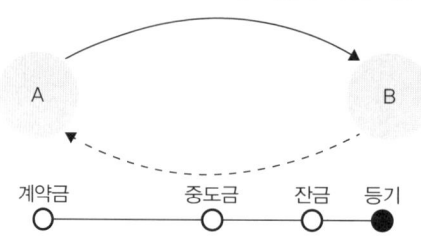

┃그림 3-2┃ 공시의 원칙

A ───→ B 물권이 있으면 공시가 이에 따라야 한다.
공시방법의 강제 : 대항요건, 성립요건

계약금 중도금 잔금 등기

2. 공신(公信)의 원칙

　공신의 원칙이란 물권의 존재를 추측하게 하는 표상, 즉 공시방법(동산에는 인도, 부동산에는 등기)이 존재하는 경우에는 비록 그 표상이 실질적 권리관계와 일치하지 않는다 할지라도 그 표상을 믿고 거래한 자는 보호되어야 한다는 원칙이다.

　앞에서 본 공시의 원칙이 철저히 실현되어 물권변동 후 빠짐없이 등기가 된다고 하더라도, 그것만으로는 등기부의 기재와 진실한 권리관계가 항상 합치한다고는 할 수 없다.

　예를 들면 부동산소유권이 A로부터 B에게 이전되었다는 등기가 있는 경우에 원인에 무효사유가 있어 그 매매계약과 소유권이전행위는 무효이고 따라서 그 등기가 무효일 수도 있으며, 신문지상에 부동산위조사기단 적발기사가 종종 보도되는 바와 같이 B가 서류를 위조하여 등기를 한 경우도 있는 것이다. 동산에 관하여도 마찬가지이다.

　이 경우 B에게로 이전되어 있는 등기를 믿고 거래한 C가 있는 경우에 이 C를 보호해주는 것이 공신의 원칙이다. C는 보호받을 수 있으나 이번에는 진정한 권리자 A가 억울하게 된다. A는 까닭 없이 그 권리를 잃게 되기 때문이다. 문제의 관건은 거래의 동적 안전을 중시하느냐, 거래의 정적 안전, 즉 진정한 권리자를 더 중시하느냐 하는 입법정책상의 문제이다. 우리 민법은 동산에 관해서만 공신의 원칙을 인정(제249조)하고 부동산에 관해서는 공신의 원칙을 인정하지 않고 있다.

┃부동산의 공신력과 관련해서 과세관청에서 주의해야 할 사항┃

동명이인 재산 압류, 감사원, 세무행정 착오 적발[출처 : 2010.3.23.(화) 중앙일보 E 6면]
일선 세무서에서 세금체납자와 동명이인의 부동산을 압류·공매 절차를 밟는 바람에 당사자가 아닌 엉뚱한 사람의 재산이 제3자에게 명의 이전되는 등 세무행정에 허점이 많은 것으로 감사원 감사 결과 드러났다. 22일 감사원에 따르면 A씨는 경기도에 있는 자신의 부동산이 공매를 통해 1억 8,350만원에 다른 사람명의로 소유권이 이전된 사실을 발견했다. 관할세무서가 A씨와 이름이 같은 사람의 양도소득세 체납액 약 616만원을 징수하기 위해 부동산공매를 진행하면서 주민등록번호 등 인적 사항을 제대로 확인하지 않은 데 따른 착오였다. A씨는 결국 자기 돈으로 법원에 '소유권이전등기 말소 소송'

을 제기하고서야 부동산을 되찾을 수 있었다. 감사원 감사 결과 일선 세무서에서 이 같은 실수를 저지른 사례가 21건 적발됐으며, 그중 16건은 공매진행과정에서 착오가 발견됐고 5건은 이미 공매가 진행되어 소유권이 이전된 것으로 확인됐다. (이하 생략)

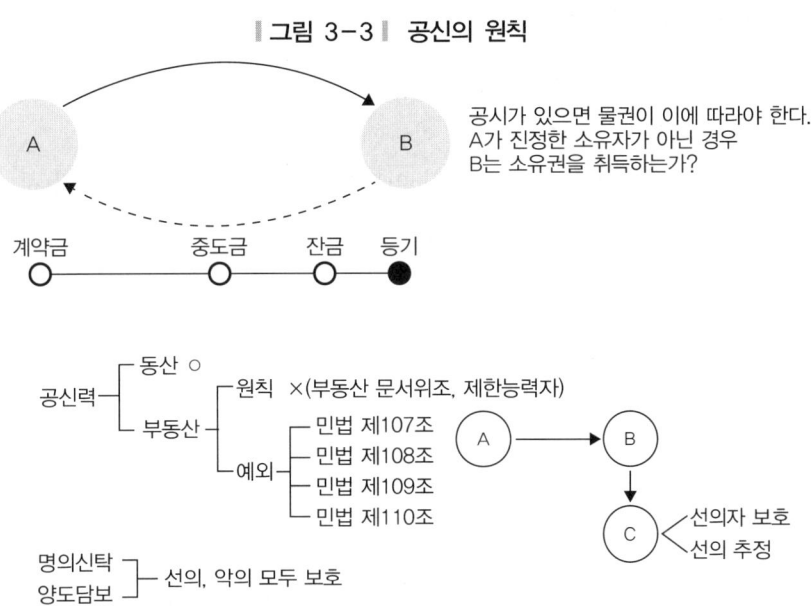

┃그림 3-3┃ 공신의 원칙

3. 부동산등기

가. 등기란?

　등기는 부동산물권의 공시방법으로서 물권의 득실변경에 관한 효력발생요건이 된다.
　그렇지만 모든 물권변동에 관하여 등기를 하여야 효력이 생기는 것은 아니다. 물권변동의 원인이 되는 법률요건 중 법률행위로 인한 물권변동에만 효력발생요건이 된다.

　등기는 부동산등기법에 의하여 부동산소재지를 관할하는 등기소에 비치하고 있는 등기부에 당해 물권의 내용을 나타내기 위하여 일정사항을 기재하는 것이다.
　이러한 등기부는 토지등기부와 건물등기부가 있다.
　그리고 각 등기부는 표제부와 갑구란, 을구란이 있으며 표제부에는 부동산의 소재지, 지번, 지목, 평수 등 사실에 관한 사항을 기재하는 것이고 갑구에는 소유권에 관한 사항을, 을구에는 소유권 이외의 권리에 관한 사항을 기재하는 것으로 권리에 관한 등기를 한다.

나. 등기를 필요로 하는 권리

등기를 하지 아니하는 경우에는 권리의 설정 또는 이전 등의 효력이 생기지 않는 권리를 보면 다음과 같다.

(1) 등기가 필요한 부동산물권

소유권 · 지상권 · 지역권 · 전세권 · 저당권 등으로 이들 권리는 등기를 하지 아니하면 부동산물권으로서의 효력이 생기지 아니한다.

부동산물권 중 등기를 필요로 하지 아니하는 것은 점유권과 유치권 두 종류이다.

(2) 물권 외 민법상의 권리로 등기가 의미를 가지는 것

(가) 임차권

임차권은 채권이지만 등기하면 제3자에 대하여 대항력을 가지게 되므로 물권과 유사한 성질의 권리가 된다(제621조).

(나) 부동산환매권

부동산환매권은 등기를 하지 아니하면 제3자에게 대항하지 못한다. 즉 부동산환매권은 당사자 사이에서는 등기를 하지 않아도 효력이 있으나 제3자에게 대항하기 위하여서는 등기를 하여야 한다.

(3) 특별법상의 권리로 등기하는 것

선박법에 의한 20톤 이상 선박은 등기를 대항요건으로 하고 있으며, 자동차등특정동산 저당법에 의한 자동차와 자동차등특정동산저당법에 의한 항공기 등은 등록을 하도록 하고 있으며 이때의 등록은 효력발생요건으로 규정하고 있다.

다. 등기의 종류

부동산물권변동의 원인이 존재하고 등기신청에 필요한 절차가 따라 종국적으로 행하여지는 등기를 종국등기라고 하고 이 종국등기의 준비를 위하여 하는 등기를 예비등기라고 한다. 종국등기는 예비등기의 일종인 가등기에 대하여 본등기라고 한다.

(1) 등기방법에 의한 분류

(가) 경정등기

등기된 사항이 착오 또는 오류가 있어서 원래적으로 등기와 실체관계가 불일치할 때

이를 사실과 일치시키기 위한 등기이다. 예를 들면 이름이 홍길동인데 김길동으로 등재된 경우 등기 후에 홍길동으로 바로잡는 등기를 말한다.

(나) 기입등기

새로운 등기원인에 의하여 어떠한 사항을 새로 등기부에 기재하는 등기를 말한다. 소유권보존등기, 소유권이전등기, 저당권설정등기 등을 말한다.

(다) 멸실등기

등기된 부동산이 멸실한 경우에 하는 등기이다. 예를 들면 건물을 새로 짓기 위하여 기존건물을 멸실하는 경우와 바닷가에서 바닷물의 범람으로 어느 단계에서 토지로 볼 수 없는 경우에 하는 등기이다. 그러나 전부 멸실이 되지 않는 경우에는 그 멸실된 일부분에 대하여 등기를 하여야 하는바, 이 경우에는 멸실등기를 하는 것이 아니라 변경등기를 한다.

(라) 말소등기

기존의 등기사항을 말소하는 등기이다.

(마) 변경등기

등기한 내용이 사후에 실체관계와 일치되지 않게 된 부분이 생긴 때에 이를 일치시키기 위한 등기이다.

근저당권의 이자율의 증감 등 권리변경등기와 토지에 관한 지목의 변경 등 목적물 자체의 표시변경등기가 있다.

(바) 회복등기

일단 소멸된 등기의 회복을 목적으로 하는 등기이다.
회복등기에는 멸실등기를 회복하는 멸실회복등기와 부당하게 말소된 등기를 종전대로 회복하는 말소회복등기가 있다.

(2) 예비등기의 분류

예비등기에는 가등기와 예고등기가 있다.

(가) 가등기

등기신청에 절차상의 조건이 구비되지 않거나 부동산물권변동의 청구권을 보존하려고 할 때 이들 청구권이 시기부(始期附) 또는 정지조건부이거나 장래에 확정될 것일 때에 하는 등기이다.

가등기에 의하여 본등기가 행하여지면 본등기의 효력은 가등기한 시점으로 소급하여 발생한다. 이것은 가등기의 순위보전의 효력이라고 한다.

가등기에 의하여 본등기가 된다고 하더라도 순위만 소급하는 것이지 물권변동이 가등기 시점으로 소급하는 것은 아니다.

따라서 본등기 이전에 이미 발생한 임대수입금액은 가등기의무자에게 그대로 귀속되어 가등기권자에게 반환하지 않아도 되는 것이므로 가등기의무자는 취득 시부터 본등기로 인하여 소유권을 잃을 때까지의 양도차익에 대하여는 납세의무가 있다(대법원 94누10290, 1995.6.16.).

(나) 예고등기

예고등기는 등기원인의 무효 또는 취소로 인한 등기의 말소 또는 회복의 소(訴)가 제기된 경우 이를 제3자에게 경고하기 위하여 수소(受訴)법원의 촉탁으로 행하는 등기이다.[15]

┃그림 3-4┃ **가등기효력**

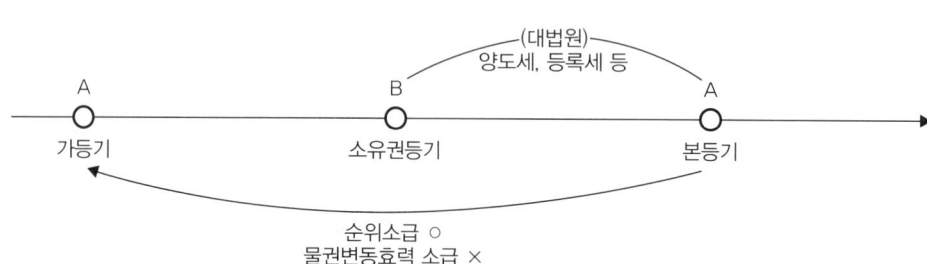

15) 부동산등기법 제4조【예고등기】
예고등기는 등기원인의 무효 또는 취소로 인한 등기의 말소 또는 회복의 소가 제기된 경우(패소한 원고가 재심의 소를 제기한 경우를 포함한다)에 한다. 그러나 그 무효 또는 취소로서 선의의 제3자에게 대항할 수 없는 경우에는 그러하지 아니하다.
☞ 진의 아닌 의사표시, 통정한 허위의 의사표시, 착오로 인한 의사표시, 사기 또는 강박에 의한 의사표시의 경우에는 선의의 제3자는 보호된다. 따라서 이들 경우에는 예고등기의 대상이 되지 아니한다.
※ 2012년 부동산등기법이 개정되어 예고등기에 관한 규정은 현재 폐지된 상태임.
※ 관련부칙(법률 제10580호, 2011.4.12.) 제3조【예고등기에 관한 경과조치】
이 법 시행 당시 마쳐져 있는 예고등기의 말소절차에 관하여는 종전의 규정에 따른다.

제 2 장 물권변동의 요건

개요

물권의 변동은 법률행위 또는 법률의 규정에 의해 발생한다.

물권은 배타성이라는 속성 때문에 제3자가 외부에서 인식할 수 있는 징표를 필요로 한다.

그 징표를 동산에서는 인도, 부동산에서는 등기를 택하고 있다.

그러나 이들 징표는 법률행위로 인한 물권의 변동에 있어서는 절대적으로 필요로 하면서 법률의 규정에 의한 물권의 변동에 있어서는 그 징표를 갖추지 않은 경우에도 물권변동의 효력이 생기는 것으로 규정하고 있다. 증여, 매매, 교환 등이 전자에 속하고 상속, 수용, 경매 등이 후자에 속한다.

한편, 조세법에서도 공급시기, 수입금액귀속시기, 양도시기 등의 과세대상이 이전되는 시기 등에 대하여 규정하고 있다.

이들 양도시기 등과 물권변동시기는 어떠한 관계가 있는가?

법률행위로 인한 물권의 변동시기와는 어떤 관계가 있으며 법률의 규정에 의한 물권의 변동과는 어떠한 관계가 있는가? 일치하는가? 차이가 있는가?

국세채권의 확보를 위하여 체납자의 재산을 압류한 경우 압류 전에 체납자가 이미 잔금을 청산받았다면 그 압류는 해제해야 하는가? 압류 전에 이미 그 재산에 대한 경매대금이 납부되었다면 그 압류는 해제해야 하는가?

이 장에서는 법률행위로 인한 물권의 변동시기와 법률의 규정에 의한 물권의 변동시기를 알아보고 이들 물권의 변동시기와 조세법상의 양도시기 등과의 관계를 알아본다.

제 1 절 법률행위로 인한 물권변동

1. 부동산(아파트)거래의 사례

- 2월 1일 : 총 3억 3천만원에 계약하면서 B(매수자)는 A(매도자)에게 계약금으로 3천만원 지급
- 2월 15일 : 1차 중도금으로 1억원 지급
- 2월 28일 : 2차 중도금으로 1억원 지급
- 3월 15일 : 잔금 1억원을 지급함과 동시에 등기이전에 필요한 일체서류를 교부

- 3월 16일 : 법무사에게 이전등기신청을 위임하고 등기신청서류를 등기소에 접수
- 3월 17일 : 아파트 명도
- 3월 18일 : 신청을 접수시킨 이전등기가 등기부에 접수됨.

2. 물권변동의 효력이 생기는 시기

위와 같은 부동산거래의 과정에 있어 우리 민법은 '형식주의'를 취하여 "부동산에 관한 법률행위로 인한 물권의 득실변경은 등기하여야 그 효력이 생긴다(제186조)"라고 하여 아파트 소유권이 A로부터 B에게 이전되는 시기는 등기부에 접수된 3월 18일이다.

그렇다면 2월 1일에 A가 B에게 아파트를 매도한 것은 어떤 의미를 가지고 있는가?
그것은 매매라고 하는 채권행위일 뿐이다. 즉 이 매매의 효력으로서 매도인 A는 매수인 B에게 매매의 목적이 된 아파트를 이전할 채무를 부담하고, B는 A에 대하여 그 대금 3억 3천만원을 지급할 채무를 부담하는 것이다.

여기서 채권이라는 것은 A가 B에게 매매대금을 지급하라고 청구할 수 있는 권리이고, 이 채권에 대응하는 B의 부동산소유권이전의무가 채무인 것이다.
즉 B의 채무라고 하는 것은 일정급부를 하겠다는 약속이고 이 약속을 지키는 것을 '이행'이라고 한다.

3. 민법 제186조

┃ 부동산물권변동의 효력 ┃

부동산에 관한 법률행위로 인한 물권의 득실변경은 등기하여야 그 효력이 생긴다(제186조).

가. 의사(意思)주의와 형식(形式)주의

당사자의 의사표시만 있으면 그것으로 곧 효력이 생기느냐, 아니면 의사표시만으로는 효력이 생기지 않고 그 밖에 가시적이고 외형적인 어떤 형식을 갖추어야 효력이 생기느냐 하는 것으로, 의사표시만으로 효력이 생긴다고 하는 것이 의사주의이고, 일정한 형식을 갖추어야만 비로소 효력이 생긴다고 하는 것이 이른바 형식주의이다.

그 '형식'은 부동산은 등기·동산은 인도로서, 다시 말하면 물권의 공시방법을 갖추는

것을 말한다. 위의 사례에서 의사주의에 의하면 3월 15일에 토지소유권 이전에 관한 합의가 있었으므로 3월 15일이 소유권이전시기가 될 것이고, 형식주의에 의하면 등기부에 접수된 3월 18일이 소유권이전시기가 될 것이다.

나. 우리나라의 경우

(1) 일본의 합병 전까지

부동산등기에 필요한 토지대장 등 공부가 없었으므로 부동산도 동산과 유사하게 지계(地契:地券), 즉 땅에 대한 문서를 인도하면서 거래하였다.

(2) 1959년 말까지

토지조사·임야조사 후 지적도를 만들고 지번을 부여하여 등기제도를 시행하였으나 현행 일본 민법에서의 부동산등기제도와 같이 의사주의를 택하여 당사자의 소유권이전에 관한 합의만으로 소유권을 이전하는 것으로 하고, 단 제3자에 대항하기 위해서는 제3자보다 먼저 등기를 해야 하는 것으로 하여 소유권이전에 있어서 등기를 대항요건으로 하였다.[16]

(3) 1960년부터

당사자 사이에 잔금을 지급하고 점유를 이전하여 생활하고 있더라도 등기를 하지 않고 있는 때에는 소유권자로 보지 않는, 즉 등기를 대항요건이 아닌 성립요건 내지 효력발생요건으로 하였다. 따라서 부동산의 경우 잔금지급 후 등기를 하지 않은 상태에서는 소유권자가 아니지만 세법에서는 잔금지급에 대하여 민법과 다르게 취급하므로 그 차이점에 대하여 유의해야 한다.

(4) 소득세법에서의 양도시기와 비교

소득세법에서는 부동산 양도의 경우 원칙적으로 잔금청산일을 취득 또는 양도시기로 규정[17]하여 현행 민법의 소유권이전시기와는 다르다.

---

16) 당시 우리나라는 문중이 소유하는 토지가 있었으나 일본이 문중을 등기권리능력 있는 주체로 인정하는 제도를 만들지 않아 등기는 개인과 법인명의로만 할 수밖에 없었다.
　이리하여 문중에서는 토지를 빼앗기지 않기 위해 부득이 문중의 장손명의로 등기를 하게 되었고 그 후 장손명의 부동산이 제3자에 거래된 후 문중이 제3자에 대하여 소유권반환청구소송을 하였으며 이때부터 명의신탁에 있어서의 명의신탁자와 명의수탁자의 관계, 그리고 명의수탁자와 제3자와의 관계의 권리관계 등의 2중구조가 생기게 되었다.

17) 소득세법시행령 제162조【양도 또는 취득의 시기】
　① 법 제98조 전단에서 "대금을 청산한 날이 분명하지 아니한 경우 등 대통령령으로 정하는 경우"란 다음 각 호의 경우를 말한다.

그러나 모든 법률관계에 있어 원칙적으로 민법상의 소유권이전시기를 기준으로 하여 제3자와의 분쟁관계를 판단해야 하는 것이고, 특별히 예외적으로 조세부과에 있어 경제적 실질을 파악하여 양도인에게 귀속되는 양도차익을 산정하기 위해 잔금청산일을 양도시기로 규정하고 있는 것이므로 잔금청산일의 법적 의미를 정확히 인식해야 할 필요가 있다.

잔금을 청산하고 양도인은 양도소득세 등 국세를 납부하고, 양수인은 취득세를 납부하였다 하더라도 양수인의 소유권이전등기 전에 제3자가 압류 또는 저당권 설정 등이 있게 되면 양수인은 자기의 권리를 지킬 수 없게 되는 것이다.

그러므로 부동산물권변동의 효력에 대한 원칙은 민법 제186조라는 사실을 잊지 말아야 한다.

제3절에서 상세하게 설명하기로 한다.

제2절 법률의 규정에 의한 물권변동

1. 아파트 공매사례

- 2월 1일 : A의 체납으로 A소유 아파트를 B가 낙찰
- 3월 15일 : B는 아파트 경락대금을 지급하였으나 이전등기가 되지 않았음.
- 6월 15일 : A의 또 다른 체납으로 위 아파트가 또다시 공매되어 C가 낙찰받음.
- 7월 30일 : C는 아파트 경락대금을 지급하고 소유권이전등기를 하고 점유하여 현재 살고 있음.

---

1. 대금을 청산한 날이 분명하지 아니한 경우에는 등기부·등록부 또는 명부 등에 기재된 등기·등록접수일 또는 명의개서일
2. 대금을 청산하기 전에 소유권이전등기(등록 및 명의의 개서를 포함한다)를 한 경우에는 등기부·등록부 또는 명부 등에 기재된 등기접수일

소득세법 제88조 【정의(2016.12.20. 제목 개정)】
이 장에서 사용하는 용어의 뜻은 다음과 같다.
1. "양도"란 자산에 대한 등기 또는 등록과 관계없이 매도, 교환, 법인에 대한 현물출자 등을 통하여 그 자산을 유상(有償)으로 사실상 이전하는 것을 말한다. 이 경우 대통령령으로 정하는 부담부증여(負擔附贈與)의 채무액에 해당하는 부분은 양도로 보며, 다음 각 목의 어느 하나에 해당하는 경우에는 양도로 보지 아니한다(2016.12.20. 개정).

2. 물권변동의 효력이 생기는 시기

위와 같이 민법 제187조에 의한 부동산물권은 등기를 요하지 아니한다. 따라서 각 개별 법규에서 정한 시기에 소유권을 취득한다.

공매의 경우 국세징수법 제77조(매수대금 납부의 효과) 제1항에서는 "매수인은 매수대금을 납부한 때에 매각재산을 취득한다"라고 규정하고 있다. 따라서 B는 3월 15일 아파트 경락대금을 완납하였으므로 아파트 소유권을 취득한 것이 되고 그 후인 6월 15일에 낙찰받은 C는 무효의 등기가 되는 것이다.

3. 민법 제187조

> **| 등기를 요하지 아니하는 부동산물권취득 |**
>
> 상속, 공용징수, 판결, 경매, 기타 법률의 규정에 의한 부동산에 관한 물권의 취득은 등기를 요하지 아니한다. 그러나 등기를 하지 아니하면 이를 처분하지 못한다(제187조).

가. 상속의 경우

피상속인의 사망으로 인하여 상속은 개시된다(제997조).

따라서 상속으로 부동산물권변동이 일어나는 시기는 피상속인이 사망한 때이다.

피상속인은 사망 순간에 권리능력을 상실한다. 피상속인이 권리능력을 상실하는 순간에 가장 가까운 핏줄의 상속인이 그 권리를 승계하는 것이다. 만약 등기를 요한다면 소유권의 공백상태는 필연적으로 발생하게 될 것이다.[18]

상속의 경우와 관련해서 주의할 점은 제187조에 의한 상속은 법정상속으로서 유언상속은 경우를 달리한다. 유증의 경우에는 유증의 목적의 범위를 유증자가 자기재산 전체에 대한 비율로 표시하는 소위 포괄유증에 한하여 제187조의 규정이 적용된다.

따라서 상속재산 중 특정재산을 대상으로 하는 특정유증은 제186조의 적용을 받는 것이다. 유증(遺贈)과 사인증여(死因贈與)에 대해서는 모두 증여세가 아닌 상속세가 과세된다(상속세및증여세법 제2조).

유증과 사인증여 모두 그 효력이 사망시점에 생긴다는 점에서 상속과 동일하게 취급할

---

18) 피상속인은 사망으로 권리능력을 상실하게 되어 만약 주인 없는 부동산으로 본다면 일시적이나마 무주(無主)의 부동산이 되어 국유가 될 것이다(제252조 제2항).

뿐이라는 점에 유의해야 한다. 따라서 상속세및증여세법이 아닌 소득세법 등 다른 세목에서 유증과 사인증여는 상속개념에 포함하지 않는다.

나. 공용징수의 경우

공용징수(소위 "수용")는 공익사업을 위하여 국민의 특정 재산권을 법률의 힘에 의해 강제적으로 취득하는 것이다. 수용은 당사자의 협의에 의하여 성립하는 협의수용과 협의가 성립하지 못한 때에 중앙토지수용위원회의 재결로 성립하는 재결수용이 있다.

조세법상으로는 협의수용과 재결수용에 그 차별을 두지 않고 있다.

기업자(起業者)는 보상금지급을 정지조건으로 하여 소유권을 취득하게 된다. 주의할 점은 사업인정고시일을 기준으로 하여 그 전의 협의는 매매로, 그 후의 협의는 수용으로 보고 있으며 매매냐 수용이냐에 따라 세법상 그 취급을 달리하고 있음에 유의하여야 한다. 소득세법상으로는 수용의 경우에 양도소득세 감면규정을 두고 있기 때문이다.19)

또한 공용징수의 경우 실질적으로는 승계취득이지만 특별한 목적 때문에 원시취득으로 규정하고 있다(공익사업을위한토지등의취득및보상에관한법률 제45조).

즉 법률에 의하여 원시취득으로 의제하여 부동산등기에 공신력이 없는 우리나라에서의 공익사업을 보호하고 있다.

다. 판결의 경우

여기서 판결은 형성판결만을 말한다.

즉 판결에 의하여 물권의 취득효력을 형성하는 경우로 공유물분할판결(제269조 제1호), 상속재산분할판결(제1013조 제2호) 등이다. 기타 이행판결이나 확인판결은 제187조에서 말하는 판결에 해당하지 않는다.

화해조서나 인낙조서가 작성되었더라도 그 내용이 당사자 사이의 법률관계를 형성하는 것이 아니면 제187조의 판결에 포함되지 않는다.

---

19) ① 민법상으로는 제186조에 의한 물권변동, 즉 의사표시에 의한 물권변동의 경우에만 양도에 해당한다. 즉 사업인정고시일을 기준으로 그 전에 협의가 된 경우에는 매매로, 사업인정고시 후에 협의는 매매가 아닌 수용에 해당하는 것이다.
  구분의 실익은 등기를 물권변동의 성립요건으로 보느냐에 있다.
  ② 소득세법에서는 양도의 개념을 별도로 정의하여 민법상 양도가 아닌 수용에 해당하는 경우에도 소득세법상으로는 양도로 보아 양도소득세를 과세하고 있는 것이다(소득세법 제88조 제1항). 이 경우 주의할 것은 소득세법에서의 양도개념은 소득세법에 한하여 적용되어야 한다는 것이다.

라. 경매의 경우

경매에는 사인(私人) 사이에 행해지는 '사(私)경매'와 국가기관이 행하는 '공(公)경매'가 있다. 제187조의 경매는 공경매만을 의미한다.[20] 이에는 민사집행법에 의한 경매와 국세징수법에 의한 경매가 있다.[21] 이들 공경매에 있어서 경락인이 경락부동산의 소유권을 취득하는 시기는 어느 경우에나 같다.

민사집행법에 의한 경매[22]는 경락인이 경락대금을 완납한 때에 등기와 관계없이 소유권을 취득하고 국세징수법에 의한 경매에 있어서도 매수인이 매수대금을 납부한 때에 매각재산을 취득한다.

앞에서 본 바와 같이 촉탁등기를 해태하여 불측(不測)의 피해를 보는 사례도 있다. 또한 경매의 경우 의사표시에 의한 소유권이전이 아니므로 민법상 양도가 아니지만 소득세법에서는 양도의 범주에 포함시켜 양도소득세를 과세하고 있음에 유의하여야 한다. 왜냐하면 경황 중에 자신의 재산이 강제경매되는 과정에서 세금문제를 생각할 겨를이 없기 때문이다. 앞에서의 수용은 법률에 의해 원시취득으로 의제되지만 경매의 경우에는 승계취득일 뿐이다. 따라서 수용과 달리 전 소유자의 하자를 승계한다는 사실에 유의해야 한다. 지방세법상 원시취득과 승계취득은 그 세율을 달리하는 등 세법적용에 차이가 있어 구별의 실익이 있다.

┃그림 3-5┃ 가등기 효력

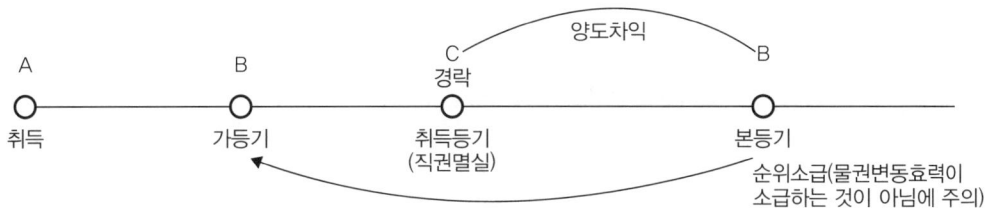

* 매매계약 가등기 → 순위소급

담보가등기 ┬ 순위소급 ×
            └ 저당권 효력(우선면제)

---

20) 통상 비영리공익법인 등이 소유하던 부동산을 매각하는 경우에 신문에 공고 등의 과정을 거쳐 매수를 희망하는 복수의 사람들로 하여금 입찰을 통하여 최고의 가격을 제시하는 사람에게 매각하는 때에는 여기서의 공경매에 해당하지 않고 사경매에 해당한다. 따라서 민법 제186조에 의한 물권변동에 해당하는 것이고 물권변동의 효력은 등기를 하는 시점에 생긴다.

21) 국세징수법 제77조【매수대금 납부의 효과】

22) 민사집행법 제135조【소유권의 취득시기】

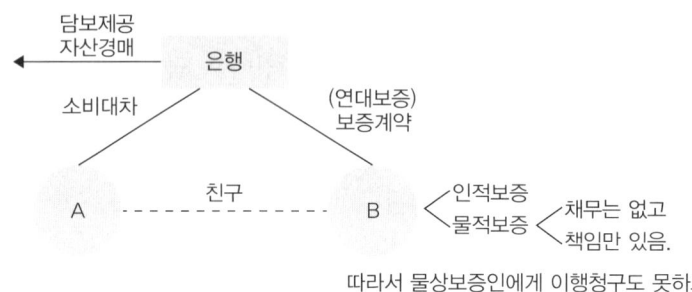

▍그림 3-6▍ 물상보증인의 책임

마. 기타 법률의 규정에 의한 경우

앞에서 열거된 것 외에도 법률에 규정에 의하여 아래와 같이 재산권을 취득하도록 되어 있는 경우가 있다.

① 신축건물의 소유권취득
② 법정지상권의 취득(제305조 · 제366조)
③ 관습법상 법정지상권의 취득
④ 피담보채권소멸에 의한 저당권의 소멸
⑤ 용익물권존속기간 만료로 인한 소멸

제3절 민법상 물권변동시기와 세법상 양도시기

1. 문제의 제기

부동산에 대하여 부가가치세법상 세금계산서를 교부해야 하는 기준이 되는 공급시기, 소득세법상 수입금액귀속기준이 되는 수익실현시기, 양도소득세를 과세함에 있어 양도차익계산의 기초가 되는 취득 또는 양도시기 등은 대부분 대금청산일을 기준으로 하고 있다. 등기라는 법률적 형식보다는 경제적 실질을 중시하는 실질과세원칙을 반영하기 때문이다.

그러나 부동산에 대하여는 국가는 그 공시방법으로 등기를 채택하고 있다. 국가는 납세의무이행을 위한 소득 등의 산출기초로 대금청산일을 채택하고 있는가 하면 한편으로는 등기라는 제도를 강요하고 있는 것이다. 최소한 법형식상으로는 국가는 두 개의 기준을 가지고 있는 것이다.

조세법상의 대금청산일과 민법상의 소유권이전시기가 어떤 관계가 있는지 살펴보자. 부동산의 매수인이 잔금을 지급한 후 등기를 미루고 부동산을 점유하여 살고 있는 상태에서 매도인의 체납을 이유로 세무서장의 압류가 있는 경우 동 압류의 효력은 어떠한가?

매도인이 잔금수령 후 양도소득신고를 하고 양도소득세까지 납부하였다면 동 압류의 효력은 어떠한가? 경락대금을 완납한 부동산에 대하여 원소유자의 체납을 이유로 압류가 있는 경우에는 그 압류의 효력은 어떠한가?

부동산을 양도하고 양도세소득신고를 하였으나 양도소득세를 납부하지 아니하여 양도한 부동산이 압류되었다면 그 압류의 효력은 어떠한가?

이들은 민법상의 소유권이전시기와 소득세법상의 양도의 개념과 효력을 통해서만 이해될 수 있다.

2. 민법상 물권변동시기

가. 민법 제186조

민법은 부동산에 관한 법률행위로 인한 물권의 득실변경은 등기를 하는 시점에서야 비로소 그 소유권이전의 효력이 생기는 것으로 규정하고 있다. 여기서 법률행위라 하면 증여, 매매, 교환 등 당사자의 의사표시, 즉 당사자가 원하는 바에 의하여 소유권이 이전되는 것을 말한다.

당사자의 의사표시로 소유권이 이전되는 경우에는 그 당사자 외에는 매매계약에서 중도금, 잔금이 지급되는 과정을 인식하기 어렵다. 이러한 이유에서 등기라는 공시방법을 구비하여 제3자 누구라도 인식할 수 있는 징표를 갖추는 시점에서 소유권이 이전되는 것으로 민법은 규정하고 있다.

나. 민법 제187조

민법은 당사자의 법률행위로 인하지 아니하는 물권의 취득에 있어서는 등기를 요하지 아니하는 것으로 규정하고 있다. 상속 · 공용징수 · 판결 · 경매 · 기타 법률에서 정하는 경우에는 등기와는 관계없이 부동산소유권을 취득할 수 있는 경우이다. 이는 의사표시에 기초하지 아니함은 물론 일정한 외부적 징표가 존재하기 때문이다.

사망이라는 사실, 사업인정고시 후 공탁이라는 사실, 건물을 신축하고 있다는 사실 등 외부적 징표가 있는 반면 법률행위에는 당사자의 의사표시 외에는 특별한 외부적 징표가 없다.

이러한 이유 등에서 법률의 규정에 의한 부동산물권은 등기를 요하지 아니하고 법률에서 정하는 시기에 그 소유권을 취득하는 것이다.

3. 세법상 공급시기·양도시기

세법상 양도 또는 취득 시기는 등기와는 관계없이 도래하도록 규정하고 있다.

등기라는 법률적 형식보다는 경제적인 측면을 고려하여 매수인의 사용·수익권이 어느 시점에서 발생된 것인가를 중시한다. 이는 실질과세의 원칙을 반영한 것이다.

개별세법의 양도시기 또는 공급시기를 살펴본다.

가. 부가가치세법상 재화의 공급시기

부가가치세법 제15조(재화의 공급시기)에서는 '재화의 이동이 필요한 경우에는 재화가 인도되는 때'를 공급시기로 규정하고 있고, '재화의 이동이 필요하지 아니한 경우에는 재화가 이용가능하게 되는 때'를 공급시기로 규정하여 세금계산서를 교부하도록 규정하고 있다.

부동산공급의 경우 재화의 이동이 필요하지 않은 경우로 볼 수 있다.[23] 이 경우 부동산의 이용가능한 때라 함은 결국 매매에 있어 동시이행의무를 고려하면 잔금지급일로 볼 수 있다.

비록 매도인 측 사정으로 등기이전이 잔금지급일보다 먼저 이루어졌고 또 원고들이 먼저 임차하여 건물을 사용하고 있었다 하더라도 실제 잔금을 지급하는 때에 매수인의 지위에서 당해 건물을 사용수익할 수 있는 권리가 발생된다고 보아야 할 것이므로 잔금지급기일에 작성 교부된 세금계산서는 정당하고[24], 부가가치세법상의 '재화가 이용가능하게 되는 때'라 함은 재화를 실지로 사용할 수 있게 되는 때를 말하는 것이므로 공급받은 재화가 부동산인 경우 원칙적으로 그 부동산을 명도받기로 한 때가 될 것이나, 매매계약을 체결함에 있어 그 부동산의 사용시점을 명도한 후 어느 시기로 특약하였다면 그 약정한 시기가 그 재화를 실지로 사용할 수 있게 되는 때라고 하여야 한다.[25]

부동산에 관한 매수계약자가 잔금을 지급하지 아니한 상태에서 일시적으로 점유하여 사용하는 경우에도 그 임대료가 있는 경우에는 임대차관계로 보아야 할 것이고, 임대료가

---

23) 여기서 재화의 이동은 물리적 이전을 의미한다고 볼 수 있다. 부동산은 재화의 이동이 필요하지 않은 대표적 사례로 볼 수 있으나, 동산의 경우에도 현실적인 이동이 필요하지 않은 경우가 있다. 즉 현실의 인도 외에 간이인도·점유개정·목적물반환청구권의 양도 등이 이에 해당한다.

24) 대법원 1991.10.8. 선고 91누6610 판결; 국심 99중2204, 2000.7.29.

25) 대법원 1989.3.28. 선고, 88누1745 판결

없는 경우에는 사용대차의 관계로 보아야 할 것이다. 즉 매수인의 지위에서 당해 부동산을 사용수익하는 것은 아니다. 매수인의 지위에서 사용 수익하는 시기는 사용권과 수익권이 있을 때를 의미하고 매수인으로서의 사용권과 수익권은 잔금을 지급하는 시기에 얻게 될 것이다.

동 거래시기에 관한 규정도 '예측가능성의 필요'라는 관점에서는 보완되어야 한다.

나. 소득세법상 수익실현시기

사업소득에 대한 총수입금액의 수입할 시기를 동산과 부동산으로 대별하면 다음과 같다.

① 상품(건물건설업과 부동산개발 및 공급업의 경우의 부동산을 제외한다) · 제품 또는 그 밖의 생산품(이하 "상품 등"이라 한다)의 판매 : 그 상품 등을 인도한 날(소득세법시행령 제48조 제1호)

② 주택신축판매업의 경우의 주택과 부동산매매업의 경우의 부동산 등의 매매에 있어서는 그 대금을 청산한 날. 다만, 대금을 청산하기 전에 소유권 등의 이전에 관한 등기 또는 등록을 하거나 해당 자산을 사용수익하는 경우에는 그 등기 · 등록일 또는 사용수익일로 한다(소득세법시행령 제48조 제11호).

다. 소득세법상 취득 또는 양도시기

(1) 일반적인 거래의 경우 취득시기

(가) 취득시기의 의의

양도소득세과세대상이 되는 자산은 토지 · 건물 등으로 거래금액이 크기 때문에 계약체결부터 중도금 · 잔금을 나누어 지급하는 것이 관례여서 소유권이전등기까지 상당한 기간이 소요된다. 이 과정에서 어느 시점을 정하여 양도 또는 취득시기로 보느냐 하는 것은 상당히 중요한 의미가 있다.

부과제척기간경과 여부, 공시지가적용일, 세법적용기준일을 가리는 기준일이 되기 때문이다.

또한 양도소득의 귀속연도, 양도차익, 장기보유특별공제, 세율적용 등 과세표준계산 시 중요한 기준이 됨은 물론 각종 비과세 · 감면요건 판정 등에 직접적으로 영향을 미친다.

양도일 현재의 농지 또는 양도일 현재의 주택[26]에 있어서 양도일은 계약일 기준이다.

---

26) 소득세법기본통칙 89-154…12 【매매특약이 있는 주택의 1세대 1주택 비과세 판정】
영 제154조 제1항의 규정에 따른 1세대 1주택 비과세의 판정은 양도일 현재를 기준으로 한다. 다만, 매매계약 후 양도일 이전에 매매특약에 의하여 1세대 1주택에 해당되는 주택을 멸실한 경우에는 매매계약일 현재를 기준으로 한다.

계약 후 토지사용승낙서의 교부로 잔금수령 시에는 농지가 대지화되는가 하면 주택이 없는 나대지의 양도가 되어 비과세혜택을 얻을 수 없는 불이익을 구제해 주는 역할을 한다.

양도소득세계산에 있어서 양도 및 취득의 시기는 원칙이 대금청산일이다.

대금청산일이라 함은 원칙적으로 거래대금의 전부를 지급한 날을 의미하지만 그 전부를 이행하지 않았어도 사회통념상 거의 지급되었다고 볼 만한 정도의 대금지급이 이행된 날을 포함한다.

(나) 대금청산일이 분명한 경우

자산의 양도차익을 계산함에 있어서 그 양도 또는 취득시기는 특별히 정한 경우를 제외하고는 원칙적으로 해당 자산의 대금을 청산한 날이다(소득세법 제98조, 소득세법시행령 제162조 제1항).

대금을 청산하는 시기를 취득 또는 양도시기로 하는 이유는 대금을 청산하면서, 즉 양도인은 잔금을 수령하면서 양수인에게 부동산 등의 점유를 이전하고 양수인은 당해 자산에서 발생하는 사용·수익권능을 누릴 수가 있기 때문이다.

대금을 청산한 날이라 함은 매매계약서에 기재된 잔금지급약정일과 관계없이 실지로 잔금을 지급한 날을 말한다.

그리고 양도자가 아직도 못 받고 있는 잔금을 소비대차로 전환한 경우에는 그 전환한 날에 잔금이 청산된 것으로 본다.

이 경우에는 잔금을 수령 후 다시 잔금상당액을 매수인인 상대방에게 꿔준 것과 같은 효과가 있기 때문이다.

|| 소득세법기본통칙 98-162…1
【잔금청산일이 매매계약서에 기재된 잔금지급약정일과 다른 경우 양도 또는 취득의 시기】

① 매매계약서 등에 기재된 잔금지급약정일보다 앞당겨 잔금을 받거나 늦게 받는 경우에는 실지로 받은 날이 잔금청산일이 된다.
② 제1항을 적용함에 있어서 잔금을 소비대차로 변경한 경우는 소비대차로의 변경일을 잔금청산일로 한다.

|| 민법 제605조 【준소비대차】

당사자 쌍방이 소비대차에 의하지 아니하고 금전, 기타의 대체물을 지급할 의무가 있는 경우에 당사자가 그 목적물을 소비대차의 목적으로 할 것을 약정한 때에는 소비대차의 효력이 생긴다.

(다) 대금청산일이 불분명한 경우

① 현행규정

대금을 청산한 날이 분명한 경우에는 그 대금청산일을 취득 또는 양도시기로 한다. 그러나 대금을 청산한 날이 분명하지 아니한 경우에는 등기부·등록부 또는 명부 등에 기재된 등기·등록접수일 또는 명의개서일을 취득 또는 양도시기로 한다(소득세법시행령 제162조 제1항 제1호).

② 양도시기 등의 적극적 입증방법

부동산매매의 경우 잔금을 지급한 시기가 분명하지 아니한 경우 예외 없이 등기접수일을 양도시기로 하는 것은 아니다.

부동산매매의 경우 등기를 소유권이전의 공시방법으로 하고 있어 매도인은 매수인으로부터 잔금을 받을 때 상환으로 등기에 필요한 인감증명 등 서류를 교부해야 한다.

매수인의 입장에서 보면 잔금지급일에 매도인이 등기에 필요한 인감증명 등 서류를 갖추지 못한 경우에는 잔금을 지급하지 않아도 된다. 즉 이행지체에 빠지지 않는다는 뜻이다.

이는 매도인의 등기에 필요한 제 서류의 교부와 매수인의 잔금지급은 동시이행의 관계에 놓여 있다는 것을 의미하는 것이다.

┃ 민법 제536조 【동시이행의 항변권】 ┃

① 쌍무계약의 당사자 일방은 상대방이 그 채무이행을 제공할 때까지 자기의 채무이행을 거절할 수 있다. 그러나 상대방의 채무가 변제기에 있지 아니하는 때에는 그러하지 아니하다.
② 당사자 일방이 상대방에게 먼저 이행하여야 할 경우에 상대방의 이행이 곤란할 현저한 사유가 있는 때에는 전항 본문과 같다.

따라서 매도인이 특정시점에서 인감증명을 발급한 사실과 법무사에게 등기수수료를 지급한 사실 등을 입증하는 경우에는 설령 잔금의 일부분이 불분명해도 그 시기를 취득 또는 양도시기로 인정할 수 있을 것이다(국심 93부2335, 1993.12.29. 같은 뜻임).

(라) 대금청산 전 소유권이전등기하는 경우

① 등기접수일 기준

대금을 청산하기 전에 소유권이전등기(등록 및 명의의 개서를 포함)를 하는 경우에는 등기부·등록부 또는 명부 등에 기재된 등기접수일을 취득 및 양도시기로 한다(소득세법시행령 제162조 제1항 제2호).

대금을 청산한 날을 취득 및 양도시기로 하는 것을 원칙으로 하고 있으나 대금을

03

물권법

청산하기 전에 당사자의 약정 등에 의해 이전등기를 먼저 하는 경우에는 설사 대금을 청산하지 않았다고 하더라도 이전등기시기를 취득 및 양도시기로 하여 양도차익을 계산하는 기준일로 해야 하는 것이다.

물론 양수인이 이전등기 후 매매대금을 지불하지 아니하여 계약이 해제되어 소유권이전등기가 말소되는 경우에는 양도가 있었다고 볼 수 없을 것이다.

따라서 대금을 모두 지급하지 아니한 상태에서 소유권이전등기가 이루어진 경우에는 이전등기 후 잔금을 지급하지 아니하여 해제권의 행사로 소유권이전등기가 소급하여 효력을 잃는 것을 해제조건으로 취득 및 양도시기로 보는 것이 된다.

> **늦어도 체비지대장 명의변경을 한 날에 그 대금의 청산이 있었다고 보는 것이 경험법칙에 합치됨(대법원 90누1953, 1990.10.16.)**
> 토지양도인인 원고가 체비지를 1차 취득한 자로부터 다시 취득하여 체비지대장 명의를 원고로 변경한 후 토지구획정리사업이 완료됨에 따라 위 토지에 대하여 원고명의로 소유권이전등기를 마쳤다가 매도한 것이라면 위 토지의 취득시기를 정함에 있어서 다른 특별한 사정이 없는 한 늦어도 위 체비지대장 명의변경을 한 날에 그 대금의 청산이 있었다고 보는 것이 경험법칙에 합치됨.

② 매수인의 채권자가 압류하는 경우 등

부동산매매계약에 있어 매도인이 잔금을 수령하지 아니하고 매수인에게 소유권을 이전한 경우 매수인의 채권자는 특단의 다른 사정이 없는 한 동 매수인이 등기한 부동산에 대하여 행한 압류 등은 효력이 있다. 매도인이 그 후 잔금을 받지 못하여 해제권을 행사하더라도 매수인의 채권자의 압류에 대항할 수 없다.

> **∥ 민법 제548조【해제의 효과, 원상회복의무】∥**
> ① 당사자 일방이 계약을 해제한 때에는 각 당사자는 그 상대방에 대하여 원상회복의 의무가 있다. 그러나 제3자의 권리를 해하지 못한다.
> ② 전항의 경우에 반환할 금전에는 그 받은 날로부터 이자를 가하여야 한다.

☞ 왜냐하면 매수인이 소유권자인 상태에서 이루어진 정당한 압류이기 때문이다.

(마) 잔금을 어음 또는 수표로 받은 경우

부동산매매대금의 잔금을 어음 또는 선일자당좌수표로 받은 경우에는 어음 또는 해당 선일자당좌수표의 결제일이 양도시기가 되며 결제일 전에 소유권이전등기를 한 경우에는 물론 등기부에 기재된 등기접수일이 양도시기이다.

그러나 그 잔금을 자기앞수표 또는 당좌수표로 양도인 계좌에 입금한 경우 양도시기를 그 입금일로 보아야 하는지, 아니면 결제일로 보아야 하는지에 대하여는 그 수표의 수령일을 양도시기로 보아야 할 것이다.

따라서 대금을 청산할 때에 당좌수표를 수령한 경우에는 그 수표를 수령한 때를 양도시기로 보아야 할 것이고 양도대금으로 자기앞수표를 계좌에 입금한 경우에는 그 입금일을 잔금청산일로 보아 양도시기로 삼아야 할 것이다(재일 46014-91, 1995.1.13.; 국심 95부3754, 1996.5.20.).

> **채권담보목적의 가등기를 본등기한 경우 취득시기(재일 46014-561, 1998.3.31.)**
> 소득세법시행령 제162조의 규정을 적용함에 있어 채권자가 채권담보를 목적으로 채무자소유 부동산에 가등기를 설정 후 채무자의 채무불이행으로 인하여 채권자명의로 본등기를 이행하는 경우의 그 취득·양도시기는 본등기한 날이 됨.

(2) 특수한 거래의 경우 취득시기

(가) 장기할부조건거래

① 의의

부동산의 양도는 계약금, 중도금, 잔금으로 그 대금을 나누어 지급하는 것이 관례라는 것은 이미 언급한 바 있다. 그리고 양도소득세를 과세하는 데 있어서는 대금청산일이 분명한 경우에는 그 대금청산일을 취득 또는 양도시기로 하여 양도차익을 계산한다. 그 이유는 잔금지급을 상환으로 하여 매도인은 목적물의 점유를 이전하고 매수인은 매매대금에 관한 대금을 청산하기 때문이다.

그런데 잔금을 지급하지 아니한 상태에서 매수인이 목적물의 소유자인 양 점유하여 사용·또는 수익하고 있다면 일정한 경우에는 양도시기가 도래한 것으로 하여 종전 소유자에게는 그 시점에서 양도소득세를 과세하고 그 후 소유자에게는 사용·수익을 시작한 시점을 취득시기로 하는 것이 바람직할 것이다.

이에 따라 소득세법에서는 목적물의 사용·수익일 등과 최종할부금이 일정기간을 넘는 거래에 대하여는 잔금청산일이라는 원칙에 대한 예외를 인정하였다.

장기할부조건거래는 계약일 당시를 기준으로 판단하는 것이다. 따라서 계약체결일 이후 양수인의 이행지체 등으로 결과적으로 인도·사용수익일로부터 잔금지급기일까지의 기간이 1년을 초과한다 하더라도 이는 장기할부조건거래에 해당하지 아니한다.

이 경우 장기할부조건의 매매라 함은 토지 및 건물과 기타자산의 양도로 인하여 당해 자산의 대금을 월부·연부·기타의 부불방법에 따라 수입하는 것 중 다음의 요건을 갖춘 것을 말한다(소득세법시행규칙 제78조 제3항).

- ㉠ 계약금을 제외한 해당 자산의 양도대금을 2회 이상으로 분할하여 수입할 것
- ㉡ 양도하는 자산의 소유권이전등기(등록 및 명의개서를 포함) 접수일·인도일 또는 사용수익일 중 빠른 날의 다음 날부터 최종할부금의 지급기일까지의 기간이 1년 이상인 것

② **취득 또는 양도시기**

위에서의 장기할부조건거래에 해당하는 경우에는 잔금(여기서는 최종할부금)이 지급되기 전인 소유권이전등기접수일(등록일·명의개서일), 인도일 또는 사용수익일 중 빠른 날을 취득 또는 양도시기로 한다.

그러나 당초 약정 시는 장기할부조건에 해당하지 않았으나 매수인의 잔금 이행지체로 인하여 인도일 등으로부터 1년을 경과한 경우에는 여기서의 장기할부조건부거래에 해당하지 아니한다. 당초 약정 시 제시된 조건이 장기할부조건에 해당하여야 하기 때문이다.

(나) 상속

① **의의**

상속인은 상속개시된 때로부터 피상속인의 재산에 관한 포괄적 권리의무를 승계한다. 그러나 피상속인의 일신에 전속한 것, 예를 들면 명예권·부양청구권 등은 피상속인의 일신전속적인 권리이므로 상속인에게 이전되지 아니한다.

상속은 사망 외 실종선고 등에 의해서도 개시된다. 부재자의 생사가 분명치 아니하여 생사의 증명도, 사망의 증명도 할 수 없는 경우에 가정법원이 선고로서 실종기간이 만료한 때에 사망한 것으로 본다. 사망의 가능성이 보통인 보통실종(5년)과 매우 높은 특별실종(1년)이 있다. 실종선고가 있으면 생존배우자는 재혼할 수 있으며 상속도 개시된다.

② **상속재산의 취득시기**

상속은 피상속인의 사망으로 인하여 개시된다. 따라서 피상속인의 사망이라는 사실이 있을 때 피상속인에게 속한 재산은 상속인에게로 이전되는 것이다. 이 경우에는 상속재산이 부동산인 경우라 하더라도 그 취득에 있어 등기를 요하지 아니한다.

상속재산을 양도하는 경우 그 취득시기는 상속개시일이다. 그러나 8년 자경농지에 해당하는지에 대한 계산 등에 있어서는 피상속인의 취득시기를 반영한다.

(다) 증여

① 의의

증여란 당사자의 일방이 무상으로 자기의 재산을 상대방에게 주겠다는 의사를 표시하고, 상대방이 이를 승낙함으로써 성립하는 계약이다(제554조). 낙성(諾成)·무상·편무·불요식의 계약이다.

증여계약은 낙성계약이기 때문에 당사자의 의사표시의 합치만으로써 성립하며 그 성립에 관해서도 아무런 방식을 필요로 하지 않는다. 즉 불요식행위이다.

증여계약에 의하여 증여자는 상대방에게 재산을 주어야 할 채무를 부담하며 수증자는 이에 대응한 채권을 취득한다. 증여의 효력으로서 특히 중요한 것은 증여자는 매매에 있어서 매도인이 담보책임을 지는 것과는 달리 담보책임을 지지 않고, 또한 계약방식의 자유에 대한 예외로 구두로 계약을 하는 경우와 문서로 계약을 하는 경우에 있어 그 효력이 다르다는 데 그 특징이 있다.

② 증여시기

증여를 받은 날이라 함은 동산의 경우 인도일, 부동산의 경우 등기일을 의미한다. 증여는 무상계약이므로 매매와 같이 반대급부로서의 대금지급이라는 징표가 없다. 따라서 증여에 있어서는 계약 후 대금지급이라는 이행의 과정 없이 증여등기접수를 밟게 된다. 여기서 매매와 달리 증여의 경우에는 증여등기접수일을 취득 및 양도시기로 보아야 하는 필연이 생기는 것이다.

(라) 교환

① 의의

교환이란 당사자 쌍방이 금전 이외의 재산권을 서로 이전할 것을 약정함으로써 성립하는 계약이다(제596조). 예컨대 A소유의 토지와 B소유의 건물의 소유권을 서로 이전할 것을 약속하는 것이 교환이다.

역사적으로 보면 교환은 매매보다 먼저 발달하였으나 화폐경제의 발달에 따라 매매가 오히려 주된 위치에 서게 되었다.

② 교환의 경우 양도시기

㉠ 차액이 없는 경우

교환가액의 차액이 없으면 교환계약체결일을 잔금청산일로 본다.

부동산을 서로 교환하는 계약에 의해 자산의 양도가 이루어진 경우 양도인이 양도대가로 취득할 교환대상 목적물에 관한 소유권이전등기를 넘겨받기 전이라 하더라도 교환계약의 당사자가 언제든지 상대방의 요구에 따라 소유권이전등기를 마쳐 줄 의무가 있고, 적어도 위 당사자 사이에서는 그 교환대상 목적물에 대한 실질적인 처분권을 취득한 것으로 인정되는 때에는 대금의 청산이 이루어진 것으로 볼 수 있다(대법원 95누7475, 1996.1.23.).

ⓒ 차액이 있는 경우

교환하는 자산의 가치가 달라서 그 차액만큼을 정산해야 하는 경우에는 그 차액을 정산한 날을 잔금청산일로 본다(국심 88서1235, 1989.1.5.).

ⓒ 차액은 없으나 계약일이 불분명한 경우

교환계약체결일이 분명하지 아니한 경우에는 교환에 의하여 서로의 종국적인 이행일인 교환등기접수일이 취득·양도시기가 되는 것으로 보아야 할 것이다(재일 01254-1745, 1990.9.12.).

ⓓ 양도부동산보다 취득부동산을 먼저 등기하는 경우

부동산을 서로 교환하는 경우에 있어서 양도하는 부동산보다 교환에 의해 취득하는 부동산에 관한 취득등기가 먼저 이루어지는 경우에는 양도자의 입장에서 볼 때 그 대가를 완전히 변제받은 것이 되므로 등기접수일을 양도시기로 보아야 할 것이고 그 상대방의 경우에는 교환에 의하여 자기의 부동산을 먼저 소유권이전해 주는 것이므로 역시 등기접수일을 양도시기로 보아야 할 것이다.

부동산 교환거래 시 양도시기는 먼저 취득부동산등기를 하고 후에 양도부동산을 등기이전 한 경우에는 먼저 취득부동산 등기접수한 날을 양도시기로 보아야 한다(대법원 93누9647, 1992.12.11.).

(마) 현물출자

① 법인에 대한 현물출자

부동산을 법인에 현물출자하는 경우에 양도 또는 취득시기는 현물출자대금의 대가로 주식을 교부받은 날로 하되, 교부받기 전에 명의개서를 한 경우에는 명의개서일이 되며, 주식을 교부받기 전에 소유권이전등기를 한 경우에는 등기부, 등록부 또는 명부 등에 기재된 등기접수일이 양도 또는 취득시기이다.

㉠ 주식 교부받은 날

소유하던 부동산을 법인에 현물출자하는 경우에는 현물출자대금의 대가로 주식을 교부받은 날이 양도 또는 취득의 시기가 된다(재산 01254-1768, 1988.6.25.).

㉡ 명의개서일

현물출자대금의 대가로 주식을 교부받기 전에 명의개서한 경우에는 명의개서일이 양도 또는 취득의 시기가 된다(재산 01254-3526, 1989.9.23.).

㉢ 등기접수일

현물출자대금의 대가로 주식을 교부받기 전에 소유권이전등기를 한 경우에는 등기부·등록부 또는 명부 등에 기재된 등기접수일이 양도 또는 취득의 시기가 된다(재일 01254-174, 1991.1.21.).

② **공동사업에 대한 현물출자**

  ㉠ **현물출자의 특이성**

  법인은 자연인과는 별개의 인격체를 가지고 있고 이러한 사실은 전문적인 법률지식이 없다 하더라도 대부분의 사람들이 이를 인식하고 있다. 그러나 민법상의 조합에 대하여는 양도소득세 등 납세의무와 관련하여 정확한 인식을 가지지 못한 경우가 있다.

  즉 민법상의 조합도 양도소득세과세대상자산에 대하여는 거래상대방이 될 수 있다는 것이다. 단순히 사업목적 없이 부동산 등을 공유하는 주체는 지분권자인 자연인에 불과하지만 2인 이상이 사업목적을 가지고 부동산을 합유의 형태로 소유하는 때에는 합유주체인 자연인 외에 별개의 세법상의 인격체가 존재할 수 있는 것이다.

  ㉡ **양도시기**

  공동사업을 하는 데 있어 공동사업자가 출자하는 자산이 양도소득세과세대상자산인 경우에는 출자한 날 또는 등기접수일 중 빠른 날을 양도시기로 보아야 한다. 이 경우 출자한 날이라 함은 출자 계약일을 의미하는 것이 아니고 출자계약내용을 이행하는 날, 즉 동산인 경우에는 점유의 이전으로 보아야 할 것이고 부동산인 경우에는 등기에 필요한 서류 등의 교부시기가 현물출자하기로 한 사업자의 출자 이행시기가 될 것이다.

  한때 출자계약일을 양도시기로 보았으나[27] 예규를 변경하여 당해 부동산을 출자한 날 또는 등기접수일 중 빠른 날을 양도시기로 보는 것으로 하였다.

(바) **대물변제**

① **대물변제의 의의**

  대물변제는 채무자가 채권자의 승낙을 얻어 본래의 급부에 갈음하여 재산적·정신적 손해에 대한 배상으로 다른 급부를 현실적으로 함으로써 채권을 소멸시키는 채권자와 채무자 간의 계약으로서 변제와 동일한 효력을 가진다(제466조). 즉 유상양도에 해당된다. 원래 금전으로 지급하여야 할 의무가 부동산 등으로 대신 지급하는 경우 본래의 금전지급의무가 소멸하는 것이므로 대가관계가 있어 유상양도에 해당하는 것이다.

  현실적으로는 이혼하는 부부 사이에서 발생하는 위자료지급에 갈음하는 부동산소유권 이전이 대물변제의 전형적인 유형이라고 할 수 있다.

---

27) 재산 01254-1992, 1987.7.24.

② 취득 또는 양도시기

대물변제는 본래의 급부할 금액에 갈음하여 다른 물건 등으로 대신 급부를 하여 본래의 채무를 소멸시키는 것이므로 일반적인 매매와는 거래형태가 다르다.

대물변제에 따른 대가는 본래 지급해야 할 채무라는 점을 고려하면 본래채무의 소멸시점이 언제인가 하는 문제와 관계있다.

본래채무의 소멸시기는 대물변제목적물에 대한 권리가 채권자에 이전되는 시점으로 보아야 할 것이다. 이 경우 동산인 경우에는 동산이 인도되는 때에, 그리고 부동산인 경우에는 그 부동산의 등기가 경료한 때에 비로소 본래의 채무가 소멸한다.

따라서 대물변제하는 목적물이 양도소득세과세대상인 부동산에 해당하는 경우에는 그 부동산의 소유권이전등기접수일을 취득 또는 양도시기로 보아야 하는 것이다.

(사) 자기가 건설한 건축물의 취득시기

① 의의

건물을 취득하는 방법으로는 새로 건물을 신축하는 방법과 이미 있는 건물을 매수하는 방법의 두 가지가 있다. 전자는 원시취득의 예이고 후자는 승계취득의 예이다. 원시취득이라 함은 새로운 물건이 이 세상에 태어나는 것으로, 사람으로 말하면 출생을 의미한다.

승계취득의 경우 전 소유자의 하자가 매수인(승계인)에게 그대로 승계되지만 원시취득의 경우에는 새로운 물건이 이 세상에 출현하는 것이므로 전 소유자의 하자 승계 여부는 문제가 되지 아니한다는 데서 원시취득과 승계취득의 구분의 실익이 있다. 자기가 건설하고 있는 건축물의 경우 어느 시점에서 건축물로 보아야 하는가 하는 의문에 대해서는 양도의 개념에서 설명한 바 있다.

취득목적물이 최소한 토지와는 별개의 부동산으로 볼 수 있어야 그 시점에 비로소 건축물이 된다. 그 전이라면 토지의 부속물로서 토지와 별도의 거래대상이 될 수 있는 독립된 물건으로 볼 수 없는 것이다.

② 취득시기

자기가 건설 중인 건축물과 관련하여 취득시기를 제시하는 것은 명확하고 객관적인 기준이 필요하다. 그렇지 않다면 자의적인 판단 등이 개입할 여지가 있어 공정성이 결여될 것이다.

소득세법에서는 건설 중인 건축물의 경우에 그 취득시기를 원칙적으로 사용검사필증 교부일로 하되, 사용검사 전에 사실상 사용하거나 사용승인을 얻은 경우에는 그 사실상의 사용일 또는 사용승인일로 하도록 규정하고 있다.

그리고 건축허가를 받지 아니하고 건축하는 건축물에 있어서는 그 사실상의 사용일을 취득시기로 하도록 규정하고 있다(소득세법시행령 제162조 제1항 제4호).

(아) 완성 또는 확정되지 아니한 자산

① 의의

완성되지 아니한 자산이라 함은 현재 짓고 있는 건축물로서 토지와는 별도의 거래대상이 될 수 있는 독립성을 갖추지 못한 정도의 것을 말한다. 그리고 확정되지 아니한 자산이라 함은 매매대금을 모두 지급하였으나 매도인과 매수인이 매매목적물의 종류를 지정하지 아니하였거나 종류는 지정하고 특정하지 아니한 상태를 말한다.

완성되지 아니한 자산의 경우에는 대금을 모두 수령하였다 하더라도 목적물이 아직 미완성이므로 목적물의 양도시기가 도래했다고 보기 어렵다. 이는 자기가 건설한 건축물의 취득시기에서 본 바와 같다.

매매대금의 지급은 미래의 부동산에 대한 선급금 지급이라고 볼 수 있을 뿐이다.

② 취득 또는 양도시기

완성 또는 확정되지 아니한 자산을 양도 또는 취득한 경우로서 해당 자산의 대금을 청산한 날까지 그 목적물이 완성 또는 확정되지 아니한 경우에는 그 목적물이 완성 또는 확정된 날을 그 양도일 또는 취득일로 본다(소득세법시행령 제162조 제1항 제8호). 완성 또는 확정되지 아니한 자산에 대한 잔금을 모두 지급한 경우에는 비록 잔금을 지급하였다 하더라도 그 목적물이 완성 또는 확정되지 않았으므로 당해 목적물을 취득한 것으로 볼 수 없다. 예를 들면 건설 중인 아파트의 분양계약에 따라 대금을 청산하였으나 청산일까지도 당해 아파트가 완공되지 않은 경우에는 대금을 청산한 날이 아닌 건물이 완성된 날을 취득의 시기로 보는 것이다.

(자) 도시개발법, 기타 법률에 의한 환지처분

① 권리면적과 동일하게 교부받은 경우(증평·감평이 없는 경우)

도시개발법 또는 그 밖의 법률에 따른 환지처분으로 인하여 취득한 토지의 취득시기는 환지 전의 토지의 취득일로 한다(소득세법시행령 제162조 제1항 제9호).

② 권리면적보다 많이 교부받은 경우

교부받은 토지의 면적이 환지처분에 의한 권리면적보다 증가된 경우에는 그 증가된 면적의 토지에 대한 취득시기는 환지처분의 공고가 있은 날의 다음 날로 한다(소득세법시행령 제162 제1항 제9호 단서).

③ 권리면적보다 적게 교부받은 경우

교부받은 토지의 면적이 환지처분에 의한 권리면적보다 감소된 경우에는 그 감소된 면적의 토지에 대한 양도시기는 환지처분의 공고가 있은 날의 다음 날로 한다(소득세법시행령 제162조 제1항 제9호 단서).

03
물권법

(차) 경매로 자산을 취득하는 경우

① 의의

경매는 사인(私人) 사이에서 행하여지는 사경매와 국가기관이 행하는 공경매가 있다. 여기서의 경매는 공경매를 말하며 공경매에는 민사집행법에 의한 경매와 국세징수법에 의한 경매가 있다. 공경매(이하 "경매"라고 함)에 있어서 경락인이 경락부동산의 소유권을 취득하는 시기는 경락대금을 완납한 때이다.

경매라 함은 압류재산을 매각하는 경우에 그 재산을 매수할 청약자에게 구두 등으로 매수의 신청을 하게 하여 매각예정가격 이상의 청약자 중 최고가 청약자를 낙찰자로 하여 그자에게 매각결정을 행하고 그자를 매수인으로 정하는 방법을 말한다.

② 경매자산의 취득시기

ⓐ 국세징수법에 의한 경매의 경우

경매에 의하여 자산을 취득하는 경우에는 경매인이 매각조건에 의하여 경매대금을 완납한 날이 취득의 시기가 되는 것으로 소득세법기본통칙에서 규정하고 있다. 그러나 소득세법기본통칙에서 경매에 의한 자산의 취득시기에 관하여 규정되어 있으나 그 규정된 내용대로 취득시기가 되는 것이 아니다.

오히려 국세징수법 제77조(매수대금 납부의 효과)에서 "매수인은 매수대금을 납부한 때에 매각재산을 취득한다"라고 규정하고 있기 때문에 동 규정에 따라서 취득시기는 경매대금을 완납한 날이 되는 것이다.

ⓑ 민사집행법에 의한 경매의 경우

위에서 국세징수법에 의한 경매의 경우에서 설명한 것처럼 양도 또는 취득의 시기는 소득세법기본통칙에서 규정한 효과가 아니라 민사집행법 제135조(소유권의 취득시기)에서 "매수인은 매각대금을 다 낸 때에 매각의 목적인 권리를 취득한다"라고 규정하고 있는 것이 정확한 근거법규가 된다.

ⓒ 당초 소유자가 경락받은 경우 취득시기

담보로 제공된 자산이 경매되어 당초 담보제공한 소유자가 자기명의로 경락을 받는 경우에는 자신의 재산을 자기가 취득하는 경우가 되어 양도소득세를 과세할 수는 없다. 따라서 경락받은 후 양도하는 경우에 있어 취득시기는 경락으로 취득한 시점이 아닌 그전의 당초 취득시점으로 양도차익을 계산하여야 한다. 공경매는 법률의 규정에 의한 물권취득이지만 원시취득이 아닌 승계취득임에 유의해야 한다. 법률의 규정에 의한 물권취득이 모두 승계취득이 되는 것이 아니다.

> **가등기된 부동산을 경락받은 후 본등기로 말소된 경우**(대법원 94누10290, 1995.6.16.)
>
> 소유권이전청구권 보전을 위한 가등기가 마쳐진 후에 목적부동산에 대한 강제경매절차가 개시되어 경락인에게 목적부동산의 소유권이 이전되었다가 그 가등기에 기한 본등기가 마쳐짐으로써 그 소유권을 상실하게 되었다고 하여도 일단 소유권을 취득하였음이 분명한 이상 소득세법상으로는 부동산 소유자가 목적부동산을 양도한 상대방(양수인)은 경락으로 인하여 소유권을 취득한 경락인이라 할 것이고, 경락인 명의의 소유권이전등기가 그 가등기에 기한 본등기로 말미암아 등기공무원에 의하여 직권으로 말소되었다고 하여서 그 양도의 효력이 소급하여 소멸하는 것이 아님. 즉 경매대금의 완납일이 되는 것임.

4. 제3자의 소유권 주장

가. 관련규정

국세징수법에서는 "압류한 재산에 대하여 소유권을 주장하고 반환을 청구하려는 제3자는 매각 5일 전까지 소유자로 확인할 만한 증거서류를 세무서장에게 제출하여야 한다"라고 규정하고 있다(국세징수법 제50조).

위의 제3자의 소유권 주장은 압류재산이 압류 당시에 이미 제3자에게 귀속되어 압류권자에게 우선적 지위가 있음을 세무서장에게 주장하여야 한다(국세징수법기본통칙 50-0…1).

한편, 압류해제요건에 관하여 국세징수법은 '제50조에 따른 제3자의 소유권 주장이 상당한 이유가 있다고 인정하는 경우'와 '제3자가 체납자를 상대로 소유권에 관한 소송을 제기하여 승소판결을 받고 그 사실을 증명한 경우'에는 세무서장이 그 압류를 해제하여야 한다고 규정하고 있다(국세징수법 제53조 제1항).

요약하면 세무서장이 체납을 이유로 하여 압류한 재산에 대하여 소유권을 주장할 수 있는 경우는 세무서장이 압류등기를 하기 전에 소유권이 이미 이전된 경우를 말한다.

나. 소유권주장요건

세무서장이 체납을 이유로 부동산에 대한 압류를 했을 때 그 압류 전에 이미 소유권이전이 된 것으로 볼 수 있는 경우는 민법 제187조의 법률의 규정에 의하여 부동산의 소유권을 취득한 것으로 볼 수 있는 때이다.

사업인정고시 후 공탁을 하였으나 그러한 사정은 등기부에 표시되지 아니한다. 그러나 등기부표시 여부에도 불구하고 공익사업을위한토지등의취득및보상에관한법률에 의하면 기업자(起業者)는 공탁을 정지조건부로 소유권을 취득한다. 따라서 이미 기업자가 부동산

소유권을 취득한 후에 종전 소유자인 체납자의 부동산으로 알고 행한 세무서장의 압류처분은 당연무효가 되는 것이다.

경매의 경우에도 민사집행법에 의하면 매수인은 매각대금을 다 낸 때에 매각의 목적인 권리를 취득한다. 따라서 이미 경락을 받은 경락자가 부동산소유권을 취득한 후에 종전 소유자인 체납자의 부동산으로 알고 행한 세무서장의 압류처분은 당연무효가 된다.

---

1. 대금완제를 이유로 압류해제 요청할 수는 없음(대법원 95누7093, 1995.9.29. 외 다수)
국세징수법 제50조 · 제53조 제1항 제2호, 같은 법 시행령 제55조의 규정은 재산을 압류할 당시를 기준으로 제3자의 소유권 주장이 상당하다고 인정되는 것을 전제로 한 규정으로 피고의 압류처분 당시 이 사건 부동산이 체납자의 소유에 속하지 아니하였던 이상 그 이후 원고명의로 소유권이전등기가 경료되었다 하더라도 위 법령 소정의 압류해제요건에 해당된다고 할 수 없는 것이고 원고가 이 사건 압류 이전에 체납자로부터 이 사건 부동산을 매수하여 그 대금을 완제하였다 하여 달리 볼 것은 아님.

2. 제3자의 소유권주장가능 여부(징세 46101-1785, 2000.12.27.)
[질의요지]
매매잔금을 지급하였으나 소유권이전등기를 경료하지 않은 상태에서 부동산이 압류된 경우 제3자소유권주장을 할 수 있는지.

[회신요약]
압류재산에 대한 제3자의 소유권 주장은 압류재산이 압류 당시에 이미 제3자에게 귀속되어 압류권자보다 우선적 지위가 있음을 세무서장에게 주장하는 것으로 압류 전 매매대금을 완불하였다 하더라도 압류 당시 소유권이전등기를 경료하지 아니한 때에는 압류부동산에 대한 제3자의 소유권주장으로 압류해제요구를 할 수 없는 것임.

---

5. 주의사항

개별세법을 보면 부가가치세법상 세금계산서를 교부해야 하는 기준이 되는 공급시기, 소득세법상 수입금액귀속기준이 되는 수익실현시기, 양도소득세를 과세함에 있어 양도차익계산의 기초가 되는 취득 또는 양도시기 등은 모두 유사하다. 대부분 대금청산일이 기준일이 된다.

부가가치세법에서 재화의 이동이 필요하지 아니한 경우에는 그 재화의 이용이 가능하게 되는 때를 공급시기로 규정하여 세금계산서를 교부하도록 규정하고 있다. 동 규정에서 대금청산일이라는 표현은 없으나 부동산의 경우 이용가능한 때라 함은 결국 매매에 있어 대금청산의무와 부동산인도의무라는 동시이행관계에 있다는 법률과 관행을 고려하면 이용가능한 때는 대금청산일이 될 것이다.

그러나 이들 공급시기, 수익실현시기, 양도시기 등은 소유권취득시기와는 반드시 일치하지 않는다는 사실에 주의해야 한다. 민법 제187조의 법률의 규정에 의한 부동산소유권의 취득시기는 개별세법상의 공급시기, 수익실현시기, 양도시기 등과 거의 일치한다.

그러나 민법 제186조의 법률행위에 의한 부동산소유권 취득시기는 개별세법상의 공급시기, 수익실현시기, 양도시기 등과 일치하지 않는다.

결국 제3자의 소유권 주장에 있어 세무서장의 압류처분 이전에 소유권취득 유무는 민법에 의하는 것이며, 특히 민법 제186조의 법률행위에 의한 부동산소유권이전에 주의해야 한다.

제4절 공시방법으로서의 인도와 조세법

1. 개관

부가가치세법에서는 계약상·법률상 모든 원인에 의하여 재화를 인도 또는 양도하는 것을 과세대상 중 재화의 공급으로 보고 있고, 법인세법 등에서는 자산의 판매 등에 있어 손익의 인식귀속시기를 그 자산의 인도시기를 원칙으로 하면서 예외적으로 대금청산일, 등기·등록일, 사용수익일 등의 개념이 등장하고 있다.

이렇게 재화의 공급시기, 소득의 손익귀속시기 등에서 표현되는 '인도'에 대해서는 조세법에서 정의해 놓고 있지 않다. 그렇다면 인도의 개념은 어떻게 정의되어야 하는가? 더 나아가서 인도와 양도는 어떻게 다른가? 하는 것은 그냥 호기심의 문제가 아니다.

조세법상의 과세요건을 판단하는 데 있어 필수적인 요소이다.

여기서는 공시방법으로서의 '인도'를 중심으로 하여 '인도'의 개념과 조세법과의 상호관계를 살펴본다.

2. 민법상 인도

인도는 점유의 이전을 의미하는데, 동산소유권이전의 공시방법이 된다.

이러한 인도에는 현실의 인도와 간편한 인도가 있으며, 간편한 인도에는 간이인도, 점유개정, 목적물반환청구권의 양도가 있다.

03
물권법

가. 현실의 인도

물건에 대한 사실상의 지배를 현실적·물리적으로 양도인으로부터 양수인에게 옮기는 것을 현실의 인도라고 하고 인도는 원칙으로 현실의 인도를 뜻한다.

현실의 인도에 있어서는 동산의 경우에는 장소의 물리적 이동이 나타나는 것이 보통일 것이고, 부동산의 경우에는 물리적 이동 대신에 이용 또는 관리권이 옮겨지게 된다.

▎그림 3-7 ▎ 현실의 인도

나. 간이인도

임대차 등의 약정에 따라 임차인 등이 목적물을 점유하고 있는 경우에 임차목적물의 소유권자와 매매계약 등에 따라 임차인 등이 목적물의 소유권을 취득하기로 합의하는 경우에는 임차인이 소유권자에게 목적물을 이전하고, 다시 소유권자가 되는 임차인에게 이전하는 이중적인 현실의 인도를 생략하고 당사자의 의사표시만으로 인도의 효력이 생기도록 민법에서는 규정하고 있다.[28] 직접점유자는 물건의 소유자이므로 자주점유가 된다. 따라서 시효취득의 대상이 된다.

▎그림 3-8 ▎ 간이인도

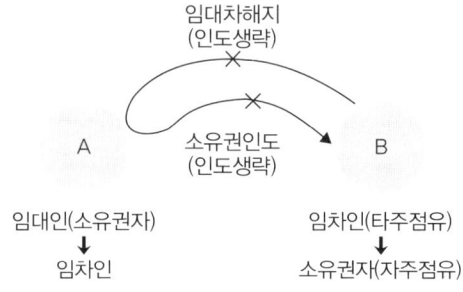

---

28) 민법 제188조 【동산물권양도의 효력, 간이인도】
　① 동산에 관한 물권의 양도는 그 동산을 인도하여야 효력이 생긴다.
　② 양수인이 이미 그 동산을 점유한 때에는 당사자의 의사표시만으로 그 효력이 생긴다.

다. 점유개정

물건의 소유권자가 자금압박 등의 사정으로 물건을 매각하여 자금을 융통하면서 한편으로는 목적물을 계속 사용하고자 하는 경우에 활용할 수 있는 인도의 방법이다.

부동산소유자는 자신의 부동산을 양도하면서도 소유자의 지위가 아닌 임차인의 지위에서 계속부동산을 사용할 수 있고, 양수인은 부동산가액과 전세금의 차액만 지급하고 부동산소유권을 취득할 수 있어 편리하게 된다.

이 경우 양도인의 대항력 등의 효력은 주택의 인도와 주민등록일의 다음 날부터 생기므로 특히 유의하여야 한다. 주택의 점유는 타주점유를 의미하므로 저당권의 승계와 타주점유(즉 자주점유에서 타주점유로 변경)가 동일자에 이루어지는 것이 일반적이고, 저당권이 대항력 발생시기에 하루 앞서게 되어 양도인은 저당권자에 대항할 수 없게 된다.

예컨대 갑이 자금융통을 위하여 소유주택을 을에게 양도함과 동시에 임차하여 갑이 그대로 살기로 한 경우, 을은 동 주택소유권등기와 동시에 저당권을 설정하게 된다. 이 경우 을의 주택소유권등기와 을의 저당권등기 그리고 임차인 갑의 자주점유에서 타주점유로의 지위 바뀜이 동일자에 이루어지게 된다. 예를 들면, 7월 1일자에 저당권이 설정 또는 승계되는 경우 저당권자인 은행과 갑의 대항력 발생요건 중 하나인 타주점유는 7월 1일 동일자가 된다. 이때 저당권은 동일자에 효력이 발생하지만 갑의 대항력은 타주점유일(7월 1일) 그 익일(7월 2일 0시)이 되므로 결국 7월 1일 효력이 생기는 저당권자에 뒤지게 되는 것이다. 주의해야 할 부분이다.

물건의 장소의 이전이 없이 의사표시만으로 행해지는 인도라는 점에서는 간이인도와 같지만, 점유개정의 경우 최종적인 점유가 양도인에게 있는 점이 다르다.[29]

직접점유자는 소유자가 아니므로 타주점유가 된다. 따라서 시효취득대상이 되지 아니한다.

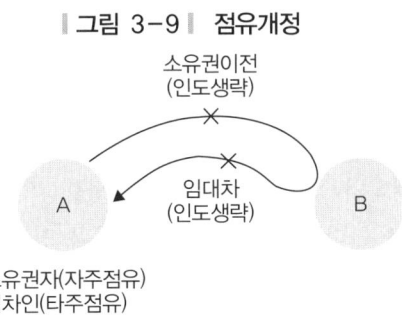

┃ 그림 3-9 ┃ 점유개정

소유권이전
(인도생략)

임대차
(인도생략)

A   B

소유권자(자주점유)
임차인(타주점유)

---

29) 민법 제189조 【점유개정】
　　동산에 관한 물권을 양도하는 경우에 당사자의 계약으로 양도인이 그 동산의 점유를 계속하는 때에는 양수인이 인도받은 것으로 본다.

라. 목적물반환청구권의 양도

갑이 을에게 임대하고 있는 물건에 대하여는 임대차계약의 만료기한이 도래하면 갑은 목적물반환청구권을 가지게 된다. 갑은 목적물을 직접 회수하여 다시 제3자에 임대할 수도 있고 직접회수를 생략하고 을에 대한 목적물반환청구권 자체를 제3자에게 양도함으로써 인도의 효력이 생기게 할 수 있다.

후자의 경우 을이 점유하고 있는 물건을 갑에게 이전하고 다시 갑이 제3자에게 점유를 이전해야 하는 번거로움이 사라진다. 이를 목적물반환청구권의 양도라고 한다.

목적물반환청구권의 양도에 의한 인도도 간이인도와 점유개정과 같이 물건의 장소를 이전함이 없이 의사표시만으로 행하는 인도이지만 최종점유가 제3자에게 귀속하는 점이 다르다.30)

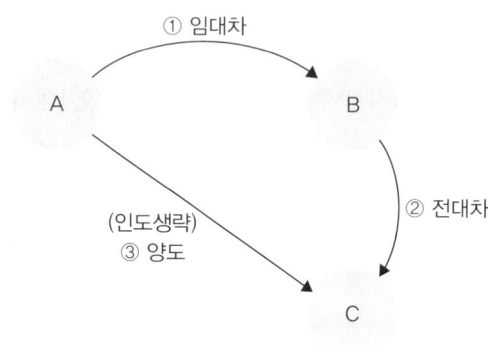

┃그림 3-10┃ 목적물반환청구권의 양도

3. 조세법상의 인도

가. 부가가치세법상 인도

(1) 재화이전수단으로서의 인도

부가가치세법은 "재화의 공급은 계약상 또는 법률상의 모든 원인에 따라 재화를 인도하거나 양도하는 것으로 한다"라고 규정하고 재화를 인도하거나 양도하는 원인으로 계약 또는 법률을 들고 있다.31) 여기서의 인도는 현실의 인도와 간편한 인도를 모두 포함한다.

---

30) 민법 제190조 【목적물반환청구권의 양도】
제3자가 점유하고 있는 동산에 관한 물권을 양도하는 경우에는 양도인이 그 제3자에 대한 반환청구권을 양수인에게 양도함으로써 동산을 인도한 것으로 본다.

31) 부가가치세법 제9조 【재화의 공급】 제1항

부가가치세법상 '인도'가 과세요건에 관한 의미 있는 것으로 되는 경우는 재화의 공급에 한해서이다. 용역의 공급에 있어서도 점유의 이전, 즉 인도는 생길 수 있다.

(2) 재화사용수단으로서의 인도

부가가치세법은 용역의 공급은 계약상 또는 법률상의 모든 원인에 의하여 역무를 제공하거나 시설물, 권리 등 재화를 사용하게 하는 것이라고 규정하고 있다.[32]

재화 또는 시설물을 사용하게 하기 위해서는 점유의 이전, 즉 인도가 필수적이다.

예를 들면 부동산임대용역을 제공하기 위해서는 부동산의 점유이전이 필요하다.

그러나 인도가 수반되는 경우에도 그 인도가 권리 자체의 이전을 위한 점유의 이전이 아닌 경우에는 재화의 공급으로 보지 않고 용역의 공급으로 보는 것이다.

나. 법인세법상 인도

(1) 손익귀속시기의 기준으로서의 인도

법인세법은 자산의 양도 등으로 인한 익금 및 손금의 귀속사업연도를 상품(부동산 제외)의 경우에는 그 상품을 인도한 날을 기준으로 하고[33], 상품 등 외의 자산의 경우에는 그 대금을 청산한 날, 등기일(등록일 포함), 인도일, 사용수익일 중 빠른 날을 기준으로 하여 귀속사업연도를 판단하도록 규정하고 있다.[34]

위에서 상품이란 재고자산을 의미하므로 자동차의 경우 재고자산인 때에는 상품이 되어 인도한 날이 손익귀속시기가 되지만 자동차가 고정자산인 때에는 상품 외의 자산이 되어 대금청산일, 등록일, 인도일, 사용수익일이 손익인식의 기준일이 될 것이다.

---

32) 부가가치세법 제16조 【용역의 공급】 제1항

33) 법인세법시행령 제68조 【자산의 판매손익 등의 귀속사업연도】
　① 법 제40조 제1항 및 제2항의 규정을 적용할 때 자산의 양도 등으로 인한 익금 및 손금의 귀속사업연도는 다음 각 호의 날이 속하는 사업연도로 한다.
　　1. 상품(부동산을 제외한다)·제품 또는 기타의 생산품(이하 이 조에서 "상품 등"이라 한다)의 판매 : 그 상품 등을 인도한 날

34) 법인세법시행령 제68조 【자산의 판매손익 등의 귀속사업연도】 제1항
　　3. 상품 등 외의 자산의 양도 : 그 대금을 청산한 날[한국은행법에 따른 한국은행이 취득하여 보유 중인 외화증권 등 외화표시자산을 양도하고 외화로 받은 대금(이하 이 호에서 "외화대금"이라 한다)으로서 원화로 전환하지 아니한 그 취득원금에 상당하는 금액의 환율변동분은 한국은행이 정하는 방식에 따라 해당 외화대금을 매각하여 원화로 전환한 날]. 다만, 대금을 청산하기 전에 소유권 등의 이전등기(등록을 포함한다)를 하거나 당해 자산을 인도하거나 상대방이 당해 자산을 사용수익하는 경우에는 그 이전등기일(등록일을 포함한다)·인도일 또는 사용수익일 중 빠른 날로 한다.

03
물권법

(2) 부동산에 있어서 손익귀속의 특례

그러나 부동산의 경우에는 재고자산, 고정자산을 구분하지 않는다. 따라서 부동산매매업자가 판매목적으로 보유하고 있는 부동산은 재고자산이지만 대금을 청산한 날, 등기일(등록일 포함), 인도일, 사용수익일 중 빠른 날을 기준으로 하여 귀속사업연도를 판단하도록 규정하고 있다.

한편, 인도 외의 공시방법을 가진 선박, 자동차, 항공기, 중기의 경우에는 재고자산인 경우와 고정자산인 경우를 구분하여 재고자산인 때에는 인도한 날을 기준으로 손익귀속시기를 인식하고, 고정자산인 때에는 대금청산일, 등록일, 인도일, 사용수익일을 기준으로 손익귀속시기를 인식해야 할 것이다.

조세법에서 인도의 개념은 민법의 현실의 인도와 간편한 인도를 모두 포함한다.

4. 소결

부가가치세법 또는 법인세법 등에서 인도라 함은 민법의 현실의 인도와 간편한 인도를 모두 포함한다는 사실을 알았다. 즉 조세법에서의 인도는 순수한 차용개념이고 인도라는 용어의 차용처는 민법이다.

'인도(引導)'가 민법으로부터 차용한 개념이라는 사실에 의문이 없다면, 그 다음으로 의문을 가져야 할 부분은 인도라는 용어가 어디에 어떻게 사용되는가 하는 점이다. 동산에 사용되는 인도와 부동산에 사용되는 인도는 어떻게 다르고 주의해야 할 점들에 관심을 가져야 할 것이다.

인도의 법률적 성질, 부동산 등에서 인도 외 공시방법으로서의 등기의 법률적 성질과 함께 등기를 공시방법으로 택하고 있는 부동산에서 인도는 아무 의미가 없는 것인지 등에 대해 의문을 가질 필요가 있다.

그리고 소유권이라는 하나의 권리를 구성하고 있는 사용권, 수익권이라는 개별권능을 먼저 이해하지 않으면 법인세법에서 손익귀속시기 중 하나로 표현하고 있는 '사용수익권'이라는 용어가 내포하고 있는 뜻을 정의를 정확히 인식할 수 없을 뿐 아니라 과세처분의 예방도 기대하기 어렵고 과세처분 후 올바른 처방도 기대하기 어려울 것이다.

요약하면 조세법에서 표현한 개념이 조세법의 고유개념인지, 아니면 차용개념인지를 먼저 파악한 후 차용개념인 경우에는 세법을 일단 덮어두고 차용개념의 원천을 추적한 뒤 다시 조세법으로 돌아와야 하는 것이다.

┃ 그림 3-11 ┃ 제186조(부동산물권)와 제188조(동산물권)의 소유권이전시기 비교

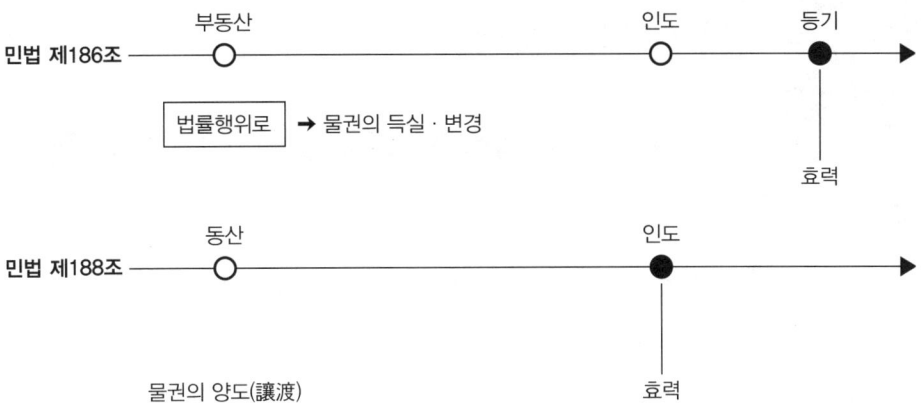

제3장 물권의 종류

개요

민법에서는 물권을 점유권, 소유권, 지상권, 지역권, 전세권, 유치권, 질권, 저당권으로 여덟 가지로 한정하고 있다.

점유의 이전만으로는 재화의 공급인지, 용역의 공급인지를 알 수 없다. 소유권이전을 위한 인도는 재화의 공급에 해당하지만 임대를 위한 인도는 용역의 공급에 해당한다.

소유권은 전 소유자의 권리가 승계되는 승계취득과 전 소유자와 관계없는 원시취득으로 나누어진다. 승계취득에 있어서는 전 소유자의 하자도 함께 승계한다.

소유권은 소멸시효에는 걸리지 않지만 취득시효에 의하여 소유권을 잃을 수는 있다.

부동산취득시효의 경우 그 요건을 알아보고 그 취득시기와 세법상의 취득시기와의 차이점을 분석해 본다.

소유권에 기한 제한물권 중 양도소득세과세대상이 되는 것은 용익물권 중 지상권과 전세권이다. 지역권은 요역지와 분리해서 양도할 수 없으므로 지역권이 양도된 경우라면 토지가 그 과세대상이 될 것이다.

부동산의 명의신탁약정은 무효인 것으로 부동산실권리자명의등기에관한법률은 규정하고 있다. 그 무효의 명의대여약정에 의해 등기된 경우 명의신탁자는 부동산을 되찾을 수 있는 방법은 없는가? 대법원판례를 분석해 보고 명의신탁과 세법과의 관계를 알아본다.

이 장에서는 민법상 물권의 종류와 그 개념을 정확히 알아보고 다른 권리와의 차이점에 관한 인식을 통하여 세법상 과세요건을 정확하게 이해하고자 한다.

제1절 점유권

1. 점유권이란?

점유권이란 점유라고 하는 물건의 사실상 지배관계를 권리로서 법률상 보호하고 있는 것을 말한다. 즉 진정한 권리 유무에 불구하고 '점유'라는 하나의 사실을 법률요건으로 하여 발생하는 물권이라고 할 수 있다.

2. 점유권과 점유할 수 있는 권리

'점유할 수 있는 권리'라 함은 소유권, 지상권 등 점유를 정당화하는 권리를 의미하며, 이를 본권이라고 한다.

가령 어떤 물건의 소유권자가 이를 점유하는 때에는 '점유할 권리'와 동시에 '점유권'도 가지게 된다. 그러나 이 물건을 도둑맞게 되면 피해자는 '점유할 권리(소유권)'는 있지만 사실상 지배인 점유권은 없으며, 그와 반대로 도둑은 '점유할 권리'는 없으면서 '점유권'은 가지게 된다. 이런 의미에서 점유권은 물건에 대한 사실적 지배관계를 임시적으로 보호하는 일시적인 권리에 불과하다.

3. 점유권의 효력

가. 권리추정제도의 근거

점유자가 점유물에 대하여 행사하는 권리는 적법하게 보유한 것으로 추정한다(제200조). 사실상의 지배를 정당한 것으로 추정하여 보호함으로써 사회질서를 유지하려는 취지이다.

나. 적법추정을 받을 권리

점유자가 적법하게 보유하는 것으로 추정되는 권리는 점유를 수반하는 모든 권리를 포함한다. 그러나 등기에 의하여 공시되는 부동산물권에 관해서는 등기에 추정력을 주는 것이므로 점유사실에는 추정력을 줄 수 없다.

점유에 권리추정력이 인정되는 것은 등기 또는 등기를 공시방법으로 하지 않는 것에 한하므로 선박, 자동차, 항공기, 중기 등은 비록 동산에 해당하지만 등기 또는 등록이라는 공시방법을 택하고 있으므로 점유에 권리추정력이 없다.

다. 권리추정의 효과

점유자는 그 물건에 대하여 정당한 권리가 있음을 증명하지 않아도 법률상 정당한 권리자로 추정된다. 따라서 도둑이 절취한 물건을 점유하고 있을 때에도 진실한 소유자가 자기의 것임을 증명하지 않는 한 도둑의 점유에 대한 적법성의 추정을 부인하지 못한다.

4. 자력구제금지의 원칙과 예외

가. 자력구제금지의 원칙

외부에 나타나 있는 그대로의 사실상태를 점유권으로 존중·보호하고 그 침해에 대해서 배제를 청구할 수 있는 점유보호청구권을 인정한다는 것은 그 물건에 대한 정당한 권리자라도 자력에 의하여 권리를 회복하기 위하여 타인의 점유를 교란하지 못한다는 원칙, 즉 자력구제의 금지를 전제로 한 것이다.

만약 자력구제를 허용한다면 물적 지배에 관한 사회질서는 여지없이 깨어질 것이므로 정당한 권리자라도 반드시 국가의 공권력에 의해서만 권리를 회복하고 구제할 수 있도록 할 필요가 있는 것이다. 정당한 권리자라도 자력구제가 원칙적으로 금지되는 이유는 여기 있다. 그러나 국가 또는 지방자치단체의 조세채권에는 예외가 인정된다.

나. 자력구제금지의 완화

자력구제금지의 원칙만을 강조하여 정당한 권리자의 자력구제권을 절대적으로 예외 없이 인정하지 않는다면 사회의 평화, 질서의 유지만을 치중한 나머지 정당한 권리자의 보호에 소홀하게 될 것이다. 그러므로 전체 사회의 평화와 개인의 정당한 권리보호의 조화를 위하여 점유보호청구권의 한계와 자력구제를 한정적으로 인정하고 있다.

정당한 권리자의 자력구제에 관하여 명문을 두지 않은 민법도 점유자의 자력구제에 관해서는 규정을 두고 있다. 즉 점유자는 그 점유를 부정히 침탈 또는 방해하는 행위에 대하여 자력으로써 이를 방위할 수 있고, 점유물이 침탈되었을 때에는 부동산의 점유자는 침탈 후 즉시 가해자를 배제하여 이를 탈환할 수 있으며, 동산일 때에는 점유자는 현장에서 또는 추적하여 가해자로부터 탈환할 수 있다고 규정하고 있다(제209조).

다. 조세채권의 자력집행권

조세채권자인 국가 또는 지방자치단체에게는 자력집행권이 부여되어 있다. 따라서 법원의 힘을 빌리지 않고 직접 압류 등의 체납처분을 할 수 있다. 부동산의 경우 입법례를 보면 민사소송법을 적용하여 법원이 신청을 받아 강제집행을 행하는 경우도 있다.

이는 독일에서는 부동산에도 공신력, 즉 등기라는 공시방법을 믿고 거래한 사람들을 보호해 주는 것과 관련된다고 보인다.

우리나라의 경우 압류 후 경매 또는 공매가 되었으나 원인무효로 원상회복되는 경우가 있다는 점을 생각해 보면 부실등기를 원천적으로 막는 시스템의 도입과 아울러 그 등기를 믿고 거래한 사람들을 보호해 주는 독일의 합리적 제도라 할 수 있다. 장기적으로는 부동산 거래의 공신력을 인정해 주기 위한 등기공무원의 실질심사권 등 제반 환경을 만들어 나가기 위한 노력을 해야 할 것이다.

제2절   소유권

1. 소유권이란?

소유자는 법률의 범위 내에서 그 소유물을 사용, 수익, 처분할 권리가 있다(제211조).

소유권은 그 객체인 물건을 전면적으로 지배함을 그 내용으로 한다. 소유권은 물건에 대한 직접적·배타적인 지배를 내용으로 하는 것이므로 이와 같은 지배가 침해당한 때에는 구제를 청구하기 위하여 다음과 같은 물권적 청구권이 발생한다.

① 소유권에 대한 반환청구권(제213조)

② 소유물방해제거청구권과 방해예방청구권(제214조)

이러한 권리는 다른 채권과 달리 제척기간 등의 제약이 없다. 이는 소유권이 소멸시효와는 무관한 것과 같은 이치이다. 그러나 소멸시효로 소유권을 잃게 되는 경우는 없으나, 상대적으로 취득시효에 의하여 소유권을 잃게 되는 경우가 있음에 유의하여야 한다.

2. 소유권의 특징

가. 완전성

소유권의 내용인 지배권은 보편적이고 완전성을 가진다. 이 점에서 지상권·전세권·질권·저당권 등의 제한물권이 일정한 목적의 범위 내에서만 지배권을 가지는 것과 다르다. 즉 소유권은 사용권·수익권·처분권이라는 권능을 모두 가지는 것인 데 반해, 제한물권은 소유권이 가지는 권능 중 일부만을 목적으로 하는 것이다.

나. 통일성

소유권은 물건의 사용 등 수 개의 지배권의 단순한 총계가 아니고, 법률이 인정하는 범위 내에서 소유권의 객체가 되는 물건을 전면적으로 사용·수익·처분할 수 있는 포괄적 통일성을 갖는다.

다. 탄력성

소유권에 지상권이나 전세권이 설정되면 지상권 또는 전세권설정계약에 의하여 소유자는 물건을 직접 이용하는 면에 제한을 받게 된다. 그러나 이러한 제한은 시간적으로 한계가 있는 것으로 존속기간의 만료 등으로 언젠가는 반드시 소멸하는 운명을 가지고 있는 것에 불과하다. 그 제한이 소멸하면 소유권은 자동적으로 당연히 본래의 완전성에 돌아간다. 이것을 소유권의 탄력성이라고 한다.

라. 항구성

소유권은 항구성을 가진다. 소유권에는 그 권리를 행사할 수 있는 존속기간이라는 것이 없다. 소유권은 영원히 누릴 수 있는 권리이므로 소유권이 권리의 불행사로 소멸시효에 의해 소멸하지는 않는다.

단, 상대적으로 취득시효에 의해 소유권을 잃을 수 있다는 점에 유의해야 한다.

3. 소유권의 취득

가. 소유권의 취득원인

(1) 일반적 취득원인

소유권은 다른 재산권과 마찬가지로 여러 가지 원인에 의하여 취득할 수가 있다. 그러나 대부분의 경우는 매매·증여 등 계약이나 상속에 의한 승계취득이다. 다만, 경우에 따라서는 취득시효(제245조·제246조), 선의취득(제249조)과 같은 원시취득이 있다.

(2) 소유권에 특유한 취득원인

민법은 소유권에만 특유한 취득원인으로 무주물선점(제252조), 유실물습득(제253조), 매장물발견(제254조), 첨부(부합·혼화·가공 : 제256조~제259조)에 관한 규정을 두고 있다.

이것은 모두 승계취득이 아닌 원시취득에 해당하는 것으로 원시산업이나 제조·가공업에 관계되는 것이다.

나. 취득시효

(1) 부동산

(가) 점유취득시효

20년간 소유의 의사로 평온, 공연하게 부동산을 점유한 자는 등기함으로써 그 소유권을 취득한다(제245조 제1항).[35] 점유자는 소유의 의사로 평온, 공연하게 점유한 것으로 추정하도록 규정되어 있다. 여기서 소유의 의사는 점유자 자신이 소유자라는 의식을 말하며, 평온이란 다툼이 없음을 뜻하며, 공연이란 숨어서 점유를 유지하지 않는 것을 뜻한다.

특히 소유의 의사, 즉 자주점유의 요건에 유의해야 한다.

점유취득시효는 실체적 권리에 관한 입증을 하기 어려운 경우 예비적 청구로서 활용할 수 있다. 즉 20년 전의 매매계약서 등 증빙을 찾기 어려운 경우에 그러한 매매가 있었을 것이라고 추측할 수 있는 상황증거가 있다면 자주점유를 주장하여 점유취득시효를 인정받을 수 있는 것이다. 그러나 명의수탁자의 점유는 자주점유에 해당하지 않고 타주점유에 해당한다.

자주점유의 추정과 관련해서는 점유자가 진정한 소유자라면 통상 취하지 아니할 행동을 보였거나 소유자라면 당연히 취했을 것으로 보이는 행동을 하지 아니한 경우에는 자주점유의 추정은 번복된다.

---

35) 대법원 96누525, 1997.5.7. 외 다수
점유취득시효의 경우 취득 및 양도시기를 점유개시일로 보아 왔으나 이는 부당하다는 대법원판례에 따라 소득세법시행령 제162조 제1항 제6호를 신설보완하였다.
한편, 수용·경매 등의 경우에는 세법에서 그 취득·양도시기를 구체적으로 언급한 바 없다. 그러므로 각 개별세법에서의 소유권이전시기가 세법에서의 취득 또는 양도시기가 될 것이다.
소득세법기본통칙 98-162…3 【경락에 의하여 자산을 취득하는 경우의 취득시기】
☞ 경매에 의하여 자산을 취득하는 경우에는 경락인이 매각조건에 의하여 경매대금을 완납한 날이 취득의 시기가 된다.
민사집행법 제135조 【소유권의 취득시기】
매수인은 매수대금을 다 낸 때에 매각의 목적인 권리를 취득한다.
국세징수법 제77조 【매수대금 납부의 효과】
① 매수인은 매수대금을 납부한 때에 매각재산을 취득한다.
☞ 위 민사집행법과 국세징수법에 의한 경매는 법률의 규정에 의한 물건취득, 즉 민법 제187조(등기를 요하지 아니하는 부동산 물권취득)에 의한 물권취득에 포함되는 것이다.

(나) 등기부취득시효

부동산의 소유자로 등기한 자가 10년간 소유의 의사로 평온, 공연하게 선의이며 과실 없이 그 부동산을 점유한 때에는 소유권을 취득한다(제245조 제2항). 위의 점유취득시효요건에 덧붙여 선의·무과실의 요건이 추가된다.

'선의이며 과실 없이'의 뜻은 선의, 즉 몰랐다는 사실이 인정된다 하더라도 몰랐다는 것에 대하여 과실이 없어야 한다는 의미이다. 그리고 여기서 점유자의 선의는 추정되므로(제197조 제1항) 무과실에 대해서만 등기부취득시효를 주장하는 자가 입증하면 된다.[36]

(다) 등기부취득시효에 대한 판례

부동산소유자로 등기한 자에는 적법 유효한 등기를 경료한 자일 필요는 없고 무효의 등기를 한 자도 등기부취득시효규정을 적용할 수 있다.[37]

그러나 하나의 부동산에 두 개 이상의 등기가 있는 경우에는 먼저 등기된 등기가 등기부취득시효대상이 된다. 선등기가 자주점유조차 인정할 수 없는 원인무효로서 등기부취득시효가 될 수 없을 때에 한하여 후의 등기는 등기부취득시효를 주장할 수 있다.[38]

그리고 점유취득시효에서 점유의 승계(제199조)가 인정되듯이 등기의 승계도 인정된다.[39] 등기와 점유는 권리외관을 표상하는 방법에서 동등한 가치를 가지므로 등기에 대해서도 점유의 승계에 관한 민법 제199조를 유추적용함이 타당하고, 등기에 공신력을 주고 있지 아니한 현행법 체계하에서 등기를 믿고 부동산을 취득한 자를 보호하려는 등기부취득시효의 제도에도 부합한다는 취지이다.

상속등기를 경료하지 아니한 상속인이 등기부시효취득을 할 수 있는지 여부에 대하여 판례는 상속인은 등기를 하지 아니하고도 상속에 의하여 부동산소유권을 취득하므로 피상속인 명의로의 소유권등기가 10년 이상 경료되어 있는 이상, 상속인은 민법 제245조 제2항의 부동산의 소유자로 등기한 자에 해당한다고 하고 있다.

명의신탁에 의해 부동산소유자로 등기된 자는 그 점유는 권원의 성질상 자주점유로 볼 수 없으므로 신탁부동산의 소유권을 취득할 수 없고, 또 수탁자명의의 등기를 신탁자의

---

36) 판례는 경매로 취득한 부동산에 대하여는 과실이 없는 것으로 보고, 예고등기가 되어 있는 부동산에 대하여는 과실이 있는 것으로 판시하고 있다.

37) 대법원 93다23367, 1994.2.8. : 소유권이전등기가 잘못 복구된 지적공부에 의하여 이루어진 소유권보존등기에 터잡은 것이라고 하더라도 피고가 10년간 위 부동산에 관하여 소유자로 등기를 하고 소유의 의사로 평온·공연하게 선의이며, 과실 없이 위 부동산을 점유하여 왔다면 위 부동산을 시효취득하였다고 볼 것이다.

38) 대법원 96다12511, 1996.10.17.

39) 예전의 판례는 등기의 승계를 부인하였으나(대법원 83다카1730, 1985.1.29.), 현재는 종전의 입장을 바꾸어서 등기의 승계를 인정한다(대법원 87다카2176, 1989.12.26.).

등기로 인정할 수도 없으므로 신탁자에게도 등기부취득시효를 인정할 수 없게 될 것이다(대법원 85다카1644, 1987.11.10.).[40]

(2) 동산

(가) 10년 취득시효

10년간 소유의 의사로 평온, 공연하게 동산을 점유한 자는 그 소유권을 취득한다(제246조 제1항). 실질적으로 동산의 취득시효와 동산의 선의취득은 서로 중복되는 경우가 많다.

그러나 동산에 관한 선의취득요건은 자주점유의 원인이 의사표시에 의한 권리이전, 즉 양도·양수를 원인으로 하는 데 반하여 동산의 취득시효는 양도·양수에 한하지 않고 상속 등도 포함하므로 그 범위가 넓다.

(나) 5년 취득시효

위 점유가 선의이며 과실 없이 개시된 경우에는 5년을 경과함으로써 그 소유권을 취득한다(제246조 제2항). '선의이며 과실 없이'의 뜻은 등기부취득시효에서와 같다.

선의, 즉 몰랐다는 사실이 인정된다 하더라도 몰랐다는 것에 대하여 과실이 없어야 한다는 의미이다. 그리고 여기서 점유자의 선의는 추정되므로(제197조 제1항) 무과실에 대해서만 취득시효를 주장하는 자가 입증하면 된다.

(3) 점유취득의 경우 취득·양도시기

(가) 소유권을 취득한 자의 입장

점유취득시효에 부동산을 취득하여 양도하는 경우 양도차익을 계산함에 있어 그 취득시기에 대하여 당초 민법규정과는 달리 소득세법에서는 당해 부동산의 점유개시일로 보아 집행을 해오고 있었다(종전 소득세법기본통칙 98-7).

그 후 점유취득시효로 부동산을 취득하는 경우 그 취득시기를 점유개시일로 보는 것은 부당하다는 대법원판례에 따라 소득세법시행령 제162조 제1항 제6호[41]를 신설하여 위 통칙을 명문화하였다(대법원 96누525, 1997.5.7. 외 다수).

민법에서는 분명하게 점유취득시효의 경우 등기함으로써 그 소유권을 취득한다고 명시하고 있으므로 대외적인 효력이 없는 행정명령에 불과한 통칙에 의해 점유개시일을 취득시기로 보아 양도소득세를 과세해 온 것은 근거과세라는 면에서 부족이 있었다고 볼 수 있다.

---

40) 대법원 89다카6140, 1989.12.26.

41) 소득세법시행령 제162조 【양도 또는 취득의 시기】 제1항
　6. 민법 제245조 제1항*의 규정에 의하여 부동산의 소유권을 취득하는 경우에는 당해 부동산의 점유를 개시한 날
　　* 20년간 소유의 의사로 평온, 공연하게 부동산을 점유하는 자는 등기함으로써 그 소유권을 취득한다.

(나) 소유권을 잃은 자의 입장

점유취득시효에 의하여 부동산의 소유권을 잃게 되는 자의 양도차익의 계산이 문제가 되어 소유권을 잃은 자의 소송제기가 있었다면 이 경우에도 잃은 자의 양도시기를 점유취득자가 취득등기를 한 시점으로 판결했을지는 의문이다.

왜냐하면 상대방의 점유로 소유권을 잃은 자는 상대방이 점유를 한 시점부터 당해 부동산에 관한 사실상의 지배를 잃게 되었고 그 지배를 잃은 시간의 경과로 소유권을 주장할 수 없게 된 것이므로 점유취득자가 점유한 후 20년이 지나서 등기를 한 시점을 양도시기로 보는 것은 실질과세의 원칙과 부합되지 아니하기 때문이다.

점유취득자는 점유개시한 때부터 그 부동산에 관한 사실상의 지배와 함께 소유권자와 같은 지위로서 그 부동산을 사용·수익해 왔기 때문에 점유개시부터 취득등기까지의 경제적 이익은 점유취득자가 취한 것이 된다.

4. 선의취득

가. 선의취득이란?

선의취득이란 동산을 점유하고 있는 자를 권리자라고 믿고 거래한 자에 대하여 그 동산의 권리를 취득하게 하는 제도를 말한다(제249조).

예를 들면 A로부터 자전거를 빌려 타던 B가 그 빌린 자전거를 자기 것이라고 C를 속이고 매각한 경우에 C가 그 자전거의 소유권이 B에게 있다고 믿고(선의), 또 그렇게 믿는 것에 대하여 정당한 사유가 있는 경우(무과실)에는 C는 자전거의 소유권을 취득한다는 것이다.

이는 부동산보다는 빈번하게 발생하는 동산거래에 대하여 공신력을 부여하여 진정한 소유자의 보호보다는 거래를 보호하기 위한 필요에서 생긴 것이다.

요약하면 부동산의 경우에는 거래의 정적 안정을 우선하여 진정한 소유권자를 보호하고 동산의 경우에는 거래의 동적 안정을 우선하여 일정한 경우 현재의 점유자를 보호하는 것이다.

나. 선의취득의 요건

"평온, 공연하게 동산을 양수한 자가 선의이며 과실 없이 그 동산을 점유한 경우에는 양도인이 정당한 소유권자가 아닌 때에도 즉시 그 동산의 소유권을 취득한다(제249조)"라고 민법에서는 규정하고 있다. 그 요건을 분석해 본다.

(1) 동산에 한하여 인정

부동산에 대하여는 선의취득은 원칙적으로 인정되지 않는다.[42]

선박, 자동차, 항공기, 중기 등은 동산이지만 등기 또는 등록을 공시방법으로 택하고 있으므로 선의취득이 되지 않음에 주의해야 한다.

그 동산이 도품이나 유실물인 때에는 그 피해자 또는 유실자는 도난 또는 유실한 날로부터 2년 내에 그 물건의 반환을 청구할 수 있다(제250조). 그러나 도품 또는 유실물이 금전일 때에는 예외규정을 두어 그 반환을 요청할 수 없도록 하고 있다. 역시 거래의 동적 안전을 위해서이다.

(2) 원시취득이 아닌 승계취득

선의취득은 거래의 안전을 보호하는 제도이므로 소유권을 양도·양수하는 등의 거래행위가 있어야 한다. 거래행위에 의하지 않고, 타인이 동산을 원시취득하는 경우에는 선의취득이 적용되지 않고 시효취득의 문제가 될 뿐이다.

(3) 무권리자로부터 점유의 승계

거래의 상대방이 소유권, 기타 처분권을 가지고 있다는 것을 믿고 동산을 양수하여야 한다. 예를 들면 임차인 등을 소유자라고 믿는 경우이다. 그러나 상대방이 제한능력자 또는 무권대리인임에도 불구하고 행위능력자 또는 정당한 대리인이라고 오신을 하는 경우에는 선의취득은 적용되지 않는다. 왜냐하면 이 경우에도 선의취득을 인정한다면 제한능력이나 무권대리에 관한 규정의 의미가 없어지기 때문이다.

(4) 점유가 평온, 공연, 선의, 무과실일 것

민법 제197조에 의하여 점유자의 선의, 평온, 공연은 추정되므로 무과실에 대해서만 점유자가 입증책임을 부담한다. 그러나 민법 제200조는 점유자가 점유물에 대하여 행사하는 권리는 적법하게 보유한 것으로 추정되는 것으로 규정하고 있으므로 거래자가 전 점유자의 점유에 대한 무과실을 입증할 필요는 없을 것이다. 이 요건은 거래 시, 즉 점유승계 시에 존재하면 되므로 그 뒤에 악의가 되어도 권리를 상실하는 것은 아니다.

---

42) 민법 제107조(진의 아닌 의사표시)의 무효, 제108조(통정한 허위의 의사표시)의 무효, 제109조(착오로 인한 의사표시)의 취소, 제110조(사기, 강박에 의한 의사표시)의 취소에 있어서는 그 무효나 취소권의 행사는 선의의 제3자에게 대항할 수 없도록 하고 있다. 부동산에 있어서 이 경우에는 선의취득이 인정되는 사례라고 할 수 있다.
　그리고 부동산실권리자명의등기에관한법률에서는 명의신탁약정을 무효로 하고, 명의신탁약정에 따라 행해진 등기에 의한 부동산에 관한 물권변동도 무효로 규정하고 있다(부동산실권리자명의등기에관한법률 제4조 제1항·제2항). 그러나 이 무효는 제3자에게 대항하지 못하도록 규정하여 제3자의 선의취득을 인정한다. 법규정상의 표현을 보면 '선의의 제3자'로 표현하지 않고 '제3자'라고만 표현하고 있어 제3자가 악의, 즉 명의신탁사실을 알고 있는 경우에도 보호를 받을 수 있는 것으로 보인다.

5. 무주물선점

자기가 소유하려는 의사를 가지고 무주의 동산을 점유하는 것을 무주물선점이라고 한다. 무주물선점에 의한 소유권취득은 원시취득에 해당된다(제252조). 예를 들면 수렵 또는 어로에 의한 조수·어패류의 취득 등이 이에 해당한다.

가. 요건

(1) 무주물일 것

취득 당시 소유자가 존재하지 아니한 물건을 말한다.

현재 상속 등에 의하여 그 소유가 계속되고 있다고 사회관념상 인정되는 물건은 매장물에 해당하고 무주물은 아니다. 그러나 고대인류의 유물 등은 현재까지 그 소유가 계속되고 있다고 볼 수 없고 고대화석은 처음부터 누구의 소유에도 속한 사실이 없으므로 설사 땅속에 매장되어 있다고 하더라도 매장물이 아니고 무주물이다.

야생동물은 모두 무주물이지만 누군가 사양하던 야생동물이 다시 야생상태로 돌아가면 무주물이 된다(제252조 제3항).

(2) 동산일 것

사(私)소유권의 대상이 될 수 있는 무주물은 동산에 한한다. 무주의 부동산은 국유로 되기 때문이다(제252조 제2항).

땅속에 묻혀 있는 미채굴 광물은 광업법에 의하여 별도로 보호되는 권리이므로 무주물선점의 대상이 되지 아니한다.

(3) 소유의사로 점유할 것

점유의 취득은 점유보조자에 의하거나 또는 점유매개자에 의하여 간접점유의 형식으로 취득하여도 된다.

예를 들면 어부가 사람을 고용하여 강에서 고기를 잡는 경우, 고기를 현재 직접 잡고 있는 고용된 사람들이 고기에 대한 소유의 의사를 가지고 있다고 할 수 없다.

고용관계에 의하여 고기를 잡고 있는 사람은 점유보조자일 뿐이다.

따라서 어부는 점유보조자에 의한 무주물선점을 하고 있는 것이다.

나. 선점의 효과

무주의 동산을 점유함으로써 즉시 그 물건의 소유권을 취득한다.

야생생물보호및관리에관한법률·수산업법 등에 의하여 그 포획 또는 어획이 금지 되어 있다고 하더라고 이를 포획 또는 어획하면 일단은 무주물선점은 성립한다. 즉 금지에 위반한 행위로서 제재를 받더라도 사법상 무주물선점의 효력에는 영향이 없다.

다만, 무주물이 학술·기예·고고(考古)의 중요한 자료인 때에는 국유로 되고 그 대신 적당한 보상을 청구할 수 있다(제255조). 소득세법에서는 소유자가 없는 물건의 점유로 소유권을 취득하는 자산은 기타소득으로 보도록 규정하고 있다(소득세법 제21조 제1항 제12호).

여기서의 무주물은 부동산을 제외한 것으로 보아야 한다. 왜냐하면 무주의 동산을 소유의 의사로 점유한 자(사냥하는 경우 등)는 그 소유권을 취득하지만 무주의 부동산은 국유로 하도록 민법에서 규정하고 있기 때문이다(제252조 제1항·제2항).

6. 유실물습득

유실물은 유실물법이 정한 바에 따라 공고한 후 6개월 내에 그 소유자가 권리를 주장하지 아니하면 습득자가 그 소유권을 취득한다(제253조).

가. 요건

(1) 유실물을 습득할 것

유실물이라 함은 점유자의 의사에 의하지 않고서 그 점유자의 점유를 이탈한 것으로서 도품이 아닌 것을 뜻한다.

그러나 유실물법에서는 착오로 점유한 물건, 타인이 놓고 간 물건이나 일실(逸失)한 가축에 관하여는 유실물에 준하여 처리하도록 규정하고 있다(유실물법 제12조).

습득은 유실물의 점유를 취득하는 것을 뜻한다. 따라서 점유를 수반하지 않은 단순한 발견은 습득이 아니다.

(2) 공고 후 6개월 내에 권리를 주장하는 자가 없을 것

유실물을 습득한 자는 경찰관서에 신고하여야 하고 습득일로부터 7일 이내에 경찰서에 제출하지 않으면 습득자는 앞으로 소유권을 취득할 권리를 잃는다(유실물법 제1조).[43]

---

43) 유실물법 제1조【습득물의 조치】

유실물을 습득하여 신고하지 않는 경우에는 형법상 유실물횡령죄에 해당한다.

신고를 받은 경찰관서는 공고를 하여야 하며, 그 후 6개월 내에 소유자가 나타나면 그 가액의 2할의 범위 내에서 보상금을 급여하여야 한다.[44] 그러나 그 기간 내에 소유자가 권리를 주장하지 않으면 습득자가 소유권을 취득한다(제253조).

나. 효과

위 요건을 구비한 때에는 소유권은 당연히 습득자에게 귀속된다. 다만, 물건의 소유권을 취득한 자가 취득한 날부터 3개월 이내에 물건을 경찰서 또는 자치경찰단으로부터 받아가지 아니할 때에는 그 소유권을 상실하며, 그 물건은 국고에 귀속한다(유실물법 제14조·제15조). 또한 그 물건이 학술·기예 또는 고고(考古)의 중요한 자료가 되는 경우에는 국유로 되고, 취득자는 국가에 대하여 보상을 청구할 수 있을 뿐이다(제255조).

한편, 수상에서의수색·구조등에관한법률의 적용을 받는 표류물·침몰품에 대해서는 그 습득자는 일정금액을 보상금으로 지급받을 수 있다. 그러나 습득자가 일정금액을 보상금으로 지급받는 경우 유실물의 습득에서와 같이 기타소득으로 볼 수 있는가 하는 의문점이 생길 수 있다.

소득세법에서는 기타소득대상이 되는 유실물의 범주에 표류물·침몰품을 명시하지 아니하였으므로 이를 유추하여 적용하기 어렵다 할 것이다.

---

① 타인이 유실한 물건을 습득한 자는 이를 신속하게 유실자 또는 소유자, 그 밖에 물건회복의 청구권을 가진 자에게 반환하거나 경찰서(지구대·파출소 등 소속 경찰관서를 포함한다. 이하 같다) 또는 제주특별자치도의 자치경찰단 사무소(이하 "자치경찰단"이라 한다)에 제출하여야 한다. 다만, 법률에 따라 소유 또는 소지가 금지되거나 범행에 사용되었다고 인정되는 물건은 신속하게 경찰서 또는 자치경찰단에 제출하여야 한다.
② 물건을 경찰서에 제출한 경우에는 경찰서장이, 자치경찰단에 제출한 경우에는 제주특별자치도지사가 물건을 반환받을 자에게 반환하여야 한다. 이 경우에 반환을 받을 자의 성명이나 주거를 알 수 없을 때에는 대통령령으로 정하는 바에 따라 공고하여야 한다.

유실물법 제9조【습득자의 권리상실】
습득물이나 그 밖의 이 법의 규정을 준용하는 물건을 횡령함으로써 처벌을 받은 자 및 습득일부터 7일 이내에 제1조 제1항 또는 제11조 제1항의 절차를 밟지 아니한 자는 제3조의 비용과 제4조의 보상금을 받을 권리 및 습득물의 소유권을 취득할 권리를 상실한다.

44) 유실물법 제4조【보상금】
물건을 반환받는 자는 물건가액(物件價額)의 100분의 5 이상 100분의 20 이하의 범위에서 보상금(報償金)을 습득자에게 지급하여야 한다. 다만, 국가·지방자치단체와 그 밖에 대통령령으로 정하는 공공기관은 보상금을 청구할 수 없다.

7. 매장물발견

매장물을 발견한 자는 유실물법이 정한 바에 따라서 공고한 후 1년 내에 그 소유자가 권리주장을 하지 아니하는 때에는 발견자가 그 소유권을 취득한다(제254조). 이것을 매장물발견에 의한 소유권취득이라고 한다.

가. 요건

(1) 매장물일 것

매장물은 토지나 기타 물건(포장물) 속에 매장되어서 그 소유권이 누구에게 속하는지를 알 수 없는 물건을 말한다. 과거에 어느 누군가의 소유에 속했고, 현재도 그 소유가 상속인을 통하는 등의 방법으로 계속되고 있을 가능성은 있어도 현재 그 소유권이 누구에게 속하고 있는지가 분명하지 않은 점에서 무주물과 구분된다.

따라서 소유권자가 없는 것이 분명한 무주물은 매장물이 아니다.

(2) 발견하였을 것

발견이라 함은 매장물의 존재를 인식하는 것을 뜻하며 점유를 수반하는 습득과는 다르다. 매장물발견 허가를 받고 인부를 고용하여 채굴 중에 인부가 매장물을 발견한 경우에 발견자는 인부가 아니라 고용주이다. 즉 인부는 고용주의 기관으로서 발견한 것이 되는바, 이는 앞에서 본 점유보조자에 의한 무주물선점과 같은 이치이다.

무주물선점과 유실물습득에서는 반드시 점유를 수반해야 하지만 매장물발견에서는 단순히 그 물건의 존재를 발견하는 것으로 족하다.

도급계약에서는 수급인이 맡은 일의 내용에 따라 발견자 여부가 결정이 된다.

(3) 공고 후 1년 내에 권리를 주장하는 자가 없을 것

법률이 정하는 바에 따라 공고한 후 1년 내에 그 소유자가 권리를 주장하지 않아야 한다. 여기서의 법률은 유실물법이고 그 절차 등은 유실물의 습득과 같다. 다만, 주의할 것은 매장문화재에 관하여는 문화재보호법이 유실물법에 우선하여 적용된다는 점이다.

나. 효과

위 요건이 갖추어지면 다음 구분에 따라 소유권이 귀속된다.
① 매장물이 발견자의 소유인 경우에는 발견자가 매장물의 소유권을 취득한다.

② 타인의 토지, 기타 물건으로부터 발견한 매장물은 그 토지, 기타 물건의 소유자와 발견자가 절반하여 소유권을 취득한다(제254조 단서).

③ 매장물이 학술·기예·고고의 중요 자료인 경우에는 국유로 하며, 발견자 및 매장물의 소유자는 국가에 대하여 적당한 보상을 청구할 수 있다(제255조). 위에서 본 바와 같이 매장문화재에 대해서는 문화재보호법이 우선 적용됨을 주의해야 한다.

④ 유실물의 습득 또는 매장물의 발견으로 인하여 보상금을 받거나 새로 소유권을 취득하는 경우에 그 보상금 또는 자산에 대하여는 기타소득으로 과세하도록 규정하고 있다(소득세법 제21조 제1항 제11호).

이와 같이 유실물 또는 매장물에 해당되어 그 소득에 대하여 소득세법상 기타소득으로 과세할 것인지 여부는 먼저 민법과 유실물법상 유실물 또는 매장물에 해당하는지 여부 등을 살펴보아야 할 것이다.

8. 첨부(添附)

소유자를 달리하는 두 개 이상의 물건이 결합하여 한 개의 물건이 되었거나, 어떤 물건을 가공하여 새로운 물건을 만들었을 때에는 이것을 다시 분리하여 원상으로 회복한다는 것, 물리적으로는 가능하다고 하더라도 사회경제상 불이익을 가져오게 된다. 이와 같은 경우에 개별소유권의 복구를 허용하지 않고 어느 누구의 소유에 귀속시켜서 새로운 소유권 발생의 효력을 부여하는 제도를 첨부라고 한다.

여기서 누구에게 소유권을 귀속시킬 것인가, 소유권을 잃은 자의 손실은 어떻게 할 것인가, 구물건 위에 제3자의 권리가 있었다면 그 권리는 어떻게 할 것인가 하는 등의 문제가 발생한다.

이러한 첨부에는 부합·혼화·가공의 세 가지 형태가 있다.

가. 부합(附合)

부합에는 부동산의 경우와 동산의 경우가 있다.

(1) 부동산에의 부합

나무가 토지에 식재된 경우[45], 건물이 증축되어 종전의 건물과 일체가 된 경우, 건물에

---

45) 타인의 토지에 권원이 없이 파종된 종자, 식재된 종묘의 경우에도 농작물의 소유권은 농경지의 소유자에게 속하는 것이 아니고 경작자에 속한다고 판시하고 있다(대법원 68다893, 1968.6.4.).
관습법에서 볼 때 농경지를 경작하지 않고 방치하는 땅 주인들이 그 농작물에 대한 권리를 가지지 않는다고

실내장식을 부착한 경우 등과 같이 소유자를 달리하는 부동산에 나무, 실내장식 등의 동산이 부착하여 이것을 분리하는 것이 사회경제상 현저히 불이익하게 되는 경우를 부동산의 부합이라고 한다(제256조).

이 경우 부동산의 소유자가 그 부합물의 소유권을 취득한다.[46]

다만, 지상권자·임차권자 등 타인이 권원(權原)에 의하여 부속시킨 경우에는 그 동산의 소유권은 보류된다(제256조 단서).[47]

(2) 동산의 부합

동산과 동산과의 부합으로 외형상 한 개의 물건이 되었을 때 그것을 훼손하지 않으면 분리할 수 없거나 분리하는 데 과다한 비용을 요하는 경우에는 그 합성물의 소유권은 주된 동산의 소유자에게 속한다(제257조). 만약 부합한 동산의 주종을 구별할 수 없는 때에는 각 동산의 소유자는 부합 당시 가액의 비율로 그 합성물을 공유한다.

즉 법률의 규정에 의한 공유관계가 성립하는 것이다. 이러한 공유물의 분할에 대하여는 현물분할이 허용되지 않는다. 대금분할 또는 가격배상에 의한 분할만이 가능할 뿐이다.

나. 혼화(混和)

곡식이 곡식창고에 섞여서 특정물이 아닌 상태로 함께 보관되어 있는 경우와 같이 곡물·금속과 같은 고형물이 혼합하거나 술·기름과 같은 유동물이 응합하여 그 본래의 소유자에 속하였던 것을 식별할 수 없게 된 경우를 의미한다.

보는 것이 타당하므로 부재지주들이 방치한 농경지를 현지 농민으로 하여금 경작하도록 장려할 필요성 등을 감안하면 일응 타당한 면이 있다.

[46] 건물과 같은 독립한 부동산도 토지에 부합물이 될 수 있는지에 대하여 보면 민법은 건물을 독립의 부동산으로 전제하고 있으므로 건물은 토지에 부합하지 않고 별개의 소유권의 객체로 존재한다고 보아야 할 것이다. 건물소유자가 지상권·전세권·임차권과 같은 토지사용권을 가지고 있지 않는 경우에도 토지소유자는 건물의 소유권을 취득하는 것은 아니고 건물소유자에 대하여 철거청구를 할 수 있을 뿐이다(이은영, 물권법, p.482).

[47] ① (구)부가가치세법시행령 제21조【재화의 공급시기】제1항
   3. 반환조건부매매·동의조건부판매, 기타 조건부 및 기한부판매의 경우에는 그 조건이 성취되거나 기한이 경과되어 판매가 확정되는 때
② 레미콘을 공급하는 경우의 공급시기
  • 레미콘을 검수조건부로 공급하는 경우 레미콘공급 후 상당 시일 지나서 합격판정을 받은 때를 공급시기로 볼 것인지.
  • 레미콘공급 시에 공급시기로 보아 세금계산서를 수수하고 그 후 불합격되는 경우 당초 공급을 취소시키느냐의 문제를 생각해 보면 레미콘이 부어지는 시점에서 부동산에 부합이 되어 당사자의 의사에 불구하고 법률의 규정에 의해 부동산소유자 등이 그 부합물을 취득한다.
  • 이러한 부합이론에 비추어 보면 레미콘의 공급은 불합격을 해제조건부로 하는 재화의 공급으로 보아야 타당할 것이다. 민법상 소유권이 이전되었음에도 세법상 공급시기가 도래하지 않았다고는 볼 수는 없기 때문이다.

이것을 혼합물이라고 한다.

혼합물의 소유권 귀속은 동산부합의 경우와 같이 취급하여 혼화된 동산 사이에 주종을 구별할 수 있을 때에는 혼화된 합성물의 소유권은 주된 동산의 소유자에 속하고 주종을 구별할 수 없을 때에는 부합 당시에 있어서의 가액의 비율로 합성물을 공유한다(제257조 · 제258조).

다. 가공(加工)

가공이라 함은 타인의 물건을 재료로 사용하여 새로운 물건을 제작하거나 타인의 물건에 노력과 기술을 가하여 변형시켜서 새로운 물건을 제작하는 것을 말한다.

가동된 물건의 재료가 부동산인 때에는 가공의 법리는 적용되지 아니한다. 부동산의 소유권은 가공에 의해 변경될 성질이 아니기 때문이다.

가공은 사실행위이므로 가공자가 행위능력을 가졌는지 물건인 재료가 타인의 물건이라는 사실을 알았는지 또는 가공의 법률효과를 알았는지 등은 가공의 요건이 되지 않는다. 새로운 물건이 되었는가의 여부를 결정하는 표준은 사회관념에 따를 수밖에 없다. 가공물의 소유권은 원칙적으로 원재료의 소유자에게 속하되 만약 가공으로 인한 가액의 증가가 원재료의 가액보다 현저히 다액인 때에는 가공자의 소유로 한다(제259조).[48]

제3절　공동소유

1. 공동소유제도 개관

한 개의 물건은 1인에 전속하고(일물일권주의) 그 전용으로 되는 것이 보통이다. 그러나 사회의 실제생활에 있어서는 한 개의 물건을 수인(數人)에게 귀속시킬 필요가 있는 때도 있다. 예를 들면 한 개의 물건은 이를 분할하면 그 가치를 감소하는 경우가 있으며, 또 어떤 물건을 이용하는 데는 거액의 자본을 필요로 하여 혼자서는 이를 이용할 수 없는 경우도 있다. 이러한 경우에는 수인이 공동하여 그 물건을 소유하며, 또 이를 이용한다면

---

48) 종속관계에서 노무를 제공하는 노동자는 노동에 대한 대가로 임금을 취득할 것을 목적으로 노동을 하는 것이므로 생산물은 사용자 등에 속하는 것이고 가공행위를 한 노동자에게 가공의 법리를 적용시킬 수는 없다.

그 물건의 가치를 그대로 유지할 수 있고, 또 이용을 완전히 할 수가 있는 것이다. 이러한 요청하에서 인정된 것이 공동소유제도인 것이다.

2. 공동소유의 세 가지 형태

공동소유의 형태는 공유자 간의 법률관계가 어떻게 되어 있는가에 따라서 다음의 세 가지로 구별할 수 있다.

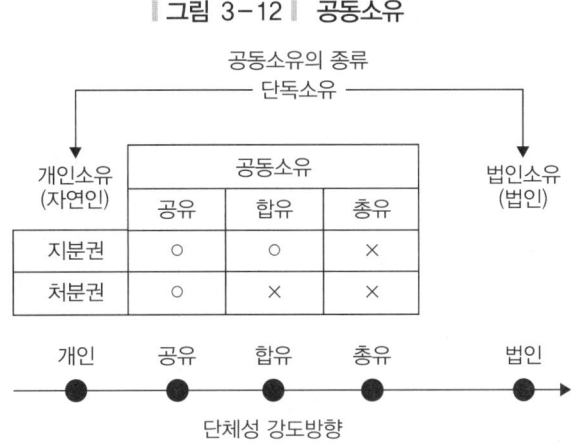

‖그림 3-12‖ 공동소유

가. 공유

공동소유자마다 물건에 대한 독립된 지배권능이 인정되고, 하등의 단체적 통제를 받지 않으며, 각자가 가지고 있는 독립된 권능은 지분이라고 부르며, 그 지분의 처분은 합유와는 달리 자유롭게 처분할 수가 있다. 또한 원칙적으로 언제든지 공동소유관계를 소멸시킴으로써 각자의 단독소유로 바꿀 수 있다. 공동소유의 형태 중에서 제일 개인주의적인 색채가 농후한 형태이다.[49]

나. 합유

각인은 그 물건에 관하여 독립한 지배권능을 가지고 있으나 공동목적을 위하여 어느

---

49) ① 공유물(共有物), 공동사업 또는 당해 공동사업에 속하는 재산에 관계되는 국세 및 체납처분비는 공유자 또는 공동사업자가 연대하여 납부할 의무를 진다(국세기본법 제25조 제1항).
② 국세기본법상의 연대납세의무에 관하여는 민법의 연대채무규정을 준용한다(국세기본법 제25조의 2).
③ 법인과 개인이 공유하던 임야를 매각함에 따른 법인세와 특별부가세에 대하여 다른 공유자인 개인은 연대납세의무가 없다(재경원 기법 46019-322, 1996.10.22.).

정도의 통제를 받으며, 각자의 권능의 자유처분 및 목적물의 분할청구가 금지되어 있는 공동소유의 형태이다. 조합재산의 공동소유(제704조), 수탁자가 수인 있는 경우의 신탁재산(신탁법 제50조) 등이 이에 해당한다. 자산을 공유 또는 합유하여 소득이 발생하는 경우에는 그 소득의 지분 또는 손익분배의 비율에 의하여 분배되었거나 분배될 소득금액에 따라 각 거주자별로 그 소득금액을 계산한다.[50]

다. 총유

수인이 하나의 단체를 구성하여 목적물의 관리·처분의 권한은 오직 단체에 속하며, 단체구성원은 일정한 범위 내에서 각자 사용·수익을 하는 권능이 부여되는 데 불과한 공동소유의 형태이다. 이는 가장 단체적인 색채가 강한 것이다.

총유는 단체의 소유형태이지만, 그 단체의 성질이 법인과는 다르다. 법인은 그 자체가 구성원으로부터 독립한 존재이고, 권리의무의 주체가 되며, 법인의 소유형태는 단독소유인 것이다. 이에 반하여 총유를 하는 단체는 구성원으로부터 완전히 독립하고 있지 않은 것으로 구성원을 떠나서 그 자체가 인격을 가지는 것은 아니다.

총유에 속한 재산은 이를 타인에게 양도하거나 상속의 목적물이 되지 못한다.

총유관계에 있는 단체를 국세기본법에서는 법인격 없는 단체라고 하고, 세법상 당연히 법인으로 보는 단체와 신청·승인에 의하여 법인으로 보는 단체로 구분된다.

(1) 세법상 당연히 법인으로 보는 단체

법인(법인세법 제2조 제1호에 따른 내국법인 및 같은 조 제3호에 따른 외국법인을 말한다. 이하 같다)이 아닌 사단, 재단, 그 밖의 단체(이하 "법인 아닌 단체"라 한다) 중 다음 각 호의 어느 하나에 해당하는 것으로서 수익을 구성원에게 분배하지 아니하는 것은 법인으로 보아 이

---

50) 소득세법 제43조【공동사업에 대한 소득금액 계산의 특례】
   ① 사업소득이 발생하는 사업을 공동으로 경영하고 그 손익을 분배하는 공동사업[경영에 참여하지 아니하고 출자만 하는 대통령령으로 정하는 출자공동사업자(이하 "출자공동사업자"라 한다)가 있는 공동사업을 포함한다]의 경우에는 해당 사업을 경영하는 장소(이하 "공동사업장"이라 한다)를 1거주자로 보아 공동사업장별로 그 소득금액을 계산한다.
   ② 제1항에 따라 공동사업에서 발생한 소득금액은 해당 공동사업을 경영하는 각 거주자(출자공동사업자를 포함한다. 이하 "공동사업자"라 한다) 간에 약정된 손익분배비율(약정된 손익분배비율이 없는 경우에는 지분비율을 말한다. 이하 "손익분배비율"이라 한다)에 의하여 분배되었거나 분배될 소득금액에 따라 각 공동사업자별로 분배한다.
   ③ 거주자 1인과 그와 대통령령으로 정하는 특수관계에 있는 자가 공동사업자에 포함되어 있는 경우로서 손익분배비율을 거짓으로 정하는 등 대통령령으로 정하는 사유가 있는 경우에는 제2항에도 불구하고 그 특수관계자의 소득금액은 그 손익분배비율이 큰 공동사업자(손익분배비율이 같은 경우에는 대통령령으로 정하는 자로 한다. 이하 "주된 공동사업자"라 한다)의 소득금액으로 본다.

법과 세법을 적용한다(국세기본법 제13조 제1항).

① 주무관청의 허가 또는 인가를 받아 설립되거나 법령에 따라 주무관청에 등록한 사단, 재단, 그 밖의 단체로서 등기되지 아니한 것

② 공익을 목적으로 출연(出捐)된 기본재산이 있는 재단으로서 등기되지 아니한 것

(2) 신청·승인에 의하여 법인으로 보는 단체

법인으로 보는 사단, 재단, 그 밖의 단체 외의 법인 아닌 단체 중 다음 각 호의 요건을 모두 갖춘 것으로서 대표자나 관리인이 관할 세무서장에게 신청하여 승인을 받은 것도 법인으로 보아 이 법과 세법을 적용한다. 이 경우 해당 사단, 재단, 그 밖의 단체의 계속성과 동질성이 유지되는 것으로 본다(국세기본법 제13조 제2항).

① 사단, 재단, 그 밖의 단체의 조직과 운영에 관한 규정(規程)을 가지고 대표자나 관리인을 선임하고 있을 것

② 사단, 재단, 그 밖의 단체 자신의 계산과 명의로 수익과 재산을 독립적으로 소유·관리할 것

③ 사단, 재단, 그 밖의 단체의 수익을 구성원에게 분배하지 아니할 것

3. 공유관계의 발생과 소멸

가. 공유발생의 원인

법률행위에 의하여 발생하는 경우와 법률의 규정에 의하여 발생하는 경우가 있다.

(1) 법률행위에 의한 경우

매매나 증여와 같은 계약에 의하여 수인이 한 개의 물건을 매수 또는 증여받는 경우에 공유는 성립한다.

공유자는 공유의 등기를 해야 하고 이 등기가 없으면, 공유자가 되지 못하고 지분권을 주장하지도 못한다.

공유지분은 균등한 것으로 추정되고[51] 그 지분을 등기부에 표시하는 경우에 한하여 제3자에게 대항할 수 있다.

---

51) 민법 제262조 【물건의 공유】
① 물건이 지분에 의하여 수인의 소유로 된 때에는 공유로 한다.
② 공유자의 지분은 균등한 것으로 추정한다.

(2) 법률의 규정에 의한 경우

법률의 규정에 의하여 공유관계가 생기는 주요한 경우로는 다음과 같은 것이 있다.

① 여러 사람이 함께 하는 무주물선점(제252조) · 유실물습득(제253조) · 매장물발견(제254조)

② 주종을 구분할 수 없는 동산의 부합(제257조) · 혼화(제258조)

③ 공유물의 과실(제102조)

이외에도 건물의 구분소유에 있어서의 공용부분 및 경계에 설치된 경계표 · 담 등의 공유추정규정(제239조)이 있다.

나. 공유의 소멸원인

공유관계는 공유물의 멸실 · 제3자에의 양도 · 공용징수 · 지분의 집중 등 여러 가지 원인에 의하여 소멸하지만, 민법은 공유관계의 소멸 · 종료원인으로 공유물의 분할에 관해서 규정을 두고 있을 뿐이다(제268조 · 제269조).

4. 공유물의 분할

가. 공유물분할의 자유

(1) 분할자유의 원칙

공유물의 분할은 원칙적으로 자유다. 따라서 각 공유자는 언제든지 공유물의 분할을 청구할 수 있다(제268조 제1항 본문). 이것을 분할청구권이라고 한다.

공유는 공동소유의 형태 가운데서 가장 개인적 독립성이 농후하므로 합유나 총유와 같이 어떤 목적에 의한 제약을 받지 아니한다. 그러므로 민법이 분할의 자유를 규정한 것은 당연하다고 할 수 있다.

(2) 예외

분할자유의 원칙에 대해서는 다음과 같은 예외가 있다.

(가) 특약이 있는 경우

공유자는 5년을 초과하지 않는 기간 내에서 공유물을 분할하지 않을 것을 약정할 수가 있으므로(제268조 제1항 단서) 이 범위 내에서 불분할의 구속력이 생긴다. 이런 특약의 지분의 승계인에게도 그 효력이 있지만 공유물이 부동산인 때에는 등기를 하여야 한다(부동산등기법 제67조). 또 이 특약은 5년을 초과하지 않는 범위 내에서 갱신할 수가 있다(제268조 제2항).

(나) 법률상 분할이 허용되지 않는 경우

건물을 구분소유하는 경우에 그 구분건물의 공용(共用)부분(제215조), 경계선상의 담장이나 계표(界標)(제239조) 등은 공유물이라도 그 성질상 분할청구를 할 수 없다.

나. 분할의 방법

공유물의 분할은 지분의 처분과는 달리 공유자 전원이 분할절차에 참여해야 한다.
따라서 공유자 중 일부를 제외하고 분할절차를 진행하는 경우에는 그 공유물분할은 무효가 된다. 각 공유자는 공유물의 분할에 있어서는 모두가 당사자로서 직접 이해관계를 갖기 때문이다.
공유물의 분할방법에는 협의상의 분할과 재판상의 분할이 있다.

(1) 협의상의 분할

공유물의 분할은 먼저 공유자 간의 협의에 의한다. 어떠한 방법으로 분할하든지 자유이지만 다음의 방법이 있다.

(가) 현물분할

공유물이 금전·곡물·토지 등 같이 분할 시에도 성질 또는 가격이 현저히 손상되지 않는 가분물인 경우 분량적으로 나누는 방법으로 분할방법의 원칙이 된다.
분할대상이 토지 등 양도소득세 과세대상 자산인 경우 지분별로 단순히 분할하는 때에는 양도로 보지 아니한다.

(나) 대금분할

공유물이 가분물일 경우에도 가능하지만 특히 말, 소, 살아 있는 생물의 경우와 살아 있는 생물이 아니라도 건물의 경우와 같이 물리적인 분할로 가격이 현저히 손상되는 경우의 불가분물인 경우 그 공유물을 제3자에게 매각하여 그 대금을 나누는 방법이다. 건물 등 양도소득세 과세대상 자산인 경우에는 양도소득세납세의무가 발생한다.

(다) 가격배상

공유자 한 사람이 다른 공유자의 지분을 인수하여 그 가격을 지급하고 단독소유자가 되는 방법이다. 분할대상이 토지 등 양도소득세 과세대상 자산인 경우에는 지분을 인계한 쪽에 양도소득세납세의무가 발생한다.

(2) 재판상의 분할

공유물의 분할에 관해서 공유자 간에 협의가 이루어지지 않으면 법원에 분할을 청구할 수 있다(제269조 제1항).

(가) 소(訴)의 성질

공유물분할의 소(訴)는 형성권인 분할청구권에 기한 것이므로 형성의 소(訴 : 창설의 訴)라고 보아야 한다.

(나) 판결의 내용

현물분할을 원칙으로 하나 그 물건이 불가분물로서 성질상 분할할 수 없는 것이거나 분할에 의하여 가격을 현저히 감소할 염려가 있는 때에는 법원은 물건의 경매를 명하여 그 대금을 분배할 수가 있다(제269조 제2항). 이 경우에는 분할대상이 양도소득세 과세대상 자산인 때에는 양도소득세납세의무가 발생한다.

다. 공유물분할과 납세의무

공유하고 있던 토지를 지분별로 단순히 분할하거나 공유자 지분변경 없이 두 개 이상의 공유토지로 분할하였다가 그 공유토지를 소유지분별로 단순히 재분할하는 경우에는 양도로 보지 아니한다. 그러나 공유지분이 변경되는 경우에는 변경되는 부분은 양도로 본다(소득세법기본통칙 88−0…1 ③). 이때 공유지분의 변경이 유상인 경우에는 양도소득세가 과세되고 무상인 경우에는 증여세가 과세될 것이다.

공유물분할은 법률상으로는 공유자 상호 간의 지분의 교환 또는 매매라고 볼 것이나, 실질적으로는 공유물에 관하여 관념적으로 그 지분에 상당하는 비율에 따라 제한적으로 행사되던 권리, 즉 지분권을 분할로 인하여 취득하는 특정부분에 집중시켜 그 특정부분에만 존속시키는 것으로 그 소유형태가 변경될 뿐이라고 할 것이므로 이를 자산의 유상양도라 할 수 없다.[52)]

5. 합유

가. 합유의 법률적 성질

합유는 수인이 조합체로서 물건을 소유하는 공동소유 중 하나의 형태이다(제271조 제1

---

52) 대법원 1995.2.17. 선고, 94누11057 판결 외 다수.

항). 조합체라 함은 수인이 공동의 목적을 위하여 공동체를 이루었으나 독립된 사회적 조직체(법인 아닌 사단)를 이루지 못한 것을 말한다. 즉 동일목적 밑에 결합되어 있으나 아직 단일적 활동체로서 단체의 체제를 갖추지 못한 수인의 결합체를 말한다.

이러한 조합이 물적조합재산을 소유하는 형태가 합유인데 지분의 자유처분, 지분의 분할청구의 자유가 없는 것이 공유와 다르고 단체의 명의로 처분, 변경할 수 없는 점이 총유와 다르다.

나. 합유의 성립

합유의 주체인 조합체는 계약 또는 법률의 규정에 의하여 성립한다(제271조 제1항). 계약에 의한 조합체는 보통 조합계약이라 불리는 계약에 의하여 성립한 조합체이며 그 전형적인 것은 동업계약이다. 이들 조합체가 물건의 소유권을 취득하면 당연히 합유가 성립한다.

그리고 법률에 의한 조합체의 성립은 신탁법 제50조에 의하여 인정된 수탁자가 수인인 신탁재산관계이다. 이들의 법률관계는 합유임이 분명하고 민법상의 합유에 관한 약정에 의하여 다루어져야 한다.

다. 합유의 법률관계

① 합유자의 합유물에 대한 권리는 합유물 전부에 미친다(제271조 제1항 후단).
② 합유물의 보존행위는 각 합유자가 단독으로 할 수 있으나 합유물을 처분 또는 변경하는 데는 합유자 전원의 동의가 있어야 한다(제272조).
③ 합유물의 지분을 처분하는 데는 합유자 전원의 동의가 있어야 한다(제273조 제1항). 여기서는 조합재산에 대한 지분과 조합재산을 구성하는 개개물건에 대한 지분이 있음을 주의하여야 할 것이다.
④ 합유자는 합유물의 분할은 청구할 수 없다(제273조 제2항). 공유자가 언제든지 공유물의 분할을 청구할 수 있는 점에 비하여 특이한 점이다.
⑤ 합유의 종료는 조합체가 해산하거나 공동목적을 위한 합유물이 양도 등으로 없어지게 되는 경우에 생긴다(제274조 제1항). 합유가 종료된 후에는 합유물을 분할에 관하여는 공유물의 분할에 관한 규정을 준용한다(제274조 제2항).

라. 합유와 납세의무

법인에 대한 현물출자와는 달리 공동사업에 대한 현물출자는 간과하기 쉬운 면이 있다. 법인은 자연인과는 별개의 인격체를 가지고 있고, 이러한 사실은 전문적인 법률지식이 없다 하더라도 대부분의 사람들이 이를 인식하고 있다.

이에 반하여 자연인도 아니고 법인도 아닐 뿐 아니라 궁극적으로 법인으로 가기 위한 중간단계도 아닌 소위 민법상의 조합의 납세의무에 대하여는 관심이 부족하다.

민법상의 조합도 조세법상 개인과 법인과는 별도의 납세의무자가 될 수 있다. 단순히 사업목적 없이 부동산 등을 공유하는 주체는 지분권자인 자연인에 불과하지만 2인 이상이 사업목적을 가지고 부동산을 합유의 형태로 소유하는 때에는 합유주체인 자연인 외에 별개의 세법상의 인격체가 될 수 있는 것이다.

이를 간과하여 불측의 피해를 보는 사례가 많은 것이 현실이다.

법인이 아닌 조합에의 현물출자도 자산의 유상이전에 해당되므로 현물출자 이행시기를 양도시기로 보아 양도소득세가 과세된다.[53]

부가가치세납세의무가 있는 사업의 경우에는 더 큰 피해가 따를 수 있다.

대법원은 "부동산임대사업을 공동으로 영위하기 위해 수인이 각각 그 소유토지를 출자하여 임대용 건물을 신축하는 경우 조합에 출자한 자산은 출자자의 개인재산과는 별개의 조합재산을 이루어 조합원의 합유(合有)가 되고, 출자자는 그 출자의 대가로 조합원의 지위를 취득하는 것이므로 이러한 조합에 대한 자산의 현물출자는 소득세법상 자산의 유상이전에 해당하여 양도소득세의 과세원인인 양도에 해당한다"라고 판단하고 있다.[54]

6. 총유

가. 총유의 법률적 성질

총유는 법인이 아닌 사단의 사원이 집합체로서 물건을 소유하는 형태를 말한다(제275조 제1항). 법인이 아닌 사단은 법적으로는 인격자가 아니나 인적결합체로서 단체적 단일성이 농후하므로 그 구성원을 단체적으로 구속할 수 있는 점에서 합유와 같은 성질이 있다. 그러나 총유는 그 구성원의 지분을 인정하지 않으므로 구성원의 권능을 단체의 기구를 통하여 행사할 수 있는 점에서 공유 또는 합유와는 전혀 다른 특성을 가지고 있다. 그리고 총유는 소유권의 내용을 기능적으로 분화하여 관리와 처분권은 단체에 귀속시키고 사용수익권은 구성원에게 분속하는 성질을 가지고 있는 것이 다른 공동소유와는 다른 특색이라고 할 것이다.

---

53) 대법원 1987.4.28. 선고, 86누771 판결 외 다수.
54) 대법원 2003.5.16. 선고, 2003두2137 판결

나. 총유의 형태

총유의 주체는 법인이 아닌 사단(인적결합체)이므로 그 형태는 여러 가지가 있을 수 있다. 따라서 총유의 구체적 형태도 여러 가지 있을 수 있다. 예컨대 문중, 촌락단체, 교회, 동창회, 학회 등의 재산소유는 총유가 될 것이다.

다. 총유의 법률관계

① 총유물의 관리·처분권능은 법인이 아닌 사단에 속하고 사단의 기구(사원총회)를 통하여 행사(결의)된다(제276조 제1항). 보존행위는 관리기능에 포함되는 것으로 본다.
② 총유물의 사용수익기능은 사원에 속한다(제275조 제2항).
  그러나 그 행사는 정관 기타의 약정에 따른다.
③ 총유물에 관한 사원의 권리의무(사용수익권과 관리처분결의권)는 사원의 지위를 취득(가입)함으로써 취득하고, 상실(탈퇴)함으로써 상실한다(제277조).

7. 준공동소유

가. 의의

소유권 이외의 재산권을 공동으로 소유하는 경우를 준공동소유라고 한다(제278조).
소유권 이외의 재산권에는 지상권·지역권·전세권·저당권·질권·어업권·광업권 등 물권과 저작권·특허권 등 무체재산권도 포함된다. 채권에도 준공동소유가 성립함은 물론이다. 다만 이 경우는 채권편의 불가분채권에 관한 규정이 먼저 적용됨을 주의하여야 한다.

나. 종류 및 효과

준공동소유는 준공유, 준합유, 준총유의 세 가지가 있다.
소유권 이외의 재산권을 수인이 소유하는 경우에는 법률에 특별한 규정이 없는 한 공동소유에 관한 민법의 규정이 준용된다(제278조).

---

1. 합유재산을 처분하고 처분금액을 분배하는 경우 양도소득세 과세방법
(부동산거래관리과-457, 2011.6.3.)
합유재산을 처분하고 그 처분금액을 합유재산 분배비율에 따라 합유자 전원에게 분배하는 경우에는 소득세법 제2조 및 같은 법 시행규칙 제2조에 따라 합유자 각자에게 납세의무가 있는 것이나, 이에 해당하는지는 부동산등기부, 합유재산관리규약, 처분금액 분배내역 등을 종합적으로 검토하여 사실판단할 사항임.

2. 부동산거래관리과-39, 2010.1.14.

소득세법시행규칙 제2조의 규정에 의하여 법인으로 보는 단체 외의 단체 중 대표자 또는 관리인이 선임되어 있으나 이익의 분배방법 및 비율이 없는 때에는 그 단체를 1거주자로 보아 양도소득세가 과세되며, 이익의 분배방법이나 분배비율이 명시적으로 정하여져 있지 아니하더라도 사실상 이익이 분배되는 경우에는 그 단체의 구성원이 공동으로 사업을 영위하는 것으로 보아 각 거주자별로 양도소득세를 산정하는 것으로, 귀 질의의 경우 납세의무자는 사실판단할 사항임.

3. 서면5팀 -590, 2007.2.15.

마을회 소유의 토지를 양도하는 경우 동 토지의 소유형태가 합유인 경우에는 합유자 각자가 납세의무가 있으며, 총유인 경우에는 마을회(1거주자로 봄)가 납세의무가 있음.

4. 국심 2006전0602, 2006.10.13.

당초 쟁점임야의 취득과 보전에 기여한 사람들이 누구인지 밝혀지지 아니하고, 전출자는 퇴거 시 자동 탈회되고 납부회비는 반환하지 아니하는 점 등을 고려할 때 동원의 지위만 있을 뿐 지분의 개념이 인정되지 아니하고, 관념적으로 지분이 존재한다 하여도 그 지분은 동원의 증감에 따라 자동적으로 변동되는 것으로서 쟁점임야의 소유관계는 민법 제275조에 규정하는 '총유'라고 할 것이고, ○○○ ○○○ ○○ ○○림야 결의서는 쟁점임야 양도에 따라 일시적으로 양도대금 분배방법 등을 정한 것으로 보이므로 청구인은 소득세법시행규칙 제2조 제1항에 규정된 대표자 또는 관리인이 선임되어 있으나 이익의 분배방법이나 분배비율이 정하여져 있지 아니한 단체라 할 것이며, 따라서 소득세를 부과함에 있어서 청구인을 1거주자로 보아 과세하여야 하는 것이므로 처분청이 쟁점임야 양도에 대하여 청구인에게 양도소득세를 과세한 당초처분은 잘못이 없는 것으로 판단됨.

5. 제도 46011-11711, 2001.6.26.

국세기본법 제13조 규정에 의하여 법인으로 보는 단체에 해당하지 아니하는 경우로서 대표자 또는 관리인이 선임되어 있고 이익의 분배방법이나 분배비율이 정하여져 있지 아니하면 동 마을회는 1거주자로서 납세의무가 있는 것이나, 이익의 분배비율에 따라 분배된 소득이 있거나 분배될 소득이 있는 경우에는 각 거주자별로 납세의무가 있는 것임.

6. 재산 46014-277, 2000.3.7.

종중이 소유부동산을 양도하고 양도소득이 발생하였다면 당해 종중을 하나의 거주자로 보아 양도소득세의 납세의무를 부여하는 것이며, 종중이 소유부동산을 양도하고 그 대금을 종중원에게 분배할 경우 법인격 없는 단체(종중)가 거주자인 개인(종중원)에게 증여한 경우에 해당하므로 증여받은 종중원은 증여세 납세의무가 발생하는 것임.

7. 재일 46014-1295, 1996.5.27.

① '○○4리 새마을회'가 국세기본법 제13조 규정에 의하여 법인으로 보는 단체에 해당하지 아니하는 경우로서 대표자 또는 관리인이 선임되어 있고 이익의 분배방법이나 분배비율이 정하여져 있지 아니하면 동 새마을회는 1거주자로서 납세의무가 있는 것이나,

② 이익의 분배비율에 따라 분배된 소득이 있거나 분배될 소득이 있는 경우에는 각 거주자별로 납세의무가 있는 것임.

8. 종중이 법인으로 보는 단체로 승인된 경우 종중 소유부동산에 대한 납세의무

(부동산거래관리과－168, 2010.2.3.)

[질의]

종중명의로 부동산을 소유하고 당해 부동산을 임대함으로써 발생하는 소득에 대하여 소득세법상 1거주자로 납세의무를 부담하고 있다가 국세기본법에 의하여 법인으로 보는 단체로 승인을 받게 되는 경우 종중 또는 종중원이 법인으로 보는 단체에 현물출자한 것으로 보아 양도소득세 납세의무가 있는지 여부

[회신]

양도소득에 대한 소득세는 소득세법 제4조 제3항 제3호의 규정에 의해 자산에 대한 등기 또는 등록에 관계없이 매도, 교환, 법인에 대한 현물출자 등으로 인하여 그 자산이 유상으로 사실상 이전되는 경우에 과세되는 것으로, 1거주자인 종중이 국세기본법 제13조 제2항의 규정에 의하여 관할세무서장의 승인을 받아 법인으로 보는 단체로 보게 되는 경우로써 단체의 계속성과 동질성이 유지되면서 단순히 그 종중에게 적용할 세법의 변경에 해당하는 경우에는 양도에 해당하지 아니하는 것임.

제4절 용익물권

1. 개관

용익물권이란 타인의 토지를 일정한 목적의 범위 내에서 사용하는 권리이다.

용익물권은 부동산에 관해서만 인정되는 것으로 물건이 가지고 있는 사용가치와 교환가치 중에서 사용가치를 제한적으로 사용·수익한다는 면에서 제한물권 중 용익물권이라고 한다.

민법이 규정하고 있는 용익물권에는 지상권, 지역권, 전세권의 세 가지 종류가 있는데 차례로 살펴본다.

2. 지상권

가. 의의

지상권이란 타인의 토지에 건물, 기타 공작물 또는 수목을 소유하기 위하여 그 토지를 사용하는 권리이다(제279조).

03
물권법

지상권에는 지대를 요소로 하지 않지만 현실적으로는 지상권자는 토지소유자에게 그에 상응하는 지료를 지급하는 것이 보통이다.

지상권을 설정하는 목적에 따라 30년, 15년, 5년이라는 장기간 타인의 토지를 배타적으로 사용·수익할 수 있다.

나. 성질 및 효력

이 물권은 토지를 전면적으로 사용하는 권리인데 이와 달리 토지의 공중, 지상, 지하 중에서 어느 한 층만을 객체로 하는 지상권을 구분지상권(제289조의 2)이라 한다. 지하철을 건설하는 경우, 지하상가를 짓는 경우, 고가도로를 건설하는 경우, 고압전선을 가설하는 경우에 이용된다. 구분지상권도 지상권의 일종이므로 보통의 지상권과 본질적으로 다른 것이 없다.

지상권의 하나로서 법정지상권이 있다. 일반지상권은 당사자 사이의 약정에 의하여 설정하는 것인데 이것은 일정한 요건이 성립되면 당연히 지상권이 성립되는 것이다.

예를 들면 대지와 건물이 동일소유자에 속한 경우에 건물에 전세권을 설정한 후 그 대지 소유권만을 양도하였을 경우에 대지 양수인은 전세권설정자에 대하여 지상권을 설정한 것으로 보는데 이를 법정지상권이라 한다(제305조 제1항 본문). 저당권이나 가등기담보에 의한 경매로 토지소유자와 건물소유자가 달라진 경우에도 인정된다(제366조 본문, 가등기담보등에관한법률 제10조). 이는 건물소유자의 이용권을 보호하기 위하여 정책적으로 인정한 것이다.

판례는 토지와 건물이 동일인의 소유였다가 그중 어느 하나가 매매, 기타 일정한 원인으로 각각 소유자를 달리하게 된 경우에 그 건물을 철거한다는 특약이 없는 이상 토지소유자는 건물소유자에 대하여 관습법상 당연히 지상권을 설정한 것으로 보는데 이를 관습법상의 법정지상권이라 한다.

다. 지상권과 납세의무

지상권은 양도소득세 과세대상이다.

그러나 지상권의 양도로 양도소득세가 과세되는 사례는 거의 없는 것이 현실이다.

지상권의 경우 토지소유권자의 거부로 지상권설정계약 자체가 어려울 뿐 아니라 희귀하고 과세의 실익이 없는 경우가 대부분이다.

한편, 세법은 지상권을 양도하는 경우와 대여하는 경우에 그 과세방법을 달리하고 있다.

지상권을 양도하는 경우에는 양도소득세 과세요건을 구성하지만 지상권을 설정하거나 대여하는 경우에는 기타소득세 과세요건을 구성한다(소득세법 제21조 제1항 제9호).

지상권은 전세권 또는 임대차와는 달리 지상권자에게 강력한 힘을 부여하고 있다. 지상권자는 타인에게 그 권리를 양도하거나 그 권리의 존속기간 내에서 그 토지를 임대할 수 있으며, 이 권리는 지상권설정자와 지상권자의 약정으로도 제한하지 못한다(제282조 및 제289조 참조). 이른바 강행규정 중에서도 효력규정에 해당한다.

따라서 민법상으로 용익물권의 범주에 속하는 지상권과 전세권은 그 과세방법이 다르게 된다. 지상권의 설정대가는 기타소득에 해당하지만 전세권의 설정대가는 부동산임대소득에 해당하게 되는 것이다.[55] 이와 같이 민법상 같은 범주에 포함되는 물권도 세법에 있어서는 그 과세방법이 다르게 된다. 기타소득세가 과세되는 경우에는 그 대금을 지급하는 자에게 원천징수의무가 있음에 특히 유의하여야 한다.

3. 지역권

가. 의의

지역권자는 일정한 목적을 위하여 타인의 토지를 자기토지의 편익에 이용하는 권리가 있다(제291조).

타인이 통행을 위해서나 그 토지에 일정한 높이 이상의 건물을 건축하지 않는 등 두 개의 토지 사이의 이용을 조절하는 것을 목적으로 한다. 지역권을 설정함으로써 편익을 얻는 토지를 요역지, 편익에 제공되는 토지를 승역지라 한다.

나. 성질 및 효력

지역권은 타인의 토지의 이용에 대한 제한을 그 목적달성에 필요한 최소한으로 줄이고 그것과 양립하는 범위에서 그 토지의 이용을 존속시키며 그것을 물권으로 하여 토지소유권과 결합시킨 것이다.

이러한 지역권은 자기토지의 편익을 확보하기 위한 권리이므로 지상권과 같이 전면적으로 이용하는 권능을 가진 권리는 아니다.

지역권은 요역지의 소유권에 종된 물권이므로 요역지가 이전되거나 담보권 또는 지상권 등의 설정 등으로 다른 권리의 목적이 된 때에는 원칙적으로 이와 운명을 같이한다. 이러한 원리에서 지역권은 요역지와 분리하여 양도하거나 다른 권리의 목적으로 할 수 없다.

---

55) 국세청 소득 46011-3269. 1997.12.13.

다. 지역권과 납세의무

지역권은 지상권과는 달리 양도소득세과세대상이 되지 아니한다. 지역권은 요역지와 분리하여 양도할 수 없어 지역권만의 독립거래는 불가능하기 때문이다.56) 지역권이 양도된 경우라 함은 결국 요역지인 토지가 양도되었음을 의미하므로 양도소득세과세대상은 토지가 될 것이다. 용익물권 중 양도소득세과세대상이 되지 아니하는 물권은 지역권뿐이다.57) 지역권을 설정하거나 대여하는 경우에는 기타소득을 구성한다.

4. 전세권

가. 의의

전세권이란 전세금을 지급하고 타인의 부동산을 점유하여 그 부동산의 용도에 좇아 사용·수익하며, 그 부동산 전부에 대하여 후순위권리자, 기타 채권자보다 전세금의 우선변제를 받을 권리가 있다(제303조).

농경지는 전세권의 목적으로 할 수 없으며 전세금은 전세권설정의 요소로 되어 있다. 따라서 지상권과는 달리 유상계약을 원칙으로 하고 있다.

나. 전세권의 사회적 작용

전세권은 우리 민법의 특유한 제도로서 전세권자는 물권자인 동시에 금전채권자로서 담보권자의 지위를 가진다. 부동산소유자는 질권이나 저당권의 설정 대신 전세권을 애용하여 금융의 편익을 얻을 수 있게 되는 것이다. 그러나 부동산이용자의 권리를 강화하는 결과 임차권의 물권화현상에는 소홀하게 되었고, 채권적 전세를 합리적으로 보호해 주는 새로운 이용권의 강화요청이 대두되었고, 이러한 사회적 요청으로 주택임대차보호법과 2002.11.1.부터 시행하는 상가건물임대차보호법이 생겨나게 되었다.

전세권은 채권으로서의 전세와 구별되어야 하는 물권이다.58)

---

56) 민법 제292조【부종성】
　　① 지역권은 요역지소유권에 부종하여 이전하며 또는 요역지에 대한 소유권 이외의 권리의 목적이 된다. 그러나 다른 약정이 있는 때에는 그 약정에 의한다.
　　② 지역권은 요역지와 분리하여 양도하거나 다른 권리의 목적으로 하지 못한다.

57) 지상권과 전세권은 지역권과 달리 양도, 임대, 담보제공 등을 할 수 있으며, 지상권의 경우 양도, 임대, 담보제공 등을 금지한다는 당사자의 특약조차 효력이 없는 것으로 규정하고 있다(제282조·제289조).

58) 농경지는 전세권의 목적으로 하지 못하는 것으로 규정하고 있다(제303조 제2항).
　　한편, 농지법에서도 농지는 원칙적으로 임대하거나 사용대할 수 없다고 규정하고 있다(농지법 제23조).
　　위 규정을 강행규정 중에서도 효력규정으로 보는 경우에 동 규정에 위반하여 임대한 경우에 효력을 어떻게

다. 성질 및 효력

전세권은 용익물권으로 목적부동산을 사용·수익하는 것을 목적으로 하는 물권이다. 따라서 부동산의 소유자와는 관계없이 목적부동산을 직접 지배하는 것이므로 양도성과 상속성을 가진다.

전세권이 존속기간의 만료, 목적물의 멸실, 혼동, 토지수용 등으로 소멸하면 전세권설정자는 전세금을 반환하여야 하고 전세권자는 목적물을 인도하여야 한다.

전세금과 부동산의 반환·인도는 서로 동시이행의 관계에 있다(제317조).

또한 전세권은 다른 용익물권과 달리 약정기간 후에 전세권설정자가 전세금을 반환하지 않을 때는 전세목적물을 강제집행하여 다른 권리자보다 먼저 변제를 받을 수 있는 우선변제권이 있다. 그리하여 강제집행에서는 담보물권인 저당권과 같은 것으로 본다.

라. 전세권과 납세의무

전세권은 지상권과 함께 양도소득세과세대상이다.

전세권의 양도 또한 지상권과 마찬가지로 양도소득세가 과세되는 사례는 거의 없다.

지상권과는 달리 전세권설정계약은 빈번하게 이루어지고 있다. 그러나 전세권을 양도하는 경우는 드물고, 더구나 전세권의 양도로 양도차익이 생기는 경우는 희박하다.

전세권의 설정이 부동산 또는 부동산상의 권리의 대여로 보아 부동산임대소득을 구성하는 것은 경제생활관계에서나 사법에 부합되는 것으로 볼 수 있다. 지상권 또는 지역권의 설정 등을 부동산 또는 부동산상의 권리의 대여에서 제외하는 세법규정을 예외로 이해하여야 할 것이다.

---

1. 개관

채권은 채권자가 채무자에 대한 신뢰를 기초로 하는 것이다. 따라서 채무자가 신의를

볼 것인가? 민법 제746조의 불법원인급여규정을 적용할 것인가, 조세부분과 관련해 볼 때 수령할 임차료 또는 수령한 임차료에 대하여 부동산임대소득으로 보아 과세할 것인가 등의 문제 등이 대두된다. 소위, 불법소득에 대한 과세문제와도 연관이 있다.

지켜 임의로 이행하면 채권자는 그로써 만족을 얻게 된다. 그러나 채무자가 임의로 이행하지 아니하면 채권자는 그 채권의 효력으로써 채무자의 일반재산에 대하여 집행하여 변제에 충당하는 것이 원칙이다. 이와 같이 채권은 채무자의 일반재산이 최후의 보루가 되므로 채권의 경제적 가치의 유무는 오로지 채무자의 일반재산의 다과에 달려 있게 된다.

그러나 채무자의 일반재산에 대한 채권의 효력은 소위 채권자평등의 원칙에 따라 원칙적으로 다른 채권자의 채권과 시간의 우선순위와 관계없이 평등하므로 자신의 채권을 확보하기 위해서는 채무자의 일반재산 이상의 무엇을 확보하여야 할 것이다. 그리하여 담보제도가 필요한 것이다.

민법상의 담보제도에는 채무자 이외의 제3자의 일반재산을 담보로 하는 인적담보제도와 채무자 또는 제3자의 특정한 물건 또는 권리를 담보로 하는 물적담보제도가 있다. 전자의 예로는 보증이 있고, 후자의 예로는 저당권이 대표적이다.

인적담보제도는 담보하는 자의 일반재산상태에 따라 담보가치가 좌우되므로 채권의 경제적 가치 역시 담보물의 인적요소에 의존한다. 그러나 물적담보제도는 물건 또는 권리가 가지는 객관적 가치에 의하여 확보되므로 물적담보가 인적담보보다 그 담보력이 강하다. 따라서 현대에는 물적담보제도가 인적담보제도를 압도한다.

물적담보제도로 민법에서는 담보물권을 규정하고 있는데, 이는 타인물건의 교환가치를 지배하는 데 초점을 두어 우선변제권을 인정하고 있다.

2. 담보물권의 성질

민법이 인정하는 세 가지 담보물권은 각각 특유한 성질을 가지고 있으나, 모든 담보물권은 공통된 성질로서 부종성(附從性), 수반성(隨伴性), 불가분성(不可分性), 물상대위성(物上代位性)이 있다.

가. 부종성

담보물권은 채권의 담보를 목적으로 하므로 담보되어야 할 채권이 없이 담보물권만이 독립하여 존재할 수 없다. 따라서 피담보채권이 성립하지 않거나 소멸하면 담보물권도 존재하지 않게 된다.

그러나 질권과 저당권과 같은 약정담보물권은 거래계의 필요에 의해 부종성이 다소 완화된다. 즉 채권이 현존하지 않으나 장래에 있어서 성립하게 될 경우에도 그와 같은 장래의 채권을 담보하기 위한 담보물권의 설정을 인정한다. 근저당권이 그러하다(제357조).

그러나 법정담보물권에서는 부종성의 원칙은 엄격히 적용된다.

나. 수반성

피담보채권이 이전하면 담보물권도 따라서 이전하며 피담보채권 위에 부담이 설정되면 담보물권도 그 부담에 복종하게 된다. 이를 담보물권의 수반성이라 한다.

피담보채권을 제외한 담보물권만의 양도는 있을 수 없다.

다. 불가분성

담보물권은 피담보채권의 전부가 변제될 때까지 목적물의 전부 위에 그 효력이 미친다. 이것을 담보물권의 불가분성이라 한다.

예를 들면 500만원의 시계를 수리한 수리공은 수리비 1만원을 모두 변제받을 때까지는 시계를 유치할 수 있다.

민법에서는 유치권에 관하여 규정하면서 이를 질권과 저당권에도 준용한다(제321조).

라. 물상대위성

담보물권은 목적물이 멸실·공용수용 등에 의하여 채무자가 받게 될 금전, 기타의 물건에 그 효력이 미친다. 이를 물상대위성이라 한다. 민법은 질권에 관하여 규정하고 이를 저당권에 준용하고 있다(제342조).

물상대위성이 있다 하더라도 공용수용 등으로 담보권설정자가 받을 금전, 기타 물건이 지급 또는 인도 전에 압류해야 한다는 점에 특별히 유의해야 한다. 그리고 담보물권 중 유치권의 경우에는 목적물을 유치할 수 있을 뿐이고 그 교환가치에서 우선변제를 받는 효력이 없기 때문에 물상대위성이 없다.

3. 유치권

가. 의의

유치권이란 타인의 물건이나 유가증권을 점유한 자가 그 물건이나 유가증권에 관하여 생긴 채권이 변제기에 있는 경우에는 그 변제를 받을 때까지 그 물건이나 유가증권을 유치하여 채무자의 변제를 간접적으로 강제하는 법정담보물권이다(제320조 제1항).

예컨대 타인의 물건을 수선한 자가 그 수선대금을 받을 때까지 그 물건을 유치하는 것이다. 유치권은 일정한 요건이 성립되면 당사자가 약정하지 않았다 하더라도 법률상 당연히 발생한다.

나. 성질 및 효력

유치권은 채무이행을 확보하기 위하여 목적물을 유치할 수 있는 것을 본질내용으로 하기 때문에 다른 담보물권에서 인정되는 우선변제권이 없다. 따라서 점유의 상실로 유치권은 상실되는 것이므로 물상대위성이 인정될 수 없다는 점에 유의해야 한다.

그 외에 담보물권이 가지는 속성, 즉 부종성·수반성·불가분성은 모두 인정된다.

유치권자의 유치적 효력의 뜻은 목적물의 점유를 계속하여 그 인도를 거절할 수 있다는 의미로 설사 채무자가 변제를 하지 않고 목적물반환청구의 소를 제기하더라도 원고, 즉 반환청구권자의 패소판결을 하지 않고 채무의 변제와 상환으로 유치물을 인도하라는 상환급부의 판결이 있게 된다. 유치권의 목적은 이로써 달성할 수 있기 때문이다.

4. 질권

가. 의의

질권이란 채권자가 그의 채권을 담보하기 위하여 채무자 또는 제3자(물상보증인)로부터 받은 동산이나 재산권을 점유하고 채무의 변제가 있을 때까지 유치하여 채무자를 간접적으로 변제를 강제하는 동시에 변제가 없는 경우에는 그 목적물로부터 우선적으로 변제를 받는 것을 내용으로 하는 약정담보물권이다(제329조·제345조).

질권에는 동산을 목적으로 하는 동산질권과 기타 재산권을 목적으로 하는 권리질권이 있다. 그러나 권리질권의 경우 부동산의 사용·수익을 목적으로 하는 권리는 질권의 대상으로 할 수 없다. 따라서 부동산의 사용·수익을 목적으로 하는 전세권의 경우에는 권리질권의 대상이 되지 못한다.

나. 성질 및 효력

물건을 유치하여 채무변제를 담보하는 점에서 유치권과 유사하나 유치권이 당사자의 의사와 관계없이 인정되는 법정담보물권인 반면 질권은 당사자의 약정에 의하여 성립하는 약정담보물권이다.

그리고 질권이 약정담보물권이라는 점에서 저당권과 같으나 저당권은 부동산을 그 대상으로 하여 목적물을 설정자가 점유하는 것인 데 반하여, 질권은 동산과 채권을 그 대상으로 하고 이를 설정자로부터 이전받아 질권자가 점유를 하여 설정자로 하여금 그 이용을 제한한다는 점에서 차이가 있다.

즉 민법은 "질권의 설정은 질권자에게 목적물을 인도함으로써 그 효력이 생긴다(제330조)"라고 규정하여 점유개정에 의한 질권설정이 불가능하도록 규정하고 있는 것이다.

이로 인하여 질권설정자는 물건이 가지는 사용가치를 누리지 못하는 경제적 손실이 생기게 되고 이를 보완하여 질권설정자는 사용가치를 누리고 질권자는 교환가치를 누리는 양도담보가 거래에 등장하게 되었으며 판례는 이를 인정하고 있다.

5. 저당권

저당권이란 채무자 또는 물상보증인이 점유를 이전하지 아니하고 담보를 제공한 부동산에서 다른 채권자보다 먼저 우선변제를 받을 수 있는 약정담보물권을 말한다(제356조). 담보제도로서 가장 보편적으로 이용되고 있다.

이 저당권에는 특수한 형태의 저당권이 있다.

가. 공동저당

동일한 채권을 담보하기 위하여 여러 개의 부동산 위에 설정된 저당권으로서 총괄저당이라고도 한다. 공동저당권자는 저당권의 불가분성에 따라 임의의 목적부동산에서 채권전액에 관하여 우선변제를 받을 수 있으므로 공동저당권자의 지위는 강화되나 다른 저당권자나 채무자인 저당권설정자 그리고 물상보증인 등의 이익을 해할 우려가 있으므로 민법은 동일부동산의 후순위저당권자와의 이익을 조화하기 위한 규정을 두고 있다. 그러나 그 밖에도 저당권설정자 · 물상보증인 · 선순위저당권자의 이해관계의 조절이 필요하다.

나. 근저당

은행과의 거래인 당좌차월계약과 같이 계속적인 거래관계로부터 생기는 불특정다수의 채무를 장래 결산기에 있어서 일정한 최고한도액까지 담보하기 위하여 설정하는 저당권이다(제357조). 저당권과 달리 근저당권에 있어서는 담보물권이 가지는 성질 중 부종성이 완화된다. 즉 계속적인 거래 중 피담보채권이 일시 존재하지 아니하는 현상이 생기는 경우에도 종된 권리인 근저당권은 소멸하지 아니한다.

다. 포괄근저당

특정인이 은행 등 금융기관과 금융거래를 맺고자 할 경우 그 거래별로 근저당권을 설정하여야 하는 번거로움이 있다. 여기서 이들 거래를 포괄하여 하나의 근저당권으로 일괄 담보하는 필요성이 생긴다. 이를 포괄근저당권이라고 한다. 당사자사이에 발생하는 현재와 장래의 모든 채권을 일정한 한도액까지 담보하는 것을 말한다.

6. 가등기담보

가. 의의

채무이행기에 채무의 변제가 없는 경우에 부동산의 소유권 등을 채권자에게 이전할 것을 예약하고 이 권리를 가등기하여 공시하는 방법으로 하는 담보를 총칭하는 개념이다.

매매계약과 관련이 없이 금전소비대차계약에 있어 대주가 차주에게 융통해 준 금전의 반환청구권을 확보하기 위하여 변제기에 채무변제를 하지 않는 경우에 특정부동산의 소유권을 대신 이전해 주기로 약정하는 경우를 당초 채무 대신에 다른 물건으로 변제하기로 예약하였다고 하여 이를 대물변제의 예약이라고 한다.

나. 가등기담보법

대물변제예약에 의하여 미래에 채무불이행이 있는 때에 소유권이전청구권이 발생한다.

이 경우 차주가 차용물에 갈음하여 비교도 되지 않는 커다란 가치가 있는 부동산을 대신 변제하기로 약정하여도 일정액의 채권액을 초과하는 부분은 일부무효가 된다.[59]

한편, 가등기담보등에관한법률에 의하면 채무불이행 후에도 채권자는 채무자에게 일정 기간의 유예기간을 부여하고 그 기간이 경과해도 이행이 없는 때에 한하여 청산금을 지급하고 담보부동산의 소유권이전을 청구할 수 있도록 규정하고 있다.

---

59) 민법 제607조【대물반환의 예약】
차용물의 반환에 관하여 차주가 차용물에 갈음하여 다른 재산권을 이전할 것을 예약한 경우에는 그 재산의 예약 당시의 가액이 차용액 및 이에 붙인 이자의 합산액을 넘지 못한다.
제608조【차주에 불이익한 약정의 금지】
전 2조의 약정에 위반한 당사자의 약정으로서 차주에 불리한 것은 환매, 기타 여하한 명목이라도 그 효력이 없다.

그리고 담보가등기는 저당권과 동일한 효력도 있어 담보물권의 속성도 가지고 있다.[60] 대물변제의 예약이라는 형식을 취하는 일이 많지만 매매의 예약형식을 취하는 경우도 있다.

다. 매매예약가등기와의 차이

(1) 담보가등기의 경우

국세기본법은 담보가등기가 되어 있는 재산을 압류하는 경우에 그 가등기에 따른 본등기가 압류 후에 행하여진 때에는 그 가등기의 권리자는 그 재산에 대한 체납처분에 대하여 그 가등기에 따른 권리를 주장할 수 없도록 규정하고 있다(국세기본법 제35조 제4항).

다만, 국세의 법정기일 전에 가등기가 설정된 경우에는 가등기가 우선하지만 이는 본등기의 효력 때문이 아니고 가등기를 저당권으로 보기 때문이다(가등기담보에관한법률 제12조 제1항).

왜냐하면 저당권 또는 전세권의 경우 그 설정등기와 국세의 법정기일의 선후관계에 의해 우선순위가 결정되기 때문이다.

채무담보를 위하여 부동산을 가등기하였다가 소제기 전 화해조서에 의하여 변제기일 경과 후에 채권·채무자 간에 해당 부동산에 대하여 잔금청산에 갈음하는 정산절차가 객관적으로 명백하게 이루어진 경우에 당해 부동산의 취득 및 양도시기는 위 정산절차가 이루어진 때로 보는 것이나, 이는 소관 세무서장이 사실조사하여 판단하는 것이다(재산 01254 -3489, 1988.11.30.).

부동산등기법에 의하여 채권담보의 목적으로 가등기가 설정된 부동산에 대하여 채권채무관계에 있는 당사자 사이에 성립된 화해계약상의 조건성취로 인하여 담보권이 실행됨으로써 가등기에 기한 본등기가 경료된 때에는 그 본등기가 경료된 날이 취득시기 또는 양도시기가 되는 것이다(재일 46014-1428, 1997.6.11.; 재일 46014-561, 1998.3.31.).

☞ 담보가등기의 경우에는 채무자가 채무를 불이행함에 따라 채권담보목적으로 제공된 채무자 소유의 부동산이 채권자명의로 본등기된 경우에 양도한 것으로 보는 것이므로 원칙적으로 본등기가 경료된 날이 양도시기가 되는 것임. 그 전에 정산절차가 완료된 경우에는 이를 주장하는 자에게 입증책임이 있다는 의미임.

---

60) 가등기담보에관한법률 제12조【경매의 청구】
    ① 담보가등기권리자는 그 선택에 따라 제3조에 따른 담보권을 실행하거나 목적부동산의 경매를 청구할 수 있다. 이 경우 경매에 관하여는 담보가등기권리를 저당권으로 본다.
    ② 후순위권리자는 청산기간에 한정하여 그 피담보채권의 변제기 도래 전이라도 목적부동산의 경매를 청구할 수 있다.

제13조【우선변제청구권】
담보가등기를 마친 부동산에 대하여 강제경매 등이 개시된 경우에 담보가등기권리자는 다른 채권자보다 자기채권을 우선변제받을 권리가 있다. 이 경우 그 순위에 관하여는 그 담보가등기권리를 저당권으로 보고, 그 담보가등기가 마친 때에 그 저당권의 설정등기가 행하여진 것으로 본다.

03
물권법

(2) 매매예약가등기의 경우

매매예약가등기의 경우에는 담보가등기와는 그 효력이 다르다.

매매예약가등기가 되어 있는 재산을 세무서장이 압류하는 경우에 가등기에 기한 본등기가 행해진 때에는 세무서장의 압류시기에 불구하고 본등기의 효력은 가등기시점으로 소급하게 된다. 담보가등기의 경우에는 본등기와 세무서장의 압류처분이 시간을 두고 우선순위를 다투고 있는 데 반하여, 매매예약가등기의 경우에는 본등기와 세무서장의 압류처분은 시간의 순위가 관계없이 본등기를 함으로써 그 순위를 소급시키는 것이다.

이를 매매예약가등기의 순위보전의 효력이라고 한다.

그러나 현실적으로는 담보가등기의 경우에도 등기부에는 대부분 매매예약가등기로 등재되어 있다. 이 경우 매매예약가등기의 효력을 부인할 수 있는가? 부인할 수 있다면 어떻게 부인할 것인가?

매매예약에 의한 가등기한 경우 가등기권자가 매매예약완결 의사표시한 때가 양도시기이다. 소득세법시행령 제162조 제1항에서는 자산의 취득시기 및 양도시기는 대금을 청산한 날로 한다고 규정하고 있고, 민법 제564조에서는 매매의 일방예약은 상대방이 매매를 완결하는 의사를 표시하는 때에 매매의 효력이 생긴다고 규정하고 있다.

위의 매매예약은 본계약을 체결할 것을 약속하는 계약으로서 매매예약만으로는 매매의 효력이 생기지 아니하는 것이고 따라서 매매예약에 따라 매도자가 매수자로부터 대금상당 금액을 받았다고 하더라도 이는 매매대금이 아닌 예약금에 해당한다고 할 것이고 예약완결권자가 완결의사를 표시하는 때에 비로소 매매가 성립되고 예약금도 매매대금으로 된다고 보아야 할 것이다(국심 95구147, 1995.6.3.).

양수인이 잔대금을 지체하는 동안 가등기권자에게 부동산이 이전된 경우 양도인이 당초 계약금, 중도금 명목으로 받은 금액은 부동산의 양도소득이 아닌 기타소득에 해당하는 것이다(대전고법 2010누1765, 2010.11.11.).

(3) 매매예약가등기로 등재된 담보가등기

가등기에 기한 본등기가 경료된 경우 가등기 후에 이루어진 국세압류등기는 직권으로 말소하게 된다. 그러나 일정한 절차를 거쳐서 압류등기가 말소되는 것이므로 이 과정에서 적절하게 대처해야 한다.

등기공무원은 직권말소에 앞서 체납처분권자에게 국세압류등기의 말소통지를 하고 그 압류등기말소통지를 받은 체납처분권자는 이의진술을 할 기회를 가지게 된다.

그 이의진술 시에 제출된 소명자료에 의하여 그 가등기가 국세기본법 제35조 제4항의 규정에 의한 채권담보를 목적으로 한 것(등기부상에 담보가등기인 취지가 나타나 있는지의 여부를 불문한다)으로서 아래 사실이 인정되는 때에는 이의진술에 대하여 인용결정을 한다. 즉 가등기에 기한 본등기의 순위보전효력을 부인하여 압류의 우선순위를 인정하는 것이다 (1991.6.27. 등기 제1385호 각 지방법원장 대법원행정처장 통첩).

| 대법원행정처장 통첩 |

① 그 가등기가 국세기본법 제35조 제1항 제3호 각 목 소정의 법정기일 이후에 경료된 때
② 가등기 경료일이 위 법정기일 이전이라 하더라도 그 가등기에 기한 본등기가 가등기담보등에관한 법률의 규정에 다른 적법한 청산절차를 거치지 아니하고 경료된 때

그러나 이의진술 기간 내에 이의진술이 없거나 이의를 각하한 때에는 직권으로 국세압류 등기를 말소한다.

따라서 매매예약가등기에 기한 본등기가 행해진 경우에도 가등기가 실질적으로는 담보 가등기라는 사실을 입증하여 가등기권자에게 대항할 수 있을 것이다. 실질적으로 담보가 등기라는 사실은 가등기권자의 신분과 가등기의무자의 피담보채권의 존재 등으로 어렵지 않게 확인할 수 있는 사항이다.

| 그림 3-13 | 압류등기말소통지를 받은 경우 대처방안

```
        가등기              압류              본등기
─────────○──────────────○──────────────○───────────────▶
```

① 이의진술 기간 내 담보가등기 주장 → 순위소급효 상실
② 가등기는 저당권에 불과 → 법정기일이 동일자 또는 그 전에 있었다는 사실 주장

담보가등기인지 여부는 등기부의 등기원인으로 결정되는 것이 아님
(대법원 1998.10.7. 선고, 98마1333 결정. 등기공무원 처분에 대한 이의)
가등기 이후 국세 압류등기가 경료된 사안에서 당해 가등기가 담보가등기라는 점에 관하여 소명자료 가 제출되어 담보가등기인지의 여부가 다투어지는 경우 등기공무원이 당해 가등기를 순위보전의 가등 기로 인정하여 국세압류등기를 직권말소할 수 없고 당해 가등기가 담보가등기인지 여부는 등기부의 등기원인기재에 의해 결정되는 것이 아님.

7. 양도담보

가. 의의

양도담보는 민법에서 규정하고 있는 물권은 아니지만 예전의 명의신탁과 같이 판례에 의하여 인정되는 물권이다.

담보의 목적이 되는 재산권을 일단 채권자에게 이전시키고 채무자가 채무를 변제할 시는 당해 재산을 반환한다는 형식의 물적담보제도이며, 담보되는 채권이 반드시 존재하여야 하고 담보의 목적이 되는 재산권을 채권자에게 이전시킬 것을 그 요건으로 하고 있다.

한편, 채무자가 채무를 약정대로 이행하지 아니하는 경우 담보권자는 당해 재산을 임의로 매각할 수 있으며 그 매각대금으로 원금과 이자를 충당하고도 잔액이 있을 경우는 채무자에게 반환하는 것이 원칙이나, 특약에 의하여 채권자가 당해 재산에 대한 소유권을 완전히 취득할 수도 있다.

나. 부동산실권리자명의등기에관한법률과의 관계

1995.7.1.부터 부동산실권리자명의등기에관한법률이 시행됨에 따라 양도담보의 경우에는 채무자, 채권금액 및 채무변제를 위한 양도담보라는 뜻이 기재된 서면을 등기 시에 제출하여야 하며, 법 시행 전에 양도담보를 한 경우에는 채무자, 채권금액 및 채무변제를 위한 양도담보라는 뜻이 기재된 서면을 법 시행일로부터 1년 이내에 등기공무원에게 제출하여야 하며 위반 시 부동산평가액의 30%에 해당하는 과징금을 부과한다.

그러나 위 법률규정에 의하여 양도담보에 관한 등기를 하지 아니한 경우에도 세법에 의한 양도담보 해당 여부는 별론으로 한다.

다. 소득세법상 양도담보요건

(1) 요건 내용

채무자가 채무의 변제를 담보하기 위하여 자산을 양도하는 계약을 체결한 경우에 다음 각 호의 요건을 모두 갖춘 계약서의 사본을 양도소득 과세표준 확정신고서에 첨부하여 신고하는 때에는 이를 양도로 보지 아니한다(소득세법시행령 제151조 제1항).
 ① 당사자 간에 채무의 변제를 담보하기 위하여 양도한다는 의사표시가 있을 것
 ② 당해 자산을 채무자가 원래대로 사용 · 수익한다는 의사표시가 있을 것
 ③ 원금 · 이율 · 변제기한 · 변제방법 등에 관한 약정이 있을 것

위 규정에 의한 계약을 체결한 후 동항의 요건에 위배하거나 채무불이행으로 인하여 당해 자산을 변제에 충당한 때에는 그때에 이를 양도한 것으로 본다.

(2) 양도담보요건에 대한 판례분석

"채무자가 채무의 변제를 담보하기 위하여 자산을 양도하는 계약을 체결한 경우에 다음 각 호의 요건을 모두 갖춘 계약서의 사본을 양도소득 과세표준 확정신고서에 첨부하여 신고하는 때에는 이를 양도로 보지 아니한다"라는 소득세법시행령 제151조 규정(종전규정 제45조 제1항)에 대하여 대법원은 "위 규정은 납세의무자가 양도담보임을 주장하는 경우에 일응의 확정기준을 정한 것에 불과하고, 과세표준확정신고서에 동항 소정의 요건을 갖춘 계약서사본을 첨부하지 아니한 경우에는 반드시 자산의 양도로 보아야 한다는 취지는 아니다"라고 판시함으로써 위 시행령에서 규정하고 있는 요건을 예시적인 규정으로 판단하고 있다.

즉 동 규정은 납세의무자가 양도담보임을 주장하는 경우에 인정기준을 정한 것에 불과하고, 확정신고를 하지 않거나 신고서에 동 요건을 갖춘 계약서 사본을 첨부하지 아니한 경우에도 양도담보인 사실만 입증이 되면 양도소득세를 과세할 수 없는 것으로 해석하고 있으며, 국세심판원도 같은 해석을 하고 있다.

> **소득세법시행령 제45조 제1항의 규정은 그 각 호의 요건을 갖추지 못하였다고 하여 반드시 자산의 양도로 보아야 한다는 취지라고 해석되지 아니함(대법원 91누12097, 1992.2.11.)**
> 소득세법시행령 제45조 제1항의 규정은 납세의무자가 양도담보임을 주장하는 경우의 일응의 인정기준을 정한 것이고, 그 각 호의 요건을 갖추지 못하였다고 하여 반드시 자산의 양도로 보아야 한다는 취지라고 해석되지는 아니함.
> 처분형 양도담보의 설정자가 양도담보권자의 동의를 얻어 이를 제3자에게 양도하였다면 담보권자는 이에 의하여 채권의 만족을 얻은 것이므로 그에게 양도소득세의 과세대상인 양도이익의 소득이 발생하였다고 할 수 없고 소득세법 제45조 제2항의 규정이 이와 같은 경우 채권의 변제기에 담보권자에게 그 부동산이 양도된 것으로 보아야 한다는 취지라고 할 수 없음(대법원 90누8121, 1991.4.23. 외 다수도 같은 뜻임).

라. 채무변제에 충당되는 경우

양도담보에 관한 계약을 체결한 후 계약조건에 위배하거나 채무불이행으로 인하여 변제에 충당된 때에는 그때에 양도한 것으로 본다(소득세법시행령 제151조 제2항).

양도담보설정자, 즉 소유자는 양도담보권자에게 근저당 대신 소유권이전을 해준 것에 불과하고 실질적으로 소유권이전이 된 것이 아니라고 보아 일정한 요건을 갖춘 경우에 양도로 보는 것이다.

그러나 이 경우 양도자는 양도담보설정자, 즉 소유자를 양도자로 보는 것이며 양도담보권자가 담보자산을 제3자에게 처분하는 경우에는 환가정산형인지, 아니면 취득정산형인지 등에 따라 양도담보권자의 양도자 해당 여부를 판단한다.

1. 용익물권을 설정하는 경우

가. 특수관계인 사이

사업자가 특수관계인에게 지상권 등의 용익물권을 설정하는 행위는 부가가치세법상 용역의 공급에 해당한다.

이 경우 유상으로서 저가거래한 경우에는 시가가 부가가치세과세표준이 된다.

그러나 무상인 경우에는 부가가치세에 있어서는 부당행위계산부인하지 못한다.

소득세에 있어서는 무상이거나 저가에 해당하는 경우에는 부당행위계산부인을 한다. 이때 상대방은 설정자의 소득에 상당하는 비용을 인정받지 못한다.

나. 특수관계인이 아닌 경우

사업자가 특수관계인이 아닌 제3자에게 지상권 등의 용익물권을 설정하는 행위는 용역의 공급에 해당하지만 이 경우에는 유상계약 여부 또는 세목에 따라 그 취급이 다르다.

부가가치세법상으로는 유상으로서 저가인 때에는 시가가 부가가치세과세표준이 된다.

그러나 무상인 경우에는 부가가치세에 있어서는 부당행위계산부인하지 못한다.

소득세에 있어서는 무상이거나 저가에 해당하는 경우에도 부당행위계산부인하지 못한다.

2. 담보물권을 설정하는 경우

부가가치세법상 재화를 담보로 제공하는 것은 재화의 공급으로 보지 아니한다고 규정하고 있다.[61] 재화를 담보로 제공하는 경우 재화의 소유권이전에 관한 공시방법을 갖추는 때가 있으나 실질적으로 담보로 제공하는 것인 때에는 재화의 공급으로 볼 수 없는 것이다.

특정인의 채무에 대하여 제3자가 담보를 제공하는 경우에는 재화의 공급에는 해당하지 않지만 용역의 공급에는 해당할 것이다. 그러나 물상보증인의 담보제공은 대가를 받지 않는 호의의 제공이 대부분이고, 이때는 용역의 무상공급으로 과세대상이 되지 아니한다.

---

61) 부가가치세법시행령 제22조 【재화의 공급으로 보지 아니하는 담보 제공】
법 제10조 제9항 제1호에서 "대통령령으로 정하는 것"이란 질권, 저당권 또는 양도담보의 목적으로 동산, 부동산 및 부동산상의 권리를 제공하는 것을 말한다(2018.2.13. 개정).

담보제공과 관련해서는 과세대상 여부에 대한 문제 외에도 담보제공이 과세당국으로부터 정당한 것으로 인정받을 수 있느냐 하는 별도의 문제가 있다. 이것은 담보권설정자와 담보권자와의 관계가 특수관계에 해당하는지 여부에 따라 그 법률관계가 달라진다.

│ 그림 3-14 │ **취득정산형과 환가정산형**

이 그림은 채무자 A, 사채업자 B, C 사이의 양도 관계를 보여준다.
- A 채무자 → 양도(소유권이전) → B 사채업자
- B 사채업자 → 양도 → C
- B → A: 5억원 / 대금(양도소득세), 금융(이자소득세)
- B ← : 5억원+2억원 / (원금)(양도차익 or 이자)
- C: B취득정산(양도) 양도소득세 / 환가정산(양도 ×) 이자소득세

가. 특수관계인 사이

앞에서 본 것과 같이 재화를 담보로 제공하는 행위는 부가가치세법상 또는 소득세법상의 과세대상도 아니고 부당행위계산부인대상도 아니다.

그러나 납세자가 전세권·질권 또는 저당권의 설정계약, 담보가등기설정계약 또는 양도담보설정계약을 하고 그 등기 또는 등록을 함으로써 당해 재산의 매각금액으로 국세를 징수하기가 곤란하다고 인정하는 때에는 당해 행위의 취소를 법원에 청구할 수 있다.

이 경우 특수관계 여부 및 등기 또는 등록일을 기준으로 하여 입증책임이 전환된다.[62]

(1) 법정기일로부터 소급하여 1년 내에 등기 또는 등록하는 경우

법정기일 1년 내에 일정한 특수관계자에게 질권 등을 등록한 때에는 동 법률행위는 짜고 한 거짓계약으로 추정하여 납세자의 당해 설정행위의 취소를 법원에 청구할 수 있다. 다만, 추정규정이므로 납세자가 질권설정 등의 원인행위에 대한 규명을 함으로써 짜고 한 거짓계약의 불이익추정에서 벗어날 수 있다.

이에 반하여 법정기일 1년 내라 하더라도 특수관계자가 아닌 일반인에게 질권설정등록이 된 경우에는 정당한 법률행위에 기초하여 질권설정 등의 등록이 있은 것으로 추정된다. 따라서 짜고 한 거짓계약이라고 하기 위해서는 과세관청이 이를 입증해야 한다.

(2) 법정기일로부터 소급하여 1년을 경과한 경우

법정기일로부터 소급하여 1년을 경과하여 질권 등이 설정된 경우에는 그 상대방이 특수관계자에 해당하는지 여부에 관계없이 짜고 한 거짓계약으로 추정되는 불이익에서 벗어난다.

---

62) 국세기본법 제35조 【국세의 우선】 제6항

따라서 이 경우에는 과세관청이 취소권을 행사하기 위해서는 질권 등의 설정행위가 짜고 한 거짓의 계약이라는 사실을 적극적으로 입증해야 한다.

즉 짜고 한 거짓표시에 대한 입증책임은 과세관청에 있다.

나. 특수관계인이 아닌 경우

특수관계인이 아닌 경우에도 담보물권을 설정하는 경우에는 부가가치세법상 재화의 공급에 해당하지도 아니하고 소득세법상의 부당행위계산부인대상은 아니다.

그러나 제3자의 채무에 대하여 담보를 제공하는 경우에는 용역의 공급에 해당하고 이때 대가를 받지 아니하는 경우에는 용역의 무상공급에 해당하여 부가가치세는 과세되지 아니하지만 대가를 받는 경우에는 재화의 교환가치를 이용하게 하는 것으로 부가가치세과세대상이 된다.

그리고 납세자가 상대방과 짜고 한 거짓으로 전세권 · 질권 또는 저당권의 설정계약, 담보가등기설정계약 또는 양도담보설정계약을 하고 그 등기 또는 등록을 함으로써 당해 재산의 매각금액으로 국세를 징수하기가 곤란하다고 인정하는 때에는 당해 행위의 취소를 법원에 청구할 수 있다.

제 7 절　명의신탁

1. 개관

가. 명의신탁의 유래

명의신탁의 유래를 살펴보면 1908년에 일본이 동양척식주식회사를 설립하여 토지 및 임야조사 후 지적도를 만들고 지번을 부여하여 1912년에 일본민법 등을 우리나라에 의용하기로 하고 부동산등기제도를 시행하였다. 당시 의용민법상 권리의 주체는 자연인과 법인뿐으로 일본은 우리나라에 고유하게 전래되어 온 종중을 무시하여 종중에 대하여 등기권리능력을 부여하지 아니하였다.

이리하여 문중에서는 토지를 빼앗기지 않기 위해 부득이 그 문중을 대표한다고 할 수 있는 장손 등의 명의로 등기를 하게 되었고 그 후 장손명의 부동산이 제3자에 거래된 후 문중이 제3자에 대하여 소유권반환청구소송을 하였으며, 1918년 당시 조선고등법원은 종중이 명의자들에게 명의신탁한 것으로 그 명의대여약정은 유효하다고 하여 통정한 허위의 의사표시와는 다르므로 명의수탁자의 처분행위는 유효한 것이라고 판결하였다.

이렇게 판례가 명의신탁약정의 유효성을 인정하고 명의신탁약정에 따른 소유권이전등기 역시 유효한 것으로 인정함에 따라 제3자는 명의신탁사실에 관한 선의 또는 악의를 불문하고 보호를 받을 수 있게 되었다. 이때부터 명의신탁에 있어서의 명의신탁자와 명의수탁자의 관계, 그리고 명의수탁자와 제3자와의 관계의 권리관계 등의 이중구조가 생기게 되었다.

나. 명의신탁의 법률관계

1908년 이래 80여 년 동안 지속되어 온 판례는 명의신탁에 대하여 대내관계와 대외관계로 구별하여 그 법리를 별도로 전개하여 명의신탁자와 명의수탁자의 대내관계에서는 명의신탁자를 소유권자로 보고 명의수탁자와 제3자와의 대외관계에서는 명의수탁자를 소유권자로 보았다.

현실에 있어서는 당사자 사이에 명의신탁약정이 있었는지는 외부에서 알기 어렵고, 심지어는 당사자 사이에서도 명의신탁인지, 명의신탁이 아니고 증여 또는 양도인지를 구분하기가 어려운 경우도 있다. 따라서 여기서는 명의신탁약정이 있었다는 사실에 관하여 다툼이 없음을 전제로 한다.

(1) 대내관계

명의신탁의 대내관계는 신탁자와 수탁자 사이에 체결된 명의신탁약정에 의하여 정해지는데 그 명의신탁약정의 내용은 신탁자와 수탁자와의 관계에서는 목적물의 소유권을 명의신탁자가 보유한다는 것이다.

이에 따라 타인에게 명의신탁한 토지 위에 제3자가 명의신탁자의 승낙을 받아 공작물 등을 설치한 경우에 명의수탁자는 자신의 등기를 근거로 하여 제3자에게 그 공작물의 철거를 청구할 수 없다.[63]

그리고 명의신탁에 의하여 부동산의 소유자로 등기를 한 자는 그 점유권의 권원이 자주점유가 아닌 타주점유에 해당하는 것이 명백하므로 자주점유를 요건으로 하는 등기부취득시효를 주장할 수 없다.[64]

이렇게 명의신탁자와 명의수탁자의 대내적인 관계에서는 언제든지 명의신탁자의 소유가 되는 것이다.

---

63) 대법원 65다1644, 1965.8.24.

64) 대법원 85다카1644, 1987.11.10.

(2) 대외관계

명의수탁자는 명의수탁자와 제3자와의 관계에서는 완전한 소유권자가 된다.

따라서 명의수탁자로부터 그 부동산을 양수한 제3자는 명의신탁관계 여부에 대한 선의 또는 악의에 관계없이 그 부동산의 소유권을 취득한다.

다만, 명의신탁관계를 알고 있는 제3자가 매도 또는 담보의 제공과 관련하여 적극적으로 권유하여 명의수탁자의 배임행위에 적극적으로 가담하는 경우에는 명의수탁자와 제3자의 매매계약은 민법 제103조의 반사회적인 법률행위로서 무효가 될 수 있다.

명의수탁자에 대한 채권자가 국가인 경우에도 마찬가지이다. 예를 들면, 명의수탁자가 국세 등을 체납한 경우에 세무서장이 명의수탁자 명의로 등기된 부동산을 압류한 경우에도 동 압류는 유효한 처분이 되므로 명의신탁자가 명의신탁사실을 입증한다고 하여도 동 압류는 말소되지 아니한다. 대외적으로는 명의수탁자가 그 부동산의 소유권자이고 따라서 세무서장 등 제3자는 체납자의 부동산을 압류한 것이 된다.

(3) 부동산실권리자명의등기에관한법률

위에서 살펴본 바와 같이 판례는 명의신탁약정의 유효성을 인정하고 명의신탁약정에 따른 소유권이전등기 역시 유효한 것으로 인정하여 제3자는 선의 또는 악의를 불문하고 보호를 받을 수 있게 되었다.

그러나 우리나라 기구한 역사 속에서 탄생된 명의신탁은 그 후 부동산거래질서에 편법으로 활용하는 계기가 되기도 하였다. 그러나 실제로는 명의신탁을 부추기는 제도가 많이 존재하고 있었다는 사실도 부인할 수 없다.

예를 들면 법인이 부동산을 취득해야 하는 경우에 있어서 당해 부동산을 양도하는 거래 상대방으로서는 양도소득세를 적게 부담하기 위해서는 법인이 아닌 개인에게 양도하는 것이 유리한 경우가 있었다. 즉 법인에게 양도하는 경우에는 실지거래가액으로 양도차익을 계산하고 개인에게 양도하는 경우에는 기준시가로 양도차익을 계산하였던 것이다.[65]

아무튼 판례에 의해 인정된 명의신탁을 활용하여 부동산거래질서가 문란해진다고 보고 1990년에 부동산등기특별조치법을 제정하여 명의신탁을 규제하였으나, 그 실효성이 미미하여 보다 강력한 규제입법이 필요하다고 보고 1995년에 부동산실권리자명의등기에관한

---

65) 당시 골프장을 짓고자 토지를 매입해야 하는 법인은 주위 농민들로부터 토지를 매입하기 위해서는 대표이사 등 개인의 명의가 아니고는 토지를 매입하기 어려웠다. 농민들은 양도소득세의 부담 때문에 법인에게는 토지를 팔려고 하지 않았기 때문이다.
따라서 법인은 대표이사 등의 개인명의로 토지를 취득할 수밖에 없었고 이 잘못된 첫 단추로 인하여 그 후의 많은 부분들이 꼬이게 된 것은 말할 것도 없다.
이러한 불합리한 점 때문에 법인에게 양도하는 경우와 개인에게 양도하는 경우에 양도차익을 달리 계산하는 규정은 1989년 8월에 삭제되었다. 그러나 지금도 지방세법상의 취득세·등록세의 경우 법인이 취득하는 때와 개인이 취득하는 때를 각각 달리하여 과세표준으로 하고 있다.

법률을 제정하였다.

　부동산실권리자명의등기에관한법률의 핵심은 명의신탁자와 명의수탁자와의 명의신탁약정은 무효로 한다는 것과 무효인 명의신탁약정에 따라 행해진 부동산에 관한 물권변동도 무효로 한다는 것이다. 따라서 부동산실권리자명의등기에관한법률이 시행된 후의 명의신탁약정은 무효이고 이에 따른 등기도 무효이다. 그러나 이들 무효의 구체적인 의미가 무엇이냐 하는 것은 결국 최종적으로 법원의 판단에 달려 있다 할 것이다.

　이 절에서는 부동산실권리자명의등기에관한법률의 시행 후 부동산에 관한 명의신탁약정 및 이에 따른 등기에 관하여 명의신탁의 유형과 이들 명의신탁 유형에 따른 등기의 효력을 판례를 분석함으로서 명의신탁을 보다 깊이 이해하는 데 도움이 될 수 있도록 하는 한편, 명의신탁과 양도소득세와의 관계와 그리고 명의신탁과 증여세와의 관계의 설명과 함께 특히 주의해야 할 점들을 정리하였다.

┃ **부동산실권리자명의등기에관한법률 제4조【명의신탁약정의 효력】** ┃

① 명의신탁약정은 무효로 한다.
② 명의신탁약정에 따른 등기로 이루어진 부동산에 관한 물권변동은 무효로 한다. 다만, 부동산에 관한 물권을 취득하기 위한 계약에서 명의수탁자가 어느 한쪽 당사자가 되고 상대방당사자는 명의신탁약정이 있다는 사실을 알지 못한 경우에는 그러하지 아니하다.
③ 제1항 및 제2항의 무효는 제3자에게 대항하지 못한다.

┃ 그림 3-15 ┃　**명의신탁된 부동산을 양도하는 경우**

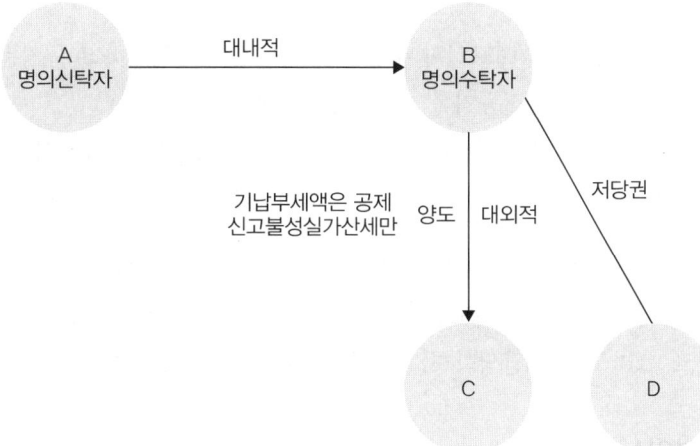

2. 명의신탁의 유형

가. 2자 간 등기명의신탁

부동산의 소유자로 등기되어 있는 자가 그 부동산을 수탁자에게 소유권이전등기를 해주는 경우를 말한다. 명의신탁자로부터 명의수탁자에게로 하는 이전등기의 기초는 명의신탁자와 명의수탁자의 명의대여계약, 즉 명의신탁약정이다. 이를 이전형 명의신탁이라고도 한다. 그러나 실제에 있어 명의신탁에 해당하는지, 증여에 해당하는지 여부는 분명하지 아니한 경우가 많다.

아버지가 장남에게 소유권이전등기를 경료해 준 후에 아버지가 아들을 상대로 하여 명의신탁해지를 원인으로 소유권이전청구소송을 제기한 사건에 대하여 원심은 명의신탁 및 그 해지를 인정했으나 대법원은 아버지가 소유권이전등기를 경료하면서 장남에게 등기권리증을 건네주었고, 그 후 장남이 제세공과금을 납부해 온 사실 등을 들어 명의신탁이 아니라 증여가 있었던 것으로 보았다(대법원 95다15209, 1995.9.26.).

이렇게 당사자 사이에 생긴 법률행위의 진실한 내용이 단지 명의만을 빌린 것인지, 아니면 목적물을 증여한 것인지는 특히 직계존비속 등의 특수관계인 사이에서는 밝혀지기 어려운 속성이 있다. 이전형 명의신탁은 원칙적으로 무효이다.

나. 3자 간 등기명의신탁

명의신탁자가 제3자인 매도인과 부동산의 취득계약을 체결하고 등기는 매도인으로부터 명의수탁자에게 바로 이전등기를 하는 것을 말한다.

명의신탁자가 매매계약의 당사자가 되는 것이므로 소유권이전청구권에 관한 권리의무는 명의신탁자에게 직접 귀속된다. 다만, 등기만 명의수탁자 앞으로 바로 경료된다.

이전등기의 원인은 매도인과 매수인(명의신탁자)의 매매계약과 명의신탁자와 명의수탁자 사이의 명의신탁약정이다. 매도인으로부터 매수인(명의신탁자)에게로의 소유권이전등기가 생략되었고 그리하여 중간생략형 명의신탁이라고도 한다. 원칙적으로 무효이다.

다. 계약명의신탁

명의신탁자의 위임에 의하여 명의수탁자 자신의 이름으로 매도인과 부동산매매계약을 하고 소유권이전등기 역시 명의수탁자에게로 바로 이전등기를 하는 경우를 말한다.

매매계약이 매도인과 명의수탁자 사이에 체결되므로 명의신탁자는 계약당사자가 아니다. 따라서 계약당사자인 명의수탁자가 매도인에 대한 소유권이전청구권 등의 권리의무를 가지게 된다.

매매대금의 지급 등 계약의 실질적인 면에서 명의수탁자는 심부름꾼에 불과하다. 명의신탁자의 위임에 의하여 명의수탁자가 명의신탁업무를 맡았다고 하여 위임형 명의신탁이라고도 한다. 부동산매도인이 명의신탁자와 명의수탁자 사이에 명의신탁약정이 있다는 사실을 안 경우에는 무효이고, 알지 못한 경우에는 유효하다(부동산실권리자명의등기에관한법률 제4조 제2항).

3. 명의신탁 종류별 효력

가. 2자 간 등기명의신탁

명의신탁자가 소유하던 부동산을 매매 또는 증여를 가장하여 명의수탁자 이름으로 등기한 경우이다. 명의신탁약정자체가 무효이므로 무효의 원인으로 경료된 등기 자체도 무효이다. 이 무효의 등기에 대하여는 동 강행법규의 내용이 효력규정인지 단속규정에 불과한지 등에 대한 논쟁을 방지하기 위하여 사법상 무효임을 명문으로 규정하여 효력규정임을 밝히고 있다.

만약 명의신탁자가 명의수탁자에게로 명의신탁한 부동산이 민법 제103조의 반사회질서의 법률행위로서 불법원인급여에 해당한다면 민법 제746조에 의하여 명의신탁자에게 등기말소청구를 인정할 수 없을 것이다.[66]

대법원은 명의수탁자가 명의신탁받은 부동산을 임의로 처분한 경우에는 명의신탁자에 대한 횡령죄가 성립한다고 판시하고 있다(대법원 99도5227, 2000.2.22.).

명의수탁자가 임의처분하면 횡령죄가 성립함(대법원 99도5227, 2000.2.22.)
부동산을 소유자로부터 명의수탁받은 자가 이를 임의로 처분하였다면 명의신탁자에 대한 횡령죄가 성립하며, 그 명의신탁이 부동산실권리자명의등기에관한법률 시행 전에 이루어졌고 같은 법이 정한 유예기간 이내에 실명등기를 하지 아니함으로써 그 명의신탁약정 및 이에 따라 행하여진 등기에 의한 물권변동이 무효로 된 후에 처분행위가 이루어졌다고 하여 달리 볼 것이 아님.
대법원에서는 부동산실권리자명의등기에관한법률상의 유예기간 내에 실명등기를 하지 아니한 경우 명의신탁자가 명의수탁자에게 대하여 부동산 자체의 부당이득반환을 구하는 청구에 대하여 명의수탁

---

66) 민법 제746조 【불법원인급여】
　　불법의 원인으로 인하여 재산을 급여하거나 노무를 제공한 때에는 그 이익의 반환을 청구하지 못한다. 그러나 그 불법원인이 수익자에게만 있는 때에는 그러하지 아니하다.

자는 부동산실권리자명의등기에관한법률 시행에 따라 당해 부동산에 관한 완전한 소유권을 취득함으로써 당해 부동산 자체를 부당이득하였다고 보아야 할 것이므로 명의수탁자는 명의신탁자에게 자신이 취득한 당해 부동산을 부당이득으로 반환할 의무가 있다고 판시하였음(대법원 2000다21123, 2002.12.26.).

위 판례에 따르더라도 부동산실권리자명의등기에관한법률에 의한 처벌을 받는 것은 별개의 문제라는 사실에도 유념해야 한다.

┃그림 3-16┃ 2자 간 명의신탁

② 소유권이전

민법 §746(불법원인급여)
민법 §103(반사회질서의 법률행위)

A   B

① 명의대여계약

나. 3자 간 등기명의신탁

명의신탁자가 제3자인 매도인과 부동산의 취득계약을 체결하고 등기는 매도인으로부터 명의수탁자에게 바로 이전등기를 하는 경우에 명의신탁자와 매도인과의 부동산의 취득계약은 유효하다는 것이 지배적 견해이다. 부동산실권리자명의등기에관한법률은 명의신탁자와 명의수탁자 사이의 명의신탁계약만을 무효로 규정하고 있다.

명의신탁자가 매매계약의 당사자가 되는 것이므로 소유권이전청구권에 관한 권리의무는 명의신탁자에게 직접 귀속된다. 따라서 매도인이 부동산소유권이전의무를 지는 상대방은 명의신탁자이므로 명의신탁자에 대한 소유권이전의무를 이행해야 한다. 매도인은 수탁자명의의 이전등기를 말소한 후 명의신탁자명의로 소유권이전등기를 해 주어야 할 의무가 있다.

이론상으로는 명의신탁자가 매도인의 등기말소청구권을 대위행사하여 명의수탁자 명의의 등기를 말소한 후 매도인으로부터 자신에게로 소유권이전등기를 청구할 수 있을 것이다. 명의신탁계약은 무효이므로 명의신탁자는 명의수탁자에 대하여 명의신탁해지를 원인으로 하여 소유권이전을 청구할 수는 없을 것이다.

3자 간 등기명의신탁의 경우에도 2자 간 등기명의신탁에 관한 대법원의 판례의 부당이득법리를 적용받을 수 있을지는 역시 법원이 판단할 사항이다.

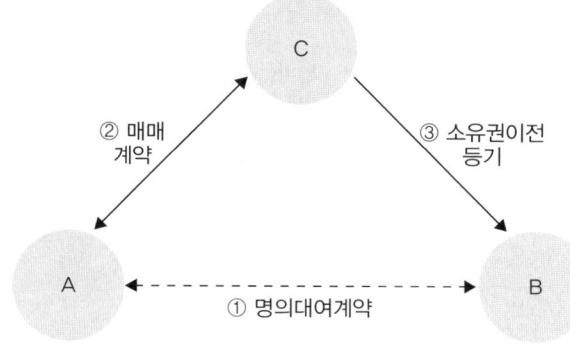

┃ 그림 3-17 ┃ 3자 간 명의신탁

계약당사자(매도인)

C

② 매매
계약

③ 소유권이전
등기

A는 C에게 소유권이전등기절차
이행요구. 따라서 A는 C를 대위
(채권자대위권)하여 B에게 말소
등기절차 이행청구

A

B

① 명의대여계약

계약당사자(매수인)

다. 계약명의신탁

명의신탁자의 위임에 의하여 명의수탁자 자신의 이름으로 매도인과 부동산매매계약을 체결하고 소유권이전등기 역시 명의수탁자에게로 바로 이전등기가 되기 때문에 명의신탁자는 매매계약의 당사자가 아니다.

부동산실권리자명의등기에관한법률은 이 경우의 물권변동은 원칙적으로 유효로 인정한다.

매도인과 명의수탁자 사이에 부동산매매계약과 물권적 합의 그리고 소유권이전등기가 있기 때문이다. 다만, 매도인이 명의신탁자와 명의수탁자 사이에 명의신탁계약이 있었다는 사실을 안 경우에는 물권변동은 무효가 된다(부동산실권리자명의등기에관한법률 제4조 제2항).

그러나 계약명의신탁의 경우 명의신탁자와 명의수탁자 사이의 명의신탁약정은 무효이지만 그 소유권이전등기에 의한 부동산물권변동 자체는 유효한 것이 되므로 명의수탁자는 소유권을 취득한 것으로 된다. 이 경우 명의신탁자가 부당이득반환청구를 제기한 사건에서 대법원은 명의수탁자는 당해 부동산에 관한 완전한 소유권을 취득하여 부동산 자체를 부당이득하였다고 보아 명의수탁자는 명의신탁자에게 자신이 취득한 당해 부동산을 부당이득으로 반환할 의무가 있다고 판시하고 있다(대법원 2000다21123, 2002.12.26.).

03
물
권
법

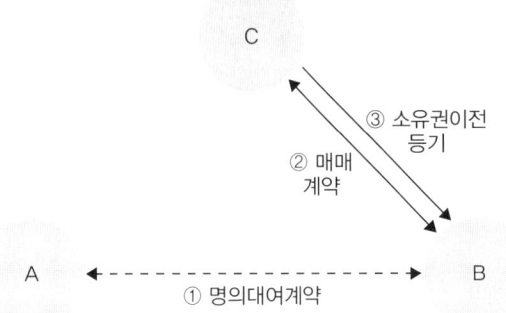

계약당사자(매도인)

명의신탁약정 무효 → 당해 부동산 부당이득
반환의무
B는 완전소유권 취득 → 반환할 부당이득 →
당해 부동산
B 타인사무처리지위는 아님. → 따라서 업무상
배임죄는 해당하지 아니함.

③ 소유권이전
등기
② 매매
계약

① 명의대여계약

계약당사자(매수인)

부동산실권리자명의등기에관한법률상의 유예기간 내에 실명등기를 하지 아니한 경우 명의신탁자가 명의수탁자에 대하여 부동산 자체의 부당이득반환을 구할 수 있음

(대법원 2000다21123, 2002.12.26.)

부동산실권리자명의등기에관한법률 제4조 제1항, 제2항의 규정에 의하면 명의신탁자와 명의수탁자가 명의신탁약정을 맺고, 이에 따라 명의수탁자가 당사자가 되어 명의신탁약정이 있다는 사실을 알지 못하는 소유자와의 사이에 부동산에 관한 매매계약을 체결한 후 그 매매계약에 기하여 당해 부동산의 소유권이전등기를 수탁자 명의로 마친 경우에는 명의신탁자와 명의수탁자 사이의 명의신탁약정의 무효에도 불구하고 그 소유권이전등기에 의한 당해 부동산에 관한 물권변동 자체는 유효한 것으로 취급되어 명의수탁자는 당해 부동산의 완전한 소유권을 취득하게 되고(대법원 2000.3.24. 선고 98도4347 판결참조), 부동산실권리자명의등기에관한법률 시행 전에 위와 같은 명의신탁약정과 그에 기한 물권변동이 이루어진 다음 부동산실권리자명의등기에관한법률 제11조에서 정한 유예기간 내에 실명등기 등을 하지 않고 그 기간을 경과한 때에도 같은 법 제12조 제1항에 의하여 제4항의 적용을 받게 되어 위 법리가 그대로 적용되는 것인바, 이 경우 명의수탁자는 명의신탁약정에 따라 명의신탁자가 제공한 비용을 매매대금으로 지급하고 당해 부동산에 관한 소유명의를 취득한 것이고, 위 유예기간이 경과하기 전까지는 명의신탁자는 언제라도 명의신탁약정을 해지하고 당해 부동산에 관한 소유권을 취득할 수 있었던 것이므로 명의수탁자는 부동산실권리자명의등기에관한법률 시행에 따라 당해 부동산에 관한 완전한 소유권을 취득함으로써 당해 부동산 자체를 부당이득하였다고 보아야 할 것이고, 부동산실권리자명의등기에관한법률 제3조 및 제4조가 명의신탁자에게 소유권이 귀속되는 것을 막는 취지의 규정은 아니므로 명의수탁자는 명의신탁자에게 자신이 취득한 당해 부동산을 부당이득으로 반환할 의무가 있음.

  계약명의신탁에 있어서 명의신탁약정이 있다는 사실을 알지 못하는 소유자와 부동산매매계약을 체결하고 소유권이전등기를 경료한 수탁자의 경우 그 명의수탁자는 형법상의 횡령죄 구성요건이 되는 '타인의 재물을 보관하는 자'에 해당하지 않는다고 판시하고 있다(대법원 98도4347, 2000.3.24.).

명의신탁약정이 있다는 사실을 알지 못하는 소유자와 사이에서 부동산매매계약을 체결한 후 당해 부동산의 소유권이전등기를 명의수탁자 명의로 경료한 경우 그 수탁자는 형법 제355조 제1항 소정의 '타인의 재물을 보관하는 자'에 해당하지 아니함(대법원 98도4347, 2000.3.24.)

횡령죄는 타인의 재물을 보관하는 자가 그 재물을 횡령하는 경우에 성립하는 범죄인바, 부동산실권리자명의등기에관한법률 제2조 제1호 및 제4조의 규정에 의하면 신탁자와 수탁자가 명의신탁약정을 맺고, 이에 따라 수탁자가 당사자가 되어 명의신탁약정이 있다는 사실을 알지 못하는 소유자와 사이에서 부동산에 관한 매매계약을 체결한 후 그 매매계약에 기하여 당해 부동산의 소유권이전등기를 수탁자 명의로 경료한 경우에는 그 소유권이전등기에 의한 당해 부동산에 관한 물권변동은 유효하고, 한편 신탁자와 수탁자 사이의 명의신탁약정은 무효이므로 결국 수탁자는 전 소유자인 매도인뿐만 아니라 신탁자에 대한 관계에서도 유효하게 당해 부동산의 소유권을 취득한 것으로 보아야 할 것이고, 따라서 그 수탁자는 타인의 재물을 보관하는 자라고 볼 수 없음.

4. 명의신탁약정이 유효한 경우

명의신탁에 관한 우리의 역사적 배경의 특수성과 현실적 관행을 고려하여 탈법목적이 없는 명의신탁의 경우에는 유효한 것으로 인정하고 있다.

가. 종중재산의 명의신탁

종중의 재산을 그 종원 등 개인의 명의로 등기해 둔 경우로서 조세포탈, 강제집행의 면탈 또는 법령상 제한의 회피를 목적으로 하지 않는 경우를 말한다(부동산실권리자명의등기에관한법률 제8조 제1호).

나. 부부 간 명의신탁

실질소유자가 자기의 배우자 명의로 등기한 경우로서 조세포탈, 강제집행의 면탈 또는 법령상 제한의 회피를 목적으로 하지 않는 경우를 말한다(부동산실권리자명의등기에관한법률 제8조 제2호).

5. 명의신탁에 관한 벌칙 등

가. 과징금

토지 또는 건물을 명의신탁하는 경우 부동산실권리자명의등기에관한법률에 의하여 당해 부동산의 실권리자인 명의신탁자에 대하여는 부동산가액의 30%가 과징금으로 부과된다.

여기서 부동산가액이라 함은 소득세법 제99조의 규정에 의한 기준시가를 말한다.

과징금의 금액이 일정금액을 초과하는 경우에는 그 초과하는 부분은 일정한 절차를 거쳐서 이를 물납할 수 있다(부동산실권리자명의등기에관한법률 제5조).

나. 이행강제금

과징금이 부과된 후에도 명의신탁자가 자신의 명의로 등기하지 않은 경우에는 과징금 부과 후 1년 경과 시 10%를 부과하고, 2년 경과 시 다시 20%의 이행강제금이 각각 부과된다. 다만, 자신의 명의로 등기할 수 없는 정당한 사유가 있는 경우에는 그 사유가 소멸된 후 지체 없이 자신의 명의로 등기하여야 한다(부동산실권리자명의등기에관한법률 제6조).

다. 벌칙

명의신탁자와 명의신탁자를 교사하여 부동산실권리자명의등기에관한법률을 위반하도록 한 자에게는 5년 이하의 징역 또는 2억원 이하의 벌금이 부과되고, 교사의 정도가 아닌 위반하도록 단지 방조한 경우에 불과한 경우에는 1년 이하의 징역 또는 3천만원 이하의 벌금에 처한다.

한편, 이름을 빌려준 명의수탁자와 명의수탁자를 교사하여 부동산실권리자명의등기에관한법률을 위반하도록 한 자에게는 5년 이하의 징역 또는 2억원 이하의 벌금이 부과되고, 명의수탁자를 교사한 정도에는 해당하지 않지만 방조한 것으로 볼 수 있을 때에는 3년 이하의 징역 또는 1억원 이하의 벌금에 처한다(부동산실권리자명의등기에관한법률 제7조).

6. 명의신탁에 대한 조세법

가. 증여세과세요건

권리의 이전이나 그 행사에 등기 등이 필요한 재산(토지와 건물은 제외한다. 이하 이 조에서 같다)의 실제소유자와 명의자가 다른 경우에는 국세기본법 제14조에도 불구하고 그 명의자로 등기 등을 한 날(그 재산이 명의개서를 하여야 하는 재산인 경우에는 소유권취득일이 속하는 해의 다음 해 말일의 다음 날을 말한다)에 그 재산의 가액(그 재산이 명의개서를 하여야 하는 재산인 경우에는 소유권취득일을 기준으로 평가한 가액을 말한다)을 실제소유자가 명의자에게 증여한 것으로 본다(상속세및증여세법 제45조의 2 제1항).

① 명의신탁에 관한 당사자의 약정이 있어야 한다.

② 등기·등록 및 명의개서를 요하는 재산이어야 한다.

③ 조세회피목적이 있어야 한다.

위 요건 중 조세회피목적에 대해서는 납세자가 입증책임이 있다. 즉 납세자의 입장에서 스스로 조세회피목적이 없었음을 입증해야 한다. 그러나 국가의 인력, 보유한 과세자료 등을 고려하면 방어능력이 상대적으로 부족한 납세자에게 조세회피목적이 없음을 입증하게 부담을 지우는 것은 바람직하지 않다.

오히려 국가에서 납세자의 조세회피목적이 있음을 입증하도록 하는 것이 입증책임의 배분 면에서 합리적이라 할 것이다.

위 상속세및증여세법 제45조의 2(명의신탁재산의 증여 의제) 규정을 그대로 두면서 2018.12.31. 상속세및증여세법 제4조의 2(증여세 납부의무) 제2항을 신설하여 "제45조의 2에 따라 재산을 증여한 것으로 보는 경우(명의자가 영리법인인 경우를 포함한다)에는 실제소유자가 해당 재산에 대하여 증여세를 납부할 의무가 있다"라고 규정하여 명의신탁 시 명의수탁자를 수증자로 의제하면서 다시 증여세 납부의무자는 실제소유자로 의제하는 2중의 의제장치를 둔 셈이 되었다.

엄격히 보면 명의신탁의 경우 증여의제로 보는 것은 타당하지 않다는 사실을 보여주고 있는 것이다. 명의신탁증여추정규정이었던 것을 1982년 증여의제규정으로 바꾸는 데 따른 문제점들이 보완되는 과정에서 바람직하지 않은 모습을 보이고 있을 뿐이다.[67]

실제소유자가 제45조의 2에 따른 증여세 및 체납처분비를 체납한 경우에는 그 실제소유자의 다른 재산에 대하여 체납처분을 집행하여도 징수할 금액에 미치지 못하는 경우에 한하여 국세징수법에서 정하는 바에 따라 제45조의 2에 따라 명의자에게 증여한 것으로 보는 재산으로써 납세의무자인 실제소유자의 증여세 및 체납처분비를 징수할 수 있도록 보완장치를 두었다. 실제소유자가 명의신탁한 자산은 명의신탁의 2중적 소유권구조[68]에 의해 명의신탁재산에 대하여 제3자와의 관계에서는 명의수탁자의 소유가 되는 것이므로 명의수탁재산에 대하여 과세관청과 명의수탁자의 채권자(제3자)와의 권리관계가 다시 쟁점화될 수밖에 없는 상황이 될 것으로 보인다.

---

67) 헌법재판소에서는 명의신탁의제규정이 헌법재판관 아홉 명 중 위헌의견 5, 합헌의견 4로 위헌결정요건에 한 표가 모자라서 합헌으로 유지되게 되었다.

68) 명의신탁자와 명의수탁자와의 관계(대내적 관계)에서는 명의신탁자의 소유이나, 명의수탁자와 제3자와의 관계(대외적 관계)에서는 명의수탁자의 소유가 되어 제3자가 명의신탁재산에 대한 압류 등의 효력은 정당한 권리행사가 된다.

명의신탁관계에 있어 실제소유자에 대한 증여세납부의무부여 신설규정은 2019년 1월 1일 이후 증여로 의제되는 분부터 적용한다.[69]

따라서 명의신탁이 당사자 사이에서 은밀하게 이루어지는 점을 고려하면, 종전의 규정이 상당기간 적용될 여지가 많을 것이다.

나. 증여의제에서 제외되는 자산

토지와 건물의 명의신탁은 증여의제대상에서 제외한다(상속세및증여세법 제45조의 2 제1항). 부동산실권리자명의등기에관한법률에 의해 과징금과 처벌을 받도록 되어 있어 증여세까지 부담하게 하는 경우 이중과세와 같은 불합리한 점이 지적되었기 때문이다.

그러나 토지 또는 건물을 명의신탁하는 경우 부동산실권리자명의등기에관한법률에 의하여 실리자인 명의신탁자에 대하여는 과징금과 이행강제금 외에도 징역과 벌금 등이 부과될 수 있는 것임을 유의해야 한다. 부동산에 관한 명의신탁사실이 조사과정에서 밝혀지는 경우에는 과징금이 부과되도록 통보된다.

한편, 토지와 건물이 증여의제대상자산에서 제외되었지만 그 결과 등록으로서 공시방법을 나타내는 주식에 대한 명의신탁 여부에 과세관청의 관심이 집중되게 되었다.

다. 명의신탁의 해지와 증여의 관계

당사자 사이에 생긴 법률행위의 진실한 내용이 단지 명의만을 빌린 것인지, 아니면 목적물을 증여한 것인지는 특히 직계존비속 등의 특수관계인 사이에서는 밝혀지기 어려운 속성이 있음을 보았다.

앞에서 아버지가 장남을 상대로 하여 명의신탁해지를 청구한 사건에서 원심은 당초의 장남에게로의 등기가 명의신탁임을 인정하였으나 대법원은 당초 장남의 등기가 명의신탁이 아닌 증여라고 보았다. 장남의 승소로 장남은 증여세를 부담해야 하고 아버지는 장남의 증여세납세의무에 대해 연대납세의무를 질 것이다.

---

69) 상속세및증여세법 부칙(법률 제16102호, 2018.12.31.)
　　제1조 【시행일】
　　이 법은 2019년 1월 1일부터 시행한다.
　　제3조 【증여가 의제되는 명의신탁재산에 대한 증여세 납부의무 등에 관한 적용례】
　　제4조의 2 제2항·제6항·제9항, 제6조 제2항, 제45조의 2 제1항·제2항, 제47조 제1항 및 제55조 제1항 제3호의 개정규정은 이 법 시행 이후 증여로 의제되는 분부터 적용한다.

한편, 상속세및증여세법에서는 증여를 받은 후 그 증여받은 재산을 증여세신고기한 이내에 반환하는 경우에는 처음부터 증여가 없었던 것으로 하고, 수증자가 증여받은 재산을 증여세신고기한 경과 후 3월 이내에 증여자에게 반환하거나 증여자에게 다시 증여하는 경우에는 그 반환하거나 다시 증여하는 것에 대하여 증여세를 부과하지 아니하는 것으로 규정하고 있다.[70]

이를 반대해석하면 증여 후 3월이 경과하여 합의에 의해 증여재산을 반환하면 당초 증여세를 과세하고, 증여 후 6월이 경과하여 합의에 의해 증여재산을 반환하는 경우에는 당초 증여에 대한 증여세는 물론이고, 반환하는 데 대한 증여세는 수증자가 다시 증여자가 되어 증여세를 별도로 부과한다는 뜻이 된다.

동 규정에 대해서는 헌법에 위배되지 아니하는 법률이라는 헌법재판소의 합헌결정이 이미 있었다(헌재결정 2000헌바35, 2002.1.31.). 명의신탁을 당초 증여로 보고 명의신탁해지를 재차 증여로 볼 수도 있음에 주의하여야 할 것이다.

---

70) 상속세및증여세법 제4조【증여세 과세대상(2015.12.15. 조번 개정)】
　④ 수증자가 증여재산(금전은 제외한다)을 당사자 간의 합의에 따라 제68조에 따른 증여세 과세표준 신고기한까지 증여자에게 반환하는 경우(반환하기 전에 제76조에 따라 과세표준과 세액을 결정받은 경우는 제외한다)에는 처음부터 증여가 없었던 것으로 보며, 제68조에 따른 증여세 과세표준 신고기한이 지난 후 3개월 이내에 증여자에게 반환하거나 증여자에게 다시 증여하는 경우에는 그 반환하거나 다시 증여하는 것에 대해서는 증여세를 부과하지 아니한다(2020.6.9. 개정).

민법과 세법

민법을 중심으로 한 조세의 이해

제 **4** 편

채권

계약자유의 원칙은 채권과 채무의 발생이 본인의 의사에 기초하는 것을 원칙으로 한다는 근대민법의 정신이다.

이 장에서는 채권자대위권과 채권자취소권이 국세채권을 확보하는 과정에서 어떻게 활용되고 있는지에 대하여 알아본다.

그리고 채권의 발생에서 연대채무, 보증채무 등 다수당사자의 채권관계와 함께 조세법상의 보충적 납세의무에 해당하는 납세의무의 승계, 연대납세의무 그리고 법인의 제2차 납세의무와의 관계를 알아본다.

그리고 채권양도와 채무인수의 차이점을 통해 국세채권과의 관계를 알아본다.

제 1 절   채권(債權)의 의의와 성질

1. 채권(債權)이란?

채권이란 '특정인(채권자)이 다른 특정인(채무자)에게 일정한 행위를 하여 줄 것을 청구할 수 있는 권리'를 말한다. 채무자의 행위를 통하여 채권자는 여러 가지 생활이익을 향수하게 된다. 예컨대 A가 B에게 부동산을 매도하기로 한 경우 매도인 A는 매수인 B로부터 대금채권이 생기고 B는 A로부터 부동산인도청구권이 생기는데 이러한 권리를 채권이라 한다.

이와 같이 채권은 특정인에 대하여 권리를 행사하여야 하므로 청구권이고 상대권이며 대인권(對人權)이다. 이는 물권이 특정한 물건을 지배하여 이로부터 이익을 얻는 배타적인 권리로서 지배권이고 절대권이며 대세권(對世權)이라고 하는 점과 대조를 이룬다.

여기서 채무자가 하여야 하는 '일정한 행위'를 급부(給付)라 하는데 주로 금전의 지급, 물건의 인도, 노무의 제공이다.

2. 채권의 성질

가. 상대성

앞에서 언급한 바와 같이 물권이 절대권·대세권인 데 반하여 채권은 상대권·대인권이다. 즉 채권내용의 실현은 반드시 채무자라는 사람을 통하지 않으면 안 되므로 자연히 '특정인에 대한 권리'가 된다.

나. 비배타성·평등성

물권의 경우와 달리 채권에는 원칙적으로 배타성이 인정되지 아니한다. 채권은 그 내용이 동일하더라도 여러 개의 채권의 병립이 허용된다. 채권자평등의 원칙이 적용되는 것이다. 예컨대 두 방송국에서 어느 가수와 같은 날, 같은 시간에 출연하는 계약을 체결한 경우에 그 가수는 어느 한쪽에 대해서는 이행을 할 수 없지만 두 방송국은 그 가수에게 출연을 요구할 수 있는 권리를 얻게 된다. 그리고 이 두 채권 사이에는 계약시기의 우선에 관계없이 평등하다. 그 가수는 단지 어느 한쪽을 선택하여 출연하면 되고 다른 쪽에 대해서는 채무불이행에 따른 손해배상의 책임을 지게 될 뿐이다.

다. 양도성

물권의 경우는 양도성이 그 본질을 이루고 있다. 채권의 양도성은 점차 확대되어 가고 있지만 물권과 동일하지는 않다.

| 제 2 절 | 채권의 대외적 효력 |

1. 채무자의 일반재산 보전의 필요성

채무자가 채무를 이행하지 않을 때에는 채권자는 일정한 요건하에 손해배상을 청구할 수 있으며 또 이행의 강제를 법원에 청구할 수 있다. 그러나 채무자가 채무를 이행하지 않을 경우에는 그 채무를 위해 담보를 설정하지 않은 이상 채권자는 채무자의 총재산의 강제집행을 하여 이를 압류하고 경매에 붙여 그 경락대금으로 배당을 받을 수 있다(민사집행법).

이 경우에는 채무자의 총재산이 모든 채권의 최후의 보장이며 담보가 되므로 이를 책임재산이라고 부른다.

그렇지만 책임재산은 그 채무자에 대한 모든 채권자의 공통의 담보이므로 책임재산의 전체가치가 모든 채권자를 만족시킬 수 없을 때에는 각 채권자는 평등하게 자기 채권액의 비율로 변제받는 데 그치고 만다. 그러므로 책임재산이 적당한 상태로 유지되는 것은 일반채권의 최후의 효력을 확보하기 위하여 불가결한 것이다.

그래서 민법은 채무자가 다른 사람으로부터 추심할 채권을 가지고 있음에도 행사하지 않고 방치하거나 하여 책임재산의 증식을 게을리하거나 혹은 재산을 타인에게 증여하는 것과 같이 고의로 책임재산을 감소시키는 행위를 할 때에는 채권자에게 채무자의 권리의무관계에 간섭하여 책임재산을 보전할 수 있는 수단을 줄 필요가 있다. 이를 위해 인정된 수단이 바로 채권자대위권(代位權)(제404조)과 채권자취소권(取消權)(제406조)이다.

2. 채권자대위권

가. 채권자대위권이란?

채권자대위권은 채무자가 자신의 권리를 행사하지 않는 경우에 채권자가 자기의 채권을 보전하기 위하여 채무자에 갈음하여 그 권리를 행사하여 채무자의 책임재산의 유지·충실을 기하는 제도이다(제404조). 예를 들면 A가 B에 대하여 채권을 가지고 있고 채무자 B는 C에 대하여 채권을 가지고 있는 경우에 B가 C에 대한 채권을 행사하지 않고 방치하고 있을 때에는 채권자 A는 채무자 B를 대신하여 B의 채권을 행사할 수 있는 것이다.

나. 요건

① 채권자가 자기의 채권을 보전할 필요가 있을 것. 즉 채무자의 재산으로 만족한 변제를 받을 수 없는 상태에 있음을 요한다.
② 채무자가 스스로 그 권리를 행사하지 않을 것. 불이익한 방법으로라도 권리를 행사하는 이상 채권자는 대위행사할 수 없다.
③ 채권자의 채무자에 대한 채권이 변제기에 있을 것. 단, 시효의 중단, 미등기재산의 등기 등 보전행위를 대위하는 경우에는 변제기 도래 전이라도 대위권 행사가 가능하다.
④ 대위행사를 할 수 있는 권리일 것. 압류가 금지되는 채무자의 재산 또는 일신전속상의 권리는 대위행사할 수 없다.

다. 효과

행사의 효과는 직접 채무자에 귀속하고 제3채무자가 인도한 재산은 총채권자를 위한 공동담보가 된다. 따라서 대위채권자가 이것으로 자기의 채권의 만족을 얻으려면 별도로 채무자로부터 임의변제를 받든가 아니면 강제집행절차를 밟아야 한다. 그러나 실제에서는 채권자가 직접 수령한 대위의 목적물이 채권자의 채권의 목적물과 같은 종류인 경우에는 상계함으로써 대위채권자가 우선변제권을 가지는 것과 동일한 효과가 되는 일이 많다.

3. 채권자취소권

가. 채권자취소권이란?

채무자가 채권자를 해함을 알면서 자기의 일반재산을 감소시키는 법률행위를 한 경우에 일정한 요건 아래 채권자가 채무자의 그 재산감소행위의 효력을 부인하고 일탈한 재산을 회복시킴으로써 채권의 공동담보를 보전시킬 수 있는 제도이다(제406조).

예컨대 A의 채무자 B가 채무를 변제할 만한 다른 재산도 없는 상태에서 유일하게 소유하고 있는 부동산을 제3자 C에게 매매 또는 증여한 경우에 A는 B와 C 사이의 매매계약 또는 증여계약의 취소 및 원상회복을 법원에 청구할 수 있다.[1]

나. 요건

① 채무자가 재산적 법률행위를 하였을 것
② 채권자를 해(害)하는 법률행위일 것
③ 채무자가 채권자를 해함을 알고 있었을 것(제406조 제1항 본문)
④ 수익자·전득자(轉得者)도 행위 시에 채권자를 해함을 알고 있을 것(제406조 제1항 단서)[2]

---

1) 사해행위취소권과의 관계(국세징수법 제30조)

2) ① 사해행위취소소송에 있어서 채무자의 악의의 점에 대하여는 그 취소를 주장하는 채권자에게 입증책임이 있으나 수익자 또는 전득자가 악의라는 점에 관하여는 입증책임이 채권자에게 있는 것이 아니고 수익자 또는 전득자 자신에게 선의라는 사실을 입증할 책임이 있다(대법원 1997.5.23. 선고, 95다51908 판결 외 다수).
② 채무자의 제3자에 대한 재산양도행위가 채권자취소권의 대상이 되는 사해행위에 해당하는 경우 수익자의 악의는 추정되는 것이므로 수익자가 그 법률행위 당시 선의이었다는 입증을 다하지 못하는 한 채권자는 그 양도행위를 취소하고 원상회복을 청구할 수 있다(대법원 1984.4.25. 선고, 87다카1380 판결 외 다수).
③ 국세징수법상의 사해행위취소규정(국세징수법 제30조)과 관련해서는 민법의 채권자취소권에서 수익자

04
채
권

다. 효과

취소권행사의 효과는 총채권자의 이익을 위하여 그 효력이 있다(제407조). 즉 수익자나 전득자로부터 반환시킨 재산 또는 이에 갈음하는 손해배상금은 총채권자의 공동담보가 된다. 사해행위취소의 효과는 상대적이어서 소송당사자인 수익자 또는 전득자 사이에서만 법률행위를 무효로 할 뿐이므로 채무자에 대하여 법률행위는 유효하게 존속한다.[3]

4. 세법상 채권자대위권과 채권자취소권

민법에서 채권자의 채권확보를 위하여 채권자대위권과 채권자취소권이 있듯이 국세채 권에 있어서도 국세징수상 필요한 경우 민법상의 이러한 규정을 준용할 수 있도록 규정하 고 있으며, 세법에서는 채권자취소권을 사해행위의 취소라 한다(2003.1.1.부터 민법을 준용 하도록 개정).

가. 채권자대위권

국세채권의 보전을 위하여 조세채권자인 국가가 조세채무자인 납세자의 권리를 대신 행사하는 것을 말하며, 세무서장이 "채권자를 대위(代位)한다"라고 함은 체납자가 제3자에 대하여 가지고 있는 채권을 압류하기 위하여 채권자인 체납자를 대위하여 그 채권을 제3채 무자로부터 세무서장의 이름으로 추심하는 것을 말한다(국세징수법 제41조 제2항).

(1) 요건

국세의 납부기한이 도래하고, 납세자가 당해 채권 외의 자력이 없음에도 불구하고 그 채권에 대한 권리를 스스로 행사하지 않는 경우에 세무서장은 대위권을 행사할 수 있다.

여기서 국세의 납부기한이 도래하였다 함은 독촉 후 지정된 납기까지 체납세금을 완납하 지 아니하여 체납처분을 하여야 하는 경우를 말한다.

스스로 선의라는 입증을 해야 하는 것이 아니고 채권자 쪽에서 수익자의 악의를 입증해야 한다는 주장이 있다.
　☞ 일반적으로 사해의사가 없었다는 소극적 사실에 관한 입증은 사해의사가 있었다는 적극적 사실의 입증보다 훨씬 더 어려운 것으로 수익자 또는 전득자에게 사해의사가 없었다는 입증책임을 부담시키는 것은 채권자의 이익보호에 너무 치중한 것이다.
3) 채권자취소권의 소는 채권자가 취소원인을 안 날로부터 1년, 법률행위 있은 날로부터 5년 내에 제기하여야 하고 이 기간은 제척기간이다(제406조 제2항).

(2) 대위권 행사대상이 되는 권리

납세자의 일신에 전속하는 권리 및 압류금지대상인 권리를 제외한 재산적 이익을 목적으로 하는 권리를 그 대상으로 하며, 체납처분과 관련하여 행하는 체납자 소유의 채권의 추심, 미등기부동산의 소유권보존대위등기촉탁 또는 상속재산의 소유권이전대위등기 등이 있다.

(3) 대위권 행사의 방법

채권자취소권과는 달리 반드시 재판의 방법을 통한 행사를 요하는 것은 아니며, 납세자를 대위할 수 있는 원인이 있기만 하면 된다.

대위권의 행사는 납세자의 대리인의 자격으로서가 아니고 국세채권자로서의 국가명의로 행사한다.

그리고 제3채무자로부터 물건의 인도를 청구하는 경우에는 납세자 또는 국가에의 인도청구가 가능하지만, 권리이전의 등기를 청구하는 경우에는 납세자에게의 이전청구만이 가능할 뿐 국가에의 권리이전청구는 불가능하다.

(4) 대위권 행사의 효과

조세채권자인 국가가 납세자의 권리를 대위행사한 경우 그 법적 효과는 납세자에게 직접 귀속하며, 대위행사에 통지가 납세자에게 도달한 후에는 납세자는 조세채권자의 대위행사를 방해하는 권리처분 등의 행위를 할 수 없다.

나. 사해행위의 취소

국세채권의 보전을 위하여 조세채무자인 납세자가 체납처분의 집행을 면탈하려고 고의로 재산을 감소시키는 행위를 하는 경우 그 행위를 취소하여 다시 납세자의 재산으로 복귀시키는 권리의 행사를 말한다(국세징수법 제30조).

(1) 요건

체납자의 사해행위가 있어야 한다.

그리고 체납자가 양도한 재산 이외에 다른 재산이 없는 경우에 한한다.

체납자의 사해행위라 함은 국가가 체납처분을 집행함에 있어서 체납자가 압류를 면하고자 하는 고의행위를 말한다. 사해행위에 대한 입증책임은 국가에 있다.

국가는 체납자가 국가를 해하고자 하는 의사의 존재를 입증하면 된다. 그 입증은 체납된 사실에 관한 인식과 양도한 재산 외에는 다른 재산이 없다는 사실을 밝히면 될 것이다.

04
채
권

체납자로부터 재산을 양수한 양수인은 그 정을 알고 이를 양수한 경우에 해당하여야 하지만, 그 정을 알고 양수한 것으로 추정된다는 사실에 유의해야 한다.[4]

선의의 양수인이라 하더라도 그 선의를 입증하지 못하는 경우에는 불측(不測)의 손해를 입을 수 있다.

2002.12.26. 국세기본법을 개정하여 '양도'를 '법률행위'로 바꾸었다. 그 이유 중 하나가 '양도'의 개념에 '증여'가 포함되지 않는다는 것이었다. 그러나 국세기본법상 '양도'의 개념은 민법에 의하는 것이므로 증여는 당연히 '양도'에 포함된다.

(2) 사해행위 취소의 대상

매매·증여 등 재산권의 이전, 저당권 등의 설정, 채무면제 등 재산감소를 초래하는 재산권에 관한 일체의 법률행위로서 체납처분을 면하기 위함을 목적으로 한 행위를 그 취소의 대상으로 한다. 법률행위로 인한 재산권의 변동에 적용되므로 법률의 규정에 의하여 재산권이 변동되는 경우에는 사해행위취소대상이 되지 아니한다.

따라서 수용, 경매 등의 경우에는 재산권의 변동이 있었지만 수용주체나 경락을 받은 자에 대하여 사해행위취소권을 행사할 수 없다.

(3) 사해행위 취소의 방법

사해행위의 취소는 체납자 또는 재산양수인을 상대로 민사소송을 제기하여야 하며, 압류가 가능한 시기 이후에는 소의 제기가 가능하다.[5]

또한 소의 제기는 납세자의 법률행위가 사해행위임을 안 날로부터 1년 또는 그 법률행위가 있은 날로부터 5년 이내에 하여야 한다(제406조 제2항). 이 기간은 제척기간으로 먼저 도래한 시기를 기준으로 판단한다.

---

4) 적극적인 사실보다는 소극적인 사실을 입증하기가 더욱 어렵다.
　이 경우 양수인의 악의를 국가에서 입증해야 한다면 국가는 양도인과 양수인의 특수관계 등을 입증하여 양수인의 악의를 입증할 것이지만, 양수인이 자신의 선의를 입증해야 하는 경우에는 특수관계가 아니하는 사실 등을 입증을 해야 하는데 이러한 소극적이고 존재하지 아니한 사실을 입증하는 것은 어려운 것이다. 이런 측면에서 채권자취소권은 선의의 피해자와 거래의 안전을 해칠 수 있어 학자들 사이에서도 비난을 많이 받고 있는 법률에 해당한다.

5) 국세징수법기본통칙 30-0…4【국세가 목적물의 가액보다 적은 경우의 처리】
　사해행위취소의 소를 제기하는 경우에 있어 국세의 액이 사해행위의 목적이 된 재산의 처분예정가액보다 적은 때에는 다음에 의한다.
　① 사해행위의 목적이 된 재산이 가분(可分)인 때에는 국세에 상당하는 사해행위의 일부의 취소와 재산의 일부의 반환을 청구하는 것으로 한다.
　② 사해행위의 목적이 된 재산이 불가분(不可分)인 때에는 사해행위의 전부취소와 재산의 반환을 청구하는 것으로 한다. 다만, 그 재산의 처분예정가액이 현저히 국세를 초과할 때는 그 재산의 반환 대신에 상당액의 손해배상을 청구하여도 무방하다.

5. 사해행위 취소와 기존 납세의무와의 관계

가. 개관

사해행위 취소를 조세와 관련하여 검토하는 대상은 주로 체납처분과 관련하여 조세채권을 확보하기 위한 수단이 주류였다. 그러나 사회가 복잡해지고 다원화해지면서 법률이 인정하는 범위 내에서 자신의 권리를 찾고자 하는 노력과 함께 보증보험회사나 개인 등도 사해행위취소소송을 제기하는 사건이 급격히 늘어나고 있다. 이와 관련하여 사해행위로 인하여 형성된 법률관계에 기하여 이루어진 기존의 과세처분이 사해행위 취소로 어떤 영향을 받는지에 대한 여러 가지 문제가 대두된다. 사해행위취소대상이 증여인 경우 동 증여세, 사해행위취소대상이 양도인 경우 동 양도세 등이 문제가 되는 것이다.

사해행위 취소의 효력에 관하여는 절대적 효력설(취소효과설), 상대적 효력설, 책임설이 있으나, 판례는 일관하여 상대적 효력설의 견해를 취하고 있다.[6] 조세법과 관련해서는 구체적 사례와 함께 깊이 있는 검토가 필요한 부분이다.

(1) 취소효과설

사해행위 취소에 절대적 효력을 인정하는 견해이다. 민법상의 다른 법률행위의 취소와 같이 사해행위 취소로 인하여 채무자와 수익자 사이의 법률행위는 소급적으로 소멸하게 되고, 일탈된 재산은 수익자의 부당이득이 되어 채무자는 반환청구권을 가지게 되고 채권자의 원상회복청구는 채무자의 반환청구권을 대위행사하는 것이 된다.

(2) 상대적 효력설

사해행위 취소의 효력은 취소채권자와 수익자(또는 전득자) 사이에서만 발생하고, 채무자와 수익자 사이에서는 당초 법률행위(사해행위)가 그대로 유효하다고 보는 견해이다.

따라서 사해행위취소판결이 확정되어도 일탈재산에 대하여 채무자는 반환청구권이 없다. 원상회복은 채권자가 강제집행을 하기 위하여 부득이 채무자에게로 소유권을 환원하는 것일 뿐 채무자가 실제 소유권을 취득한 것은 아니다. 단지 채권자 입장에서 강제집행을 위하여 채무자의 재산으로 취급하는 것일 뿐, 채무자나 수익자, 그 외 모든 제3자가(국가 포함)에 대하여 여전히 그 재산은 수익자 또는 전득자의 소유로 보는 견해이다. 따라서 채무자 명의로 환원된 재산에 대해 강제집행을 실시하여 배당 후 잔여금액이 있으면 채무자에게 반환할 것이 아니라 수익자 또는 전득자에게 반환해야 한다.

---

6) 대법원 4294민상378, 1962.2.15. 선고; 대법원 99다9011, 2001.5.29. 선고 외 다수

(3) 책임설

채무자와 수익자 사이의 법률행위에 어떤 효력을 미치는 것이 아니고, 수익자 또는 전득자가 채권자의 채권에 대하여 책임을 지는 지위에 놓이게 된다고 보는 견해이다. 사해행위로 채권자가 입은 피해는 그 재산에 대한 집행력의 상실이므로 집행력만 회복하면 되는 것으로 책임재산이 누구에게 귀속되는지 여부는 문제 삼을 필요가 없다는 것이다. 따라서 책임설은 사해행위 취소로 인하여 사해행위인 법률행위가 어느 누구와의 관계에서도 효력에 변경이 없고 당초의 효력을 그대로 유지하게 된다.

나. 사해행위 취소와 부가가치세

납세자가 신축건물을 양도한 후 부가가치세를 납부하지 않아 관할세무서장이 부가가치세 부과처분을 한 후 납세자에게 건축자금을 대여해 준 채권자가 신축건물 양도에 대해 사해행위취소소송을 제기하여 원고승소판결이 난 상태에서 납세자가 부가가치세 부과처분의 취소를 구하는 사건에서 처분청은 사해행위의 효력에 대하여는 대응하지 않았으나, 국세심판원은 사해행위 취소의 상대적 효력설에 의하여 취소의 효력이 미치지 않는 납세자가 당초 부과처분일로부터 90일이 지나서 청구한 것이라 하여 각하결정한 바 있다.[7]

다. 사해행위 취소와 증여세

납세자가 상속지분을 증여한 행위가 사해행위가 취소되었음을 이유로 증여세 취소를 구하는 사건에서 국세심판원은 상대적 효력설을 주된 이유로 하여 청구기각결정을 한 바 있다.[8]

사해행위 취소로 채무자와 수익자 사이에서는 당초 증여계약은 계속 유효하다는 의미이다. 따라서 수익자에 대한 증여세 부과처분도 계속 유효하므로 사해행위 취소는 증여세 취소사유로 볼 수 없는 것이다. 그리고 사해행위 취소채권자의 원상회복청구에 의하여 증여재산이 채무자의 명의로 회복된 경우에도 그 회복은 형식상 회복일 뿐 채무자가 실제로 소유권을 회복하는 것이 아니므로 증여재산의 반환에 따른 상속세및증여세법 제4조 제4항의 적용이 없으며 소유권의 실질적 이전이 아니므로 동 반환이 양도소득세과세대상도 아니다.[9]

기획재정부도 "사해행위 취소의 판결에 따라 증여자에게 당초 증여재산의 소유권이 원상회복되더라도 해당 증여재산에 대한 증여세 납세의무자는 수증자(수익자)가 되는 것"이라고 기해석하였다.[10]

---

7) 국세심판원 2004서3811, 2005.4.12. 결정
8) 국세심판원 2004서4482, 2006.1.31. 결정
9) 최장섭, 사해행위취소와 조세, 국세 2007년 9월호, 12~21면
10) 기획재정부 재산세제과-991, 2010.10.18.

기획재정부의 해석은 종전의 국세청이 사해행위취소판결에 의하여 증여등기가 말소되거나 수증자가 사해행위취소소송을 제기한 채권자에게 금전으로 반환하는 경우에는 그 말소등기되거나 반환한 금전에 상당하는 재산가액에 대해서는 증여세를 과세하지 아니한다는 해석[11]을 변경한 것이다. 기획재정부의 해석으로 인하여 종전의 국세청의 해석은 더 이상 적용되지 않는다.

라. 사해행위 취소와 양도소득세

2주택소유자가 1주택을 증여하고 남은 주택을 양도 후 1세대 1주택에 해당한다고 세무신고를 한 뒤, 과세당국이 증여주택에 대하여 사해행위취소소송을 제기하여 원상회복한 후 양도주택의 1세대 1주택을 부인하고 양도소득세를 부과한 사건에서 국세심판원은 사해행위 취소의 상대적 효력설에 따라 증여주택의 원상회복은 당초 소유자에게는 효력이 미치지 않는다는 이유로 양도주택의 1세대 1주택을 인정하여 과세당국의 양도소득세 부과처분을 취소하라는 결정을 한 바 있다.[12]

마. 사해행위 취소와 재산세

채무자로부터 수익자에게로 부동산소유권이 이전된 경우 수익자는 당해 재산에 대하여 유효한 소유자로서 재산세납세의무자가 된다. 이 경우 사해행위취소소송으로 취소판결이 확정된 경우 재산세납세의무자는 채무자인가, 아니면 수익자인가?

이미 앞에서 밝힌 바와 같이 사해행위취소의 효력에 대하여 상대적 효력설을 취하는 판례도 "사해행위 취소로 채무자가 직접 권리를 취득하는 것은 아니므로 채권자가 수익자와 전득자를 상대로 사해행위 취소와 일탈재산의 원상회복을 구하는 판결을 받아 그 등기명의를 원상회복시켰다고 하더라도 재산세 납세의무자의 사실상의 소유자는 수익자라고 할 것이다"라고 판시한 바 있다.[13]

---

11) 국세청재산-560, 2010.7.27.

12) 국세심판원 2006서3683, 2007.6.14. 결정

13) 대법원 98두11458, 2000.12.8. 선고 : 민법 제406조의 채권자취소권의 행사로 인한 사해행위취소와 일탈재산의 원상회복은 채권자와 수익자 또는 전득자에 대한 관계에 있어서만 그 효력이 발생할 뿐이고 채무자가 직접 권리를 취득하는 것이 아니므로 채권자가 수익자와 전득자를 상대로 사해행위 취소와 일탈재산의 원상회복을 구하는 판결을 받아 그 등기명의를 원상회복시켰다고 하더라도 재산세 납세의무자인 사실상의 소유자는 수익자라고 할 것이다.

1. 연대채무

연대채무란 동일내용의 급부에 관하여 수인의 채무자가 각자 독립하여 전부의 변제를 하여야 할 의무를 지고, 채무자 중의 한 사람이 전부 변제를 하면 다른 채무자의 채무도 모두 소멸하는 관계이다(제413조).

예를 들면 A, B, C 세 사람이 특정인 P에게 공동으로 폭행을 가하여 P가 손해배상청구 결과 A, B, C는 일정금액을 P에게 지급할 의무가 생기게 된 경우 등이다.

A, B, C라는 다수인의 채무자가 긴밀한 주관적 공동관계를 맺고 있는 채무관계이다. 따라서 A, B, C 연대채무자 중 어느 채무자가 자기의 부담부분을 넘어서 변제하여 그 한도 내에서 다른 연대채무자의 채무도 소멸하므로 변제액 중 자기의 부담부분을 넘는 부분을 다른 채무자에 대하여 구상권을 행사할 수 있다.

2. 보증채무

보증채무란 주채무자가 채무를 이행하지 않을 경우 보증인이 주된 채무와 동일한 내용의 채무를 이행하기로 하는 채무이다(제428조).

그리하여 보증인은 주채무자가 이행하지 않을 경우에 채무를 부담하므로(보충성) 채권자 가 주채무자에게 이행청구나 검색을 하지 않은 채 보증인에게 이행을 청구하면 보증인은 최고와 검색의 항변권을 행사할 수 있다. 만일 보증인이 주 채무자를 대신하여 채무를 이행하면 주채무자에 대하여 구상권을 행사할 수 있다.

가. 연대보증

연대보증이란 보증인이 주채무자와 연대하여 채무를 부담하는 것을 말한다. 따라서 보 증인은 주채무자와 연대하여 채무를 부담하므로 보충성이 없다. 따라서 보증인은 최고와 검색의 항변권이 없다.[14) 실무상 가장 많이 이용되는 보증이다.

---

14) 국세기본법상의 연대납세의무와 같은 개념이다.
　　공유물이나 공동사업의 경우에 연대납세의무는 제2차 납세의무자에서와 같이 보충성이 없다.

나. 보증연대

수인의 보증인이 연대하여 주채무와 동일내용의 채무를 이행하기로 하는 채무로 채권자와의 관계에서는 보통의 보증이지만 보증인들 간에는 연대책임을 진다. 따라서 보충성이 있으므로 채권자에 대하여 최고·검색의 항변권을 행사할 수 있다.

다. 공동보증

동일한 주채무에 관하여 수인의 보증인이 있는 경우로 각 공동보증인은 분할의 보증채무를 부담하므로 주채무액을 보증인의 수로 나눈 금액만큼의 보증채무를 진다.[15) 이를 분별의 이익이라 한다.[16)

라. 근보증

계속적 거래관계에 기하여 발생하는 현재 및 장래의 증감 변동하는 불특정의 채무에 대한 보증을 말한다.

마. 신원보증

미래에 생길지도 모르는 일정한 손해를 미리 담보하는 것을 목적으로 하는 계약이다.
고용으로 고용주가 받게 될 모든 손해를 담보하는 경우가 많으므로 손해담보계약이다. 계약자유의 원칙만으로 본다면 고용주는 자신에게 유리한 조건으로 계약을 하려고 할 것이다. 따라서 이러한 부작용을 줄이기 위하여 신원보증법에서는 신원보증계약은 2년을 초과하지 못하도록 하고, 초과하여 계약을 체결한 경우에는 전체계약을 무효로 하지 않고 2년으로 단축하도록 규정하고 있다.

이는 주택임대차보호법에서 임대계약기간을 2년 미만으로 정한 경우에 2년으로 보아 임차인을 보호하는 것과 같은 취지이다.
그리고 신원보증계약은 신원보증인의 사망으로 종료되는 것으로 규정하여 신원보증계약에 관하여 피상속인의 지위가 상속인에 승계가 되지 않도록 하고 있으며, 신원보증법에서 규정하는 내용에 반하는 당사자 간의 특약으로 신원보증인에게 불리한 것은 효력이 없다.[17)

---

15) 민법 제408조 【분할채권관계】
   채권자나 채무자가 수인인 경우에 특별한 의사표시가 없으면 각 채권자 또는 각 채무자는 균등한 비율로 권리가 있고 의무를 부담한다.
16) 민법 제439조 【공동보증의 분별의 이익】
   수인의 보증인이 각자의 행위로 보증채무를 부담한 경우에도 제408조의 규정을 적용한다.

3. 납세의무의 확장제도

납세의무의 확장이란 본래의 납세의무자 외의 자에게 납세의무를 부담시켜서 이를 이행하게 하는 제도를 말한다. 여기에는 상속에 있어 피상속인의 납세의무를 승계하는 납세의무의 승계와 공동사업자업자의 공동사업에 관련한 국세 등에 대한 연대납세의무 그리고 법인이 체납된 경우 일정한 요건 아래 과점주주 등에게 부차적으로 부여되는 제2차 납세의무가 있다.

가. 납세의무의 승계

납세의무의 승계란 이미 성립·확정된 납세의무가 법률의 규정에 의하여 본래의 납세의무자로부터 타인에게 이전되는 것을 말한다. 납세의무의 승계는 당사자의 의사에 관계없이 법정요건의 충족으로 이루어지는 것으로 법정요건이 충족되면 어떠한 별도의 처분이나 행위도 필요 없이 당연히 납세의무가 승계된다(국세기본법기본통칙 24-0…2).

(1) 법인의 합병으로 인한 납세의무의 승계

법인이 합병한 경우 합병 후 존속하는 법인 또는 합병으로 설립된 법인은 합병으로 소멸된 법인에 부과되거나 그 법인이 납부할 국세 및 체납처분비를 납부할 의무를 진다(국세기본법 제23조).

이 경우 납세의무의 승계범위는 제한 없이 피합병법인의 모든 채무이다.

(2) 상속으로 인한 납세의무의 승계

상속이 개시된 때에 그 상속인(수유자를 포함) 또는 상속재산관리인은 피상속인에게 부과되거나 그 피상속인이 납부할 국세 및 체납처분비를 상속으로 받은 재산의 한도에서 납부할 의무를 진다(국세기본법 제24조 제1항).

---

17) 신원보증법(2002.1.14. 법률 제6592호로 전면개정; 2009.1.30. 법률 제9363호로 개정)
　　제3조【신원보증계약의 존속기간 등】
　　① 기간을 정하지 아니한 신원보증계약은 그 성립일부터 2년간 효력을 가진다.
　　② 신원보증계약의 기간은 2년을 초과하지 못한다. 이보다 장기간으로 정한 경우에는 그 기간을 2년으로 단축한다.
　　③ 신원보증계약은 갱신할 수 있다. 다만, 그 기간은 갱신한 날부터 2년을 초과하지 못한다.
　　제7조【신원보증계약의 종료】
　　신원보증계약은 신원보증인의 사망으로 종료된다.
　　제8조【불이익금지】
　　이 법의 규정에 반하는 특약으로서 어떠한 명칭이나 내용으로든지 신원보증인에게 불리한 것은 효력은 없다.

이 경우 상속으로 얻은 재산이라 함은 원칙적으로 민법상 상속으로 얻은 재산을 뜻하는 것으로 상속세및증여세법에서 증여로 추정되는 재산을 납세의무의 승계에 있어 상속으로 얻은 재산으로 추정하지는 아니한다.

국가는 상속세및증여세법에서 상속재산추정규정이 있는 경우 상속세를 과세하기 위해서는 별도의 입증노력이 필요하지 않지만 상속인에게 피상속인의 납세의무를 승계시키기 위해서는 상속으로 추정재산이 실제로 상속인에게 귀속되었음을 입증해야 한다.

즉 상속세를 과세하기 위해서는 입증책임이 면제되지만 납세의무를 승계시키기 위해서는 입증책임을 부담한다.

> **상속개시일 전 1년 내 처분재산으로 상속재산으로 추정되는 경우에도 실지 귀속 여부에 대한 입증책임은 원칙적으로 과세관청에 있음(징세 46101-624, 2000.4.24.)**
> 상속세및증여세법 제15조의 규정에 의거 상속개시일 전 1년 이내에 피상속인이 재산을 처분하여 상속세 과세가액에 산입되는 금액은 국세기본법 제24조에서 규정한 상속으로 인하여 얻은 재산의 범위에 포함되는 것임.
> 위의 처분금액이 상속으로 인하여 얻은 재산에 포함되는지의 여부에 대한 입증책임은 원칙적으로 과세관청에 있는 것이나, 납세자가 입증을 해야 하는 경우도 있으므로 구체적 사실에 따라 판단할 사항임.

그리고 피상속인의 납세의무를 상속인이 승계하는 경우에는 압류 등 체납처분은 피상속인으로부터 상속받은 상속재산 이외에 상속인의 고유재산에도 가능하다.

> **피상속인의 납세의무가 승계되는 경우에는 상속인의 고유재산에 대하여도 압류가능함**
> (징세 46101-128, 2001.2.7.)
> 상속인은 국세기본법 제24조에 의거 상속이 개시된 때에 피상속인에게 부과되거나 그 피상속인이 납부할 국세 등을 상속으로 인하여 얻은 재산을 한도로 하여 납부할 의무를 지는 것이므로 상속재산이 상속인에게 상속등기가 되었더라도 피상속인의 체납에 기인하여 그 재산을 압류할 수 있는 것이며, 상속받은 재산으로도 체납국세에 충당이 되지 않을 경우에는 상속으로 인하여 얻은 재산의 가액의 범위 내에서 상속인 고유재산에 대하여도 압류가 가능함.

나. 연대납세의무

연대납세의무란 2인 이상의 납세의무자가 하나의 납세의무에 대하여 각각 독립적으로 전액의 납세의무를 이행할 책임을 지고, 연대납세의무자 1인이 납세의무를 이행하면 다른 연대납세의무자의 납세의무도 소멸하는 것을 말한다. 민법에서의 다수당사자의 채권관계에서 연대보증과 유사한 개념이다. 국세기본법에서도 연대납세의무에 관하여는 민법의 규

04
채
권

정을 준용하도록 규정하고 있다(국세기본법 제25조의 2). 연대납세의무에는 보충성이 없어 최고의 항변권과 검색의 항변권이 없다.

(1) 공유물·공동사업자의 연대납세의무

공유물(共有物)·공동사업 또는 그 공동사업에 속하는 재산과 관계되는 국세 및 체납처 분비는 공유물 또는 공동사업자가 연대하여 납부할 의무를 진다(국세기본법 제25조 제1항). 국세기본법과 개별세법과의 관계에서 납세의무의 승계에 관한 규정은 개별세법에 특례규 정이 있는 경우 국세기본법에 우선한다.

개별세법의 특례규정으로 소득세법에서는 사업소득·양도소득이 있는 공동사업에서 발 생한 소득금액은 해당 공동사업을 경영하는 각 거주자(출자공동사업자를 포함한다. 이하 "공 동사업자"라 한다) 간에 약정된 손익분배비율(약정된 손익분배비율이 없는 경우에는 지분비율을 말한다. 이하 "손익분배비율"이라 한다)에 의하여 분배되었거나 분배될 소득금액에 따라 각 공동사업자별로 납세의무를 지도록 규정하고 있다. 따라서 국세기본법의 공유물·공동사 업 등에 관한 연대납세의무규정은 배제된다(소득세법 제2조 제3항·제43조 제2항).

(2) 법인이 분할되거나 분할합병되는 경우의 연대납세의무

법인이 분할되거나 분할합병된 후 분할되는 법인이 존속하는 경우 다음 각 호의 법인은 분할등기일 이전에 분할법인에 부과되거나 납세의무가 성립한 국세 및 체납처분비에 대하여 분할로 승계된 재산가액을 한도로 연대하여 납부할 의무가 있다(국세기본법 제25조 제2항).
  ① 분할법인
  ② 분할 또는 분할합병으로 설립되는 법인
  ③ 분할되는 법인의 일부가 다른 법인과 합병하여 그 다른 법인이 존속하는 경우 그 다른 법인

(3) 법인이 분할 또는 분할합병으로 인하여 해산되는 경우

법인이 분할 또는 분할합병한 후 소멸하는 경우 다음 각 호의 법인은 분할법인에 부과되 거나 분할법인이 납부하여야 할 국세 및 체납처분비에 대하여 분할로 승계된 재산가액을 한도로 연대하여 납부할 의무가 있다(국세기본법 제25조 제3항).
  ① 분할신설법인
  ② 분할합병의 상대방 법인

(4) 증여자의 연대납세의무

증여자는 수증자가 아래에 해당하는 경우에는 수증자가 납부할 증여세를 연대하여 납부

할 의무를 진다. 다만, 저가·고가양도에 따른 증여의제 등 상속세및증여세법에서 정하는 경우에는 연대납세의무가 배제된다(상속세및증여세법 제4조의 2 제6항).

① 주소나 거소가 분명하지 아니한 경우로서 조세채권을 확보하기 곤란한 경우

② 증여세를 납부할 능력이 없다고 인정되는 경우로서 체납으로 인하여 체납처분을 하여도 조세채권을 확보하기 곤란한 경우

다만, 수증자가 증여일 현재 비거주자인 경우에는 증여자가 수증자와 연대하여 납부할 의무를 진다(상속세및증여세법 제4조 제1항).

(5) 수증자의 연대납세의무

양도소득에 관한 부당행위계산부인 대상이 되어 일정한 증여행위에 대하여 양도소득세가 부과되는 경우에도 연대납세의무가 부여된다.

소득세법은 양도소득에 대한 소득세를 부당하게 감소시키기 위해 일정한 특수관계자에게 자산을 증여한 후 그 자산을 증여받은 자가 그 증여일로부터 5년 이내에 다시 이를 타인에게 양도한 경우에는 증여자가 그 자산을 직접 양도한 것으로 보도록 규정하고 있다.[18]

갑이 특수관계 있는 을에게 자산을 증여하고 증여받은 자산을 을이 5년 내에 양도한 경우 양도소득세납세의무자를 을로 보지 않고 갑으로 보게 된다. 부당행위계산부인은 세법상의 효과일 뿐 민법상의 법률행위 자체를 부인할 수 있는 것이 아니다. 따라서 부당행위계산부인으로 인하여 불이익을 받게 된 갑이라 하더라도 갑은 을에게 당초 증여한 자산의 반환을 청구할 수 있는 권리가 생기는 것은 아니다.

다. 제2차 납세의무

제2차 납세의무란 본래의 주된 납세의무자가 납세의무를 이행하지 아니하여 그의 재산에 대하여 체납처분을 집행하여도 징수하고자 하는 국세채권의 만족에 부족이 있는 경우 그 부족한 금액에 대하여 법률이 정하는 특수관계에 있는 제3자가 주된 납세의무자에 갈음하여 보충적으로 부담하는 납세의무를 말한다. 주된 납세의무자에 갈음하여 보충적으로 납세의무를 부담하는 자를 제2차 납세의무자라 한다. 국세기본법에서 정하는 제2차 납세의무자에는 아래 네 가지 종류가 있다.

(1) 청산인 등의 제2차 납세의무

법인이 해산하여 청산하는 경우에 그 법인에 부과되거나 그 법인이 납부할 국세 및 체납처분비를 납부하지 아니하고 해산에 의한 잔여재산을 분배하거나 인도하였을 때에 그 법인

---

18) 소득세법 제101조 【양도소득의 부당행위계산】

에 대하여 체납처분을 집행하여도 징수할 금액에 미치지 못하는 경우에는 청산인 또는 잔여재산을 분배받거나 인도받은 자는 그 부족한 금액에 대하여 제2차 납세의무를 진다(국세기본법 제38조 제1항, 2019.12.31. 개정).

이 경우 당해 법인에게 부과되거나 당해 법인이 납부할 국세라 함은 당해 법인이 결과적으로 납부하여야 할 모든 국세를 말하며, 해산할 때나 잔여재산을 분배 또는 인도하는 때에 이미 납세의무가 성립된 국세에 한하지 아니한다(국세기본법기본통칙 38-0…3).

(가) 청산인 등의 제2차 납세의무

청산인 등의 제2차 납세의무는 다음의 요건이 모두 충족되어야 한다.
① 법인이 해산한 경우이어야 한다. 이는 해산등기의 유무와는 관계없이 사실상 해산한 경우를 의미한다.
② 해산한 법인에게 부과되거나 당해 법인이 납부할 국세 및 체납처분비를 납부하지 아니하고 잔여재산을 분배·인도한 경우이어야 한다.
③ 해산한 법인에 체납처분을 집행하여도 징수할 금액이 부족한 경우이어야 한다.

다만, 합병의 경우는 합병법인에게 피합병법인의 납세의무가 승계되므로 청산인 등의 제2차 납세의무가 발생하지 아니한다.

(나) 납세의무의 한도(국세기본법 제38조 제2항)

① 청산인 : 분배하거나 인도한 재산의 가액
② 잔여재산을 분배받거나 인도받은 자 : 각자가 받은 재산의 가액

(2) 출자자 등의 제2차 납세의무

(가) 출자자 등의 제2차 납세의무 요건

법인의 재산으로 그 법인에 부과되거나 그 법인이 납부할 국세 및 체납처분비에 충당하여도 부족한 경우에는 그 법인의 무한책임사원과 과점주주가 그 부족한 금액에 대하여 제2차 납세의무를 진다(국세기본법 제39조 제1항).

(나) 출자자 등의 제2차 납세의무자

출자자 중 국세의 납세의무성립일 현재 다음에 해당하는 자에 한한다.
① 무한책임사원
② 과점주주 중 다음에 해당하는 자
　㉠ 주주 또는 유한책임사원 1명과 그의 특수관계인 중 해당 주주 또는 유한책임사원과 친족관계이거나 경제적 연관관계, 경영지배관계 중 일정 관계에 해당하는 자

(국세기본법 제39조 제2호, 동법 시행령 제20조, 동법 시행령 제18조의 2)

　　ㄴ 해당 법인의 발행주식 총수 또는 출자총액의 100분의 50을 초과하는 주식 또는 출자지분에 관한 권리를 실질적으로 행사하는 자

　위에서 주주라 함은 주식의 소유자로서 주주명부 등에 기재 유무와 관계없이 사실상 주주권을 가진 자를 말하며, 주권의 발행 전에 주식 또는 주주권이 양도된 경우에는 그의 양수인을 말하며(국세기본법기본통칙 39-0…1), 과점주주의 판정은 국세의 납세의무성립일 현재 주주 또는 유한책임사원과 그 친족, 기타 특수관계에 있는 자의 소유주식 또는 출자액을 합계하여 그 점유비율이 50%를 초과하는지를 계산하는 것이며, 이 요건에 해당되면 당사자 개개인을 전부 과점주주로 본다(국세기본법기본통칙 39-0…3).

(다) 출자자 등의 제2차 납세의무 한도

　무한책임사원의 경우 제2차 납세의무에는 제한이 없으며 과점주주로서 제2차 납세의무자에 해당하는 경우에는 부족액에 대하여 그 법인의 발행주식 총수 또는 출자총액으로 나눈 금액에 해당 과점주주가 실질적으로 권리를 행사하는 주식 수 또는 출자액을 곱하여 산출한 금액을 한도로 한다(국세기본법 제39조 제1항).

(3) 법인의 제2차 납세의무

　출자자 등의 재산으로 당해 출자자 등이 납부할 국세 및 체납처분비에 충당하여도 부족한 경우로서 특정요건이 충족된 경우에는 그 부족액에 대하여 법인이 제2차 납세의무를 진다(국세기본법 제40조 제1항).

(가) 법인의 제2차 납세의무 요건

① 정부가 출자자의 소유주식 또는 출자지분을 재공매(再公賣)하거나 수의계약으로 매각하려 하여도 매수희망자가 없는 경우

② 법률 또는 그 법인의 정관에 의하여 출자자의 소유주식 또는 출자지분의 양도가 제한된 경우(국세징수법 제61조 제4항에 따라 공매할 수 없는 경우는 제외)

(나) 법인의 제2차 납세의무의 한도(국세기본법 제40조 제2항)

$$한도액 = (A - B) \times \frac{C}{D}$$

A : 법인의 자산총액
B : 법인의 부채총액
C : 출자자의 소유주식 금액 또는 출자액
D : 발행주식 총액 또는 출자총액

(4) 사업양수인의 제2차 납세의무

사업이 양도·양수된 경우에 양도일 이전에 양도인의 납세의무가 확정된 그 사업에 관한 국세 및 체납처분비를 양도인의 재산으로 충당하여도 부족할 때에는 대통령령으로 정하는 사업의 양수인은 그 부족한 금액에 대하여 양수한 재산의 가액을 한도로 제2차 납세의무를 진다(2018.12.31. 개정)(국세기본법 제41조 제1항).

(가) 사업양수인의 제2차 납세의무 요건

① 사업의 포괄적인 양도·양수가 있어야 한다.
② 당해 사업에 관한 국세이어야 한다.
③ 양도일 이전에 양도인의 납세의무가 확정된 국세이어야 한다.
④ 양도인의 재산으로 체납액을 충당하여도 징수부족액이 있어야 한다.

위에서 '당해 사업에 관한 국세'란 양도인이 양도사업장에서 사업을 영위하는 과정에서 생긴 국세 등을 의미한다. 예를 들면 사업용 부동산을 양도함으로써 납부하여야 할 양도소득세 및 법인세법 제55조의 2에 따라 납부하는 법인세는 당해 사업을 영위하는 과정에서 생긴 국세가 아니므로 양수자는 제2차 납세의무를 지지 아니한다(국세기본법기본통칙 41-0…3).

(나) 한도

사업양수인의 제2차 납세의무는 양수한 재산의 가액을 한도로 한다.
위에서 '양수한 재산의 가액'이란 아래 가액을 말한다(국세기본법시행령 제23조 제2항).
① 사업의 양수인이 양도인에게 지급하였거나 지급하여야 할 금액이 있는 경우 : 그 금액
② 지급할 금액이 없거나 불분명한 경우 : 양수한 자산총액에서 부채총액을 뺀 가액. 이 경우 자산·부채의 가액은 상속세및증여세법의 재산평가규정을 준용하여 평가한다.

라. 양도담보권자의 물적납세의무

납세자가 국세 및 체납처분비를 체납한 경우에 그 납세자에게 양도담보재산이 있을 때에는 그 납세자의 다른 재산에 대하여 체납처분을 집행하여도 징수할 금액에 미치지 못하는 경우에만 국세징수법에서 정하는 바에 따라 그 양도담보재산으로써 납세자의 국세 및 체납처분비를 징수할 수 있다(국세기본법 제42조 제1항). 다만, 국세의 법정기일 전에 담보의 목적이 된 양도담보재산은 제외한다.
양도담보권자의 물적납세의무는 아래 요건이 모두 충족되어야 한다.
① 납세자, 즉 양도담보설정자가 국세 및 체납처분비를 체납하고 있어야 한다.

② 국세의 법정기일 후에 담보의 목적이 된 양도담보재산이 있어야 한다.

③ 주된 납세자의 재산으로 체납액을 징수하여도 징수부족액이 있어야 한다.

제4절　채권의 양도

1. 채권양도란?

채권의 양도란 채권을 그 동일성을 유지하면서 양수인에게 이전하는 것을 목적으로 하는 계약을 말한다. 예를 들면 근로자 A가 사용자 B에 대하여 임금채권을 가지고 있는 경우 A가 그 임금채권을 제3자인 C에게 양도하면, 그 이후에는 C가 B에 대하여 채권자가 되는 것이다.

2. 지명채권의 양도

가. 지명채권이란?

지명채권은 채권자가 특정되어 있는 보통의 채권을 말한다. 채권자와 채무자와의 인적 관계가 잠재되어 있기 때문에 그 성질상 또는 당사자의 특약에 의하여 양도성이 제한되는 경우가 많다.

이 때문에 법률은 특별히 지명채권의 양도에 대하여는 채무자에 대한 통지 또는 승낙을 대항요건으로 하고 있다(제450조 제1항).

나. 지명채권양도의 대항요건

(1) 채무자에 대한 대항요건

채무자에 대한 통지 또는 채무자의 승낙이 없으면 채권양도로 채무자에게 대항할 수 없다. 양도인과 양수인 사이에는 양도행위만으로 채권이 이전되지만 채무자 및 제3자에게 대항하기 위해서는 통지 또는 승낙의 대항요건을 갖추어야 한다.

(가) 채무자에 대한 통지

채권을 양도한 사실을 채무자에게 통지하는 것이다.

채무자가 통지를 받은 후에는 채권양수인인 새로운 채권자에게만 변제해야 하고 착오·망각 등으로 종전의 채권자에게 변제한 사실로서 새로운 채권자에게 대항할 수 없다.

(나) 채무자의 승낙

채권양도의 사실을 채무자 쪽에서 승낙하는 것으로 승낙의 상대방은 양도인이나 양수인의 어느 쪽이라도 좋다. 역시 채무자가 승낙한 후에는 새로운 채권자에게 변제하여야 하고 종전의 채권자에게 변제한 사실로서 새로운 채권자에게 대항할 수 없다.

3. 제3자에 대한 대항요건

채무자가 아닌 제3자에 대하여 양수인이 채권양수효과를 우선시키기 위해서는 앞에서의 통지 또는 승낙은 내용증명우편과 같이 확정일자 있는 증서로 해야 한다(제450조 제2항).

그 이유는 양도인·양수인·채무자가 통모하여 양도일자를 소급시키는 경우에 발생하는 제3자의 부당한 손해를 방지하는 데 그 목적이 있다.

채권자가 하나의 채권을 두 사람에게 이중으로 양도한 경우에 누구를 진정한 양수자로 볼 것인가 하는 것은 양수도 계약시기로 판단하는 것이 아니고 확정일자 있는 증서에 의한 통지의 도달선후에 의하여 판단한다.

4. 채권의 양도와 조세법

가. 채권양도와 조세채권압류가 경합하는 경우

체납자 갑이 을에 대한 외상매출금 채권을 병에게 양도하는 경우로서 일정한 요건을 갖춘 때에는 을은 자신의 채무를 새로운 채권자인 병에게 이행해야 한다. 그러나 일정한 요건을 갖추지 못한 경우에는 을은 갑에게 이행한다 하더라도 병은 을에게 채권양수를 주장할 수 없다. 그렇다면 일정한 요건은 무엇을 의미하는가? 을은 새로운 채권자인 병에게 이행해도 무방한가? 이행해도 무방하지 않다면 그 의미는 무엇인가? 그리고 만약 갑의 을에 대한 채권이 체납을 원인으로 압류된 경우에는 을은 갑과 병과 그리고 압류권자 중 누구에게 채무를 이행해야 하는가?

갑의 을에 대한 채권양도는 그 대항요건을 갖춘 시기와 압류통지의 도달시기의 선후에 따라서 법률효과가 달라진다.

채권압류의 효력은 채권압류통지서가 채무자인 을에게 송달된 때에 발생하며, 압류조서 등본의 교부는 압류의 효력발생요건이 되지 아니한다.[19] 채무자인 을이 누구에게 이행해야 정당한 이행이 되는지 여부에 대한 기준이 되는 것이다.

제3채무자 을은 압류통지서를 받은 때에 그 범위에 있어서 채권자에 대한 이행이 금지된다. 여기서 이행이 금지된다는 의미는 채권자 갑에게 이행을 하는 경우에도 그 이행의 효력이 없다는 것을 의미한다. 따라서 채권압류통지서의 송달을 받은 후에 제3채무자 을이 체납자 갑에 대하여 이행을 한 경우에 그 채무이행으로서 압류채권자인 국가에 대항할 수 없다.[20]

갑의 을에 대한 채권양도가 압류에 우선하기 위해서는 채권양도의 대항요건을 갖추어야 하는데 내용증명우편과 같이 확정일자 있는 증서로 해야 한다.

등기우편은 확정일자 있는 증서에 해당하지 아니함에 유의해야 한다.

나. 채권양도에 따른 손금산입

매출채권양도에 따른 할인손실이 발생하는 경우에는 그 거래가 기업회계기준에 의한 매각거래에 해당하는 경우에는 그 할인액을 매각일이 속하는 사업연도의 소득금액 계산 시 손금에 산입한다.[21]

이 경우 당해 채권에 대한 권리와 의무가 양도인과 분리되어 실질적으로 이전되는 때에는 매각거래로 보지만 채권의 회수가 제대로 이루어지지 못하고 대손이 발생하는 경우에 미회수채권에 대하여 채권양도기업이 상환의무를 가지는 경우를 상환청구가능양도라고 하는데 상환청구가능양도는 실질적으로 외상매출금을 담보로 한 차입거래와 동일하다. 이는 결국 채권양도에 있어 대항요건을 구비하지 못한 경우에 해당한다.

매각거래로 인정받기 위한 요건을 채권양도인과 채권양수인별로 요약·정리해 보면 ① 채권양도인은 채권양도 후 당해 양도자산에 대한 권리를 행사할 수 없어야 하고, ② 채권양수인은 양수한 자산을 처분할 자유로운 권리를 갖고 있어야 한다.

위의 기업회계기준상 매각거래의 필요충분조건은 채권양도의 대항요건을 갖추는 것이 된다.

---

19) 국세징수법 제42조【채권 압류의 효력】
　　국세징수법기본통칙 42-0···1【효력발생의 시기】
20) 국세징수법기본통칙 42-0···2【이행의 금지】
21) 법인세법기본통칙 19-19···44【받을어음 할인료의 손금 처리방법】 및 재경부 법인 46012-180, 2001.10.17.

따라서 채권양도에 따라서 채무자에게 통지를 하여 도달되거나 채무자가 승낙을 하여야 한다. 이들 통지 또는 승낙은 앞에서 본 바와 같이 확정일자 있는 증서로 해야 한다.

다. 대항요건의 의미와 한계

체납자 갑이 을에 대한 외상매출금 채권을 병에게 양도하는 경우에는 채무자인 을에게 통지를 하거나 을의 승낙을 받으면 대항요건을 갖추게 되는 것임을 알았다.

여기서 대항요건이라는 말의 구체적인 의미는 갑이 을에 대한 채권이 병에게 넘겨졌다는 데 대하여 당사자 또는 제3자가 다툴 수 없다는 것을 의미한다.

예를 들면 채무자 을에 대한 통지 또는 승낙이 있은 후에는 채무자는 병에게 이행해야 하고 착각하여 갑에게 이행한 사실로서 병에게 대항할 수 없다는 것을 의미한다. 여기서 대항할 수 없다는 말의 참뜻은 을은 병에게 갑에 대한 이행으로 대항할 수 없지만[22] 병이 을의 갑에 대한 이행을 수인하면 그만이라는 뜻이 포함되어 있는 것이다.[23]

그러나 제3자가 과세관청 등의 국가기관인 경우에는 대항요건 구비 여부에 따라 일정한 행위를 수행해야 할 의무만이 부여될 뿐이다. 예를 들면 채권양도와 관련하여 대항요건을 갖추기 전에 압류권자가 과세관청 등 국가기관인 경우에는 압류권을 행사해야 할 뿐 양보는 있을 수 없다. 공무원의 행위는 사적 자치의 원칙이 적용되는 분야가 아니고 공무원법 등 법률에 따라 적정한 행위양식의 틀이 정해져 있기 때문이다.

제 5 절 **채무의 인수**

1. 채무인수란?

채무의 인수란 채무의 동일성을 유지하면서 그 채무를 인수인에게 이전시키는 계약을 말한다. 면책적 채무인수라고도 한다.

---

22) 대항할 수 없다는 말은 을이 갑에 대한 이행을 이유로 병에 대한 새로운 채무 있음을 거부하지 못한다는 뜻이다. 즉 을은 갑에 대해서는 별도로 부당이득반환청구 등의 권리가 생길 뿐이고 병에게는 별도의 이행을 해야 하는 것이다.

23) 병이 을의 사정을 딱하게 생각하고 을의 갑에 대한 이행행위를 이해하고 갑과 병과의 문제로 여기고 을로부터는 이행을 받은 것으로 아량을 베풀 수 있는 것이다. 그렇다고 하여 병이 을에게 채무면제 또는 증여를 한 것으로 볼 수는 없는 것이다. 을에게 통지나 을의 승낙은 채권양도의 대항요건일 뿐이기 때문이다.

예를 들면 근로자 A가 사용자 B에 대하여 임금채권을 가지는 경우에 제3자인 C가 B가 A에 대하여 부담하고 있는 금전지급채무를 갚아 주기로 하고 C가 B의 새로운 채무자가 되는 경우이다.

2. 채무인수요건

가. 당사자에 관한 요건

(1) 인수자와 채권자의 계약에 의하는 경우

채무를 인수할 자가 채권자와의 계약에 의하여 채무를 인수하여 기존 채무자의 채무를 면하게 할 수 있다(제453조).

채무자의 손해가 생길 여지가 없기 때문이다.

인수인이 채무자를 면책시키고 인수인이 대신 채무를 지는 데에는 인수인과 채무자 사이에 그 원인이 되는 관계가 존재한다. 이 원인되는 관계를 보상관계라고 한다.

이러한 인수인과 채무자 사이의 보상관계는 인수행위의 효력에 직접적인 영향을 미치지 않는 것이 원칙이다.

(2) 인수자와 채무자의 계약에 의하는 경우

인수자가 채무자와의 계약으로 채무를 인수한 경우에는 채권자의 승낙이 있어야 채무인수의 효력이 생긴다. 즉 채권양도에 있어서 승낙 또는 통지가 채권양도의 대항요건인 것에 대하여 채무인수에 있어서 채권자의 승낙은 효력발생요건이 된다.

채무인수과정에서 채권자를 제외하는 경우 채권자의 이익을 해칠 우려가 있으므로 이를 방지하기 위하여 채권자의 승낙이 있어야 그 효력이 생기도록 한 것이다(제454조 제1항). 이때 채권자는 승낙의 의사표시를 채무자나 인수인 어느 쪽에 하더라도 좋다.

☞ 채무인수인이 무자력자로 바뀌는 경우를 생각해보면 채권자승낙의 필요성을 알 수 있을 것이다.

나. 목적물에 관한 요건

채무인수가 가능하기 위해서는 인수행위의 목적이 되는 채무가 이전 가능한 것이어야 한다. 일반적으로 물건의 인도채무는 이전성이 있고 채무자의 개성이 중요시되는 특정인의 노무제공의무, 수임인의 의무 등 행위채무로 볼 수 있는 것들은 이전성이 없다.

이와 같이 채무인수의 목적인 채무는 제3자(인수인)의 변제가 허용되는 것, 다시 말하면 대체성이 있는 채무여야 하는 것이다(제453조 제1항 단서).

채무의 성질이 인수를 허용하지 않는 경우에는 인수행위가 있더라도 인수의 효과는 발생하지 아니한다.

제6절 채권의 소멸

1. 채권소멸이란?

채권의 소멸이란 채권이 객관적으로 그 존재를 상실하는 것, 즉 절대적 소멸을 뜻한다. 따라서 채권양도와 같이 주체가 변경하는 상대적 소멸은 채권의 이전일 뿐 채권소멸이 될 수는 없다.

2. 채권의 소멸원인

가. 일반적 소멸원인

채권은 일반권리와 같이 법률행위의 취소, 소멸시효 완성, 계약의 해제, 해제조건의 성취, 기한에서의 종기도래 등에 의해 소멸한다.

나. 채권법상의 특별소멸원인

민법은 채권편에서 채권소멸의 특수한 원인을 규명하고 있는데 변제, 대물변제, 공탁, 상계, 혼동, 면제, 경개 등 일곱 가지를 규정하고 있다.

(1) 변제

채권이 채무내용에 좇은 현실제공으로 이를 행하는 정상적인 방법으로 만족을 얻는 경우이다.

(2) 대물변제 · 공탁 · 상계

채무내용에 의해 예정된 이행방법이 아닌 다른 방법에 의해 채권이 만족을 얻는 경우로서 채무의 이행에 준하는 것으로 볼 수 있다.

(가) 대물변제

채무자가 채권자의 승낙을 얻어 다른 급여를 한 경우를 대물변제라고 한다.

이행의 내용이 본래의 급부가 아니라 대물(代物)이라는 점이 변제와 다르다.

채무자의 대물의 변제에 대하여 반드시 채권자의 승낙을 얻어야 한다.

채권자는 본래의 급부를 수령할 권리를 가지며, 설사 대물급부가 본래의 급부보다 고가라 하더라도 이를 수령해야 할 의무가 없다.

현실적으로는 대물변제예약과 가등기담보가 함께 활용된다.[24]

(나) 공탁

채권자가 변제를 받지 아니하거나 받을 수 없는 때, 상속 후에 누가 채권자가 되었는지 알 수 없는 때에 채무자가 공적기관인 공탁소에 금전이나 물건을 맡기고 채권자로 하여금 그것을 찾아갈 수 있도록 하는 제도를 말하는데 이를 변제공탁이라고도 한다.

(다) 상계

A가 B에 대하여 200만원의 채권이 있고 B는 A에 대하여 300만원의 채권이 있는 경우 채무의 변제기 도래 등 일정한 요건 아래 각 채권자는 상계의 의사표시만으로 자기의 채권을 소멸시킴과 동시에 동일한 액수의 상대방채권도 소멸시킨다.

위의 예에서 A는 200만원의 채권을 상계시키겠다는 의사표시를 B에게 함으로써 앞으로 100만원만을 B에게 갚으면 된다.

만약 상계의사를 표시하지 아니한 상태에서 B의 채권자 C가 B의 A에 대한 채권 300만원을 압류하는 때에는 A는 300만원을 C에게 지급해야 하고 그 지급 후 A의 B에 대한 채권 200만원은 받기 어려운 경우가 있을 것이다.

(3) 혼동 · 면제 · 경개

채권이 만족을 얻지 못하고 소멸하는 경우이다.

원래 채권은 채무자의 채무이행에 의해 만족을 얻어 소멸하는 것이므로 이들 채권소멸원인들은 이례적인 채권소멸원인이라고 할 수 있다.

---

24) ① 대물변제예약이란 차주가 변제기까지 본래의 채무를 이행하지 않으면 특정의 대물을 대주에게 양도할 것을 내용으로 하는 계약이다. 이를 소비대차의 대물변제예약이라고도 한다.

② 통상적으로 소비대차의 대물변제예약과 함께 그 대물에 대하여 담보물권을 설정해 두는 것이 보통이다. 대물변제의 예약과 함께 부동산에 설정하는 담보물권은 대개 가등기담보권이다.

채무자가 차용금채무의 이행을 지체하면 채권자는 예약완결권을 행사하고 그 가등기에 기한 본등기를 경료한다. 이 가등기담보에 관해서는 가등기담보에관한법률이 적용되므로 그 본등기가 있으면 바로 소유권이 이전되는 것이 아니라 청산기간의 경과와 청산금의 지급 등 일정한 절차와 요건을 갖추어야 비로소 소유권이 이전된다.

(가) 혼동

동일한 채권과 채무가 동일한 주체에 귀속하는 것을 채권의 혼동이라고 한다.[25]

(나) 면제

면제란 채권자가 채무자에게 채무를 면하게 하는 의사를 표시하는 것으로서 채권자의 상대방이 있는 단독행위이다.

그러나 채권자는 그 채권에 대하여 정당한 이익을 가지는 제3자에게 면제로써 대항하지 못한다.[26]

예를 들면 A가 B에 대하여 가지고 있는 채권을 면제한 경우에 그 면제 전에 A의 채권자 C가 A의 B에 대한 채권을 압류한 때에는 그 면제로써 C에게 대항할 수 없다.

(다) 경개

경개란 당사자의 계약에 의하여 채권자, 채무자 또는 채무내용을 변경하는 채권의 처분행위를 말하며, 구채무의 소멸원인이 된다. 즉 구채무에 대하여는 그를 소멸시키는 처분행위로서의 성격을 가지며, 신채무에 관해서는 새로운 채무를 부담하는 채무부담행위로서의 성격을 갖는다.

이러한 경개의 종류에는 ㉠ 채권자와 채무자의 계약으로 채무내용을 변경하는 경개, ㉡ 채권자와 신채무자의 계약으로 채무자를 변경하는 경개, ㉢ 채권자변경으로 인한 경개 등의 세 종류가 있다.

다. 채무변제 시 합의유무의 차이

1억원의 금전소비대차약정이 있는 경우 대주와 차주의 입장을 구분하여 생각해 보자. 대여기간이 장기인 경우로서 이자가 3천만원 발생하였고 3천만원을 변제한다고 가정하면, 차주의 입장에서는 지급하는 3천만원이 원본이 변제되는 것으로 하면 유리할 것이고, 대주의 입장에서는 수령하는 3천만원이 미수이자가 변제되는 것으로 하면 유리할 것이다.

---

25) 민법 제507조【혼동의 요건, 효과】
　　채권과 채무가 동일한 주체에 귀속한 때에는 채권은 소멸한다. 그러나 그 채권이 제3자의 권리의 목적인 때에는 그러하지 아니하다.
　　☞ 아들이 아버지로부터 1억원을 차용한 상태에서 아버지가 사망한 경우 아들은 1억원이라는 채무와 아버지로부터 상속받은 1억원이라는 채권이 생긴다. 그러나 아버지의 아들에 대한 1억원의 채권이 생전에 압류된 때에는 그 1억원은 제3자의 권리의 목적이 된 것이므로 혼동으로 소멸하지 아니한다.

26) 민법 제506조【면제의 요건, 효과】
　　채권자가 채무자에게 채무를 면제하는 의사를 표시한 때에는 채권은 소멸한다. 그러나 면제로써 정당한 이익을 가진 제3자에게 대항하지 못한다.

여기에 대주·차주 외에 대주 또는 차주의 채권자가 개입되거나 과세관청이 개입하게 되면 이해당사자가 하나 더 생기게 된다.

민법은 채무자가 채권자에게 채무의 비용 및 이자를 지급할 경우에 변제자가 그 전부를 소멸하게 하지 못한 급여를 한 때에는 비용, 이자, 원본의 순서로 변제에 충당하여야 하는 것으로 규정하고 있다.[27] 따라서 민법의 규정에 의하면 위의 경우 차주의 3천만원은 미수이자를 변제한 것으로 여겨지게 된다.

그러나 민법의 규정은 원칙적으로 임의규정이므로 이 경우에도 당사자의 약정이 우선하게 되는 것이므로 변제하는 3천만원이 미수이자의 변제가 아니고 원본에 대한 변제라는 사실에 관한 합의가 있으면 동 합의가 우선하게 된다. 주의할 것은 제3자와의 관계에 있어 권리의무관계를 분명하게 하기 위하여 동 합의는 문서로 하는 것이 좋다.

3. 채권에 대응한 채무의 성질

채권관계는 채권과 채무의 상관관계를 의미하는데, 채권이 본질적이고 채무는 채무자 편에 대한 구속이 되는 것으로 나타난다.

가. 채무와 책임의 관계

채무와 책임은 개념상 구별된다. 채무가 일정한 급부를 이행하는 의무인 데 대하여 책임은 일정재산이 채무의 이행에 대한 담보가 되는 것을 의미한다. 즉 채무의 본질은 일정한 급부를 하지 않으면 안 되는 법률적 의무이며, 책임은 이 의무를 실현하는 수단이라고 할 수 있다.

나. 채무 없는 책임

타인을 위하여 담보를 제공하는 물상보증인의 경우 물상보증인은 채무자의 채무불이행 시에 채무자의 일정급부의무에 대한 책임을 질 뿐이다.

그 결과 물상보증인은 채무는 없이 책임만을 지게 된다.

저당권이 설정된 부동산을 제3자가 취득하는 경우에도 제3자는 저당권자에 대하여 채무를 지지 않고 담보로 설정된 피담보채무에 대한 책임을 질 뿐이다.

---

27) 민법 제479조【비용, 이자, 원본에 대한 변제충당의 순서】제1항

다. 책임 없는 채무

책임 없는 채무는 채권의 속성인 집행력을 부여하지 않는 경우를 말한다.

시효가 완성된 채무, 도박에서 약속한 채무 등은 소(訴)의 방법으로 강제이행을 청구할 수 없다. 그러나 채권자가 채무자에 대하여 이행을 청구하고 채무자가 이를 이행하면 유효한 변제가 된다. 이러한 채무를 자연채무라고 하는 데 책임 없는 채무 또는 불완전채무라고도 한다.

계약총론

사적 자치의 원칙을 계약자유의 원칙이라고도 한다. 계약자유의 원칙은 당사자 사이에서의 자유이다. 계약으로 인한 납세의무의 발생은 거부할 자유가 없는 것이다.

법률행위는 본인의 의사이지만 그 법률효과인 권리의 변동에 따른 납세의무는 사회적 약속인 것이다. 이 사회적 약속은 그 내용의 숙지 여부와 관계없이 이행되어야 한다. 부동산거래에 있어서 세법상 취득 또는 양도시기로 보는 잔금청산일이 불분명한 경우에는 부동산의 사용·수익권의 이전이라는 그 반대급부의 흐름을 중시하는 이면에는 동시이행의 항변권이라는 제도를 이해할 필요가 있다. 그리고 계약의 해제와 해지는 그 개념이 다르고 따라서 해제대상인 계약과 해지대상인 계약은 세법 상의 취급에 있어서도 상이하다.

이 장에서는 계약의 종류와 계약의 성립과 효력에 대하여 살펴보고 유효하게 성립한 계약의 효력이 어느 경우에 해제를 할 수 있으며 그 해제의 결과 및 효과에 대하여 살펴본다.

제1절　계약의 의의와 작용

1. 계약의 사회적 작용

계약이란 사법상의 일정한 법률효과의 발생을 목적으로 하는 2인 이상의 당사자의 청약의 의사와 승낙의 의사의 합치에 의하여 성립하는 법률행위로서 단독행위·합동행위와 구별된다. 따라서 소위 물권계약, 준물권계약, 신분계약도 계약에 포함되지만 여기서는 채권계약이 문제된다.

신분에 얽매여 있던 봉건사회가 무너지고 성립한 근대시민사회에 있어서 사회생활관계는 개인의 자유의사를 바탕으로 하는 계약에 의하여 규율되게 되었다. 그리하여 오늘날 우리 생활관계는 많은 경우가 계약관계로 나타나게 된다. 생산물의 교환, 타인의 노동력의 이용, 타인의 토지와 건물, 기타 생산수단의 이용과 타인의 화폐의 이용 등 경제생활의 대부분이 계약에 의하여 이루어지고 있다. 따라서 이러한 의미에서 오늘날은 계약의 사회라고 할 수 있다.

2. 계약자유의 원칙

계약자유의 내용으로는 ① 계약을 할 것인가 말 것인가 하는 계약체결의 자유, ② 계약을 누구와 할 것인가 하는 상대방선택의 자유, ③ 계약내용을 어떻게 할 것인가 하는 내용결정의 자유, ④ 계약을 문서로 할 것인가 구두로 할 것인가 하는 방식의 자유를 들 수 있다.[28]

계약자유의 원칙을 제한하는 경우는 여러 가지 있을 수 있으나 여기서는 계약방식의 자유에 대한 한계를 살펴보도록 한다.

계약을 어떠한 방식으로 체결하느냐는 원칙적으로 자유이다. 따라서 구두로 체결할 수 있을 뿐만 아니라 서면의 작성·공정증서의 작성 등의 일정한 방식에 따라서 체결할 것을 약정할 수도 있다.

근대 이전에는 당사자의 합의만으로 계약이 효력을 발생하는 일은 오히려 드물고, 많은 경우에 일정한 방식을 필요로 하였다. 로마법이 그러했고, 게르만법도 또한 그러했다. 그러나 사적 자치를 기본원칙으로 하는 근대법에서는 개인의 의사에 절대적인 권위가 부여되어 계약은 원칙적으로 합의만으로 완전한 효력을 발생하게 되어 계약방식의 자유가 계약자유의 한 내용을 이루고 있다.

3. 계약방식의 자유의 한계

근대법에서는 계약을 문서로 할 것인지, 구두로 할 것인지에 대해서는 원칙으로 자유이지만, 예외적으로 법률의 규정에 의하여 일정한 방식이 요구되는 경우가 있다. 예를 들면 독일 민법은 부동산매매계약·증여계약 등은 공정증서로 작성하여야 한다고 규정하고 있고, 프랑스 민법도 계약의 목적물이 일정액 이상인 경우에는 증서의 작성을 필요로 한다. 이와 같이 일정한 경우에 특정의 방식을 요구하는 이유는 두 가지가 있다. 하나는 법률관계를 명확히 함과 동시에 증거를 보전하려는 것이고, 다른 하나는 당사자로 하여금 신중을 기하게 하려는 데에 있다.

그러나 우리나라의 현행 민법에서는 채권계약에 관하여 특별한 방식을 요구하는 예가 없다. 다만, 증여계약에 있어서는 구두로 계약을 하는 경우와 서면으로 계약을 하는 경우 그 법률효과에 있어 차이가 크다. 서면에 의하지 아니한 증여계약은 이행하지 전에는 각 당사자가 그 계약을 해제할 수도 있기 때문이다.

---

28) 증여계약에 있어서는 구두로 계약을 하는 경우와 서면으로 계약을 하는 경우 그 법률효과에 있어 차이가 크다. 서면에 의하지 아니한 증여계약을 각 당사자가 이행을 하기 전에는 그 계약을 해제할 수 있기 때문이다. 여기서 이행이라 함은 동산에 있어서는 인도, 부동산에 있어서는 등기가 된다(제555조·제558조 참조).

매매 등 유상계약의 경우 계약 후 채무불이행 등 특별한 사정이 있는 때가 아니고는 어느 일방이 계약을 해제할 수 없는 것을 고려해 볼 때 증여계약에 특이한 효력을 부여한 것이라 볼 수 있다. 단, 이러한 증여계약의 해제는 이미 이행된 부분에 대해서는 할 수 없다. 또 여기서 이행이라 함은 동산에 있어서는 인도, 부동산에 있어서는 등기가 될 것이므로 인도 또는 등기 전까지는 서면에 의하지 아니한 증여계약은 해제할 수 있다. 예를 들면 자전거 열 대를 증여하기로 구두약정하고, 일곱 대를 인도한 상태에서 증여계약을 해제하면 이미 이행된 일곱 대는 해제의 효력이 미치지 않는다.

4. 계약자유의 원칙에 대한 조세법 영향(양도소득 관련 부당행위계산부인)

가. 부당행위계산부인규정 등의 필요성

증여의 경우 배우자공제제도를 활용하는 경우 일정한 양도차익에 대하여 과세권을 행사할 수 없게 되는 등 우회거래 등을 하여 조세의 부담을 줄일 수 있는 여지가 있게 된다.

예를 들면, 남편이 1억원에 취득한 부동산이 어느새 6억원이 되어 양도하는 경우 양도차익이 5억원이 된다. 그러나 남편이 아내에게 증여하여 6억원의 배우자공제를 받은 후 아내가 양도하는 때에는 아내의 양도가액도 6억원, 취득가액도 6억원으로 동일하여 양도차액이 발생하지 않는다.

이러한 우회거래 등을 통하여 조세의 부담을 회피하는 것을 방지하기 위하여 소득세법은 당사자의 행위 또는 계산에 불구하고 부당행위계산부인규정 등을 두고 있다.

나. 증여 후 일정기간 내 양도하는 경우

(1) 배우자 또는 직계존비속으로부터 증여받은 후 양도하는 경우

(가) 행위계산부인 요건

거주자가 양도일부터 소급하여 5년 이내에 그 배우자 또는 직계존비속으로부터 증여받은 토지 또는 건물과 시설물이용권 등의 양도차익을 계산하는 경우이다.

즉 거주자가 배우자 또는 직계존비속으로부터 증여받은 위 세 가지 자산 중 하나를 증여받은 때로부터 5년 이내에 양도하는 경우에 소득세법상 당사자의 행위를 부인하고 세법상으로 일정한 효과를 부여한다.

여기서 행위계산의 부인대상이 되는 자산은 모든 자산이 아닌 토지, 건물, 시설물의 이용권에 한한다. 그리고 위 요건 중 하나인 증여받은 때로부터 5년에 해당 여부를 계산함에 있어서는 등기부상의 소유기간에 따른다(소득세법 제97조의 2 제1항). 증여에 의한 취득시기는 증여등기일이기 때문이다.

소득세법에서는 배우자 또는 직계존비속에게 증여하는 경우에 있어 행위계산부인을 소득세법 제101조(양도소득의 부당행위계산)가 아닌 소득세법 제97조의 2(양도소득의 필요경비 계산특례)에서 규정하고 있다.

(나) 행위계산부인 내용

배우자 또는 직계존비속으로부터 증여받은 위 자산을 양도하는 경우에 양도가액에서 공제할 필요경비는 다른 자산과 동일한 필요경비계산방법에 따라 계산하되, 취득가액은 당해 배우자 또는 직계존비속의 취득 당시 소득세법 제97조 제1항 제1호 각 목에서 규정하고 있는 취득가액을 기준으로 계산한다.

즉 취득시기를 의제하여 배우자 또는 직계존비속으로부터 증여받을 때의 가액이 아닌 배우자 또는 직계존비속의 당초 취득시기의 취득가액을 필요경비로 인정한다. 의제대상이 소득세법 제101조에서처럼 양도자가 아니고 취득가액이라는 점에서 차이가 있으나 실질적인 효과는 같다.

이 경우 양도일은 소득세법 제98조 및 동법 시행령 제162조에서 규정하고 있는 양도시기에 따라 판정하여야 하지만 5년에 대한 연수계산은 등기부상의 소유기간에 의해 계산한다.

(2) 특수관계자로부터 증여받은 후 양도하는 경우

(가) 행위계산부인 요건

양도소득에 대한 소득세를 부당하게 감소시키기 위하여 특수관계자에게 자산을 증여(소득세법 제97조의 2 제1항의 규정을 적용받는 배우자 또는 직계존비속의 경우를 제외한다)한 후 그 자산을 증여받은 자가 그 증여일로부터 5년 내에 다시 이를 타인에게 양도하는 경우에는 당사자의 행위 또는 계산에 관계없이 행위계산을 부인할 수 있다. 이 경우 민법상 증여의 효력을 부인하는 것은 아니다.

(나) 행위계산부인 내용

양도소득에 대한 소득세를 부당하게 감소시키기 위하여 특수관계자에게 자산을 증여한 후 그 자산을 증여받은 자가 그 증여일로부터 5년 내에 다시 이를 타인에게 양도하는 경우에는 증여자가 그 자산을 직접 양도한 것으로 본다. 이 경우에는 증여자와 특수관계자 사이의 증여를 부인하고 수증자의 자산양도행위를 증여자의 양도행위로 의제한다.

동 규정이 적용되기 위해서는 앞에서 검토한 부당행위계산부인의 일반요건이 충족되어야 함은 물론 더 나아가서 수증자가 증여일로부터 5년 내에 당해 자산을 다시 타인에게 양도한 경우에 한하여 적용된다. 그리고 여기서 수증자의 당해 자산에 대한 보유연수는 등기부상의 소유기간에 의하여 계산한다.

(다) 수증자의 연대납세의무

배우자 또는 직계존비속의 부당행위계산은 납세의무자를 의제하는 것이 아니므로 수증자인 배우자 또는 직계존비속이 그대로 양도소득세납세의무가 존재한다. 의제대상이 양도자가 아닌 취득가액이기 때문이다.

그러나 배우자 또는 직계존비속이 아닌 특수관계인 사이의 증여에 대한 부당행위계산부인규정은 당초 증여자를 양도자로 의제하는 것이므로 증여 후 무재산이어서 양도소득세를 납부할 능력이 없어 양도소득세를 징수하지 못하는 문제가 있었다.

이러한 제도의 허점을 이용하여 양도소득세부담을 회피하는 사례를 방지하기 위하여 증여자에게 부과되는 양도소득세에 대하여 수증자에게도 연대납세의무를 부여하였다.

그러나 동 규정은 2002.1.1. 이후 최초로 양도하는 분부터 적용되는 것이므로 그 전에 양도한 자산에 대하여는 증여자에게 연대납세의무를 부여할 수 없다.

다. 특수관계자에 대한 양도 시 행위계산부인

(1) 행위계산부인 요건

납세지관할세무서장 또는 지방국세청장은 양도소득이 있는 거주자의 행위 또는 계산이 그 거주자와 특수관계에 있는 자와의 거래로 인하여 그 소득에 대한 조세 부담을 부당하게 감소시킨 것으로 인정되는 경우에는 그 거주자의 행위 또는 계산과 관계없이 해당 과세기간의 소득금액을 계산할 수 있다(소득세법 제101조 제1항).

위에서 '조세 부담을 부당하게 감소시킨 것으로 인정되는 경우'라 함은 다음에 해당하는 때를 말한다.
- ① 특수관계인으로부터 시가보다 높은 가격으로 자산을 매입하거나 특수관계인에게 시가보다 낮은 가격으로 자산을 양도한 때
- ② 그 밖에 특수관계인과의 거래로 해당 연도의 양도가액 또는 필요경비의 계산 시 조세의 부담을 부당하게 감소시킨 것으로 인정되는 때

(2) 행위계산부인 내용

특수관계인과의 거래에 있어서 토지 등을 시가를 초과하여 취득하거나 시가에 미달하게 양도함으로써 조세의 부담을 부당히 감소시킨 것으로 인정되는 때에는 그 취득가액 또는 양도가액을 시가에 의하여 계산한다. 다만, 시가와 거래가액의 차액이 3억원 이상이거나 시가의 100분의 5에 상당하는 금액 이상인 경우로 한정한다(소득세법시행령 제167조 제3항).

라. 양도행위에 대하여 증여세를 과세하는 경우

(1) 배우자 또는 직계존비속 간 양도 시

배우자 또는 직계존비속(이하 "배우자 등"이라 한다)에게 양도한 재산은 양도자가 그 재산을 양도한 때에 그 재산의 가액을 배우자 등에게 증여한 것으로 추정하여 이를 배우자 등의 증여재산가액으로 한다(상속세및증여세법 제44조 제1항).

(2) 특수관계자가 개입되어 양도 시

특수관계인에게 양도한 재산을 그 특수관계인(이하 "양수자"라 한다)이 양수일부터 3년 이내에 당초 양도자의 배우자 등에게 다시 양도한 경우에는 양수자가 그 재산을 양도한 당시의 재산가액을 그 배우자 등이 증여받은 것으로 추정하여 이를 배우자 등의 증여재산 가액으로 한다. 다만, 당초 양도자 및 양수자가 부담한 소득세법에 따른 결정세액을 합친 금액이 양수자가 그 재산을 양도한 당시의 재산가액을 당초 그 배우자 등이 증여받은 것으로 추정할 경우의 증여세액보다 큰 경우에는 그러하지 아니하다(상속세및증여세법 제44조 제2항).

5. 계약자유의 원칙과 조세법(특수관계 없는 자 간 거래에도 증여의제)

가. 특수관계인 간의 저가 또는 고가 양도 등

위 양도소득 관련 부당행위계산부인은 일정한 특수관계에 있는 자와의 거래에 관하여 적용되는 조세법규이다. 원칙적으로 조세법은 특수관계인 간의 거래에 있어서는 조세법상 일정한 효력을 인정하는 소위 부당행위계산을 두고 있지만, 특수관계인 사이의 거래가 아닌 경우에는 실질과세원칙에 의해 외형에 나타난 거래 속에 숨어 있는 은닉행위를 찾아내서 과세를 하게 된다. 한편, 상속세및증여세법 제35조 제1항은 특수관계인 간에 재산을 시가보다 낮은 가액으로 양수하거나 시가보다 높은 가액으로 양도한 경우로서 그 대가와 시가의 차액이 일정 기준금액 이상인 경우에는 대가와 시가의 차액 중 일정금액을 증여로 보도록 규정하고 있다.

그러나 동법 제2항은 특수관계인이 아닌 자 간의 거래에 있어서도 대가와 시가의 차액이 일정 기준금액 이상인 경우에는 일정금액에 대하여 증여세를 과세할 수 있도록 규정하고 있다. 이는 사업자가 아닌 모든 국민을 대상으로 하는 규정이고, 나아가 국민 누구라도 과세관청의 조사대상이 될 수 있다는 점에서 근대시민사회의 사적 자치의 원칙에 대한 우려를 지울 수 없다.

나. 특수관계인 아닌 자 간의 저가 또는 고가 양도에 대한 증여의제 문제점

특수관계인이 아닌 자 간에 거래의 관행상 정당한 사유 없이 재산을 시가보다 현저히 낮은 가액으로 양수하거나 시가보다 현저히 높은 가액으로 양도한 경우로서 그 대가와 시가의 차액이 양도 또는 양수한 재산의 시가의 100분의 30에 상당하는 가액 이상인 경우에는 해당 재산의 양수일 또는 양도일을 증여일로 하여 그 대가와 시가의 차액에서 3억원을 뺀 금액을 그 이익을 얻은 자의 증여재산가액으로 한다(상속세및증여세법 제35조 제2항, 동법 시행령 제26조 제3항과 제4항).

예를 들면, 급매물로 내놓은 시가 100억원인 부동산이 65억원에 팔린 경우, 특수관계가 없는 경우에도 대가(65억원)와 시가(100억원)의 차액이 100분의 35인 경우에 해당하여 대가와 시가와의 차액 35억원에서 3억원을 공제한 32억원을 증여가액으로 과세한다는 뜻이다.

특수관계가 아닌 경우에는 일정조건 아래 증여세를 과세할 수 있도록 규정한 것은 조세입법의 과잉이라고 하지 않을 수 없다. 모든 국민의 거래를 돋보기로 볼 수 있다는 의미이다.

근대시민사회의 민법이 사적 자치의 원칙, 계약자유를 천명하여 봉건적 구속으로부터 해방되어 자유로운 활동을 보장할 수 있게 한 위대한 정신을 돌이켜보아야 할 필요가 있다.

다. 과세관청의 입증책임을 판시한 대법원

다행스럽게도 대법원은 상속세및증여세법 제35조 제2항에 따른 과세처분이 적법하기 위해서는 "양수자가 특수관계인이 아닌 자로부터 시가보다 현저히 낮은 가액으로 재산을 양수하였다는 점뿐만 아니라 거래의 관행상 정당한 사유가 없다는 점도 과세관청이 증명하여야 한다[29]"라고 하여 입증책임을 과세관청에 전환한다고 판시하여 특수관계에 있는 자는 그 거래의 정당성 등을 스스로 증명해야 하는 데 반하여, 특수관계 없는 자와의 거래는 거래 당사자는 거래의 정당성 있음을 추정받는 지위에 있고, 이 추정력을 반증하고자 하는 과세관청이 정당성 없는 거래임을 증명해야 한다.

그러나 특수관계 없는 자와의 거래에 대해서는 위와 같은 상속세및증여세법 규정을 두지 않는 것이 바람직하다. 특수관계 없는 자와의 거래와 관련하여 과세관청은 언제든지 실질 과세원칙 등에 따라서 거래의 실질을 조사하여 가장행위 속에 숨어 있는 은닉행위에 대하여 과세할 수 있기 때문이다.

---

29) 대법원 2017두61089, 2018.3.15. 외 다수
　　(구)상속세및증여세법(2015.12.15. 법률 제13557호로 개정되기 전의 것) 제35조 제2항에 따른 과세처분이 적법하기 위해서는 양수자가 특수관계인이 아닌 자로부터 시가보다 현저히 낮은 가액으로 재산을 양수하였다는 점뿐만 아니라 거래의 관행상 정당한 사유가 없다는 점도 과세관청이 증명하여야 한다.

04
채
권

모든 국민을 상속세및증여세법 제35조(저가 양수 또는 고가 양도에 따른 이익의 증여)를 적용할 수 있도록 한 법 규정이, 국민을 대표하는 국회에서 제대로 문제점을 지적도 받지 않은 채 그대로 통과되었다는 사실은 우리 모두 반성해야 할 부분이다. 다행스럽게 위 대법원에서 거래의 정당성 등에 관한 입증책임을 과세관청에 부담시킴으로써 어느 정도 국민의 조세부담위험성이 줄어들었다고는 할 수 있다. 그러나 이런 법규가 존재한다는 사실에 대하여 의식 있는 많은 국민은 깊은 고민을 해야 한다.

제 2 절 ## 계약의 종류

1. 일시적 계약과 계속적 계약

급부가 어느 시점에서 1회에 한하여 행하여지는 경우를 일시적 계약이라고 하며, 반대로 급부가 일정한 기간을 통하여 반복·계속되는 경우를 계속적 계약이라고 한다.

계속적 계약 가운데는 임대차·고용 등과 같이 유산자 대 무산자의 지배복종관계를 구성하는 등 폐단이 많기 때문에 다음과 같은 특별한 법적 규제를 필요로 한다.

가. 계약종료에 관한 해지

이 경우에는 계약의 효력을 소급적으로 실효케 하는 '해제(解除)'는 인정되지 않고, 장래에 향하여 계약의 효력을 소멸시키는 '해지(解止)'에 관한 규정을 적용한다(제635조·제550조).

계속적 거래인 경우에는 당사자 사이에 계약을 실효시키는 합의가 있다 하더라도 조세법상으로도 이미 과세된 부분을 소급하여 바꿀 수는 없게 된다. 종전의 거래는 이미 확정되어 바꿀 수 없기 때문이다.[30] 그리고 계속적 거래로서 공급단위를 구획할 수 없는 경우에는 부가가치세법에서는 그 대가의 각 부분을 받기로 한 때를 공급시기로 의제한다.[31]

나. 계약기간의 문제

기간에 관한 합의가 정하여 있지 않은 때에는 당사자는 언제든지 계약해지를 할 수 있지만

---

[30] 전기·가스·수돗물 등을 공급하는 관계를 생각해 보면 이해에 도움이 될 것이다. 이미 사용한 전기·가스 등을 되돌려줄 수는 없기 때문이다.

[31] 부가가치세법시행령 제28조【구체적인 거래 형태에 따른 재화의 공급시기】

상대방의 이 해지통고를 받은 날로부터 일정기간이 경과하지 않으면 해지의 효력이 생기지 아니한다. 따라서 기간의 약정이 없는 경우에도 부동산, 기타 공작물에 대하여는 6월(임차인이 해지통고한 때에는 1월), 동산에 대하여는 5일 이상 임대차의 효력은 존속하게 된다(제635조).

다. 지배관계의 설정

지배복종관계를 배제하기 위하여 강행규정을 두고 있는 경우가 많다(노동조합및노동관계 조정법, 민법 제652조 참조).

2. 본계약과 예약

장래 일정한 계약을 체결할 것을 미리 약속하는 계약을 예약이라고 하며, 장래 체결되는 계약을 본계약이라고 한다.

가. 예약의 성질

예약 자체는 채권계약이지만 예약에 의하여 장래 체결되는 본계약은 채권계약에 한하지 않고 물권계약이나 신분상 계약이더라도 무방하다. 또 당사자의 일방이나 쌍방이 형성권인 '예약완결권'을 가지는 경우도 있다.

나. 예약의 효력

예약은 본계약의 내용을 결정한다. 예약의무의 위반에 대해서는 채무불이행의 일반규정에 의하여 책임을 추궁할 수가 있다.

3. 쌍무계약과 편무계약

가. 구별의 표준

계약의 효과로서 각 당사자가 서로 대가적 의의를 가지는 채무를 부담하는가에 따라 쌍무(雙務)계약과 편무(片務)계약으로 구별한다. 즉 쌍방의 급부가 법률적으로 상호의존관계에 서는 경우가 쌍무계약이고(매매·교환·임대차·고용·도급·조합·화해 등), 반대로 당사자의 한쪽만이 채무를 부담하거나 또는 쌍방이 부담하더라도 그것이 서로 대가적인 의미를 가지지 않는 경우가 편무계약이다(증여·소비대차·사용대차·무상임치·위임 등).

나. 구별의 실익

계약법이론은 편무계약보다도 쌍무계약을 중시하고 있다. 왜냐하면 쌍무계약이 당사자 간의 이익의 '형식적 균형'을 보호하여야 한다는 자본주의적 '등가교환'의 원리를 직접 보장하는 제도이기 때문이다. 동시이행의 항변(제536조), 위험부담(제537조) 등의 문제는 쌍무계약에서만 발생하는 것이며, 계약의 해제에 관한 규정은 쌍무계약에 주로 적용된다.

4. 유상계약과 무상계약

가. 구별의 표준

계약의 당사자 쌍방이 서로 대가적 의미를 가지는 출연(出捐)을 하는가의 여부에 따라 유상계약과 무상계약으로 구별된다. 이 구별은 쌍무계약·편무계약의 구별과는 다르다. 매매·임대차 등과 같은 쌍무계약은 항상 유상계약이지만, 이자부 소비대차 등은 유상계약이지만 편무계약이다.

나. 구별의 실익

근대적 계약법이론은 무상계약보다 유상계약을 중시하고 있다. 그 이유는 유상계약이 당사자 간의 이익의 '실질적 균형'을 보호하여야 한다는 자본주의적 '등가교환'의 원리를 직접 보장하는 제도이기 때문이다. 제도상으로는 유상계약에 관해서 매매의 규정이 준용된다는 것에 그 구별의 실익이 있다.

5. 무인계약과 유인계약

계약에 의하여 성립하는 채무가 그 성립원인인 사실과 결합하여 발생하는 경우가 유인(有因)계약이고, 이와 반대로 원인과 분리하여 발생하는 경우가 무인(無因)계약이다(보통은 유인계약이 많으나 어음행위 등은 무인계약이다).

민법에서는 물권계약과 채권계약의 관계에 있어서 특히 문제가 되고 있다. 예를 들면 원인행위인 채권행위가 취소되면 그 채권행위의 이행행위에 해당하는 물권행위도 그것과 더불어(취소의) 영향을 받는가 하는 것이다. 이 경우 그 물권행위를 유인행위로 본다면 문제를 긍정하여야 할 것이고(취소의 영향을 받는다), 반대로 무인행위로 본다면 문제를 부정하게 된다.

6. 전형계약과 비전형계약

민법 제3편 제2장에서 규정하고 있는 14종의 계약을 유명(有名)계약이라 하고, 그 밖에 당사자가 임의로 정한 계약을 무명(無名)계약이라고 한다. 특히 2종 이상의 유명계약과 유명계약 또는 무명계약이 혼합된 계약을 혼합계약이라고 한다. 제작물공급계약(매매와 도급의 혼합) 등이 이러한 예이다.

가. 계약의 정형화(定型化)와 유동성

유명(有名)계약[전형(典型)계약]은 인간의 습성이나 거래상의 편의 등에 따라 정형화한 것이나 그 정형화도 사회의 진보발전에 의하여 유동성을 갖는다(예컨대 상호계산·익명조합과 같은 상법상 전형계약의 성립이나 노동계약·신탁계약의 등장 등). 따라서 구체적인 계약의 해석에 있어서는 유명계약(전형계약)의 규정에 의거하지 않고 특색 있는 거래사회의 관행이나 당사자의 의사를 존중하여 결정하여야 한다.

나. 혼합계약과 계약의 성립

혼합계약은 유명계약의 요소와 무명계약의 요소를 함께 포함하고 있으나, 이것은 어디까지나 하나의 계약이므로 어느 식품회사가 그가 소유하는 점포를 임대함에 있어서 일정한 식료품을 공급함을 약속함과 같이 두 개 이상의 계약이 결합하는 경우(임대차와 매매)와는 구별하여야 한다.

다. 무명(無名)계약의 법률상의 취급

무명계약 및 혼합계약의 법률상 취급에 관해서는 다소 이설이 있지만 가장 근접하는 유명계약의 규정을 유추적용하는 것이 타당하다.

7. 낙성(諾成)계약과 요물(要物)계약

가. 구별의 표준

계약이 당사자의 합의만으로 성립하는가, 합의 이외에 물건의 인도, 기타 어떤 급부를 요하는가에 의하여 구별된다. 전자가 낙성계약이고(매매·임대차 등), 후자가 요물계약이다(현상광고).

나. 구별의 실익

계약성립의 시기에 차이가 있으나(요물계약에서는 물건의 인도, 기타 급부가 행하여진 때에 계약이 성립한다) 오늘날에는 이와 같은 구별의 합리성은 희박해지고 있다. 요물계약은 근대적인 계약방식의 자유에서 보면 하나의 제한이 되고 있으므로 현행 민법에서는 과거의 요물계약으로 되고 있던 것도 낙성계약으로 규정하고 있다.

제3절 계약의 성립

1. 계약의 성립과정

계약은 당사자 사이에 의사표시의 합치(합의)가 있으면 바로 성립하는 것이 원칙이나 그 밖에 거래통념상 의사표시의 합치로 인정되는 사실(즉 의사실현이나 교차청약)로서도 성립하는 경우가 있다.

2. 계약성립의 요건

청약과 승낙이 객관적으로도 합치하고 주관적으로도 합치하는 경우에 계약은 성립한다. 예컨대, A가 상가 2층을 임대하겠다고 청약한 데 대하여 B는 1층을 임차하겠다고 승낙한 경우에는 객관적 합치가 없고, B에 대하여 임대하겠다고 청약하였는데 C가 임차하겠다고 승낙을 하였다면 주관적 합치가 없으므로 계약은 성립하지 않는다.

3. 청약과 승낙에 의한 계약의 성립

가. 청약

(1) 청약이란?

청약이란 이에 대응하는 승낙과 합치하여 일정내용의 계약을 성립시킬 것을 목적으로 하는 확정적 의사표시이다.

(가) 확정적 의사표시

청약은 이에 대응한 승낙이 있으면 계약이 성립하는 확정적 의사표시이다. 이 점에서 청약의 유인과 구별된다.

(나) 청약의 유인

청약의 유인은 상대방에게 청약을 하도록 하려는 의사의 통지이다. 예를 들면 구인광고 · 물품판매광고 등이 청약의 유인에 속한다. 상대방이 이에 응한 의사표시가 청약이며, 이에 대하여 유인자가 하는 의사표시가 승낙이 된다.

(2) 청약의 효력

(가) 청약의 효력발생시기

청약의 효력은 의사표시의 효력발생시기에 관한 일반원칙에 의하여 청약의 의사표시가 상대방에게 도달한 때에 발생한다(제111조 제1항).

① 청약의 의사표시를 발신한 후 그것이 상대방에 도달하기 전에 청약자가 사망하거나 제한능력자가 되어도 원칙적으로 그 청약의 효력에는 영향을 미치지 아니한다(제111조 제2항).

② 청약의 의사표시를 발신한 후 그것이 상대방에게 도달하기 전에 청약의 상대방이 사망하거나 제한능력자가 되어도 청약의 수령능력 및 지위의 승계문제가 된다.

(나) 청약의 구속력(승낙적격)

청약은 청약자가 임의로 철회하지 못하는데 이를 청약의 구속력이라고 한다. 이것을 상대방에서 보면 승낙에 의하여 계약을 성립시킬 수 있는 효력이 된다(제527조).

나. 승낙

(1) 승낙이란?

승낙은 청약의 상대방이 청약에 응하여 계약을 성립시킬 것을 목적으로 하는 청약자에 대하여 행하는 확정적 의사표시이다.

(가) 승낙의 상대방

승낙은 특정한 청약에 대하여 하여야 한다(주관적 합치). 예컨대 A의 B에 대한 청약에 C가 승낙을 한다 하더라도 그것은 승낙이 되지 않는다.

(나) 승낙의 내용

승낙은 청약의 내용과 일치하지 않으면 안 된다(객관적 합치).

(다) 승낙의 비의무성

청약을 받은 자는 계약자유의 원칙상 반드시 승낙을 하여야 할 의무는 없다. 다만 의사와 같은 특별직업인은 예외로 의료법 등에 의하여 승낙의 의무를 지는 경우가 있다.

(2) 승낙의 방법

승낙의 방법에는 원칙적으로 제한이 없고, 불요식의 의사표시에 의하여 행하여지는 것이 원칙이다. 그러나 특약 또는 관습이 있으면 그에 따른다.

(3) 변경을 가한 승낙

승낙자가 청약내용에 대하여 조건을 붙이거나 변경을 가하여 승낙한 때에는 그 청약의 거절과 동시에 새로운 청약을 한 것으로 본다(제534조). 따라서 이 변경된 승낙(새로운 청약)에 대한 최초 청약자의 승낙이 없는 이상, 계약은 성립하지 아니한다.

제4절 계약의 효력

1. 계약의 성립과 효력발생

가. 계약의 성립

청약과 승낙의 의사표시가 합치됨으로써 성립하지만 일단 성립한 계약이 그 효력을 발생하기 위하여는 다시 일정한 효력요건을 구비하지 않으면 안 된다. 일반적 요건으로서는 당사자가 권리능력과 행위능력을 가지고 있어야 하고, 의사와 표시가 일치하고 하자가 없어야 하며, 그 내용이 가능하고 확정할 수 있으며 적법하고 사회적 타당성이 있어야 한다.

나. 계약의 효력발생요건

(1) 계약의 내용이 가능할 것

원시적 불능·사회적 불능인 사항을 내용으로 하는 계약은 무효이다. 불능으로 인하여 계약이 무효로 되는 것은 원시적 불능의 경우에 한하고 후발적 불능은 포함되지 않는다. 원시적 불능인가, 후발적 불능인가는 계약의 성립 시를 표준으로 한다.

(2) 내용을 확정할 수 있을 것

계약내용이 확정되어 있거나 또는 확정할 수 있어야 한다. 내용이 확정할 수 없는 계약에 대해서는 법률효과를 부여할 수 없다.

(3) 적법하고 사회적 타당성이 있을 것

선량한 풍속, 기타 사회질서에 위반하거나 강행법규에 반하는 계약은 무효이다.

2. 쌍무계약의 효력

쌍무계약상의 각 채무는 그 성립·이행·존속의 과정에 있어서 운명을 같이한다. 이것을 쌍무계약의 견연성(牽連性)이라고 한다.

가. 성립상의 견연관계

쌍무계약에 기하여 발생할 일방의 채무가 불능·불법, 기타의 이유로 성립하지 않게 되면 그와 대가관계에 있는 상대방의 채무도 성립하지 않는다(예를 들면 매춘행위는 그 자체 무효이므로 그에 대한 금품지급약속을 했더라도 채무는 성립하지 않는다).

나. 이행상의 견연관계

쌍무계약의 각 채무는 한쪽 채무자가 이행을 할 때까지는 상대방의 반대채무를 이행하지 않아도 된다는 것이 이행상의 견연관계이다. 이것은 형평의 개념에 입각한 것이며, 동시이행항변권은 이 원리에 기초하고 있다.

다. 존속상의 견연관계

쌍무계약에 있어서 한쪽 채무가 채무자의 책임 없는 사유로 이행불능이 된 때에는 이 채무는 소멸하지만 이 경우 반대급부인 상대방의 채무는 어떻게 되는가의 문제가 된다. 이와 같은 존속상의 견연관계로부터 위험부담에 관한 이론이 생긴다.

3. 동시이행의 항변권

가. 개념

동시이행의 항변권이란 쌍무계약의 당사자는 상대방이 그 채무의 이행을 제공할 때까지 자기의 채무이행을 거절할 수 있는 제도이다(제536조).

자기의 채무를 이행하지 않고 상대방의 채무의 이행만을 청구하는 것은 공평의 원리에 반한다는 입법취지에서 이행거절의 항변권을 인정하고, 이로써 상대방의 채무이행을 확보하는 작용도 겸하게 한 것이다.

나. 동시이행항변권의 성립요건

① 쌍무계약에서 생긴 대가적 의미 있는 채무가 당사자쌍방에 존재할 것
② 상대방의 채무가 변제기에 있을 것
③ 상대방이 채무의 이행 또는 변제의 제공을 하지 않은 상태에서 이행을 청구하였을 것

다. 동시이행항변권의 효력

동시이행항변권은 상대방이 채무를 이행하거나 또는 이행의 제공을 할 때까지 자기채무의 이행을 거절할 수 있다. 즉 연기적 항변권의 성질을 가진다.

4. 위험부담

가. 위험부담이란?

A가 B에게 선박을 양도하는 계약을 체결한 뒤 인도 전에 동 선박이 번개를 맞아 소실된 경우 A의 선박인도채무는 소멸하는 것이 당연하지만(채무자, 즉 채무자의 책임 없는 사유로 이행이 불가능하게 되었으므로) B의 대금채무도 소멸하는가?

이를 부정하는 것을 채권자주의라고 하고 긍정하는 것을 채무자주의라고 한다.

즉 불가항력에 의해 이행불능이 된 경우 그 상대방의 이행채무도 소멸하느냐 하는 것이 위험부담의 문제인 것이다.

나. 우리 민법의 태도

우리 민법은 제537조에서 채무자주의를 취하고 있다. 즉 위 사례의 경우 B의 대금채무도 소멸한다. 다만, 채권자의 귀책사유로 인한 이행불능인 경우에만 채권자주의가 적용된다.

다. 채무자주의적용의 요건

① 이행불능이 당사자쌍방의 책임 없는 사유로 발생하여야 한다. 따라서 당사자 일방의 책임 있는 사유로 이행불능이 된 경우에는 위험부담의 문제는 생기지 않는다.
② 쌍무계약의 목적인 급여는 특정물의 급여인지, 불특정물의 급여인지를 불문한다.

라. 위험부담

위험부담에 관한 민법의 규정은 임의규정이므로 당사자 사이의 합의에 의하여 이와 다른 특약을 정하더라도 그 특약은 유효하다.

5. 제3자를 위한 계약

가. 개념

제3자를 위한 계약이란 계약당사자가 아닌 제3자로 하여금 직접 계약당사자의 일방에 대하여 일정한 급부를 청구할 권리를 취득하게 하는 것을 목적으로 하는 계약을 말한다. 예를 들면 아버지가 아들의 장래 학비를 위하여 보험회사와 보험계약을 체결하는 경우이다. 이때 아버지를 요약자(要約者)라고 하고 보험회사를 낙약자(諾約者)라고 하며, 계약당사자가 아닌 제3자인 아들을 수익자(受益者)라고 한다.

나. 특색

제3자를 위한 계약은 매매·증여·임대차 등과 같은 계약의 일종이 아니라 그러한 계약의 내용 중에 제3자에게 권리를 취득하게 하는 것을 내용으로 하는 약관이 붙는 점에 특색이 있다.

다. 제3자를 위한 계약의 원인관계

수익자에 대하여 낙약자가 출연을 함에는 통상 이중의 원인관계가 존재한다. 하나는 낙약자와 요약자의 관계(보상관계)이고, 다른 하나는 요약자와 수익자의 관계(대가관계)이다.

(1) 보상관계

낙약자의 수익자에 대한 출연은 요약자에 의하여 보상된다. 따라서 낙약자는 보상관계에서 생기는 항변권을 가지고 수익자에게 대항할 수 있다.

(2) 대가관계

낙약자에 대한 요약자의 출연(보상)은 수익자와 요약자 사이의 원인관계(외상대금·증여 등)에 의하여 결제된다. 따라서 낙약자는 대가관계에 기한 항변권으로써 수익자에게 대항할 수 없다.

라. 제3자를 위한 계약의 효력

요약자·낙약자·제3자의 삼면관계에 걸쳐 고찰할 필요가 있다.

(1) 제3자의 권리

계약에 의하여 당사자의 일방이 제3자에게 이행할 것을 약정한 때에는 제3자는 '수익의 의사표시'를 함으로써 낙약자에 대하여 직접적으로 권리를 취득한다(제539조 제2항).
'수익의 의사표시'는 명시적이든, 묵시적이든 관계없다. 또한 민법(제539조)은 강행법규는 아니기 때문에 수익의 의사표시 없이 권리를 취득하게 하는 당사자의 특약은 유효하다(다수설).

(2) 요약자의 지위

요약자는 낙약자에게 이행을 청구할 수 있으며 계약당사자이기 때문에 선의·악의·과실·무과실의 유무 등은 오로지 요약자를 표준으로 한다. 그러나 제3자(수익자)가 수익의 의사표시를 한 후에는 제3자의 동의 없이 해제권을 행사할 수 없다.

(3) 낙약자의 지위

제3자 및 요약자의 지위의 반면을 이룬다. 즉 요약자와 함께 계약의 당사자가 되고, 그 계약으로부터 생기는 채무를 제3자에 대하여 이행할 의무를 진다. 또한 낙약자는 계약에 기인하는 항변으로써 제3자에게 대항할 수 있다.

계약의 해제(解除)와 해지(解止)

1. 계약해제란?

계약의 해제란 일단 유효하게 성립한 계약의 효력을 일방적 의사표시(해제권의 행사)에 의하여 소급적으로 소멸시키는 것이다. 원래 계약은 당사자의 합의에 기초를 둔 것이므로 계약이 당사자의 일방적 의사표시에 의하여 해소될 수 있기 위해서는 그 당사자에게 특별한 권리가 인정되어 있어야 한다. 이 권리를 해제권이라고 한다.

2. 해제와 유사한 개념들

가. 해제와 취소

해제와 취소는 그 권리자의 일방적 의사표시에 의해서 법률효과를 소급적으로 소멸시키는 점에서 유사하다. 그러나 해제는 계약에 특유한 것임에 대하여 취소는 계약뿐만 아니라 모든 법률행위에 대하여 인정되며, 또한 해제권의 발생원인은 계약성립 후에 채무불이행을 원인으로 하는 법정해제 외에 당사자의 약정에 의해서도 발생하나 취소는 계약성립의 과정에 있어서 제한능력이나 의사표시의 하자, 착오 등 법률의 규정이 있는 경우에만 발생하는 점이 상이하다. 그리고 그 효과에 있어서도 취소의 경우에는 부당이득에 의한 반환의무가 생길 뿐이나 해제의 경우에는 제548조 제1항의 규정에 의한 원상회복의무가 생긴다.

나. 해제와 해지

성립한 계약을 해소시키는 점은 같으나 해지는 해지한 때로부터 장래에 향하여 효력을 잃게 하는 데 반하여 해제에는 소급효가 있다. 해지는 임대차나 고용같이 계속적 계약관계에서만 인정된다.

다. 해제와 해제조건

해제조건의 성취에 의한 계약의 소멸은 당사자 사이의 계약에 의해서 생기는 점에서 약정해제와 유사하다. 그러나 해제조건의 성취에 의한 계약의 실효는 당연히 발생하며, 해제와 같은 의사표시를 필요로 하지 않는다. 이에 대하여 약정해제권은 비록 약정된 사실

04
채
권

의 실현으로 해제권이 발생한다 하더라도 이를 행사하지 않는 한 해제의 효과는 발생하지 않는다. 또한 해제조건은 약정이 없는 한 장래에 향해서만 법률행위가 실효하는 데 반하여 해제는 소급적으로 계약을 실효하게 하는 점에서 상이하다.

라. 해제와 해제계약

당사자의 합의로 계약을 해소하는 해제계약은 소급효가 인정되는 점에서 해제와 유사하나 오직 '합의'에 의하고 해제권의 존재를 전제로 하지 않는 점에서 해제와 다르다. 해제계약을 합의해제라고도 한다.[32]

3. 해제권의 발생

가. 해제권의 발생원인

계약을 해제하려면 해제권이 있어야 한다. 해제권의 발생원인으로서는 당사자 간의 계약에 의해서 해제권이 유보되는 경우의 약정해제권과 법률이 정하는 일정한 사유에 기인되는 경우의 법정해제권이 있다.

나. 약정해제권

당사자는 계약에 의해서 해제권을 발생시킬 수 있다(제543조 제1항). 당사자는 계약체결과 동시나 그 후에 당사자의 일방 또는 쌍방을 위하여 해제권을 유보할 수 있다.
이와 같은 해제권을 보류하는 계약약관을 해제약관이라고 한다.

---

[32] 상속세및증여세법 제4조【증여세 과세대상】
④ 수증자가 증여재산(금전은 제외한다)을 당사자 간의 합의에 따라 제68조에 따른 증여세 과세표준 신고기한까지 증여자에게 반환하는 경우(반환하기 전에 제76조에 따라 과세표준과 세액을 결정받은 경우는 제외한다)에는 처음부터 증여가 없었던 것으로 보며, 제68조에 따른 증여세 과세표준 신고기한이 지난 후 3개월 이내에 증여자에게 반환하거나 증여자에게 다시 증여하는 경우에는 그 반환하거나 다시 증여하는 것에 대해서는 증여세를 부과하지 아니한다(2020.6.9. 개정).
☞ 위 규정에 따르면 증여 후 6월 경과 후에 반환하는 경우에는 동일재산에 대하여 2회의 증여세를 부담하도록 하고 있다.
위 규정에서 당사자합의에 따라 반환하는 경우가 '합의해제'에 해당하며 이를 해제계약이라고도 한다. 이는 계약으로 의사표시의 합치로 생기는 것이나, 만약 민법 제556조(수증자의 행위와 증여의 해제)와 제557조(증여자의 재산상태변경과 증여의 해제) 규정에 의해 단독행위로서 법정해제권을 행사한 것으로 본다면 위 상속세및증여세법을 적용하기는 어려울 것이다.

다. 법정해제권

(1) 이행지체에 의한 해제권의 발생

채무자가 이행이 가능함에도 불구하고 이행기에 채무의 내용에 따른 이행을 하지 않을 경우에는 일정한 요건 아래에 계약을 해제할 수가 있다. 이 해제권의 발생은 계약이 정기행위(定期行爲)이냐 아니냐에 따라 차이가 생긴다.

(가) 정기행위가 아닌 경우

채무자는 상당한 기간을 정하여 '최고(催告)'하고 만약 그 기간 내에 채무자가 이행하지 않을 때에 비로소 해제할 수 있다(제544조).

① **이행지체에 빠질 것**

당사자의 일방에 이행지체가 있을 것을 요한다.

② **상당한 기간을 정하여 이행을 최고할 것**

이행의 최고란 채무자에 대하여 채무의 내용인 급부를 실현할 것을 요구하는 의사의 통지이다.

③ **최고기간 내에 이행 또는 이행의 제공이 없을 것**

최고기간 내에 채무자가 채무의 내용에 따른 이행을 하지 않는 것이 해제권발생의 최후의 조건이 된다. 이 기간 내에 이행하면 해제권은 발생하지 않게 된다.

(나) 계약이 정기행위인 경우

계약의 성질 또는 특약에 의하여 일정한 기일에 이행하지 않으면 계약의 목적을 달성할 수 없는 정기행위에 있어서는 최고를 필요로 하지 않으며, 채무불이행이 있으면 즉시 해제권이 발생한다(제545조).[33]

(2) 이행불능에 의한 해제권의 발생

채무자의 책임 있는 사유에 의하여 이행불능으로 된 때에는 해제권이 발생한다(제546조).

(가) 일부 이행불능이 발생한 경우

일부불능에 의하여 계약 전부의 목적을 달성할 수 없는 때에는 계약 전부를 해제할 수 있으나, 그 밖의 경우에는 불능부분의 해제만이 허용된다.

---

33) 결혼식에 필요한 꽃다발을 착용할 시기를 지난 경우 상대방에게 최고를 할 필요 없이 해제의사표시만 하면 된다.

(나) 이행기가 도래하기 전에 이행불능이 된 경우

이행기가 도래하기 전에 이행이 불능으로 되고, 이행기에 있어서도 불능이라는 것이 확정되면 이행기를 기다리지 않고 그때부터 해제권이 발생한다.

(3) 불완전이행에 의한 해제권의 발생

이행기에 이행은 행하여졌지만 그것이 채무의 내용에 따르지 않은 경우를 불완전이행이라고 하며, '추완(追完)이 가능'한 때와 '추완이 불능'한 때가 있다. 모두 해제권이 발생하나 '추완이 가능'한 때는 먼저 완전이행을 최고하고 채무자가 상당한 기간 내에 완전이행을 하지 않는 경우에 해제권이 발생한다.

4. 해제의 효과

가. 소급적 효력

계약을 해제한 때에는 계약에 의하여 생긴 법률효과는 소급적으로 소멸한다. 이것을 해제의 소급효라고 한다. 이 소급효는 이미 계약의 전부 또는 일부가 이행되었느냐 아니냐에 따라 다음과 같은 차이가 생긴다.

(1) 아직 계약이 전부 이행되지 않은 경우

이행의 의무는 소멸하여 이행할 필요가 없어진다. 다만, 이행에 대신한 손해배상의 문제는 남는다(제548조 제1항).

(2) 이미 계약의 전부 또는 일부가 이행된 경우

이행의 기초가 소멸한 것이기 때문에 상대방은 이행한 것을 반환할 의무, 즉 원상회복의무를 부담한다.

나. 원상회복의무

계약이 해제되면 각 당사자는 '상대방에 대하여 원상으로 회복시킬 의무'를 진다(제548조 제1항).

원상회복의무는 부당이득의 일종이지만 현존하는 이익의 반환의무는 아니며, 처음부터 급부를 받지 않은 것과 동일한 결과를 생기게 하는 채무이다.

다. 해제의 소급효와 제3자의 권리

해제의 소급효는 "제3자의 권리를 해(害)하지 못한다"라고 규정하고 있다(제548조 제1항). 만약 부동산이 A로부터 B, 또다시 C에게로 양도된 후 A와 B 사이의 매매계약이 해제되면 그 소급효에 의하여 B, C 간의 매매계약이 무효로 되어 C는 소유권을 잃느냐 하는 문제가 생긴다. 여기서 C를 보호할 것이 요청된다. 그리하여 제548조 제1항 단서는 해제의 소급효를 제한하여 제3자 보호 내지 거래의 안전을 위한 규정이다.

라. 해제와 손해배상의 청구

민법은 계약의 해제는 "손해배상의 청구에 영향을 미치지 아니한다"라고 규정하여 해제와 손해배상의 양립을 인정하고 있다(제551조). 손해배상의 범위는 다음과 같다.

(1) 일반규정의 적용

민법 제551조의 손해배상을 채무불이행에 기한 손해배상이라고 해석한다면 그 배상의 범위는 민법 제390조 이하의 총칙에 의해서 정해진다. 즉 채무의 불이행에 의해서 입은 적극적 손해 및 채무불이행이 없었더라면 얻었을 이익의 상실, 즉 소극적 손해를 근거로 청구할 수 있다.

(2) 전보배상액(塡補賠償額) 산정의 표준

채무불이행의 일반원칙에 따르는 외에 해제에 특유한 문제로서 이행 시, 해제 시, 손해배상 시에 각각 목적물의 가격에 변동이 있을 때에는 원칙으로 해제 시의 가격을 기준으로 정하여 손실을 전보배상으로서 청구하여야 한다.

(3) 특약에 의하여 배상액이 예정된 경우

해제가 있더라도 배상액 예정에 관한 특약은 유효하며, 그 경우에는 그 예정액이 손해배상액의 기준이 된다.

5. 해제권의 소멸

가. 일반적 소멸원인

해제권은 형성권이기 때문에 권리의 행사에 의해서 소멸하는 것은 당연하지만 특히 다음과 같은 점은 유의하여야 한다.

(1) 권리의 포기

해제권은 권리자가 상대방에 대한 일방적 의사표시에 의하여 포기할 수 있다.

(2) 소멸시효

해제권은 형성권이므로 소멸시효가 아니라 제척기간에 걸리며 그 기간은 10년이라고 해석된다.

나. 해제권의 특수한 소멸원인

(1) 존속기간의 경과 및 상대방의 최고

해제권 행사의 기간이 정해져 있는 때에는 그 기간 내에 행사하지 않으면 소멸하나, 해제권의 행사의 기간이 정하여지지 않은 때에는 상대방은 상당한 기간을 정하여 해제권행사 여부의 확답을 해제권자에게 최고를 하고 그 기간 내에 해제의 통지를 받지 못한 때에는 해제권은 소멸한다(제552조 제2항).

(2) 해제권자에 의한 목적물의 훼손 또는 반환 불능

해제권자의 고의나 과실로 인하여 계약의 목적물이 현저히 훼손되거나 이를 반환할 수 없게 된 때 또는 가공이나 개조로 인하여 다른 종류의 물건으로 변경된 경우에는 해제권은 소멸한다(제553조).

6. 계약의 해지

가. 계약해지란?

계속적 채권관계에 있어서 계약의 효력을 장래에 향하여 소멸하게 하는 일방적 행위를 해지라고 한다. 그리고 해지할 수 있는 권리가 해지권이다.

해지가 인정되는 것은 소비대차, 임대차, 고용, 위임, 임치, 조합 등 계속적 채권관계를 발생시키는 계약에 한한다.

나. 해제와의 구별

계약의 해지는 장래를 향해서만 효력을 발생하는 점에서 계약의 효력을 소급적으로 소멸시키는 해제와 구별된다. 즉 해지가 있으면 계약에 기한 법률관계는 해지의 효력이 발생하기 이전에는 완전히 그 효력을 보유하고 이미 행하여진 급부는 반환될 수 없다. 이 점에서 계약해제의 경우에 원상회복의무가 생기는 것과 본질적으로 다르다.

다. 해지권의 발생

해지권은 일방적 의사표시에 의하여 현존하는 법률관계를 장래에 향하여 소멸케 하는 것이므로 형성권에 속한다.

해지권은 법률의 규정이나 또는 당사자의 계약으로 발생한다. 전자를 법정해지권, 후자를 약정해지권이라 한다.

라. 해지의 효과

(1) 해지의 비소급효

계약을 해지한 때에는 계약은 장래에 향하여 그 효력을 잃는다(제550조). 그러므로 소급효가 없다.

(2) 해지권 행사

해지권 행사는 해지권자의 자유이며 상대방에 대한 일방적 의사표시로 한다. 그리고 이 의사표시는 상대방에게 도달한 때에 효력이 생긴다. 기타의 해지권의 행사는 해제권 행사와 동일하다.

(3) 손해배상의 청구

계약의 해지는 손해배상의 청구에 영향을 미치지 않는다(제551조). 이 점은 계약해제와 동일하다.

04
채
권

제 **3** 장 계약각론

계약각론에서 계약의 유형은 열네 개로 되어 있다. 사람의 생활에 있어 가장 많이 활용되고 있는 계약유형인 것이다. 이들 열네 개의 계약유형은 조세법에서도 가장 많이 활용된다. 이는 너무나 당연한 귀결이다.

증여에 있어서 부담부인 경우에는 부담부분은 양도로 보도록 세법에서는 규정하고 있으며 대차의 법률관계에 있어서 소비대차, 사용대차, 임대차가 모두 그 취급을 달리한다.

부가가치세법의 예를 들면 소비대차에 있어서는 대주와 차주 모두 재화를 공급하는 자에 해당하고 사용대차는 용역의 무상공급에 해당하지만 현재는 과세대상이 아니다.

그리고 임대차의 경우에는 임대인에 대하여 용역의 공급으로 본다.

이 장에서는 민법의 임대차규정에 특별법에 해당하는 주택임대차보호법과 상가건물임대차보호법을 통하여 현대의 조세제도에 민사상의 권리존재를 공시하는 제도가 채택되고 있는 것에 대해서도 알아본다.

제 1 절 민법상 전형(典型)계약과 실제(實際)계약의 다양성

민법은 채권계약으로서 증여·매매·교환·소비대차·사용대차·임대차·고용·도급·현상광고·위임·임치·조합·종신정기금·화해의 14종을 규정하고 있다. 이것을 전형계약 또는 유명계약이라고 부른다.

채권계약의 전형은 물권계약이나 신분계약의 전형과는 달라서 예시적 의미밖에 갖지 않는다. 그러나 민법상의 전형계약은 채권계약의 기본적인 것으로서의 지위는 잃지 않는 것이다.

1. 증여

가. 증여란?

증여란 당사자의 일방이 무상으로 자기의 재산을 상대방에게 주겠다는 의사를 표시하고, 상대방이 이를 승낙함으로써 성립하는 계약이다(제554조). 낙성(諾成)·무상·편무·불요식의 계약이다.

나. 증여계약의 성립요건

증여계약은 낙성계약이기 때문에 당사자의 의사표시의 합치만으로서 성립하며 그 성립에 관해서도 아무런 방식을 필요로 하지 않는다. 즉 불요식행위이다.

다. 증여의 효력

증여계약에 의하여 증여자는 상대방에게 재산을 주어야 할 채무를 부담하며 수증자는 이에 대응한 채권을 취득한다. 증여의 효력으로서 특히 중요한 것은 다음의 두 가지 점이다.

(1) 증여자의 담보책임

(가) 원칙

증여자가 계약에 기하여 급부한 물건이나 권리에 하자 또는 흠결이 있더라도 증여자는 담보책임을 지지 않는 것이 원칙이다(제559조 제1항).

(나) 예외

다음의 경우에는 예외적으로 증여자는 담보책임을 지게 된다(제559조 제1항).

① **특약이 있는 경우**

민법 제559조는 강행규정이 아니기 때문에 담보책임을 지는 내용의 특약이 있으면 그에 따른다.

04
채
권

② **증여자가 그 하자나 흠결을 알고 수증자에게 고지하지 아니한 때**

이때에는 담보책임을 진다. 그러나 수증자가 알고 있었던 때에는 책임이 없다. 이 책임의 내용은 수증자가 하자나 흠결이 없는 것이라고 오신하여 입은 손해·소극적 계약이익의 손해를 배상하게 하는 데 있다.

③ **부담부증여인 경우**

증여자는 그 부담의 한도 내에서 매도인과 같은 담보책임을 진다(제559조 제2항).

(2) 서면에 의하지 않은 증여의 해제

증여는 요식행위는 아니지만 증여의 의사가 서면으로 표시되지 아니한 경우에는 이행을 끝낸 부분 이외에는 각 당사자는 언제나 해제할 수 있다(제555조).

(가) 입법취지

이 규정의 입법취지는 무상계약의 성질상 증거의 확실을 요구하며 또는 서면이 있음으로써 당사자의 신중한 결의를 추단하는 점에 있다. 독일·프랑스·스위스 등의 민법은 증여의 요식성을 강조하여 서면에 의할 것을 증여의 성립요건으로 하고 있다.

(나) 서면의 의미

계약서에 한하지 않으나 증여자의 증여의사가 명확하게 표시되어 있는 문서이어야 한다.

(다) 이행의 의미

이행이란 물권에 있어서는 물건의 인도나 등기를 한 때이고, 채권에 있어서는 증서의 인도 등 증여의 확정적 의사를 실현한 상태를 가리킨다.

라. 망은행위(忘恩行爲)에 의한 증여의 해제

수증자가 증여자에 대하여 일정한 망은(忘恩)행위를 한 때에는 증여자가 증여계약을 해제할 수 있다.

망은행위에 의한 해제권은 해제권자인 증여자가 망은행위가 있었음을 안 날로부터 6월을 경과하거나 또는 증여자가 수증자에 대하여 용서의 의사를 표시한 때에는 소멸한다(제556조 제2항).

수증자의 망은행위를 이유로 계약을 해제하더라도 이미 이행한 부분이 있는 때에는 그 부분에 대하여는 영향을 미치지 아니한다(제558조).

마. 재산상태의 악화로 인한 증여의 해제

증여계약 후에 증여자의 재산상태가 현저히 변경되고 그 이행으로 인하여 생계에 중대한 영향을 미칠 경우에는 증여자는 증여를 해제할 수 있다(제557조).

이행으로 인하여 생계에 중대한 영향을 미치는 경우이냐, 아니냐는 증여자가 속하는 계급, 지위 등을 고려하여 객관적으로 결정해야 한다.

바. 특수한 증여

(1) 부담부(負擔附)증여

부담부증여란 수증자가 증여의 대가로서 일정한 채무를 부담하는 경우이다. 민법에서는 상대부담 있는 증여라 한다. 예를 들면 서울에 있는 가옥을 증여하나, 그 대신 아들이 유학하는 동안 잘 돌보아 달라고 하는 것과 같은 경우가 부담부증여이다. 상대부담 있는 증여에 있어서는 증여의 규정이 적용되는 외에 쌍무계약에 관한 규정이 준용된다.34)

(2) 정기(定期)증여

매월 100만원씩 주겠다고 하는 것과 같이 일정기간마다 무상으로 재산을 주는 것을 내용으로 하는 증여이다. 계속적 채권관계인 성질을 가진다. 정기증여에서 기간의 정함이 없을 때는 증여자 또는 수증자의 사망으로 인하여 그 효력을 잃는다. 이때에는 정기증여는 종신정기금의 성질을 띠게 되고 종신정기금에 관한 규정이 적용된다.

정기적으로 증여를 받기로 한 경우에 있어 증여가액계산은 증여받을 기한의 유무 등에 따라서 다르다. 증여를 받을 시기가 정해졌다는 면에서 조건부권리가 아닌 기한부권리에 해당하고, 기한부권리 중에서도 종기부권리에 해당한다(상속세및증여세법시행령 제62조, 동법 시행규칙 제19조의 2).

---

34) 1억원의 저당권이 설정되어 있는 3억원짜리 아파트를 증여하면서 수증자가 위 채무 1억원을 부담하기로 약정한 경우 부담부분인 1억원은 유상양도로 보아 양도소득세를, 2억원에 대하여는 증여세를 부과하게 된다(소득세법 제88조 제1호).
이 경우 배우자 간 또는 직계존비속 간의 부담부증여에 대하여는 수증자가 채무를 인수한 경우에도 당해 채무액은 수증자에게 채무가 인수되지 아니한 것으로 추정한다(이하 단서 생략)(상속세및증여세법 제47조 제3항).
☞ 현재는 부담부증여에 있어 부담부분에 관한 이전 여부는 추정규정으로 되어 있으나 한때는 채무를 변제할 능력이 있다고 객관적으로 인정되는 수증자가 금융기관 채무 등 확실한 채무를 인수하는 경우에 한하여 증여재산에서 공제하였다. 그러나 1992.2.25. 헌법재판소에서 당해 규정은 헌법상 보장된 평등권·재산권·재판청구권 등의 본질적 내용을 침해하는 것으로 헌법 제37조 제2항에 위배되고 헌법 제38조 및 헌법 제59조의 조세법률주의에 위배된다고 결정함에 따라 증여간주규정을 추정규정으로 전환하여 입증책임에 관한 것으로 보게 되었다(헌재 90헌바3, 90헌가69, 91헌가5, 1992.2.25.).

(가) 유기정기금

유기정기금은 일정기간 정기적으로 금전, 기타 물건을 받을 권리로서, 평가기준일 현재 정기금의 급부 잔존기간에 각 연도에 받을 정기금액을 기준으로 다음의 산식에 의하여 계산한 금액의 합계액에 의한다(상속세및증여세법시행령 제62조). 다만, 1년분 정기금액의 20배를 초과할 수 없다.

$$평가액 = \sum_{n=1}^{n} \frac{각\ 연도에\ 받을\ 정기금액}{(1+r)^n}$$

r : 기획재정부령으로 정하는 이자율
n : 평가기준일부터의 경과연수

(나) 무기정기금[35)

무기정기금이란 정기금의 급부사유가 발생한 이후에 장래 무기한 정기적으로 금전, 기타 물건을 받게 되는 권리를 말한다. 이러한 무기정기금은 1년분 정기금액의 20배에 상당하는 금액으로 평가한다.

$$평가액 = 1년분\ 정기금액 \times 20$$

(다) 종신정기금

종신정기금은 당사자일방이 자기, 상대방 또는 제3자의 종신까지 정기로 금전, 기타의 물건을 상대방 또는 제3자에게 지급할 것을 약정함으로써 그 효력이 있는 것으로서, 상대방 또는 제3자가 사망 시까지 정기적으로 금전, 기타의 물건을 받을 권리를 말한다.

정기금을 받을 권리가 있는 자의 통계법 제18조에 따라 통계청장이 승인하여 고시하는 통계표에 따른 성별·연령별 기대여명의 연수(소수점 이하는 버린다)까지의 기간 중 각 연도에 받을 정기금액을 기준으로 아래에 따라 계산한 금액의 합계액

$$평가액 = \sum_{n=1}^{n} \frac{각\ 연도에\ 받을\ 정기금액}{(1+r)^n}$$

r : 기획재정부령으로 정하는 이자율
n : 평가기준일부터의 경과연수

---

35) 종신정기금이 자기, 상대방 또는 제3자의 종신까지 정기로 지급할 의무를 지는 것임에 반하여 무기정기금은 특정의 기한이 없는 증여채무이다. 다시 말하면 종신정기금은 불확정기한부채무이고 무기정기금은 기한 없는 채무라고 할 수 있다.
   민법 제725조【종신정기금계약의 의의】
   종신정기금계약은 당사자 일방이 자기, 상대방 또는 제3자의 종신까지 정기로 금전, 기타의 물건을 상대방 또는 제3자에게 지급할 것을 약정함으로써 그 효력이 생긴다.

(3) 사인(死因)증여

자기가 죽으면 이 토지와 산림을 주겠다고 하는 계약과 같이 증여자의 사망으로 인하여 효력을 발생하는 증여이다(제562조). 사인증여는 계약인 점에서 단독행위인 유증과 다르나 증여자의 사망으로 인하여 그 효력을 발생하는 점[36]에서 유사하기 때문에 유증의 규정(제1073조 이하)이 준용된다(제562조). 특히 상속세및증여세법에서는 사인증여와 유증의 경우 증여세를 부과하지 않고 상속세를 부과하는 점에 유의해야 한다.[37]

그러나 법인의 경우 사인증여 또는 유증으로 재산을 취득하는 경우 상속세를 과세할 수 없고[38] 수증자가 영리법인인 경우에는 법인의 익금에 산입되어 법인세를 부과하고[39] 수증자가 비영리법인이거나 개인인 경우에는 증여세를 과세한다.

---

36) 증여자의 사망은 조건이 아닌 기한, 더 정확히 표현하면 시기부기한에 해당하고, 수증자가 먼저 사망하면 동 증여계약은 효력이 발생하지 않는다는 점에서 수증자가 먼저 사망하지 않아야 하는 것은 조건에 해당한다.

37) 상속세및증여세법 제2조【정의(2015.12.15. 신설)】
이 법에서 사용하는 용어의 뜻은 다음과 같다.
1. "상속"이란 민법 제5편에 따른 상속을 말하며, 다음 각 목의 것을 포함한다(2015.12.15. 신설).
   가. 유증(遺贈)(2015.12.15. 신설)
   나. 민법 제562조에 따른 증여자의 사망으로 인하여 효력이 생길 증여(상속개시일 전 10년 이내에 피상속인이 상속인에게 진 증여채무 및 상속개시일 전 5년 이내에 피상속인이 상속인이 아닌 자에게 진 증여채무의 이행 중에 증여자가 사망한 경우의 그 증여를 포함한다. 이하 "사인증여(死因贈與)"라 한다)(2015.12.15. 신설)
   다. 민법 제1057조의 2에 따른 피상속인과 생계를 같이하고 있던 자, 피상속인의 요양간호를 한 자 및 그 밖에 피상속인과 특별한 연고가 있던 자(이하 "특별연고자"라 한다)에 대한 상속재산의 분여(分與)(2015.12.15. 신설)

38) 상속은 자연인만이 받을 수 있고 법인은 상속을 받을 수 없다. 사망이라는 우연한 사건에 따라 피상속인의 재산에 관한 권리가 법인에게 귀속될 여지는 없기 때문이다.
그러나 법인이 상속은 받을 수 없다 하더라도 유증·사인증여 등 의사표시에 의하여 재산을 받을 수는 있는 것이다. 특히 포괄유증을 받는 경우에는 법인이라 하더라도 상속을 받는 것과 유사한 효력이 있다. 다만, 이 경우 상속세납세의무가 아닌 법인세 또는 증여세납세의무가 있을 뿐이다.

민법 제1078조【포괄적 수증자의 권리의무】
포괄적 유증을 받은 자는 상속인과 동일한 권리의무가 있다.

39) 상속세및증여세법 및 법인세법 중 관련 규정

상속세및증여세법 제4조의 2【증여세 납부의무(2015.12.15. 조번 개정)】
① 수증자는 다음 각 호의 구분에 따른 증여재산에 대하여 증여세를 납부할 의무가 있다(2015.12.15. 개정).
   1. 수증자가 거주자(본점이나 주된 사무소의 소재지가 국내에 있는 비영리법인을 포함한다. 이하 이 항에서 같다)인 경우 : 제4조에 따라 증여세 과세대상이 되는 모든 증여재산(2015.12.15. 개정)
   2. 수증자가 비거주자(본점이나 주된 사무소의 소재지가 외국에 있는 비영리법인을 포함한다. 이하 제6항과 제6조 제2항 및 제3항에서 같다)인 경우 : 제4조에 따라 증여세 과세대상이 되는 국내에 있는 모든 증여재산(2018.12.31. 개정)
② 제1항에도 불구하고 제45조의 2에 따라 재산을 증여한 것으로 보는 경우(명의자가 영리법인인 경우를 포함한다)에는 실제소유자가 해당 재산에 대하여 증여세를 납부할 의무가 있다(2018.12.31. 신설).

법인세법시행령 제11조【수익의 범위】
법 제15조 제1항에 따른 이익 또는 수입[이하 "수익(收益)"이라 한다]은 법 및 이 영에서 달리 정하는 것을 제외하고는 다음 각 호의 것을 포함한다(2019.2.12. 개정).
5. 무상으로 받은 자산의 가액

04
채권

사. 증여재산의 취득시기

증여재산의 취득시기에 대한 판단은 증여세 과세요건에서 중요한 의미를 가진다.

부과제척기간의 기산일, 증여재산의 평가일 등에 관해서도 중요한 의미가 있지만 궁극적으로는 세법상 증여시기가 도래한 것으로 볼 수 있느냐 하는 문제이다.

당사자 사이에 증여의 의사표시가 있다 하더라도 원칙적으로 반대급부가 없는 증여계약에 있어서는 그 반대급부사실을 기준으로 증여시기를 특정할 수 없다. 매매의 경우에는 그 반대급부가 있기 때문에 그 대금을 청산한 날이 취득 또는 양도시기가 되지만 증여의 경우에는 반대급부가 없기 때문에 매매에 있어서와 같은 징표를 기준으로 할 수 없다.

증여세에 있어서는 권리의 이전이나 그 행사에 등기·등록을 요하는 재산에 대하여는 등기·등록일을 증여재산의 취득시기로 한다(상속세및증여세법시행령 제24조 제1항 제1호).[40]

권리의 이전이나 그 행사에 등기·등록을 요하는 재산의 대표적인 예는 부동산이다.

그래서 부동산에 관한 증여계약은 그 등기와 차이가 있어도 그 등기일이 증여시기가 된다.

그리고 증여계약은 무상계약이므로 앞에서 이미 본 바와 같이 서면에 의하지 아니한 증여계약은 이행이 이루어지지 아니한 범위 내에서는 각 당사자는 언제나 해제할 수 있다. 그리고 서면에 의한 증여계약도 망은행위 등 일정한 요건하에서는 그 증여계약을 해제할 수 있음을 이미 보았다.

증여계약의 해제가 있는 때에는 증여세 납세의무는 소멸하겠지만, 해제로 인한 납세의무가 소멸하기 전으로 보면 부동산을 증여하는 때에는 의사표시 외에 등기라는 공시방법을 갖춘 등기접수일이 증여시기가 되는 것이다.

---

40) 그 단서에서는 "민법 제187조의 규정에 의한 등기를 요하지 아니하는 부동산의 취득에 대하여는 실제로 부동산의 소유권을 취득한 날로 한다"라고 규정하고 있으나, 민법 제187조는 상속, 공용징수, 판결(형성판결에 한함), 경매 등의 경우이다. 증여는 민법 제186조의 법률행위로 인한 물권의 변동으로 법률의 규정에 의한 물권변동인 제187조가 적용될 여지는 없는데 증여시기를 정하면서 민법 제187조를 언급하는 것은 합당하지 않은 것으로 보인다.

한편, 주식의 경우에 있어서 그 증여시기의 판단은 그리 간단하지가 않다.

주식의 경우에는 등록이라는 공시방법을 갖추고 있다. 주식은 부동산과 달리 그 등록을 취득요건으로 하지는 않는다. 다만, 대항요건으로 하고 있다.[41]

당사자 사이에 주식의 매매 등으로 인하여 그 대금이 완납된 경우에도 그 취득자가 등록을 하지 않은 상태에서는 회사 등에서 그 등록된 전 소유자에게 배당을 했다 하더라도 그 취득자는 대항하지 못한다. 제3자에 대항요건이 되는 '등록'이라는 공시방법을 갖추지 못했기 때문이다.

상속세및증여세법시행령 제24조 제2항에서는 증여받은 재산이 주식 또는 출자지분인 경우에 관한 증여시기를 특별히 규정하고 있다.

동항을 보면 "해당 주식 등을 인도받은 사실이 객관적으로 확인되는 날에 취득한 것으로 본다. 다만, 해당 주식 등을 인도받은 날이 불분명하거나 해당 주식 등을 인도받기 전에 상법 제337조 또는 같은 법 제557조에 따른 취득자의 주소와 성명 등을 주주명부 또는 사원명부에 기재한 경우에는 그 명의개서일 또는 그 기재일로 한다"라고 규정하고 있다.

즉 원칙적으로 인도일을 증여시기로 보되, 인도일이 불분명한 경우에는 명의개서일(등록일)을 증여시기로 보는 것이다. 인도일에 관한 입증책임은 특정시기에 인도사실이 있었다는 것을 주장하는 쪽에 있을 것이다. 이 입증을 못하는 때에는 명의개서일을 증여시기로 판단해야 할 것이다. 즉 등록일은 증여시기에 관한 추정력이 있을 뿐이다.

2. 매매

가. 매매란?

매매란 당사자의 일방(매도인)이 어떤 재산권을 상대방에게 이전할 것을 약정하고, 상대방(매수인)은 이에 대하여 그 대금을 지급할 것을 약정함으로써 성립하는 계약이다(제563조). 낙성계약인 것이며 전형적인 유상·쌍무계약이다.

매매는 재산권과 금전과를 교환하는 행위이나, 화폐경제가 지배하는 오늘날에 있어서는 재화의 교환·유통은 그 대부분이 매매라는 법적 형태를 취하며, 모든 방면에서 중요한 역할을 하고 있다. 그래서 민법은 매매가 채권계약의 근원적인 것이며 유상계약의 전형적인 것이므로 상당히 상세한 규정을 두고, 다른 유상계약에도 준용하게 하고 있다.

---

41) 상법 제337조【주식의 이전의 대항요건】
　　① 주식의 이전은 취득자의 성명과 주소를 주주명부에 기재하지 아니하면 회사에 대항하지 못한다.
　　② 회사는 정관이 정하는 바에 의하여 명의개서대리인을 둘 수 있다. 이 경우 명의개서대리인이 취득자의 성명과 주소를 주주명부의 복본에 기재한 때에는 제1항의 명의개서가 있는 것으로 본다.

나. 매매의 성립

(1) 매매의 성립과정

매매의 성립에는 목적재산권의 이전과 그것에 대한 대금지급에 관해서 당사자 간의 합의가 있으면 충분하나, 거기에 도달하는 준비과정도 법률적으로 보호하지 않으면 안 된다. 그래서 민법은 매매의 성립에 관하여 매매의 예약·해약금 및 매매계약의 비용에 대하여 특별한 규정을 두고 있다.

(2) 매매를 하느냐 마느냐는 당사자의 자유이나, 예약을 한 경우에는 본계약인 매매계약을 체결할 의무가 생긴다(제564조)

(가) 예약일반

예약이란 장차 본계약을 체결할 것을 약속하는 계약이기 때문에 채권계약의 일종이다. 즉 당사자의 일방 또는 쌍방은 본계약 청약에 대하여 승낙을 하여야 할 의무를 지게 된다. 이 경우 예약의 당사자 일방만이 승낙의무를 부담하는 경우를 편무예약이라고 하며, 당사자쌍방이 모두 권리를 갖고 의무를 부담하는 경우를 쌍무예약이라 한다. 민법은 '매매의 일방예약'에 대하여 규정하고 있다(제564조).

(나) 매매의 일방예약의 성질

매매의 편무예약은 실제 거래상 종종 행하여지는 것이며 민법은 이에 관하여 매매의 일방예약은 상대방이 매매를 완결할 의사를 표시하는 때에 매매의 효력을 발생한다는 내용의 특별규정을 두고 있다(제564조 제1항).

(다) '매매의 일방예약'의 효력

보통의 편무예약에서는 예약의무자는 예약권리자의 청약에 승낙할 의무를 부담하는 것이나, '매매의 일방예약'에서는 예약의무자에게는 승낙의 의무를 부과하지 않고, 예약권리자의 일방적인 매매를 완결할 의사표시만으로 본계약(매매계약)이 성립함을 인정하고 있다. 이 매매완결의 의사표시를 할 수 있는 권리를 매매완결권 또는 예약완결권이라 한다.

(라) 매매완결권

매매완결권은 권리자의 일방적 의사표시에 의하여 행사되는 것이며 형성권이다. 그런데 이와 같은 형성권의 존재는 상대방의 지위를 오랫동안 불안하게 할 우려가 있기 때문에 민법은 상대방에게 매매완결권 행사의 최고권을 인정하였다(제564조 제2항). 예약의무자를 오랫동안 불안정한 지위에 두지 않기 위한 것이다.

매매예약완결권은 경제적으로 곤궁한 상황에서 주로 생길 수 있는 계약형태로 제소 전

화해와 결합하는 경우 경제적 약자의 보호필요성이 더욱 커진다. 채무의 정당한 정산을 위하여 가등기담보등에관한법률(법률 제3681호, 1983.12.30.)이 제정된 것이다. 또한 정산 형태에 따라 조세채무의 형태도 달라진다.

다. 계약금

(1) 계약금이란?

계약금이란 계약체결을 할 때에 당사자의 일방이 상대방에게 교부하는 금전, 그 밖의 유가물이다. 계약금이 교부되는 것은 매매계약에 한하지 않으며, 임대차 · 도급 등의 유상 계약에 대하여 통상 행하여진다.

(2) 해약금의 추정

민법은 당사자 간에 특별한 의사표시가 없는 한 계약금을 교부한 경우에는 해제권을 유보하기 위하여 수수된 해약금으로 추정하고 있다(제565조). 해약금으로 추정하는 것이므로 당사자 합의로 추정력을 배제할 수 있다. 임의규정이기 때문이다.

(3) 해약금의 효력

민법상 매수인이 매도인에게 계약금(해약금)을 교부한 경우에는 당사자의 일방이 이행에 착수할 때까지 교부자는 그 계약금을 반환하고, 수령자는 그 배액을 상환하여 매매계약을 해제할 수 있다(제565조 제1항).
① 해약금에 기한 해제의 효력은 소급효를 가지지만 이는 상대방의 채무불이행에 따른 해제가 아니며, 또한 항상 이행이 있기 전에 한하여 해제할 수 있으므로 원상회복문제가 생기지 않는다.
② 계약금을 교부한 경우에 만약 해제권이 행사되지 않고 매매계약이 완료한 때에는 매매대금의 일부로 충당된다. 부가가치세법상 공급시기와 밀접한 관련이 있다.

라. 환매

(1) 환매란?

환매란 매도인이 환매계약과 동시에 특약으로 환매할 권리를 유보한 경우에 그 환매권을 일정한 기간 내에 행사하여 매매된 목적물을 다시 사는 것이다(제590조).

(2) 환매의 조건

환매가 유효하게 행하여지기 위해서는 다음의 요건을 갖추어야 한다.

(가) 부동산, 동산, 그 밖의 재산권도 환매의 목적이 된다

"매매의 목적물이 부동산인 경우에 매매등기와 동시에 환매권의 보류를 등기한 때에는 제3자에 대하여 그 효력이 있다"(제592조)라고 하여 등기를 대항요건으로 규정하고 있다. 등기를 대항요건으로 한다는 의미는 환매계약을 하고 그 등기를 하지 않더라도 계약당사자 사이에는 환매의 효력이 있다는 의미이다. 즉, 당사자 사이에서는 환매권을 행사할 수 있다. 만약 환매의무자가 제3자에게 양도를 한 경우에는 환매의무자에 대하여 책임만 물을 수 있을 뿐이다.

(나) 환매의 특약은 매매계약과 동시에 할 것

환매의 특약을 언제나 할 수 있다고 하면 매매의 결과가 매우 불안정하게 되기 때문에 거래의 안전을 기하기 위하여 요구되는 요건이다.

(다) 환매대금은 특약이 없으면 매매대금과 계약비용에 한정된다

매수인의 폭리행위를 방지함으로써 매도인의 이익을 보호하려는 취지이다. 그러나 환매대금에 관하여 당사자 사이에 특약이 있으면 그 특약에 의한다.

(라) 환매기간

환매기간은 부동산은 5년, 동산은 3년을 넘지 못한다(제591조 제1항 전단). 법률관계의 장기의 불안정을 방지할 취지이다. 당사자 사이에 위의 기간보다 긴 기간을 정한 때에는 부동산은 5년, 동산은 3년으로 단축되며, 환매기간은 이를 연장하지 못한다(제591조 제2항).

(3) 환매권의 행사

환매는 환매권을 행사함으로써 행하여진다. 환매권의 행사는 환매권자의 일방적인 의사표시로서 행하여지지만 환매기간 내에 환매대금을 상대방에게 제공하여야 한다(제594조).

(가) 환매권자

환매권자는 최초의 매매에 있어서의 매도인 및 그 승계인이지만 환매권은 일신전속권은 아니기 때문에 환매권자의 채권자도 환매권을 대위행사할 수 있다(제404조).

(나) 대금 및 계약비용의 제공

환매권을 행사하려면 환매대금을 제공하지 않으면 안 된다. 환매대금은 당사자 사이에 특약이 없으면 매매대금과 매매비용을 반환하면 된다. 그러나 특약이 있으면 그 특약에 의한다.

(4) 환매의 효과

(가) 과실과 이자의 상계

당사자 사이에 다른 특약이 없으면 대금의 이자와 목적물의 과실은 상계한 것으로 본다(제590조 제3항).

(나) 비용의 상환

매수인이나 전득자(轉得者)가 목적물에 대하여 비용을 지출한 경우에 환매권자는 제203조의 규정에 의하여 이것을 상환하여야 한다(제594조 제2항). 그러나 이 비용상환은 환매의 요건은 아니기 때문에 환매기간 내에 제공하지 않더라고 환매권은 행사할 수 있다.

(다) 제3자에 대한 효과

환매에 있어서는 목적물에 대한 제3자의 권리를 침해할 수 없는 것이 원칙이다. 그러나 환매의 목적물이 부동산인 경우에 매매등기와 동시에 환매권이 유보를 등기한 때에는 제3자에 대해서도 그 효력이 있다.

(5) 환매와 조세채무의 관계

부동산을 환매조건부로 양도한 후 동 환매권을 환매기간 내에 행사하는 경우 새로운 양도에 해당하는지 의문이 생길 수 있다.

당초 매매가 조건부이고 그 조건이 양수인이 일정기간 내에 환매할 수 있다는 것이 조세법상 당초 계약의 무효 또는 취소에 갈음하는 효과를 부여할 수 있는지 여부가 관건이다.

국세청은 아래 예규에서 보는 바와 같이 '환매계약에 따른 환매기간 내에 환매권을 행사하여 해당 부동산의 소유권을 환원 등기하는 것은 양도로 보지 아니하여 양도소득세가 과세되지 아니함'이라고 하면서 양도소득세를 과세할 수 없다고 하고 있다.

그러나 환매특약에 의해 매수인이 동 부동산을 다시 매수할 수 있는 특권이 부여된 것일 뿐 동 환매권에 의한 매매를 조세법상 양도에서 제외할 수 있는 근거는 없다.

갑이 을의 부동산을 취득하면서 장래에 을이 동 부동산을 다시 구매할 수 있도록 하는 특약을 하고 이를 등기부에 기재한 때에는 을을 그 환매기간 내에 갑에게 동 부동산을 다시 구입할 수 있으며, 이때 갑이 을에게 양도하는 당초 양도도 양도소득세 과세대상이 되는 것이고, 을이 환매특약에 의해 갑에게 다시 양도하는 행위도 역시 양도소득세 과세대상이 되는 것으로 해석함이 타당하다. 환매특약에 의해 환매하는 경우로서 당초 매매가액과 그 후 환매가액이 같아서 조세법상 양도차익이 없어 과세할 수 없는 것은 별개의 문제이다.

04
채권

소유부동산을 민법 규정에 의한 '환매'조건부로 유상양도하고 환매권을 보류한 상태에서 소유권이전 등기를 하는 경우에는 소득세법 제4조 제3항의 규정에 의한 '양도'에 해당하여 양도소득세가 과세되는 것이며, 환매계약에 따른 환매기간 내에 환매권을 행사하여 해당 부동산의 소유권을 환원등기하는 것은 양도로 보지 아니하여 양도소득세가 과세되지 아니함(재일 46014-2023, 1994.7.22.).

3. 교환

가. 의의

교환이란 당사자 쌍방이 금전 이외의 재산권을 상호 이전할 것을 약정함으로써 성립하는 계약이다(제596조). 예컨대 A의 토지와 B의 건물의 소유권을 서로 이전할 것을 약속하는 것이 교환이다.

역사적으로 보면 교환은 매매보다 먼저 발달하였으나 화폐경제의 발달에 따라 매매에 그 지위가 후퇴되었다.

나. 성질

교환은 그 원시형태에 있어서는 요물계약이었으나, 민법상에서는 낙성계약이다. 또한 쌍무·유상·불요식의 계약이라는 점은 매매와 같으나, 교환의 목적물이 화폐가 아니라는 점에서 매매와 다르다.

다. 교환의 효력

교환에 대해서는 원칙적으로 매매의 규정이 적용된다.

특히 보충금(시가 1억원의 토지와 시가 7천만원 건물을 교환하면서 3천만원을 보충하여 지급하는 경우)의 특약이 있는 교환에 있어서는 그 보충금 3천만원에 대해서는 매매대금에 관한 규정이 준용된다(제597조).

라. 교환에 대한 세법상 취급

(1) 부가가치세

부가가치세는 거래세로서 납세의무자가 과세대상인 재화 또는 용역을 공급하는 경우에는 원칙적으로 세금계산서를 교부하고 상대방으로 하여금 공급가액 외에 부가가치세액상당액을 거래징수하여야 한다.

통상적인 거래에서는 한쪽에서는 재화 또는 용역의 흐름이, 다른 한쪽에서는 그 대가로 서 화폐 또는 화폐대용증권이 지급되는 것이 보통이다.

이들 화폐 또는 화폐대용증권은 부가가치세의 과세객체가 아니므로 재화 또는 용역을 공급하는 쪽에서만 세금계산서를 교부하고 그 재화 또는 용역을 공급받는 자로부터 공급가 액 외에 부가가치세액을 거래징수하면 될 것이다.[42]

그러나 교환의 경우에는 그 교환되는 재화가 면세재화가 아닌 때에는 쌍방이 모두 세금 계산서를 교부하고 상대방으로부터 공급가액 외에 부가가치세액을 거래징수해야 한다.

물론 거래징수당한 세액은 매출세액에서 공제한다.

결국 교환의 경우에는 쌍방이 세금계산서를 교부하면서 부가가치세액을 거래징수하여 야 하는 한편 거래징수당한 세액은 납부세액에서 공제하는 것이다.

이는 우리나라의 부가가치세제도가 전단계거래세액공제법을 채택하고 있기 때문이다.

(2) 소득세 · 법인세 등

등가의 재화를 교환하는 경우에 당해 기간의 손익에는 영향이 없다.

4. 소비대차

가. 의의 및 성질

(1) 소비대차란?

소비대차란 당사자의 일방이 금전, 기타 대체물의 소유권을 상대방에게 이전할 것을 약정하고 상대방은 그와 같은 종류 · 품질 · 수량으로 반환할 것을 약정함으로써 성립하는 계약이다(제598조).

(2) 소비대차의 제도적 의의

소비대차는 두 가지 중요한 경제적 작용을 하고 있다. 하나는 일상생활비 등을 조달하는 '소비신용'으로서의 작용이고, 다른 하나는 기업, 설비 등을 조달하는 '생산신용'작용이다.

04
채
권

---

42) 부가가치세법기본통칙 4-0-3【유가증권 등】
　　수표 · 어음 등의 화폐대용증권은 과세대상이 아니다.

나. 소비대차의 성립요건

(1) 소비대차는 낙성계약이다

당사자 일방이 금전, 기타 대체물의 소유권을 상대방에게 이전할 것을 약정하고 상대방은 이와 같은 종류, 품질 및 수량으로 반환된 것을 약정함으로써 효력이 생긴다.

(2) 소비대차의 목적물은 금전, 기타 대체물일 것

소비대차의 목적물로서의 금전, 기타의 대체물이어야 하므로 비대체물에 대해서는 소비대차는 성립하지 않는다. 유가증권이 소비대차의 목적물이 되느냐에 관해서는 의문이 있으나 유가증권도 일종의 대체물이므로 소비대차의 목적물이 될 것이다.

다. 준소비대차

(1) 준소비대차란?

당사자쌍방이 소비대차계약에 의하지 아니하고 금전, 기타 대체물을 지급할 의무가 있는 경우에 당사자가 그 목적물을 소비대차의 목적으로 할 것을 약정함으로써 소비대차의 효력이 발생될 경우에 이를 준소비대차라고 한다. 예를 들면 상품대금채권을 당사자 사이의 합의에 의하여 소비대차에 기한 대여금채권으로 하는 것과 같다. 세법에서도 수입금액 귀속시기 또는 자산의 양도시기를 판단하는 데 있어 원용해야 하는 개념이다.[43]

(2) 성립요건

(가) 현실로 채무가 존재할 것

준소비대차가 성립하려면 우선 당사자 사이에 금전, 기타의 대체물의 급부를 목적으로 하는 기존 채무가 존재하여야 한다.

---

43) ① 토지매매계약 후 매도인 A가 계약금과 중도금을 받은 후 잔금(1억원으로 가정)을 현실적으로 수령받지 아니하고 금전소비대차로 전환하는 경우에는 소득세법상 사업소득의 수입시기 또는 양도소득의 양도시기계산에 있어 소비대차로 전환하는 시기를 기준으로 해야 할 것이다. 다만, 이 경우 사실상 소비대차로 전환한 것인지 여부에 대한 사실판단의 문제가 남아 있으나 소비대차 전환약정서류와 이자약정과 그에 따른 이자지급사실 등은 소비대차전환 여부 판단에 좋은 증거가 될 수 있을 것이다.
② 부동산매매업 등에 있어 수입시기는 원칙적으로 매매대금을 청산한 날로 규정(소득세법시행령 제48조 제11호)하고 있고, 양소소득에 있어 자산의 양도 또는 취득시기 또한 원칙적으로 당해 자산의 대금을 청산한 날로 하도록 규정(소득세법시행령 제162조 제1항)하고 있으나 여기서 청산의 의미는 민법의 준소비대차와 관련하여 합리적으로 해석해야 할 것이다.

(나) 합의가 있을 것

기존 채무의 당사자가 그 채무의 목적물을 가지고 소비대차의 목적으로 하는 내용의 합의가 있어야 한다. 실제로는 차용증서 등의 서류를 작성하는 것이 일반적이지만 증서의 작성은 증거가 되는 데 불과한 것으로 준소비대차의 성립요건은 아니다.

(3) 준소비대차의 효력

준소비대차는 소비대체와 동일한 효력이 생긴다. 따라서 소비대차와 다름이 없다. 다만, 대주(貸主)의 목적물이전의무는 없다. 그러나 준소비대차에 의하여 기존의 채무는 소멸하고 새로운 채무가 성립하므로 구채무와 신채무와의 관계가 문제될 수 있다.

(가) 구채무 또는 신채무가 무효나 취소된 경우

구채무가 무효나 취소되면 신채무도 소멸하고 반대로 신채무가 무효나 취소되어도 구채무는 소멸하지 않는다.

(나) 신구 양 채무의 동일성

원칙적으로 동일성을 유지하기 때문에 구채무에 관한 담보나 항변권을 신채무에 존속된다.

(다) 신채무의 시효

준소비대차에 의하여 생기는 채무는 새로운 채무이기 때문에 시효도 독자적으로 인정되며 따라서 그 시효기간의 기산점은 신채무가 성립한 때이다.

라. 소비대차의 세법상 취급

(1) 부가가치세

부가가치세는 거래세로서 납세의무자가 과세대상인 재화 또는 용역을 공급하는 경우에는 원칙적으로 세금계산서를 교부하고 상대방으로 하여금 공급가액 외에 부가가치세액상당액을 거래징수하여야 한다.

통상적인 거래에서는 한쪽에서는 재화 또는 용역의 흐름이, 다른 한쪽에서는 그 대가로서 화폐 또는 화폐대용증권이 지급되는 것이 보통이다.

이들 화폐 또는 화폐대용증권은 부가가치세의 과세객체가 아니므로 재화 또는 용역을 공급하는 쪽에서만 세금계산서를 교부하고 그 재화 또는 용역을 공급받는 자로부터 공급가액 외에 부가가치세액을 거래징수하면 될 것이다.[44]

---

44) 부가가치세법기본통칙 4-0-3【유가증권 등】
　　수표·어음 등의 화폐대용증권은 과세대상이 아니다.

그러나 교환에서와 같이 소비대차의 경우에도 소비대차의 목적물인 재화가 면세재화가 아닌 때에는 쌍방이 모두 세금계산서를 교부하고 상대방으로부터 공급가액 외에 부가가치세액을 거래징수해야 한다. 물론 거래징수당한 세액은 매출세액에서 공제한다.

결국 소비대차의 경우에도 교환의 경우와 같이 쌍방이 세금계산서를 교부하면서 부가가치세액을 거래징수하여야 하고, 한편 거래징수당한 세액은 납부세액에서 공제하는 것이다.

(2) 소득세 · 법인세 등

등가의 재화를 소비대차하는 경우에 당해 기간의 손익에는 영향이 없다.

(3) 미수금을 소비대차로 전환하는 경우

(가) 소비대차전환의 효용

부동산을 양도하는 경우에 있어 양도시기는 원칙적으로 잔금청산일이다.

잔금약정일이 5월 31일인 경우에 양수인의 자금사정으로 잔금지급을 연기하기로 양도인이 동의해 주는 경우 양도인은 6월 1일 변동된 공시지가로 양도차익을 계산해야 할 것이다. 만약 양도인이 잔금을 소비대차로 전환하는 경우에는 어떠한가?

의사표시만으로 소비대차의 효력이 생기게 하여 부동산양도에 관한 미수금을 받아서 다시 양수인에게 빌려주는 두 단계를 생략할 수 있게 한다. 이 경우 양도시기는 잔금을 소비대차로 변경한 날이 된다. 즉 5월 31일이 소비대차로 전환한 날이 되어 양도시기가 되는 것이다.[45] 이를 민법에서는 준소비대차라고 함은 앞에서 보았다.

(나) 소비대차 전환에 관한 입증책임

사적 자치의 원칙에 따라 미수금을 소비대차로 전환하는 것은 당사자의 자유이다.

그러나 계약당사자 외에 제3자가 있고, 그 제3자가 과세관청인 경우에는 소비대차로의 전환은 공허한 주장이 될 수 있다. 계약당사자 사이에 진실로 미수금을 소비대차로 전환했다는 사실에 대한 객관적인 증거가 필요한 것이다.

이러한 소비대차 전환사실에 대한 입증은 이를 주장하는 쪽에서 해야 할 것이다. 따라서 공시지가가 상향조정된 경우에는 소비대차로 전환되었다는 사실에 대하여 납세자가 입증을 해야 한다.

---

45) 소득세법기본통칙 98-162…1【잔금청산일이 매매계약서에 기재된 잔금지급약정일과 다른 경우 양도 또는 취득의 시기】
　　① 매매계약서 등에 기재된 잔금지급약정일보다 앞당겨 잔금을 받거나 늦게 받는 경우에는 실지로 받은 날이 잔금청산일이 된다.
　　② 제1항을 적용함에 있어서 잔금을 소비대차로 변경한 경우는 소비대차로의 변경일을 잔금청산일로 한다.

만약 6월 1일 변동된 공시지가가 하향조정된 경우에는 납세자는 소비대차로 전환해야 할 실익이 적어지고 오히려 과세관청이 준소비대차가 있었다는 사실을 입증하고자 할 수도 있을 것이다.[46)]

(다) 소비대차 전환 시 유의사항

위에서 본 것처럼 소비대차로 전환되었다는 사실에 대한 입증은 원칙적으로 주장하는 쪽에서 해야 한다. 공시지가가 높아진 경우에는 납세자에게 주장의 실익이 있으므로 납세자가 주장하고 입증해야 할 것이므로 대부분은 납세자가 입증해야 하는 경우가 될 것이다.

이러한 입증과 관련해서 고려해야 할 몇 가지를 본다. 만약 토지를 300원에 양도하는 경우를 가정해 보면,

- 계약금 수령 시 (차) 현금   100원   (대) 선수금 100원
- 중도금 수령 시 (차) 현금   100원   (대) 선수금 100원
- 잔금을 전환 시 (차) 선수금 200원   (대) 토지   300원
  　　　　　　　　　미수금 100원
- 이와 동시에 (차) 대여금 100원 (대) 미수금 100원으로 분개해야 할 것이다.

그리고 대여금에 관한 이자문제는 반드시 증빙과 분개를 통해 입증해야 할 것이다.

위의 경우 중요한 부분을 다시 한 번 강조하면

- 잔금을 전환 시 (차) 선수금 200원   (대) 토지   300원
  　　　　　　　　　미수금 100원
- 이와 동시에 (차) 대여금 100원 (대) 미수금 100원으로 분개해야 하는 부분이다.

민법과 조세법 그리고 이들 법률관계 변동을 정확하게 회계에 적용하고 반영할 수 있어야 할 것이다.

그리고 소비대차로 전환한 데 따라 발생할 수 있는 이자에 대해서는 원천징수의무가 따른다는 사실도 유의해야 할 것이다.[47)]

---

46) 5월 31일 공시지가가 ㎡당 100만원인데 6월 1일 공시지가 50만원으로 하락하였다면 5월 31일의 공시지가로 계산한 양도차익이 더욱 크게 될 것이다.

47) 법인세법기본통칙 73-0…1【원천징수대상이 되는 이자소득의 범위】
　　④ 물품을 연불조건으로 매입함에 따라 이자상당액을 가산하여 지급하는 경우에는 다음 각 호에 의하여 처리한다.
　　　1. 당초 계약내용에 의하여 이자상당액을 가산하여 매입가액을 확정하고 연불방법에 따라 이자를 포함한 가액을 매입대금으로 지급하는 경우에는 이자소득이 아닌 것으로 한다.
　　　2. 당초 계약내용에 의하여 매입가액이 확정된 후 그 대금의 지급 지연으로 실질적인 소비대차로 전환되어 발생되는 이자는 이자소득으로 한다.

04
채
권

토지와 건물을 함께 양도하는 경우에는 조금 더 복잡해진다.

토지와 건물은 별개의 부동산이고 나아가 토지와 달리 건물은 부가가치세가 과세되기 때문에 거래금액 중에 부가가치세를 포함한 것으로 볼 것인지, 부가가치세를 별도로 양수인이 부담할 것인지 먼저 합의가 이루어져야 하고, 그 후 부가가치세 과세표준을 산출해야 하는 등의 개별세법을 정확하게 적용해야 하기 때문이다.

마. 소비대차의 경우 취득가액과 양도가액

원재료 등을 일시적으로 소비대차한 경우 원재료 등을 차용할 때에는 대여자의 정당한 매입가격에 의하여 계상하고 상환 시에는 상환하는 원재료 등의 매입가격에 의하여 계상한다.[48]

구체적으로는 원재료의 소비대차를 각각 매입·매출거래로 보아 원재료차용(매입) 시에는 대여자의 장부가액을 그 취득가액으로 하고 원재료상환(매출) 시에는 사용자의 장부가액을 그 매출액으로 계상하도록 되어 결국 양자의 차액만큼 소비대차에 의한 손익이 발생하게 된다.

일시적인 소비대차거래에 있어서는 손익이 발생하지 않을 것이지만 그 상환기간이 긴 경우에는 물가변동으로 손익이 발생할 수 있다.

특히 부가가치세법상으로는 원재료 등을 차용하는 것도 재화의 공급에 해당하고 그 후 반환하는 행위도 재화의 공급에 해당된다는 사실에 유념하여야 한다.[49]

바. 이자소득으로 보지 아니하는 경우

외상매출금이나 미수금의 지급기일을 연장하여 주고 추가로 지급받는 금액은 자산의 판매가액에 포함한다. 따라서 장기할부조건으로 판매함으로써 현금거래 또는 통상적인 대금의 결제방법에 의한 거래의 경우보다 추가로 지급받는 금액은 모두 판매대금에 포함되는 것이므로 별도의 이자소득으로 보지 아니한다.

그러나 외상매출금이나 미수금이 소비대차로 전환된 경우 또는 당초 계약내용에 의하여 매입가액이 확정된 후 그 대금의 지급지연으로 인하여 실질적인 소비대차로 전환되어 발생

법인세법기본통칙 73-0…2【원천징수의 시기】
다음 각 호에 게기하는 날은 법 제73조 제1항 규정의 "지급하는 경우"로 본다.
　4. 이자소득금액을 당사자 간의 합의에 의하여 소비대차로 전환한 때에는 그 전환한 날

[48] 법인세법기본통칙 41-72…2【원재료 등을 소비대차한 경우의 취득가액】

[49] 부가가치세법기본통칙 9-18-1【원료 등을 차용하여 사용하거나 소비하고 반환하는 재화】

된 후에 발생되는 이자는 이자소득으로 본다.[50] 이 경우에는 이자상당액을 지급할 때 원천징수를 해야 할 것이다.

그러나 소송에 따라 확정되는 손해배상금에서 발생하는 법정이자는 원천징수대상이 되는 이자로 보지 않는다.[51]

사. 소비대차 목적물이 금전인 경우 납세의무

소비대차의 목적물이 금전인 경우에는 대부분 이자수입이 발생한다.

이 경우 이자소득에 대하여 과세하는 방법은 거래형태 등에 따라 다르다.

(1) 사업소득으로 보는 경우

금전의 대여를 사업으로 하는 자가 소비대차계약 등에 기하여 금전을 대여하고 받는 이자 또는 수수료 등을 말한다. '영업적'이란 영리를 목적으로 동종의 행위를 계속·반복적으로 행하는 것을 의미하는 것으로 다음에서 말하는 일시적·비반복적으로 금전을 대여하고 이자를 수령하는 비영업대금의 경우와 차이가 있다.

하나의 부동산을 임대하고 그 부동산으로부터 발생하는 법정과실로서의 임대료와 일정 금원을 대여하고 그 금원으로부터 발생하는 법정과실로서의 이자는 그 성격이 유사하지만 세법상 취급은 다르다. 부동산의 임대에 대해서는 부가가치세법에서는 '계약상의 원인에 의하여 재화를 사용하게 하는 것'에 포함하게 되어 부가가치세 납세의무가 있지만 소비대차의 목적물이 금전인 때에는 부가가치세 납세의무가 없다.

그리고 부동산의 임대에 대해서는 그 임대목적물의 개수와 임대차계약건수에 관계없이 조세채무의 성격이 동일하지만 금전소비대차의 경우에는 소비대차계약의 건수 등에 따라서 조세채무의 성격이 다르게 되는 것이다.

즉 금전소비대차약정이 일시적·우발적이 아닌 사업성의 정도로 볼 수 있는 때에는 단순한 이자소득이 아닌 금융업으로서 사업소득으로 보게 되는 것이다.

대금업을 하는 거주자임을 대외적으로 표방하고 불특정다수인을 상대로 금전을 대여하는 사업을 하는 경우에는 사업소득 중 금융업으로 본다. 이 경우 일시적으로 사용하는 전화번호만을 신문지상에 공개하는 것은 대금업의 대외적인 표방으로 보지 아니한다.[52]

---

50) 소득세법기본통칙 16-0···1【이자소득으로 보지 아니하는 범위】제5항

51) 법인세법기본통칙 73-0···1【원천징수대상이 되는 이자소득의 범위】
　③ 법원의 판결에 의하여 지급하는 손해배상금에 대한 법정이자는 제1항의 규정에 의한 원천징수대상이 되는 이자소득이 아닌 것으로 한다.

52) 소득세법기본통칙 16-26···1【비영업대금의 이익과 금융업의 구분】

(2) 이자소득으로 보는 경우

금전의 대여를 사업으로 하지 않는 자가 소비대차계약 등에 기하여 금전을 대여하고 받는 이자 또는 수수료 등에 대해서는 사업소득세가 아닌 이자소득으로 본다. 이자소득이라 하더라도 금전소비대차의 성격상 계속성은 보유하지만 이러한 계속성 외에 금전소비대차행위를 사업으로 하여 불특정다수인에게 계속적으로 금전소비대차행위를 반복하는 등의 행위가 없는 경우이다. '영업적'이란 영리를 목적으로 동종의 행위를 계속·반복적으로 행하는 것을 의미하므로 비영업대금은 일시적·비반복적으로 금전을 대여한 경우를 가리킨다.

비영업대금의 이자에 관한 수입시기는 당사자의 이자지급에 관한 약정내용 유무에 따라 다르다. 즉 약정이 있는 경우에는 약정에 의한 이자지급일을 수입시기로, 이자지급일의 약정이 없거나 약정에 의한 이자지급일 전에 이자를 지급받는 경우에는 실지로 이자를 지급하는 날을 수입시기로 본다.[53] 이자지급일이 약정되어 있는 경우에도 그 내용이 위법성을 구성하고 있는 때에는 비록 약정의 이행기가 도래하여도 초과분에 대해서는 청구권이 발생할 여지가 없으므로 그 초과분이 현실적으로 지급되지 않는 한 과세소득을 구성한다고 볼 수는 없을 것이다.[54]

국세부과제척기간 계산의 기산일과 관련해서 생각해 보면 이자에 관한 약정이 있는 경우가 이자에 관한 약정이 없는 경우보다 그 기산일이 빠르게 될 것이다.

비영업대금의 이익을 계산함에 있어서는 비영업대금이 회수할 수 없는 채권에 해당되어 원금 및 이자의 전부 또는 일부를 회수할 수 없는 경우에는 회수한 금액에서 원금을 먼저 차감하여 계산한다. 이 경우 회수한 금액이 원금에 미달하는 때에는 총수입금액은 이를 없는 것으로 한다(소득세법시행령 제51조 제7항). 여기서 '회수한 금액이 원금에 미달하는 때'라 함은 원리금의 전부 또는 일부를 회수할 수 없는 날이 속하는 과세연도를 의미한다. 따라서 그 전에 이미 이자 명목으로 회수된 것은 이자소득세 납세의무가 있다. 즉 원리금회수불능시기에 속하는 과세연도 이전에 수령한 이자는 세법상 원금으로 배려하는 범주에 포함되지 않는다.[55]

이자와 관련한 과세요건을 규명할 때 주의할 것 중 하나는 소비대차에 의한 이자와 소비임치에 의한 이자에 대한 구별이 필요하다는 것이다.

---

53) 소득세법시행령 제45조【이자소득의 수입시기】제9호의 2
54) 대법원 1985.7.23. 선고, 85누323 판결
55) 국세청 서일 46011-10393, 2003.3.28. 외 다수

5. 사용대차

가. 의의 및 성질

(1) 사용대차란?

사용대차란 당사자의 일방(대주)이 상대방에게 무상으로 사용·수익하게 하기 위하여 목적물을 인도할 것을 약정하고 상대방은 이를 사용·수익한 후 그 물건을 반환할 것을 약정함으로써 성립하는 계약이다(제609조).

요컨대 물건의 무상의 대차(貸借)이다. 이 점에서 임대차와 다르다. 한편, 차용물자체를 그대로 반환하는 점에 임대차와 같고 소비대차와 다르다.

(2) 사용대차의 성질

(가) 낙성계약이다

당사자 사이의 합의만으로 성립하는 낙성계약이다.

(나) 무상계약이다

차주는 사용·수익의 대가를 지급할 채무를 부담하지 않는다. 이 점에서 임대차와 구별이 된다.

(다) 편무계약이다

대주는 차주에게 사용·수익하게 하기 위하여 목적물을 인도할 의무가 있고 차주는 목적물 반환의무가 있으나 양자 사이에 대가관계가 없으므로 편무계약이다.

나. 사용대차의 효력

(1) 대주(貸主)의 권리의무

(가) 대주(貸主)의 권리

대주는 목적물의 반환청구권을 가진다. 이것은 다음에 말하는 차주의 반환의무에 대응하는 것이다.

(나) 대주의 사용·수익 허용의무

대주는 차주에게 목적물을 사용·수익하도록 할 의무가 있다. 그러나 수선의무는 부담하지 않는다.

(다) 대주의 담보책임

원칙적으로 대주는 목적인 물건이나 권리의 하자나 흠결에 대하여 책임을 지지 않는다. 그러나 대주가 그 하자나 흠결을 알고 있으면서 차주에게 고지하지 않은 때에는 담보책임을 부담한다(제612조·제559조).

(2) 차주의 권리의무

(가) 사용수익권

차주는 계약 또는 목적물의 성질에 의하여 정해진 용법으로 이를 사용·수익을 할 수 있다(제609조 제1항). 그러나 대주의 승낙 없이 제3자에게 차용물을 사용·수익하게 하지 못한다. 즉 전대(轉貸)가 금지된다.

(나) 차용물 보관의무

차주는 선량한 관리자의 주의를 가지고 목적물을 보관할 의무가 있으며 통상의 필요비를 부담하여야 한다(제611조 제1항).

(다) 차용물 반환의무

사용대차가 종료한 때에는 차용물자체를 반환하여야 한다. 그 시기는 당사자 사이에 약정이 있는 때에는 약정에 의하고 약정이 없는 때에는 계약 또는 목적물의 성질에 의한 사용·수익이 종료한 때이다.

다. 사용대차의 종료

사용대차는 일반의 종료원인 외에 다음의 특유한 종료원인에 의하여 종료한다.

(1) 기간의 만료

사용대차는 존속기간의 약정이 있는 때에는 그 기간이 만료한 때에 종료하고 기간의 약정이 없는 때에는 계약 또는 목적물의 성질에 의한 사용·수익이 종료한 때에 소멸한다(제613조 제2항).

(2) 대주의 해지

차주가 의무를 위반한 경우에는 대주는 계약을 해지할 수 있고(제610조 제3항) 반환시기를 약정하지 않은 경우에 계약 또는 목적물의 성질에 의한 사용·수익에 충분한 기간이 경과한 때에는 대주는 언제든지 계약을 해지할 수 있다.

(3) 차주의 사망 · 파산

사용대차는 신뢰관계에 기인되는 것이기 때문에 차주가 사망하거나 파산선고를 받은 때에는 대주는 계약을 해지할 수 있다(제614조). 그러나 대주의 사망은 특약이 없는 한 종료원인이 되지 않는다.

(4) 계약의 해제

대주가 목적물을 인도하기 전에는 당사자는 언제든지 계약을 해제할 수 있다(제612조 · 제601조).

(5) 차주의 해지

차주는 다른 특약이 없는 한 언제든지 해지할 수 있다.

라. 사용대차와 세법

(1) 부가가치세

(가) 용역의 무상공급

사용대차는 부가가치세법상으로는 용역의 무상공급에 해당한다.
용역의 공급이라 함은 역무를 제공하거나 시설물, 권리 등 재화를 사용하게 하는 것을 의미하므로[56] 시설물, 재화를 타인에게 사용하도록 허락하면서 그 대가를 받지 않기로 하는 경우가 사용대차에 해당한다.

(나) 부가가치세법상 사용대차의 취급

이 경우 공급자와 공급받는 자와의 사이가 특수관계에 해당하는 경우에는 부당행위계산 부인문제가 대두될 수 있으나, 부가가치세법은 관련 시행령을 삭제[57]하여 현재는 소득세 법상으로만 부당행위계산문제가 대두될 뿐 부가가치세법상으로는 행위계산부인하지 아니한다.
그러나 순수한 사용대차가 아닌, 그렇다고 임대차라고 할 수 없는, 예를 들면 제세공과 금상당액만 공급받는 자가 부담하기로 약정하는 경우 부가가치세법상으로는 용역의 무상 공급으로 볼 것인가, 아니면 용역의 저가공급으로 볼 것인가 하는 문제가 대두될 수 있다.
용역의 저가공급은 그 시가를 과세표준으로 삼도록 규정하고 있기 때문이다.[58]

---

56) 부가가치세법 제11조 【용역의 공급】

57) 부가가치세법시행령 제25조 【용역공급의 범위】

58) 부가가치세법 제29조 【과세표준】

(2) 소득세

(가) 사용대차는 부당행위계산부인대상

소득세에 있어서는 일정한 특수관계자에 대한 자산의 사용대차에 대해서는 부당행위로 의제하고 당사자의 행위계산을 부인할 수 있도록 규정하고 있다.

갑이 상가건물의 일부를 을에게는 대가를 받고 임대하고 병에게는 대가를 받지 않는 경우 사적 자치의 원리에 따라 당사자 간 합의된 약정은 그 효력발생을 부인할 수 없다.[59]

(나) 세법상 행위계산부인의 효과

하나의 거래에 대하여 거래상대방에 대한 사적 의무와 국가에 대한 공적인 납세의무가 동시에 성립하는 경우에는 사적 의무는 사인 간의 합의로 그 면제가 가능하지만 납세의무 라는 공적의무는 별도로 존속시킬 필요가 있게 된다.

즉 무상공급으로 인하여 과세표준이 발생하지 않는 경우에도 사적 자치의 원칙을 부정하 지는 않으면서 그 거래가 유상인 경우 발생하는 공적납세의무는 존치시키는 장치가 바로 부당행위계산부인 규정인 것이다.

이때 행위계산부인으로 소득이 발생한 것으로 보는 갑에 대하여 을의 대응비용은 인정되 지 않는 이유는 갑에 대하여만 행위계산부인을 한 결과라고 하지만 을의 비용도 비용으로 인정해주는 문제를 생각해 보아야 할 것이다.

가산세 등의 부담만으로도 그 제재의 효과는 있으며, 실질적으로 사용대차는 번번이 발생하는 것이고 이것이 반드시 범법행위로 보기는 어려운 면이 있기 때문이다.

(3) 증여세

일정한 특수관계에 있는 자의 부동산(그 부동산 소유자와 함께 거주하는 주택과 그에 딸린 토지를 제외한다)을 무상으로 사용함에 따라 일정한 이익을 얻은 경우에는 그 이익에 상당하 는 금액을 부동산 무상사용자의 증여재산가액으로 보도록 규정하고 있다.[60]

이 경우 부동산의 무상사용에 따른 이익의 증여시기는 당해 부동산의 무상사용을 개시한 날로 하고 무상사용기간이 5년을 초과하는 경우에는 그 무상사용을 개시한 날부터 5년이 되는 날의 다음 날에 새로이 당해 부동산의 무상사용을 개시한 것으로 본다.[61]

---

59) 상가 등이 아닌 주택의 경우에는 특단의 예외를 두고 있다. 즉 주택을 직계존비속에게 무상으로 사용하게 하고 직계존비속이 그 주택에 실제 거주하는 경우에는 부당행위계산부인 대상에서 제외하도록 하고 있다. 조세법에도 따뜻한 가슴이 있다고 보아야 할 것이다(소득세법시행령 제98조 제2항 제2호).

60) 상속세및증여세법 제37조【부동산 무상사용에 따른 이익의 증여】

61) 상속세및증여세법시행령 제27조【부동산 무상사용에 따른 이익의 계산방법 등】

6. 임대차

가. 임대차란?

임대차란 당사자의 일방(임대인)이 상대방(임차인)에게 목적물을 사용·수익하게 할 것을 약정하고 상대방이 이에 대하여 차임을 지급할 것을 약정함으로써 성립하는 계약이다(제 618조). 타인의 물건을 사용·수익할 것을 내용으로 하고, 차용물 그 자체를 반환하여야 하는 점에서 사용대차와 같고 차임의 지급을 요소로 하는 점에서 사용대차와 다르다.

한편, 차용물 그 자체를 반환해야 하는 점에서 그 목적물을 소비 후 동종·동질·동량을 반환하는 소비대차와 다르다.

나. 임대차의 효력

(1) 임대인의 권리와 의무

(가) 임대인의 권리

임대인의 권리로서는 차임지급청구권·목적물반환청구권, 그 밖에 차임증액청구권·임 대물의 보조에 필요한 행위를 할 권리(제624조 참조) 등이 있다.

(나) 임대인의 의무

임대인은 임차인으로 하여금 목적물을 사용·수익하게 할 적극적 의무를 진다(제618조). 이 적극적 의무에 기하여 구체적으로는 다음과 같은 의무가 파생된다.

① **목적물 인도의무**

② **수선의무**

임대인은 계약이 존속하는 동안 목적물의 사용·수익에 필요한 수선의무를 진다(제 623조). 이 의무를 이행하지 않을 때에는 임차인은 손해배상청구권과 계약해제권이 생기는 외에 차임의 지급거절권 및 차임감액청구권이 생긴다.

③ **방해제거의무**

목적물의 사용수익이 제3자로 인하여 방해되는 경우에는 임대인은 임차인을 위하여 그 방해를 제거할 의무가 있다.

④ **담보책임**

임대차는 유상계약이기 때문에 임대인은 임대물에 하자가 있거나 권리에 하자가 있 는 때에는 매도인과 같은 담보책임을 부담한다(제567조).

04
채
권

⑤ **비용상환의무**

임차인이 임차물 보전에 관하여 필요비를 지출한 때에는 임대차의 종료를 기다리지 않고 곧 상환을 청구할 수 있으며(제626조 제1항), 임차인이 유익비를 지출한 경우에는 임대인은 임대차 종료 시에 그 가액의 증가가 현존한 때에 한하여 임차인이 지출한 금액이나 그 증가액을 상환하여야 한다(제626조 제2항).

(2) 임차인의 권리와 의무

(가) 임차인의 권리

임대차에 의하여 임대인은 여러 가지 권리를 취득하고 의무를 부담하나 임대차의 특질이 타인의 물건을 이용하는 점에 있으므로 임차인의 권리의 핵심을 이루는 것은 임차물을 사용·수익할 권리라고 할 수 있다. 이러한 임차인의 권리를 임차권이라고 한다. 이러한 임차권의 대외적 효력은 점차 강화되고 있는데, 이것을 '임차권의 물권화'라고 한다.

현실적으로 임대차 중 주택임대차의 경우에는 주택임대차보호법상 주택의 인도와 주민등록을 갖추면 대항력을 가지게 되고 확정일자까지 갖추는 경우에는 우선변제권까지 득한다. 이렇게 채권도 사회정책상 일정한 경우 물권화되어 가는 것이 현실이다.

(나) 임차인의 의무

① **차임지급의무**

② **임차물 보관의무**

임차인은 선량한 관리자의 주의로써 임차물을 보관하여야 한다. 또한 임차물에 수선을 필요로 하거나 임차물에 대하여 권리를 주장하는 자가 있는 때는 지체 없이 이를 임대인에게 통지하여야 한다(제634조).

③ **물건의 용법에 따라서 사용·수익할 의무**

임차인이 임대물을 계약 또는 그 목적물의 성질에 의하여 정하여진 용법으로 이를 사용·수익하여야 한다(제654조).

④ **임차권을 무단 양도·전매하지 않을 의무**

임차인은 임대인의 동의 없이 그 권리를 양도하거나 임차물을 전대(轉貸)하지 못한다(제629조).

⑤ **임차물 반환의무**

임차인은 임대차가 종료한 때에는 지체 없이 임차물을 임대인에게 반환할 의무를 진다(제654조). 그리고 임차물을 반환할 때에는 임차인은 원상에 회복하여야 한다. 즉 임차인이 임차물에 부속시킨 물건이 있으면 이를 수거할 의무가 있다. 만약 임차인이 수거하지 않는 때에는 임대인이 임의로 수거할 수 있다.

다. 임차권의 양도 및 전대

(1) 임차권의 양도

(가) 의의

임차권의 양도란 임차인으로서의 법률상의 지위를 제3자에게 이전하는 것이다. 예컨대 A가 B로부터 토지를 임차한 경우에 그 임차권을 C에게 양도하면 C는 A·B 사이에 발생한 모든 권리·의무를 승계하며, A는 그 계약으로부터 탈퇴하여 종전의 계약이 B·C 간에 계속하게 된다.

(나) 무단양도의 금지

임차권은 다른 재산권에 비하여 임대인과 임차인과의 인적 신뢰관계가 중요한 요소로 되어 있으므로 민법은 원칙적으로 임차권의 양도를 허용하지 않으며, 다만 임대인의 승낙이 있을 경우에만 유효하게 양도할 수 있다(제629조 제1항).

(다) 임대인의 동의 없는 양도

임차인이 임대인의 동의 없이 그의 임차권을 양도한 경우에는 부적법한 것으로서 임대인은 임대차계약을 해제할 수 있다(제629조 제2항). 임대인의 동의는 양도한 임대인, 기타 제3자에 대한 대항요건에 불과하기 때문에 임대인의 동의가 없는 양도라 하더라도 당연히 무효로 되는 것이 아니며 당사자 사이에서는 유효하다.

(2) 임차권의 전대(轉貸)

(가) 의의

전대란 임차인이 다시 제3자(전차인)에게 임차물을 사용·수익을 하게 하는 것을 약정하는 계약이다. 임차권을 양도하면 종래의 임차인은 임대차관계에서 탈퇴하지만 전대(轉貸)에서는 임차인이 종전의 계약상의 지위를 그대로 유지하면서 다시 전차인(轉借人)과의 사이에 새로운 임대차 관계를 성립시키는 것이다. 전차인(轉借人)이 다시 전대(轉貸)하는 것을 전전대라고 하며, 이것도 전대로서 전대에 관한 모든 관계에 준하여 다루어진다.

(나) 무단전대의 금지

민법은 임차권을 양도하는 경우와 같이 임차인은 임대인의 동의가 없이 전대를 하지 못한다(제629조 제1항). 만약 임차인이 임대인의 동의 없이 임차권을 전대한 때에는 임대인은 임대차계약을 해지할 수 있다(제629조 제2항).

04
채
권

(다) 적법한 전대의 효력

전대에 관하여 임대인의 동의가 있으면 적법한 전대로서 전차인은 목적물을 사용·수익할 수 있으며 이것으로써 임대인에게 대항할 수 있다. 이 전대차관계는 전대인과 임대인 사이의 임대차관계가 종료함으로써 소멸한다.

① 임대인과 임차인(전대인)과의 관계

전대가 이루어지더라도 임대인과 임차인(전대인)과의 종전의 관계는 그대로 유지된다. 따라서 임대인은 임차인에 대하여 직접차임을 청구하거나 목적물의 반환을 청구하거나 할 수 있다(제630조 제2항).

② 임차인과 전차인과의 관계

전대가 유상인 경우에는 임대차이고 무상인 경우에는 사용대차가 된다. 후술하는 바와 같이 전차인은 임차인에 대하여 직접 의무를 부담하지만 임차인(전대인)에 대한 법률관계(권리·의무)가 조각되는 일은 없다.

③ 임대인과 전차인과의 관계

임대인과 전차인 사이에는 직접 계약상의 법률관계는 생기지 않지만 법률상 전차인은 임대인에게 직접 의무를 부담하는 것으로 되어 있어서 이때에는 전차인은 전대인에 대한 차임의 지급으로써 임대인에게 대항하지 못한다(제630조 제1항).

(라) 위법전대의 효력

전대인의 동의 없이 전대한 경우에는 위법전대로서 위법양도와 마찬가지로 임대인도계약을 해지할 수 있다(제629조 제2항). 임대인의 해지권은 임차인이 임차물의 일부를 전대한 때에도 발생한다. 그러나 전대물이 건물인 경우에 그 건물의 소부분을 타인에게 전대한 때에는 임대인은 이 전대를 이유로 전대인과의 임대차를 해지하지 못한다(제632조).

라. 권리금

(1) 권리금이란?

권리금이란 도시에 있어서의 토지 또는 건물(특히 점포)의 임대차에 부수하여 주로 그 부동산을 갖는 특수한 장소적 이익의 대가로서 임차인으로부터 임대인에게 지급되는 금액을 말한다.

(2) 권리금 수수(授受)의 효력

권리금의 반환과 권리금의 대상인 권리의 양도성에 대하여 문제가 있다.

(가) 권리금의 반환

특약이 없는 한 임대차가 종료한 때에도 반환을 청구하지 못한다.

(나) 권리금의 대상인 권리의 양도성

권리금을 지급하고 임차권을 취득한 경우에 특약이 없는 한, 그 양도성은 인정되지 않는다.

마. 임대차의 종료

(1) 임대차의 종료원인

임대차는 목적물의 멸실·이행불능·기타 혼동 등에 의하여 소멸하지만 소멸원인으로서 특히 설명을 요하는 것은 다음과 같다.

(가) 기간의 만료

존속기간의 특약이 있는 경우에는 그 기간이 만료된 때에 소멸한다. 그러나 기간만료 후에 임차인이 계속하여 임차물을 사용·수익하고 있는 데도 임대인이 상당한 기간 내에 이의(異議)를 하지 않는 때에는 전(前) 임대차와 동일한 조건으로 다시 임대차한 것으로 본다(제639조).

(나) 해지의 통고

존속기간의 약정이 없는 때에는 당사자는 언제든지 계약해지의 통고를 할 수 있다(제635조 제1항). 임대차는 상대방이 이 해지의 통고를 받는 날로부터 일정한 기간이 경과함으로써 종료한다.

(다) 약정해지권의 행사

존속기간의 약정이 있는 때에도 당사자 일방 또는 쌍방이 해지권을 합의에 의하여 유보한 경우에는 제635조의 규정이 준용된다.

(라) 해지

무단전대, 차임연체, 채무불이행 등 일정한 사유가 발생함으로써 임대차를 존속시키는 것이 부적당한 경우에 기간약정의 유무에 불구하고 당사자는 임대차를 해지할 수 있다.

(마) 임차인의 파산

임차인이 파산선고를 받은 경우에는 임대차기간의 약정이 있는 때에도 임대인이나 파산관재인은 제635조의 규정에 의하여 계약해지의 통고를 할 수 있다(제637조 제1항).

(2) 임대차 종료의 효과

임대차가 종료하면 장래에 향하여 임대차관계가 소멸하며, 소멸의 효과는 소급하지 않는다. 임차인은 임차물을 반환하여야 하고 임대인은 보증금이 있으면 그것을 반환하여야 한다. 또한 임대차계약을 해지한 경우에 당사자의 일방에 과실이 있으면 상대방은 손해배상을 청구할 수 있다(제654조).

7. 고용

가. 고용이란?

고용이란 당사자의 일방(노무자·피용자)이 상대방(사용자·고용주)에 대하여 노무를 제공할 것을 약정하고, 상대방이 이에 대하여 보수를 지급할 것을 약정함으로써 성립하는 계약이다(제655조). 고용은 도급·위임·임치 등과 함께 넓은 의미에서 '노무공급계약'에 속한다.

나. 고용계약의 내용

고용은 노동의 제공과 그 대가로서 보수를 지급할 것을 당사자가 서로 약정하는 것을 내용으로 한다.

(1) 노무의 제공

노무의 내용은 제한이 없다. 육체적 노무이든 정신적 노무이든 무방하다.

(2) 보수의 지급

보수는 고용계약의 요소이다. 보수는 금전에 한하지 않으며, 현물급여라도 무방하다.

다. 고용의 효력

고용의 효력은 노동자 및 사용자의 권리·의무로서 나타난다. 고용의 효력은 노동계약으로서 노동관련법에서 자세히 규정되어 있다. 여기에서는 민법상의 규정을 설명한다.

(1) 노무자의 의무

(가) 노무제공의 의무

노동자는 계약의 내용에 좇아서 노무를 제공할 의무가 있다. 노무의 제공방법은 계약거래관행에 의하여 결정되지만 사용자의 지휘명령에 따라 노무를 제공할 의무가 있다. 이 점에서 자기 판단으로 행동하는 도급인과 다르다.

(나) 노무를 제3자에게 대행시키지 않을 의무

노무자는 사용자의 동의 없이 제3자로 하여금 자기에 갈음하여 노무를 제공하게 하지 못하며(제657조 제2항), 이 의무에 위반한 경우에는 사용자는 고용계약을 해지할 수 있으며(제657조 제3항), 손해가 생긴 경우에는 손해배상을 청구할 수도 있다.

라. 고용에 대한 세법상 취급

부가가치세에 있어서 근로의 제공은 용역의 공급으로 보지 아니하는 것으로 규정하고 있다. 부가가치세법 제12조에서는 '용역공급의 특례'라고 하면서 "고용관계에 따라 근로를 제공하는 것은 용역의 공급으로 보지 아니한다"라고 규정하고 있으나, 토지, 노동, 자본은 생산요소이기 때문에 부가가치세원리상 그 과세대상이 될 수 없을 뿐이다. 특례라고 표현한 것은 정확하지 않다.

근로의 제공인지 여부는 근로주체의 종속성 여부에 따라 판단해야 할 것이다.

근로를 제공하고 그 대가를 받는 것은 근로소득이므로 이에 따라 소득세가 과세되고, 여기서는 근로를 제공받는 사업자의 경우에는 수입에 대한 비용에 해당하지만 그 근로의 성격에 따라 사업자의 비용인식방법은 달라지는 것임에 유의해야 한다.

(1) 당기에 비용인식

일반사무직원에 지급하는 급료는 판매·일반관리비에 해당하므로 당해 사업연도의 손금으로 일괄 처리된다.

(2) 판매 시 비용인식

공장근로자에 대한 임금은 제조원가를 구성하므로 재고자산의 원가를 형성하여 당해 제품이 판매되는 때에 매출원가로서 손금화된다.

(3) 감가상각으로 비용인식

건물 등 고정자산의 건설에 투입되는 인건비로 당해 고정자산의 취득원가로 감가상각 등을 통하여 손금처리한다.

8. 도급

가. 도급이란?

도급이란 당사자의 일방(수급인)이 어떤 일을 완성할 것을 약정하고 상대방(도급인)이 그 일의 결과에 대하여 보수를 지급할 것을 약정함으로써 성립하는 계약이다(제664조). 도급은 광의의 노무제공계약이나, 고용과 같이 노무의 제공 그 자체를 목적으로 하는 것은 아니며, 노무로써 어떤 일을 완성한다는 데에 본질적 특질이 있다.

(1) 수급인의 일의 완성

도급에 있어서 '일'이란 어떤 노무에 의하여 생기는 결과를 의미한다. 예를 들면 건축이나 토목공사와 같이 유형적인 것이나 병의 치료와 같이 무형적인 것도 무방하다.

(가) 하도급

원래 도급이란 노무의 결과인 일의 완성을 목적으로 하는 것이므로 일은 반드시 수급인 자신의 노무에 의하여 완성해야만 되는 것은 아니며 수급인은 그 일을 다시 제3자에게 도급을 줄 수 있는데 이것을 하도급이라 한다. 수급인은 반대의 특약이 없는 한 하도급계약을 체결할 수 있다.

(나) 제작물공급계약

가구라든가 양복을 제작 주문하는 경우와 같이 수급인 소유의 재료로 제작하여 완성품을 도급인에게 인도하는 계약을 제작물공급계약이라 한다. 제작물공급계약은 도급과 매매의 혼합계약이라고 할 수 있다.

(2) 일의 완성에 대한 보수

일의 완성에 대한 대가로서 도급인이 보수를 지급하는 것이 도급의 요소이다. 이 보수에는 제한이 없으므로 금전이 아니라도 좋다.

나. 수급인의 의무

(1) 일을 완성할 의무

수급인은 계약에 의하여 정해진 시기·방법에 의하여 일을 완성할 의무를 진다.

(2) 목적물 인도의 의무

물건의 제작·수리 등과 같이 유체물에 관한 도급에 있어서는 일반적으로 수급인은 공작 또는 수리를 가한 물건을 도급인에게 인도할 의무를 부담한다. 목적물의 인도는 도급인의 보수의 지급과 동시에 이행의 관계에 있다.

다. 도급인의 의무

(1) 보수지급의무

도급계약에 의한 도급인의 의무 중에서 보수지급의무는 가장 기본적인 의무이다. 보수는 특약이 없는 한 원칙적으로 인도와 동시에 지급한다. 그러나 목적물의 인도를 필요로 하지 않는 경우에 일이 완성한 후 지체 없이 곧 지급하여야 한다(제665조).

(2) 도급인의 협력관계

도급인 자신의 초상을 그리는 도급과 같이 도급인이 일을 완성함에 대하여 도급인의 협력을 요하는 경우가 있다. 이 경우에 도급인이 협력하지 않으면 수급인은 일의 불완성에 대한 책임을 지지 아니한다.

라. 도급의 종료

도급은 계약일반의 종료원인에 의하여 종료하는 외에 다음과 같은 도급에 특수한 해제에 의하여 종료한다.

(1) 일 완성 전의 도급인의 임의해제

일을 완성하기 전에 도급인은 수급인에게 손해를 배상하고 언제든지 계약을 해제할 수 있다(제673조). 그 이유는 도급이 도급인의 의사에 기하여 일의 완성을 목적으로 하는 것이 므로 도급인의 의사에 반하여 그것을 속행하게 할 필요가 없기 때문이다.

(2) 도급인이 파산한 경우의 해제

도급인이 파산선고를 받은 때에는 수급인 또는 파산관재인은 계약을 해제할 수 있다(제674조 제1항). 이 경우에는 각 당사자는 상대방에 대하여 계약해제로 인한 손해배상을 청구하지 못한다(제674조 제2항).

(3) 사용자의 의무

(가) 보수지급의무

보수의 지급은 사용자의 가장 주된 의무이다. 보수는 금전으로 지급하는 것이 보통이지만 금전 이외의 것으로 지급하기로 약정하여도 무방하다.

보수는 약정이 없는 한 후급이 원칙이다. 그리고 노무자의 보수청구권에는 압류금지 등 특별한 보호가 있다.

(나) 노무청구권을 양도하지 않을 의무

고용은 당사자 사이에 신뢰관계에 중점을 두는 계약이기 때문에 사용자는 노무자의 동의 없이 노무청구권을 제3자에게 양도하지 못한다(제657조 제1항).

(다) 보호의무

사용자가 시설의 불완전, 기타 사용자로서의 배려를 하지 않음으로 인하여 노무자의 생명·신체·건강 등을 해친 경우에는 고용계약상의 의무를 해태한 것으로서 책임을 부담하여야 한다. 그러나 근로기준법에 있어서는 '노동재해'에 대하여 사용자에게 무과실책임이 인정된다.

마. 신원보증

고용계약의 계속 중에 노무자가 사용자에게 생긴 손해의 배상을 제3자에게 인수시키기 위하여 신원보증계약이 행하여지는 일이 많다.

(1) 신원보증의 두 가지 의미

널리 신원보증이라고 할 때에는 두 가지 의미가 포함되어 있다. 하나는 노무자에게 고용계약상의 채무의 불이행이 있는 경우에 그로 인한 손해의 배상을 목적으로 하는 것이며, 다른 하나는 이른바 '신원인수'인데, 노무자의 고용을 둘러싼 사용자의 모든 손해를 인수하게 함을 목적으로 하는 것이다.

(2) 신원보증계약의 폐해

신원보증계약 특히 '신원인수'는 보증인의 책임이 과중해서 사회적 폐해가 적지 않다.

9. 현상광고

가. 현상광고란?

현상광고란 당사자의 일방이 지정한 행위를 한 자에게 일정한 보수를 지급할 의사를 광고의 방법에 의하여 표시하고 이에 응한 자가 그 광고에 정한 행위를 완료함으로써 성립하는 계약이다(제675조). 이 가운데 일정한 행위를 한 자가 수인이 있을 경우에 특히 우수한 자에게만 보수를 지급하는 경우를 우수현상광고라고 한다(제678조).

나. 현상광고의 성질

광고자가 부담하는 채무의 근거에 대하여 학설이 나누어진다.

(1) 계약설

광고를 계약의 청약으로 보는 학설이다. 이 설에 의하면 광고에 정해진 일정한 행위를 하는 것이 승낙으로 되기 때문에 광고를 모르고 (결국 '승낙의사' 없이) 일정한 행위를 하더라도 보수청구권은 생기지 않게 된다.

(2) 단독행위설

광고를 정지조건부 채무의 부담으로 보는 설이다. 이 설에 의하면 광고를 모르는 자에게도 보수청구권이 생긴다.

(3) 우리 민법상의 해석

민법전이 현상광고를 전형계약의 일종으로 규정하고 있으므로 계약설이 다수설이다.

다. 현상광고성립

현행법은 현상광고를 계약으로 규정하고 있으므로 현상광고는 광고자가 어느 행위를 한 자에게 일정한 보수를 지급할 의사와 광고에 응한 자의 지정행위의 완료로 성립한다.

(1) 특정의 행위자에게 일정한 보수를 주는 뜻의 표시

광고의 내용·종류, 보수의 내용에 대해서는 제한이 없다. 그러나 그 행위가 완성되지 않으면 보수를 받을 수 없다.

(2) 광고의 방법에 의한 표시

광고란 신문, 텔레비전 등에서 불특정 다수인에 대한 의사표시를 말한다. 다만, 구인·토지 매도 등의 신문광고는 현상광고에 속하지 아니한다.

라. 현상광고의 효력

상대방은 지정된 행위를 완료함으로써 보수청구권이 발생한다.

(1) 광고를 모르고 지정행위를 한 경우

계약설과 단독행위설에 따라 다르지만, 현행법은 이를 명문으로 해결하여 광고 있음을 알지 못하고 광고에 정한 행위를 완료한 경우에도 보수청구권을 인정하고 있다(제677조).

(2) 지정행위를 완료한 자가 여러 명 있을 경우

원칙적으로 그 행위를 먼저 완료자가 보수를 받을 권리가 있다(제676조). 그러나 동법에 완료한 경우에는 각각 균등한 비율로 보수를 받을 권리가 있다. 보수가 분할할 수 없거나 광고에 1인만이 보수를 받을 것으로 정한 때에는 추첨에 의하여 결정한다.

마. 우수현상광고

(1) 우수현상광고란?

우수현상광고란 광고에 정한 행위를 완료한 자 중에서 우수자에게만 보수를 주기로 하는 특정한 현상광고를 말한다(제678조 제1항).

(2) 우수현상광고의 특색

우수현상광고는 일반현상광고에 대하여 ① "아마추어사진작가에 한한다"라는 등 그 상대방이 한정되는 경우가 많고, ② 지정행위의 내용은 우열을 가릴 수 있는 것이라야 하며, ③ 응모의 기간이 반드시 정해져야 하고, ④ 우수자로 판정된 자만이 보수청구권을 취득하는 점에 특색이 있다.

(3) 보수의 청구

보수는 원칙적으로 우수자만이 청구할 수 있다. 수인의 행위가 동등하다고 판정된 때에는 보수가 가분이면 평등한 비율로 나누어 갖게 되고 불가분이면 추첨으로 보수를 받을 자가 결정된다(제678조 제5항·제676조 제2항).

10. 위임

가. 위임의 의의 및 성질

(1) 위임이란?

위임이란 당사자의 일방(위임인)이 상대방에게 사무의 처리를 위탁하고, 상대방(수임인)이 이를 승낙함으로써 성립하는 계약이다(제680조). 노무공급계약이지만 위임인의 지휘명령에 복종하지 않는다는 점에서 고용과 다르며 또한 일의 결과를 직접 목적으로 하지 않는 점에서 도급과 다르다.

(2) 위임의 내용

위임계약의 내용은 물품의 구입·매도·대차·채권의 회수·등기의 신청 등과 같이 법률행위나 준법률행위라도 무방하며, 또한 장부정리와 같은 사실행위라도 무방하다. 그리고 일반의 위임은 무상을 원칙으로 하고 있다.

(3) 위임계약의 성질

(가) 무상·편무계약이다

위임은 특약이 없으면 무상이며, 편무계약이다. 그러나 특약에 의하여 유상으로 되는 때에는 유상·쌍무계약이 된다.

(나) 낙성·불요식계약이다

실제로는 위임장이 교부되는 일이 많으나 법률상으로는 낙성·불요식계약이다. 따라서 위임장은 일종의 증거방법에 불과하고 성립요건이 아니다. 그런 까닭에 이른바 '백지위임장'도 유효하다.

나. 위임의 효력

(1) 수임인의 의무

(가) 위임사무처리의 의무

수임인은 위임의 본지에 따라서 선량한 관리자의 주의로써 위임사무를 처리할 의무가 있다(제681조). 이것은 수임자의 가장 본질적 채무인 것이며 위임이 유상이거나 무상이거나 또는 보수의 다소에 구애됨이 없이 인정되는 의무이다.

04
채
권

(나) 수임인의 부수적 의무

① 사무처리의 보고의무

수임인은 위임인의 요구가 있을 때에는 언제나 사무처리의 상황을 보고하여야 하며, 또한 위임이 종료한 때에는 지체 없이 곧 그 전말을 보고하여야 한다(제683조).

② 금전·과실의 인도 및 권리이전의 의무

수임인은 위임사무의 처리로 인하여 받는 금전, 기타의 물건을 믿고 수취한 과실을 위임인에게 인도하여야 하며 또한 자기의 이름으로 취득한 권리는 위임인에게 이전하여야 한다(제684조).

③ 금전소비책임의무

수임인이 위임자에게 인도할 금전 또는 위임인의 이익을 위하여 사용할 금전을 자기를 위하여 소비한 때에는 그 소비한 날 이후의 이자를 지급하여야 하며 그 밖에 손해가 있으면 배상하여야 한다(제685조).

(2) 위임인의 보수지급의무

민법상 위임은 특약이 없는 한 무상이지만, 특약이 있으면 위임자에게 보수지급의무가 생긴다. 보수의 지급은 위임사무의 종료 후에 행하여지는 것을 원칙으로 한다. 그러나 실제 예로는 변호사에게 소송을 의뢰하는 경우 등 위임은 유상인 경우가 많다.

다. 위임의 종료

(1) 위임의 종료원인

위임에 특유한 종료원인은 다음 두 가지이다.

(가) 해지

위임은 당사자 사이의 고도의 신뢰관계를 기반으로 하기 때문에 각 당사자는 언제든지 위임계약을 해지할 수 있다.

(나) 위임인·수임인의 사망·파산 및 수임인의 피성년후견인 개시심판

이 경우에는 모두 신뢰관계가 소멸하는 것이기 때문에 위임의 종료원인으로 된다(제690조). 그런데 수임인이 파산한 경우라도 특약이 있으면 위임을 종료시키지 않을 수도 있다. 파산자도 위임을 받을 수 있기 때문이다.

(2) 위임종료 시의 특별조치

(가) 위임종료 후의 긴급처리의무

위임이 종료한 경우에 급박한 사정이 있는 때에는 수임인, 그 상속인이나 법정대리인은 위임인, 그 상속인이나 법정대리인이 위임사무를 처리할 수 있을 때까지 그 사무의 처리를 계속하여야 한다(제691조).

(나) 위임종료의 대항요건

위임종료의 사유는 이를 상대방에게 통지하거나 또는 상대방이 이를 안 때가 아니면 이로써 상대방에게 대항하지 못한다(제692조). 이것은 위임의 종료를 알지 못하는 상대방에게 불측(不測)의 불이익을 입히지 않기 위해서이다.

11. 임치

가. 임치의 의의 및 성질

(1) 임치란?

임치는 당사자의 일방이 상대방에 대하여 금전이나 유가증권, 기타의 물건의 보관을 위탁하고 상대방이 이를 승낙함으로써 성립하는 계약이다(제693조).

타인의 물건을 보관하는 법률관계를 말한다.

조세법과 관련해서는 소비임치로 발생하는 이자와 소비대차로 발생하는 이자의 차이를 이해할 필요가 있다.

(2) 임치의 내용

(가) 임치의 목적물

임치의 목적물은 금전이나 유가증권, 기타 물건이다. 이것을 임치물 또는 수치물이라 한다. 민법은 임치의 목적물을 널리 물건이라고 하므로 동산·부동산을 포함한다. 임치물은 반드시 임치인 소유물이 아니라도 무방하다.

(나) 목적물의 보관

목적물의 보관이란 물건을 자기의 지배하에 두어 그 멸실훼손을 방지하며 원상을 유지하는 보전행위를 말하는 것이고, 목적물의 이용이나 개량행위를 포함하지 않는다. 따라서 창고를 빌려주거나 금고를 빌려주는 계약은 유무상에 따라서 임대차나 사용대차가 된다.

(3) 임치의 법률적 성질

임치는 금전이나 유가증권, 기타의 물건의 보관을 목적으로 하는 낙성·불요식계약이며 특약이 없는 한 무상·편무계약이다. 그러나 특약으로 보수를 지급하는 경우에는 유상·쌍무계약이다.

나. 임치의 효력

(1) 수치인의 의무

(가) 임치물보관의무

수치인의 목적물 보관의무는 가장 기본적인 의무이다. 수치인은 무상인 경우에는 '자기의 재산과 동일한 주의'로서 보관하면 되고(제695조), 유상인 경우에는 '선량한 관리자의 주의'(제374조)로서 보관하여야 한다.

(나) 보관에 부수하는 의무

수치인은 위임에 관한 규정의 준용에 의하여 수임인과 마찬가지로 수치물의 보관을 위하여 받은 금전, 기타의 물건 및 수취한 과실을 임치인에게 인도하고 자기명의로 취득한 권리가 있으면 이를 임치인에게 이전하여야 한다.

(다) 수치물반환의무

수치인은 임치가 종료한 때에는 수치물을 반환할 의무를 부담하는 동시에(제698조 단서) 상대방인 임치인은 소유권에 기한 물권적 반환청구권을 가진다. 유상임치인 경우에는 수치인의 보수청구권과 반환의무는 동시이행의 관계에 서게 된다.

(2) 임치인의 의무

(가) 보수지급의무

유상임치의 경우에는 임치인은 보수지급의무를 부담한다(제701조). 이것은 유상위임에 있어서의 위임자의 보수지급의무와 동일하다.

(나) 비용선급·필요비상환·채무변제의 의무

임치인은 유상·무상에 관계없이 위임에 있어서의 위임인과 마찬가지로 비용 선급의무·필요비 상환의무 등을 진다(제687조·제688조).

(다) 손해배상의무

임치인은 임치물의 성질이나 하자로 인하여 생긴 손해를 수취인에게 배상하여야 한다(제697조). 그러나 수치인이 그러한 성질이나 하자를 알고 있었던 때에는 임치인은 배상책임을 면한다.

다. 임치의 종료

(1) 임치의 종료원인

임치는 기간의 만료·해제조건의 성취·목적물의 멸실·혼동 등과 같은 일반적 종료원인 이외에 임치에 특수한 종료원인으로서 당사자에 의한 해지를 인정한다.

(2) 당사자의 해지

임치인은 임치기간의 유무에 관계없이 언제든지 해지할 수 있다(제698조 단서). 수치인은 기간의 약정이 있는 때에는 부득이한 사유가 없으면 기간만료 전에 해지하지 못하지만 임치기간의 약정이 없는 때에는 언제든지 해지할 수 있다.

라. 특수한 임치

(1) 소비임치

은행예금이나 우편저금과 같이 목적물의 임치와 소비대차가 결합해 있는 임치이다. 소비임치에는 일반적으로 소비대차의 규정이 준용된다(제702조).

그러나 소비임치는 소비대차와 같이 차주의 이익을 고려할 필요가 없기 때문에 반환시기의 약정이 없는 때에는 임치인은 최고 없이 언제든지 목적물의 반환을 청구할 수 있다(제702조). 소비임치에 관한 계약서에는 예금, 적금에 관한 증서로 보아 100원의 인지세납세의무가 발생하는 반면, 소비대차에 관한 계약서에는 계급정액세를 적용하여 최고 35만원의 인지세납세의무가 발생한다(인지세법 제3조 제1항). 이외에도 조세법상 소비임치와 소비대차의 구별은 중요하다.

(2) 혼장임치

A, B, C 세 사람이 보관을 의뢰한 쌀을 하나의 창고에 혼합하여 보관하고 반환할 때는 어느 것을 누구에게 반환해 주어도 상관없다는 특약이 있는 임치이다. 혼장임치에는 임치와 소비대차의 규정을 유추적용한다.

12. 조합

가. 조합의 의의 및 성질

(1) 조합이란?

조합이란 2인 이상의 당사자(조합원)가 상호 출자하여 공동사업을 경영할 목적으로 결합한 단체를 말한다.

(가) 공동사업을 영위할 것

조합의 목적인 사업은 공동으로 경영할 것을 요하며, 조합원 전원이 그 사업의 성공에 대하여 이해관계를 가지고 있어야 한다.

(나) 모든 당사자가 출자를 할 것

조합은 모든 당사자가 출자를 할 것을 요소로 하는 계약이다. 여기서 출자란 자본의 제공이고, 그 내용에는 제한이 없다. 금전·권리·현물 등 무엇이든지 출자의 목적이 된다. 또한 각 조합원이 하는 출자의 종류나 내용은 동일해야 하는 것이 아니다.

(2) 조합의 성질

(가) 조합계약의 특질

조합은 공동의 사업을 경영한다는 당사자 전원에게 공통적인 목적을 위하여 행하여지는 단체결성행위이며, 이 점에서 사단법인의 설립행위와 본질적으로 같다. 그러나 한 당사자의 의사표시가 모든 당사자 사이에서 '교환적'으로 행하여지는 점에서 계약으로서의 성질을 가지고 있다.

(나) 계약상의 성질

각 조합원의 출자의무는 대가적 의의(意義)를 가지기 때문에 조합계약은 쌍무 유상계약이다. 또한 조합은 당사자 사이의 의사표시의 교환만으로 성립하기 때문에 낙성·불요식 계약이다.

(3) 조합의 단체성

조합계약에 의하여 공동의 사업을 경영하는 사람의 집단으로서의 조합이란 단체가 성립하는 것이나 이와 같은 사람의 집단인 사단법인과 어떤 점에서 상이한가, 그 단체성은 어떠한가가 문제로 된다.

(가) 단체로서의 조합

법인은 이것을 구성하는 개인과 전혀 별개의 독립된 인격을 가지고 있으나 조합은 조합원을 떠난 독립의 인격을 갖지 않아서 법률상 명확한 존재성을 갖지 않는다. 또한 법인의 설립과 그 행동범위에는 엄격한 규제가 있으나 조합에는 계약만으로 결성할 수 있다.

(나) 조합과 권리능력 없는 사단과의 관계

사단은 그 사회학적 실체로서 단체성을 가지고 있어도 법인격을 취득하려면 '비영리'를 목적으로 하여야 한다. '권리능력 없는 사단'은 조합과 유사하다. 그 실체는 어디까지나 '사단'이기 때문에 거기에 조합의 규정을 준용하여야 하는 것이 아니라 될 수 있는 대로 사단법인의 규정을 적용하여야 한다.

나. 조합의 재산관계

(1) 조합의 재산관계의 특수성

조합은 법인과 같이 독립된 권리주체가 아니므로 엄밀한 의미에서 조합 자신의 재산이라고 할 만한 것은 없다. 그러나 조합도 하나의 단체이기 때문에 단체목적을 위하여 제공된 재산은 어느 정도 조합원 개인의 재산에 독립해 있다. 이 조합의 단체성과 개인성이 교착해 있는 점에 그 재산관계의 특수성이 노출되어 거기에는 어려운 문제가 생긴다.

(2) 조합원의 출자

(가) 출자의무

조합원은 조합계약에 기하여 출자의무를 부담한다. 조합이 하나의 단체로서 사회적으로 활동하는 이상 자본은 불가결한 조건이며, 조합원의 출자의무를 부담시키고 있다. 따라서 출자로서 급부된 것은 물론 출자청구권도 조합재산을 구성한다.

(나) 출자의무의 이행

조합원은 원칙적으로 서로 다른 조합원에 대하여 출자의 청구를 할 수 있다. 그리고 조합원이 출자의무를 이행하지 않는 때에는 이행지체의 책임을 지게 되는 것이지만, 민법은 조합재산을 충족하기 위하여 특칙을 두었다. 즉 금전을 출자의 목적으로 한 조합원이 출자시기를 지체한 때에는 연체이자를 지급하는 외에 손해를 배상하여야 한다(제705조).

(3) 조합재산

(가) 조합재산의 성격

조합재산을 구성하는 것은 출자된 재산, 출자청구권, 업무집행에 의해서 발생한 재산, 이상의 조합재산에 기하여 발생한 재산 등이다. 민법은 이를 조합재산을 총 조합원의 '합유'라고 규정하고 있다(제704조).

(나) 조합재산의 처분제한

① '조합재산의 지분'의 처분제한

조합원이 '조합재산의 지분', 즉 조합재산을 구성하는 개개의 물건이나 권리에 대한 지분을 양도하거나 질권을 설정하는 등의 처분을 할 수 없다.

② 조합재산의 분할의 금지

합유자는 합유물의 분할을 청구하지 못한다(제273조 제2항). 이것은 조합재산이란 조합의 공동목적 달성을 위한 경제적 수단이기 때문이다.

③ 준합유관계

조합재산에 속하는 소유권 이외의 재산권에 대하여는 준합유가 성립하고 위에서 설명한 물건의 합유에 있어서와 같은 제한이 있다. 또한 조합의 채무자는 그 채무와 조합에 대한 채권으로 상계하지 못한다(제715조).

(4) 조합의 채무

(가) 조합채무의 성격 및 그 취급

조합채무는 조합의 사업집행에 의하여 생긴 것이므로 이른바 조합재산으로서 각 조합원 개인의 채무와는 구별되어야 하지만 채권자는 각 조합원 개인에게 직접 청구할 수 있다. 그러나 실제로는 조합의 채무는 조합의 재산 중에서 업무집행자에 의하여 변제된다.

(나) 조합채무에 대한 조합원의 책임

조합원 각자는 조합채무에 대하여 무한책임을 진다. 그러나 그것은 연대채무가 아니라 분할채무로 해석되므로 채권자는 원칙적으로 조합원 각자의 손실부담의 비율에 응하여 청구하며, 만약 그 비율을 알지 못한 때에는 균분하여 청구할 수 있다(제712조).

(5) 손익분배

조합의 사업을 경영함으로써 생긴 이익 및 손실은 조합원에게 분배되어야 한다.

(가) 분배의 비율

손익분배의 비율은 조합계약에 의하여 정하여지나 특약이 없는 경우에는 각 조합원의 출자가액에 비례하여 이를 정한다(제711조). 그러므로 신용·노무 등의 출자는 금전으로 평가하여 분배의 비율을 정하고, 이익 또는 손실 어느 한쪽에 대하여 비율을 정한 때에는 그 비율은 이익과 손실에 공통된 것으로 추정한다(제711조 제2항).

(나) 이익분배의 시기

이익분배의 시기는 조합계약으로 정하는 것이 보통이나 그와 같은 약정이 없을 때는 다음의 기준에 의한다.

① 이익의 분배

영리조합에서는 업무집행자가 결정하고 비영리조합에서는 청산하는 때이다.

② 손실의 분배

영리조합·비영리조합이 모두 청산절차에 들어가서 조합재산으로는 완제할 수 없음이 판명된 때이다.

다. 조합의 해산·청산

(1) 조합의 종료원인

조합은 해산에 의한 청산절차가 완료함으로써 종료한다. 조합원이 탈퇴함으로써 잔존조합원이 1인인 때에는 종료한다.

(2) 해산

해산은 조합종료의 주요 원인이다. 그러나 해산 후에는 청산절차의 종료까지 청산목적의 범위 내에서 조합관계는 한정적으로 존속한다.

(가) 해산사유

① 목적사업의 성공 또는 성공불능
② 총조합원의 합의
③ 조합계약으로 정한 해산사유의 발생
④ 해산의 청구

조합원은 부득이한 사유가 있는 때에는 해산을 청구할 수 있다(제720조).

(나) 해산의 효과

해산에 의하여 청산절차가 개시한다. 그리고 조합해산의 효과는 장래에 향하여서만 생긴다. 또한 자기의 과실에 의하여 해산사유를 발생하게 한 조합원에 대해서는 다른 조합원은 해산에 의하여 입은 손해의 배상을 청구할 수 있다.

(3) 청산

청산이란 단체인 조합의 재산정리이며, 이 청산의 완료한 때에 비로소 조합은 완전히 소멸한다.

(가) 청산인

총조합원이 공동으로 또는 그들이 선임한 자가 그 사무를 집행한다(제721조 제1항). 총조합원이 공동으로 청산하는 때에는 전원이 청산인으로 되며, 청산인을 선임할 때는 조합원의 과반수로 결정한다(제721조 제2항). 청산인은 정당한 사유가 없는 한 사임할 수 없으며, 다른 조합원의 일치가 아니면 해임하지 못한다(제723조).

(나) 청산사무의 집행

조합사무의 집행과 동일한 원칙에 따른다(제722조). 따라서 청산인이 여러 명 있을 때는 다수결에 의하여 집행하지만 청산에 관한 통상사무는 각 청산인이 전행(專行)할 수 있다.

(다) 청산인의 직무권한

현재사무의 종결·채권추심 및 채무의 변제·잔여재산의 인도 및 이들의 목적을 달성하기 위하여 필요한 모든 행위를 할 수 있다. 그리고 잔여재산은 각 조합원의 출자가액에 비례하여 분배하여야 한다(제724조 제2항).

13. 종신정기금

가. 의의 및 성질

(1) 종신정기금이란?

종신정기금계약은 당사자의 일방이 자기, 상대방 또는 제3자의 종신까지 정기로 금전, 기타의 물건을 상대방 또는 제3자에게 지급할 것을 약정함으로써 성립한다(제725조). 종신정기금계약은 보험적 작용을 영위하는 것이나 실제상 사인 간에 이 제도가 이용되는 일은 드물다.

(2) 계약의 성질

(가) 유상 또는 무상계약

증여로서 행하여지는 경우에는 무상계약이고, 외상금 채무나 소비대차채무를 종신정기금채무로 전환하는 경우에는 유상계약이다. 증여의 경우에는 증여계약에 관한 규정이 준용되며[62], 외상매출금에 대한 채무나 소비대차채무로부터 정기금채무로 전환하는 경우에는 매매나 소비대차의 규정이 준용된다.

(나) 낙성·불요식계약

당사자의 의사표시의 합치만으로 성립하기 때문에 낙성계약이며, 따로 요식을 필요로 하지 않기 때문에 불요식계약이다.

(다) 유증에 의한 종신정기금

종신정기금의 채권채무는 계약 외에 유증에 의해서도 발생한다. 이 경우에는 민법은 종신정기금계약의 규정이 준용된다(제730조).

나. 종신정기금계약의 효력

(1) 정기금채권의 발생

종신정기금계약의 주요한 효과는 정기금채권의 발생이다. 정기금채권은 매기에 일정한 금액을 지급하게 하는 포괄적인 기본채권이며, 이에 기한 매기의 변제기가 도래한 때에는 지분채권이 발생한다.

(2) 채무불이행에 의한 원본반환청구

정기금채무자가 정기금의 원본을 받은 경우에 그 정기금의 지급을 해태하거나 기타 의무를 이행하지 아니한 때에는 정기금채권자는 원본의 반환을 청구할 수 있다. 그러나 이미 지급을 받은 채무액에서 그 원본의 이자를 공개한 잔액을 정기금채무자에게 반환하여야 한다(제727조).

다. 종신정기금계약의 종료

종신정기금계약은 채무불이행에 기한 해제에 의하여 종료하는 외에, 계약의 성질상 계약에 정하여진 특정인이 사망함으로써 종료된다.

---

62) 상속세및증여세법시행령 제62조【정기금을 받을 권리의 평가】

계약에 정하여진 특정인의 사망이 채무자의 책임 있는 사유로 인한 때에는 법원은 정기금채권자 또는 그 상속인의 청구에 의하여 상당한 기간채권의 존속은 선고할 수 있다(제729조). 그러나 채권자 또는 상속인은 이 경우에 정기금계약을 해제하여 원본의 반환을 청구할 수도 있다(제729조 제2항).

14. 화해

가. 의의 및 성질

(1) 화해란?

화해란 당사자가 상호양보하여 당사자 간의 분쟁을 종지할 것을 약정함으로써 성립한다(제731조).

예를 들면 1억원의 금전소비대차계약에서 채권자 A는 이자가 월 2부였다고 주장하고 채무자 B는 이자가 월 1부였다고 주장하여 다툼이 있는 경우에 서로 양보하여 1부 5리로 정하여 다툼을 종료시키는 합의의 계약이 화해에 해당한다.

(2) 화해의 요건

(가) 다툼이 있을 것

화해의 전제로서 당사자 간의 다툼이 있어야 한다. 그리고 그 다툼은 합의에 의하여 해결될 수 있는 성질의 것이어야 한다. 따라서 친자관계 등 친족관계의 존부는 화해의 대상이 아니다.

(나) 당사자가 서로 양보할 것

일방만이 양보하는 경우에는 화해가 되지 않는다. 그리고 다툼의 해결을 제3자에게 맡기는 '중재계약'은 화해가 아니다.

(3) 계약의 성질

(가) 쌍무·유상계약

서로 분쟁을 종지할 채무를 부담하는 것이므로 쌍무계약이며, 양보에 관해서 대가적 출연을 하기 때문에 유상계약이다.

(나) 낙성·불요식계약

화해는 낙성·불요식의 계약이다. 계약서 등의 작성은 증거방법에 불과하다.

(4) 계약의 당사자

화해의 당사자는 처분의 능력 · 권한을 가진 자이어야 한다.

화해는 서로 양보하는 것을 내용으로 하고, 그 양보를 위한 출연행위는 채무를 부담하며 권리의 처분을 하는 것이 보통이기 때문이다.

나. 화해와 유사한 제도

(1) 재판상의 화해

소송상 행하여지는 화해인데 소(訴)의 제기 후 재판절차 중에 행하여진다. 따라서 요건이나 효과는 소송상의 관점에서 정해진다(민사소송법 제388조).

(2) 조정

조정위원의 개입에 의하여 분쟁의 해결을 하는 제도이다. 조정의 결과 화해가 성립하는 일이 많다.

(3) 중재

법률관계의 판단을 제3자에게 맡겨 당사자가 그 재정에 좇음으로써 분쟁을 종결시키는 제도이다. 따라서 당사자 상호의 자주적인 양보에 의하여 행하는 분쟁의 해결은 아니기 때문에 화해와 다르다.

다. 화해의 효력

(1) 화해에 의한 법률관계의 확정

화해가 성립하면 법률관계는 그 타협점에서 확정된다. 즉 당사자는 화해에 의하여 정하여진 의무를 이행하고 권리를 서로 승인하게 된다. 화해계약은 당사자 일방이 양보한 권리가 소멸되고 상대방이 화해로 인하여 그 권리를 취득함으로써 창설적 효력이 있다.

(2) 화해와 착오와의 관계

화해에 대하여 착오가 있어도 원칙적으로 화해계약은 취소하지 못한다. 그러나 화해당사자의 자격 또는 화해의 목적인 분쟁 이외의 사항에 착오가 있은 때에는 취소할 수 있다.

(3) 화해의 무효 · 취소

화해도 의사표시를 요소로 하여 성립하는 법률행위이므로 민법의 무효 · 취소에 관한 일반규정은 모두 적용된다.

제3절 **특수한 임대차**

1. 개요

민법은 채권편에서 임대차에 관하여 규정하고 있다. 그러나 물권편의 여덟 가지 물권과 달리 채권편의 열네 가지 계약유형은 견본품에 불과하다. 백화점 쇼윈도에 대표적으로 진열해 놓은 예시상품에 불과한 것이다.

따라서 물권과는 달리 채권편의 계약유형과 다른 계약은 얼마든지 있을 수 있으며 이는 특별히 강행규정에 위반하지 않는 한[63] 당사자 사이에서 이행해야 하는 부담이 따르는 유효한 계약이 된다. 여기서는 임대차에 특유한 유형인 금융리스와 운용리스 그리고 임대차계약 시 특약으로 건물개보수를 임차인이 부담하기로 하는 것에 대하여 본다.

2. 금융리스

가. 임대인

임대인, 즉 리스회사의 경우에 있어서는 당해 리스물건의 리스실행일 현재의 취득가액 상당액을 임차인에게 금전으로 대여한 것으로 보아 대금결제조건에 따라 영수하기로 한 리스료 수입 중 이자상당액을 각 사업연도소득금액 계산상 익금에 산입한다.

---

63) 엄격하게는 강행규정 중 효력규정에 위반하는 경우라고 해야 할 것이다.
   왜냐하면 강행규정 중 단속규정은 금지규범을 위반한 데 대한 처벌은 하더라도 그 위반한 행위의 효력에는 영향을 주지 않기 때문이다.

나. 임차인

임차인의 경우에 있어서는 당해 리스물건의 리스실행일 현재의 취득가액상당액을 임대인으로부터 차입하여 동 리스물건을 구입한 것으로 보아 소유자산과 동일한 방법으로 감가상각한 당해 리스자산의 감가상각비와 대금결제조건에 따라 지급하기로 한 리스료 중 차입금에 대한 이자상당액을 각 사업연도소득금액 계산상 손금에 산입한다. 이 경우 동 이자상당액은 금융·보험업자에게 지급하는 이자로 보아 이자소득에 대한 법인세를 원천징수하지 아니한다.

3. 운용리스

가. 임대인

임대인의 경우에 있어서는 대금결제조건에 따라 영수할 기본리스료와 조정리스료를 각 사업연도의 소득금액 계산상 익금에 산입한다.

나. 임차인

임차인의 경우에 있어서는 대금결제조건에 따라 지급할 기본리스료와 조정리스료를 각 사업연도의 소득금액 계산상 손금에 산입한다.

4. 건물개량 · 수리비를 임차인이 부담하는 임대차

임차인이 개량 · 수리하여 사용하는 조건으로 무상 또는 저렴한 요율로 건물을 임대한 경우 임차인이 임대차계약에 의하여 부담한 건물의 개량비와 수리비는 임대인의 임대수입에 해당하므로 임대인은 동 자본적지출상당액을 당해 임대자산의 원본에 가산하며, 선수임대료로 계상한 개량비, 수리비상당액은 임대차계약기간에 안분하여 수입금액으로 처리한다. 이 경우 임차인은 동 개량비와 수리비를 선급비용으로 계상한 후에 임대차계약기간에 안분하여 필요경비에 산입하면 될 것이다.[64]

---

64) 소득세법기본통칙 39-0…8【임차인이 부담한 건물개수비의 귀속연도】

1. 주택과 임차인의 범위

가. 주택의 범위

주거용 건물의 전부 또는 일부의 임대차에 관하여 주택임대차보호법을 적용하여 그 임차주택의 일부가 주거 외의 목적으로 사용되는 경우에도 적용된다(주택임대차보호법 제2조).

또한 주거용 건물에 해당하는지 여부는 임대차목적물의 공부상의 표시만을 기준으로 할 것이 아니라 그 임대차의 목적, 전체건물과 임대차목적물의 구조와 형태 및 임차인의 임대차목적물의 이용관계 그리고 임차인이 그곳에서 일상생활을 영위하는지 여부 등을 아울러 고려하여 합목적적으로 결정하여야 한다(대법원 95다51953, 1996.3.12.).

나. 임차인 범위

주택임대차보호법은 주거용 건물의 임대차에 관하여 민법에 대한 특례를 규정함으로써 국민의 주거생활의 안정을 보장함을 목적으로 하여 제정된 것이므로 자연인이 임차한 경우에만 적용되고 임차인이 법인인 때에는 그 적용대상에 포함되지 않는다(대법원 96다7236, 1997.7.11.).

그러나 주택임대차보호법은 예외를 인정하여 국민주택기금을 재원으로 하여 저소득층 무주택자에게 주거생활 안정을 목적으로 전세임대주택을 지원하는 법인이 주택을 임차한 후 지방자치단체의 장 또는 그 법인이 선정한 입주자가 그 주택을 인도받고 주민등록을 마쳤을 때에는 대항력이 인정된다. 이 경우 대항력이 인정되는 법인은 한국토지주택공사법에 따른 한국토지주택공사와 지방공기업법 제49조에 따라 주택사업을 목적으로 설립된 지방공사를 말한다(주택임대차보호법 제3조 제2항 및 동법 시행령 제2조).

2. 대항력 발생요건 등

가. 주택의 인도, 주민등록

주택의 인도와 주민등록을 마친 때에는 그 다음 날부터 제3자에 대하여 효력이 생기며,

이 경우 전입신고를 한 때에 주민등록이 된 것으로 본다(주택임대차보호법 제3조 제1항). 여기서 주택의 인도는 타주점유를 뜻하는 것이므로 임차인이 임차부동산을 양수하는 경우 점유개정방식에 의한 인도를 하게 되는바, 임차인의 기존 점유는 타주점유에 불과하고 소유권이전등기 시에 비로소 자주점유에 해당한다는 사실에 유의해야 한다.

나. 가족 일부가 전출한 경우

주택임차인이 그 가족과 함께 그 주택에 대한 점유를 계속하고 있으면서 그 가족의 주민등록을 그대로 둔 채 임차인만 주민등록을 일시에 다른 곳으로 옮긴 경우라면 전체적으로나 종국적으로 주민등록의 이탈이라고 볼 수 없으므로 제3자에 대한 대항력을 상실하지 아니한다(대법원 95다30338, 1996.1.26.).

다. 임차권등기명령제도

임대차가 끝난 후 보증금이 반환되지 아니한 경우 임차인은 임차주택의 소재지를 관할하는 지방법원·지방법원지원 또는 시·군 법원에 임차권등기명령을 신청할 수 있다(주택임대차보호법 제3조의 3). 이를 임차권등기명령제도라 한다.

원래 민법에서도 부동산임차인은 당사자 간에 반대약정이 없으면 임대인에 대하여 그 임대차등기절차에 협력할 것을 청구할 수 있다(민법 제621조 제1항). 그러나 임대인이 자진해서 협력하지 않는 한 임차권의 등기는 현실적으로 불가능하다. 이에 민법의 특별법인 주택임대차보호법에서는 임차권등기명령제도를 신설하여 일정한 요건에 해당하는 경우 주택임차인의 일방적 신청만으로 등기부에 임차권등기를 할 수 있도록 하였다.

그리고 임차인이 임차권등기 이전에 이미 대항력이나 우선변제권을 취득한 경우에는 그 대항력이나 우선변제권은 그대로 유지되며, 임차권등기 이후에는 대항요건을 상실하더라도 이미 취득한 대항력이나 우선변제권을 상실하지 아니한다(주택임대차보호법 제3조의 3 제5항).

3. 공시방법의 착오기재

가. 공동주택의 경우

임차인은 특정물을 점유하여 생활하고 있으므로 그 특정물의 표시가 정확히 기재되어야 하며 주민등록전입 시의 주택표시와 등기부상의 표시가 일치하여야 한다.

이는 주택임대차보호법에서 주민등록을 공시방법으로 채택하고 있는 결과이다.

판례는 주민등록이전 시 잘못된 현관문 표시를 보고 201호로 신고한 경우(등기부상은 101호) 주택임대차보호법상의 대항력이 없다고 판시하고 있으며[65], 임차주택의 실제표시대로 행해지지 않은 경우 임대차보증금을 우선변제받을 수 없다고 판시하고 있다.[66] 이는 제3자를 보호하기 위한 것이다.

나. 단독주택의 경우

단독주택의 경우에는 임차인이 건물의 전부나 일부를 임차하고 전입신고를 하는 경우 지번만 기재하는 것으로 대항력을 가질 수 있다. 단독주택의 경우 단독주택 자체 내에서 호수를 정하고 있다 하더라도 이는 공동주택에서의 특정부분을 대외적으로 표시하기 위한 것이 아니라 임대인의 편의에 불과한 것이므로 공시방법으로서의 호수가 될 수 없다.

판례는 다가구주택의 경우 건축법 또는 주택건설촉진법(현 주택법)상 이를 공동주택으로 볼 수 없다 하여 임차인이 전입신고 시 지번만을 기재한 경우 유효한 공시방법으로서 주택임대차보호법상의 대항력을 갖추었다고 판시하고 있다.[67]

4. 우선변제권 발생요건

주택임대차보호법상의 대항요건, 즉 주택의 인도와 주민등록을 마치고 임대차계약증서상의 확정일자를 갖춘 임차인은 민사집행법에 따른 경매 또는 국세징수법에 따른 공매를 할 때에 임차주택(대지를 포함)의 환가대금에서 후순위권리자나 그 밖의 채권자보다 우선하여 보증금을 변제받을 권리가 있다(주택임대차보호법 제3조의 2 제2항).

---

65) 신축 중인 연립주택 중 1층 소재 주택의 임차인이 주민등록이전 시에 잘못된 현관문의 표시대로 '1층 201호'라고 전입신고를 마쳤는데 준공 후 그 주택이 공부상 '1층 101호'로 등재된 경우 주택임대차보호법상의 대항력이 없다(대법원 95다177, 1995.8.11.).

☞ 101호의 채권자는 등기부등본을 확인하였을 것이고 또한 대항력발생의 요건이 되는 101호의 주민등록을 확인하였을 것이다. 그러나 실제 채권자가 주민센터에서 확인한 101호에는 102호와 같이 전세입주자가 살지 않는 것으로 되어 있을 수 있으므로 채권자의 책임을 물을 수는 없을 것이다.

66) 그 임차주택의 실제표시와 불일치한 표시로 행해진 임차인의 주민등록은 그 임대차의 공시방법으로 유효한 것으로 볼 수 없어 임차권자인 피고가 대항력을 가지지 못하므로 그 주택의 경매대금에서 임대차보증금을 우선변제받을 권리가 없다(대법원 95다55474, 1996.4.12.).

67) 다가구용 단독주택의 경우 건축법이나 주택건설촉진법상 이를 공동주택으로 볼 근거가 없어 단독주택으로 보는 이상 주민등록법시행령에 따라 임차인이 건물의 일부나 전부를 임차하고 전입신고를 하는 경우 지번만 기재하는 것으로 충분하고, 나아가 건물거주자의 편의상 구분하여 놓은 호수까지 기재할 의무나 필요가 있다고 할 수 없으므로 임차인이 전입신고 시 지번을 정확히 기재했다면 유효한 공시방법으로 주택임대차보호법상의 대항력을 갖추었다고 할 수 있다(대법원 97다29530, 1997.11.14.).

위 확정일자는 등기소나 주민센터에서 임대차계약서에 연월일이 찍힌 도장을 받아오는 것으로 임대인의 동의 여부와 관계없이 신속·간편한 절차에 의해 확정일자를 받을 수 있다.

전세권설정등기는 임대인의 동의 없이는 등기 자체가 불가능하며, 그 절차가 복잡하여 대부분 법무사의 협조 등이 필요하고, 전세기간 만료 시에는 전세권설정등기를 말소해 주어야 하는 등 번거로움이 있다. 이에 비하여 확정일자는 아주 간편한 방법이다.

5. 임대차기간 등

가. 2년 이상으로 정한 경우

임대차존속기간을 2년 이상으로 정한 경우에는 당사자의 약정이 그대로 유효하다.

나. 기간이 없거나 2년 미만으로 정한 경우

임대차의 존속기간을 정하지 아니하거나 2년 미만으로 정한 임대차는 그 기간을 2년으로 본다. 다만, 임차인은 2년 미만으로 정한 기간이 유효함을 주장할 수 있다(주택임대차보호법 제4조 제1항).

결국 임차인은 임대차 계약 시 그 존속기간을 1년으로 해놓고 그 후에 계약상의 1년을 주장할 수도 있고 법률상의 2년을 주장할 수도 있게 된다. 도덕적으로 비난을 받을지언정 법적으로는 보호받을 수 있다.

6. 소액임차보증금에 대한 특별보호

가. 특별보호의 필요성

1981년 동법 제정 당시에는 소액임차인의 우선변제권에 대한 규정이 없었다. 동 규정은 1983년 1차 개정 시에 신설된 것으로 집 없는 서민 중에서도 아주 낮은 보증금만으로 주거를 해결하고 있는 경우에 생활보호차원보다 생존권보호차원에서 도입되었으며, 점점 상향조정되어 가고 있다.

나. 특별보호내용

본래 우선변제권은 일정한 공시방법을 갖춘 경우로서 시간의 순위에 따라서 우선변제권이 순차로 주어지는 것이다. 저당권의 경우 1순위저당권자가 만족을 얻고 난 후 남은 담보여력에 대하여 2순위저당권의 우선변제가 허용이 되고, 주택임대차보호법에서도 1순위임차인의 만족 후에 2순위임차인의 우선변제가 허용이 된다.

그러나 소액임차보증금의 경우 이러한 순위에 관계없이 일정액 이하의 보증금액에 해당될 때에는 일정액의 우선변제권이 인정되는 것이다. 금융을 주는 은행 등의 입장에서 볼 때는 담보력 저하로, 담보물소유주의 입장에서는 원활한 금융에 다소 장애가 되는 요인이다.

다. 특별보호요건

(1) 보증금에 관한 요건

- 서울특별시 : 3천 700만원 이하
- 수도권정비계획법에 따른 과밀억제권역(서울특별시는 제외), 세종특별자치시, 용인시 및 화성시 : 3천 400만원 이하
- 광역시(수도권정비계획법에 따른 과밀억제권역에 포함된 지역과 군지역은 제외), 안산시, 김포시, 광주시 및 파주시 : 2천만원 이하
- 그 밖의 지역 : 1천 700만원 이하

(2) 임차인의 보증금 중 일정액이 주택가액의 2분의 1을 초과하는 경우에는 주택가액의 2분의 1에 해당하는 금액까지만 우선변제권이 있다(주택임대차보호법시행령 제10조 제2항).

(3) 우선변제를 받을 임차인의 범위

- 서울특별시 : 1억 1천만원 이하
- 수도권정비계획법에 따른 과밀억제권역(서울특별시는 제외), 세종특별자치시, 용인시 및 화성시 : 1억원 이하
- 광역시(수도권정비계획법에 따른 과밀억제권역에 포함된 지역과 군지역은 제외), 안산시, 김포시, 광주시 및 파주시 : 6천만원 이하
- 그 밖의 지역 : 5천만원 이하

(4) 대항력에 관한 요건

대항력, 즉 주택의 인도와 주민등록을 갖추어야 하는데 최소한 경매신청의 등기 전에 이를 갖추어야 한다.[68] 단, 임대차계약서상 확정일자는 필요하지 아니하다. 이렇게 최우

---

68) 대항력의 시기에 관한 요건은 2차 개정 시 신설된 것으로 경매개시결정이 있은 후에도 소유자 등이 친지 등과 공모하여 임대차계약서를 작성하고 주민등록을 마쳐 배당을 받는 사례가 발생하여 선량한 채권자를

선변제라는 특별보호를 받을 수 있는 소액임차보증금에 대해서는 사업부진으로 체납 중이라 하더라도 그 가족의 최소한의 주거안정을 위하여 압류를 하지 못하도록 하였다(국세징수법 제31조).[69]

1. 상가건물과 임차인의 범위

가. 상가의 범위

사업자등록의 대상이 되는 영업용 건물로서 환산보증금이 일정금액 이하인 경우에만 해당한다.

따라서 사업자등록의 대상이 되는 영업용 건물인 경우에도 보증금이 일정금액을 초과하는 경우에는 동법의 적용을 받지 아니하고, 동창회사무실 등 비영리단체로서 사업성이 없어 사업자등록의무가 없는 경우의 임대차계약은 여기서의 상가건물에 해당하지 아니한다.

☞ 사업자등록의 대상이 되는 영업용 건물이라 함은 부가가치세법 제8조, 소득세법 제168조 또는 법인세법 제111조의 규정에 의한 '사업자등록의 대상이 되는 건물'을 말함.

☞ 종교·자선단체 및 각종 친목모임(동창회, 향우회) 사무실 등 비영리목적으로 사용하는 건물은 본법의 상가건물에 해당되지 않으므로 보호대상에서 제외됨.

나. 환산보증금의 범위

- 서울특별시 : 9억원 이하
- 수도권정비계획법에 따른 과밀억제권역(서울특별시는 제외) 및 부산광역시 : 6억 9천만원 이하
- 광역시(수도권정비계획법에 따른 과밀억제권역에 포함된 지역과 군지역, 부산광역시는 제외), 세종특별자치시, 파주시, 화성시, 안산시, 용인시, 김포시 및 광주시 : 5억 4천만원 이하
- 그 밖의 지역 : 3억 7천만원 이하

☞ 월세를 보증금으로 환산하고자 할 때에는 연 12%로 환산(월세 100만원 경우 월 1%이므로 100을 곱하여 1억원이 환산보증금이 됨)

보호하기 위하여 보완된 규정이다.

69) 다만, 소액임차보증금에 대한 압류금지규정은 2016.3.2. 이후 압류하는 분부터 적용한다. 따라서 그 전에 이미 압류가 된 보증금은 적용이 배제된다.

04
채권

2. 대항력 발생요건 등

가. 대항력 발생요건

건물의 인도를 받고 세무서에 사업자등록을 신청한 경우에 신청일의 다음 날부터 제3자에 대하여도 효력이 생긴다. 제3자에 대하여 발생하는 효력을 대항력이라고 한다.

이 경우 기존사업자는 사업자등록정정신고를 하여야 하며, 구비서류는 사업자등록증원본과 임대차계약서원본, 등기부등본상 구분등기 표시된 부분의 일부만 임차한 경우 해당부분의 도면, 본인 신분증, 그리고 대리인인 경우 위임장 및 대리인 신분증이 필요하다.

나. 대항할 수 없는 경우

대항력을 취득할 당시에 임차건물에 근저당권자 등 선순위권리자가 있는 경우 선순위에 있는 권리자가 자신의 권리를 실현하기 위하여 제기한 경매절차에서 소유권을 취득한 경락인에 대하여는 임차인이 대항할 수 없다.

그리고 사업자등록상 사업장소재지가 등기부등본과 다른 경우 등으로 예를 들면 임차인이 사업자등록신청 시에 사업장(임차건물)소재지 등을 잘못 기재하여 사실과 다르게 사업자등록이 된 경우 적정한 공시방법을 갖추지 않은 것이 되어 보호를 받을 수 없다.

다. 임차권등기명령제도

임대차가 종료된 후 보증금이 반환되지 아니한 경우 임차인은 임차건물의 소재지를 관할하는 지방법원·지방법원지원 또는 시·군 법원에 임차권등기명령을 신청할 수 있다(상가건물임대차보호법 제6조). 이를 임차권등기명령제도라 한다.

원래 민법에서도 부동산임차인은 당사자 간에 반대약정이 없으면 임대인에 대하여 그 임대차등기절차에 협력할 것을 청구할 수 있다(민법 제621조 제1항). 그러나 임대인이 자진해서 협력하지 않는 한 임차권의 등기는 현실적으로 불가능하다. 이에 민법의 특별법인 상가건물임대차보호법에서는 임차권등기명령제도를 신설하여 일정한 요건에 해당하는 경우 상가건물임차인의 일방적 신청만으로 등기부에 임차권등기를 할 수 있도록 하였다.

그리고 임차인이 임차권등기 이전에 이미 대항력이나 우선변제권을 취득한 경우에는 그 대항력이나 우선변제권은 그대로 유지되며, 임차권등기 이후에는 대항요건을 상실하더라도 이미 취득한 대항력이나 우선변제권을 상실하지 아니한다(상가건물임대차보호법 제6조 제5항).

3. 우선변제권 발생요건

가. 우선변제권 발생요건

임차인이 건물의 인도와 사업자등록신청의 대항력을 갖추고 관할세무서장으로부터 임대차계약서상의 확정일자를 받은 경우에는 우선변제권이 생긴다.

☞ 확정일자라 함은 공적기관이 그 날짜에 그 문서가 존재하였음을 인정하고 그 문서(여기서는 임대차계약서원본)에 도장을 찍어 주거나 확정일자부 번호를 써넣는 것을 말한다.

나. 우선변제권의 효력

민사집행법에 의한 경매 또는 국세징수법에 의한 공매 시에 임차건물의 환가대금에서 후순위 권리자 그리고 그 밖의 채권자보다 우선하여 보증금을 변제받을 수 있는 권리를 말한다.

4. 임대차기간 등

가. 당초계약

기간의 정함이 없거나 기간을 1년 미만으로 정한 임대차는 그 기간을 1년으로 본다. 다만, 임차인은 1년 미만으로 정한 기간이 유효함을 주장할 수 있다.

임대차기간이 종료한 경우에도 임차인이 보증금을 돌려받을 때까지는 임대차 관계가 존속되는 것으로 본다(상가건물임대차보호법 제9조).

나. 임차인의 계약갱신요구권

임차인의 계약갱신요구권은 최초의 임대차기간을 포함한 전체 임대차기간이 10년을 초과하지 아니하는 범위에서만 행사할 수 있다(상가건물임대차보호법 제10조 제2항).

그러나 임차인이 임대료를 3회 이상 연체, 임대인의 동의 없이 건물을 전대하는 경우 등에 해당하는 경우에는 임대인은 임차인의 재계약요구를 거부할 수 있다.

다. 계약갱신요구 시 주의사항

임차인은 재계약을 원하면 임대차기간이 만료되기 6개월 전부터 1개월 전까지 사이에 계약갱신요구를 해야 한다. 이 경우 입증을 위하여 내용증명의 발송 등으로 요구를 하는 것이 안전하다.

5. 최우선변제권

가. 최우선변제권이란?

주택임대차보호법에서의 소액임차보증금에 대한 특별보호와 같은 입법취지이다.

즉 생활의 보호보다 더욱더 절실한 생존권보호차원에서 사회정책상 특별히 예외적으로 일정금액 이하의 보증금의 임대차에 대하여 인정하는 것이다. 그러나 담보능력의 저하라는 단점이 있다.

나. 보증금요건

보증금액을 산정함에 있어서 보증금 외에 월차임이 있는 경우에는 월차임에 100을 곱한 금액을 보증금에 합산하도록 한다(상가건물임대차보호법시행령 제2조 제2항·제3항, 제6조, 제7조).
- 서울특별시
  - 우선 변제받을 보증금 : 6천 500만원 이하
  - 위 보증금 중 우선 변제를 받을 액수 : 2천 200만원 이하
- 수도권정비계획법에 따른 과밀억제권역(서울특별시는 제외한다)
  - 우선 변제받을 보증금범위 : 5천 500만원 이하
  - 위 보증금 중 우선 변제를 받을 액수 : 1천 900만원 이하
- 광역시(수도권정비계획법에 따른 과밀억제권역에 포함된 지역과 군 지역은 제외), 안산시, 용인시, 김포시 및 광주시
  - 우선 변제받을 보증금범위 : 3천 8백만원 이하
  - 위 보증금 중 우선 변제를 받을 액수 : 1천 300만원 이하
- 그 밖의 지역
  - 우선 변제받을 보증금의 범위 : 3천만원 이하
  - 위 보증금 중 우선 변제를 받을 액수 : 1천만원 이하

다. 최우선변제권 요건

최우선변제권을 주장하려면 건물에 대한 경매신청의 등기 전에 대항력을 갖추어야 한다. 즉 경매신청의 등기 전에 건물을 인도받고 사업자등록을 신청하여야 한다.

대항요건을 갖춘 후에도 배당기일 전까지 배당신청을 하는 경우에 한하여 최우선변제가 된다는 사실에 주의해야 한다. 그리고 임차인의 보증금 중 일정액이 상가건물의 가액의 2분의 1을 초과하는 경우에는 상가건물의 가액의 2분의 1에 해당하는 금액에 한하여 우선변제권이 있다(상가건물임대차보호법시행령 제7조 제2항).

그림 4-1 민사특별법상 임대차 계약 시 주의사항

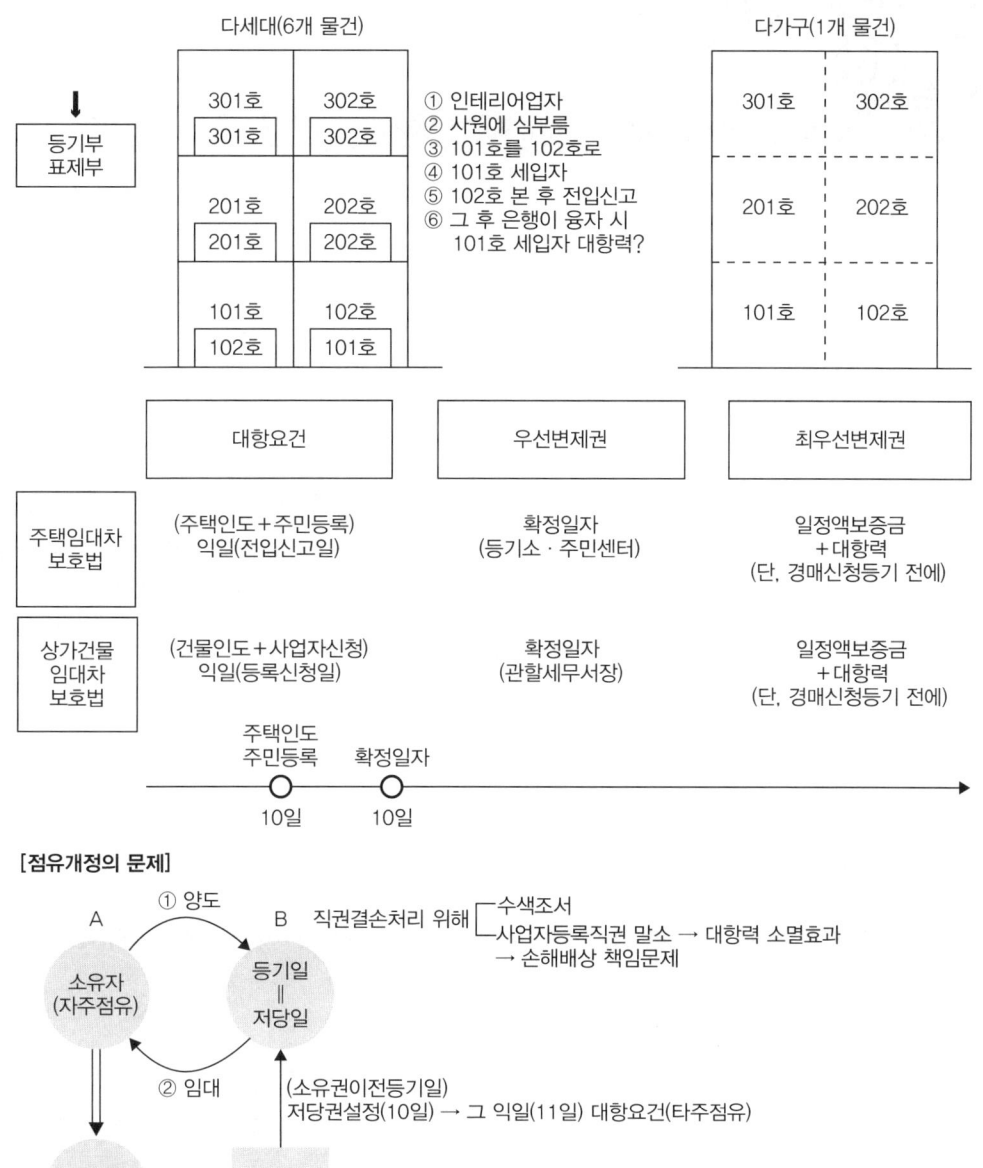

[점유개정의 문제]

* A가 1년 뒤 입주할 타주택 있는 경우 타주택 중도금 등 지급을 위해 양도 후 임차인으로 살 필요가 있음.

제 4 장 사무관리

1. 사무관리란?

길을 잃어버린 아이를 보살펴 주거나 이웃집이 비었을 때 폭풍우로 깨진 유리창문을 수리해 주는 경우와 같이 의무 없이 타인을 위하여 사무를 관리하는 것이 사무관리이다(제734조). 당사자 중 관리하는 자를 관리자라고 하며, 관리받는 자를 본인이라 한다.

원래 사람은 타인의 사무에 간섭하지 못한다. 그러나 타인의 이익이 위난에 처해 있을 경우에는 조력하여 위난을 피하게 하는 것이 타인의 의사에 합치할 뿐만 아니라 나아가서는 사회 전반의 복리를 초래할 수도 있다. 그래서 민법은 일정한 요건하에 권리나 의무 없이도 타인의 사무를 관리하는 것을 인정하여 사후에 결제관계를 규정하고 있다.

2. 사무관리의 요건

가. 사무관리의 성립요건

사무관리는 의무 없이 타인을 위하여 사무를 관리함으로써 성립한다(제734조).

(1) 타인의 사무를 관리할 것

여기서 말하는 사무란 사람의 생활에 필요한 모든 일을 의미하며, 법률상의 행위 또는 계속적인 것이냐 일시적인 것이냐를 불문한다. 그러나 타인의 사무이어야 한다.[70]

---

[70] 혼인 외 출생자를 양육 및 교육한 자가 동 혼인 외 출생자의 생부에 대하여 부당이득반환 또는 사무관리비용 상환청구를 할 수 없다(대법원 80다2515, 1981.5.26.)

— 제3자인 원고가 피고의 혼인 외 출생자를 양육 및 교육하면서 그 비용을 지출하였다고 하여도 피고가 동 혼인 외 출생자를 인지하거나 부모의 결혼으로 그 혼인 중의 출생자로 간주되지 않는 한 실부인 피고는 동 혼인 외 출생자를 부양할 법률상 의무는 없으므로 피고가 원고의 위 행위로 인하여 부당이득을 하였다거나 원고가 피고의 사무를 관리하였다고 볼 수 없다.

(2) 타인을 위하여 관리할 것

관리란 보존·개량행위 이외에 본인의 의사에 반하지 않는 처분행위도 포함된다. 그리고 타인을 위한다는 것은 널리 사실상 타인의 이익을 도모하는 것을 의미하며, 그것이 동시에 자기를 위한 것이라도 무방하다.

(3) 의무 없이 관리할 것

관리자가 계약에 의하여 그 사무를 관리해야 할 의무를 부담하거나 법률의 규정에 의해 친권, 후견 등이 발생하여 사무를 돌보아야 하는 의무가 생기는 경우에는 사무관리는 성립하지 아니한다.

(4) 본인의 의사에 반하지 않을 것

사무관리가 본인에게 불이익이 되거나 또는 본인의 의사에 반함이 명백한 경우에는 사무관리는 성립하지 아니한다(제737조). 타인의 불필요한 간섭을 허용하지 않는다는 취지이다. 그러나 본인의 의사가 강행법규나 사회질서에 반하는 때에는 본인의 의사에 반하더라도 사무관리가 성립한다. 따라서 자살하려고 하는 자의 의사에 반하여 구조를 하는 경우에도 사무관리가 성립한다.

나. 본인 및 관리자의 요건

(1) 본인이 될 수 있는 자

사무관리는 타인을 위하여 행하여질 것을 요하나 관리자가 본인이 누구인가를 확실히 알 필요는 없다. 또한 자연인뿐만 아니라 법인이라도 무방하며 본인의 행위능력이나 의사능력을 요하지 않는다.

(2) 관리자가 될 수 있는 자

의사능력이 있으면 족하고 행위능력자임을 요하지 않는다. 그러나 제한능력자에게 관리계속의무 등을 무제한으로 부담하게 하는 것은 가혹한 일이므로 실제상으로는 제한능력자가 하는 관리에 대하여는 내용적으로 다소 완화시키고 있다.

3. 사무관리의 효과

가. 사무관리의 일반적 효과

사무관리가 성립하면 법률상의 의무 없이 타인의 사무를 관리한 것이 적법한 행위로 되어 본인과 관리자 사이에 채권채무관계가 발생한다.

(1) 위법성의 조각

법률상의 의무가 없이 타인의 사무에 간섭하는 것은 원래는 위법이며, 만약 이로 인하여 손해가 발생하면 불법행위가 성립한다. 그러나 사무관리가 성립하면 그 위법성은 조각되어 그 관리행위는 적법하게 된다.

(2) 사무관리와 대리관계

사무관리가 성립하더라도 관리자가 대외적으로 행위하는 데 대하여 대리권을 발생시키는 것은 아니다. 관리를 위하여 제3자와 법률행위를 한 경우 무권대리행위가 된다.

(3) 사무관리와 보수

관리자는 본인을 위하여 필요비 또는 유익비를 지출한 때에는 본인에 대하여 비용의 상환을 청구할 수 있으나 원칙적으로 보수청구권은 없다.

유실물법에서는 보수청구권에 대한 특칙을 두고 있다.

나. 관리자의 의무

(1) 관리의무

관리자는 선량한 관리자의 주의로써 사무의 성질·본인의 의사, 즉 본인의 이익을 고려하여 관리해야 한다. 만약 이 주의의무에 위반하여 본인에게 손해를 입힌 경우에는 손해배상의무가 생긴다. 다만 익사하는 자의 구조행위와 같이 '긴급사무관리'인 경우에는 주의의무가 경감된다.

(2) 관리에 부수한 의무

(가) 관리개시의 통지의무

관리자가 관리를 개시한 때에는 지체 없이 본인에게 통지하여야 한다(제736조).

(나) 계산의무

관리자는 위임에 있어서의 수임자와 같이 사무처리상황을 보고하고 금전, 기타의 물건이나 그 수취한 과실을 인도할 의무를 진다(제738조).

다. 본인의 의무

(1) 비용상환의무

사무관리의 효과로서 본인은 비용상환의무를 진다. 그러나 그것은 관리가 본인의 의사에 반하느냐 반하지 않느냐에 따라 다르다.

(가) 관리가 본인의 의사에 반하지 않는 경우

관리가 본인의 의사에 반하지 않는 경우에는 본인은 필요비·유익비의 전액을 상환하여야 한다(제739조 제1항). 비용이 유익한가 아닌가는 지출 당시를 표준으로 하여 객관적으로 이를 결정하여야 한다.

(나) 사무관리가 본인의 의사에 반하는 경우

이때에는 본인은 현존이익의 한도 내에서 필요비 또는 유익비를 상환할 의무나 필요 또는 유익한 채무의 변제나 담보제공의무를 부담한다(제739조 제3항).

(2) 손해배상의무

관리자가 사무관리를 함에 있어서 과실 없이 손해를 받은 때에는 본인의 현존이익의 한도 내에서 그 손해의 배상을 청구할 수 있다(제740조).

제 **5** 장 부당이득

1. 부당이득이란?

부당이득이란 법률상 원인 없이 재산적 이득을 얻고 이로 인하여 타인에게 손실을 준 자에게 그 이득을 반환시키는 제도이다(제741조).

2. 부당이득의 요건

가. 부당이득의 일반적 성립요건

① 타인의 재산 또는 노무에 의하여 이익을 얻을 것
② 이득으로 인하여 타인에게 손실을 끼쳤을 것
③ 수익이 법률상 원인이 없을 것

나. 이득을 얻을 것

부당이득이 되기 위해서는 먼저 '타인이 재산 또는 노무로 인하여 이익을 얻을 것'을 요한다(제741조).

(1) 수익의 의미

여기서의 수익이란 일정한 사실이 있었기 때문에 재산의 총액이 증가한 것을 말하며, 자기의 재산이 증가한 경우의 적극적 증가는 물론 재산감소를 면한 경우, 즉 소극적 증가도 포함한다. 적극적 증가는 첨부에 의하여 기존의 소유권의 범위가 확장한 경우이고, 소극적 증가는 타인이 금전을 지출함으로써 자기가 당연히 하여야 할 지출을 면한 경우이다.

(2) '타인의 재산 또는 노무'에 의한 수익

부당이득에 있어서의 수익은 타인의 재산 또는 노무에 기한 것이어야 한다. 타인의 기존재산에 기한 경우뿐만 아니라 당연히 타인에게 귀속하는 재산을 귀속시키지 않았던 경우도 포함한다.

다. 이득으로 인하여 타인이 손실을 입을 것

부당이득이기 위해서는 일방의 수익에 의하여 '타인에게 손실이 발생함'을 요한다.

(1) 손실의 의미

손실이란 기존 재산을 감소하는 경우는 물론 재산이 당연히 증가하였을 것을 저지당한 경우도 포함한다.

(2) 이득과 손실 사이의 인과관계

이득과 손실 사이에는 원칙적으로 직접 인과관계가 있어야 한다.

라. 수익이 법률상의 원인이 없을 것

부당이득이 성립할 때에는 '법률상 원인 없이' 이득을 취할 것을 요한다(제741조).
'법률상 원인 없이'에 대한 구체적 결정은 이득이 손실자의 의사, 즉 법률행위에 의하는 경우와 그렇지 않은 경우로 나누어 생각할 수 있다.

(1) 이득이 손실자의 의사에 의한 경우

손실자의 자발적 의사로 재산을 출연하였으나 그 후에 출연의 원인이 없음이 판명되었거나 채무자가 채무를 이미 이행하였으나, 그 변제한 사실을 망각하고 채권자에게 또다시 변제를 한 경우 두 번째의 변제는 법률상 원인이 없는 부당이득이 된다.
또한 타인의 물건을 제3자에게 매도하는 계약을 체결하였으나 채무불이행으로 계약을 해제하거나 그 밖에 계약을 체결하였으나 무효 또는 취소가 되는 경우 등이 손실자의 법률행위에 기초하여 발생하는 부당이득유형이다.

(2) 이득이 손실자의 의사에 의하지 않은 경우

타인의 토지 또는 건물을 불법으로 점거하여 사용 · 수익한 경우에 임차료 상당액 · 타인의 특허권, 저작권 등을 침해하여 얻은 이득 · 임대차, 사용대차, 소비대차 등에 기초하여 사용 · 수익해 오다가 그 기초된 계약기간이 만료되거나 해지 등 사유로 소멸한 경우 그 후의 사용수익에 관한 이득 등은 손실자의 의사에 의하지 않고 발생한 부당이득이다.
그 외에도 옆집의 닭이 자기 집 뜰에 와서 알을 낳는 경우의 자연적 사실 · 시효나 첨부 등 법률의 규정·제3자의 변제 등 제3자의 행위로 이득이 생기는 경우에는 손실자의 의사에 의하지 아니하고 법률상 원인이 없는 경우라 할 수 있다. 이러한 경우가 가장 많다.

3. 부당이득의 효과

가. 부당이득반환청구권의 발생

부당이득이 성립하면 수익자와 손실자 사이에 부당이득반환의 채권채무관계가 발생한다.

나. 반환의 목적

원칙적으로 '급부한 것' 자체를 반환하여야 한다. 원물반환이 불가능한 경우에는 그의 자력으로 그 가액을 반환해야 한다(제747조).

다. 반환의 범위

수익자가 수익할 당시에 선의인 경우와 악의인 경우에 따라 다르다.

(1) 선의의 수익자의 반환의무

'그 받은 이익이 현존한 한도에서' 반환할 책임이 있다(제748조).

(가) 이익이 현존한 한도의 의미

이익이 현물 그대로 남아 있거나 혹은 형태를 바꾸어 남아 있는 경우를 말한다.

① 현물을 이득자가 점유하고 있을 경우

현물을 그대로 반환하면 된다. 따라서 현물이 훼손되어 있어도 그대로 반환하면 된다. 이득자가 현물에 비용을 지출한 때는 모든 비용을 상환하여야 하고 유익비에 대하여는 그 가액의 증가가 현존한 경우에 한하여 상환지출금액이나 증가액을 상환하여야 한다.

② 현물을 이득자가 점유하고 있지 않는 경우

매도대금·화재보험금 등 현물의 가치변형물이 잔존해 있으면 그것을 반환하여야 하지만 그것이 소비되었으면 반환할 필요가 없다.

③ 현존이익의 추정

이득은 일응 수익자에게 현존하는 것으로 추정된다. 이 추정을 번복하려면 수익자에게 거증책임이 있다.

(나) 현존이익의 결정시기

반환청구가 있는 때로 해석되고 있다.

(2) 악의의 수익자의 반환의무

선의자와 달라서 그가 받은 이익이 현존해 있느냐 없느냐에 관계없이 손실자의 손실액이 보전될 때까지 반환하여야 한다.

(가) 이자의 부가(附加)

이득이 원물로 존재할 때에는 그것을 반환하고, 원물이 없으면 금전으로 반환하여야 함은 선의의 수익자에 있어서와 같다. 다만, 악의의 수익자는 그 밖에 그가 받은 이익의 전부와 그 이자까지 붙여서 반환하여야 한다.

(나) 손해의 배상

악의의 수익자는 '그 받은 이익에 이자를 붙여' 반환하고, 손해가 있으면 그 손해도 배상할 책임이 있다(제748조 제2항).

4. 특수한 부당이득

가. 부당이득에 대한 특칙

민법은 부당이득의 특수한 경우로써 비채변제(제742조~제745조)와 불법원인급여(제746조)에 관한 특칙을 두고 있다.

나. 비채변제

널리 비채변제라 함은 채무가 없음에도 불구하고 변제를 하는 것이다. 이른바 '협의의 비채변제' 이외에, '기한 전의 변제' 및 '타인의 채무의 변제'를 포함한다.

(1) 협의의 비채변제

변제할 당시에 채무가 없음을 알고 이를 변제한 때에는 그 반환을 청구하지 못한다(제742조). 이러한 경우에는 출연자를 보호할 필요가 없기 때문이다.

(2) 기한 전 변제

원칙으로 변제는 유효하여 변제의 수령은 부당이득으로 되지 않는다. 그러나 변제자의 착오로 인하여 변제한 때에는 채권자는 이로 인하여 얻은 이익을 반환하여야 한다(제743조). 이 경우 기한 전의 변제가 착오로 인한 것이라는 사실은 변제자 자신이 입증하여야 한다.

(3) 타인의 채무의 변제

타인의 채무를 자기의 채무로 오신하여 변제한 때에는 변제의 수령자는 채무자에 관하여 부당이득이 성립한다(제745조 제1항). 타인의 채무임을 알면서 변제한 경우에는 그 변제는 이른바 '제3자의 변제'라 하여 유효하다.

(가) 변제자와 채권자와의 관계

채권자가 선의로 변제를 수령하고 채권증서를 훼멸하거나 담보를 포기하거나 시효로 인하여 그 채권을 잃은 때에는 변제자는 그 반환을 청구하지 못한다(제745조 제1항). 채권이 소멸되었다고 오신한 채권자를 보호하기 위한 것이다.

(나) 변제자와 채무자와의 관계

위의 경우에는 변제가 유효하므로 채권은 소멸한다. 그렇게 되면 진실한 채무자도 변제자의 손실로 채무를 면하게 되어 부당이득을 하는 결과가 된다. 그래서 민법은 채무자와 변제자 사이의 형평을 위해 변제자는 채무자에 대하여 구상권을 행사할 수 있는 것으로 하였다(제745조 제2항). 이때의 채권의 성질은 부당이득의 반환청구권이다.

다. 불법원인급여

첩계약·도박 등 불법한 원인, 즉 선량한 풍속, 기타 사회질서에 위반한 내용으로 하여 급여를 하는 것을 불법원인급여라고 하며 민법은 이 경우에 급부한 이익의 반환을 청구할 수 없는 것으로 하였다(제746조).

(1) 입법취지

도박 등으로 인해 금전을 지급함과 같이 손실자의 출연원인에 불법성이 있을 경우에는 법의 이상으로 보아서 손실자에게 부당이득반환청구권을 인정할 수 없다. 그렇지 않으면 손실자, 즉 도박의 당사자를 법률상으로 보호하는 결과가 되기 때문이다. 이것이 '불법원인급여'의 입법취지이다.

(2) 불법원인급여의 요건

(가) 불법원인의 의미

제746조에서 말하는 이른바 '불법'이란 선량한 풍속, 기타 사회질서 위반에 한하느냐 강행법규 위반을 포함하느냐에 대해서 학설이 나누어져 있다.

① 선량한 풍속, 기타 사회질서의 위반에 한정하는 설

사회통념, 특히 사회의 도덕관념에 위반하는 경우에 한한다.

② 강행법규에 위반한 경우도 포함한다고 해석하는 설

(나) 급여의 의미

제746조에서 말하는 불법원인에 의한 급여란 재산을 급여하거나 노무를 제공한 것을 말하지만 일반적으로 급여자의 의사에 의한 재산적 가치 있는 출연을 뜻한다.

(3) 불법원인이 수익자에게만 있는 경우

이 경우에는 예외로서 급부자는 부당이득반환청구권을 가진다(제746조 단서). 상대방의 빈곤이나 무경험을 틈타서 폭리를 노리는 행위는 불법원인이 수익자에게만 있다고 할 수 있다.

제 **6** 장 　불법행위

1. 불법행위란?

　　불법행위란 고의 또는 과실로 인하여 타인에게 손해를 발생하게 하는 위법한 행위이다. 예컨대 자동차를 운전하다가 사람을 살상하는 경우에 가해자의 불법행위가 성립하여 피해자에게 손해를 배상하여야 하는 것이 불법행위제도이다(제750조).

　　불법행위는 법률행위에 기하지 않고 채권이 발생한다는 점에서 사무관리나 부당이득과 같고 위반행위란 점에서 채무불이행과 본질을 같이한다.

2. 불법행위의 성립요건

가. 일반적 성립요건

　　불법행위는 책임능력이 있는 자가 고의 또는 과실에 의하여 타인에게 손해를 발생시킴으로써 성립한다(제750조). 즉 불법행위가 성립하기 위한 요건도 아래와 같다.

　　① 가해자의 책임능력

　　② 가해자의 고의 · 과실

　　③ 가해행위의 위법성

　　④ 손실의 발생

　　⑤ 가해와 손해 사이에 인과관계

　　나누어 설명하면 다음과 같다.

나. 손해배상에 대한 세법상 취급

(1) 부가가치세

부가가치세는 재화 또는 용역의 공급행위가 그 과세대상이 된다.

재화 또는 용역의 흐르는 방향이 공급행위가 되는 것이고 그 반대급부로서의 대가는 부가가치세과세표준과 관련이 있을 뿐이다. 이 점에서도 소득세와는 그 과세대상을 인식하는 근본이 차이가 있다.

부동산을 임대하는 것은 재화를 타인으로 하여금 사용하게 하는 것으로 용역의 공급으로 부가가치세 과세대상이다. 그리고 그 반대급부로서 받는 대가는 부가가치세과세표준과 관련이 있을 뿐이다.

부동산을 불법점유한 경우에는 불법점유한 자에게 계약상으로도, 법률상으로도 재화를 사용하게 허락한 적이 없으므로 부가가치세과세대상으로서의 용역의 공급에 해당하지 아니한다. 불법점유한 자로부터 받는 임대료상당의 손해배상액은 별도의 소득을 구성할 수는 있으나 부가가치세과세대상은 아니다.

다. 불법원인급여의 문제

민법 제746조에서는 불법을 원인으로 인하여 재산이나 노무를 제공한 때에는 그 이익의 반환을 청구하지 못한다. 그러나 그 불법원인이 수익자에게만 있는 때는 그러하지 아니하다고 규정하고 있다.

불법을 인지하고 있으면서 재산을 제공한 경우에는 그 반환에 국가가 힘이 되어주지 않겠다는 의미이다. 법을 떠나서 상대방이 돌려주면 그만이다.

라. 고의 또는 과실

(1) 고의 · 과실의 의의

채무불이행에 있어서의 고의 · 과실과 내용적으로는 같으나 불법행위에 관하여 정의하면 다음과 같다.

(가) 고의

자기의 행위가 타인에게 위법한 것으로 평가되는 사실을 인식하면서도 이를 행하는 심리상태를 말한다.

(나) 과실

부주의로 자기의 행위로 인하여 일정한 결과가 발생한다는 것을 인식하지 못하는 심리상태를 말한다.

주의의무를 현저하게 결한 것이 중과실이며, 그렇지 않은 경우가 경과실이다.

(다) 고의와 과실의 관계

고의와 과실은 심리학적으로는 다르나 불법행위의 요건으로서는 차이가 없기 때문에 엄격하게 구별할 필요가 없다. 이 점에서 원칙적으로 고의범만을 처벌하고, 과실범을 처벌하지 않는 형사책임과 불법행위책임은 차이가 있다.

(2) 고의 · 과실 있는 행위

(가) 자기의 행위

고의 · 과실이 있는 행위는 가해자 자신의 행위임을 요한다. 현실의 자기의 행위뿐만 아니라 타인을 이용하는 경우도 포함한다. 예를 들면 의사능력이 없는 광인이나 유아 등을 이용하여 자기의 목적을 실현한 경우 등은 모두 자기의 행위로서 평가되게 되어 있다.

(나) 부작위의 경우

행위자에게 작위의무가 있는 경우에는 고의 · 과실에 의한 부작위도 위법성을 띠게 된다. 그러나 행위자에게 행위의무가 없을 때에는 위법성을 결하기 때문에 불법행위는 성립하지 않는다.

(3) 고의 · 과실의 입증책임

원칙적으로 피해자에게 있다. 그러나 그것을 엄격하게 적용하는 경우 피해자에게 가혹하기 때문에 실제 적용에 있어서는 다분히 완화되어 있다. 예를 들면 이해관계가 없는 자가 함부로 타인의 수목을 벌채했다는 사실만으로 피고 측의 고의 · 과실의 존재를 '추단'할 수 있으므로 피고 측에서 고의 · 과실이 없다는 반증을 제시해야 할 것이다.

마. 책임능력

불법행위가 성립하기 위해서는 가해자에게 책임능력이 있음을 요한다. 책임능력이란 행위의 책임을 인식하기에 족한 정신능력을 말한다. 미성년자와 심신상실자에 관하여 관련 규정이 있다.

(1) 미성년자의 책임능력

미성년자가 타인에게 손해를 가한 경우에 그 행위의 책임을 변식할 지능이 없는 때에는 배상할 책임이 없다(제753조). 이 판단은 개개의 사정과 가해자인 미성년자의 실제의 능력에 따라서 구체적으로 판단하여야 한다. 책임능력을 불법행위능력이라고도 한다.

(2) 심신상실자의 책임능력

심신상실 중에 타인에게 손해를 가한 자는 배상의 책임이 없다. 그러나 고의·과실로 인하여 심신상실을 초래한 때에는 배상책임이 면제되지 않는다(제754조).

바. 가해행위의 위법성 등

현행 민법은 불법행위의 성립요건으로서 위법성을 객관적 성립요건으로 하고 있으며, 위법성이 있는 행위라도 일정한 사유가 있으면 그 위법성이 조각되어 불법행위가 성립하지 않는다. 아래에서 위법성이 조각되는 사유를 살펴본다.

(1) 정당방위

타인의 불법행위에 대하여 자기 또는 제3자의 이익을 방위하기 위하여 부득이 타인에게 손해를 가한 자는 배상할 책임이 없다(제761조 제1항). 이것을 정당방위라 한다.

(2) 긴급피난

날뛰는 말에 살상되는 것을 방지하기 위하여 그 말을 죽인 경우와 같이 급박한 위난을 피하기 위하여 타인에게 손해를 가한 경우에도 그 가해행위는 위법성이 없다(제761조 제2항).

(3) 사무관리

사무관리는 법률상 의무 없이 타인의 사무를 관리하는 행위로서 위법성이 조각된다.

(4) 정당한 권리의 행사

정당한 권리의 행사는 원칙적으로 위법성을 조각한다. 그러나 그 행사가 선량한 풍속, 기타 사회질서나 신의성실의 원칙에 반하면 '권리의 남용'으로 되어 불법행위가 성립한다.

(5) 정당업무

의사의 치료행위나 노동조합의 쟁의행위와 같이 정당한 업무에 의한 행위도 원칙적으로 위법성이 조각된다.

(6) 피해자의 승낙

피해자가 권리침해를 승낙하면 위법성이 조각된다. 그러나 자살을 도와주는 행위, 결투 결과를 승복하는 합의 등은 사회질서에 반하는 승낙은 위법성이 조각되지 않는다.

사. 손해의 발생

민사책임으로서의 불법행위가 성립하려면 가해행위의 결과 손해가 발생하였어야 한다. 그러므로 타인의 권리를 침해하였더라도 손해가 발생하지 않은 경우에는 불법행위가 성립하지 않는다. 제750조의 손해는 재산상의 손해뿐만 아니라 정신상의 손해도 포함된다.

아. 인과관계의 존재

가해행위와 손해발생과의 사이에는 원인결과의 관계, 즉 인과관계가 있어야 한다. 인과관계의 범위는 채무불이행에 있어서와 같이 '상당인과관계'가 있어야 한다(제763조 · 제393조).

3. 특수한 불법행위

가. 책임제한능력자의 감독자의 책임

유아나 정신병자 등은 책임제한능력자의 감독자의 책임능력자로서 불법행위책임을 부담하지 않지만 이 자의 위법한 침해행위로 인하여 타인에게 손해를 가한 경우에는 그자를 감독할 지위에 있는 자가 책임을 부담한다(제755조).

(1) 책임의 근거

감독의무자의 주의를 촉구하여 책임제한능력자의 감독자의 책임능력자의 위법행위를 예방하는 데 있다.

(2) 책임의 성질

무과실책임의 일종이나 감독의무를 게을리하지 않았다면 면책이 되는 점에서 볼 때 과실책임의 요소가 남아 있다. 감독의무를 해태하지 않았다는 사실을 감독의무자가 입증해야 하는데, 이 경우 "감독을 게을리하지 않아도 손해가 생겼을 것이다"라는 사실을 입증하면 그 책임을 면할 수 있다.

(3) 감독책임자

감독의무란 친권·후견인·아동복지시설의 장 등의 법정감독의무자와 정신병원장이나 초등학교장 등의 대리감독의무자를 가리킨다. 또한 대리감독의무자가 그 책임을 지는 경우에도 법정감독의무자는 대리감독자에게 감독시킨 것에 대하여 과실이 없음을 입증하지 않으면 대리감독자와 연대책임을 부담한다.

나. 사용자의 책임

타인을 사용하여 어느 사무에 종사하게 한 자는 그 피용자가 그 사무집행에 관하여 제3자에게 가한 손해를 배상할 책임이 있다(제756조).

(1) 입법취지

사용자책임제도는 특히 근대적 대기업에 있어서 책임확대의 제도로서 중요한 의의를 가진다. 그 입법취지는 이익이 있는 곳에 손해도 귀속되어야 한다는 보상책임의 사상과 피용자의 배상능력이 박약한 점을 고려한 두 가지의 정책적 이유에 기초를 두고 있다.

(2) 사용자의 성질

전술한 책임제한능력자의 감독자의 책임능력자의 감독의무자와 같이 일종의 무과실책임이며, 피용자의 선임·감독에 과실이 없음을 면책사유로 하고 있는 점에서 역시 과실책임의 요소를 남기고 있다.

(3) 사용자책임의 요건

(가) 어떤 사무에 종사시키기 위하여 타인을 사용할 것

'사무'란 일이란 용어와 동일하며 그 범위가 매우 넓다. 영리적인 것에 한하지 않으며 계속적이어야 하는 것도 아니다. 그리고 사용관계가 유상무상을 불문하지만 타인을 사용한다는 것과 관련해서는 사용자와 피용자와의 사이에 사무의 집행에 관한 지휘감독관계에 있어야 한다.

(나) 피용자가 제3자에게 손해를 가했을 것

제3자란 사용자와 가해행위를 한 피용자 이외의 모든 자를 말한다. 이 경우 피용자의 가해행위 자체는 불법행위의 일반적 요건을 구비하여야 한다.

(다) 가해행위가 '그 사무의 집행에 관하여' 행하여질 것

피용자의 가해행위는 사무의 집행의 과정 중에 행하여진 것을 요한다. 사무의 집행에 '즈음하여'라고 할 만큼 넓지는 않으며, 사무의 집행을 '위하여'라고 할 만큼 좁지도 않다. 따라서 피용자가 사용자의 명령과 금지지시에 위반하여 한 행위 등도 사무집행행위로 취급된다.

(라) 사용자에게 면책사유가 없을 것

사용자가 피용자의 선임·감독에 상당한 주의를 게을리하지 않았음을 입증한 경우에는 사용자의 책임을 면한다. 그러나 실제로는 면책사유를 입증하기가 어렵다.

(4) 배상책임자

제756조의 배상책임을 지는 것은 사용자와 대리감독자이다.

(가) 대리감독자의 책임

사용자에 대신하여 사무를 감독하는 자를 대리감독자라고 하며, 사용자에 준한 책임을 진다.

(나) 대리감독자가 있는 경우의 사용자의 책임

대리감독자가 있어도 사용자의 책임은 경감되지 않는다. 즉 사용자는 비록 대리감독자에게 선임감독을 맡겨도 자기의 선임감독의무가 경감되지는 않는 것이다.

(5) 피용자의 책임

(가) 연대책임

사용자가 책임을 부담하는 경우에도 피용자 자신도 불법행위자로서 배상책임을 부담한다.

(나) 사용자의 구상권

사용자가 피해자에게 배상한 때에는 피용자에게 구상권을 행사할 수 있다(제756조 제3항). 이 점에서 제756조에 있어서의 보상책임의 원리는 철저하지 못하다고 비판되고 있다.

다. 도급인의 책임

도급공사에 기한 제3자의 손해는 수급인만이 배상책임을 지는 것이 원칙이지만 도급인도 도급 또는 지시에 관하여 도급인에게 중대한 과실이 있는 때에는 배상책임이 있다(제757조 단서). 이 경우에 수급인의 고의·과실은 필요하지 않다. 만약 수급인에게도 불법행위의 요건이 구비되면 이른바 공동불법행위가 성립한다.

라. 공작물 등의 점유자와 소유자의 책임

공작물의 설치 또는 보존에 하자로 인한 경우와 수목의 식재 또는 보존의 하자로 인하여 타인에게 손해를 가한 때에는(담이 무너져서 사람이 다친 경우) 그 공작물의 점유자에게 배상책임이 있다. 그러나 점유자가 필요한 주의를 해태하지 않은 때에는 소유자가 배상할 책임이 있다(제758조).

(1) 입법취지

위험물의 이용자 또는 소유자는 그 물건에서 생기는 위험을 부담하여야 한다는 위험책임의 원리에 서 있다.

(2) 책임의 성질

점유자의 경우에는 손해발생의 방지의무를 다한 것을 면책사유로 하고 있으나, 소유자의 경우에는 이와 같은 면책사유가 인정되지 않기 때문에 절대적 무과실 책임이다. 그러나 현대사회에 있어서 특히 위험을 내포하는 것은 결코 개개의 공작물이나 수목에 한한 것은 아니다. 근대적 대기업에 있어서의 물적·인적 종합시설(공장시설·운수교통시설)에서 생기는 위험은 이미 개개의 공작물에 비할 바가 아니다. 더구나 그와 같은 근대적 대기업이야말로 위험책임을 본지로 하는 제758조의 궁극의 규제대상이 되어야 한다.

(3) 책임의 요건

(가) 공작물의 경우

공작물의 설치 또는 보존의 하자로 인하여 타인에게 손해를 가했어야 한다.

① 공작물
공작물이란 인공적 작업에 의하여 만들어진 물건을 말한다. 그러므로 그 범위가 매우 넓으며, 일반적으로 위험이 있는 기업의 설비도 포함된다.

② 공작물의 설치 또는 보존의 하자
하자란 그 물건이 본래 갖추고 있어야 할 성질이나 설비를 갖추고 있지 않은 것을 말하며 그 원인이 무엇인가는 묻지 않는다.

③ 하자로 인하여 손해가 발생하였을 것
자연력이나 제3자의 행위로 인한 손해가 발생한 경우에도 포함되지만 하자와 손해발생과의 사이에 인과관계가 있어야 한다.

(나) 수목의 경우

수목의 식재 또는 보존의 하자로 인하여 손해가 발생한 경우에도 공작물의 경우와 같은 책임부담을 한다.

(4) 책임자

제1차적으로는 점유자이고, 점유자가 손해의 방지에 필요한 주의를 다한 때에는 면책되며, 점유자에게 이 면책사유가 있을 때에는 최종적으로 소유자가 책임을 부담한다.

(5) 점유자와 소유자의 구상권

공작물 또는 수목의 소유자·점유자로서 책임을 지고 피해자에게 배상한 자는 그 손해의 원인에 대한 책임 있는 자에 대하여 구상권을 행사할 수 있다(제758조 제3항).

마. 동물점유자의 책임

기르는 개가 타인을 문 경우에는 동물의 점유자 또는 보관자는 그 동물이 타인에게 가한 피해를 배상할 책임이 있다(제759조 제1항 본문). 그러나 동물의 종류와 성질에 따라서 그 보관에 상당한 주의를 해태하지 아니한 때에는 그 책임을 면할 수 있다(제759조 제1항).

바. 공동불법행위

불법행위가 수인에 의하여 공동으로 행하여지는 경우를 '공동불법행위'라 한다. '공동불법행위'에는 아래와 같이 세 가지 유형이 있다.

(1) 협의의 공동불법행위

수인이 공동으로 사람을 구타하거나 상해한 경우와 같이 수인이 모두 불법행위자이고, 그 수인의 행위에 의하여 타인에게 손해를 가한 경우에는 이들은 피해자에 대하여 연대하여 그 손해를 배상할 책임이 있으며 각자 전체 손해에 대하여 배상책임을 부담한다.

(2) 누가 손해를 가했는지 불분명한 공동불법행위

A와 B 두 사람이 C를 둘러싸고 그중 한 사람이 C를 칼로 찔렀으나 누가 찔렀는지 불분명한 경우에는 A와 B 두 사람은 협의의 공동불법행위를 했다고는 할 수 없으나 그에 준하여 공동불법행위를 인정한다(제760조 제2항).

(3) 교사 또는 방조에 의한 불법행위

교사자 또는 방조자에게는 가해행위 자체에 대하여 공동의 행위가 있는 것은 아니지만 주된 가해자와 더불어 공동불법행위자로 본다(제760조 제3항). 교사란 타인으로 하여금 불법행위를 할 의사를 결정하게 하는 것이며, 방조란 불법행위의 보조적 행위를 하는 것이다.

4. 불법행위의 효과

가. 손해배상청구권의 발생

불법행위의 요건이 충족되면 피해자는 가해자에 대하여 손해배상청구권을 취득한다. 또한 불법행위가 있을 경우에는 물권이나 채권에 대하여 독자적인 침해배제청구권이 성립하는 일이 많으나 그것은 각각의 물권이나 채권을 규제하는 법규의 문제인 것이며, 불법행위의 문제는 아니다.

나. 손해배상의 방법

원칙적으로 금전배상에 의한다(제394조). 다만, 금전배상주의의 예외로서 아래와 같은 경우에는 원상회복이 인정된다.
① 특약이 있는 경우
② 명예훼손의 경우

다. 손해배상의 범위

배상의 범위는 가해행위나 상당인과관계에 있는 모든 손해이다(제393조). 재산적 손해와 정신적 손해를 포함한다.

(1) 재산상의 손해

가해행위를 받지 않았더라면 존재할 피해자의 총재산액에서 현실의 재산액을 공제한 부분이 재산상의 손해이다. 직접으로 재산권을 침해당한 경우뿐만 아니라 생명·신체·자유·명예 등의 인격적 이익이 침해된 경우에도 재산적 이익의 손해가 생길 수 있다. 신체를 침해한 경우의 의료비나 치료기간 중의 감소수입액이 이에 해당한다.

(2) 정신상의 손해

인격적 이익의 침해(생명·자유·정조의 침해 등)로부터는 정신적 손해가 발생하는 것이 보통이다. 이 정신적 손해액(위자료)의 산정은 매우 곤란한 것이며, 결국은 당사자의 자력·직업 등 모든 사정을 고려하여 양식에 기초를 두어 판단·결정한다.

(3) 손익상계·배상자의 대위

불법행위에 의하여 피해자가 손해와 동시에 이익을 얻은 때에는 그 이익을 손해액에서 공제한다. 이것을 손익상계라 한다. 그리고 타인의 소유물을 훼손한 자가 그 가격의 전부를 배상한 경우에는 그 물건의 소유권은 배상자에게 귀속한다. 이것을 배상자의 대위라고 한다. 어느 것이나 채무불이행의 경우와 같이 해석된다.

라. 과실상계

손해배상의 액을 정함에 있어서 손해의 발생에 관하여 피해자 측에게도 과실이 있을 때는 법원은 이를 참작할 수 있다(제763조·제396조). 이를 과실상계라 한다. 예컨대 운전기사의 과실로 자동차에 치었으나 피해자 측에도 신호를 무시한 과실이 있는 때에는 배상액이 감액된다.

(1) 과실상계의 취지

과실상계는 채무불이행의 경우와 같이 손해의 분담을 공평하게 하려고 하는 취지에서 인정된 것이다.

(2) '피해자에게 과실이 있다'는 의미

가해행위에 있어서의 과실과 달라서 손해의 발생을 방지하기 위한 일반적 주의를 결하는 것을 말한다. 그러나 이를 위해서는 피해자에게 책임능력이 있어야 한다. 그러나 피해자 자신에게 책임능력이 없더라도 감독의무자가 있으면 그 과실을 짐작해도 좋을 것이다. 예를 들면 어린이가 자동차에 치었을 때 일정한 경우 그 부모의 감독상의 책임을 물어 그 책임부분만큼의 과실을 상계한다.

(3) 배상액의 경감

불법행위에 의한 배상의무자는 그 손해가 고의 또는 중대한 과실에 의한 것이 아니고 그 배상으로 인하여 배상자의 생계에 중대한 영향을 미칠 때에는 법원에 그 배상액의 경감을 청구할 수 있다. 그러한 청구가 있는 때에는 법원은 채권자 및 채무자의 경제상태와 손해의 원인 등을 참작하여 배상액을 경감할 수 있다(제765조).

마. 손해배상청구권의 특질

(1) 태아에 관한 특칙

태아는 손해배상의 청구권에 관하여는 이미 출생한 것으로 본다(제762조). 이는 태아를 보호하기 위한 예외규정이다. 이 경우에 있어 다수설은 태아의 법률상의 지위는 사산하는 것을 해제조건으로 하여 인정한다. 그러나 판례는 태아의 법률성의 지위를 살아서 출생하는 것을 정지조건으로 하여 권리능력을 인정한다. 따라서 조세법상으로는 궁극적으로 판례를 따라야 할 것이다.

(2) 상계의 금지

불법행위로 인한 손해배상청구권에 대해서는 그 채무자는 상계로 채권자에게 대항하지 못한다(제496조). 가해자로 하여금 현실로 배상하게 해서 피해자의 구제에 만전을 기하기 위한 것이다. 예를 들면 A가 B에게 불법행위로 1억원의 손해를 가한 경우에는 비록 B가 A에게 대하여 1억원의 대금채권이 있더라도 이와 상계하여 배상을 면할 수 없다. 따라서 현실의 급부를 해야 하는 것이다.

(3) 위자료청구권의 이전성의 제한

재산상의 손해배상청구권과 달라서 위자료청구권은 원칙적으로 양도성·상속성이 인정되지 않는다. 다만, 피해자가 생전에 이미 배상청구의 의사를 표시한 경우에는 상속성이 인정된다.

(4) 배상청구권의 소멸시효

불법행위로 인한 손해배상청구권은 피해자 또는 그 법정대리인이 그 손해 및 가해자를 안 날로부터 3년간 이를 행사하지 아니하거나 불법행위를 한 날로부터 10년을 경과한 때에는 시효로 인하여 소멸한다(제766조).

(5) 배상청구권 소멸시효 예외규정

헌법재판소의 위헌결정[71]에 따라 민법 제766조에 제3항은 "미성년자가 성폭력, 성추행, 성희롱, 그 밖의 성적(性的) 침해를 당한 경우에 이로 인한 손해배상청구권의 소멸시효는 그가 성년이 될 때까지는 진행되지 아니한다"라고 신설했다.

---

71) 헌법재판소 2014헌바148, 2018.8.30.
　"민법(1958.2.22. 법률 제471호로 제정된 것) 제766조 제2항 중 진실·화해를위한과거사정리기본법 제2조 제1항 제3호, 제4호에 규정된 사건에 적용되는 부분은 헌법에 위반된다"라는 단순위헌결정에 따라 동조 제3항이 신설된 것이다.

한편 개정 민법은 부칙 제2조에서 "제766조 제3항의 개정규정은 이 법 시행 전에 행하여진 성적 침해로 발생하여 이 법 시행 당시 소멸시효가 완성되지 아니한 손해배상청구권에도 적용한다"라고 규정하여 법 시행 이전의 성적 침해에 대해서도 시행일 기준 소멸시효가 완성되지 않은 사건에는 소급 적용되도록 했다. 동 손해배상청구권 관련 위자료에 대해서는 부가가치세, 소득세가 과세되지 않는다.

5. 불법행위에 대한 납세의무

가. 개관

(1) 불법행위의 개념

법률행위에는 법이 허용하는 적법행위와 법이 허용하지 않는 위법행위가 있으며 위법행위에는 불법행위와 채무불이행을 포함한다.

여기서 불법행위란 고의 또는 과실로 상대방의 권리를 침해하고 그로 인하여 손해가 발생하여 상대방인 피해자는 손해배상의 권리를 득하고, 반면에 가해자는 손해배상의무를 부담하는 것을 말한다.

민법상 불법행위가 성립한 경우에도 피해를 받은 상대방이 손해배상을 청구하는 것은 자유이다.

민법상 불법행위가 성립하였다고 하여 반드시 형법상 범죄가 성립하는 것은 아니다.

(2) 불법행위와 범죄

불법행위와 범죄와의 관련을 보면 민법상의 불법행위가 성립했다 하여 반드시 형법상 범죄가 성립하는 것이 아니면, 형법상 범죄가 성립하였다 하여 반드시 민법상의 불법행위가 성립하는 것은 아니다.

민법상의 불법행위와 형법상의 범죄는 별도의 원리에 따르는 것이다.

예를 들면 과실로 고가의 유리창이 깨진 경우 민법상의 불법행위가 성립하지만 형법상 범죄가 성립하지는 않고, 공무집행을 방해하는 경우 형법상 범죄는 성립하지만 그 피해자가 없으면 민법상의 불법행위는 성립하지 아니한다.

형법상 범죄는 행위자의 주관이 중요한 요소가 되어 원칙적으로 고의로 인하 행위를 처벌하고 과실에 의한 행위가 처벌되는 것은 특히 예외적이다. 이에 반하여 불법행위는 고의와 과실을 구분하지 않고 손해라는 결과의 발생을 요건으로 하여 모든 손해를 배상하게 하는 원리인 것이다.

불법행위는 고의 또는 과실로 상대방의 권리를 침해하고 이로 인하여 상대방에게 손해가 발생하게 되는 경우이므로 불법행위의 범위는 상당히 넓다 할 것이다.

(3) 불법소득의 발생원인

불법행위와 관련한 거래 또는 소득에 대한 납세의무 여부를 가리는 것은 대단히 어려운 일에 속한다. 정의된 불법행위개념과 관련하여 조세법상의 불법소득의 개념을 어떻게 정의할 것인가 하는 것도 대단히 어려운 일이다.

그러나 불법소득은 불법행위를 원인으로 하여 발생할 수도 있으나, 절도와 같은 사실행위를 통해서도 불법소득이 발생할 수 있다는 점을 생각해 보면 불법소득의 범위가 크다는 것을 알 수 있다.

따라서 여기서는 불법소득이 생기는 과정을 법률행위가 선행되는 경우와 사실행위가 선행되는 경우로 나누어 살펴본다.

나. 법률행위가 선행되는 경우

불법소득이 법률행위를 통하여 이루어진 경우, 예를 들면 사기 등은 법률행위 중 불법행위에 속한다. 불법행위로 직접 소득을 얻는 경우와 불법행위를 매개로 하여 과세소득은 후에 발생하는 경우가 있을 수 있다.

1만원짜리 가짜 다이아를 1억원에 판매한 경우 사기라는 법률행위로 직접소득을 얻은 경우이고 1억원 다이아를 편취하여 제3자에 양도하는 경우 다이아를 편취한 때에는 과세소득이 발생하지 않고 그 후 제3자에게 양도하는 때에 비로소 소득이 형성되고 그 소득은 불법소득이 된다.

(1) 법률행위로 직접 불법소득을 얻는 경우

부동산매매업자인 갑이 시가 100만 원에 불과한 토지를 온천개발 등 거짓정보를 이용하여 을에게 1억원에 매도한 경우에 법률행위로 인하여 불법소득이 직접 발생한 예에 속한다.

1억원의 불법소득은 을이 갑을 상대로 사기 또는 착오를 원인으로 그 취소권을 행사하여 반환되지 않고 있는 상태에서는 당연히 과세소득을 구성한다고 보아야 할 것이다.

즉 법인의 경우에는 법인의 각 사업연도의 소득을 구성하게 될 것이고 개인의 경우에는 과세소득을 구성하게 될 것이다.

그러나 을의 취소권행사가 있는 경우에는 갑은 경정청구권행사를 통하여 구제를 받을 수 있을 것이다.

04
채
권

(2) 법률행위를 매개하여 불법소득을 얻는 경우

갑이 을의 부동산이 곧 수용될 것이라고 속여 아주 헐값에 매수하여 병에게 양도한 경우 갑의 소득은 을이 사기를 원인으로 취소권행사를 하지 않는 한 과세소득을 구성할 것이다.

그러나 을이 사기를 원인으로 취소권행사를 하는 경우에는 불법소득의 문제와 관계없이 일정한 요건에 해당하면 경정청구를 통하여 구제를 받을 수 있게 될 것이다.

착오를 원인으로 부동산을 매수한 경우에 매수자가 취소권을 행사하여 부동산이 반환된 경우 당초 매도자가 양도소득세를 신고납부한 것은 통상적 경정청구기간 내에 있다면 그 권리를 행사할 수 있을 것이다.

통상적 경정청구기간이 경과한 경우에도 취소권에 관한 판결을 받은 때에는 후발적 경정 청구사유에 해당하게 되므로 3월 내에는 경정청구를 할 수 있다. 그러나 판결이 있은 후 3월이 경과하였다면 매도인은 경정청구로서의 권리는 행사할 수 없다고 하는 것이 타당한 것인지 의문이다.

다. 사실행위가 선행되는 경우

불법소득이 사실행위를 통하여 이루어진 경우, 예를 들면 횡령·절도를 한 물건 등을 판매하여 소득이 발생하는 경우에는 횡령 또는 절도라는 사실행위와 절도한 물건을 매매하는 법률행위가 존재한다.

여기서도 횡령 자체가 소득을 구성하는 경우가 있고 횡령 자체로는 소득을 구성할 수 없고 그 후 양도행위를 통하여 소득이 구성되는 경우가 있다.

예를 들면 현금을 횡령하는 경우가 직접 불법소득을 구성하는 경우에 해당할 것이고, 부동산 등 자산을 횡령하는 경우에는 자산의 횡령 자체가 과세소득을 구성할 수 없고 그 후 횡령한 자산을 양도하는 때에 비로소 과세소득을 구성하게 될 것이다.

따라서 위에 열거한 경우를 나누어서 개별적으로 살펴보아야 할 것이다.

(1) 사실행위로 직접 불법소득을 얻는 경우

대표이사 갑이 회사의 공금을 횡령한 경우 등이 사실행위로 인하여 불법소득이 직접 발생한 경우에 해당할 것이다.

그러나 갑이 공금횡령사실은 재판과정을 통하여 밝혀질 수 있는 것으로, 갑의 횡령사실이 밝혀지고 갑이 궁극적으로 횡령금을 반환함으로써 소득을 구성하지 못하는 단계가 될 때까지는 위법소득이라 하더라도 과세소득을 구성하게 될 것이다.

대법원은 회사의 부동산을 양도한 대금을 회사에 입금시키지 않고 착복한 사실에 대하여 근로소득세를 과세한 처분에 대하여 원고의 소득이 범죄행위로 인한 위법소득에 해당한다 하더라도 원심변론 종결 시까지도 위법소득에 대한 환원조치를 취하고 있지 않고 있으므로 위법소득을 과세소득에 포함시킨 잘못이 없다고 판시하여 소득구성의 법률원인보다 소득의 경제적 현상에 착안하여 판결하고 있음을 알 수 있다.[72]

(2) 사실행위를 매개하여 불법소득을 얻는 경우

갑이 을의 공장에 잠입하여 재고자산(핸드백)을 훔쳐서 불특정 다수인에게 판매한 경우에 갑의 훔친 행위는 사실행위(절도)에 해당하고 그 후 장물을 판매하는 행위 자체는 법률행위에 해당한다.

다만, 갑의 판매행위는 절도한 물건을 판매한 행위로서 을이 갑에게 민사상, 형사상 책임을 물을 수 있다. 만약 갑으로부터 취득한 병이 선의취득요건을 갖추었다면 병은 유효하게 재고자산을 취득하는 것이 되고, 을은 갑에 대하여 손해배상청구를 할 수 있을 뿐 재고자산의 반환을 청구할 수는 없을 것이다.

갑이 을에게 손해배상을 해 주는 경우 갑의 조세법상 납세의무는 어떻게 되는지에 대해서는 손해배상을 해 주었으므로 소득이 없다고 보아 당초처분을 취소해야 하는 것으로 볼 수도 있고, 종전에 과세된 것은 유효한 재화의 공급이 이루어진 것으로 보고 그 후 손해배상은 그 배상금 지급연도의 손금으로 산입할 수 있을 뿐이라고 보는 견해도 있을 수 있다.

라. 취소권의 제척기간과 국세기본법상의 부과제척기간과의 관계

위의 모든 경우에 취소권행사에 관한 민법상의 제척기간과 국세기본법의 부과제척기간이 상충하는 문제가 있다. 민법상의 취소권행사로 인한 경정청구권이 국세기본법상의 부과제척기간 내인 경우에는 별 문제가 없을 것이다. 법률행위의 취소를 원인으로 하여 경정청구라는 권리를 행사할 수 있기 때문이다.

그러나 취소권행사로 인하여 경정청구를 하고자 할 경우에 그 시기가 국세기본법상의 부과제척기간이 경과된 때에는 과세관청은 받아들이지 않을 것이다.

그런데 민법상의 취소권은 원칙적으로 추인할 수 있는 날로부터 3년 내에, 법률행위를 한 날로부터 10년 내에 행사할 수 있는 데 반하여[73], 국세기본법상의 부과제척기간은 민법상의 취소권에 관한 제척기간과 무관하게 규정되어 있다.[74]

앞으로 깊이 연구해야 할 과제에 속한다.

---

72) 대법원 81누136, 1983.10.25.
   소득세법은 개인의 소득이라는 경제적 현상에 착안하여 담세력이 있다고 보여지는 것에 과세하려는 데 그 근본취지가 있다 할 것이므로 과세소득은 이를 경제적 측면에서 보아 현실로 이득을 지배·관리하면서 이를 향수하고 있어 담세력이 있는 것으로 판단되면 족하고 그 소득을 얻게 된 원인관계에 대한 법률적 평가가 반드시 적법하고 유효한 것이어야 하는 것은 아니라 할 것임.

73) 민법 제146조【취소권의 소멸】
   취소권은 추인할 수 있는 날로부터 3년 내에, 법률행위를 한 날로부터 10년 내에 행사하여야 한다.

74) 국세기본법 제26조의 2【국세의 부과제척기간】

민법과 세법

민법을 중심으로 한 조세의 이해

가족법

개요

친족은 배우자, 혈족, 인척으로 구성된다.

혈족이 혈연에 의하여 생긴 관계라면, 인척은 혼인에 의하여 생겨난 관계라고 할 수 있다.

이러한 혈연 또는 혼인에 의하여 친족이라는 울타리에 있게 되는 경우 세법상으로는 일반인들과는 여러 가지 면에서 특별한 대우(?)를 받게 된다. 친밀의 가능성의 정도에 따라 세법상의 적절한 대응(?)이 마련되어 있는 것이다. 그중 하나가 세법의 부당행위계산부인규정이다.

이 장에서는 친족관계로 인하여 일반인과 다른 대우를 받게 되는 민법의 내용을 알아보고 세법상 친족관계로 인하여 불이익을 받을 수 있는 규정을 비교해 봄으로써 친족 등 특수관계인 사이에서 주의해야 할 점들에 대하여 준비하고 대비할 수 있는 지식과 지혜를 보유하는 데 보탬이 되고자 한다.

그리고 실질과세의 원칙상 배우자에 사실혼관계의 배우자를 포함시키는 세법의 원칙에 상속세와 증여세를 과세하는 데 있어서는 법률혼 배우자만을 고수하는 이유 등을 알아본다.

제 1 절 친족의 종류

1. 서설

친족관계는 혼인과 혈연을 기초로 하여 성립한다. 아담과 이브를 인류의 조상이라고 하면 우리 인류는 모두 친족관계가 된다고 할 수 있을 것이다. 그러나 오늘날 사회에서는 일정한 한계를 그어서 친족관계라고 하고 이러한 친족관계를 정하고 있는 법을 친족법이라고 한다.

친족법은 친족관계에 관한 법률이고, 친족법상의 권리와 의무는 대부분 일정한 친족관계의 원근 또는 친소(親疎)에 따르는 법정효과라 할 수 있으므로 우선 민법상 친족관계란 어떠한 신분관계에 있는 자를 말하는지에 대하여 범위를 정하지 않으면 안 된다. 민법은 친족을 배우자·혈족 및 인척이라고 정의하고 있다(제767조).

2. 배우자

혼인으로 인하여 결합된 남녀를 서로 배우자라고 한다. 따라서 사실혼관계의 부부나 첩은 배우자가 아니다. 그러나 사실혼의 부부도 특별법 등에서 배우자로 보는 경우가 많다. 그러나 조세법 중 상속세및증여세법에서는 법률혼의 배우자를 의미한다. 소득세법상 배우자의 범주와는 다른 부분이다.

배우자는 혈족관계와 인척관계에 대한 기본관계이다.

그러나 부부관계가 친족의 지위에서 법률상 효과가 발생하는 일이 없다는 것을 생각하면 배우자를 친족에 포함시키는 것은 실질적으로 의의가 없다.

3. 혈족

자기의 직계존속과 직계비속을 직계혈족이라 하고, 자기의 형제자매와 형제자매의 직계비속, 직계존속의 형제자매 및 그 형제자매의 직계비속을 방계혈족이라 한다(제768조).

혈족에는 자연혈족과 법정혈족이 있다.

가. 자연혈족

자연혈족이란 친부·친모·친자·형제자매·숙질 등의 관계에 있는 자와 같이 상호 간에 사실상 혈연관계가 있는 자로서 여기에는 부계혈족과 모계혈족이 있다.

자연혈족은 원칙적으로 출생에 의하여 발생한다. 그러나 혼인 외의 출생자는 모와의 혈족관계는 출생으로 인하여 발생하지만 부에 대한 관계에 있어서는 인지가 필요하다. 그리고 자연혈족관계는 사망, 실종선고, 인정사망으로 인하여 소멸한다. 그러나 사망으로 인한 효과는 사망자와 연결하여 맺어진 다른 생존자와의 혈족관계에는 영향을 주지 않는다.

따라서 부모가 사망하는 경우에도 조부모와 손자와의 관계 또는 형제자매와의 상호관계에는 변함이 없다. 그러나 혼인 외의 출생자의 경우에는 인지의 무효·취소로 인하여 부계혈족관계가 소멸한다(제861조·제862조).

나. 법정혈족

입양이라는 사실에 기초하여 법률로서 혈연관계가 있는 것으로 의제된 경우를 법정혈족이라고 한다. 1990년의 개정 전 민법은 부계사회의 전통에 따라 계모자(繼母子)관계와 적모서자(嫡母庶子)관계를 법정혈족으로 보았으나, 개정민법에서는 남녀평등의 시대정신을

05
가
족
법

반영하여 계모자(繼母子)관계와 적모서자(嫡母庶子)관계를 법정혈족관계로 보지 않고 단순한 인척관계로 개정되었다.[1]

그러므로 양친자관계라고 하는 것은 부모(父母) 아닌 자가 부모가 되고, 자(子) 아닌 자가 자(子)로 될 것을 원하는 의사에 의거 자연혈족으로서의 친자와 동일한 신분관계를 창설하는 것을 법률이 허용한 관계이다.

양친자관계에 있어서는 친자관계를 창설하고자 하는 당사자의 의사에 대하여 반사회질서 여부, 의사의 흠결·의사의 하자 등이 문제가 될 수 있다. 민법에서 연장양자를 인정하지 않는 이유는 연장양자의 양친자관계는 사회질서에 반한다고 보기 때문이다(제877조 제1항·제883조 제2호).

4. 인척

혈족이 혈연에 의한 관계라고 한다면, 인척은 혼인으로 생겨난 관계라고 할 수 있다.

혈족의 배우자, 배우자의 혈족, 배우자의 혈족의 배우자를 인척으로 한다(제769조). 법정혈족관계의 성립에 의하여도 인척관계가 발생할 수 있고 그러한 경우에는 법정인척이라고 할 수 있을 것이다.

예컨대 양자와 양친의 인척 사이가 이에 속한다. 인척관계는 부부의 일방이 사망한 경우 부(夫)와 처(妻)의 차이를 두지 않고 생존배우자가 재혼하면 인척관계가 소멸한다(제775조). 그러므로 부(夫) 또는 처(妻)가 법률상 재혼하지 않는 한, 처족(妻族) 인척관계나 부족(夫族) 인척관계는 소멸하지 않는다. 또 부(夫)가 사망한 후 처(妻)가 친가에 복적하거나 복적할 수 없어서 일가를 창립한 경우라도 재혼하지 않는 한 부족(夫族) 인척관계는 소멸하지 않는다.

<table>
<tr><td>제 2 절</td><td>친족관계의 효과</td></tr>
</table>

1. 서설

친족관계인 경우에도 그 친족 사이의 촌수에 따라 법률상의 효과는 상이하다. 즉 친족인

---

1) 특히 적모서자관계는 과거의 첩제도에서 유래된 것으로 본처의 입장을 전혀 고려하지 아니한 제도였다. 계부자관계는 인정하지 않으면서 계모자관계만 인정하는 것은 불평등한 것임에 틀림이 없다.

경우에 일반적으로 인정되는 효과와 일정한 범위의 친족에 특정하여 인정되는 효과가 있다. 친족관계의 법률상 효과는 주로 민법 친족편 · 상속편에서 규정되고 있으나, 민법 중의 총칙편 또는 채권편을 비롯하여 형법 · 소송법 · 조세법, 그 밖의 많은 특별법규에도 규정되어 있다.

특히 조세법에서는 일정한 친족관계에 있는 경우에는 거래당사자의 행위계산을 부인하는 등 특례규정을 두고 있다.

2. 민법상의 효과

가. 피성년후견 · 피한정후견의 선고 및 취소청구권

배우자, 4촌 이내의 친족, 후견인에게 청구권이 있다(제9조 · 제11조 · 제12조 · 제14조).

나. 증여계약의 해제

수증자가 증여자 또는 증여자의 배우자나 직계혈족에 대하여 범죄행위를 한 때에는 증여자는 증여계약을 해제할 수 있다(제556조 제1항 제1호).

다. 생명침해에 대한 손해배상청구권

타인의 생명을 해한 자는 피해자의 직계존속, 직계비속 및 배우자에 대하여는 재산상의 손해 없는 경우에도 손해배상의 책임이 있다(제752조).

라. 부양의무

직계혈족, 배우자 간, 기타 친족 간에는 서로 부양할 의무가 있다. 단, 기타 친족의 경우에는 생계를 같이하는 경우에 한하여 부양의무가 생긴다(제974조).

마. 상속권

직계비속, 직계존속, 형제자매, 4촌 이내의 방계혈족의 순위로 상속권이 있다. 피상속인의 배우자는 언제나 상속인이 된다(제1000조 · 제1003조).

05
가
족
법

바. 유언증인 결격사유자

유언으로 수익을 받을 사람, 그 배우자와 직계혈족은 유언에 참여하는 증인이 되지 못한다(제1072조 제1항 제3호).

사. 유류분권

피상속인의 배우자, 직계존속, 직계비속, 형제자매에게 유류분권리가 있다(제1112조).

3. 형법상의 효과

가. 친족관계로 인하여 형벌이 감면되는 경우

(1) 범인은닉죄, 증거인멸죄

친족일반이 본인을 위하여 벌금 이상의 형에 해당하는 죄를 범한 때에는 처벌하지 아니한다. 기대가능성이 없기 때문이다(형법 제151조 제2항 · 제155조 제4항).

(2) 절도죄 · 사기 · 공갈죄

직계혈족, 배우자, 동거친족, 가족 또는 배우자가 위의 죄를 범한 때에는 형이 경감된다(형법 제329조~제332조 · 제334조 · 제347조~제352조 전단).

(3) 친고죄

절도 등의 범죄가 직계혈족, 배우자, 동거친족, 가족 또는 그 배우자 이외의 가족 사이에 생긴 경우에는 친고죄로 한다(형법 제328조 제2항 · 제344조 · 제354조 · 제361조 · 제365조).

나. 친족관계로 인하여 형벌이 가중되는 경우

존속살해죄, 존속상해죄, 존속중상해죄 등 자기 또는 배우자의 직계존속에 대하여 위의 죄를 범한 자는 형벌이 가중된다. 예를 들면 사람을 살해한 자는 사형, 무기 또는 5년 이상의 징역에 처하도록 하면서, 자기 또는 배우자의 직계존속을 살해한 자는 사형, 무기 또는 7년 이상의 징역에 처하도록 형법 제250조 제2항에서 규정하고 있다(형법 제250조 · 제257조 · 제258조).

4. 세법상의 효과

가. 과점주주요건으로서 친족 등 특수관계

국세기본법에서는 출자자의 제2차 납세의무를 판단함에 있어 과점주주 해당 여부를 납세의무성립일 현재 주주 또는 유한책임사원 1인과 그와 친족, 기타 특수관계에 있는 자로서 그들의 소유주식의 합계 또는 출자액의 합계가 당해 법인의 발행주식총수 또는 출자총액의 100분의 50을 초과하는 자들로 규정하면서 계산의 기준이 되는 친족의 범위를 설정하고 개별세목에서 이를 준용하고 있다(국세기본법시행령 제20조·제18조의 2·제1조의 2).

나. 짜고 한 거짓표시 추정요건의 친족 등 특수관계

(1) 짜고 한 거짓표시 추정요건

국세기본법은 납세자가 제3자와 짜고 거짓으로 재산에 다음 각 호의 어느 하나에 해당하는 계약을 하고 그 등기 또는 등록을 하거나 주택임대차보호법 제3조의 2 제2항 또는 상가건물임대차보호법 제5조 제2항에 따른 대항요건과 확정일자를 갖춘 임대차 계약을 체결함으로써 그 재산의 매각금액으로 국세를 징수하기가 곤란하다고 인정할 때에는 그 행위의 취소를 법원에 청구할 수 있다. 이 경우 납세자가 국세의 법정기일 전 1년 내에 특수관계인 중 대통령령으로 정하는 자와 전세권·질권 또는 저당권 설정계약, 임대차 계약, 가등기 설정계약 또는 양도담보 설정계약을 한 경우에는 짜고 한 거짓 계약으로 추정하도록 하고 있다(국세기본법 제35조 제6항).

(2) 짜고 한 거짓표시 추정대상

짜고 한 거짓계약으로 추정되는 계약의 상대방인 친족, 그 밖의 특수관계인의 범위에 관하여는 국세기본법시행령 제18조의 2를 준용한다.

짜고 한 거짓계약으로 추정한다는 말의 의미는 실질적으로 전세권설정계약 등 사법상 법률행위가 있었다는 사실을 입증하는 경우에는 추정되는 사실로서 받는 불이익으로부터 벗어날 수 있다는 것을 의미한다. 이렇게 사법상 법률관계형성을 할 때에는 조세법상 법률관계를 고려하여 그 증거를 미리 명확하게 갖추어두는 것이 좋다.

다. 소득세법상 부당행위계산부인

소득세법에서는 사업소득 또는 기타소득이 있는 거주자의 행위 또는 계산이 그 거주자와 특수관계인과의 거래로 인하여 그 소득에 대한 조세 부담을 부당하게 감소시킨 것으로 인정되는 경우에는 그 거주자의 행위 또는 계산에 관계없이 해당 과세기간의 소득금액을 계산할 수 있도록 규정하고 있다(소득세법 제41조).

특수관계에 해당하는 자는 아래와 같다(국세기본법시행령 제1조의 2).

① 6촌 이내의 혈족

② 4촌 이내의 인척

③ 배우자(사실상의 혼인관계에 있는 자를 포함한다)

④ 친생자로서 다른 사람에게 친양자 입양된 자 및 그 배우자·직계비속

(이하 생략)

위에서 소득세법에서의 부당행위계산의 부인대상이 되는 친족은 국세기본법시행령의 친족의 범위보다 훨씬 넓은 것임을 알 수 있다(소득세법시행령 제98조).

라. 저가·고가 양도 시의 증여의제

상속세및증여세법에서는 특수관계에 있는 자[2]로부터 시가보다 낮은 가액으로 재산을 양수하는 경우에는 그 재산의 양수자를 증여받은 것으로 보고, 특수관계에 있는 자에게 시가보다 높은 가액으로 재산을 양도하는 경우에는 그 재산의 양도자를 증여받은 것으로 보아 증여세를 과세하도록 규정하고 있다(상속세및증여세법 제35조 제1항).

특수관계에 해당하는 자는 아래와 같다(상속세및증여세법시행령 제2조의 2).

① 친족

② 사용인과 사용인 외의 자로서 당해 주주 등의 재산으로 생계를 유지하는 자

(이하 생략)

저가·고가 양도 시의 증여의제에 있어서도 증여의제대상이 되는 친족은 국세기본법시행령의 친족의 범위보다 훨씬 넓은 것임을 알 수 있다(상속세및증여세법 제2조 제10호).

사돈 사이의 특수관계 여부는 그 자녀를 기준으로 판단함(서삼 46019-11818, 2002.10.25.)
사돈 상호 간은 친족, 기타 특수관계에 있는 자에 해당하지 아니하는 것이나, 자 또는 출가녀가 당해 법인의 주주인 경우 그 자녀를 기준으로 사돈 간은 친족, 기타 특수관계에 있는 자에 해당하므로, 자 또는 출가녀와 사돈(부모와 장인·장모 또는 시부모) 간 전원의 소유주식금액을 합하여 당해 법인의 발행주식총액의 100분의 51 이상이 되면, 그 주주 전원을 과점주주로 보는 것임.

---

2) 특수관계 없는 자와의 거래에 대한 증여세과세문제는 제4편 제2장 제1절 5. 계약자유의 원칙과 조세법 참조

마. 배우자 등에 대한 양도 시 증여추정

(1) 배우자 또는 직계존비속 간 양도 시

배우자 또는 직계존비속에게 양도한 재산은 양도자가 그 재산을 양도한 때에 그 재산의 가액을 배우자 등이 증여받은 것으로 추정하여 이를 배우자 등의 증여재산가액으로 한다 (상속세및증여세법 제44조 제1항).

(2) 특수관계인이 개입되어 양도 시

특수관계인에게 양도한 재산을 그 특수관계인(이하 "양수자"라 한다)이 양수일부터 3년 이내에 당초 양도자의 배우자 등에게 다시 양도한 경우에는 양수자가 그 재산을 양도한 당시의 재산가액을 그 배우자 등이 증여받은 것으로 추정하여 이를 배우자 등의 증여재산가액으로 한다. 다만, 당초 양도자 및 양수자가 부담한 소득세법에 따른 결정세액을 합친 금액이 양수자가 그 재산을 양도한 당시의 재산가액을 당초 그 배우자 등이 증여받은 것으로 추정할 경우의 증여세액보다 큰 경우에는 그러하지 아니하다(상속세및증여세법 제44조 제2항).

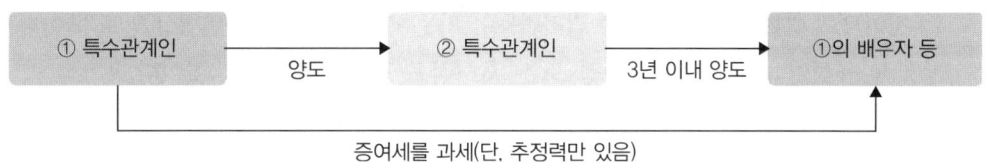

(3) 특수관계인

특수관계인에는 친족이 포함되어 우연히 거래중간에 친족이 개입되어 있을 경우 납세자는 그 특수관계에 있는 자가 그의 배우자 등에게 직접 증여한 것으로 추정하도록 되어 있다. 동 규정은 본래 증여의제규정으로 되어 있었으나 헌법재판소의 위헌결정으로 추정규정으로 완화되었다. 따라서 납세자가 일정한 수준의 입증을 하는 경우에는 그 추정의 불이익에서 벗어날 수 있게 되었다.

(4) 증여추정 배제요건

다음에 해당하는 경우에는 배우자 또는 직계존비속 간에 직접 또는 간접의 양도행위가 있는 경우에도 이를 증여로 추정하지 아니한다(상속세및증여세법 제44조 제3항).
① 법원의 결정으로 경매절차에 따라 처분된 경우
② 파산선고로 인하여 처분된 경우
③ 국세징수법에 따라 공매된 경우

④ 자본시장과금융투자업에관한법률 제8조의 2 제4항 제1호에 따른 증권시장을 통하여 유가증권이 처분된 경우. 다만, 불특정 다수인 간의 거래에 의하여 처분된 것으로 볼 수 없는 경우로서 대통령령으로 정하는 경우는 제외한다.

⑤ 배우자 등에게 대가를 받고 양도한 사실이 명백히 인정되는 경우로서 다음에 해당하는 경우
- 권리의 이전이나 행사에 등기 또는 등록을 요하는 재산을 서로 교환한 경우
- 당해 재산의 취득을 위하여 이미 과세(비과세 또는 감면받은 경우를 포함한다)받았거나 신고한 소득금액 또는 상속 및 수증재산의 가액으로 그 대가를 지급한 사실이 입증되는 경우
- 당해 재산의 취득을 위하여 소유재산을 처분한 금액으로 그 대가를 지급한 사실이 입증되는 경우

위에서 경매, 파산, 공매 등의 경우에는 이를 증여로 추정하지 아니한다고 하고 있는데 대하여 동 규정은 과연 창설적 규정으로 보아야 할 것인가?

민법상의 양도의 개념은 의사표시를 요소로 하는 법률행위에 의한 권리의 이전을 의미하는 것이므로 법률의 규정에 의한 권리변동이 되는 경매, 공매 등은 민법상 양도가 아니므로 창설적 규정이 아닌 주의적 규정 또는 훈시적 규정을 보아야 할 것이다.[3]

제 3 절 혼인

1. 약혼

가. 약혼이란?

약혼이란 장차 혼인을 할 것을 목적으로 하는 남녀 당사자 사이의 계약이다. 약혼을 혼약 또는 혼인예약이라고도 한다.

---

3) 소득세법 제88조【정의(2016.12.20. 제목 개정)】
이 장에서 사용하는 용어의 뜻은 다음과 같다(2016.12.20. 개정).
1. "양도"란 자산에 대한 등기 또는 등록과 관계없이 매도, 교환, 법인에 대한 현물출자 등을 통하여 그 자산을 유상(有償)으로 사실상 이전하는 것을 말한다. 이 경우 대통령령으로 정하는 부담부증여(負擔附贈與)의 채무액에 해당하는 부분은 양도로 보며, 다음 각 목의 어느 하나에 해당하는 경우에는 양도로 보지 아니한다(2016.12.20. 개정).

남녀의 결합이 혼인으로 인정받기 위해서는 반드시 그 사회의 법률이나 도덕 또는 관습 등의 법률에 의하여 정당한 남녀의 결합관계로 용인되는 것이어야 한다. 민법은 제4편 제3장의 '혼인'에서 약혼·혼인·이혼에 관하여 규정하고 있다.

나. 약혼의 성립

(1) 실질적 요건

약혼은 당사자의 합의로 성립한다. 합의는 일종의 신분법적 합의이며 장래에 혼인을 하려는 합의이므로 형성적 신분행위에 속한다. 따라서 대리가 허용되지 않는다. 그러므로 종래 우리나라에서 볼 수 있었던 부모들이 자식들의 장래를 정한 정혼은 무효에 해당한다.

성년에 달한 자는 자유로 약혼할 수 있다(제800조). 그리고 미성년자는 부모의 동의를 받아야 하며, 부모 중 한쪽이 동의권을 행사할 수 없을 때에는 다른 한쪽의 동의만으로도 된다(제801조·제808조 제1항). 그러나 부모가 모두 동의권을 행사할 수 없을 때에는 미성년후견인의 동의를 받아야 한다(제802조·제808조 제1항).

피성년후견인도 부모나 성년후견인의 동의를 받아야 한다(제802조·제808조 제2항).

동의 없이 한 약혼이라도 무효는 아니고, 당사자 또는 그 법정대리인이 그 취소·청구할 수 있다(제817조). 약혼당사자가 성년자인 경우에는 피성년후견인인 경우를 제외하고는 자유로이 약혼할 수 있다(제800조). 따라서 성년자인 때에는 피한정후견인일지라도 누구의 동의 없이 약혼할 수 있다. 이 점에서 재산권의 행사와 차이가 있다.

재산권의 행사에는 행위능력자를 보호하기 위하여 피한정후견인도 법정대리인 등의 동의를 요하지만, 약혼이라는 신분행위에는 성년자인 피한정후견인은 의사능력은 있으므로 단독으로 유효한 신분행위를 할 수 있다. 재산권행사와 달리 호불호를 나타내는 신분행위는 행위능력 아닌 의사능력만으로 충분하다는 의미이다.

(2) 형식적 요건

약혼은 낙성계약으로 일정형식을 갖출 것을 요하지 않는다. 현실적으로는 예물의 교환, 사주단자 등이 행해지는 경우가 많지만 그러한 의식이 없는 약혼도 유효하고 예물교환이 없는 약혼도 유효하다. 그러나 약혼식, 기타 관행상 약혼성립이라고 인정될 만한 외형적 사실이 전혀 없는 경우에는 약혼에 관한 합의가 있었다는 사실을 입증하기 어려울 수 있다.

다. 약혼의 효과

약혼은 장래에 혼인을 성립시킬 것을 목적으로 하는 예약이기는 하지만 재산권에 관한 예약과는 다르다. 민법 제564조에서는 매매의 일방예약은 상대방이 매매를 완결할 의사를 표시하는 때에 매매의 효력이 생기는 것으로 규정하고 있다. 계약자유의 원칙상 당연한 귀결로 동 매매예약이 불공정한 법률행위로서 무효가 되는지 여부는 별개로 하더라도 일방 예약에 합의가 있은 후에는 일방당사자는 상대방의 동의를 얻지 않고 자기의 의사표시만으로 매매를 완결할 수 있는 것이다.

그러나 약혼에 있어서는 당사자에게 반드시 혼인을 체결할 의무를 지우는 것이 아니므로 강제이행을 청구하지 못한다(제803조). 혼인은 재산권행사와 달리 당사자의 가장 자유로운 의사에 의하여 성립되어야 하는 것으로 그 이행의 강제는 의미가 없다. 그러나 손해배상의 청구권은 별개의 문제이다.

약혼자 사이에는 친족법적 지위가 인정되지 않는다.[4] 따라서 약혼자 사이에 출생한 자는 혼인 외의 출생자로 볼 수밖에 없고, 약혼자가 혼인하게 되면 규정에 의하여 혼인 외의 출생자는 혼인한 때로부터 혼인 중의 출생자로 본다(제855조 제2항).

라. 약혼의 해제

약혼은 정당한 사유가 있는 한 언제든지 해제할 수 있다. 혼인으로의 이행이 불가능한 약혼을 존속시키는 것은 의미가 없기 때문이다.

(1) 약혼해제의 원인

민법은 당사자일방에게 다음과 같은 사유가 있는 경우에는 상대방이 약혼을 해제할 수 있는 것으로 규정하고 있다(제804조).
   ① 약혼 후 자격정지 이상의 형을 선고받은 경우(제804조 제1호)
   ② 약혼 후 성년후견개시나 한정후견개시의 심판을 받은 경우(제804조 제2호)
   ③ 성병, 불치의 정신병, 그 밖의 불치의 병질(病疾)이 있는 경우(제804조 제3호)
   ④ 약혼 후 다른 사람과 약혼 또는 혼인을 한 경우(제804조 제4호)
   ⑤ 약혼 후 다른 사람과 간음(姦淫)한 경우(제804조 제5호)
   ⑥ 약혼 후 1년 이상 생사(生死)가 불명한 경우(제804조 제6호)
   ⑦ 정당한 이유 없이 혼인을 거절하거나 그 시기를 늦추는 경우(제804조 제7호)
   ⑧ 그 밖에 중대한 사유가 있는 경우(제804조 제8호)

이것은 약혼해제원인에 관한 예시적 규정으로 보아야 할 것이다. 따라서 제804조에 열거하는 제1호 내지 제7호와 같은 정도의 중대한 사유가 있는 경우라면 약혼을 해제할 수 있다.

---

4) 독일법과 스위스법은 약혼자 사이에 친족법적 지위를 인정한다.

(2) 약혼해제의 방식

약혼의 해제는 상대방에 대한 의사표시로 한다. 그러나 상대방에 대하여 의사표시를 할 수 없는 경우에는 그 해제원인이 있음을 안 때에 해제된 것으로 본다(제805조).

(3) 약혼해제의 효과

(가) 손해배상의 청구

약혼을 해제한 때에는 당사자의 일방은 과실 있는 상대방에 대하여 약혼해제로 인한 손해의 배상을 청구할 수 있다. 손해배상의 범위로는 재산상의 손해 이외에 정신상의 고통도 포함된다(제806조). 혼인은 그 이행을 강제할 수 없고, 단지 손해배상을 청구할 수 있을 뿐이다.

정신상의 고통에 대한 배상청구권은 일신전속적인 권리로서 양도 또는 승계하지 못하지만, 당사자 사이에 이미 그 배상에 관한 계약이 성립되거나 소(訴)를 제기한 후에는 일반재산권과 구별되어야 할 이유가 없으므로 타인에게 양도 또는 승계할 수 있다(제806조 제3항).

(나) 예물의 반환문제

약혼예물은 증여로서 혼인의 성립을 예정한 증여이며 혼인의 성립이 없으면 주지 않을 성질의 증여이다. 따라서 혼인의 불성립을 해제조건으로 한 증여라고 할 수 있다.[5]

약혼을 해제하는 경우에 예물반환문제는 합의로 결정되는 경우가 대부분이고, 합의가 이루어지지 않는 경우에는 부당이득으로서 그 반환을 청구할 수 있다고 보아야 할 것이다. 당사자 쌍방에 책임 없는 사유로 인하여 혼인이 이행불능으로 된 경우에도 동일할 것이다. 그러나 일방당사자에게만 과실이 있는 경우에는 약혼파기에 관한 책임이 없는 자만이 반환청구권을 가지는 한편 반환의무는 부담하지 않으며, 책임 있는 자는 받은 물건을 반환하고 준 물건의 반환은 청구할 수 없다고 보아야 할 것이다.

2. 혼인

가. 혼인(婚姻)의 의의

혼인이 유효하게 성립하기 위해서는 실질적 요건과 형식적 요건을 갖추어야 한다. 혼인의 실질적 요건은 혼인에 관한 의사의 합치이고, 형식적 요건은 가족관계의등록등에관한

---

5) 대법원 76므41.42. 1976.12.28.

법률에 의한 혼인신고이다. 혼인신고하는 형식적 요건을 갖춘 경우에도 의사의 합치가 없는 때에는 그 혼인은 무효가 된다(제815조).

나. 혼인의 요건

(1) 실질적 요건

당사자 간에 혼인에 관한 의사의 합치가 있어야 한다. 민법은 당사자 간에 혼인의 합의가 없는 때에 그 혼인은 무효로 한다고 규정함으로써 혼인에 있어서 의사의 합치를 그 실질적 요건으로 하고 있다(제815조).

미성년자와 피성년후견인은 부모·후견인의 동의가 있어야 하지만(제808조), 성년자인 때에는 피성년후견인이 아닌 한 누구의 동의도 필요하지 않다.

8촌 이내의 혈족(친양자의 입양 전의 혈족을 포함한다), 6촌 이내의 혈족의 배우자, 배우자의 6촌 이내의 혈족, 배우자의 4촌 이내의 혈족의 배우자인 인척이거나 이러한 인척이었던 자, 6촌 이내의 양부모계(養父母系)의 혈족이었던 자와 4촌 이내의 양부모계의 인척이었던 자 사이에서는 혼인하지 못한다(제809조). 민법은 일부일처를 혼인의 기본원리로 하고 있기 때문에 배우자가 있는 자의 혼인을 금지한다(제810조).

부성추정에 관한 문제가 발생될 여지가 없기 때문이다.

그러나 위 규정에 위반한 혼인은 무효가 아니고 취소를 청구할 수 있을 뿐이다(제816조).

(2) 형식적 요건

혼인의 형식적 요건은 가족관계의등록등에관한법률에 정한 바에 의하여 신고하는 것이다(제812조 제1항). 실질적으로 혼인생활을 영위하고 있는 경우에도 혼인신고가 없으면 법률상의 혼인으로 인정되지 아니한다. 이러한 남녀의 결합관계를 사실혼이라 한다. 민법에서는 원칙적으로 법률혼만을 인정한다.

조세법에서는 상속세및증여세법에서 법률혼만을 인정한다.

다. 혼인의 효과

혼인은 당사자 사이에는 부부관계를 성립시키고 제3자에 대하여도 특수한 관계가 이루어진다.

(1) 혼인의 일반적 효과

부부는 혼인으로 인하여 배우자로서의 신분을 가지고 친족이 된다(제777조).

미성년자가 혼인을 한 때에는 성년자로 본다(제826조의 2). 따라서 미성년자도 혼인을 하면 친권이나 후견에서 벗어나 단독으로 유효한 법률행위를 할 수 있게 된다. 이 제도의 취지는 혼인생활의 독립성을 보장하고 부부의 평등을 구현하는 데 있으므로 성년의제의 효과는 원칙적으로 공법, 기타의 사회법규에 미칠 수 없다.[6]

부부는 동거 · 부양 · 협조의 의무를 진다(제826조 제1항 본문). 또한 부부에게는 정조를 지킬 의무가 있다. 우리나라의 혼인제도가 일부일처제를 기본으로 하고 있고 또한 부정이 이혼원인으로 되어 있는 점으로 볼 때 자명한 이치이다(제840조 제1호).

(2) 혼인의 재산적 효과

민법은 부부재산제에 관하여 계약재산제와 법정재산제를 함께 인정하고 있다.

부부재산계약은 부부가 되려는 당사자가 혼인신고를 하기 전에 계약하고 혼인 신고 시까지 등기하여야 한다. 등기가 없는 경우에 당사자 사이에서는 효력이 있지만 부부의 승계인 또는 제3자에게 대항하지 못한다(제829조 제4항).

그러나 부부재산계약은 거의 행해지지 않고 있기 때문에 거의 모든 부부의 재산관계는 다음과 같이 법정재산제에 의하는 결과를 나타내고 있다. 부부가 혼인 성립 전에 부부재산 계약을 체결하지 않은 경우 그 재산관계는 법정재산제에 따르게 된다(제829조 제1항).

즉 민법은 부부별산제를 채택하여 부부의 일방이 혼인 전부터 가진 고유재산과 혼인 중에 자기의 명의로 취득한 재산을 그 특유재산으로 하고 그 특유재산은 부부가 각자 관리 · 사용 · 수익하도록 하였다(제830조 제1항 · 제831조).

그러나 누구에게 속한 것인지 분명하지 아니한 재산은 부부의 공유로 추정한다(제830조 제2항). 한편, 민법은 부부 간의 일상 가사대리권을 인정하는 한편 일상가사채무에 대해서는 부부가 연대책임을 지도록 하면서 부부일방이 이미 제3자에 대하여 다른 일방의 책임 없음을 명시한 때에는 책임을 지지 않도록 규정하고 있다(제827조 · 제832조). 이때 일상가사라 함은 부부의 공동생활에 통상 필요로 하는 일체의 사무를 말한다.

3. 이혼

이혼은 부부의 생존 중에 결혼을 해소하는 것을 말한다. 인위적 해소라는 점에서 부부일방의 사망에 의해 해소되는 혼인의 자연적 해소와 다르다. 이혼에는 협의상 이혼과 재판상 이혼이 있다.

---

6) 증여에 있어서 미성년자에 증여하는 경우와 성년자에 증여하는 경우에 그 공제액이 다르다. 이 경우 결혼한 미성년자에게 증여하더라도 성년의제되지 않는다고 보아야 한다.

가. 이혼의 방법

(1) 협의상 이혼

부부는 그 원인 여하를 묻지 아니하고 협의에 의하여 이혼할 수 있다. 협의이혼도 혼인과 같이 혼인해소에 관한 의사의 합치하는 실질적 요건과 이혼신고라는 형식적 요건이 필요하다. 피성년후견인은 피한정후견인과는 달리 후견인의 동의를 얻어야 한다(제834조, 제835조).

신고는 가정법원의 확인을 받아 가족관계의등록등에관한법률에 정한 바에 따라 행한다(제836조 제1항).

(2) 재판상 이혼

부부의 일방은 법정의 이혼원인이 있는 경우에 타방을 상대방으로 하여 가정법원에 이혼을 청구할 수 있다. 이것을 재판상 이혼이라고 한다(제840조, 가사소송법 제2조 제1항 제1호 나목 4)).

민법은 재판상 이혼원인으로 배우자의 부정행위, 악의의 유기, 심히 부당한 대우, 3년 이상의 생사불명, 기타 혼인을 계속하기 어려운 중대한 사유를 규정하고 있다(제840조).

나. 이혼의 효과

(1) 일반적 효과

이혼하면 혼인으로 인하여 부부 사이에 생긴 모든 권리의무는 소멸된다. 따라서 재혼이 가능하게 되고, 배우자의 혈족 및 그 혈족의 배우자와의 사이에 생긴 인척관계도 소멸한다(제775조).

(2) 자(子)에 대한 효과

자(子)의 양육에 관한 사항은 그 부모의 협의에 의하여 정하되, 양육에 관한 사항의 협의가 되지 아니하거나 협의할 수 없는 때에는 가정법원은 당사자의 청구에 의하여 양육자의 결정, 양육비용의 부담, 면접교섭권의 행사 여부 및 그 방법을 참작하여 양육에 필요한 사항을 정하며 언제든지 그 사항을 변경 또는 다른 적당한 처분을 할 수 있다(제837조 · 제843조).

부모의 이혼이 있어도 자(子)의 신분에는 영향을 주지 않으며 모(母)의 자(子)에 대한 친족관계는 유지된다. 아내가 혼인 중에 임신한 자녀는 남편의 자녀로 추정하고 혼인이 성립한 날부터 200일 후에 출생한 자녀는 혼인 중에 임신한 것으로 추정한다. 그리고 혼인관계가 종료된 날부터 300일 이내에 출생한 자녀는 혼인 중에 임신한 것으로 추정한다(제844조).

부모가 이혼한 경우 친권을 행사할 자는 부모의 협의로 정하고, 협의할 수 없거나 협의가 이루어지지 아니하는 경우에는 가정법원은 직권으로 또는 당사자의 청구에 따라 이를 결정한다. 친권자를 변경할 필요가 있는 경우에 또한 같다(제909조 제4항).

(3) 재산분할청구권

재산분할청구권이란 이혼을 한 당사자의 일방이 다른 일방에 대하여 재산의 분할을 청구할 수 있는 권리이다.

부부가 이혼하면 그 부부의 혼인적 생활공동체는 해체되고 부부가 공동으로 운영하던 경제생활은 종료한다. 문제는 혼인생활 중에 부부의 협력으로 이룩한 재산에 관한 것이다. 이 문제의 해결을 위하여 1990.1.13.자 개정민법은 "협의상 이혼한 자의 일방은 다른 일방에 대하여 재산분할을 청구할 수 있다"라고 규정하고 재판상 이혼의 경우 이 규정을 준용함으로써(제843조) 이혼배우자의 재산분할청구권을 인정하였다(제839조의 2 제1항).

재산분할청구권은 이혼한 날로부터 2년 내에 행사하여야 한다. 재산분할에 관하여 협의가 되지 아니하거나 협의할 수 없는 때에는 가정법원은 당사자의 청구에 의하여 당사자 쌍방의 협력으로 이룩한 재산의 액수, 기타 사정을 참작하여 분할의 액수와 방법을 정하게 된다(제839조의 2, 가사소송법 제2조).

재산분할의 심판을 청구하고자 하는 자는 먼저 조정을 신청하여야 한다(가사소송법 제50조 제1항).

재산분할의 본질은 본인생활 중 이룬 부부재산관계의 청산에 있다고 보는 것이 타당할 것이다.

(4) 손해배상청구권

재판상 이혼의 경우에 이혼피해자는 과실 있는 상대방에 대하여 이혼으로 인한 재산상의 손해는 물론 정신상 고통에 대하여도 손해의 배상을 청구할 수 있다(제843조, 제806조 제1항·제2항).

그러나 재산분할의 청구와 손해배상의 청구는 별개이다. 따라서 당사자가 어느 것을 청구하는가 하는 것은 그의 의사에 의하는 것이고, 어느 하나를 청구하여 분할 또는 배상을 받은 후에 다른 하나를 청구하거나 양자를 동시에 청구하는 것도 당사자의 의사에 의한다.

다만, 손해배상청구를 하기 위해서는 가정법원에 먼저 조정신청을 하여야 한다(가사소송법 제2조 제1항).

05

가족법

다. 이혼에 따른 조세문제

(1) 위자료

이혼 당사자 간의 합의에 의하거나 법원의 확정판결에 의하여 일정액의 위자료를 지급하기로 하고, 동 위자료지급에 갈음하여 당사자 일방이 소유하고 있던 부동산으로 대물변제한 때에는 양도소득세과세대상이 된다. 위자료 대신 부동산을 양도하는 것은 위자료지급에 갈음한 것으로서, 이는 부동산양도의 대가로 위자료지급의무의 소멸이라는 경제적 이익을 얻은 것이므로 유상이전에 해당하기 때문이다. 위자료에 대한 과세문제는 대물변제하는 목적물이 양도소득세 과세대상인 경우에 한한다. 대물변제하는 물건이 고가의 서화이거나 귀금속인 때에는 양도소득세과세문제는 생기지 않는다.

> **위자료로 부동산을 양도한 것은 양도세 과세대상임**(대법원 88누10183, 1989.6.27.)
> 남편이 처와 협의이혼하면서 처에게 위자료조로 그 소유의 부동산을 양도한 것은 처에 대한 위자료지급에 갈음한 것으로서, 이는 부동산양도의 대가로 위자료지급의무의 소멸이라는 경제적 이익을 얻은 것과 다름없으므로 양도에 해당하여 양도소득세의 과세대상이 됨.

대물변제 후 대물변제한 원래의 소유자에게로 유상으로 이전되는 경우에는 다시 양도소득세가 과세된다. 이때 원소유자에게 양도하는 경우의 취득시기는 대물변제시점이다. 따라서 양도차익이 생기지 않을 가능성이 크게 된다.

만약 대물변제로 인한 등기에 무효 또는 취소사유가 있어 반환된 경우에는 이를 주장하는 쪽에서 입증해야 할 것이다.

> **대물변제 후 유상으로 원소유자에 이전하는 것은 양도에 해당함**(재일 46014-756, 1998.5.1.)
> 법원에서 확정판결받은 이혼위자료에 갈음하여 부동산으로 대물변제한 경우 대물변제에 관한 증여등기접수일에 당해 부동산이 유상으로 양도된 것으로 보는 것이며, 대물변제 후 원소유자로부터 유상의 대가를 받고 당해 부동산을 원소유자에게 이전하는 경우에는 등기원인에 관계없이 유상으로 양도된 것으로 봄.

(2) 재산분할청구권에 의한 재산분할

(가) 재산분할청구권에 대한 세법상 취급

이혼 시에 민법 제839조의 2 제1항의 규정에 의한 협의가 이루어져 이혼합의서에 재산분할청구로 인한 소유권이전임을 확인할 수 있는 경우 또는 재산분할의 협의가 이루어지지 아니하여 가정법원에 재산분할청구권을 행사하여 부동산의 소유권이전이 이루어지는 경우에는 본질적으로 부부 공동의 노력으로 이룩한 공동재산을 이혼으로 인하여 이혼자 일방이 당초 취득 시부터 자기지분인 재산을 환원받는 것으로 보아야 하므로 이를 양도로 볼 수 없다.

　재산분할청구권에 의하여 재산을 취득하는 경우 종전에는 증여로 보아 일정금액을 넘는 부분에 대하여 증여세를 과세해 왔다. 그러나 재산분할청구권에 의하여 취득하는 재산을 증여로 보도록 규정한 법률은 헌법에 위배되는 무효의 규정이라는 헌법재판소의 결정에 따라 현재는 증여세를 과세할 수 없다. 그러나 재산분할청구권에 의하여 이전된 것인지의 여부는 사실판단에 관한 문제이므로 상당한 주의를 요한다.

재산분할청구권으로 취득한 재산을 증여로 본 규정은 위헌임(헌재 96헌바14, 1997.10.30.)

[다수의견]

가. 이혼 시의 재산분할제도는 본질적으로 혼인 중 쌍방의 협력으로 형성된 공동재산의 청산이라는 성격에 경제적으로 곤궁한 상대방에 대한 부양적 성격이 보충적으로 가미된 제도라 할 것이어서 이에 대하여 재산의 무상취득을 과세원인으로 하는 증여세를 부과할 여지가 없으며, 설령 증여세나 상속세를 면탈할 목적으로 위장이혼하는 것과 같은 경우에 증여와 동일하게 취급할 조세정책적 필요성이 있다 할지라도 그러한 경우와 진정한 재산분할을 가리려는 입법적 노력 없이 반증의 기회를 부여하지도 않은 채 상속세인적공제액을 초과하는 재산을 취득하기만 하면 그 초과부분에 대하여 증여세를 부과한다는 것은 입법목적과 그 수단 간의 적정한 비례관계를 벗어난 것이며 비민주적 조세관의 표현이다. 그러므로 이혼 시 재산분할을 청구하여 상속세 인적공제액을 초과하는 재산을 취득한 경우 그 초과부분에 대하여 증여세를 부과하는 것은 증여세제의 본질에 반하여 증여라는 과세원인 없음에도 불구하고 증여세를 부과하는 것이어서 현저히 불합리하고 자의적이며 재산권보장의 헌법이념에 부합하지 않으므로 실질적 조세법률주의에 위배된다.

나. 이혼 시의 재산분할청구로 취득한 재산에 대하여 증여세를 부과하는 주된 입법목적은 배우자의 사망으로 상속받는 재산에 대하여 상속세를 부과하는 것과 과세상 형평을 유지한다는 데 있다고 하나, 이혼과 배우자의 사망은 비록 혼인관계의 종료를 가져온다는 점에서 공통점이 있다 하더라도 그로 인한 재산관계, 신분관계는 여러 가지 면에서 차이가 있다. 그러므로 증여세의 상속세의 보완세적 기능을 관철하는 데에만 집착한 나머지 배우자상속과 이혼 시 재산분할의 재산관계의 본질적이고도 다양한 차이점을 무시하고 이를 동일하게 다루는 것은 본질적으로 다른 것을 같게 다룸으로써 자신의 실질적 공유재산을 청산받는 혼인당사자를 합리적 이유 없이 불리하게 차별하는 것이므로 조세평등주의에 위배된다.

[반대의견]

이혼 시의 청산에 따른 재산분할비율을 객관적으로 산출할 수 있는 기준을 법률로써 정하기가 매우 어려운 실정임을 감안할 때 구상속세법이 분할재산 중 배우자 인적공제액을 초과하는 부분에 대하여 증여세를 부과토록 한 취지는 재산형성에 있어서 배우자의 기여분을 배우자 인적공제액수 정도로 인정한 것으로 볼 수 있고, 한편 납세의무자 측은 배우자 인적공제액을 초과한 부분이 실질적인 공유재산의 청산이라는 점을 주장, 입증하여 증여세의 감면을 받을 수 있는 것으로 해석되므로 배우자인적공제액을 초과하는 재산을 취득한 경우 그 초과부분에 대하여 증여세를 부과토록 하는 것은 입법의 목적과 수단에서 정당성·합리성을 모두 갖추고 있는 입법자의 광범위한 재량의 범위 내에 있는 것으로 보지 않을 수 없다.

(나) 재산분할청구권으로 취득등기 후 양도하는 경우 양도차익계산

재산분할청구권에 의하여 권리자의 지분이 환원된 것이므로 그동안 권리자는 일종의 명의신탁자와 같은 지위에 있었다고 볼 수 있으므로 동 재산을 양도하는 경우 양도차익을 계산하는 데 필요한 이혼자의 부동산취득시기는 다른 일방 이혼자의 당초 부동산취득시기에 부동산을 공동으로 취득한 것으로 보아 당초 취득한 날로 소급하여 양도차익을 계산한다.

(다) 재산분할청구권과 배우자상속공제금액과의 형평성 문제

생전에 이혼으로 재산분할청권을 행사하는 경우에는 증여세를 과세할 수 없는 데 반하여 부부가 백년해로하여 상속이 개시되는 경우에는 배우자 상속공제는 30억을 넘지 못한다. 일면 조세법이 금실 좋은 부부의 백년해로를 방해할 수 있다. 배우자 간의 수평상속에 대해서는 재산분할청구권과의 형평도 고려해야 한다. 이혼할 때에만 재산분할청구권을 인정하고 상속이 개시되면 생전에 재산분할청구권에 의하면 배우자의 재산으로 될 수 있었던 것이 피상속인의 재산으로 바뀌어 상속세를 과세하는 것은 모순이다.

4. 사실혼

가. 사실혼의 의의

사실혼이란 사실상 혼인생활을 하고 있으면서 형식상 요건, 즉 혼인신고를 하지 않았기 때문에 법률상의 혼인으로 인정받지 못하는 부부관계이다. 우리나라는 종래 사실혼주의를 취하였기 때문에 그 당시에는 사실혼문제는 발생할 여지가 없었으나 1923년 이래 법률혼주의를 채용하고 있기 때문에 사실혼관계의 발생은 필연적으로 발생하게 되었다.

그러나 사실혼의 부부는 법률상의 혼인으로 인정되지 않기 때문에 사실혼의 처(妻)는 부(夫)의 사망 후 배우자로서의 상속권이 없을 것은 물론, 유족부조금 등의 보호를 받을 수 없고 특히 그 출생자는 혼인 외의 자로 되는 등 혼인법상의 보호를 받을 수 없어 관계당사자 사이에 많은 비극의 원인이 된다.

한편, 이러한 사실혼의 존재는 국민의 사실생활과 법률생활을 분리하는 현상을 가져오게 되어 법률제도 자체에 대한 재검토를 피할 수 없게 한다. 여기에 사실혼보호의 문제와 법률혼주의의 반성과 함께 사실혼주의에의 지향이 요구되는 것이다.

나. 사실혼보호의 판례와 입법

(1) 사실혼에 관한 판례

사실혼은 전술한 바와 같이 민법이 인정하는 관계가 아니므로 처음에는 전혀 법률적 보호를 받지 못하였다. 그러나 1932.2.9.의 조선고등법원판결이 사실혼을 혼인예약의 효력이 있는 것으로 보고 그 부당한 위약자에 대하여 약혼이론으로써 사실혼보호의 이론을 구성하고 발전시켜 왔다.

사실혼을 약혼으로 보는 이론은 당사자 사이의 사실혼을 부당하게 파기하는 데 관한 손해배상청구 등의 문제는 해결할 수는 있을 것이다. 그러나 사실혼의 부부라도 그 실제생활에 있어서도 법률상의 부부와 다를 바 없기 때문에 약혼이론만으로는 사실혼의 부부와 제3자 사이의 문제를 해결하는 데 있어서 불충분하다. 사실혼의 상태는 혼인신고를 하지 않고 있는 점에 있어서는 약혼과 동일하지만 이미 부부생활을 하고 있는 점에서는 약혼과 엄연한 차이가 있다.

(2) 사실혼보호에 관한 다른 법률

민법 이외의 법률에서 사실혼부부를 법률상의 부부와 동일하게 취급하고 있는 경우가 있다.

예를 들면 근로기준법시행령 제48조는 유족의 범위의 제1순위를 '배우자'로 두면서 '사실상 혼인관계에 있던 자'를 포함시키고 있다.

공무원연금법 제3조 제1항 제2호, 군인연금법 제3조 제1항 제4호[7], 그리고 근로기준법시행령 제48조, 별정우체국법 제2조 제1항 제8호, 산업재해보상보험법 제5조 제3호 등에서는 '배우자'에 '사실상 혼인관계에 있는 자'를 포함시키고 있다.

특히 1963년에 이르러서는 사실혼을 완전한 법률상의 혼인으로 전환할 수 있도록 가사심판법과 호적법이 사실상혼인관계존부확인제도를 신설한 것은 사실혼의 보호에 있어서 획기적인 의미가 있는 것이었다(가사소송법 제2조 제1항 제1호 나목 1)·제50조). 국세기본법시행령 제1조의 2에서도 '배우자'에 '사실상 혼인관계에 있는 자'를 포함시키고 있으나, 이 포함관계는 특수관계로 인하여 불이익하게 되는 경우가 많이 생기게 된다. 특히 세법중 상속세및증여세법에서는 사실혼 기준이 아닌 법률혼 기준이라는 사실을 이해해야 한다.

---

7) 단, 퇴직 후 61세 이후에 혼인한 배우자는 제외한다. 다만, 군 복무 당시 혼인관계에 있던 사람은 그러하지 아니하다.

다. 사실혼의 법률관계

(1) 사실혼의 성립

사실혼 배우자는 실질적인 혼인관계로서의 결합이 현실로 이루어짐으로써 성립한다. 따라서 쌍방의 혼인의사와 공동생활이 있으면 되고, 그 이상의 종교적 절차 또는 습속·의식 같은 것은 필요하지 않다. 남녀의 성적 결합을 단순한 사통으로 볼 것인가, 또는 사실혼으로 볼 것인가는 구체적 사정에 따라 사회관념에 의하여 결정된다.

아무리 사실혼이라 하더라도 법의 목적에 비추어 사회질서에 반하는 중혼자나 근친혼 같은 남녀의 결합은 보호할 수는 없기 때문에 제809조에 반하는 근친혼이나 중혼(제810조)이 되는 사실혼은 보호할 수 없다고 보아야 할 것이다.

(2) 사실혼의 효과

(가) 당사자 사이의 효력

신분상의 효과로는 당사자는 가정법원에 사실상 혼인관계존부확인의 심판을 청구하여 혼인신고에 응하지 않는 상대방의 신고의사를 강제할 수 있다[가사소송법 제2조 제1항 제1호 나목 1)·제50조]. 그 밖에도 사실혼의 당사자는 혼인의 경우에서와 같은 동거·부양·협조의 의무를 지지만(제826조 제1항), 친족관계(제777조)의 발생 등 혼인신고를 전제로 하는 효과는 발생되지 않는다.

주택임대차보호법에서는 임차권이나 채권적 전세에 있어서 사실혼 배우자 일방이 사망한 경우에 그 주거권을 승계할 수 있다고 규정하고 있다(주택임대차보호법 제9조·제12조).

그리고 사실혼 배우자는 상속인으로 상속을 받을 수는 없지만 다른 상속인이 존재하지 않는 경우에는 사실혼 배우자는 특별연고자에 대한 상속재산분여의 규정(제1057조의 2), 즉 '피상속인과 생계를 같이하고 있던 자'로서 상속재산의 전부 또는 일부는 분여받을 수 있을 것이다.

재산상의 효과로서는 그것이 제3자에게 미치는 영향이 크기 때문에 혼인의 법적 효과를 그대로 사실혼에 대하여 인정한다는 것은 곤란하다. 이러한 관점에서 부부재산계약은 인정하지 않는 것이 타당할 것이다(제829조 제1항).

재산분할청구권이 사실혼 부부에게도 유추적용될 것인지 문제이다. 사실혼 부부라도 공동생활 동안 공동의 노력으로 재산을 증식시킨 점을 고려하면 법률혼에서와 같이 재산분할청구를 인정하는 것이 불합리하다고 할 수 없다.

그러나 상속세및증여세법상의 증여로 볼 것인지에 대해서는 법률혼관계와 동일하게 보기는 어려울 것이다.

(나) 제3자에 대한 효력

사실혼은 제3자에 대하여도 일정한 효력을 가진다. 즉 부부는 일상가사에 관하여 제3자에 대하여 대리행위를 할 수 있고(제827조), 사실혼을 침해한 제3자는 그로 말미암아 일어난 유형·무형의 손해를 배상할 의무를 지게 될 것이다.

사실혼에서 출생한 자는 혼인 외의 자가 되지만, 사실혼이 후일 혼인신고로 인하여 혼인으로 전환된 경우에는 그 신고일로부터 200일 이내에 출생한 자라도 사실혼성립 후 200일 이상이 경과하였다면 적출추정을 하는 것이 타당할 것이다(제844조).

5. 사실혼의 해소

가. 사실혼 해소의 방법

사실혼관계는 사실상의 관계를 기초로 성립하므로 사망 또는 합의에 의해 해소됨은 물론이고, 당사자 일방이 사실혼관계를 파기하여 공동생활이 없어지면 사실혼관계는 해소된다.

사실혼의 해소 또는 파기는 특별한 명시적 의사표시에 의할 필요가 없다.

나. 사실혼 해소의 효과

사실혼 해소의 효과는 소급되지 않는다. 따라서 사실혼관계 중 부부 사이에 행한 재산이전 등은 특별한 조건이 없는 한 그 효력이 변하지 않는다. 그리고 당사자의 일방이 정당한 이유에 의하지 않고 사실혼관계를 파기하는 경우에 상대방은 재산상·정신상의 손해배상을 청구할 수 있다. 판례는 사실혼관계에 있는 남자가 다른 여자와 정을 통한 경우를 혼인의 순결성을 저버린 행위로 사실혼을 부당파기한 것으로 보고 타방에게 위자료청구권을 인정한 바 있다.

6. 실질과세원칙과 사실혼

가. 실질과세의 원칙

국세기본법에서는 과세의 대상이 되는 소득, 수익, 재산, 행위 또는 거래의 귀속이 명의일 뿐이고 사실상 귀속되는 자가 따로 있을 때에는 사실상 귀속되는 자를 납세의무자로 하고 세법 중 과세표준의 계산에 관한 규정은 소득, 수익, 재산, 행위 또는 거래의 명칭이나 형식과 관계없이 그 실질내용에 따라 적용하도록 하여 실질과세원칙을 천명하고 있다(국세기본법 제14조).

05

가족법

실질과세원칙은 법률적 형식보다는 경제적 실질을 중시하는 것으로 개별세법에서 가장 많이 준용하고 있는 국세기본법 제2조 및 동법 시행령 제1조의 2의 친족의 범위를 정함에 있어서 배우자의 경우에 사실혼관계에 있는 자를 포함하는 것으로 규정하고 있음을 볼 때 상속세및증여세법을 제외하고는 세법에서의 친족 중 배우자는 사실혼을 원칙으로 하고 있음을 알 수 있다.

나. 소득세법에서의 배우자

양도소득세비과세 중 1세대 1주택 비과세에 있어서 1세대의 판정에 있어 특히 그 배우자의 경우에는 부부가 함께 거주하는 경우는 물론 각각 주민등록을 달리하여 거주하더라도 1세대로 본다.

여기서 배우자는 반드시 법률혼관계만을 의미하는 것은 아니다. 혼인의 해소 등으로 실질적으로 혼인관계가 청산된 경우에는 배우자라고 볼 수 없다.

다만, 실질적으로 혼인관계가 청산되었다는 사실은 이를 주장하는 쪽에서 입증하여야 한다.

이를 입증하는 경우에는 실질적으로 혼인관계가 청산된 배우자가 별도의 주택을 보유하고 있는데도 별도의 세대로 보아 1세대 1주택으로 비과세적용을 받을 수 있다. 납세자 입장에서 비과세적용을 받기 위해서 형식상 혼인신고되어 있는 배우자는 혼인관계가 사실상 해소된 사실을 명확하게 입증해야 하는 것이다.

한편, 과세관청의 입장에서는 법률상 혼인관계에 있는 경우에 혼인관계가 해소된 것으로 쉽게 받아들이기 어려울 것이다. 청구인의 처와 실질적으로 협의이혼한 경우 1세대 1주택을 인정함이 타당하다는 심판례(국심 95중3199, 1995.12.27. 취소)는 처분청이 혼인관계가 해소된 사실을 받아들이지 않고 과세처분이 있었기 때문에 이를 취소하는 심판결정이 있었던 것으로 이해할 수 있다. 그런데 법률상 혼인관계가 해소된 경우 부부를 별도 세대로 인정할 것인가 하는 문제도 생길 수 있다. 극단적으로 각각 1주택을 가지고 있는 부부가 1세대 1주택 비과세를 받기 위하여 이혼신고를 한 경우8)에 과세당국이 부부가 아닌 것으로 받아들이기 어려울 것이다.

2018년 12월 31일 정부는 소득세법상 배우자를 정의하면서 '법률상 이혼을 하였으나 생계를 같이하는 등 사실상 이혼한 것으로 보기 어려운 관계에 있는 사람을 포함하는 것'으로 개정하였다.9) 이해하기가 상당히 어려운 입법이다.

---

8) 이혼사유가 오직 비과세를 받기 위해서라는 사실에 다툼이 없고, 이혼신고 후에도 동일한 주소에서 가족과 함께 생활한 경우를 상정해 본다. 이혼으로 인정이 되는 경우에는 부부 각각 보유한 2주택은 모두 1세대 1주택으로 비과세받을 수 있게 된다.

9) 소득세법 제88조【정의】제6호
"1세대"란 거주자 및 그 배우자(법률상 이혼을 하였으나 생계를 같이하는 등 사실상 이혼한 것으로 보기

다. 이혼이라는 신분행위의 특수성 등

위 배우자에 대한 개정에 대해 정부는 사실혼 관계를 유지하고 있는 배우자도 동일 세대의 구성원으로 보아 조세회피를 방지하기 위하여 개정한 것으로 설명하고 있으나 동의하기 어렵다. 소득세법상 배우자에 대해서는 종래부터 실질과세원칙을 적용하여 아직 법률혼이 해소되지 않았지만 오래전에 혼인이 해소된 사실 등이 명백한 경우에는 별도 세대로 보아 비과세해 오고 있었다. 법률혼이 해소된 경우에도 그 해소가 가장행위에 불과하다면 역시 실질과세원칙에 따라 배우자로 판단할 수 있을 것이다. 동 개정내용에 관하여 적용시기에 관한 언급이 없는 것으로 봐서 동 개정내용은 창설적 규정이 아닌 확인적 규정에 불과하다는 사실을 인지한 것으로 추정된다.

재산에 관한 법률행위는 행위능력이 없으면 취소할 수 있는 데 반하여 신분에 관한 법률행위는 행위능력보다 낮은 의사능력만으로도 유효한 법률행위를 할 수 있다. 이혼사유에 과세관청이 위장이혼에 관한 사실조사 외에 입법으로 배우자판단에 개입하는 것은 바람직하지 않다. 대법원은 이혼의 의사에 대해 "이혼서류를 작성해 접수하기 위한 의사"라고 해석해 '의사설'이 아닌 '형식설'을 취하고 있다.[10] 위장결혼의 경우와는 상반되게 실제로는 이혼을 할 의사가 없을지라도 이혼서류를 접수할 의사만 있으면 적법하게 이혼이 성립된 것으로 보고 있는 것이다.

배우자 외에도 세법상 가족의 범주에 포함되어 피해를 받는 경우도 적지 않다. 거주이전은 자유이지만 이러한 자유는 경우에 따라서는 값비싼 대가를 치르기도 하는 것이다. 예를 들면 이미 비과세요건을 갖춘 1세대가 이미 독립된 세대를 구성한 형제 또는 자매의 부탁으로 또는 돌봐주기 위하여 주소를 이전하여 동일세대를 구성하는 경우에는 그 형제자매의 주소의 이전과 동시에 1세대 2주택으로서 양도소득세 비과세요건에서 제외된다. 따라서 조세법상 법률관계에 있어서는 주소의 효과에 있어서도 조세를 고려하지 않으면 곤란하게 된다. 조세를 일반 상식 정도로 생각하며 생활한다면 불측의 손실을 입을 가능성이 커진다.

어려운 관계에 있는 사람을 포함한다. 이하 이 호에서 같다)가 그들과 같은 주소 또는 거소에서 생계를 같이하는 자[거주자 및 그 배우자의 직계존비속(그 배우자를 포함한다) 및 형제자매를 말하며, 취학, 질병의 요양, 근무상 또는 사업상의 형편으로 본래의 주소 또는 거소에서 일시퇴거한 사람을 포함한다]와 함께 구성하는 가족단위를 말한다. 다만, 대통령령으로 정하는 경우에는 배우자가 없어도 1세대로 본다(2018. 12.31. 개정).

10) 대법원 93므171, 1993.6.11.
이혼의 효력발생 여부에 관한 형식주의 아래에서의 이혼신고의 법률상 중대성에 비추어, 협의이혼에 있어서의 이혼의 의사는 법률상의 부부관계를 해소하려는 의사를 말한다 할 것이므로, 일시적으로나마 그 법률상의 부부관계를 해소하려는 당사자 간의 합의하에 협의이혼신고가 된 이상, 그 협의이혼에 다른 목적이 있다 하더라도 양자 간에 이혼의 의사가 없다고는 할 수 없고 따라서 그 협의이혼은 무효로 되지 아니한다.

라. 상속세및증여세법상의 배우자

(1) 배우자에 관한 규정

거주자의 사망으로 인하여 배우자가 실제 상속받은 금액은 상속세과세가액에서 공제하도록 규정하면서 배우자상속공제의 한도는 30억원으로 규정하고 있다(상속세및증여세법 제19조 제1항).

그리고 증여의 경우 배우자로부터 증여를 받는 때에는 증여재산가액에서 6억원을 공제하도록 규정하고 있다(상속세및증여세법 제53조 제1항 제1호).

이 경우 국세기본법 또는 소득세법상의 배우자와 일치시키는 경우에는 사실혼관계에 있는 배우자도 배우자공제를 받을 수 있다. 그러나 법률혼관계에 있는 배우자로 한정하는 경우에는 오랫동안 자식들과 함께 살아온, 사실혼관계에 있는 배우자는 배우자공제를 받을 수 없게 된다.

(2) 예규의 변천

종전에는 사실혼관계(내연관계는 제외)에 있는 배우자의 경우에도 배우자공제를 인정해 온 사례가 있었다(재삼 46014-273, 1994.1.29.). 상속세및증여세법상의 배우자에도 소득세와 같이 실질과세원칙을 적용한 것이다. 그러나 그 후 법률혼관계에 있는 배우자에 한하여 배우자공제를 해주는 것이 타당하다는 재정경제원의 예규에 따라 현재는 사실혼관계에 있는 배우자의 경우에는 아무리 오래 생활한 경우라도 배우자공제를 받을 수 없게 되었다.

민법상 법률혼관계에 있는 배우자에 한하여 상속이 인정되는 관련규정과 연계하여 생각해 보면 사실혼관계에 있는 배우자에 대하여는 배우자공제를 인정하지 않는 것이 이해가 될 수 있을 것이다. 사실혼관계의 배우자를 인정하는 경우 상속순위에 들지 않아 상속을 받을 수 없음에도 상속세계산에 있어 배우자공제를 받는 것은 모순인 것이다.

상속세및증여세법에서는 다른 세목과는 달리 법률혼을 기준으로 한다.

1. 친자관계

　　민법상 친자관계에 관한 규정은 친자관계가 존재하느냐 하는 것과 친자관계가 있다면 그 법률효과는 무엇이냐 하는 것이다.

　　민법상 친자에는 자연의 혈연관계에 있는 친생친자와, 법률상 친생친자로 의제되는 법정친자가 있다. 친생친자는 다시 혼인 중의 출생자와 부모, 혼인 외의 출생자와 부모로 나누어진다. 법정친자에는 현재 양친자가 있다. 종래 계모자 · 적모서자도 법정모자관계로 보았으나, 1990년 민법의 일부개정으로 계모자관계와 적모서자관계가 폐지됨에 따라 법정친자로는 양친자만이 남게 되었다.

　① 자는 부의 성과 본을 따른다. 다만, 부모가 혼인신고 시 모의 성과 본을 따르기로 협의한 경우에는 모의 성과 본을 따른다(제781조 제1항).

　② 부가 외국인인 경우에는 자는 모의 성과 본을 따를 수 있다(제781조 제2항).

　③ 부를 알 수 없는 자는 모의 성과 본을 따른다(제781조 제3항).

　④ 부모를 알 수 없는 자는 법원의 허가를 받아 성과 본을 창설한다. 다만, 성과 본을 창설한 후 부 또는 모를 알게 된 때에는 부 또는 모의 성과 본을 따를 수 있다(제781조 제4항).

　⑤ 혼인 외의 출생자가 인지된 경우 자는 부모의 협의에 따라 종전의 성과 본을 계속 사용할 수 있다. 다만, 부모가 협의할 수 없거나 협의가 이루어지지 아니한 경우에는 자는 법원의 허가를 받아 종전의 성과 본을 계속 사용할 수 있다(제781조 제5항).

　⑥ 자의 복리를 위하여 자의 성과 본을 변경할 필요가 있을 때에는 부, 모 또는 자의 청구에 의하여 법원의 허가를 받아 이를 변경할 수 있다. 다만, 자가 미성년자이고 법정대리인이 청구할 수 없는 경우에는 제777조의 규정에 따른 친족 또는 검사가 청구할 수 있다(제781조 제6항).

　　친자관계의 법률효과는 친권 · 부양 · 상속 등의 효과가 생기는 것이다. 그러나 친자관계로부터 생기는 가장 중요한 효과는 친권이다.

05
가
족
법

2. 친생자

가. 혼인 중의 출생자

혼인관계에 있는 남녀 사이에서 출생한 자를 혼인 중의 자(子)라고 한다. 민법은 부의 혼인 중의 자(子)의 추정에 관하여 다음과 같은 기준을 제시하고 있다. 즉 아내가 혼인 중에 임신한 자녀는 남편의 자녀로 추정하고 혼인이 성립한 날부터 200일 후에 출생한 자녀는 혼인 중에 임신한 것으로 추정한다. 그리고 혼인관계가 종료된 날부터 300일 이내에 출생한 자녀는 혼인 중에 임신한 것으로 추정한다(제844조).

민법의 적출추정규정에 의하면, 혼인 전에 임신하여 혼인이 성립한 날로부터 200일 내에 출생한 부의 자는 혼인 중의 자로 추정을 받지 못한다. 따라서 혼인 중의 자에는 민법의 추정을 받는 혼인 중의 자와 추정을 받지 못하는 혼인 중의 자가 있게 된다. 그러나 혼인 전에 임신하여 혼인이 성립한 날로부터 200일 내에 출생한 자라도 사실혼이 선행하여 그 출생이 사실혼성립의 날로부터 200일 후인 경우에는 혼인 중의 자로서의 추정을 받는다고 봄이 타당하다. 즉 200일의 기산일은 법률혼성립일이 아닌 사실혼성립일을 기준해야 할 것이다.

제844조에 의하여 혼인 중의 자로 추정된 자가 사실은 그 부의 자가 아니라고 여겨지는 경우에는 부는 친생부인의 소에 의해서만 친생자관계를 부인할 수 있다. 그러나 제844조의 추정을 받지 못하는 혼인 중의 자에 대해서는 친생자관계부존재 확인의 소로써 친생자임을 부인할 수 있다(제865조 제1항·제846조·제847조).

나. 혼인 외의 출생자

혼인관계가 없는 남녀 사이에서 출생한 자(子)를 혼인 외의 자(子)라고 한다. 혼인 외의 자(子)와 그 부(父)의 법률상 부자관계는 인지에 의해서만 발생한다. 그 모(母)와의 모자관계는 보통 그 자(子)의 출생이라는 사실에 의하여 명백하기 때문에 특별히 모(母)가 인지할 필요 없이 모자의 법률관계는 생긴다고 본다.

인지에는 부(父) 또는 모(母)가 임의로 하는 임의인지와, 자(子)가 부(父) 또는 모(母)를 상대로 제기하는 인지청구의 소에 의하여 이루어지는 강제인지가 있다(제855조 제1항·제863조).

임의인지는 가족관계의등록등에관한법률에 정하는 바에 의하여 신고함으로써 그 효력이 생긴다(제859조 제1항, 가족관계의등록등에관한법률 제55조).

한편, 혼인 외의 자라도 그 부모가 혼인하면 그때로부터 혼인 중의 자로서의 신분을 취득한다. 그리고 혼인 없이 혼인 외의 자(子)에 대하여 친생자 출생의 신고를 할 때에는 그 출생신고만으로 인지의 효력이 생긴다(가족관계의등록등에관한법률 제57조).

3. 양자

우리나라의 양자제도는 중국의 영향을 받아 조상의 제사를 주재하고 가(家)를 계승하기 위한 가 본위의 양자제도로서 존속하여 왔다. 민법이 제정되면서 가 본위의 양자제도 이외에 부모 본위 및 자 본위의 양자제도를 도입하였다. 그러나 민법은 가 본위의 양자제도를 그 근본으로 삼고 있었기 때문에 양자제도의 근대법적 이념과는 거리가 먼 것이었다.

그래서 1990.1.13.자 개정민법은 사후양자에 관한 규정(제867조, 제868조, 제879조, 제890조)과 유언양자에 관한 규정(제880조) 및 호주의 직계비속장남자의 입양금지규정(제875조, 제895조)·이성양자의 호주상속금지규정(제877조 제2항)·호주된 양자의 파양금지규정(제898조 제2항, 제906조 중 제898조 제2항을 준용한 부분) 등을 삭제함으로써 가를 위한 양자제도를 폐지하고 민법상 양자제도의 근간을 양친과 양자를 위한 양자제도로 바꾸어 놓았다.

가. 양친자관계의 성립

양친자관계는 입양에 의하여 성립한다. 입양이 성립되기 위해서는 실질적 요건과 형식적 요건이 구비되어야 한다.

실질적 요건으로는 다음의 사항을 규정하고 있다.
① 당사자 사이에 입양의 합의가 있을 것(제883조 제1호)
② 양친은 성년자일 것(제866조)
③ 양자가 될 사람이 13세 미만인 경우에는 법정대리인이 그를 갈음하여 입양을 승낙할 것(제869조)
④ 성년양자는 부모의 동의를 얻을 것(제871조)
⑤ 피성년후견인이 입양을 하거나 양자가 되기 위해서는 성년후견인의 동의를 얻을 것(제873조)
⑥ 배우자가 있는 사람은 입양을 할 때에는 배우자와 공동으로 하여야 하고(제874조 제1항), 양자가 될 때에는 다른 일방의 동의를 얻을 것(제874조 제2항)
⑦ 양자는 양친의 존속 또는 연장자가 아닐 것(제877조)

형식적 요건은 가족관계의등록등에관한법률에 정한 바에 의하여 입양신고를 하는 것이다(제878조). 입양의 성립에 의하여 양자와 양친 사이에는 법정친자관계가 발생하고 양자는 양친의 혼인 중의 자로 된다.

나. 파양

양친자관계는 파양에 의해서만 해소된다. 파양에는 협의상 파양과 재판상 파양이 있다.
협의상 파양은 파양당사자 사이의 합의에 의하여 이루어진다(제898조). 협의상 파양도 가족관계의등록등에관한법률에서 정한 바에 의하여 신고함으로써 그 효력이 생긴다(제904조 · 제878조).

양친자의 일방은 법률이 정하는 파양원인이 있는 경우에 타방을 상대방으로 하여 가정법원에 파양을 청구할 수 있다[제905조, 가사소송법 제2조 제1항 제1호 나목 12)]. 이것이 재판상 파양이다. 재판상 파양의 소를 제기하고자 하는 자는 먼저 가정법원에 조정을 신청하여야 한다(가사소송법 제50조 제1항). 재판상 파양도 이를 신고하여야 한다(가족관계의등록등에관한법률 제66조 · 제58조).
재판상 파양의 경우에 당사자의 일방은 과실 있는 상대방에 대하여 파양으로 인한 손해배상을 청구할 수 있다(제908조 · 제806조).

4. 친양자

가. 친양자 입양의 요건

친양자는 기존의 부모와의 친자관계가 소멸되는 친양자 입양에 의해 입양된 양자를 말한다. 호주제 폐지와 함께 도입되었다.
친양자(親養子)를 입양하려는 사람은 아래 요건을 갖추어 가정법원에 친양자 입양을 청구하여야 한다(제908조의 2).
① 3년 이상 혼인 중인 부부로서 공동으로 입양할 것. 다만, 1년 이상 혼인 중인 부부의 한쪽이 그 배우자의 친생자를 친양자로 하는 경우에는 그러하지 아니하다.
② 친양자가 될 사람이 미성년자일 것
③ 친양자가 될 사람의 친생부모가 친양자 입양에 동의할 것. 다만, 부모가 친권상실의 선고를 받거나 소재를 알 수 없거나 그 밖의 사유로 동의할 수 없는 경우에는 그러하지 아니하다.
④ 친양자가 될 사람이 13세 이상인 경우에는 법정대리인의 동의를 받아 입양을 승낙할 것

⑤ 친양자가 될 사람이 13세 미만인 경우에는 법정대리인이 그를 갈음하여 입양을 승낙할 것

나. 친양자 입양의 효력

친양자는 부부의 혼인 중 출생자로 본다(제908조의 3 제1항).

친양자로 입양되면 친생부모와의 친족관계나 상속관계는 모두 종료되고, 양부모와의 법률상 친생자 관계를 새롭게 형성하며, 성과 본도 양부의 성과 본으로 변경할 수 있다.

친양자의 입양 전의 친족관계는 친양자 입양 청구권자의 청구에 의한 친양자 입양이 확정된 때에 종료한다. 다만, 부부의 일방이 그 배우자의 친생자를 단독으로 입양한 경우에 있어서의 배우자 및 그 친족과 친생자 간의 친족관계는 그러하지 아니하다(제908조의 3 제2항).

다. 친양자의 파양

(1) 파양청구권자

아래 파양요건 중 어느 하나의 사유가 있는 경우에는 양친, 친양자, 친생의 부 또는 모나 검사는 가정법원에 친양자의 파양을 청구할 수 있다(제908조의 5).

(2) 파양요건

① 양친이 친양자를 학대 또는 유기하거나 그 밖에 친양자의 복리를 현저히 해하는 때
② 친양자의 양친에 대한 패륜행위로 인하여 친양자관계를 유지시킬 수 없게 된 때

5. 친권과 후견

가. 친권

대가족제도에 있어서는 가(家)를 통솔하는 권위가 가장권으로, 친권·부권(夫權)은 가장권에 포함되는 개념이었다. 그러나 오늘에 있어서 가장권은 퇴색되었고, 친권만을 민법에서 규정하고 있다.

친권은 부모가 자(子)를 보호·교양하는 권리의무이다. 친권에 따르는 자(子)는 미성년의 자(子)이다.

친권은 부모가 혼인 중인 때에는 부모가 공동으로 이를 행사한다. 그러나 부모의 의견이

일치하지 아니하는 경우에는 당사자의 청구에 의하여 가정법원이 이를 정한다. 부모의 일방이 친권을 행사할 수 없을 때에는 다른 일방이 이를 행사한다.

혼인 외의 자(子)가 인지된 경우와 부모가 이혼한 경우에는 부모의 협의로 친권을 행사할 자를 정하고, 협의할 수 없거나 협의가 이루어지지 아니하는 경우에는 당사자의 청구에 의하여 가정법원이 결정한다. 친권자를 변경할 필요가 있는 경우 또한 같다. 양자는 양부모의 친권에 복종한다(제909조).

이와 같은 내용의 친권자에 관한 규정 역시 1990.1.13.자 개정민법에 의하여 정비된 것이다. 이 개정에 의하여 친권의 본질에 반하거나 가부장적 성격을 그대로 가지고 있던 친권규정을 일소하고 친권행사에 있어서의 남녀평등의 원칙을 일관되게 하였다.

친권의 내용은 자(子)의 신상에 관한 것과 자(子)의 재산에 관한 것으로 나누어진다. 전자에 관한 권리의무로서는 자(子)를 보호하고 교양하는 권리의무가 가장 기본적인 것이며(제913조), 이 외에 거소지정권(제914조) · 징계권(제915조) · 신분상 행위의 대리권(제847조, 제863조) 등이 있다.

자(子)의 재산에 관한 권리의무로서는 자(子)의 특유재산에 대한 관리권(제916조), 자(子)의 재산행위에 대한 대리권(제920조)과 동의권(제5조 제1항)이 있다. 그러나 친권자가 그 자와의 사이에 또는 그 친권에 따르는 수인의 자(子) 사이에 이해가 상반되는 행위를 하는 경우에는 친권행사에 일정한 제한이 따른다(제921조 제1항 · 제2항).

부모가 공동으로 친권을 행사하는 경우 부모의 일방이 공동명의로 자(子)를 대리하거나 자(子)의 법률행위에 동의한 때에는 다른 일방의 의사에 반하는 때에는 그 효력이 있다. 그러나 상대방이 악의인 때에는 그러하지 아니하다(제920조의 2).

부 또는 모가 친권을 남용하거나 현저한 비행, 기타 친권을 행사시킬 수 없는 중대한 사유가 있는 때에는 법원은 일정한 자(者)의 청구에 의하여 그 친권의 상실 또는 일시정지를 선고할 수 있으며(제924조), 친권자가 부적당한 관리로 인하여 자녀의 재산을 위태하게 한 때에는 법원은 일정한 자(者)의 청구에 의하여 그 법률행위의 대리권과 재산관리권상실을 선고할 수 있다(제925조). 이 경우에는 제한능력자의 감독자의 책임능력자의 보호는 친권자가 아닌 후견인에 의해 보호된다.

나. 후견

후견제도는 제한능력자보호를 위한 제도로서 오랜 역사를 가지고 있다.

미성년자후견은 미성년자에 대하여 친권자가 없거나 친권자가 법률행위의 대리권 및 재산관리권을 행사할 수 없을 때에 개시된다(제928조). 따라서 미성년자에 대하여는 부모가 친권을 행사하고 있는 한 원칙적으로 후견의 문제는 생기지 않는다.

후견이 개시되면 1인의 후견인이 있게 되는데(제930조), 그 순서는 아래와 같다.

① 최후로 친권을 행사하는 자가 유언으로 지정하는 지정후견인(제931조)

② 가정법원은 제931조에 따라 지정된 미성년후견인이 없는 경우에는 직권으로 또는 미성년자, 친족, 이해관계인, 검사, 지방자치단체의 장의 청구에 의하여 미성년후견인을 선임한다(제932조).

미성년자의 후견인은 미성년자의 신상 및 재산에 관하여 친권자와 거의 동일한 권리의무를 가진다(제945조 본문, 제948조, 제949조, 제5조 제1항). 그러나 후견에는 그 성격상 친권행사에서는 요구되지 않는 엄격한 의무 또는 제한이 가해지고 있다(제945조, 제948조 제2항, 제956조, 제950조 제1항, 제951조 제1항).

또한 후견인은 그 취임과 함께 피후견인의 보호라는 입장에서 재산조사와 목록작성(제941조), 후견인과 피후견인 사이의 채권채무의 제시(제942조) 등 재산상의 사무를 치러야 하며, 목록작성 전의 그 재산에 관한 권한 행사를 제한받는다(제943조). 후견사무에 대한 감독은 가정법원에 맡겨져 있다(제953조, 제954조).

특히, 새로운 성년후견제하에서는 상속권범위를 벗어난 제3자가 후견인이 될 수 있고 법원에 의해서 선임된 후견인은 법정대리인으로 그 위임사무(법률행위 포함)가 원칙적으로 유상임에 비추어 볼 때 재산관리행위에 있어 조세법률관계를 반드시 고려하여야 한다.

그러나 현실적으로 자신의 재산관리에 있어서도 조세법률관계를 완벽하게 고려하기 어려운 점을 감안하면 후견인의 업무를 결코 가볍게 여겨서는 안 된다.

예를 들면, 성년후견인이 피성년후견인을 대리하여 피성년후견인이 거주하고 있는 건물 또는 그 대지에 대하여 매도, 임대, 전세권 설정, 저당권 설정, 임대차의 해지, 전세권의 소멸, 그 밖에 이에 준하는 행위를 하는 경우에는 가정법원의 허가를 받아야 하는데(제947조의 2 제5항). 피성년후견인이 거주하고 있는 건물 등을 매도하는 경우 등에는 재산처분의 문제를 넘어서 피성년후견인의 신상문제(시설로 이전 등이 예상)가 수반되기 때문에 설사 법정대리인 자격이 있는 성년후견인이라 하더라도 그 특정부동산을 처분하는 행위 등은 반드시 법원의 허가를 받아야 하고, 허가를 받지 않은 매도행위는 무효가 될 수 있는 것이다. 더구나 동 무효는 상대적 무효가 아닌 절대적 무효라는 점에서 특히 유의해야 한다. 동 조항은 민법에서 정하는 사법상의 법률효과인 데 반하여, 후견인이 대리한 법률행위가 무효 또는 취소사유를 내포하는 하자 있는 법률행위가 아닌 완전유효한 법률행위라 하더라도, 그 유효한 법률행위에 필수적으로 수반되는 조세법상 법률관계의 효과는 전혀 별개의 문제이다.

유효한 법률행위 후 조세를 고려하지 못했다는 이유로 그 법률행위를 취소할 수는 없으며11), 조세법이 원칙적으로 강행법규임을 고려하면, 피후견인의 재산권관리를 대리하는 후견인은 조세법률관계를 필히 사전에 고려해야 하는 것이다.

절을 달리하여 성년후견제도에 있어서 조세법과의 관계를 살펴본다.

제5절 후견제도와 조세법

1. 후견제도 개관

우리 민법의 주된 이념을 한마디로 요약하면 '사적 자치(私的 自治)'이다. 사적 자치의 원칙에는 계약자유의 원칙, 유언자유의 원칙, 법인설립자유의 원칙 등이 있을 수 있으나 핵심은 공적 영역이 아닌 사적 영역에서는 개인은 누구의 간섭도 받지 않고 자신의 의사에 의해서만 권리와 의무를 부담한다는 뜻이다.

이 전제는 대등한 당사자가 자기 판단 아래 법률적 관계를 맺은 후 그 결과에 책임을 지는 것을 필요로 한다. 그러나 자기 책임의 원칙이 관철되기 위해서는 먼저 당사자가 정신적으로 대등한 위치에 있어야 한다. 대등의 가장 기본적인 기준은 바로 판단능력이다.

민법상의 능력은 권리능력, 의사능력, 행위능력의 세 가지로 나눌 수 있으나 판단능력에서 권리능력12)은 배제되고 의사능력과 행위능력의 두 가지로 나눌 수 있다.

출생하면서 권리능력을 취득하고, 그 후 의사능력을 가지게 되고 만 19세가 되면 행위능력을 가진다. 행위능력 취득 후 일정기간이 지나면 정신능력이 쇠퇴하여 먼저 행위능력을 잃게 되고 그 후 의사능력까지 잃게 되어 무효의 법률행위가 되고 그 후 사망으로 권리능력을 상실함과 동시에 상속이 개시된다.13) 의사능력이 없이 한 법률행위는 무효가 되고, 의사능력은 있고 행위능력이 없이 한 법률행위는 취소할 수 있다. 여기서 취소할 수 있다는 의미는 취소할 수 있는 행위를 추인으로써 유효하게 할 수 있는 여지가 있음을 뜻한다.

---

11) 대법원 2005.7.29. 선고, 2003두13465, 판결
증여세과세처분 이후에 증여자가 증여세 과세대상 여부에 관한 착오를 이유로 증여계약을 취소한 경우, 수증자가 그 착오를 전제로 과세처분의 적법성을 다툴 수 있는지 여부(소극)

12) 권리능력의 시기(始期)는 출생시점으로 구체적인 권리의 취득이 아닌 권리를 취득할 수 있는 추상적인 능력을 뜻하는 것으로 판단능력의 정도를 나타내는 의사능력, 행위능력과는 구별된다.

13) 즉, 사람은 태어나면서 권리능력을 취득하고, 의사능력을 취득 후 만 19세로 행위능력을 취득한다. 그리고 상당기간이 경과하면 다시 행위능력을 잃은 후 다시 의사능력을 잃고 사망으로 권리능력을 잃게 되는 것이다.

판례는 의사능력에 대하여 "자신의 행위의 의미나 결과를 정상적인 인식력과 예기력을 바탕으로 합리적으로 판단할 수 있는 정신적 능력 내지는 지능을 말하는 것으로서, 의사능력의 유무는 특정 시점의 법률행위마다 개별적으로 판단해야 한다"라고 판시[14]하고 있다.

그리고 유아(幼兒)는 의사능력이 없어 그 경매는 무효라고 하고[15], 부(父)가 남긴 채무를 변제하기 위하여 모(母)와 협의하여 부동산을 매각함에 있어 13세 5월은 의사능력이 있다고 한다.[16]

의사능력유무의 차이는 의사능력이 없는 경우에는 친권자는 대리권과 취소권만 있고 동의권은 없다는 데 차이가 있다. 즉, 의사능력이 없는 유아는 엄마의 동의서를 가지고 부동산을 처분할 수는 없다. 아장아장 걷는 유아가 자기 통장과 엄마의 동의서를 가지고 은행에 가서 현금인출을 요구한다면, 어떤 은행직원도 웃으면서 "엄마 모시고 와라"라고 할 것이다.

후견에는 미성년후견과 성년후견이 있다. 미성년후견인은 1인으로 하고 자연인에 한한다. 성년후견에 대한 민법이 많이 개정되었으므로 여기서는 성년후견을 중심으로 살펴본다.

2. 새로운 후견제도 중 창설적인 내용

가. 법정화되어 있던 후견인의 인적 장벽 제거

개정 전 금치산, 한정치산 제도는 후견인을 1인으로 한정하면서 그 순위도 법정되어 있었으며, 후견인의 대리권 및 한정치산자에 대한 후견인의 동의권이 일률적으로 규정되어 있었다(개정 전 민법 제932조 내지 제935조). 이는 후견인과 피후견인의 관계에 대한 고려 없이 순위가 법정되어 있어 실질적으로 효과적인 후견인 역할을 기대할 수 없게 되는 문제점이 있었던 것이다.

---

14) 대법원 2008다58367, 2009.1.15. 외 다수
   특히 동 판결에서는 "특히 어떤 법률행위가 그 일상적인 의미만을 이해하여서는 알기 어려운 특별한 법률적인 의미나 효과가 부여되어 있는 경우 의사능력이 인정되기 위하여는 그 행위의 일상적인 의미뿐만 아니라 법률적인 의미나 효과에 대하여도 이해할 수 있을 것을 요한다"라고 하여 의사능력의 존부에 관한 판단기준을 구체적으로 제시하고 있다.

15) 대법원 67마507, 1967.7.12.; 대법원 67마1351, 1968.2.8. 선고 외 다수

16) 日大判 昭, 15.7.31., 법률평론 29 민700
   모와 협의한 것은 모의 동의가 있었다는 것을 의미하고 모의 동의 아래 행한 13세 5월의 미성년자는 의사능력이 있는 한 법정대리인인 모의 동의를 받은 매각행위는 효력이 있다. 만약 의사능력이 없다면 법정대리인 모의 동의가 있었다 하더라도 그 매각행위는 무효가 될 것이다. 의사무능력자의 법정대리인은 동의권은 없고 대리권과 취소권만 있다.

기혼자의 경우 개정 전 민법에 의하면 피후견인과 비슷한 연령에 있는 배우자 1인만이 후견인이 될 수 있지만, 같이 나이를 먹어가는 배우자 사이에서 실질적인 도움이 되기는 어려울 것이다. 특히, 최근 빈번한 노부모의 재산관리를 둘러싼 가족, 친족 간의 분쟁 또는 범죄 발생 등을 고려하면, 오히려 제3자[17]를 후견인으로 지정함으로써 미래의 분쟁을 예방하고 재산관리에 전문성을 도모하는 데 실질적인 도움이 될 수 있다는 판단 아래 인적 장벽이 제거되었다.[18]

나. 복수후견제도의 도입

개정 전 민법이 정하는 후견인의 법정 순위를 폐지하는가 하면, 종래 1인에 한정했던 후견인을 여러 사람이 후견할 수 있도록 하였다. 개정 전 민법은 금치산 등이 선고되면 후견인은 법률의 규정에 의해 정해지고, 해당하는 사람이 없을 경우에 한하여 법원이 후견인을 선임하도록 하고 있었다.

그러나 동 규정은 보호를 필요로 하는 자와 친족의 재산관계 등에 이해관계가 대립하게 되고 금치산, 한정치산을 이용하는 것을 회피하는 것이 보편화되었다.

보호를 필요로 하는 친족이 고령자인 경우, 당연 법정후견인인 그 배우자 역시 고령인 경우가 많아 후견의 실효성에도 문제가 있었다. 이러한 문제점을 극복하기 위해 법정 순위에 따른 후견인제도를 폐지하고 가정법원이 제반사정을 종합적으로 고려하여 가장 적절한 성년후견인을 여러 명 선임할 수 있도록 하였다.

다. 법인후견의 도입

민법 제930조(후견인의 수와 자격) 제3항은 "법인도 성년후견인이 될 수 있다"라고 규정하여 종래 인정되지 않았던 법인의 후견자격을 인정함으로써 전문적 후견그룹의 보호가 가능하게 되었다. 자연인으로서 후견인은 질병, 죽음 등에 직면하게 될 때 후견의 영속성을 기대하기 어려운 단점이 있다. 이에 반하여 법인후견의 경우에는 특정인의 휴가, 질병, 죽음 등 후견을 계속할 수 없는 장애요인이 생기는 경우에도 중단 없이 후견업무를 계속할 수 있는 장점이 있다. 최근 후견법인이 많이 신설되고 있다.

---

17) 피후견인이 평소에 잘 알고 지내는 전문가 등 실력도 있고 마음도 믿을 수 있는 사람이라면 더욱 바람직할 것이다.

18) 민법 제930조 【후견인의 수와 자격】
   ① 미성년후견인의 수(數)는 한 명으로 한다.
   ② 성년후견인은 피성년후견인의 신상과 재산에 관한 모든 사정을 고려하여 여러 명을 둘 수 있다.
   ③ 법인도 성년후견인이 될 수 있다.

라. 특정후견제도의 도입

민법은 '질병, 장애, 노령, 그 밖의 사유로 인한 정신적 제약으로 일시적 후원 또는 특정 사무에 관한 후원이 필요한 사람'에 대해서는 행위능력의 제한을 수반하지 않고서도 일시적으로 후원이 가능하도록 하는 특별한 제도를 도입하였다(제14조의 2). 특정후견에서는 본인의 의사에 반하여 이를 개시할 수 없도록 하는 것이 특징 중 하나다. 가정법원은 피특정후견인의 후원을 위하여 필요한 처분을 내릴 수 있고(제959조의 8), 피특정인을 후원하거나 대리하기 위한 특정후견인을 선임할 있다(제959조의 9). 상속개시 후 협의분할을 할 때 미래의 다툼을 방지[19]하기 위하여 상속인 중 특정후견을 선임할 수 있다.

마. 임의후견의 신설

후견을 필요로 하는 사람이 사무를 처리할 능력이 부족한 상황에 있거나, 장래에 사무처리 능력이 부족하게 될 상황에 대비하여 재산관리 및 신상보호에 관한 사무를 자신이 원하는 후견인에게 위탁하는 내용의 계약을 체결할 수 있도록 하였다. 후견계약은 공정증서에 의해 체결하도록 하고, 그 효력발생시기를 임의후견감독인 선임 시로 하는 등 피후견인의 권익을 보호할 수 있도록 하였다(제959조의 14부터 제959조의 20).

새로운 성년후견제도는 성년후견이 필요한 곳에 필요한 만큼, 성년후견 이외의 것으로 원조할 수 있는 방안이 마련되어 있다면 우선 그것에 의하고 그것이 없는 경우에 보충적으로만 이용되는 것으로서 소위 필요성의 원칙과 보충성의 원칙, 자기결정의 존중, 신상보호 의무, 현존능력의 활용, 보편화이념 등을 기본이념으로 하고 있다.

우리나라 모 재벌이 자신의 의지가 배제되어 법원이 선임하는 후견인에 의해 후견업무가 개시된 점을 고려하면, 정신적 능력이 온전할 때 미리 자신이 신뢰하는 사람을 임의후견인으로 지정해 놓는 것이 바람직하다. 특히, 재산관리에 조세를 고려할 수 있는 후견인이면 더욱 바람직할 것이다. 성년후견인이 필요한 피후견인이 재산관리에 왜 조세를 고려해야 하는지 살펴본다.

05
가족법

---

19) 상속인 중 정신능력이 온전하지 않은 자가 있어 협의분할의 진의가 의심받을 수 있는 경우 등

3. 상속개시 전 처분재산에 대한 입증책임

가. 상속개시 전에 처분한 재산

상속세의 부과방식에 대해서 제대로 이해하지 못하는 경우 상속개시일 전에 상속재산을 처분하거나 채무를 부담하여 상속세과세가액을 축소할 수 있어 상속세 부담세액을 줄일 수 있는 것으로 인식하고 있는 경우가 많다. 이것은 상속개시일 전에 피상속인의 재산을 처분하여 현금 등으로 보유하거나 상속인에 현금으로 증여하면 그 근거가 노출되지 아니하여 상속세를 부담하지 않을 것이라고 생각하기 때문이다.

이와 같이 상속개시일 전 처분재산 등의 상속 추정규정의 입법취지는 피상속인이 재산처분대금 등을 과세자료의 포착이 쉽지 않은 현금의 상태로 상속인에게 증여 또는 상속함으로써 상속세를 부당하게 경감하는 것을 방지하기 위한 목적이다.

그래서 상속세및증여세법에서는 상속개시 전 일정기간 전에 피상속인이 재산을 처분하거나 채무를 부담한 경우로서 일정금액 이상인 경우에 그 처분가액이나 채무의 부담액에 대하여 그 사용처를 상속인으로 하여금 입증하도록 하고, 그 사용처를 입증하지 못하는 경우에는 그 사용처가 불분명한 금액 상당액을 상속받은 것으로 추정하여 상속세과세가액에 산입하도록 하고 있다.

나. 처분재산의 사용처 규명대상

피상속인이 재산을 처분하여 받은 금액이나 피상속인의 재산에서 인출한 금액이 상속개시일 전 1년 이내에 재산종류별로 계산하여 2억 원 이상인 경우와 상속개시일 전 2년 이내에 재산종류별로 계산하여 5억 원 이상인 경우에는 그 사용처를 소명하여야 한다(상속세및증여세법 제15조 제1항 및 동법 시행령 제11조 제1항).

다. 재산종류별의 의미

피상속인이 재산을 처분하여 받은 금액이나 피상속인의 재산에서 인출한 금액이 상속개시일 전 1년 이내에 2억 원 이상이거나 상속개시일 전 2년 이내에 5억 원 이상인 경우에는 그 사용처를 규명하여야 한다. 이때 상속개시일 전 1년 이내에 2억 원 이상인지 또는 상속개시일 전 2년 이내에 5억 원 이상인지 여부는 재산종류별로 판단하는 것이며, 재산종류별 구분은 다음과 같이 세 가지로 한다(상속세및증여세법시행령 제11조 제5항).
① 현금 · 예금 및 유가증권

② 부동산 및 부동산에 관한 권리

③ '①·②' 외의 기타 재산

예를 들면, 피성년후견인은 조세지식을 갖춘 후견인을 통하여 사후 상속세와 관련하여 상속세법에서 정하고 있는 상속인에게 불리하게 되는 추정규정, 간주규정으로부터 불이익을 벗어날 수 있는 소비행위를 할 수 있다. 상속개시 1년(2년) 전에 처분한 재산으로 종류별로 2억 원(5억 원) 이상인 때에는 상속재산으로 추정되므로 상속재산이 아니라는 입증책임은 고스란히 상속인에게 전환된다. 그러나 피상속인의 생전에 재산권의 처분은 대부분 상속인들과는 상의 없이 이루어지게 되고, 피상속인의 상속개시 시에는 상속인들로서는 고인(故人)의 재산처분내역을 정확하게 파악하기 어려운 경우가 많다. 그래서 상속추정재산으로, 또는 상속간주재산으로 취급되어 불이익을 받는 경우가 현실적으로 적지 않은 것이 현실이다.

만약, 피후견인의 법률행위를 보충하는 후견인이 조세진단이 가능하다면, 재산의 관리, 처분 시에 사법상 법률효과 외에 조세법상 법률효과까지도 고려하여 미래에 생길 수 있는 재산상 손실을 미연에 방지할 수 있다. 피후견인이 평생을 피땀을 흘려 이룩한 재산은 사실 재산 이상의 의미를 가진다. 그것은 자신이 이룩한 평생의 성과이기도 하고, 자신의 안락한 노후를 보장해 줄 보루이기도 하고, 눈을 감아도 잊을 수 없는 이생에 남아 있는 사랑하는 자식들의 생활수단일 수도 있다. 재산권의 관리에 조세를 고려할 수 있을 때 비로소 상속개시 등 미래에 생길 수 있는 손실을 미리 예방할 수 있게 된다.

오늘날 조세국가에서 조세진단을 제외하고 재산에 관한 법률행위를 하는 것은, 마치 눈을 감고 길을 걷는 것과 다를 바 없다. 사적 자치, 계약자유의 원칙이 지배하는 현대국가에서 조세진단이야말로 재산의 관리·처분의 위험에서 벗어날 수 있는 유일한 예방, 해결책이기 때문이다. 피후견인의 재산관리의 핵심은 재산권행사에 필수적으로 수반되는 조세채무이다. 다음에 후견업무에 있어 조세의 중요성에 대해서 구체적으로 살펴본다.

4. 조세에 관한 진단과 처방이 재산관리의 핵심

가. 후견사무에 있어 필수요소인 조세진단

피후견인의 재산의 관리, 처분행위에 병행하여 조세진단은 병행되어야 하고, 조세진단이 병행될 때 피후견인의 재산권보호는 가능하게 될 것이다. 재산의 관리, 처분 행위 시에는 피후견인의 미래에 도래하게 될 상속개시와도 함께 조세진단이 병행되어야 할 것이다.

예를 들면, 피후견인이 생전에 선의로 재단 등에 기부한 금품은 상속인들에게는 상속재산에 포함되어 누진율을 적용받게 될 뿐 아니라, 가족들조차 모르게 기부한 금품은 상속개시 전 처분한 재산 중 소명이 어려운 재산이 되어 상속재산으로 추정되는 불이익을 받을 수도 있다. 이들 모두 재산의 관리 처분행위에 조세진단이 빠져 있는 경우에 생길 수 있는 부작용이다.

더구나 타인의 도움을 받아야 하는 정신적 장애가 생긴 피후견인에 있어서, 조세진단의 필요성은 아무리 강조해도 지나치지 않을 것이다.

나. 민법의 적용과 조세법의 적용

새로운 성년후견제도에 있어 피후견인의 정신적 장애 또는 미래에 있을 정신적 장애에 대비하여 후견을 받을 필요가 있는 경우에, 재산관리 또는 보호에 있어서 조세를 고려하지 않은 의사결정은 위험한 것임을 앞에서 보았다. 재산권에 관한 계약 등 법률행위 시에 조세효과를 간과하여 예상하지 못한 피해를 입는 사례는 오늘날 주위에서 찾기 어렵지 않다. 따라서 재산권에 관한 계약 등 법률행위 시에는 반드시 조세효과를 고려하는 조세진단[20]이 선행 또는 병행되어야 한다.

만약 조세진단이 병행되지 아니한 법률행위, 예를 들면 양도소득세가 비과세되는 것으로 착각하고 양도한 행위는 그 착오를 이유로 취소할 수 없으며, 조세법상 증여세과세대상이 됨을 알지 못한 상태에서 재산을 양도한 후 그 착오를 이유로 취소할 수는 없다.[21] 따라서 양도계약시점에서 또는 증여계약시점에서 조세효과를 고려한 조세진단이 선행 또는 병행되어야 할 필요성은 아무리 강조해도 지나치지 않는다. 그리고 조세법상 가산세의 경우에도, 정당한 사유가 있는 때에는 가산세를 부과하지 않지만 조세법에 대한 부지·착오 등은 그 의무위반을 탓할 수 없는 정당한 사유에 해당하지 아니한다.[22]

특히, 후견을 받아야 하는 피후견인의 입장에서 앞으로서의 생존기간을 고려한 재산권에 관한 계약 등 법률행위에는 반드시 조세효과를 고려한 조세진단이 선행되어야 하는 것이다.

---

20) 재산권에 관한 권리의 창설·이전·변경·소멸, 즉 재산권의 변동과 관련한 계약 등 법률행위 시에 미리 조세세법상 조세채무의 내용을 파악하여 조세효과를 정확하게 연구하여 예측하는 행위를 '조세진단'이라고 부르기로 한다.

21) 대법원 2003두13465 판결, 2005.7.29. 선고; 대법원 96누15442 판결, 1998.4.28. 선고 증여세과세처분이 있게 되자 그 증여가 증여세 과세대상이 됨을 알지 못하였다 하여 착오를 이유로 이를 취소하고, 증여세 납세의무자인 수증자 역시 그 취소를 전제로 증여세과세처분의 적법성을 다툰다면, 이는 그 착오의 내용이나 증여 의사표시를 취소하는 목적에 비추어 그 실질에 있어서는 과세처분 후 증여계약을 합의해제하는 경우로 볼 것이므로, 그 취소로 인한 증여세과세처분의 효력에 대하여도 증여계약의 합의해제에 관한 위 법리가 적용된다.

22) 대법원 2002두10780 판결, 2004.6.24. 선고 외 다수

따라서 피후견인을 위한 재산권에 관한 법률행위 시에 필요한 것은 피후견인의 생존기간을 고려한 관리행위라 할 수 있다. 통상 치매판정을 시점으로 하여 생존기간은 5년 정도이다. 이를 고려하여 재산의 관리, 처분행위 시에 조세진단이 병행되어야 하는 것이다.

즉, 법정후견과 관련해서는 반드시 상속세 납세의무와 고려한 조세진단과 함께 하여 재산의 관리 처분행위가 병행되어야 한다.[23]

다. 사법상 법률행위를 부인할 수 있는 조세법

조세법은 매매를 등기원인으로 소유권이 이전된 경우 또는 증여를 등기원인으로 소유권이 이전된 경우에도 일정한 경우에는 그 매매 또는 증여를 부인할 수 있도록 규정하고 있다. 그렇다고 민법상 법률행위자체를 부인하는 것은 아니다. 다시 말하면, 양도행위를 부인하고 증여세를 과세한 사실에 대하여 이를 근거로 사법상 법률행위를 증여로 바꿀 수는 없다는 것이다. 따라서 성년후견인이 법률행위를 할 때에는 사법상 법률관계 외에도 조세법상 법률관계까지도 함께 고려할 수 있어야 한다.

(1) 양도행위에 대하여 증여세를 과세

먼저 양도행위를 부인하여 증여세를 과세할 수 있는 경우를 보자.

상속세및증여세법 제44조에서는 배우자 또는 직계존비속에게 양도한 재산은 양도자가 당해 재산을 양도한 때에 그 재산의 가액을 배우자 등이 증여받은 것으로 추정하도록 규정하고 있다.

따라서 배우자 또는 직계존비속으로부터 매매·교환 등 유상으로 권리가 이전된 경우에도 등기의 추정력을 부인함과 동시에 세법상 증여로 추정할 수 있으므로, 과세관청은 매매 등 유상거래를 뒤집을 수 있는 별도의 반증이나 별다른 노력 없이도 동 양도행위를 부인하고 증여세를 과세할 수 있다.[24] 그러나 현실적으로 과세관청은 증여의 추정력에만 의존하지 않고 조세쟁송과정에서 납세자의 반증에 대비하여 금융자료 등에 관한 조사를 마친 후에 부과처분하게 될 것이다.

(2) 증여행위에 대하여 양도소득세를 과세

다음으로 증여행위를 부인하여 양도소득세를 과세할 수 있는 경우도 있다(소득세법 제97

---

23) 법정후견은 임의후견과 달리 독자적인 법률행위가 곤란해지는 정신적 장애상황에서 법원이 후견인을 선임하는 경우이므로 앞에서 본 바와 같이 치매진단 후 평균생존기간(평균 5년 정도)을 고려하면 멀지 않을 미래에 다가올 상속에 대비한 재산관리가 더욱더 필요한 경우라 할 수 있다.

24) 종전에는 추정규정이 아닌 간주규정으로 되어 있다가 헌법재판소의 위헌결정으로 1997.1.1.부터 추정규정으로 보완되었다.

조의 2 및 동법 제101조). 이렇게 사법상 증여를 한 경우에도 일정 조건 아래 증여세가 아닌 양도소득세를 과세할 수 있으며, 사법상 매매를 한 경우에도 일정 조건 아래 양도소득세가 아닌 증여세를 과세할 수 있는 것이다.

법률이 헌법에 위반하는 것으로 위헌결정을 받지 않는 한 조세법의 추정 또는 간주규정은 효력을 잃지 않을 것이며, 위헌결정을 받는 경우에도 조세법에 관한 헌법재판소의 위헌결정은 소급적용하지 않게 되므로 사후약방문이 아닌 계약 등 법률행위와 병행하여 조세효과를 예측하는 조세진단이 있어야 한다.

(3) 일반인과의 거래에서도 고가, 저가 양도 시 증여의제

상속세및증여세법 제35조 제1항은 특수관계인 간에 재산을 시가보다 낮은 가액으로 양수하거나 시가보다 높은 가액으로 양도한 경우로서 그 대가와 시가의 차액이 일정 기준금액 이상인 경우에는 대가와 시가의 차액 중 일정금액을 증여로 보도록 규정하고 있다.

그러나 동법 제2항은 특수관계인이 아닌 자 간의 거래에 있어서도 대가와 시가의 차액이 일정 기준금액 이상인 경우에는 일정금액에 대하여 증여세를 과세할 수 있도록 규정하고 있다. 이는 사업자가 아닌 모든 국민을 대상으로 하는 규정이고, 나아가 국민 누구라도 과세관청의 조사대상이 될 수 있다는 점에서 근대시민사회의 사적 자치의 대원칙에 대한 우려가 생긴다.

특수관계에 해당하지 않는 모든 국민을 대상으로 증여의제할 수 있도록 한 조세법이 그대로 국회를 통과되어 현재 집행되고 있다는 사실은 어떤 위험성을 내포하고 무엇인가를 경고한다. 다만, 거래의 정당성 등에 관한 입증책임을 과세관청에 부담시킴으로써 입증책임이라는 짐은 덜었다[25]고 할 수 있으나 위험성은 현존한다. 시장에 싸게 나온 매물에 대해서는 민법상의 채권자취소권 외에도 조세법상 증여의제까지도 충분히 고려해야 한다. 후견인의 위임사무에 관해 어려움이 더욱 느껴지는 부분이다.

5. 임의후견제도의 효용성

사람은 자신의 능력이 있는 때에 그 능력이 감퇴하거나 소멸하게 될 때를 대비하여 미리 자신의 미래를 결정해 둘 수 있다. 미래에 자신의 정신적 능력이 감퇴되거나 소멸될 때를 대비하여 자신의 정신능력을 보충해 줄 사람을 미리 정하여 둘 수 있음은 당연할 뿐 아니라 지혜로운 일이다. 그러나 이 미래의 대리권 수여는 본인의 감독하에 이루어지는 것이지만, 본인이 대리인을 감독할 수 없는 상황이 되면 당초목적을 담보하는 것은 장담하기 어렵게 된다.

---

25) 대법원 2017두61089, 2018.3.15. 외 다수

현실적으로 정신적 능력이 감퇴되기 전에 후견인을 자신이 직접 선임할 기회를 놓침으로써 피후견인이 되는 경우에 미래 상속인들(주로 직계비속)의 합의가 없으면, 법원은 제3자 후견인을 선임하게 된다. 파산관재인을 선임하는 경우 그 관리대상은 특정법인의 재산인데 반하여 후견인 선임은 신상보호도 함께 수반되어 파산관재인 선임과는 질적으로 다른 측면이 있다.

자신의 미래에 대한 무조건의 낙관은 위험할 수 있다. 정신능력이 쇠퇴하기 전에 자신의 의사로 선임할 수 있는 임의후견에는 장래형, 즉시형, 전환형의 세 가지가 있다.

가. 즉시형 임의후견

질병, 장애, 노령 등 정신적 제약으로 사무를 처리할 능력이 부족한 상황에 이른 경우에 체결할 수 있는 임의후견 유형이다(제959조의 14 제1항).

즉시형 후견계약은 피후견인 본인이 그 임의 후견인을 특별히 신뢰할 수 있는 경우로서 법원이 선임하게 되는 법정후견인에 의구심이 생길 때 선택할 수 있다. 이 경우에 본인에게 계약을 체결할 능력이 있어야 하는데, 행위능력까지는 필요하지 않지만 의사능력은 있어야 한다. 임의후견인을 선택하는 것은 호, 불호의 신분행위에 유사한 것으로 재산권변동에 필요한 행위능력까지는 필요하지 않다. 의사능력유무에 대한 시비가 있을 것을 고려하면 앞에서 다음에 언급하는 장래형 임의후견을 선택하는 것이 좋다.

나. 장래형 임의후견

본인이 후견계약을 체결할 당시에는 사무처리능력이 온전했으나, 추후에 사무처리능력이 부족한 상태에 이르러서 처음으로 임의후견인의 보호를 받게 되는 유형이다. 사무를 처리할 능력이 부족한 상태에 이르기 전까지는 독자적으로 유효한 법률행위를 할 수 있으며, 부족한 상태에 이르러서 일정한 절차를 거쳐서 임의후견인의 도움을 받을 수 있는 경우이다. 앞에서 설명한 즉시형 임의후견은 행위능력이 부족한 상태로서 상속인 사이에 후견인 선임에 의견이 합치되지 않는 경우에는 법원이 직권으로 제3자 후견인으로 선임할 수 있다. 이런 상황에 직면하지 않기 위해서는 미리 대책을 마련해 두는 것이 바람직하다. 우리나라의 모 재벌의 경우를 생각해 보며 어렵지 않게 이해할 수 있다. 불행은 갑자기 찾아올 수 있는 것이다. 미리 대비를 할 수 있는 것은 미리 대비하는 것이 바람직하다.

다. 전환형 임의후견

장래에 자신의 정신능력이 부족할 경우에 대비하여 후견계약을 체결하면서(여기까지는 장래형 후견계약과 동일), 동시에 같은 당사자 사이에 임의후견감독인이 선임되기 전까지 재산관리를 위임하는, 별도의 민법상 위임계약을 체결하여 재산관리 등에 관하여 일반 대리인이 된 후, 본인의 정신능력이 부족하여 후견감독인이 선임될 경우에는 임의후견인이 되어 후견계약으로 전환되는 유형이다. 본인의 정신능력이 확실하여 아직 임의후견개시요건에는 미달하지만 현재도 재산관리 등에 보호가 필요한 경우에 믿을 만한 사람에게 임의후견개시 때까지의 재산관리 등 사무를 맡기는 경우이다. 일반 대리인으로서 재산관리 등을 해가면서 장래 후견감독인 선임까지도 미리 살펴볼 수 있어 가장 바람직한 유형이다.

∥ 민법 제959조의 14 【후견계약의 의의와 체결방법 등】∥

① 후견계약은 질병, 장애, 노령, 그 밖의 사유로 인한 정신적 제약으로 사무를 처리할 능력이 부족한 상황에 있거나 부족하게 될 상황에 대비하여 자신의 재산관리 및 신상보호에 관한 사무의 전부 또는 일부를 다른 자에게 위탁하고 그 위탁사무에 관하여 대리권을 수여하는 것을 내용으로 한다.
② 후견계약은 공정증서로 체결하여야 한다.
③ 후견계약은 가정법원이 임의후견감독인을 선임한 때부터 효력이 발생한다.
④ 가정법원, 임의후견인, 임의후견감독인 등은 후견계약을 이행 · 운영할 때 본인의 의사를 최대한 존중하여야 한다.

6. 성년후견사무와 조세법

앞에서 살펴본 바와 같이 후견인의 장벽이 없어졌다. 우선 배우자 등에 한정했던 인적 장벽이 없어졌고, 다음으로 1인에 한정했던 인원 장벽이 없어졌으며, 그리고 자연인에 한정했던 인격 장벽조차 없어졌다. 한마디로 후견인에 관한 기존의 모든 장벽이 없어진 것이다. 새로운 후견인 제도 중 무엇보다 중요한 것은 자신의 능력이 있는 때에 그 능력이 감퇴하거나 소멸하게 될 때를 대비하여 미리 후견인을 정할 수 있는 후견계약제도이다. 오늘날 조세국가에서 재산관리의 핵심요소가 조세임을 감안하면, 정신적 장애가 생긴 피후견인에 있어서 조세진단의 필요성은 아무리 강조해도 지나치지 않는 것임을 이미 보았다.

오늘날 조세국가에서 조세진단을 제외하고 재산에 관한 법률행위를 하는 것은, 마치 눈을 감고 길을 걷는 것과 다를 바 없다. 사적 자치, 계약자유의 원칙이 지배하는 현대국가에서 조세진단이야말로 재산의 관리, 처분의 위험에서 벗어날 수 있는 유일한 예방, 해결책이기 때문이다. 앞으로 조세법을 개정하는 경우 민법학자를 참여하게 하는 것이 바람직하다. 민법상 사적 자치의 원칙이 어느 정도 훼손되는지, 그 훼손을 어느 정도 감수하는 것이 국가 전체의 이익에 부합하는지를 면밀히 심사하는 과정이 필요하다. 민법은 근대시민사회의 시대 정신적 요체이고 시장경제를 담보할 수 있는 기초이기 때문이다.

다음은 2015년 동아시아 6개국의 제1차 아시아 학술대회에서 우리보다 10년이 넘게 앞선 성년후견제도와 관련하여 토론자로 참석한 필자가 일본 발표자들에게 질문한 것을 발표자 중 일본 변호사가 대표로 답변한 것을 요약한 것이다.

┃ 제1차 아시아 학술대회(동아시아 6개국 참여)에서 필자의 질문에 대한 일본 변호사의 답변 ┃

한국성년후견학회 동아시아 국제학술대회
후기고령사회에 있어 고령자, 장애인을 위한 권리옹호와 의사결정지원을 위한
제1차 아시아 학술대회 의사결정지원 시스템 구축을 위하여

- 일시 : 2015년 12월 11일(금)~12일(토) 1박 2일간
- 장소 : 서울대학교 근대법학교육 100주년 기념관에서
- 참석국 : 아시아 6개국(한국, 일본, 중국, 싱가포르, 대만, 홍콩)
- 숙소 : 서울대학교 호암교수회관
- 주최 : 법무부, 한국성년후견학회, 한국장애인개발원, 서울대학교 법학연구소, 일본전국권리옹호네트워크(ASNET-japan)
- 한국성년후견학회 동아시아 국제학술대회(제1차 아시아 학술대회)에서 필자가 질문하고 일본변호사가 답변한 내용을 요약해본다.
- 첫날 오후 세션에서 여섯 개의 주제 발표 후, 저자가 우리보다 성년후견제가 10년이 앞섰던 일본에 후견업무를 함에 있어 주의사항 중 조세와 관련하여 질문을 하였고, 일본 참가자 중 변호사 한 명이 대표하여 아래와 같이 답변을 하였다.

- ■ 질문(정병용) : 다시 한 번 토론자로서 제 의견을 요약하면, 피후견인의 재산관리에는 조세법상 법률효과도 고려한 소위 조세진단이 포함되어야 한다는 점에서 앞으로 재산관리에 관한 매뉴얼에는 반드시 조세진단 및 조세효과가 병행되어야 한다는 것입니다. 이와 관련하여 일본에서는 성년후견에 관해 조세문제가 어떻게 관리되고 있는지 알려주시면 고맙겠습니다.

- ■ 답변[熊田均(구마다 히토시) 도노성년후견센터(東濃成年後見センター) 변호사] : 후견인이 피후견인의 재산관리행위를 함에 있어 조세는 사전에 반드시 고려해야 하는 것입니다.
사례를 보면, 부동산(주택) 매각 시 2년을 살면 3천만엔까지는 세금이 면제되는데 후견인이 이 사실을 모르고 팔았고 불측의 손실이 발생한 사례에서 변호사 직무위반으로 소송을 간 사례가 있었습니다. 후견사무와 관련하여 조세의 중요성은 아무리 강조해도 지나치다고 할 수 없습니다.
점점 더 필요하다고 느끼고 있습니다. 세리사(세무사)도 후견인으로 활동하고 있는데, 조세문제와 관련해서는 세리사(세무사)에게 자문받는 것이 바람직하다고 생각합니다.

05
가족법

신구후견제도 비교

구분	종전 후견제도	현행 후견제도
용어	금치산, 한정치산 등 부정적 용어 사용	부정적 용어 폐지
대상	중증 정신질환자에 국한	치매노인 등 고령자까지 확대
보호범위	재산행위	의료, 요양 등 복리영역까지 확대
독자적 행위권	• 금치산자 : 독자적 법률행위 불가 • 한정치산자 : 모든 법률행위에 후견인의 동의 필요(수익적 법률행위 제외)	• 피성년후견인 : 일용품 구입 등 일상행위 가능 • 피한정후견인 : 가정법원이 정한 행위에만 후견인 동의 필요
후견인 선임	일률적으로 순위규정 (배우자, 직계혈족, 3촌 이내 친족)	가정법원이 전문성, 공정성 등을 고려 선임26)
본인의사	반영절차 없음.	후견심판 시 본인의 의사청취
감독기관	친족회(실질적인 활동 없었음)	가정법원이 선임한 후견감독인
자격	1인만 가능, 법인은 불가 (전문후견인 양성 불가)	복수 또는 법인 후견이 가능 (전문후견인 양성 가능)27)
후견계약	불가능 (법원이 후견인과 후견내용 결정)	가능28) (본인이 후견인과 후견내용 결정)

---

26) 일본의 경우 성년후견에 관한 연수를 마친 세리사(세무사)의 명단을 각 지역별 세리사회(세무사회) 단위로 사무국에서 각 법원에 제출한다. 세리사회 명단에 게재되려면 세리사회가 주체하는 연수를 수강하는 것이 조건으로 되어 있다.

27) 독일, 일본 등은 이미 시행하고 있으며, 일본(2005년 기준)의 경우 사법서사, 변호사, 사회복지사, 세리사(세무사)순으로 후견제도에 공헌하고 있다. 특히 일본의 경우 1년에 2회, 세리사회(세무사회) 외부, 즉 법원 또는 대학에서 관련 전문가를 초빙하여 교육하고 있으며, 2005년 기준 임의후견계약 체결 총수는 10,034건으로 제도 개시 후 각각 해마다 증가세를 보이고 있다.

28) 치매 등으로 정신능력이 악화하는 상황을 대비해 본인이 직접 후견인과 후견의 내용을 정할 수 있도록 개정법에 삽입된 '후견계약제도'는 고령화와 핵가족화가 심화하는 현실을 고려해 노후를 대비할 보호장치로서 기능을 할 것으로 법무부는 기대했다.

제 2 장 상속법

> ### 개요
>
> 상속은 피상속인의 사망으로 개시된다.
> 피상속인의 사망사실에 대한 인식 여부에 불구하고 상속인은 피상속인의 사망 시 상속재산을 취득한다.
> 법률의 규정에 의한 권리변동은 등기 등의 공시방법을 필요로 하지 않기 때문이다.
> 자산보다 부채가 많다면 상속포기를 할 수 있을 것이고 그 내용을 정확하게 알 수 없어 포기 또는
> 승인을 하기가 어렵다면 한정승인을 하면 될 것이다.
> 한편, 헌법재판소의 위헌결정으로 상속포기에 관한 민법의 규정이 개정되어 2차 판단기간이 부여
> 되었다.
> 상속의 효력은 피상속인의 민사채권·채무만을 승계하는 것은 아니다.
> 피상속인의 공적 채무인 납세의무 또한 상속인에게 승계되는 것이다. 그러나 피상속인의 납세의무
> 의 승계는 상속으로 얻은 재산의 한도 내에서 부담하게 된다.
> 따라서 상속의 승인 또는 포기 시에는 피상속인의 민사채무뿐만 아니라 공적 채무까지도 함께 고려
> 해야 할 것이다.
> 이 장에서는 상속에 필수적으로 따르는 상속세 및 그 문제점을 함께 인식하고자 한다.

제 1 절 개관

1. 상속개시의 원인

상속은 피상속인의 사망으로 인하여 개시된다고 민법은 규정하고 있다(제997조). 여기서 재산권에 관한 권리변동의 원인은 의사표시가 아닌 사망이라는 사건이다. 사망은 자연적·생리적인 사망과 실종선고에 의한 의제사망으로 나누어 볼 수 있다.

사람의 사망이 재산상속의 개시원인으로 되는 이유는 피상속인이 재산의 권리를 영구히 잃은 경우에 한하여 그 재산의 새로운 권리자를 정하기 위한 것이므로 재산관계가 전혀 없는 자의 경우에는 비록 사망하더라도 상속의 문제는 일어날 여지가 없다.

이렇게 상속은 자연적 사망과 법률에 의해 사망으로 간주 또는 추정으로 발생하지만

상속세를 과세함에 있어서의 상속은 민법 제5편에 따른 상속을 말하여, 유증과 사인증여까지 상속에 포함시키고 있다(상속세및증여세법 제2조).

그 이유는 유증과 사인증여는 비록 권리변동의 원인은 의사표시로서 상속과는 근본적으로 다르지만 모두 피상속인의 사망시점에서 그 효력이 발생하여 결국 상속이 개시되는 시점에서 재산권이 변동된다는 공통점이 있기 때문이다.

2. 상속개시의 시기

가. 상속개시시기의 확정

상속개시의 시기는 상속의 원인이 발생한 때이다.

상속개시의 시기를 확정해 두는 것은 상속과 관련하여 생기는 여러 가지 문제를 해결하기 위한 지표가 된다. 즉 상속의 효력은 상속이 개시된 때로부터 발생하여 그때를 기준으로 하여 상속인의 자격·범위·순위가 결정되기 때문이다.

따라서 상속재산의 분할과 상속포기는 상속개시 시에 소급하여 효력이 생기고, 상속재산·상속분·유류분 등도 그 시기를 표준으로 하여 산정된다. 뿐만 아니라 상속재산의 분리청구권(제1045조)이나 상속회복청구권(제999조)을 행사할 수 있는 기간의 기산점이 되기도 하고 유언의 효력발생시기(제1073조)가 되기도 한다.

나. 상속재산의 평가원칙

상속세가 부과되는 재산의 가액은 평가기준일인 상속개시일 또는 증여일 현재의 시가에 의하도록 규정하고 있다. 이 경우 시가라 함은 불특정다수인 사이에 자유로이 거래가 이루어지는 경우에 통상 성립된다고 인정되는 가액으로 하고 수용·공매가격 및 감정가격 등 일정한 경우에도 시가로 인정되도록 규정하고 있다.

다만, 시가를 산정하기 어려운 경우에는 당해 재산의 종류·규모·거래상황 등을 감안하여 보충적 평가방법에 의하여 평가한 가액에 의한다.

또한 상속세및증여세법 제13조에 따라 상속재산의 가액에 가산하는 증여재산의 가액은 상속개시일의 시가로 평가하는 것이 아니고, 증여일 현재의 시가에 따르고 상속재산가액에 합산한 후 기납부세액으로 공제한다(상속세및증여세법 제60조).

다. 상속이 개시되는 경우

(1) 자연적 사망

상속은 현실로 사망이라는 사실이 발생한 때에 개시되는 것이며, 호적상의 사망신고일자는 추정력이 인정되는 데 지나지 않는다. 따라서 호적상의 사망신고일자가 사실상 사망한 날짜와 다른 경우에는 사실상 사망일자에 따른다. 이 경우 입증책임은 호적상 사망신고일을 부인하고자 하는 쪽에 있다.

민법은 사망시기에 관하여 명문의 규정을 두고 있지 않으나, 호흡과 심장이 영구적으로 정지된 순간, 즉 심장박동정지설을 사망이라고 보는 데 일치하고 있다. 그러나 의학계에서는 뇌의 활동이 멎는 순간, 즉 뇌사상태를 사망의 시점으로 보아야 한다는 필요성을 제기하고 있다.

(2) 실종선고

생사불명자에 대하여 실종선고가 있는 경우에는 실종기간이 만료한 때에 사망한 것으로 보기 때문에 실종기간의 만료일에 상속이 개시된다. 그러나 상속이 개시된 후 실종자가 생존하고 있거나 사망으로 본 시기와 다른 시기에 사망한 것이 증명되면 일정한 자의 청구에 의하여 그 실종선고는 취소된다.

이러한 경우에는 실종선고취소의 효과로서 실종선고를 원인으로 하여 이익을 받은 자가 선의이면 그 받은 이익이 현존하는 한도 내에서 재산을 반환하여야 한다. 그러나 실종선고 후 그 취소 전에 악의로 재산을 취득한 자는 받은 이익에 이자를 붙여 반환하고 손해가 있으면 이를 배상하여야 한다(제29조 제2항).

민법과는 달리 상속세및증여세법에서는 실종선고로 인하여 상속이 개시되는 경우에는 실종선고일을 상속개시일로 본다(상속세및증여세법 제2조). 상속세및증여세법에서 실종선고일을 상속개시일로 보는 것은 실종기간이 만료한 때를 사망한 것으로 보는 경우에는 부과제척기간의 만료로 상속세를 부과할 수 없는 경우가 생기기 때문이다.

1980년 6월 25일 실종되었으나 2002년에 실종선고를 신청하여 2002년 7월에 실종선고가 있었다면 민법상으로는 보통실종의 경우(5년)에는 1985년 6월 25일을 사망일로 보고, 특별실종의 경우(1년)에는 1881년 6월 25일을 사망일로 보게 된다.

이 경우 보통실종이든 특별실종이든 간에 모두 상속세부과제척기간이 경과한 것이 되고 만다. 이러한 불합리한 점을 보완하기 위하여 실종선고일을 상속개시일로 보도록 규정한 것이다.

그러나 이 경우에도 실종선고일을 기준으로 상속재산을 평가하는 것은 바람직스럽지 못한 면이 있다. 부과제척기간의 만료를 막고자 하는 데 목적이 있다면 그 평가에 있어서는 보다 합리적이고 납득할 수 있는 시점이 제시되어야 할 것이다.

(3) 인정사망

수해·화재, 그 밖의 재난으로 인하여 사망한 사람이 있는 경우에는 이를 조사한 관공서는 지체 없이 사망지의 시, 읍, 면의 장에게 통보하여야 한다(가족관계의등록등에관한법률 제87조). 이때에는 그 관공서가 인정한 시기에 상속이 개시되는 것으로 추정한다.

실종선고와 달리 인정사망은 사망한 것으로 간주하지 않고 추정하기 때문에 살아 있다는 입증만으로 사망의 효과는 번복될 수 있다. 인정사망은 실종선고라는 번잡한 절차에 의하지 않고 사망으로 다루는 실익이 있다.

(4) 동시사망

부자가 함께 비행기사고·화재 등으로 말미암아 사망한 경우와 같이 2인 이상이 동일한 위난으로 사망한 경우에 관하여 민법은 동시사망추정주의를 채택하고 있다(제30조).

동시사망의 경우에는 상속에 있어서 동시존재의 원칙에 비추어 볼 때 서로 다른 사람을 상속하지 못한다. 예컨대 부와 자가 동시사망한 경우 부의 상속인으로서의 자, 자의 상속인으로서의 부의 어느 쪽으로도 상속은 개시하지 않는다.

다만, 대습상속(제1001조·제1003조 제2항)의 여지는 남게 된다. 즉 대습상속이 인정되는 경우에는 동시사망자 중 대습상속인이 있는 자가 뒤에 사망한 것으로 보게 될 것이다. 대법원은 동시사망의 추정의 경우에도 대습상속의 원인이 된다고 한다.

(5) 부재선고

미수복지구에 잔류하고 있는 자나 해방 후 휴전까지 사이에 이남지역에서 그 주소나 거소를 떠난 후 생사가 분명하지 아니한 부재자가 부재선고를 받게 되면 민법 제997조가 적용되므로(부재선고에관한특별조치법 제4조) 부재선고 시에 상속이 개시된다.[29]

---

29) 부재선고에관한특별조치법 제4조 【부재선고의 효과】
부재선고를 받은 사람은 가족관계등록부를 폐쇄한다. 이 경우 민법 제997조의 적용 및 혼인에 관하여는 실종선고를 받은 것으로 본다.
※ 민법 제997조 【상속개시의 원인】 상속은 사망으로 인하여 개시된다.

3. 상속개시의 장소

가. 민법의 규정

상속은 피상속인의 주소지에서 개시한다(제998조). 상속개시의 장소를 정하는 표준으로는 사망지주의·본적지주의·주소지주의 등이 있지만 현행법은 주소지주의를 채용한다. 그런데 피상속인의 주소를 알 수 없는 경우 또는 국내에 주소를 가지지 않는 경우에는 그 거소를 주소로 본다(제19조·제20조). 또한 피상속인의 주소가 두 개 이상 있는 경우에는 최후의 주소지를 상속개시의 장소로 보는 것이 합리적일 것이다.

나. 상속세과세대상

(1) 거주자의 상속세과세대상

국내에 주소를 두거나 183일 이상 거소를 둔 사람이 사망한 경우에는 거주자의 모든 상속재산(피상속인이 유증한 재산과 피상속인의 사망으로 인하여 효력이 발생하는 증여재산 등을 포함)을 상속세과세대상으로 한다(상속세및증여세법 제2조).

(2) 비거주자의 상속세과세대상

거주자가 아닌 사람, 즉 비거주자의 사망의 경우에는 비거주자의 국내에 있는 모든 상속재산을 상속세과세대상으로 한다(상속세및증여세법 제3조).

4. 상속재산과 상속비용

민법은 상속에 관한 비용은 상속재산 중에서 지급하도록 규정하고 있다(제998조의 2).

가. 상속재산의 의의

상속인은 상속의 개시에 의하여 '피상속인의 재산에 관한 포괄적 권리의무'를 승계한다(제1005조). 그러나 피상속인의 일신에 전속한 권리의무(제1005조 단서)와 민법 제1008조의 3에 해당하는 재산은 상속재산에서 제외된다.

피상속인이 유언으로 처분한 재산(유증재산)이 상속재산에 포함될 것인가가 문제될 수 있으나, 민법 제1074조의 규정에 의하면 유증을 받을 자가 유언자의 사망 후에 유증을

05

가족법

승인 또는 포기하는 경우에 그 승인 또는 포기는 유언자의 사망한 때에 소급하여 그 효력이 있는 것으로 규정하고 있어 유증재산은 '상속재산'에 속하는 것으로 볼 수도 있을 것이다.

그러나 유언의 효력은 유언자가 사망한 때로부터 생기는 것이므로(제1073조 제1항) 피상속인의 사망과 동시에 유증재산은 수유자에 귀속하는 것으로 해석한다면 상속인에게는 유증의 이행의무가 발생할 뿐이다. 따라서 유증재산에 대한 권리는 상속인에게 상속되는 것이 아니라고 생각된다.

나. 상속비용

상속에 관한 비용은 상속재산 자체가 부담하는 비용이므로 상속재산 중에서 지급된다(제998조의 2). 여기서 상속에 관한 비용이란 감정·평가 등을 행한 비용을 비롯하여 상속재산의 관리비용(제1022조 참조), 상속채무에 관한 공고·최고 또는 변제비용(제1032조 이하 참조), 상속재산의 경매비용(제1037조 참조), 소송비용, 재산목록작성비용, 유언집행비용(제1107조) 등과 같이 상속재산과 관련되는 당사자를 보호하기 위하여 지출된 비용이다.

장례비용·상속세 등 공과금도 이에 포함시키는 것이 타당하다(상속세및증여세법 제14조). 그러나 상속에 관한 비용이라도 상속인의 과실로 말미암아 필요 이상의 비용이 지출되었을 때에는 상속인이 그 초과부분을 부담하여야 할 것이다. 이 상속재산이 부담하는 비용에 관한 규정은 한정승인, 포기, 재산분리, 상속재산의 파산 등의 경우에 실익이 있다.

다. 세법상 상속세과세가액

상속세를 부과함에 있어서는 상속개시일 전 일정기간 내에 상속인 또는 상속인 외의 자에게 증여한 재산을 가산한다. 그리고 상속개시일 전 1년 이내에 처분한 재산액 또는 채무부담액이 2억원 이상인 경우 및 상속개시일 전 2년 이내에 처분한 재산액 또는 채무부담액이 5억원 이상인 경우로서 그 사용처가 객관적으로 명백하지 아니한 경우에는 상속세과세가액에 산입한다(상속세및증여세법 제13조·제15조).

상속개시 전에 처분한 재산의 경우 종래 상속재산으로 간주하는 것으로 해석하는 경우에는 동 간주규정은 헌법에 위배되는 법률이 된다는 헌법재판소의 결정에 따라 현재는 추정규정으로 보완하여 개정되었다. 따라서 종전에 입증으로 벗어날 수 없던 것이 현재는 사용처에 대한 입증으로 불이익으로부터 벗어날 수는 있게 되었으나 현실적으로 그 입증은 쉽지 않다. 피상속인이 생전에 독자적으로 사용한 재산 등에 대하여 상속인이 그 사용처를 객관적으로 명백히 밝히는 것은 어려운 면이 있다. 상속이 개시되면 고인의 추모보다는 상속세부담 등에 대하여 먼저 고민을 해야 하는 현실이다.

5. 상속세과세대상

가. 개관

상속세가 과세되는 재산은 피상속인이 거주자인 경우와 비거주자인 경우가 각각 다르다. 즉 피상속인이 거주자인 경우에는 상속개시 당시 피상속인이 소유하고 있는, 국내에 소재하는 재산과 국외에 소재하는 모든 재산에 대하여 상속세가 과세된다. 그러나 피상속인이 비거주자인 경우에는 상속개시 당시 피상속인이 소유하고 있는 국내에 소재하는 재산에 대해서만 상속세가 과세된다.[30]

피상속인이 거주자인 경우에는 국내외 모든 재산이 과세대상이 되므로 무제한적 납세의무가 있다고 하고 피상속인이 비거주자인 경우에는 국내의 재산만 과세대상이 되므로 제한적 납세의무가 있다고도 말한다. 여기서 거주자란 상속개시일 현재 국내 주소를 둔 자와 183일 이상 거소를 둔 자를 말하며, 이에 해당하지 아니한 자는 비거주자로 분류된다.

주의할 것은 상속세및증여세법에서는 상속에 유증과 사인증여를 포함시키고 있다는 점이다.[31] 따라서 상속세과세표준을 산정함에 있어서는 먼저 민법 중 상속에 관한 이해가 필수적이지만 피상속인이 생전에 처분한 유증과 사인증여도 상속에 포함하고 있으므로 조세법에 특별히 적용되거나 의제되는 요소에도 유의해야 한다.

나. 상속세재산가액

상속재산이라 함은 토지·건물·예금 등 피상속인에게 귀속되는 재산으로서 금전으로 환가할 수 있는 경제적 가치 있는 모든 물건과 재산적 가치가 있는 법률상 또는 사실상의 권리를 포함하되 피상속인의 사망으로 인하여 소멸되는 일신전속적 권리는 상속재산에서 제외한다. 이는 민법본래의 상속재산에 속하는 개념이다.

그리고 민법상으로는 상속으로 보지 아니하는 유증과 사인증여로 취득하는 재산도 상속세및증여세법에서는 상속에 포함하게 되므로 유증과 사인증여로 취득하는 재산도 상속재산에 당연히 포함하게 된다.

상속세및증여세법에서는 민법 본래의 상속재산에 일정한 보험금·신탁재산·퇴직금 등을 상속재산으로 의제하고 있다.[32]

---

30) 상속세및증여세법 제3조【상속세 과세대상】

31) 상속세및증여세법 제2조【정의】

32) 상속세및증여세법 제8조【상속재산으로 보는 보험금】
상속세및증여세법 제9조【상속재산으로 보는 신탁재산】
상속세및증여세법 제10조【상속재산으로 보는 퇴직금 등】

05
가족법

다. 상속세과세가액

상속세 과세가액이란 위의 총상속재산에서 공과금·장례비용 및 채무를 차감 한 후에 상속개시일 전 10년 내에 상속인에게 증여한 재산 또는 상속개시일 전 5년 내에 상속인 외의 자에게 증여한 재산을 가산한 금액에 공과금·장례비용·채무를 공제하고 상속개시일 전 일정기간 내에 처분 또는 채무를 부담한 재산의 가액을 가산한 금액을 말한다.

여기서 상속개시일 전 일정기간 내에 처분 또는 채무를 부담한 재산이라 함은 상속개시일 전 1년 이내에 처분한 재산(예금, 부동산 등)이나 채무부담액이 2억원 이상인 경우 및 상속개시일 전 2년 이내에 재산처분액이나 채무부담액이 5억원 이상인 경우를 말한다.

그러나 일정기간 내에 처분 또는 채무를 부담한 것으로서 그 금전에 대한 사용처가 객관적으로 명백한 경우에는 상속세 과세가액에 산입하지 아니한다.

상속개시일 전 1년 또는 2년 이내에 인출된 예금을 상속세과세가액에 산입하는 데 있어서 피상속인의 각 예금계좌에서 인출한 금액의 합계액에서 입금된 금액의 합계액을 제외한 순인출금액을 처분가액으로 보아야 할 것이다. 이 경우 입금된 금액이 별도로 조성된 금액 여부에 대해서는 과세관청에 그 입증책임이 있다 할 것이다.[33]

즉 입금액은 인출금액에서 비롯된 것으로 추정된다. 이 추정력을 부인하기 위해서는 부인하고자 하는 쪽에서 그 입증을 해야 한다는 의미이다. 그리고 여기서 인출된 합계액 및 예입합계액은 통장 또는 위탁자계좌 전체를 기준으로 하여 계산한다(상속세및증여세법기본통칙 15-11…1).

사용처가 명백하다는 데 대한 입증은 납세자에게 있다. 그리고 공익목적에 출연한 재산은 상속세 과세가액에 산입하지 아니한다. 상속세 과세가액을 산출하는 산식을 보면 다음과 같다.

┃ **상속세과세가액** ┃

상속재산(본래의 상속재산, 간주상속재산)-비과세 상속재산+상속개시 전 일정기간 내에 사전증여한 재산-공과금·장례비용·채무+상속개시 전 일정기간 내에 재산처분액·채무부담액으로서 사용처가 불분명한 금액

라. 상속세과세표준

상속세과세표준은 상속세과세가액에서 상속공제[34]를 한 금액이다.

---

33) 대법원 2001두5255, 대법원 200두1232 외 다수

34) 상속세및증여세법 제18조 내지 제24조

즉 상속세과세가액에서 기초공제, 배우자공제 · 인적공제 및 일괄공제 · 금융재산 상속공제 · 재해손실공제 등의 상속공제를 한 금액이 상속세과세표준이 되고 여기서 세율을 적용하게 된다.

그러나 비거주자의 사망으로 인하여 상속이 개시된 경우에는 국내에 소재하는 비거주자의 상속재산에 대해서만 상속세가 부과되며, 이때 과세표준을 계산함에 있어서는 기초공제만이 허용된다. 그리고 공과금과 장례비용 등도 비거주자의 상속세과세표준을 계산함에 있어서는 공제되지 아니함에 유의해야 한다.

상속세과세가액을 산출하는 과정을 도식화해 보면 다음과 같다.

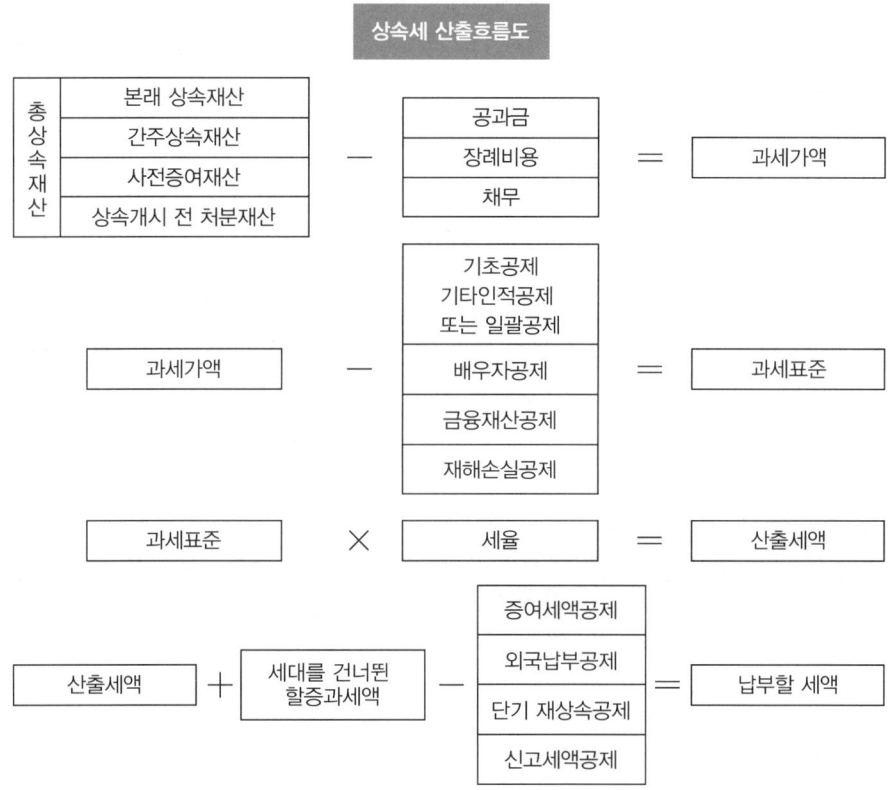

6. 상속에 관한 신고

가. 민법상 상속신고

사망의 신고는 사망의 사실을 안 날부터 1개월 이내에 진단서 또는 검안서를 첨부하여야 한다(가족관계의등록등에관한법률 제84조 제1항). 부득이한 사유로 진단서나 검안서를 첨부할 수 없는 때에는 사망의 사실을 증명할 만한 서면으로서 대법원규칙으로 정하는 서면을 첨부하여야 한다(가족관계의등록등에관한법률 제84조 제3항).

나. 세법상 상속신고

(1) 상속세의 신고

상속세납부의무가 있는 상속인 또는 수유자는 상속개시일이 속하는 달의 말일부터 6개월 이내에 상속세의 과세가액 및 과세표준을 납세지관할세무서장에게 신고하여야 한다(상속세및증여세법 제67조 제1항).

그 신고서에 상속세과세표준의 계산에 필요한 상속재산의 종류 · 수량 · 평가가액 · 재산분할 및 각종 공제 등을 입증할 수 있는 서류 등을 첨부하여 납세지관할세무서장에게 제출하여야 한다.

위 신고기한 이내에 상속의 포기 등으로 상속인이 확정되지 아니한 경우에는 위 상속세 신고와는 별도로 상속인이 확정된 날부터 30일 이내에 확정된 상속인의 상속관계를 적어 납세지관할세무서장에게 제출하여야 한다(상속세및증여세법 제67조 제5항).

피상속인 또는 상속인이 외국에 주소를 둔 경우에는 상속세과세표준신고의 기간은 9월로 한다. 이 경우 '상속인이 외국에 주소를 둔 경우'라 함은 상속인 전원이 외국에 주소를 둔 경우를 뜻하는 것(상속세및증여세법기본통칙 67-0…1)이므로 상속인 중 한 사람이라도 국내에 주소를 둔 경우에는 상속개시일로부터 6개월 이내에 신고를 하여야 한다.

(2) 상속등기의 간접강제

거주자의 사망으로 인하여 배우자가 실제 상속받은 금액은 상속세과세가액에서 공제한다. 다만, 그 일정한 금액이 30억원을 초과하는 경우에는 30억원을 한도로 한다(상속세및증여세법 제19조 제1항).

그러나 위의 배우자상속공제는 상속재산을 분할(등기 · 등록 · 명의개서 등을 요하는 경우에는 그 등기 · 등록 · 명의개서 등이 된 것에 한한다)하여 상속세과세표준 신고기한의 다음 날부터 6개월이 되는 날까지[35] 배우자의 상속재산을 신고한 경우에 한하여 적용한다.

다만, 부득이한 사유로 배우자상속재산분할기한까지 배우자의 상속재산을 분할할 수 없는 경우로서 배우자상속재산분할기한의 다음 날부터 6개월이 되는 날(이하 "배우자상속재산

---

35) 2002.12.31. 이전에 상속이 개시된 경우에는 상속세신고기한까지 배우자명의로 등기를 하고 상속세과세표준신고를 하여야 한다. 등기 등을 요하는 재산의 경우 우리의 상속관행상 상속세신고기한 내에 분할이 어려운 경우가 많아 상속세결정기한, 즉 신고기한으로부터 6개월까지 분할등기 등을 하는 경우에도 배우자상속공제를 하도록 완화하였다.

분할기한"이라 한다)까지 배우자의 상속재산을 분할(등기·등록·명의개서 등이 필요한 경우에는 그 등기·등록·명의개서 등이 된 것에 한정한다. 이하 같다)한 경우에 적용한다. 이 경우 상속인은 상속재산의 분할사실을 배우자상속재산분할기한까지 납세지 관할세무서장에게 신고하여야 한다(상속세및증여세법 제19조 제2항).

상속은 법률의 규정에 의한 권리변동으로 그 상속재산이 등기 또는 등록 등을 요하는 경우에도 등기 또는 등록과는 관계없이 그 권리를 취득한다.

그러나 그 후 협의분할 등으로 실질적인 증여가 있는 경우에도 협의분할의 소급효 등으로 인하여 증여세를 과세할 수 없어 상속세및증여세법에서는 상속등기를 하는 것을 조건으로 하여 배우자공제를 허용한 것이다.

배우자가 실제 상속받은 금액이 없거나 상속받은 금액이 5억원 미만인 경우에는 5억원을 공제한다.

(3) 상속등기 후 협의분할에 대한 증여세과세

상속개시 후 상속재산에 대하여 등기·등록·명의개서 등에 의하여 각 상속인의 상속분이 확정되어 등기 등이 된 후 그 상속재산에 대하여 공동상속인이 협의하여 분할한 결과 특정상속인이 당초 상속분을 초과하여 취득하게 되는 재산가액은 그 분할에 의하여 상속분이 감소한 상속인으로부터 증여받은 재산에 포함한다. 다만, 상속세과세표준 신고기한 이내에 재분할에 의하여 당초 상속분을 초과하여 취득한 경우와 당초 상속재산의 재분할에 대하여 무효 또는 취소 등 대통령령으로 정하는 정당한 사유[36]가 있는 경우에는 그러하지 아니하다(상속세및증여세법 제4조 제3항).

상속등기를 배우자공제의 법정요건으로 하고 그 후 협의분할에 의해 지분이 변동되는 경우에는 증여세를 과세하는 것이다.

---

[36] 상속세및증여세법시행령 제3조의 2 【증여세 과세대상(2016.2.5. 조번 개정)】
법 제4조 제3항 단서에서 "무효 또는 취소 등 대통령령으로 정하는 정당한 사유"란 다음 각 호의 어느 하나에 해당하는 경우를 말한다(2016.2.5. 개정).
1. 상속회복청구의 소에 의한 법원의 확정판결에 따라 상속인 및 상속재산에 변동이 있는 경우(2016.2.5. 개정).
2. 민법 제404조에 따른 채권자대위권의 행사에 의하여 공동상속인들의 법정상속분대로 등기 등이 된 상속재산을 상속인 사이의 협의분할에 의하여 재분할하는 경우(2016.2.5. 개정)
3. 법 제67조에 따른 상속세과세표준 신고기한(이하 "상속세과세표준 신고기한"이라 한다) 내에 상속세를 물납하기 위하여 민법 제1009조에 따른 법정상속분으로 등기·등록 및 명의개서 등을 하여 물납을 신청하였다가 제71조에 따른 물납허가를 받지 못하거나 물납재산의 변경명령을 받아 당초의 물납재산을 상속인 사이의 협의분할에 의하여 재분할하는 경우(2017.2.7. 개정)

(4) 신고 또는 결정 후 경정청구특례

상속세과세표준 및 세액을 신고한 자 또는 국가로부터 상속세과세표준 및 세액의 결정 또는 경정을 받은 자에게 다음에 해당하는 사유가 발생한 경우에는 그 사유가 발생한 날부터 6개월 이내에 결정이나 경정을 청구할 수 있다(상속세및증여세법 제79조).

① 상속재산에 대한 상속회복청구소송, 피상속인 또는 상속인과 그 외의 제3자와의 분쟁으로 인한 상속회복청구소송의 확정판결이 있는 경우로서 상속개시일 현재 상속인 간에 상속재산가액이 변동된 경우

② 상속개시 후 1년이 되는 날까지 상속재산의 수용, 경매 또는 공매된 경우로서 그 보상가액·경매가액[37] 또는 공매가액이 상속세과세가액보다 하락하여 상속재산의 가액이 크게 하락한 경우

2002.1.1. 이후 상속이 개시되는 분부터는 민사집행법에 의한 경매 또는 국세징수법에 의해 공매되어 그 가액이 상속세과세가액보다 낮을 때에는 결정 또는 경정을 청구할 수 있도록 한바, 동 규정은 창설적 규정에 해당한다.

제 2 절 상속인

상속인에는 직계비속·직계존속·형제자매·4촌 이내의 방계혈족이 있고, 피상속인의 배우자의 경우에는 피상속인의 직계비속이 상속인이 될 때나 피상속인의 직계존속이 상속인이 될 때나 언제든지 상속인이 되는 것으로 하고 있다(제1000조~제1003조). 상속에 있어서 동 순위자가 2인 이상인 때에는 언제나 공동상속을 하게 된다.

1. 직계비속

제1순위는 피상속인의 직계비속이다(제1000조 제1항 제1호).

직계비속은 남녀의 구별·자연혈족과 법정혈족의 차이·호적의 이동·혼인 중의 출생자인지의 여부 등을 일체 묻지 않는다. 또한 태아는 이미 출생한 것으로 보므로 당연히 포함되지만 사산하는 경우에는 사람이 되었던 적이 없으므로 상속인이 되지 못한다. 일순간이라도 살아 있었으면 상속인이 된다.

---

37) 민사집행법에 의한 경매를 말한다.

위와 같은 피상속인의 직계비속이 수인 있는 경우에 그들의 촌수가 같으면 공동상속인이 되고, 촌수가 다르면 최근친자가 선순위의 상속인이 된다(제1000조 제2항). 예를 들면 피상속인의 자와 손자가 있을 때에는 자만이 상속인이 되는 것이 원칙이다. 자는 피상속인과 1촌이고 손자는 피상속인과 2촌이기 때문이다. 다만, 앞에서 이미 본 바와 같이 적모서자관계, 계모자관계는 법정혈족관계가 아니므로 상속인이 될 수 없음에 유의해야 한다.

2. 직계존속

제2순위는 피상속인의 직계존속이다(제1000조 제1항 제2호). 피상속인의 직계존속이면 되고, 아무런 차별을 두고 있지 않음은 직계비속에서와 같다.

즉 직계존속은 성별·부계와 모계·생가와 양가 등 그 어느 것에 의한 차이도 없다.

직계존속이 수인 있는 경우에 그들의 촌수가 같으면 공동상속인이 되고, 촌수가 다르면 근친자가 선순위의 상속인이 되는 점도 직계비속에 있어서와 같다(제1000조 제2항). 직계존속에 대해서는 대습상속이 인정되지 않는다.

3. 형제자매

제3순위는 피상속인의 형제자매이다(제1000조 제1항 제3호).

형제자매는 성별·기혼과 미혼·호적의 이동·자연혈족과 법정혈족의 구별·동복(同腹)과 이복(異腹)의 차이가 없다. 형제자매가 수인인 경우에는 같은 순위로 상속한다(제1000조 제2항 후단). 그리고 형제자매의 직계비속은 대습상속이 인정된다.

4. 4촌 이내의 방계혈족

제4순위는 피상속인의 4촌 이내의 방계혈족이다(제1000조 제1항 제4호).

방계혈족 중 4촌 이내면 되고, 성별·기혼 여부·호적의 이동 등을 묻지 않음은 형제자매에 있어서와 같다. 4촌 이내의 방계혈족 사이에는 피상속인과의 촌수가 가까운 근친자가 같은 촌수의 근친자가 수인 있는 때에는 동 순위의 공동상속인이 된다. 따라서 사촌보다는 3촌이 선순위가 되고 고모, 외삼촌 등 동 순위가 수인인 때에는 공동으로 상속인이 된다.

5. 배우자

피상속인의 배우자는 언제나 상속인이 된다. 주의할 것은 여기서의 배우자는 법률상의 배우자만을 의미한다. 따라서 상속세를 과세함에 있어서도 배우자는 법률상의 배우자만을 의미하게 되어 사실혼 배우자는 배우자공제를 받지 못한다. 피상속인의 배우자는 그 직계비속과 동 순위로 공동상속인이 되고, 직계비속이 없으면 피상속인의 직계존속과 동 순위로 공동상속인이 된다(제1003조 제1항 전단). 직계존속도 없는 경우에는 배우자 단독으로 상속인이 된다(제1003조 제1항 후단).

1990년 민법 개정 전에는 부(夫)가 피상속인인 경우와 처(妻)가 피상속인인 경우에 상속순위가 달랐다. 즉 처(妻)가 피상속인인 경우로서 직계비속이 없는 때에는 부(夫)는 처(妻)의 직계존속과 공동상속인이 되지 않고 단독상속인이 되었다.

6. 상속인의 결격사유

가. 상속결격제도의 존재이유

상속인에 대하여 일정한 법정사유가 발생하였을 경우에 그 상속인이 피상속인을 상속하는 자격을 잃게 되는 것을 상속결격이라 한다. 본래 피상속인의 유산을 상속인에게 승계시키는 것은 피상속인과 상속인 간의 윤리적인 결합관계가 있는 것을 바탕으로 하고 있으므로 이러한 윤리적 결합관계를 깨뜨리는 비행이 있는 자에게는 상속권을 인정하는 것은 수용할 수 없다는 상속결격제도의 존재이유라고 할 수 있다.

나. 상속인의 결격사유

민법에서 상속인의 결격사유로 정하고 있는 법정사유는 다음과 같다(제1004조).
① 고의로 직계존속, 피상속인, 그 배우자 또는 상속의 선순위나 동 순위에 있는 자를 살해하거나 살해하려 한 자
② 고의로 직계존속, 피상속인과 그 배우자에게 상해를 가하여 사망에 이르게 한 자
③ 사기 또는 강박으로 피상속인의 상속에 관한 유언 또는 유언의 철회를 방해한 자
④ 사기 또는 강박으로 피상속인의 상속에 관한 유언을 하게 한 자
⑤ 피상속인의 상속에 관한 유언서를 위조·변조·파기 또는 은닉한 자

다. 상속결격의 효과

① 상속결격사유가 발생하는 상속인은 상속할 자격을 잃게 된다. 상속개시 전에 결격사유가 생기면 그 상속인은 후일에 상속이 개시되더라도 상속을 할 수 없고 상속개시 후에 결격사유가 생긴 경우에는 일단 유효하게 개시한 상속도 그 개시 당시로 소급하여 상속의 효력이 무효가 된다.

② 상속 결격의 효과는 결격자의 일신에만 영향을 미치는 것이므로 결격자에게 직계비속이 있거나 배우자가 있는 때에는 그 직계비속 또는 배우자는 대습상속을 받을 수 있다. 민법에서도 "상속인이 될 직계비속 또는 형제자매가 상속개시 전에 사망하거나 결격자가 된 경우에"라고 하여 상속인이 결격자가 된 경우까지 대습상속이 될 수 있음을 분명하게 밝히고 있다(제1001조).

제3절　대습(代襲)상속

1. 대습상속이란?

대습상속은 피대습자의 직계비속과 피대습자의 배우자에 한하여 인정되는 제도이다. 형제자매 등은 대습상속을 받을 수 없다. 그리고 피대습자가 될 수 있는 자는 상속인이 될 직계비속과 상속인이 될 형제자매에 한한다는 사실도 아울러 알아두어야 한다.

피상속인의 사망으로 상속이 개시되기 이전에 상속인이 사망하거나 또는 결격사유가 있어서 상속권을 상실한 경우에 그자의 직계비속이 그자에 갈음하여 상속하는 것이 이른바 대습상속이다.

상속인 또는 수유자가 피상속인의 자녀가 아닌 직계비속인 경우에는 할증과세를 하지만 세대를 건너뛴 원인이 대습상속인 때에는 할증과세하지 않는다(상속세및증여세법 제27조).

2. 대습상속을 받을 수 있는 자

가. 직계비속의 대습상속

상속인이 될 직계비속이 상속개시 전에 사망하거나 결격자가 된 경우에 그 직계비속이 있는 때에는 그 직계비속이 사망하거나 결격된 자의 순위에 갈음하여 상속인이 된다(제1001조).

상속인이 될 형제자매가 상속개시 전에 사망하거나 결격자가 된 경우에 그 직계비속이 있는 때에는 그 직계비속이 사망하거나 결격된 자의 순위에 갈음하여 상속인이 된다(제1001조).

나. 배우자의 대습상속

상속개시 전에 사망 또는 결격된 자의 배우자는 대습상속을 받을 상속인과 동 순위로 공동상속인이 되고 그 상속인이 없는 때에는 단독상속인이 된다(제1003조 제2항).

1990년까지만 하더라도 '처(妻)의 대습상속'이라고 규정되어 사위는 대습상속을 받을 수 없었다. 1991년부터 남녀평등이라는 이념 아래 '처(妻)의 대습상속'을 '배우자의 대습상속'으로 개정하여 사위도 대습상속을 받을 수 있게 되었다.

제4절　상속의 효력

1. 일반적 효력

가. 권리·의무의 포괄적 승계

상속인은 상속이 개시된 때로부터 피상속인의 재산에 관한 포괄적 권리·의무를 승계한다(제1005조 본문). 민법이 말하는 '재산에 관한 포괄적 권리·의무의 승계'란 결국 피상속인에게 속하고 있었던 재산상의 모든 권리·의무가 포괄적으로 당연히 상속인에게 귀속한다는 뜻이다.

즉 상속인에게 승계되는 것은 단순히 구체적인 권리·의무만이 아니며, 그 밖에 아직 권리·의무로서 구체화하고 있지 않은 재산법상의 법률관계 내지 법적 지위도 포함하는 것이며, 상속인은 이들 법률관계를 개별적으로가 아니라 포괄적으로 승계한다. 이를 우리는 상속에 의하여 상속인은 '재산법상의 지위'를 승계한다고도 표현한다.

이것이 상속의 일반적 효력이며, 이러한 상속에 의한 재산의 포괄적 승계의 효력은 상속개시의 사실에 대한 상속인의 지·부지를 묻지 않고 또한 상속등기라든가 기타의 어떤 행위의 유무와는 관계없이 법률상 당연히 발생한다. 피상속인의 적극재산을 남기지 않고 소극재산, 즉 채무만을 부담하고 있는 때에도 위의 원칙에는 변함이 없다.

나. 일신전속권리의 승계 제외

위와 같은 피상속인의 재산의 포괄적 승계의 원칙에 대한 예외로서 '피상속인의 일신에 전속한 것'은 승계되지 않는다(제1005조 단서).

이 승계되지 않는 일신전속적인 권리라 함은 피상속인에게만 귀속하고 상속인에게 귀속할 수 없는 성질의 것으로 예를 들면 부(夫)·처(妻)·부모·자(子)·친족 등의 신분에 따르는 사회생활상의 이익을 내용으로 하는 권리 등은 상속의 대상이 되지 않는다.[38]

다. 피상속인의 납세의무승계

상속이 개시된 때에 그 상속인 또는 상속재산관리인은 피상속인에게 부과되거나 그 피상속인이 납부할 국세 및 체납처분비를 상속으로 받은 재산의 한도에서 납부할 의무를 진다 (국세기본법 제24조 제1항).

이 경우 상속으로 얻은 재산이라 함은 원칙적으로 민법상 상속으로 얻은 재산을 뜻하는 것으로 상속세및증여세법에서 증여로 추정되는 재산을 납세의무의 승계에 있어 상속으로 얻은 재산으로 추정하지는 아니한다.

국가는 상속세및증여세법에서 상속추정규정이 있는 경우 상속세를 과세하기 위해서는 별도의 입증노력이 필요하지 않지만 피상속인의 납세의무를 승계시키기 위해서는 상속추정재산이 실제로 상속인에게 귀속되었음을 입증해야 한다. 즉 상속세를 과세하기 위해서는 입증책임이 면제되지만 납세의무를 승계시키기 위해서는 입증책임을 부담하는 것이다.

한편, 피상속인의 납세의무를 상속인이 승계하는 경우에는 압류 등 체납처분은 피상속인으로부터 상속받은 상속재산 이외에 상속인의 고유재산에도 가능하다.

> **피상속인의 납세의무가 승계되는 경우에는 상속인의 고유재산에 대하여도 압류가능함**
> **(징세 46101-128, 2001.2.7.)**
> 상속인은 국세기본법 제24조에 의거 상속이 개시된 때에 피상속인에게 부과되거나 그 피상속인이 납부할 국세 등을 상속으로 인하여 얻은 재산을 한도로 하여 납부할 의무를 지는 것이므로 상속재산이

---

38) 민법 제1005조 【상속과 포괄적 권리의무의 승계】
　　상속인은 상속개시된 때로부터 피상속인의 재산에 관한 포괄적 권리의무를 승계한다. 그러나 피상속인의 일신에 전속한 것은 그러하지 아니하다.

05
가
족
법

상속인에게 상속등기되었더라도 피상속인의 체납에 기인하여 그 재산을 압류할 수 있는 것이며, 상속 받은 재산으로도 체납국세에 충당이 되지 않을 경우에는 상속으로 인하여 얻은 재산의 가액의 범위 내에서 상속인 고유재산에 대하여도 압류가 가능한 것임.

2. 상속분

가. 의의

수인의 상속인이 공동으로 상속재산을 승계하는 경우에는 각 공동상속인이 어떤 비율로 승계하느냐가 문제된다. 이때 공동상속인이 상속할 비율을 상속분이라고 한다.

그러나 민법이 사용하는 상속분이라는 용어는 다의적이며, 반드시 위와 같은 의미로만 사용되지는 않는다. 즉 경우에 따라서는 공동상속인이 상속할 비율에 따라서 계산된 재산액의 뜻으로 사용되기도 하고(제1008조 참조), 상속재산 분할 전의 공동상속인의 지위를 가리키는 뜻으로 상속분을 쓰는 수도 있다(제1011조 참조).

나. 상속분의 결정

각 공동상속인의 상속분은 우선 피상속인의 유언에 의하여 결정된다. 이를 지정상속분이라고 한다. 그러나 지정이 없을 때에는 법률의 규정으로 결정되며, 이를 법정상속분이라고 한다. 유언제도가 정착되어 있지 않은 우리나라에서는 법정상속분이 원칙이고, 지정상속분은 예외라고 할 수 있다.

다. 지정상속분

이에 관하여 민법에는 명문의 규정이 없으나, 유언으로 상속분을 지정할 수 있음은 물론이다. 피상속인의 유언으로 직접 공동상속인의 상속분을 정할 수 있을 뿐만 아니라 유언으로 제3자에게 상속분의 지정을 위탁할 수도 있을 것이다.

그러나 생전에 단독행위에 의한 지정은 여러 폐해가 따르고, 또한 유언과 같은 엄격한 방식이 정하여져 있지도 않으므로 현행법상 허용되지 않는 것으로 해석하여야 한다. 주의할 것은 피상속인 또는 제3자가 상속분을 지정하는 경우에는 유류분에 반하는 지정을 하지 못한다. 그러나 유류분에 반하는 지정이 당연무효는 아니며, 유류분을 침해당한 상속인이 그 반환을 청구할 수 있을 뿐이다(제1115조).

라. 법정상속분

상속분의 지정이 없는 경우에는 각 상속인의 상속분은 민법이 정하는 다음과 같은 법정
상속분에 의하게 된다.

(1) 동순위의 상속인 사이의 상속분

동순위의 상속인이 수인인 때에는 그 상속분을 균분으로 한다(제1009조 제1항).

(2) 배우자의 상속분

피상속인의 배우자의 상속분은 직계비속과 공동으로 상속하는 때에는 직계비속의 상속
분의 5할을 가산하고, 직계존속과 공동으로 상속하는 때에는 직계존속의 상속분의 5할을
가산한다(제1009조 제2항).

(3) 대습상속인의 상속분

피대습자의 상속분이 대습상속인의 상속분이 된다. 만일에 피대습자의 직계비속이 수인
인 때에는 그들의 상속분은 피대습자의 상속분의 한도에서 상술한 방법에 의하여 결정된
다. 배우자가 대습상속하는 경우에도 같다(제1009조·제1010조 제2항 후단).

3. 상속개시 전에 증여받은 경우

공동상속인 중에 피상속인으로부터 재산의 증여 또는 유증을 받은 자가 있는 경우에
그 수증재산이 자기의 상속분에 달하지 못한 때에는 그 부족한 부분의 한도에서 상속분이
있다(제1008조).

제5절 **상속의 승인과 포기**

05
가
족
법

1. 개관

상속이 개시되면 상속인은 피상속인에 속하고 있던 재산상의 법률상 지위를 승계하게
된다. 그러나 상속인의 개인의사를 전적으로 무시하고 권리·의무의 승계를 강제할 수는

없을 것이며, 특히 적극재산보다 채무 등 소극재산이 많은 때에는 상속인에게 부담을 주게 되므로 민법은 상속의 승인 또는 포기제도를 두어서 상속인의 의사 여하에 따라서 일단 발생한 상속의 효과를 확정시키도록 하여 상속인을 보호하기 위한 제도를 두고 있는 것이다.

그러나 3월 내에 한정승인 또는 포기하지 아니한 때에 단순승인으로 본다는 민법규정은 헌법에 불일치한다는 결정이 내려진 바 있다. 즉 민법 제1026조 제2호의 규정은 상속인이 아무런 귀책사유 없이 상속재산 중 소극재산이 적극재산을 초과하는 사실을 알지 못하여 고려기간 내에 한정승인 또는 포기를 하지 못한 경우에도 단순승인을 한 것으로 본 것은 기본권제한의 입법한계를 일탈한 것으로 재산권을 보장한 헌법의 규정에 합치되지 아니하여 헌법재판소에서 헌법불일치결정을 내렸다(헌재 98헌바24, 1998.8.27.).

2. 상속의 승인

상속의 승인이란 피상속인에게 속하였던 재산상의 모든 권리와 의무를 승계하겠다는 것으로서 단순승인과 한정승인이 있다.

가. 단순승인

(1) 단순승인이란?

단순승인이란 피상속인의 권리·의무를 무제한·무조건으로 승계하는 것을 말하는 것이므로 상속의 효과는 원칙적으로 단순승인이며, 상속인이 특별한 의사표시를 하는 경우에 한하여 예외적으로 포기 또는 한정승인을 할 수 있다. 단순승인은 피상속인의 재산상 지위를 포괄적으로 승계하는 것이기 때문에 상속에 의하여 승계한 채무를 전부 변제할 수 없는 경우에는 상속인 자신의 고유재산으로 변제해야 한다. 민법은 단순승인을 본래의 형태로 보고 상속인이 한정승인도, 상속포기도 하지 아니하고 3개월의 고려기간이 경과하면 단순승인한 것으로 보도록 규정하고 있다(제1025조·제1026조). 동 규정은 1998.8.27. 헌법재판소의 헌법불합치 결정이 있었다(헌재 79헌가2). 이를 보완하기 위하여 민법 제1019조에서 제3항을 신설하였다. 그 내용은 '3. 상속의 포기'에서 설명한다.

(2) 법정단순승인

상속인이 다음과 같은 일정한 행위 또는 부작위를 한 경우에는 단순승인에 관한 의사의 유무를 묻지 않고 그 상속인이 단순승인한 것으로 의제하도록 규정하고 있다(제1026조).
① 상속인이 상속재산에 대한 처분행위를 한 때

② 상속인이 민법 제1019조 제1항의 기간 내에 한정승인 또는 포기를 하지 아니한 때

③ 상속인이 한정승인 또는 포기를 한 후에 상속재산을 은닉하거나 부정소비하거나 고의로 재산목록에 기입하지 아니한 때

나. 한정승인

(1) 한정승인이란?

한정승인이란 상속인이 상속으로 인하여 얻은 재산의 한도 내에서 피상속인의 채무와 유증을 변제하는 것을 조건으로 상속을 승인하는 것을 말한다(제1028조).

상속재산 중 채무가 많아서 상속인에게 불리한 경우에는 상속을 포기하면 될 것이다. 그러나 적극재산이 많은지 또는 소극재산(부채)이 많은지가 불분명한 경우도 있다. 이 경우에 상속인은 상속으로 취득하게 될 적극재산의 한정에서만 피상속인의 채무나 유증 등의 소극부분을 부담하는 것으로 해서 상속을 승인할 수 있다.

본래 상속인은 상속채무에 대하여 무한책임을 져야 하는 것이나, 이러한 상속인의 책임을 상속재산을 한도로 하는 유한책임으로 전환하는 것이 한정승인이다. 한정승인으로 상속인의 책임만이 상속재산의 한도로 축소되고, 채무 자체는 축소되지 않으므로 상속인이 자기의 고유재산으로 상속재산 이상의 변제를 하여도 그것은 비채변제가 되지 않는다.

(2) 한정승인의 방법

상속인이 한정승인을 할 때에는 상속개시를 안 때로부터 3개월 이내에 상속재산의 목록을 첨부해서 상속개시지의 가정법원에 신고하여야 한다(제1030조, 가사소송법 제2조 제1항). 이러한 엄격한 방식을 필요로 하는 이유는 한정승인은 제3자의 이해가 크게 관계되기 때문이다.

상속인이 수인인 때에는 각 상속인은 그의 상속분의 범위에서 한정승인을 할 수 있다(제1029조). 즉 한정승인은 공동상속인 전원이 공동으로 하여야 하는 것은 아니며, 공동상속인의 한 사람이 단순승인의 의사표시를 하거나 또는 포기를 한 때에도 다른 공동상속인은 자기 상속분의 범위 내에서 한정승인을 할 수 있다.

공동상속인 중 단순승인을 한 자와 한정승인을 한 자가 모두 있는 경우에는 단순승인을 한 자는 그의 상속분의 범위에서 단순승인자로서의 책임을 지게 된다.

(3) 한정승인의 효과

(가) 물적 유한책임

한정승인을 한 상속인은 그가 '상속으로 취득할 재산'의 한도에서만 피상속인의 채무

및 유증을 변제하면 된다(제1028조). 즉 한정승인을 하면 물적 유한책임을 지는 것이며, 단순승인의 경우처럼 자기의 고유재산을 가지고 책임을 질 필요가 없다.

(나) 상속재산과 고유재산의 분리

상속인이 피상속인에 대하여 가지고 있었던 채권·채무는 단순승인의 경우에는 혼동으로 소멸하나, 한정승인을 한 경우에는 상속재산과 상속인의 고유재산은 분리되어 별개의 것으로 하여 청산하기 때문에 혼동으로 소멸하지 않는다(제1031조).

3. 상속의 포기

가. 상속포기란?

상속의 포기란 상속의 개시로 인하여 피상속인의 재산에 대한 모든 권리의무의 승계를 부인하고 상속개시 당시부터 상속인이 아니었던 효력을 발생하게 하려는 단독의사표시를 말한다.

상속재산 중 적극재산이 많은 경우에는 상속을 포기할 이유가 없겠지만, 적극재산이 많은지 소극재산이 많은지가 불분명할 때에는 한정승인을 할 수 있을 것이다. 그러나 한정승인은 그 신고절차가 번잡하고, 설사 상속재산 중 적극재산이 많을 경우에도 상속인의 의사를 무시하고 상속재산을 무조건 귀속시키지 않는다는 사법원칙 아래 상속인의 자유로운 의사에 따라 거부할 수 있도록 하여 상속인의 의사를 존중하는 제도이다.

나. 상속포기권자

상속의 포기를 할 수 있는 자는 상속순위상 상속을 받을 수 있는 자에 한한다.

상속인이 행위제한능력자인 경우에는 법정대리인의 동의 또는 법정대리인에 의한 상속포기가 아닌 때에는 포기의 효력에 문제가 생길 수도 있다.

재산상속인이 상속을 포기할 때에는 이해관계인 또는 검사 등에 의하여 가정법원에 대한 기간연장의 청구가 없는 한 상속이 개시된 것을 안 날로부터 3월 내에 가정법원에 포기의 신고를 해야 한다. 그리고 상속개시 전의 포기는 허용되지 않는다는 것이 판례의 입장이다.[39]

---

39) 대법원 94다8334, 1994.10.14.

다. 상속포기의 효과

(1) 포기의 소급효

상속의 포기는 상속이 개시된 때에 소급하여 그 효력이 발생한다(제1042조).
따라서 상속을 포기한 자는 상속개시로 소급하여 상속인이 아닌 것으로 확정된다.

(2) 포기한 상속재산의 귀속

포기한 상속재산에 대하여는 다른 상속인의 상속분의 비율로 그 상속인에게 귀속한다(제1043조).

따라서 직계비속 중 1인이 상속을 포기하는 경우에 그 포기한 재산은 상속을 포기한 직계비속과 공동으로 상속을 받는 동 순위의 상속인들이 그 지분의 비율로 안분하여 귀속된다.

라. 상속포기 등의 기간

(1) 포기 등 기간에 대한 위헌결정

민법은 상속인이 상속개시 있음을 안 날로부터 3월 내에 한정승인 또는 포기를 하지 아니한 때에는 상속인이 단순승인한 것으로 보도록 규정하고 있었다(제1026조 제2호).

그러나 동 규정은 국민의 재산권을 보장한 헌법에 위반한다는 헌법재판소의 헌법불합치결정이 있었다(헌재 98헌바24, 1998.8.27.).

헌법재판소의 헌법불합치결정에 따라 상속의 포기와 승인을 3월 내로 하도록 규정한 민법 제1019조를 보완하여 제3항을 신설하였다.

(2) 보완된 내용

민법 제1019조 제3항에서는 "제1항의 규정에 불구하고 상속인은 상속채무가 상속재산을 초과하는 사실을 중대한 과실 없이[40] 제1항의 기간 내에 알지 못하고 단순승인(제1026조 제1호 및 제2호의 규정에 의하여 단순승인한 것으로 보는 경우를 포함한다)을 한 경우에는 그 사실을 안 날부터 3월 내에 한정승인을 할 수 있다"라고 보완하였다(2002.1.14. 신설).

즉 포기 또는 단순승인을 한 것으로 보는 경우에도 상속인이 상속채무가 상속재산을 초과하는 사실을 중대한 과실 없이 알지 못한 경우에는 상속개시 있음을 안 날로부터 3월

---

[40] 피상속인이 부담한 채무와 관련하여 피상속인의 부동산을 담보로 제공한 사실이 부동산등기부에 표시되어 있는 경우 중대한 과실에 해당할 수 있을 것이다.

이 경과하였어도 다시 상속채무가 더 많은 사실을 안 때로부터 3월이라는 기간 내에 한정승인을 할 수 있도록 보완하였다.

(3) 상속포기의 순서

상속의 포기는 상속순위에 따라 순차적으로 그 의사를 표시하도록 하여 왔으나 최근 대법원은 그 순서에 관계없이 상속포기의 의사표시를 할 수 있도록 대법원규칙을 보완하였다.

따라서 빚을 많이 진 피상속인의 형제자매 등 후 순위 상속인은 선순위 상속인인 피상속인의 직계비속 등이 상속포기를 하는 것을 기다릴 필요 없이 언제든지 독자적으로 자산과 부채를 비교하여 자유로운 판단에 따라 상속포기를 할 수 있게 되었다(대법원규칙).

4. 재산의 분리

가. 재산분리의 필요성

재산분리란 상속이 개시된 후 피상속인의 채권자나 유증받은 자 또는 상속인의 채권자의 청구에 의하여 피상속인으로부터 승계받은 상속재산과 상속인의 고유재산을 분리시키는 가정법원의 처분을 말한다.

상속을 포기하지 않는 한 피상속인의 재산상의 모든 권리의무는 상속인에게 승계되므로 상속인이 본래 가지고 있던 고유재산과 상속재산의 혼합이 이루어지게 된다. 이 경우 상속재산이 채무 초과상태라면 상속인의 고유재산을 믿고 거래한 상속인의 채권자가 불이익을 입게 되고, 상속인의 고유재산이 채무 초과상태라면 유증받은 자나 피상속인의 채권자가 불이익을 받게 된다. 이러한 문제를 해결하기 위하여 양쪽 재산을 별도로 관리할 필요가 있게 된다.

나. 재산분리방법

한정승인과 상속포기의 제도는 상속재산이 채무 초과인 경우에 상속인을 보호하기 위하여 만들어진 제도인 데 비하여, 상속인의 고유재산이 채무 초과인 경우 피상속인의 채권자나 유증받은 자를 보호하기 위한 제도가 재산의 분리이다.

상속채권자나 유증받은 자 또는 상속인의 채권자는 상속개시된 날로부터 3월 내에 상속재산과 상속인의 고유재산의 분리를 가정법원에 청구할 수 있다(제1045조).

5. 상속재산으로 의제되는 보험금

가. 민법상 보험금은 상속인의 고유재산

생명보험의 보험계약자가 스스로를 피보험자로 하면서, 수익자는 만기까지 자신이 생존할 경우에는 자기 자신을, 자신이 사망한 경우에는 '상속인'이라고만 지정하고 그 피보험자가 사망하여 보험사고가 발생한 경우, 보험금청구권은 상속인들의 고유재산이 된다.

그러나 사망과 동시에 상속인들에게 생긴 보험청구권은 피보험자가 권리능력을 상실함과 동시에 상속인들에게 생긴 권리이므로 상속인들의 고유재산이 되는 것이다.

나. 상속세및증여세법상 보험금은 상속재산

(1) 상속재산으로 의제하는 보험금

민법상으로는 상속인의 고유재산인 보험금을, 상속인의 경제적 부담 없이 취득한 점에 착안하여 상속세및증여세법에서는 상속재산으로 의제하고 있다(상속세및증여세법 제8조).

상속재산으로 의제하고 있다는 말의 뜻은, 민법상으로는 피상속인에게 일순간도 귀속된 적이 없는 재산이므로[41] 상속인 고유재산이라는 의미와 민법상 상속인의 고유재산임에도 상증법상으로는 고유재산이 아닌 상속재산으로 보겠다는 의미가 함축되어 있다. 여기서 상속재산으로 의제하는 효과 등 범위에 관하여 여러 가지 문제가 파생된다.

(2) 상속을 포기하는 경우 상속인이 보험금을 수령할 수 있는지

(가) 상속을 포기한 경우에도 보험금은 수령이 가능

상속의 포기는 상속개시된 때에 소급하여 그 효력이 있다(제1042조). 상속포기의 소급효에 의하여 상속개시 당시부터 상속인이 아니었던 것과 같은 지위에 놓이게 되므로 상속인에게 상속세 납세의무가 유지되는지 의문이 생긴다.

피상속인의 사망으로 인하여 받는 생명보험 또는 손해보험의 보험금은 민법상 상속인의 고유재산이 되기 때문에 상속포기를 하는 경우에도 동 보험금은 상속포기의 대상이 되지 않는다. 즉, 상속인의 고유재산이므로 상속포기와 무관하게 보험금을 청구할 수 있다. 다른 상속재산이 없는 경우 상속포기의 유인[42]이 생기게 된다.

---

41) 사망 전 0.1초라도 피보험자에게 보험청구권이 귀속된 것으로 볼 수 있다면 상속인의 고유재산이 아닌 상속재산이 된다.

42) 상속을 포기하는 경우 보험금이 아닌 다른 상속재산을 실제 포기해야 하는 불이익이 생기는 데 반하여 다른 상속재산은 없고 보험금만 있는 경우에는 상속포기의 유인이 더욱 크다고 할 수 있다.

상속포기의 경우 상속세납세의무가 성립될 수 없다는 대법원판례에 따라 상속을 포기한 자도 상속인에 포함하는 것으로 관련규정을 신설[43]한 바 있다. 여기서 새로운 의문이 생길 수 있다. 즉, 상속을 포기한 경우 상속세를 과세함에 있어 상속재산으로 의제하는 효과가 국세기본법상으로도 '상속으로 얻은 재산'으로 동일하게 의제되는 효과가 있는지에 관한 의문이다.

(나) 상속포기한 경우에도 상속세 납세의무 부여

위에서 본 바와 같이 상속을 포기한 경우에도 상속세 납세의무 및 연대납세의무를 부여하여 조세공평을 도모토록 한바, 실제 보험금이 아닌 다른 상속재산의 경우 사전증여를 통하여 낮은 세율을 적용받은 후 상속을 포기하여 10년 내 증여한 재산을 합산하여 과세하는 유산세제도하에서의 누진세율을 회피할 수 있게 되는 효과를 차단할 수 있게 되었다.

다. 국세기본법상 납세의무의 승계

(1) 상속재산으로 의제하는 상증법상 효과의 한계

(가) 인천지방법원 판결내용요약(2012.4.19. 선고, 2011구합4521, 판결)

① 상증세법 제8조는 보험금을 상속재산으로 간주하는 규정을 두고 있을 뿐 이를 상속세 산정에 한정하여 이와 같이 간주한다는 취지의 규정을 두고 있지 않고, 상증세법상 위 간주규정을 상속세 산정에 한정할 근거를 찾기도 어려운 점,

② 위와 같은 보험금의 경제적 실질에 비추어 국세기본법 제24조 제1항의 상속재산 범위를 상증세법 제8조와 달리 볼 이유가 없는 점,

③ 상증세법 제8조에 따라 상속재산으로 간주되는 보험금은 국세기본법 제24조 제1항 소정의 '상속으로 받은 재산'에 해당한다고 봄이 상당하다.

(나) 서울고등법원 판결내용요약(2012.12.6. 선고, 2012누13377, 판결)

① 상증세법과 달리 상속을 포기한 사람을 상속인의 범위에 포함하는 규정[44]을 두고 있지 아니할 뿐만 아니라, 생명보험금 등과 같이 상증세법에 따라 상속재산으로 의제

---

43) 상속세및증여세법 제2조 【정의】(2015.12.15. 신설)
   4. "상속인"이란 민법 제1000조, 제1001조, 제1003조 및 제1004조에 따른 상속인을 말하며, 같은 법 제1019조 제1항에 따라 상속을 포기한 사람 및 특별연고자를 포함한다(2015.12.15 신설).

44) 국세기본법 제24조 【상속으로 인한 납세의무의 승계】
   ② 제1항에 따른 납세의무 승계를 피하면서 재산을 상속받기 위하여 피상속인이 상속인을 수익자로 하는 보험계약을 체결하고 상속인은 민법 제1019조(승인, 포기의 기간) 제1항에 따라 상속을 포기한 것으로 인정되는 경우로서 상속포기자가 피상속인의 사망으로 인하여 보험금(상속세및증여세법 제8조에 따른 보험금을 말한다)을 받는 때에는 상속포기자를 상속인으로 보고, 보험금을 상속받은 재산으로 보아 제1항을 적용한다(2014.12.23. 신설).

되거나 기타 상속재산으로 추정되는 재산을 '상속으로 받은 재산'으로 간주하는 규정도 따로 두고 있지는 않다.

② 조세법률주의의 원칙상 조세법규의 해석은 특별한 사정이 없는 한 법문대로 해석할 것이고 합리적 이유 없이 확장해석하거나 유추해석하는 것은 허용되지 않는다고 할 것인데, 국세기본법에는 상속을 포기한 사람을 상속인의 범위에 포함하도록 한 의제규정이나, 피상속인의 사망으로 받게 되는 보험금과 같은 상속인의 고유재산을 '상속으로 받은 재산'으로 의제하여 피상속인이 체납한 세액의 납세의무를 승계하도록 하는 명시적 규정을 두고 있지 아니한 이상, 원칙적으로 상속을 포기한 사람이 피상속인의 사망으로 받게 될 그 고유재산인 보험금은 국세기본법 제24조 제1항이 규정한 '상속으로 받은 재산'으로 볼 명시적인 법령상 근거는 없다고 판단된다.

(다) 대법원 판결내용요약(2013.5.23. 선고, 2013두1041, 판결)

이 사건 보험금은 상속으로 받은 재산에 포함되지 아니하고 상속을 포기한 원고는 망인의 양도소득세 납세의무를 승계하지 않는다는 이유로, 이와 달리 본 이 사건 처분은 위법하다고 판단하였다. 앞서 본 법리와 기록에 비추어 살펴보면, 원심의 이러한 판단은 정당하고, 거기에 상고 이유의 주장과 같은 국세기본법 제24조 제1항 소정의 상속으로 인한 납세의무의 승계에 관한 법리오해 등의 위법이 없다.

(2) 대법원 판례 후 국기법 개정(2014.12.23.) 내용

| 국세기본법 제24조 【상속으로 인한 납세의무의 승계】 |

② 제1항에 따른 납세의무 승계를 피하면서 재산을 상속받기 위하여 피상속인이 상속인을 수익자로 하는 보험계약을 체결하고 상속인은 민법 제1019조(승인, 포기의 기간) 제1항에 따라 상속을 포기한 것으로 인정되는 경우로서 상속포기자가 피상속인의 사망으로 인하여 보험금(상속세및증여세법 제8조에 따른 보험금을 말한다)을 받는 때에는 상속포기자를 상속인으로 보고, 보험금을 상속받은 재산으로 보아 제1항을 적용한다(2014.12.23. 신설).

라. 의제의 효과는 어디까지 미치는 것인가?

(1) 민법과 세법의 관계

경제활동은 1차적으로 민법이 적용되고, 민법의 효력을 바탕으로 조세법이 적용된다. 민법은 사람이 생활하는 재산, 신분 등에 관하여 비교적 정확하게 규정을 하고 있기 때문에 숙명적으로 세법은 민법에 의존할 수밖에 없다. 한편, 세법은 독자적인 영역이 있어 민법에 의존하면서도 민법과는 다른 세법상 효과를 지향하게 된다.

05
가족법

즉, 사법상 법률관계는 조세법상 법률관계와 불가분의 관계에 놓이게 되고, 사법상 법률관계는 조세법상 법률관계의 원인이 된다. 현대조세를 논의할 때 사법상 법률관계를 제외하고는 제대로 된 논의조차 어렵다. 이러한 인과관계를 염두에 두고 의문을 가질 때 비로소 정확한 세법지식에 첫걸음을 할 수 있다. 그리고 세법(稅法)과 사법(私法)과의 관계를 정확히 인식하여 입법에 반영할 때 비로소 조세법률주의가 궁극적으로 지향하는 법적 안정성과 예측가능성을 확보할 수 있다.

(2) 세법상 의제효과는 최소한 범위에 한정

의제 또는 간주규정은 일정한 사실 또는 행위가 있는 경우 그 사실 또는 행위에 대하여 분쟁을 방지하고 법적 안정성을 확보하기 위하여 법규로서 확정시키고 그 사실 또는 행위와 다른 사실 등이 제시되는 경우에도 번복될 수 없다. 국세기본법에서는 이들 개별세법의 의제규정의 효력을 유지시키기 위하여 실질과세의 원칙에 대하여 개별세법에서 특례규정을 두는 경우에는 그 특례규정의 효력을 인정하는 것으로 규정하고 있다. 이러한 의제규정은 개별세법에서 정한 최소한의 범위 내에서만 그 효력이 미칠 뿐이다. 조세법에서만큼 의제규정이 많은 경우는 없다. 따라서 세법상 의제규정에 대한 교과서적인 교범이 필요하다.

마. 조세법 원리에 대한 교육과정 필요

경제적 활동을 세원으로 인식하고 있는 현대조세는 그 경제적 활동에 관한 조세법상 의미인 조세법상 법률관계가 형성되기 전에 사법상 법률관계가 먼저 형성된다. 즉, 사법상 법률관계와 조세법상 법률관계는 인과관계에 서게 되고, 사법상 법률관계에 있어 사권의 내용, 사권의 효력 등은 조세법상 법률관계에 영향을 미친다.

보험금의 경우 사법상 피상속인의 재산이 아닌 상속인의 고유재산이 되기 때문에 조세법상 이를 상속재산으로 취급할 필요가 생기게 되고 상속재산으로 의제하도록 입법하였다. 동 입법으로 인한 상속의제 효과가 어디까지 미칠 것인지에 대한 판단은 위에서 이미 본 바와 같이 법원에서조차 해석이 달라진다.

조세법상 의제효력은 오직 헌법재판소의 위헌결정으로 정지시킬 수 있을 뿐이다.[45] 위헌결정은 조세법에서 제일 많이 발생[46]하고 있는 것이 현실이다. 하나의 경제활동에 사법과 세법이 동시에 적용되는 경우에 생길 수 있는 여러 가지 어려운 해석상의 문제들을

---

45) 헌법재판소법 제47조(위헌결정의 효력) 제2항은 "위헌으로 결정된 법률 또는 법률의 조항은 그 결정이 있는 날부터 효력을 상실한다"라고 규정하여 원칙적으로 소급적용을 배제하고 있다.

46) 이전오, 조세법의 헌법합치적 입법론에 관한 연구, 서울 : 한국조세연구소, 2008, 3면
2004.8.31.까지의 헌법재판소 통계에 따르면 위헌법률심판사건에 대한 위헌결정(한정합헌, 한정위헌, 일부위헌, 헌법불합치 결정 등 포함) 사건총수 137건 중 세법과 관련된 건수가 47건에 이르러 약 34%를 차지하고 있다.

해결할 수 있는 조세법의 독자적 원리를 이해할 필요가 있다. 이 조세법원리를 먼저 익히거나 또는 익히면서 개별조세법에 관한 지식을 습득해야 한다. 이러한 조세법의 독자적 원리를 습득하기 위한 교육과정의 필요성은 아무리 강조해도 지나치지 않는다.

제6절 유류분

1. 서설

사유재산제도 아래에서는 사람은 생전에도 자기의 재산은 자기의 의사대로 처분할 수 있고, 사후처분에 있어서도 다름이 없다. 따라서 민법은 생전 행위의 자유를 인정하는 것과 아울러 유언의 자유도 인정하고 있다.

그러나 유언자유의 원칙만을 고집하는 경우에는 여러 가지의 폐해가 발생할 염려가 있다. 그러므로 민법은 유언자유의 절대성을 조절하고, 이것을 합리화하기 위하여 유언사항의 법정(제859조 제2항, 제931조, 제1012조, 제1074조, 제1093조 등), 엄격한 유언방식에 관하여 여러 가지 규정을 두었다(제1060조 이하).

여러 외국의 입법에서는 거의 대부분 이러한 제한 외에 유류분제도를 인정함으로써 피상속인의 유언에 의한 재산처분의 절대적 자유를 제한하고 있다. 우리나라에서도 1977년 민법의 일부개정으로 유류분제도를 인정하고 있다(제1112조~제1118조).

2. 유류분제도의 필요성

유류분은 피상속인 쪽에서 보면 피상속인이 재산상속에 있어서 일정한 상속인을 위하여 반드시 남겨두어야 할 일정한 재산이라 할 수 있고, 상속인 쪽에서 본다면 상속인이 상속인으로서 그 취득이 보장되어 있는 피상속인의 재산 중의 일정액이라고 할 수 있다.

유류분제도의 인정 여부에 관하여는 종래 견해가 나누어지고 있다. 물론 유류분제도는 소유권의 중요한 기능인 재산처분의 자유를 제한하는 것으로 거래의 안전을 해칠 염려가 있고, 상속인에게 일정재산을 보장하는 것은 자손의 독립생활의 정신을 저하시키는 경우 부작용이 있다는 점을 들어 반대하는 견해도 있다.

그러나 피상속인이 항상 장래를 염려하여 현명하게 재산의 처분을 한다면 재산처분의 자유를 제한할 필요가 없으나, 만약 생존 유가족의 생활상태를 잊고 유산을 모두 타인에게 유증을 하든가 사회단체에 출연한다면 오히려 부양대상인 가족을 거리에 내모는 사회적 문제를 일으킬 염려가 있다.

특히 사망 직전 판단력의 부족 등으로 합리적인 의사결정이 이루어지지 않는 경우 등에도 동 제도는 활용될 수 있을 것이다.

이러한 의미에서 부모 또는 배우자의 재산에 대하여 최소한의 상속을 자손 또는 잔존배우자에게 보장한다는 것은 가족생활에 있어서 도의적으로 큰 힘이 될 수 있을 뿐만 아니라 가족의 생활보장적 견지 또는 사회정책적 견지에서 요청되는 것이다. 따라서 유류분제도를 인정하게 된 민법의 개정은 타당하다고 보아야 할 것이다.

3. 유류분권

가. 유류분권이란

유류분이란 상속인이 상속에 있어서 법률상의 취득이 보장되는 상속재산상의 이익에 대한 일정액으로 피상속인이 행하는 증여 또는 유증에 의하더라도 이 이익을 침해할 수는 없다. 따라서 상속인으로서는 그가 지니는 유류분의 한도에 이르기까지 피상속인의 증여 또는 유증으로 인하여 생긴 부족분의 반환을 청구할 수 있다. 이러한 권리를 유류분권이라고 한다.

유류분권은 상속개시 전에 행한 증여 또는 유증에 대해서도 상속개시 후에 행사할 수 있다. 따라서 피상속인의 생전에 비록 유류분을 침해하는 것이 명백한 증여가 행해지더라도 상속인으로서는 유류분에 의거하여 어떠한 법률적 수단을 취할 수 없다.

또 유류분권은 그것을 행사할 수 있는 상태에 놓여 있다 하더라도 그 행사의 여부는 권리자의 임의에 맡겨진다. 따라서 상속인은 자기의 유류분이 침해당한 경우에 있어서 그 부족분에 대한 반환을 청구하지 않더라도 무방하다.

나. 유류분권의 포기

유류분권의 포기를 인정할 것인가에 관한 문제는 상속개시 전의 경우와 상속개시 후의 경우를 나누어 생각해 볼 수 있다. 상속개시 후의 유류분권을 포기할 수 있다는 것은 사적 자치의 원칙상 당연하다.

상속개시 후에 유류분권의 포기가 있는 경우에는 처음부터 그 유류분권리자는 없었던 것이 되기 때문에 유류분의 액은 다시 산정되어야 할 것이다.

그러나 상속개시 전의 유류분권의 포기는 인정하지 않는 것으로 해석하는 것이 타당할 것이다. 왜냐하면 만약 상속개시 전에 유류분권의 포기를 인정하는 경우에는 피상속인이나 공동상속인 등의 압력으로 포기를 강요당함으로써 유류분제도 자체의 존재의의를 잃어버리게 될 염려가 있고, 사전의 상속포기를 인정하지 않는 현행 민법의 규정과도 균형이 맞기 때문이다.

4. 유류분권자와 유류분

가. 유류분권자

유류분은 모든 상속순위자에게 인정되는 것이 아니고, 제3순위의 재산상속인, 즉 피상속인의 형제자매까지만 인정된다(제1000조~제1003조 참조). 다시 말하면 제4순위인 4촌 이내의 방계혈족은 유류분에 대한 권리가 없다. 이는 대습상속에 있어서 피대습자가 될 수 있는 범위와 같다.

태아도 유류분에 대해서는 이미 출생한 것으로 보아 권리가 있으며 대습상속의 경우에도 대습상속인은 피대습자의 상속분의 범위 내에서 유류분을 가진다(제1118조에 의한 제1001조, 제1010조의 준용).

나. 유류분 비율

유류분의 비율은 동일하지 않고, 상속인으로서의 순위에 따라서 다음과 같이 차이가 있다(제1112조).
① 피상속인의 직계비속은 그 법정상속분의 2분의 1
② 피상속인의 배우자는 그 법정상속분의 2분의 1
③ 피상속인의 직계존속은 그 법정상속분의 3분의 1
④ 피상속인의 형제자매는 그 법정상속분의 3분의 1

다. 유류분권의 배척

이상과 같은 모든 경우에 유류분권을 행사할 수 있는 자는 재산상속의 순위상 상속권이 있는 자이어야 한다. 예를 들면 제1순위상속자인 직계비속이 있는 경우에는 제2순위상속

05
가족법

자인 직계존속에 대해서는 유류분권은 인정되지 않는다.

또한 유류분은 법정상속권에 기초하고 있으므로 상속권의 상실원인인 상속인의 결격·포기에 의하여 상속권을 잃는 자는 유류분권도 당연히 잃는다.

5. 유류분의 산정

가. 유류분 산정기초재산

유류분산정의 기초로 삼는 재산은 피상속인이 상속개시 시에 보유한 재산의 가액에 대하여 증여한 재산의 가액을 가산하고, 그것으로부터 채무의 전액을 공제함으로써 산정한다(제1113조 제1항).

유류분 산정방법을 법정상속분을 산정하는 경우와 비교해 보면, 공동상속인 이외의 자에 대하여 행해진 증여까지도 포함된다는 점에 있어서는 상속분산정의 기초가 되는 재산보다 넓지만(제1008조), 상속채무를 공제하여 적극재산만으로써 그 기초로 삼는 점에 있어서는 오히려 좁다(제1005조).

나. 기초재산산정의 문제점

유류분 산정의 기초재산에 관한 문제점은 상속개시 전에 행한 무상처분, 즉 증여 등에 관한 것이 된다.

상속재산 중에 포함되어 있는 조건부의 권리 또는 존속기간이 불확정한 권리에 대해서는 가정법원이 선임한 감정인의 평가에 따라서 그 가격을 결정한다(제1113조 제2항). 판례는 산정의 기준시기는 피상속인이 사망한 상속개시 당시의 가격이라고 한다(대법원 95다17885, 1996.3.29.).

증여에 관해서는 상속개시가 있기 전의 1년 사이에 행해진 것에 한해서만 그 가격을 산정한다(제1114조 전문). 이것은 증여계약의 체결시점을 기준으로 하는 것으로 이행이 상속개시 전 1년간에 행하여진 것을 의미하는 것이 아님에 주의해야 한다.

따라서 상속개시 1년 전에 부동산에 관한 증여계약을 하고 이행, 즉 등기는 상속개시 전 1년 사이에 있을 때에는 유류분 산정대상이 되는 재산에 포함되지 못한다. 그러나 당사자 쌍방이 유류분권리자에 대하여 손해를 가할 것을 알고 증여를 한 경우에는 1년 전에 한 것이라도 산입하게 된다(제1114조 후문). 증여재산이란 상속개시 전에 이미 증여계약이 이행되어 소유권이 수증자에게 이전된 재산을 가리키는 것이다.

공동상속인 중에 피상속인으로부터 재산의 생전증여에 의하여 특별수익을 한 자가 있는 경우에는 민법 제1114조의 적용이 배제되고 따라서 그 증여는 상속개시 1년 이전 여부, 당사자 쌍방이 손해를 가할 것을 알고서 하였는지 여부에 관계없이 유류분산정을 위한 기초재산에 산입된다.

공제의 대상이 되는 채무는 상속채무를 의미하는 것이므로 사법상의 채무는 물론, 공조·공과와 같은 공법상의 채무도 포함된다.

상속인 각자의 계산상 유류분의 액은 유류분산정의 기초가 되는 재산액에 그 상속인의 유류분의 율을 곱한 것이다.

다. 유류분가액에 가산하는 사전증여와 상속세과세가액에 합산하는 사전증여

유류분은 피상속인의 상속개시 시에 있어서 가진 재산의 가액에 증여재산의 가액을 가산하고 채무의 전액을 공제하여 이를 산정한다(제1113조 제1항). 상속세및증여세법에서는 상속개시일 전 10년 이내에 피상속인이 상속인에게 증여한 재산가액과 상속개시일 전 5년 이내에 피상속인이 상속인이 아닌 자에게 증여한 재산가액상속재산가액은 상속세과세가액에 합산한다(상속세및증여세법 제13조 제1항). 민법상 유류분계산 시 가산하는 증여재산은 상속세및증여세법상의 10년 이내 또는 5년 이내에 증여한 자산이라는 기간의 제한이 없다. 상속세및증여세법상의 10년 이내 또는 5년 이내에 증여한 자산은, 예전에 5년 이내(상속인) 또는 3년 이내(상속인 아닌 경우)였었던 점을 고려하면 국세행정의 관리효율성, 관리가능성 등을 현실적으로 반영하여 합산기간을 정한 것으로, 원칙적으로 민법이 원칙인 점을 이해해야 한다. 따라서 상속개시 11년 전의 증여재산가액을 유류분 기초재산으로 가산하는 경우에도 상속재산가액에는 합산할 수 없다.

그리고 유류분재산에 가산되는 사전증여재산가액을 상속개시시점에서 평가하는 데 반하여, 상속세과세가액에 합산하는 증여재산의 경우에는 증여 당시의 재산가액으로 평가한다는 사실에 유의해야 한다.

6. 유류분의 보전

가. 부족분에 대한 반환청구

유류분을 갖는 상속인이 받은 상속재산이 유류분을 침해하는 증여 또는 유증으로 인하여 그 유류분에 부족할 때에는 그 부족한 한도에서 유증 또는 증여된 재산의 반환을 청구할 수 있다(제1115조 제1항). 이 경우의 반환청구권자로서는 유류분권리자뿐만 아니라 그 승계인도 포함되며, 그 상대방으로서는 수증자·수유자는 물론 그 상속인도 해당되는 것으로 해석하는 것이 타당하다.

부족분에 대한 반환청구권은 일반적으로 청구권이라고 표현하고 있지만, 그 법률적 성격은 형성권으로 보는 것이 타당할 것이다. 그리고 유류분반환청구권은 귀속상에 있어서 뿐만 아니라 권리의 행사측면에서도 일신에 전속하는 권리로 볼 필요는 없다. 따라서 재산상의 권리로서 채권자대위권의 객체도 될 수 있을 것이다.

나. 반환의 방법

유류분반환청구권은 재판상 또는 재판 외에서 상대방에 대한 의사표시로 할 수 있다. 증여와 유증이 있는 경우에는 반환의 순서가 있다. 즉 유증의 반환청구권을 먼저 행사하고, 부족함이 있는 경우에 비로소 증여의 반환을 청구할 수 있다(제1116조).

증여 또는 유증을 받은 자가 수인인 때에는 각자가 얻은 유증가액의 비례로 반환하도록 하고 있으며, 유류분의 보전은 유류분에 부족한 한도 내에서 하여야 한다(제1115조). 따라서 증여의 일부만이 유류분을 침해하였을 때는 그 침해의 한도에서 반환을 청구할 수 있을 뿐이다.

다. 반환청구권행사의 효력

유류분반환청구권의 행사로 인하여 유류분이 부족한 한도 내에서 피상속인이 생전에 행한 유증·증여의 효력은 당연히 소멸한다. 증여받은 자가 유류분반환청구를 받으면 현물을 반환하여야 할 의무를 부담하고 아울러 반환청구를 받은 이후 과실도 반환하여야 한다.

본래는 반환해야 할 재산과 함께 모든 과실을 유류분권리자에게 반환해야 하겠지만 증여받은 자에게 너무 가혹하게 되므로 반환청구를 한 날 이후의 과실을 반환받도록 하는 것이 공평할 것이다.

라. 공동상속인 상호 간의 유류분반환청구권

공동상속의 경우에 상속인의 한 사람이 피상속인의 재산을 너무 많이 증여받았기 때문에 다른 상속인의 유류분을 침해하는 경우가 생길 수 있다. 이 경우 공동상속인 상호 간의 유류분반환청구권의 행사는 상속재산의 분할절차와 별도로 할 수 있지만, 그 결과의 구체적 실현은 상속재산분할절차와 함께 이루어질 것이다.

마. 반환청구권의 소멸

유류분반환청구권은 유류분권리자가 상속개시와 반환하여야 할 증여 또는 유증을 한 사실을 안 때로부터 1년 내에 행사하지 않으면 시효에 인하여 소멸한다(제1117조 전문). 유류분의 반환청구는 피상속인이 생전에 한 증여라도 그 효력을 잃게 하는 것이기 때문에 거래의 안전을 해칠 우려가 있기 때문에 민법은 이러한 단기소멸시효를 인정하고 있다.

유류분반환청구권은 상속개시가 있은 때로부터 10년을 경과한 경우에도 역시 소멸한다(제1117조).

7. 유류분권행사에 대한 조세법 적용

가. 개관

유류분권리자가 유류분권리를 행사하는 경우에는 과거의 재산에 관한 질서가 새롭게 된다. 이에 따라 과거에 결정되었던 상속세 또는 증여세 등은 새로운 재산형성에 맞추어 과세가 되어야 할 것이다. 유류분의무자가 피상인 생전에 증여받은 경우에는 그 반환하는 재산에 대하여 당초증여세가 경정되어야 할 것이고, 유류분의무자가 사인증여 또는 유증을 받은 경우에는 상속세가 경정되어야 할 것이다.[47]

그리고 반환하는 목적물이 당해 재산이냐 현금반환이냐에 따라 조세법상 취급은 달라진다.

나. 유류분권리자에게 당해 재산을 반환하는 경우

피상속인의 생전에 증여 등에 의하여 재산을 취득하여 이미 증여세 등을 신고납부한 자가 상속개시 후 유류분권리자의 유류분권리 행사에 의해 피상속인 생전에 증여 등에 의해 받은 재산을 유류분권리자에게 반환한 경우에는 그 반환한 재산가액은 당초부터 증여가 없었던 것으로 보아야 할 것이다.[48]

사인증여 또는 유증에 의해 취득한 경우에는 상속세가 부과되었을 것이므로 상속세에 관한 경정청구를 하게 될 것이다.

---

47) 사인증여와 유증은 본래 의사표시에 의한 재산권의 변동으로 증여에 포함되는 것이지만, 상속세및증여세법에서는 사인증여와 유증을 상속에 포함되는 것으로 하여 상속세를 부과하고 있다.
부연하면 증여와 사인증여는 증여자와 수증자의 두 개의 의사표시의 결합으로 성립하게 되는 것인 데 반하여 유증은 피상속인의 의사표시만으로 성립하는 상대방 없는 단독행위에 속한다.
따라서 피상속인의 진의를 왜곡시키지 않기 위하여 유증은 엄격한 방식을 요구하고 있다.

48) 상속세및증여세법집행기준 4-0-6【증여받은 재산을 유류분 권리자에게 반환하는 경우】

다. 유류분권리자에게 현금으로 반환하는 경우

상속개시 전에 피상속인으로부터 부동산을 증여받은 경우에 유류분권리자가 유류분권리를 행사한 결과 법원의 판결에 의하여 증여받은 자가 당해 부동산을 유류분권리자에게 반환하는 경우 그 반환한 재산의 가액은 당초부터 증여가 없었던 것으로 보는 것이지만 증여받은 재산 자체를 반환하지 아니하고 그 재산가액에 상당하는 현금으로 반환하는 경우에도 반환하는 자는 동일하게 당초부터 증여가 없었던 것으로 보아야 할 것이다.

그러나 당초재산 대신 현금을 수령하는 유류분권리자는 입장이 달라질 수 있다.

라. 유류분권리자의 양도소득세납세의무

피상속인이 생전에 증여한 재산에 대하여 유류분권리자가 유류분권을 행사하여 증여한 당해 재산을 반환받는 경우에는 상속세 납세의무만 발생할 것이다.

그러나 유류분권리자가 반환받을 재산 대신에 현금을 받는 경우에 그 반환받을 재산이 소득세법상 부동산 등 양도소득세과세대상인 때에는 반환받을 재산을 유류분권리자가 양도하고 그 대가로 유류분의무자로부터 현금을 수령한 것이 되므로 양도소득세가 과세된다.

이 경우 유류분권리자의 양도차익을 계산함에 있어 양도자산의 취득시기는 상속개시일이 되고, 양도시기는 잔금청산일에 해당하는 유류분재산의 현금수령일이 될 것이다.[49]

---

49) 국세청 재일 46014-1361, 1994.5.20.

찾아보기

찾아보기

■ 정병용(세무사, 법학박사)

[경력]
■ 재경부 세제실 · 국세심판원 · 국세청 근무
■ 강동제일고시학원 등에서
 − 민법 및 민사특별법
 − 양도 · 상속 등 재산제세 강의
■ 국세청 콜센터 강사
■ 재정경제부 국세심판소 강사
■ 국무총리실 조세심판원 강사
■ 국세공무원 교육원 강사
■ 대한상공회의소 강사
■ 한국감정원 자산운용전문가과정 강사
■ 한국투자신탁증권 부동산전문가과정 강사
■ 공인중개사 시험출제위원(부동산세법)
■ 경기대학교 법학과, 강남대학교 경영학과 강사
■ 청와대 조세개혁특별위원회 위원
■ 감사원 특별조사본부 자문위원
■ 서울지방국세청 이의신청심의위원

■ 행정자치부 지방세과세표준심의위원회 위원
■ 건국대학교 부동산대학원 총동문회 감사
■ 한국세무사회 부회장
■ 한국세무학회 부회장
■ 국세동우회 부회장
■ 사단법인 한국조세연구포럼 학회장
■ 재정경제부 세제발전심의위원회 위원

(현) 경희대학교 경영대학원 세무MBA 겸임교수
 사단법인 한국조세사학회 학회장
 한국세무사회 성년후견센터 센터장
 사단법인 한국후견협회 부회장
 한국세무사회 자문위원
 조세통람 교육전문위원
 세무법인 동양 대표

[학력 등]
□ 건국대학교 법학과 졸업
□ 건국대학교 행정대학원 부동산학과 졸업
 (부동산학석사)
□ 건국대학교 대학원 법과대학(법학박사)

[저서. 논문 등]
□ 국세예규통첩집 총 7권(대한세무협회 발행)
□ 상속 · 증여세실무(강의용)
□ 양도소득세 실무(조세통람)
□ "계약유형에 따른 부가가치세 소고" 등 논문 다수
□ 상가건물임대차보호법 해설(조세통람)
□ 조세법상 준거개념의 사법관련성에 관한 연구
 (박사학위논문)
□ 국가 등이 민간에 위탁하는 경우 과세대상 귀속의 문제
□ 조세법률관계의 기초가 되는 사법상 법률관계
□ 후견제도의 이해(한국세무사회 강의용)
□ 개정민법상 성년후견제도(한국세무사회 강의용)
□ 재산관리의 이해(한국세무사회 강의용)

민법과 세법 −민법을 중심으로 한 조세의 이해−

저   자 정병용
발 행 인 서동혁
편집 · 교정 류현수, 김영분, 박가온
편집디자인 이인아, 송계영
발 행 처 ㈜조세통람
펴 낸 날 2003년 2월 28일 초판 발행
          2020년 10월 30일 개정5판 발행

저작와의
협의하에
인지생략

주   소 서울특별시 중구 동호로 14길 5−6(신당동)
등   록 1976. 11. 5. 제9−81호
대 표 전 화 02) 2231−7027
F A X 02) 2234−1754
구 입 문 의 02) 2231−7027~9

I S B N 979−11−6064−181−3 13320

정   가 65,000원

(주)조세통람은 좋은 책을 만들기 위해 독자 여러분의 의견을 기다립니다.
E · mail(josetop@inaus.co.kr)과 홈페이지(www.taxnet.co.kr)의 고객지원센터 "고객의 소리" 코너